COMO PASSAR na OAB

3ª Edição – 2012

2ª FASE

PRÁTICA PENAL
Eduardo Dompieri

COMO PASSAR na OAB

Wander Garcia
Coordenador da coleção
Como Passar

2ª FASE

3ª Edição – 2012

PRÁTICA PENAL
Eduardo Dompieri

EDITORA FOCO

2012 © Editora Foco

Coordenador: Wander Garcia
Autor: Eduardo Dompieri
Editor: Márcio Dompieri
Capa, projeto gráfico e diagramação: R2 Criações

**Ficha Catalográfica elaborada pelo
Sistema de Bibliotecas da UNICAMP / Diretoria de Tratamento da Informação
Bibliotecário: Helena Joana Flipsen – CRB-8ª / 5283**

G165c   Garcia, Wander.
        Como passar na OAB : prática penal / Wander Garcia
    e Eduardo Dompieri. -- 3. ed. -- Indaiatuba : Editora Foco
    Jurídico, 2012.
    p. 296

        1. Ordem dos Advogados do Brasil. 2. Direito penal -
    Brasil. 3. Exames - Questões. I. Dompieri, Eduardo.
    II. Título.

                                                                  CDD - 340
                                                                - 345.81
                                                                 - 371.261

ISBN: 978-85-62168-54-3

Índices para Catálogo Sistemático:

1. Ordem dos Advogados do Brasil   340
2. Direito penal - Brasil   345.81
3. Exames - Questões   371.261

2012 – 3ª edição

Proibida a reprodução total ou parcial.
Os infratores serão processados na forma da lei.
Todos os direitos reservados à
Editora Foco Jurídico Ltda
Al. José Amstalden 491 – Cj. 52
CEP 13331-100 – Indaiatuba – SP
E-mail: contato@editorafoco.com.br

www.editorafoco.com.br

SUMÁRIO

ORIENTAÇÕES AO EXAMINANDO 9

1. **PROVIMENTO 136/09: O NOVO EXAME DE ORDEM** 9
2. **PONTOS A SEREM DESTACADOS NO EDITAL DO EXAME** 12
   - 2.1. Materiais/procedimentos permitidos e proibidos 12
   - 2.2. Legislação nova e legislação revogada 13
   - 2.3. Critérios de correção 14
3. **DICAS DE COMO ESTUDAR** 15
   - 3.1. Tenha calma 15
   - 3.2. Tenha em mãos todos os instrumentos de estudo e treinamento 16
   - 3.3. 1º Passo – Leitura dos enunciados das provas anteriores 16
   - 3.4. 2º Passo – Reconhecimento das leis 16
   - 3.5. 3º Passo – Estudo holístico dos exercícios práticos (questões discursivas) 17
   - 3.6. 4º Passo – Estudo holístico das peças práticas (peças prático-profissionais) 18
   - 3.7. 5º Passo – Verificar o que faltou 18

EXERCÍCIOS PRÁTICOS 19

1. **DIREITO PENAL** 19
   - 1.1. Fontes, princípios e aplicação da lei penal 19
   - 1.2. Teoria do crime 22
   - 1.3. Penas, concurso de crimes e ação penal 29
   - 1.4. Extinção da punibilidade 33
   - 1.5. Crimes contra a pessoa 37
   - 1.6. Crimes contra o patrimônio 40
   - 1.7. Crimes contra a dignidade sexual 45
   - 1.8. Crimes contra a fé pública 47
   - 1.9. Crimes contra a Administração Pública 48
   - 1.10. Crimes relativos a drogas 50
   - 1.11. Outros crimes do Código Penal e legislação extravagante 54

2. **DIREITO PROCESSUAL PENAL** 61
   2.1. Inquérito policial 61
   2.2. Ação penal e ação civil 64
   2.3. Jurisdição, competência, conexão e continência 65
   2.4. Questões e processos incidentes 69
   2.5. Prova 69
   2.6. Prisão 75
   2.7. Processos e procedimentos; sentença, preclusão e coisa julgada 81
   2.8. Processo dos crimes de competência do júri 84
   2.9. Recursos 86
   2.10. Revisão criminal 93
   2.11. Execução penal 94
   2.12. Legislação extravante 98

PEÇAS PRÁTICO-PROFISSIONAIS 101

Resolução da peça prático-profissional – modelo de *habeas corpus* 102
Resolução da peça prático-profissional – modelo de
relaxamento de prisao em flagrante 104
Resolução da peça prático-profissional – modelo de apelação 106
Resolução da peça prático-profissional – modelo de memoriais 109
Resolução da peça prático-profissional – modelo de memoriais 113
Resolução da peça prático-profissional – modelo de apelação 115
Resolução da peça prático-profissional – modelo de defesa prévia 118
Resolução da peça prático-profissional – modelo de recurso
em sentido estrito 120
Recurso em sentido estrito – petição de interposição 120
Resolução da peça prático-profissional – modelo de memoriais 123
Resolução da peça prático-profissional – modelo de queixa-crime 126
Resolução da peça prático-profissional – modelo de memoriais 129
Resolução da peça prático-profissional – modelo de defesa prévia 133
Resolução da peça prático-profissional – modelo de recurso
em sentido estrito 138
Resolução da peça prático-profissional – modelo de apelação 142
Resolução da peça prático-profissional – modelo de apelação 146
Resolução da peça prático-profissional – modelo de relaxamento
de prisão em flagrante 152

INFORMATIVOS STF/STJ – CLASSIFICADOS 155

1. **DIREITO PENAL** 155
    1.1. Conceito, fontes e princípios 155
        Supremo Tribunal Federal *155*
        Superior Tribunal de Justiça *159*
    1.2. Aplicação da lei no tempo e no espaço 163
    1.3. Teoria do crime 163
    1.4. Autoria e concurso de pessoas 165
        Superior Tribunal de Justiça *165*
    1.5. Pena, medida de segurança, concurso de crimes e ação 165
        Superior Tribunal de Justiça *167*
    1.6. Extinção da punibilidade – prescrição 171
        Superior Tribunal de Justiça *172*
    1.7. Crimes contra a pessoa 173
        Superior Tribunal de Justiça *174*
    1.8. Crimes contra o patrimônio 175
        Superior Tribunal de Justiça *178*
    1.9. Crimes contra a dignidade sexual 180
    1.10. Crimes contra a fé pública 181
    1.11. Crimes contra a administração pública e as finanças públicas 182
        Superior Tribunal de Tustiça *182*
    1.12. Outros crimes do código penal 185
        Superior Tribunal de Justiça *185*
    1.13. Crimes relativos a drogas e aspectos correlatos 186
        Superior Tribunal de Justiça *198*
    1.14. Crimes contra o meio ambiente 200
        Superior Tribunal de Justiça *200*
    1.15. Crimes contra a ordem tributária, a ordem econômica e contra
          o sistema financeiro nacional 201
        Superior Tribunal de Justiça *206*
    1.16. Crimes de trânsito 208
    1.17. Estatuto do desarmamento e legislação correlata 209
        Superior Tribunal de Justiça *209*
    1.18. Crimes relativos a licitação 209
    1.19. Violência doméstica 210
        Superior Tribunal de Justiça *210*
    1.20. Outros crimes previstos em legislação extravagante 210
        Superior Tribunal de Justiça *214*

2. DIREITO PROCESSUAL PENAL ... 215

2.1. Fontes, princípios gerais, eficácia da lei processual no tempo e no espaço e interpretação ... 215
    Superior Tribunal de Justiça ... *218*
2.2. Inquérito policial ... 220
2.3. Ação penal ... 222
    Superior Tribunal de Justiça ... *229*
2.4. Jurisdição e competência; Conexão e continência ... 224
    Superior Tribunal de Justiça ... *229*
2.5. Questões e processos incidentes ... 234
2.6. Prova ... 234
    Superior Tribunal de Justiça ... *237*
2.7. Sujeitos processuais ... 241
2.8. Citação, intimação e prazos ... 242
    Superior Tribunal de Justiça ... *243*
2.9. Prisão, medidas cautelares e liberdade provisória ... 244
    Superior Tribunal de Justiça ... *246*
2.10. Processos e procedimentos ... 248
2.11. Processo dos crimes da competência do júri ... 249
    Superior Tribunal de Justiça ... *252*
2.12. Juizados especiais ... 257
2.13. Sentença, preclusão e coisa julgada ... 258
2.14. Processos especiais ... 261
2.15. Nulidades ... 262
    Superior Tribunal de Justiça ... *267*
2.16. Recursos ... 272
    Superior Tribunal de Justiça ... *278*
2.17. *Habeas corpus*, mandado de segurança e revisão criminal ... 279
2.18. Execução penal ... 284
    Superior Tribunal de Justiça ... *289*
2.19. Lei Maria da Penha – aspectos processuais ... 291
2.20. Legislação extravagante ... 292

ORIENTAÇÕES AO EXAMINANDO

1. Provimento 144/11: o Novo Exame de Ordem

O Conselho Federal da OAB publicou, em 13/06/2011, o Provimento 144/2011, que estabelece as novas normas e diretrizes de Ordem.

Confira o texto integral do provimento:

PROVIMENTO N° 144, de 13 de junho de 2011.
Dispõe sobre o Exame de Ordem.
O **CONSELHO FEDERAL DA ORDEM DOS ADVOGADOS DO BRASIL**, no uso das atribuições que lhe são conferidas pelos arts. 8°, § 1°, e 54, V, da Lei n. 8.906, de 4 de julho de 1994 – Estatuto da Advocacia e da OAB, tendo em vista o decidido nos autos da Proposição n. 2011.19.02371-02,
RESOLVE:

CAPÍTULO I
DO EXAME DE ORDEM

Art. 1°: O Exame de Ordem é preparado e realizado pelo Conselho Federal da Ordem dos Advogados do Brasil - CFOAB, mediante delegação dos Conselhos Seccionais.
§ 1°: A preparação e a realização do Exame de Ordem poderão ser total ou parcialmente terceirizadas, ficando a cargo do CFOAB sua coordenação e fiscalização.
§ 2°: Serão realizados 03 (três) Exames de Ordem por ano.

CAPÍTULO II
DA COORDENAÇÃO NACIONAL DE EXAME DE ORDEM

Art. 2°: É criada a Coordenação Nacional de Exame de Ordem, competindo-lhe organizar o Exame de Ordem, elaborar seu edital e zelar por sua boa aplicação, acompanhando e supervisionando todas as etapas de sua preparação e realização, bem como apreciar a arguição de nulidade de questões, deliberar a esse respeito e homologar as decisões pertinentes.
Parágrafo único. A Coordenação Nacional de Exame de Ordem será designada pelo Presidente do CFOAB, respeitada a proporcionalidade entre as Regiões do País, e será composta por:
I – 01 (um) membro da Diretoria do CFOAB, que a presidirá;
II – 01 (um) membro da Comissão Nacional de Exame de Ordem;
III – 01 (um) membro da Comissão Nacional de Educação Jurídica;
IV – 02 (dois) Presidentes de Comissão de Estágio e Exame de Ordem de Conselhos Seccionais da OAB;
V – 03 (três) Presidentes de Conselhos Seccionais da OAB.

CAPÍTULO III
DA COMISSÃO NACIONAL DE EXAME DE ORDEM, DA COMISSÃO NACIONAL DE EDUCAÇÃO JURÍDICA, DO COLÉGIO DE PRESIDENTES DE COMISSÕES DE ESTÁGIO E EXAME DE ORDEM E DAS COMISSÕES DE ESTÁGIO E EXAME DE ORDEM.

Art. 3º: À Comissão Nacional de Exame de Ordem e à Comissão Nacional de Educação Jurídica compete atuar como órgãos consultivos e de assessoramento da Diretoria do CFOAB.

Art. 4º: Ao Colégio de Presidentes de Comissões de Estágio e Exame de Ordem compete atuar como órgão consultivo e de assessoramento da Coordenação Nacional de Exame de Ordem.

Art. 5º : Às Comissões de Estágio e Exame de Ordem dos Conselhos Seccionais compete fiscalizar a aplicação da prova e verificar o preenchimento dos requisitos exigidos dos examinandos quando dos pedidos de inscrição, assim como difundir as diretrizes e defender a necessidade do Exame de Ordem.

CAPÍTULO IV
DOS EXAMINANDOS

Art. 6º: A aprovação no Exame de Ordem é requisito necessário para a inscrição nos quadros da OAB como advogado, nos termos do art. 8º, IV, da Lei n.º 8.906/1994.

Parágrafo único. Ficam dispensados do Exame de Ordem os postulantes oriundos da Magistratura e do Ministério Público e os bacharéis alcançados pelo art. 7º da Resolução n. 02/1994, da Diretoria do CFOAB.

Art. 7º: O Exame de Ordem é prestado por bacharel em Direito, ainda que pendente sua colação de grau, formado em instituição regularmente credenciada.

§ 1º: É facultado ao bacharel em Direito que detenha cargo ou exerça função incompatível com a advocacia prestar o Exame de Ordem, ainda que vedada a sua inscrição na OAB.

§ 2º: Poderá prestar o Exame de Ordem o portador de diploma estrangeiro que tenha sido revalidado na forma prevista no art. 48, § 2º, da Lei n. 9.394, de 20 de dezembro de 1996.

§ 3º: Poderão prestar o Exame de Ordem os estudantes de Direito do último ano do curso ou do nono e décimo semestres.

CAPÍTULO V
DA BANCA EXAMINADORA E DA BANCA RECURSAL

Art. 8º : A Banca Examinadora da OAB será designada pelo Presidente do CFOAB, competindo-lhe atuar em conjunto com a pessoa jurídica contratada para a preparação e realização das provas, bem como homologar os seus gabaritos.

Art. 9º: A Banca Recursal da OAB será designada pelo Presidente do CFOAB, competindo-lhe julgar, privativamente e em caráter irrecorrível, os recursos interpostos pelos examinandos.

§ 1º: É vedada, no mesmo certame, a participação de membro da Banca Examinadora na Banca Recursal.

§ 2º: Aos Conselhos Seccionais da OAB são vedadas a correção e a revisão das provas.

Art. 10. É vedada a participação de professores de cursos preparatórios para Exame de Ordem, bem como de parentes de examinandos, até o quarto grau, na Coordenação Nacional, na Banca Examinadora e na Banca Recursal.

CAPÍTULO VI
DAS PROVAS

Art. 11. O Exame de Ordem, conforme estabelecido no edital do certame, será composto de 02 (duas) provas:

I - prova objetiva, sem consulta, de caráter eliminatório;

II - prova prático-profissional, permitida, exclusivamente, a consulta à legislação, súmulas, enunciados, orientações jurisprudenciais e precedentes normativos sem qualquer anotação ou comentário, na área de opção do examinando, composta de 02 (duas) partes distintas:

a) redação de peça profissional;
b) questões práticas, sob a forma de situações-problema.

§ 1°: A prova objetiva conterá no máximo 80 (oitenta) questões de múltipla escolha, sendo exigido o mínimo de 50% (cinquenta por cento) de acertos para habilitação à prova prático-profissional, vedado o aproveitamento do resultado nos exames seguintes.

§ 2°: Será considerado aprovado o examinando que obtiver, na prova prático-profissional, nota igual ou superior a 06 (seis) inteiros, vedado o arredondamento.

§ 3°: O conteúdo das provas do Exame de Ordem contemplará as disciplinas do Eixo de Formação Profissional, de Direitos Humanos, do Estatuto da Advocacia e da OAB e seu Regulamento Geral e do Código de Ética e Disciplina, podendo contemplar disciplinas do Eixo de Formação Fundamental.

§ 4°: A prova objetiva conterá, no mínimo, 15% (quinze por cento) de questões versando sobre Estatuto da Advocacia e da OAB e seu Regulamento Geral, Código de Ética e Disciplina e Direitos Humanos.

CAPÍTULO VII
DAS DISPOSIÇÕES FINAIS

Art. 12. O examinando prestará o Exame de Ordem no Conselho Seccional da OAB da unidade federativa na qual concluiu o curso de graduação em Direito ou na sede do seu domicílio eleitoral.

Parágrafo único. Uma vez acolhido requerimento fundamentado, dirigido à Comissão de Estágio e Exame de Ordem do Conselho Seccional de origem, o examinando poderá realizar as provas em localidade distinta daquela estabelecida no *caput*.

Art. 13. A aprovação no Exame de Ordem será declarada pelo CFOAB, cabendo aos Conselhos Seccionais a expedição dos respectivos certificados.

§ 1°: O certificado de aprovação possui eficácia por tempo indeterminado e validade em todo o território nacional.

§ 2°: O examinando aprovado somente poderá receber seu certificado de aprovação no Conselho Seccional onde prestou o Exame de Ordem, pessoalmente ou por procuração.

§ 3°: É vedada a divulgação de nomes e notas de examinados não aprovados.

Art. 14. Fica revogado o Provimento n. 136, de 19 de outubro de 2009, do Conselho Federal da Ordem dos Advogados do Brasil.

Art. 15. Este Provimento entra em vigor na data de sua publicação, revogadas as disposições em contrário.

Brasília, 13 de junho de 2011.

Ophir Cavalcante Junior
Presidente
Marcus Vinicius Furtado Coêlho
Conselheiro Federal - Relator

2. Pontos a serem destacados no edital do exame

2.1. Materiais/procedimentos permitidos e proibidos

O Edital do Exame Unificado da OAB vem adotando as seguintes regras em relação aos materiais:

Materiais/Procedimentos permitidos

- Legislação não comentada, não anotada e não comparada.
- Códigos.

- Leis de Introdução dos Códigos.
- Instruções Normativas.
- Índice remissivo.
- Exposição de Motivos.
- Súmulas.
- Enunciados.
- Orientações Jurisprudenciais.
- Regimento Interno.
- Resoluções dos Tribunais.
- Simples utilização de marca-texto, traço ou simples remissão a artigos ou a lei.
- Separação de códigos por cores, marcador de página, *post-it* com remissão apenas a artigo ou a lei, clipes ou similares.

Materiais/Procedimentos **proibidos**

- Códigos comentados, anotados ou comparados.
- Jurisprudências.
- Anotações pessoais, manuscritas, impressas ou transcrições.
- Cópias reprográficas (xerox).
- Impressos da internet.
- Informativos de Tribunais.
- Livros de Doutrina, revistas, apostilas e anotações.
- Dicionários ou qualquer outro material de consulta.
- Legislação comentada, anotada ou comparada.
- Súmulas, Enunciados e Orientações Jurisprudenciais comentadas, anotadas ou comparadas.

Os examinandos deverão comparecer no dia de realização da prova prático-profissional já com os textos de consulta com as partes não permitidas devidamente isoladas por grampo ou fita adesiva de modo a impedir sua utilização, sob pena de não poder consultá-los.

O examinando que descumprir as regras quanto à utilização de material proibido terá suas provas anuladas e será automaticamente eliminado do Exame.

Por fim, é importante que o examinando leia sempre o edital publicado, pois tais regras podem sofrer algumas alterações a cada exame.

2.2. Legislação nova e legislação revogada

Segundo o edital do exame, "legislação com entrada em vigor após a data de publicação deste edital, bem como alterações em dispositivos legais e normativos a ele posteriores não serão objeto de avaliação nas provas do Exame de Ordem".

Repare que há dois marcos: a) data da entrada em vigor da lei (não é a data da publicação da lei, mas a data em que esta entra em vigor); b) data da publicação do edital.

Portanto, atente para esse fato quando for estudar.

2.3. Critérios de correção

Quando você estiver redigindo qualquer questão, seja um exercício prático (questão discursiva), seja uma peça prático-profissional (peça), lembre-se de que serão levados em conta, para os dois casos, os seguintes critérios previstos no Edital:

a) adequação das respostas ao problema apresentado;
  - peça inadequada (inepta, procedimento errado): nota zero;
  - resposta incoerente ou ausência de texto: nota zero;

b) vedação de identificação do candidato;
  - o caderno de textos definitivos não poderá ser assinado, rubricado ou conter qualquer palavra ou marca que o identifique em outro local que não o apropriado (capa do caderno), sob pena de ser anulado;

c) prova deve ser manuscrita, em letra legível, com caneta esferográfica de tinta azul ou preta;
  - letra ilegível: nota zero;

d) respeito à extensão máxima;
  - 150 linhas na peça processual / 30 linhas em cada questão;
  - fragmento de texto fora do limite: será desconsiderado;

e) respeito à ordem de transcrição das respostas;

f) caso a prova exija assinatura, deve-se usar:
  ADVOGADO...
  - Penas para o desrespeito aos itens "e" e "f": nota zero;

g) nas peças/questões, examinando deve incluir todos dados necessários, sem identificação e com o nome do dado seguido de reticências:
  - Ex: Município..., Data..., OAB...;
  - Omissão de dados: descontos na pontuação;

Por outro lado, apesar de não previstos textualmente no edital, temos percebido que a examinadora tem adotando, também, os seguintes critérios:

a) objetividade;
  - as respostas devem ser claras, com frases e parágrafo curtos, e sempre na ordem direta;

b) organização;
  - as respostas devem ter começo, meio e fim; um tema por parágrafo; e divisão em tópicos (na peça processual);

c) coesão textual;
  - um parágrafo deve ter ligação com o outro; assim, há de se usar os conectivos (dessa forma, entretanto, assim, todavia...);

d) correção gramatical;
- troque palavras que você não conheça, por palavras que você conheça;
- leia o texto que você escreveu;

e) quantidade de fundamentos;
- Cite a premissa maior (lei), a premissa menor (fato concreto) e chegue a uma conclusão (subsunção do caso à norma e sua aplicação);
- Traga o maior número de fundamentos pertinentes; há questões que valem 1,25 pontos, sendo 0,25 para cada fundamento trazido; o examinando que fundamenta sua resposta num ponto só acaba por tirar nota 0,25 numa questão desse tipo;
- Tempestade de ideias; criatividade; qualidade + quantidade;

f) indicação do nome do instituto jurídico aplicável e/ou do princípio aplicável;

g) indicação do dispositivo legal aplicável;
- Ex: para cada fundamento usando pelo examinando, é NECESSÁRIO citar o dispositivo legal em que se encontra esse fundamento, sob pena de perder até 0,5 ponto, a depender do caso;

h) indicação do entendimento doutrinário aplicável;

i) indicação do entendimento jurisprudencial aplicável;

j) indicação das técnicas interpretativas;
- Ex: interpretação sistemática, teleológica etc.

3. Dicas de como estudar

3.1. Tenha calma

Em primeiro lugar, é preciso ter bastante calma. Quem está para fazer a 2ª fase do Exame de Ordem já está, literalmente, com meio caminho andado.

A diferença é que, agora, você não terá mais que saber uma série de informações sobre as mais de quinze principais disciplinas do Direito cobradas na 1ª fase. Agora você fará uma prova delimitada, na qual aparecem questões sobre um universo muito menor que o da 1ª fase.

Além disso, há a possibilidade de consultar a legislação no momento da prova. Ah, mas antes era possível consultar qualquer livro, você diria. Pois é. Mas isso deixava muitos examinandos perdidos. Primeiro porque não sabiam o que comprar, o que levar e isso gerava estresse, além de um estrago orçamentário. Segundo porque, na hora da prova, eram tantos livros, tantas informações, que não se sabia o que fazer, por onde atacar, o que levava a uma enorme perda de tempo, comprometendo o bom desempenho no exame. E mais, o examinando deixava de fazer o mais importante, que é conhecer e usar a lei. Vi muitas provas em que o examinando só fazia citações doutrinárias, provas essas que, se tivessem feito menção às palavras-chave (aos institutos jurídicos pertinentes) e aos dispositivos legais mencionados no Padrão de Resposta da examinadora, fariam com que o examinando fosse aprovado. Mas a preocupação em arrumar a melhor citação era tão grande que se deixava de lado o mais importante, que é a lei e os consequentes fundamentos jurídicos.

Então, fica a lembrança de que você fará um exame com temas delimitados e com a possibilidade, ainda, de contar com o apoio da lei na formulação de suas respostas, e esses são fatores muito positivos, que devem te dar tranquilidade. Aliás, você já é uma pessoa de valor, um vencedor, pois não anda fácil ser aprovado na 1ª, e você conseguiu isso.

3.2. Tenha em mãos todos os instrumentos de estudo e treinamento

Uma vez acalmado o ânimo, é hora de separar os materiais de estudo e de treinamento.

Você vai precisar dos seguintes materiais:

a) todos os exercícios práticos de provas anteriores do Exame Unificado da OAB **(contidos neste livro)**;

b) todas as peças práticas de provas anteriores da Exame Unificado da OAB **(contidas neste livro)**;

c) resolução teórica e prática de todos os exercícios e peças mencionadas **(contida neste livro)**;

d) todos os informativos com os principais julgamentos dos Tribunais Superiores do último ano **(contidos neste livro)**;

e) todas as súmulas da sua área de concentração **(contidas neste livro)**;

f) explicação teórica e modelo das principais peças processuais da sua área de concentração **(contidos neste livro)**;

g) doutrina de qualidade sobre o direito material e o direito processual de sua área de escolha; nesse sentido recomendamos o livro "Super-Revisão", da Editora Foco (www.editorafoco.com.br); você também pode usar outros livros de apoio, podendo ser um livro que você já tenha da sua área.

h) Vademecum ou coletâneas de legislação, além de leis impressas que não estiverem no livro de legislação que tiver adquirido.

3.3. 1º Passo – Leitura dos enunciados das provas anteriores

A primeira providência que deve tomar é ler todos os exercícios e todas as peças já cobradas pelo Exame Unificado da OAB. Nesse primeiro momento não leia as resoluções teóricas dessas questões.

Repito: leia apenas os **enunciados** dos exercícios e das peças práticas. A ideia é que você tenha um "choque de realidade", usando uma linguagem mais forte. Numa linguagem mais adequada, eu diria que você, ao ler os enunciados das questões da 2ª fase, ficará **ambientado com o tipo de prova** e também ficará com as **"antenas" ligadas sobre o tipo de estudo** que fará das peças, da jurisprudência e da doutrina.

3.4. 2º Passo – Reconhecimento das leis

Logo após a leitura dos enunciados das questões das provas anteriores, **separe** o livro de legislação que vai usar e todas as leis que serão necessárias para levar no exame e **faça um bom reconhecimento** desse material.

Quando chegar o dia da prova, você deverá estar bem íntimo desse material. A ideia, aqui, não é ler cada artigo da lei, mas sim conhecer as leis materiais e processuais pertinentes, atentando-se para seus capítulos e suas temáticas. Leia o sumário dos códigos. Leia o nome dos capítulos e seções das leis que não estão dentro de um código. Procure saber como é dividida cada lei. Coloque marcações nas principais leis. Dê uma olhada no índice remissivo dos códigos e procure se ambientar com ele.

Os dois primeiros passos devem durar, no máximo, um dia estudo.

3.5. 3º Passo – Estudo holístico dos exercícios práticos (questões discursivas)

Você deve ter reparado que as questões discursivas presentes neste livro estão classificadas por temas de direito material e de direito processual.

Deve ter reparado também que as súmulas e os informativos de jurisprudência deste livro estão separados por temas de direito material e de direito processual.

E você deve lembrar que é fundamental ter à sua disposição, além das questões e da jurisprudência que estão no livro, um bom livro de doutrina de sua área e uma coletânea de leis.

Muito bem. Agora sua tarefa é fazer cada questão discursiva (não é a *peça prática*; trata-se do *exercício prático*), uma a uma.

Primeiro leia o enunciado da questão e tente fazê-lo sozinho, como se estivesse no dia da prova. Use apenas a legislação. E não se esqueça de utilizar os **índices**!!!

Antes de fazer cada questão, é muito importante coletar todas as informações que você tem sobre o tema e que conseguiu extrair da lei.

Num primeiro momento, seu trabalho vai ser de "tempestade de ideias". Anote no rascunho tudo que for útil para desenvolver a questão, tais como dispositivos legais, princípios, entendimentos doutrinários que conhecer, entendimentos jurisprudenciais, técnicas interpretativas que pode citar etc.

Depois da tempestade de ideias, agrupe os pontos que levantou, para que sejam tratados de forma ordenada, e crie um esqueleto de resposta. Não é para fazer um rascunho da resposta e depois copiá-lo. A ideia é que faça apenas um esqueleto, um esquema para que, quando estiver escrevendo a resposta, você o faça de modo bem organizado e não esqueça ponto algum.

Quando terminar de escrever uma resposta (e somente depois disso), leia a resolução da questão que está no livro e anote no papel onde escreveu sua resposta **o que faltou nela**. Anote os fundamentos que faltaram e também a eventual falta de organização de ideias e eventuais outras falhas que identificar. Nesse momento, tenha autocrítica. A ideia é você cometer cada vez menos erros a cada exercício. Depois de ler a resolução da questão presente neste livro, deverá buscar na legislação cada lei citada em nosso comentário. Leia os dispositivos citados por nós e aproveite também para conferir os dispositivos legais que têm conexão com o assunto.

Em seguida, pegue seu livro de doutrina de referência e leia o capítulo referente àquela temática.

Por fim, você deve ler todas as súmulas e precedentes jurisprudenciais referentes àquela temática, que estão devidamente classificados neste livro.

Faça isso com todas as questões discursivas (*exercícios práticos*). E anote nos livros (neste livro e no livro de doutrina de referência) tudo o que você já tiver lido. Com essa providência você já estará se preparando tanto para os *exercícios práticos* como para a *peça prática, só* não estará estudando os modelos de peça.

Ao final desse terceiro passo seu *raciocínio jurídico* estará bastante apurado, com um bom *treinamento da escrita* e também com um bom conhecimento da *lei*, da *doutrina* e da *jurisprudência*.

3.6. 4° Passo – Estudo holístico das peças práticas (peças prático-profissionais)

Sua tarefa, agora, é resolver todas as peças práticas que já apareceram no Exame Unificado da OAB.

Primeiro leia o enunciado do problema que pede a realização da peça prática e tente fazê-la sozinho, como se estivesse fazendo a prova. Mais uma vez use apenas a legislação. Não se esqueça de fazer a "tempestade de ideias" e o esqueleto.

Terminado o exercício, você vai ler a resolução da questão e o modelo da peça trazido no livro e anotará no papel onde escreveu sua resposta o que faltou nela. Anote os fundamentos que faltaram, a eventual falta de organização de ideias, dentre outras falhas que perceber. Lembre-se da importância da autocrítica.

Agora você deve buscar na legislação cada lei citada no comentário trazido neste livro. Leia os dispositivos citados e aproveite, mais uma vez, para ler os dispositivos legais que têm conexão com o assunto.

Em seguida, leia a jurisprudência que consta do presente livro e o livro de doutrina de sua confiança, com o objetivo de rememorar os temas que apareceram naquela peça prática, tanto na parte de direito material, como na parte de direito processual.

Faça isso com todas as peças práticas. E continue anotando nos livros tudo o que já tiver lido.

Ao final desse terceiro passo você sairá com o *raciocínio jurídico* ainda mais apurado, com uma melhora substancial na *sua escrita* e também com ótimo conhecimento da *lei*, da *doutrina* e da *jurisprudência*.

3.7. 5° Passo – Verificar o que faltou

Sua tarefa, agora, é verificar o que faltou. Leia os temas doutrinários que ainda não foram lidos, por não terem relação alguma com as questões resolvidas neste livro. Confira também as súmulas e os informativos de jurisprudência que restaram. Se você fizer a marcação do que foi e do que não foi lido, não haverá problema em identificar o que está faltando. Faça a marcação com um lápis. Poder ser um "x" ao lado de cada precedente jurisprudencial lido e, quanto ao livro de doutrina, faça um "x" nos temas que estão no índice do livro. Nos temas mais importantes pode fazer um "x" e um círculo. Isso permitirá que você faça uma leitura dinâmica mais perto da prova, apenas para relembrar esses pontos.

Leia também as demais peças processuais que se encontram no livro e reserve o tempo restante para pesquisa de jurisprudência de anos anteriores e treinamento, muito treinamento. Para isso, reescreva as peças que já fez até chegar ao ponto em que sentir que pegou o jeito.

3.8. Dicas finais para resolver os problemas

Em resumo, recomendamos que você resolva as questões e as peças no dia da prova usando as seguintes técnicas:

a) leia o enunciado pelo menos duas vezes, a primeira para ter ideia do todo e a segunda para anotar os detalhes;

b) anote as informações, perguntas e solicitações feitas no enunciado da questão;
   - Ex: qual é o vício? / fundamente / indique o dispositivo legal;

c) busque a resposta nas leis relacionadas;

d) promova uma tempestade de ideias e ANOTE TUDO o que for relacionado;
   - Ex: leis, princípios, doutrina, jurisprudência, fundamentos, exemplos etc;

e) agrupe as ideias e crie um esqueleto de resposta, respondendo às perguntas e solicitações feitas;

f) redija;

g) revise o texto, buscando erros gramaticais.

3.9. Dicas finais para o dia da prova

Por fim, lembre-se que você está na reta final para a sua prova. Falta pouco. Avise aos familiares e amigos que neste último mês de preparação você estará um pouco mais ausente. Peça ajuda nesse sentido. E lembre-se também de que seu esforço será recompensado.

No dia da prova, tome os seguintes cuidados:

a) chegue com muita antecedência;
   - o Edital costuma determinar o comparecimento com antecedência mínima de uma 1 hora e 30 minutos do horário de início;

b) leve mais de uma caneta permitida;
   - a caneta deve ser azul ou preta, fabricada em material transparente;
   - não será permitido o uso de borracha e corretivo;

c) leve comprovante de inscrição + documento original de identidade, com foto;

d) leve água e chocolate;

e) se ficar nervoso: se você for religioso, faça uma oração antes de iniciar a prova; outra providência muito boa, havendo ou não religiosidade, é você fazer várias respirações profundas, de olhos fechados. Trata-se de uma técnica milenar para acalmar e concentrar. Além disso, antes de ir para a prova, escute suas músicas preferidas, pois isso acalma a dá um ânimo bom.

No mais, tenha bastante foco, disciplina, perseverança e fé!

Tenho certeza de que tudo dará certo.

Wander Garcia
Coordenador da Coleção

EXERCÍCIOS PRÁTICOS

1. DIREITO PENAL

1.1. Fontes, princípios e aplicação da lei penal

(OAB/Exame Unificado – 2006.2 – 2ª fase) Considere que Júlio tenha subtraído, para si, de uma loja de um shopping, um boné no valor de R$ 42,00. Diante dessa situação, redija um texto, de forma fundamentada, discutindo se a conduta de Júlio constitui crime de furto. Aborde, em seu texto, o conceito de tipicidade conglobante. extensão máxima: 30 linhas

RESOLUÇÃO DA QUESTÃO

Em princípio, a conduta praticada por Júlio não constitui crime de furto, capitulado no art. 155 do Código Penal.

Trata-se, sim, de *infração bagatelar*. Aplica-se, por conta disso, o princípio da insignificância ou de bagatela, que tem como consequência a exclusão da tipicidade material. Não há, nesse caso, que se falar em crime.

De qualquer forma, para o reconhecimento da infração bagatelar, é de suma importância a análise das circunstâncias que envolvem o caso concreto, levando-se em conta os requisitos consagrados na jurisprudência, a saber: a mínima ofensividade da conduta do agente; a nenhuma periculosidade social da ação; o reduzidíssimo grau de reprovabilidade do comportamento; e a inexpressividade da lesão jurídica provocada.

Para a teoria da tipicidade conglobante, é insuficiente a correspondência formal da conduta ao tipo penal.

É necessário, também, que a conduta seja contrária ao direito como um todo.

Não se está diante de um fato típico se a conduta é autorizada, por exemplo, pelo Direito Administrativo.

Comentários adicionais:

Nesse sentido, os seguintes acórdãos:

EMENTA: PRINCÍPIO DA INSIGNIFICÂNCIA - IDENTIFICAÇÃO DOS VETORES CUJA PRESENÇA LEGITIMA O RECONHECIMENTO DESSE POSTULADO DE POLÍTICA CRIMINAL - CONSEQUENTE DESCARACTERIZAÇÃO DA

TIPICIDADE PENAL EM SEU ASPECTO MATERIAL - DELITO DE FURTO - "RES FURTIVA" (UM SIMPLES BONÉ) NO VALOR DE R$ 10,00 - DOUTRINA - CONSIDERAÇÕES EM TORNO DA JURISPRUDÊNCIA DO SUPREMO TRIBUNAL FEDERAL - MERA EXISTÊNCIA DE INQUÉRITOS OU DE PROCESSOS PENAIS AINDA EM CURSO - AUSÊNCIA DE CONDENAÇÃO PENAL IRRECORRÍVEL - PRINCÍPIO CONSTITUCIONAL DA NÃO-CULPABILIDADE (CF, ART. 5º, LVII) - PEDIDO DEFERIDO. O PRINCÍPIO DA INSIGNIFICÂNCIA QUALIFICA-SE COMO FATOR DE DESCARACTERIZAÇÃO MATERIAL DA TIPICIDADE PENAL. - O princípio da insignificância - que deve ser analisado em conexão com os postulados da fragmentariedade e da intervenção mínima do Estado em matéria penal - tem o sentido de excluir ou de afastar a própria tipicidade penal, examinada na perspectiva de seu caráter material. Doutrina. Tal postulado - que considera necessária, na aferição do relevo material da tipicidade penal, a presença de certos vetores, tais como (a) a mínima ofensividade da conduta do agente, (b) a nenhuma periculosidade social da ação, (c) o reduzidíssimo grau de reprovabilidade do comportamento e (d) a inexpressividade da lesão jurídica provocada - apoiou-se, em seu processo de formulação teórica, no reconhecimento de que o caráter subsidiário do sistema penal reclama e impõe, em função dos próprios objetivos por ele visados, a intervenção mínima do Poder Público. O POSTULADO DA INSIGNIFICÂNCIA E A FUNÇÃO DO DIREITO PENAL: "DE MINIMIS, NON CURAT PRAETOR". - O sistema jurídico há de considerar a relevantíssima circunstância de que a privação da liberdade e a restrição de direitos do indivíduo somente se justificam quando estritamente necessárias à própria proteção das pessoas, da sociedade e de outros bens jurídicos que lhes sejam essenciais, notadamente naqueles casos em que os valores penalmente tutelados se exponham a dano, efetivo ou potencial, impregnado de significativa lesividade. O direito penal não se deve ocupar de condutas que produzam resultado cujo desvalor - por não importar em lesão significativa a bens jurídicos relevantes - não represente, por isso mesmo, prejuízo importante, seja ao titular do bem jurídico tutelado, seja à integridade da própria ordem social. A MERA EXISTÊNCIA DE INVESTIGAÇÕES POLICIAIS (OU DE PROCESSOS PENAIS EM ANDAMENTO) NÃO BASTA, SÓ POR SI, PARA JUSTIFICAR O RECONHECIMENTO DE QUE O RÉU NÃO POSSUI BONS ANTECEDENTES. - A só existência de inquéritos policiais ou de processos penais, quer em andamento, quer arquivados, desde que ausente condenação penal irrecorrível - além de não permitir que, com base neles, se formule qualquer juízo de maus antecedentes -, também não pode autorizar, na dosimetria da pena, o agravamento do "status poenalis" do réu, nem dar suporte legitimador à privação cautelar da liberdade do indiciado ou do acusado, sob pena de transgressão ao postulado constitucional da não-culpabilidade, inscrito no art. 5º, inciso LVII, da Lei Fundamental da República. (HC 84687, embranco, STF)

HABEAS CORPUS. FURTO QUALIFICADO DE UM BONÉ. PRINCÍPIO DA INSIGNIFICÂNCIA. APLICABILIDADE. MÍNIMO DESVALOR DA AÇÃO. BEM SUBTRAÍDO RESTITUÍDO À VITIMA. IRRELEVÂNCIA DA CONDUTA NA ESPERA PENAL. PRECEDENTES DO SUPREMO TRIBUNAL FEDERAL. 1. A conduta perpetrada pelo agente – furto qualificado de uma boné, que foi recuperado pela vítima no mesmo dia –, insere-se na concepção doutrinária e jurisprudencial de crime de bagatela. 2. Em caso de furto, para considerar que o fato não lesionou o bem jurídico jurídico tutelado pela norma, excluindo a tipicidade penal, deve-se conjugar o dano ao patrimônio da vítima com a mínima periculosidade social e o reduzido grau de reprovabilidade do comportamento do agente, elementos que estão presentes na espécie, porque o desvalor da ação é mínimo e o fato não causou qualquer consequência danosa. 3. Precedentes do Supremo Tribunal Federal. 4. Ordem concedida para anular a decisão condenatória. (HC 200801871019, LAURITA VAZ, - QUINTA TURMA, 15/12/2008)

PENAL - HABEAS CORPUS - FURTO DE UM BONÉ – VALOR DE R$ 50,00 – OBJETO RESTITUÍDO À VÍTIMA - REINCIDÊNCIA – APLICAÇÃO DO PRINCÍPIO DA INSIGNIFICÂNCIA OU BAGATELA – POSSIBILIDADE – IRRELEVÂNCIA DA REINCIDÊNCIA E DOS MAUS ANTECEDENTES. PRINCÍPIO DA NECESSARIEDADE DA PENA – ORDEM CONCEDIDA PARA RECONHECER A ATIPICIDADE DA CONDUTA. 1- Se o bem tutelado nem mesmo chegou a ser ofendido, nem há relevância na conduta praticada, o princípio da insignificância deve ser aplicado, afastando-se a tipicidade. 2- A aplicação dos princípios da necessariedade e da suficiência afasta a fixação de pena que se mostra excessiva para reprimir conduta irrelevante. 3- Maus antecedentes e reincidência não impedem a aplicação do princípio da bagatela. 4- Ordem concedida para absolver o paciente pelo reconhecimento da atipicidade de sua conduta. Expedido alvará de soltura, salvo prisão por outro motivo. (HC 200703000368, JANE SILVA (DESEMBARGADORA CONVOCADA DO TJ/MG), - SEXTA TURMA, 25/08/2008)

(OAB/Exame Unificado – 2009.2 – 2ª fase) Divino foi condenado definitivamente à pena privativa de liberdade de 1 ano de detenção, pela prática do delito previsto no art. 16 da Lei nº 6.368/1976 (uso de substância entorpecente). Antes de se iniciar o cumprimento da pena, foi publicada a Lei nº 11.343/2006 (nova lei de drogas), na qual não está prevista pena privativa de liberdade para condutas análogas à praticada por Divino, mas, tão somente, as medidas previstas no art. 28. Nessa situação hipotética, que argumento jurídico o(a) advogado(a) de Divino poderia utilizar para pleitear a aplicação da nova lei? Qual seria o juízo competente para decidir sobre a referida aplicação? Fundamente ambas as respostas.

RESOLUÇÃO DA QUESTÃO

A lei penal, em consonância com o que estabelece o art. 5º, XL, da CF, não retroagirá, salvo em uma situação excepcional: *em benefício do réu*.

Dito de outro modo, a lei penal é, em regra, irretroativa, devendo, por conta disso, ser aplicada a lei em vigor no momento do fato (*tempus regit actum*).

O art. 2º do Código Penal estabelece as duas hipóteses em que a projeção de efeitos para o passado poderá ocorrer: *abolitio criminis* e *novatio legis in mellius*. Nesses dois casos, a norma penal só pode atingir fatos pretéritos se for em benefício do acusado.

O advento de lei penal mais favorável ao agente (*novatio legis in mellius*), como é o caso do art. 28 da Lei 11.343/06, faz com que ela projete seus efeitos para o passado, em vista do disposto no art. 2º, parágrafo único, do Código Penal: "a lei posterior, que de qualquer modo favorecer o agente, aplica-se aos fatos anteriores, ainda que decididos por sentença condenatória transitada em julgado".

De outro lado, é competente para decidir sobre a referida aplicação o juízo das execuções penais, conforme dispõem o art. 66, I, da Lei de Execução Penal e a Súmula 611 do STF.

Comentários adicionais:

A teor do art. 28 da Lei 11.343/06, aquele que *adquire, guarda, tem em depósito, transporta* ou *traz consigo*, para consumo pessoal, drogas sem autorização ou em desacordo com determinação legal ou regulamentar será submetido às seguintes penas: advertência sobre os efeitos das drogas; prestação de serviços à comunidade; e medida educativa de comparecimento a programa ou curso educativo. Não será mais aplicável ao usuário, a partir da edição da nova Lei de Drogas, a pena de prisão. A natureza jurídica do art. 28 da Lei 11.343/06 tem gerado polêmica na doutrina. Para a 1ª Turma do STF, o dispositivo tem natureza de crime, e o usuário é um "toxico delinquente" (RE 430.105-9-RJ, Rel. Min. Sepúlvida Pertence, j. 13.2.2007). De qualquer forma, não deve restar dúvida de que o novo panorama legislativo alterou, para melhor, o tratamento dado ao usuário.

No que toca à *abolitio criminis* (art. 2º, *caput*, do CP), esta ocorrerá sempre que uma lei nova deixar de considerar crime determinado fato até então criminoso. É, por força do que dispõe o art. 107, III, do CP, *causa de extinção da punibilidade*, que pode ser arguida e reconhecida a qualquer tempo, mesmo no curso da execução da pena. Além disso, tem o condão de fazer cessar a execução e os efeitos penais da sentença condenatória. Os efeitos extrapenais, todavia, subsistem (art. 2º, *caput*, do CP).

1.2. Teoria do crime

(OAB/Exame Unificado – 2004 – 2ª fase) Murilo, com intenção de matar Rodolfo, desferiu cinco facadas contra a região torácica deste. Posteriormente, com intenção de ocultar o cadáver para que o crime não fosse descoberto, jogou o corpo em um rio próximo ao local do fato. Em posterior exame de corpo de delito, constatou-se que Rodolfo não falecera em razão das facadas, mas sim do afogamento. Discorra acerca da conduta de Murilo e tipifique-a. No seu texto, discorra, necessariamente, a respeito das justificativas para a tipificação adotada.

RESOLUÇÃO DA QUESTÃO

Está-se diante do chamado *dolo geral, erro sucessivo* ou *aberratio causae*. O agente, aqui, desfere cinco facadas contra a vítima, que desfalece; ele pensa que ela já morreu e, com o propósito de ocultar seu cadáver, joga-o em um rio próximo ao local do fato. Como defende a maior parte da doutrina, tendo em conta a perfeita correspondência entre o que queria fazer e o que efetivamente fez, deve responder por homicídio qualificado consumado (art. 121, § 2º, III, do CP).

Não será responsabilizado pelo crime de ocultação de cadáver na medida em que, no instante em que foi lançada ao rio, a vítima estava viva. Não havia, pois, àquela altura, cadáver.

Trata-se de tema sobremaneira polêmico na doutrina, havendo quem entenda ser o caso de o agente responder por tentativa de homicídio seguida de homicídio culposo.

(OAB/Exame Unificado – 2006.1 – 2ª fase) Um terrorista internacional queria causar a morte de uma importante autoridade pública. Sabendo, antecipadamente, que a vítima faria uma viagem de cunho político, colocou um explosivo no avião em que essa autoridade seria transportada. O explosivo foi detonado quando a aeronave já havia decolado. Em consequência, ocorreu a morte da autoridade pública e de todas as pessoas que estavam no referido vôo. Diante dos fatos descritos na situação hipotética acima, redija um texto em que indique qual a espécie de dolo do agente relativamente à autoridade pública e às demais pessoas que estavam a bordo do avião. Fundamente sua resposta e aborde as espécies de dolo reconhecidas pela doutrina. extensão máxima: 60 linhas

RESOLUÇÃO DA QUESTÃO

Nos termos do art. 18, I, do Código Penal, há dolo quando o agente quer o resultado ou quando assume o risco de produzi-lo.

São espécies de dolo: *dolo direto de primeiro grau*, que é aquele que se refere ao objetivo principal almejado pelo sujeito ativo; *dolo direto de segundo grau*, que, por sua vez, é o que se refere às consequências secundárias, decorrentes dos meios escolhidos pelo autor para a prática da conduta; no *dolo eventual*, o agente, embora não queira o resultado, assume o risco de produzi-lo.

Podemos ainda mencionar outras modalidades de dolo.

Dolo alternativo é aquele em que o agente deseja um ou outro resultado.

Dolo natural é o dolo acolhido pela teoria finalista (sem a consciência da ilicitude); *dolo normativo* é o dolo da teoria clássica.

Dolo de dano é a vontade dirigida à efetiva lesão ao bem jurídico; *dolo de perigo* é a vontade de expor a risco o bem tutelado.

Na situação hipotética acima, o agente, terrorista internacional, ao colocar um explosivo no avião em que viajaria a autoridade pública cuja morte era por ele desejada, agiu, em relação a esta, com dolo *direto de primeiro grau*, já que sua morte era o objetivo principal a ser alcançado pelo terrorista.

Quanto às demais pessoas que estavam a bordo do avião, a morte destas era decorrência inevitável e certa do meio escolhido pelo agente para alcançar o objetivo principal: a morte da autoridade pública. Dessa forma, em relação às demais pessoas que estavam no avião, o dolo do terrorista é *direto de segundo grau*.

Não há, aqui, que se falar em *dolo eventual* na medida em que os desdobramentos decorrentes do meio escolhido necessariamente iriam se verificar. Ainda que o avião decole com poucos passageiros a bordo, a morte da tripulação é inevitável, certa. O agente, dessa forma, agiu com menosprezo em relação à vida das demais pessoas.

(OAB/Exame Unificado – 2010.2 – 2ª fase) Pedro, almejando a morte de José, contra ele efetua disparo de arma de fogo, acertando-o na região torácica. José vem a falecer, entretanto, não em razão do disparo recebido, mas porque, com intenção suicida, havia ingerido dose letal de veneno momentos antes de sofrer a agressão, o que foi comprovado durante instrução processual. Ainda assim, Pedro foi pronunciado nos termos do previsto no artigo 121, *caput*, do Código Penal.

Na condição de Advogado de Pedro:

I. indique o recurso cabível;

II. o prazo de interposição;

III. a argumentação visando à melhoria da situação jurídica do defendido.

Indique, ainda, para todas as respostas, os respectivos dispositivos legais.

RESOLUÇÃO DA QUESTÃO

É cabível, neste caso, o recurso em sentido estrito (art. 581, IV, CPP), a ser interposto no prazo de cinco dias, conforme preceitua o art. 586 do CPP.

Deve-se buscar a desclassificação de crime consumado para tentado.

Isso porque o envenenamento a que se submeteu José, no intuito de dar cabo da própria vida, constitui a causa efetiva de sua morte, razão pela qual esta não pode ser atribuída a Pedro, que deverá responder por homicídio na modalidade tentada.

Dessa forma, o envenenamento, em relação ao disparo de arma de fogo, constitui uma causa preexistente absolutamente independente. Há, aqui, rompimento do nexo causal, já que o resultado decorre dessa causa independente preexistente, e não da conduta do agente.

Nos termos do art. 13, *caput*, do CP, o resultado só pode ser atribuído a quem lhe deu causa.

Gabarito comentado - Examinadora:

(i) – Recurso em Sentido Estrito, nos termos do artigo 581, IV, do Código de Processo Penal. (valor 0,2)

(ii) – 5 dias, nos termos do artigo 586, do Código de Processo Penal. (valor 0,2)

(iii) – deveria ser requerida a desclassificação de crime consumado para tentado, já que a ação de Pedro não deu origem a morte de José. Trata-se de hipótese de concausa absolutamente independente pré-existente. (valor 0,4)
Artigo 13, do Código Penal. (valor 0,2)

(OAB/Exame Unificado – 2010.3 – 2ª fase) Caio, professor do curso de segurança no trânsito, motorista extremamente qualificado, guiava seu automóvel tendo Madalena, sua namorada, no banco do carona. Durante o trajeto, o casal começa a discutir asperamente, o que faz com que Caio empreenda altíssima velocidade ao automóvel. Muito assustada, Madalena pede insistentemente para Caio reduzir a marcha do veículo, pois àquela velocidade não seria possível controlar o automóvel. Caio, entretanto, respondeu aos pedidos dizendo ser perito em direção e refutando qualquer possibilidade de perder o controle do carro. Todavia, o automóvel atinge um buraco e, em razão da velocidade empreendida, acaba se desgovernando, vindo a atropelar três pessoas que estavam na calçada, vitimando-as fatalmente. Realizada perícia de local, que constatou o excesso de velocidade, e ouvidos Caio e Madalena, que relataram à autoridade policial o diálogo travado entre o casal, Caio foi denunciado pelo Ministério Público pela prática do crime de homicídio na modalidade de dolo eventual, três vezes em concurso formal. Recebida a denúncia pelo magistrado da vara criminal vinculada ao Tribunal do Júri da localidade e colhida a prova, o Ministério Público pugnou pela pronúncia de Caio, nos exatos termos da inicial.

Na qualidade de advogado de Caio, chamado aos debates orais, responda aos itens a seguir, empregando os argumentos jurídicos apropriados e a fundamentação legal pertinente ao caso.

a) Qual(is) argumento(s) poderia(m) ser deduzidos em favor de seu constituinte? (Valor: 0,4)
b) Qual pedido deveria ser realizado? (Valor: 0,3)
c) Caso Caio fosse pronunciado, qual recurso poderia ser interposto e a quem a peça de interposição deveria ser dirigida? (Valor: 0,3)

RESOLUÇÃO DA QUESTÃO:

Caio não agiu com dolo eventual.

Isso porque, nesta modalidade de dolo, a vontade do agente não está dirigida à obtenção do resultado lesivo. Ele, em verdade, deseja outra coisa, mas, prevendo a possibilidade de o resultado ocorrer, revela-se indiferente e dá sequência à sua empreitada, assumindo o risco de causá-lo. O *dolo eventual* não deve ser confundido com a *culpa consciente*. Nesta, embora o agente tenha a previsão do resultado ofensivo, espera sinceramente que ele não ocorra. Ele não o deseja (dolo direito) tampouco assume o risco de produzi-lo (dolo eventual). É nesse contexto que se amolda a situação de Caio, visto que a sua postura não pode ser considerada, em face da narrativa exposta no enunciado, de indiferença, na medida em que, a todo momento, ele confiou na sua destreza, o que o fez acreditar que o resultado por ele antevisto não iria ser produzido.

> Assim sendo, está-se diante da chamada culpa consciente ou ainda culpa com previsão, o que faz com que a competência para o processamento e julgamento do feito, por se tratar de homicídio culposo – e não doloso -, seja do juízo singular. Deve-se, por essa razão, alegar a incompetência do Tribunal do Júri, que tem atribuição tão somente para o julgamento dos crimes dolosos contra a vida.
>
> Nessa esteira, em vista do disposto no art. 419, *caput*, do CPP, deve-se formular pedido de desclassificação para o delito de homicídio culposo.
>
> No mais, na hipótese de Caio ser pronunciado, deverá ser interposto, com fulcro no art. 581, IV, do CPP, recurso em sentido estrito perante o juízo prolator dessa decisão, ou seja, juiz da vara criminal vinculada ao Tribunal do Júri.

Gabarito Comentado – Examinadora:

a) Incompetência do juízo, uma vez que Caio praticou homicídio culposo, pois agiu com culpa consciente, na medida em que, embora tenha previsto o resultado, acreditou que o evento não fosse ocorrer em razão de sua perícia.

b) Desclassificação da imputação para homicídio culposo e declínio de competência, conforme previsão do artigo 419 do CPP.

c) Recurso em sentido estrito, conforme previsão do artigo 581, IV, do CPP. A peça de interposição deveria ser dirigida ao juiz de direito da vara criminal vinculada ao tribunal do júri, prolator da decisão atacada.

Em relação à correção, levou-se em conta o seguinte critério de pontuação:

Item – Pontuação

a) Incompetência do juízo, uma vez que Caio praticou homicídio culposo (0,2), pois agiu com culpa consciente, na medida em que, embora tenha previsto o resultado, acreditou que o evento não fosse ocorrer em razão de sua perícia (0,2)
0 / 0,2 / 0,4

b) Desclassificação da imputação para homicídio culposo OU declínio de competência (0,15), conforme previsão do artigo 419 do CPP (0,15).
0 / 0,15 / 0,3

c) Recurso em sentido estrito (0,15), conforme previsão do artigo 581, IV, do CPP. A peça de interposição deveria ser dirigida ao juiz de direito da vara criminal vinculada ao tribunal do júri (0,15), prolator da decisão atacada.
0 / 0,15 / 0,3

(OAB/Exame Unificado – 2012.1 – 2ª fase) Ao chegar a um bar, Caio encontra Tício, um antigo desafeto que, certa vez, o havia ameaçado de morte. Após ingerir meio litro de uísque para tentar criar coragem de abordar Tício, Caio partiu em sua direção com a intenção de cumprimentá-lo. Ao aproximar-se de Tício, Caio observou que seu desafeto bruscamente pôs a mão por debaixo da camisa, momento em que achou que Tício estava prestes a sacar uma arma de fogo para vitimá-lo. Em razão disso, Caio imediatamente muniu-se de uma faca que estava sobre o balcão do bar e desferiu um golpe no abdome de Tício, o qual veio a falecer. Após análise do local por peritos do Instituto de Criminalística da Polícia Civil, descobriu-se que Tício estava tentando apenas pegar o maço de cigarros que estava no cós de sua calça.

Considerando a situação acima, responda aos itens a seguir, empregando os argumentos jurídicos apropriados e a fundamentação legal pertinente ao caso.

a) Levando-se em conta apenas os dados do enunciado, Caio praticou crime? Em caso positivo, qual? Em caso negativo, por que razão? (Valor: 0,65)

b) Supondo que, nesse caso, Caio tivesse desferido 35 golpes na barriga de Tício, como deveria ser analisada a sua conduta sob a ótica do Direito Penal? (Valor: 0,6)

RESOLUÇÃO DA QUESTÃO

Caio, embora tenha agido com intenção de atingir Tício e causar-lhe a morte (dolo), só o fez porque teve uma falsa percepção da realidade, consubstanciada na suposição de que Tício iria investir contra sua pessoa. A hipótese se amolda à chamada *legítima defesa putativa* (art. 20, § 1º, CP), modalidade de descriminante putativa. Neste caso, podemos afirmar que Caio não praticou crime algum, visto que ausente um de seus elementos, a antijuridicidade. A conduta de Caio, embora típica, é autorizada pelo direito. Dito de outra forma, inexiste contrariedade entre a conduta de Caio e o direito.

Agora, se Caio, ao se defender de agressão por ele suposta, exceder-se, de forma proposital, no número de golpes necessários a repelir a agressão, incorrerá em *excesso doloso*, nos termos do que estabelece o art. 23, parágrafo único, do CP. Aqui, não há como reconhecer a excludente de ilicitude, devendo Caio, por isso, responder pelo resultado que provocou (homicídio doloso).

Gabarito comentado - Examinadora:

a) Não, pois atuou sob o manto de descriminante putativa, instituto previsto no art. 20, parágrafo 1º, do CP, uma vez que supôs, com base em fundado receio, estar em situação de legítima defesa. Como se limitou a dar uma facada, a sua reação foi moderada, não havendo que se falar em punição por excesso.

b) Ainda que tenha procurado se defender de agressão que imaginou estar em vias de ocorrer, Caio agiu em excesso doloso, devendo, portanto, responder por homicídio doloso, na forma do artigo 23, parágrafo único, do CP.

Distribuição dos Pontos

Item – Pontuação

a) Não, pois atuou sob o manto de descriminante putativa, uma vez que supôs estar em situação de legítima defesa, (0,5) nos termos do artigo 20, §1º, do CP (0,15).

Obs.: A mera indicação do artigo não é pontuada.

0 / 0,5 / 0,65

b) Ainda que tenha procurado se defender de agressão que imaginou estar em vias de ocorrer, Caio agiu em excesso doloso (0,45), na forma do artigo 23, parágrafo único, do CP (0,15).

0 / 0,45 / 0,6

(OAB/Exame Unificado – 2012.1 – 2ª fase) Hugo é inimigo de longa data de José e há muitos anos deseja matá-lo. Para conseguir seu intento, Hugo induz o próprio José a matar Luiz, afirmando falsamente que Luiz estava se insinuando para a esposa de José. Ocorre que Hugo sabia que Luiz é pessoa de pouca paciência e que sempre anda armado. Cego de ódio, José espera Luiz sair do trabalho e, ao vê-lo, corre em direção dele com um facão em punho, mirando na altura da cabeça. Luiz, assustado e sem saber o motivo daquela injusta agressão, rapidamente saca sua arma e atira justamente no coração de José, que morre instantaneamente. Instaurado inquérito policial para apurar as circunstâncias da morte de José, ao final das investigações, o Ministério Público formou sua opinio no seguinte sentido: Luiz deve responder pelo excesso doloso em sua conduta, ou seja, deve responder por homicídio doloso; Hugo por sua vez, deve responder como partícipe de tal homicídio. A denúncia foi oferecida e recebida.

Considerando que você é o advogado de Hugo e Luiz, responda:
a) Qual peça deverá ser oferecida, em que prazo e endereçada a quem? (Valor: 0,3)
b) Qual a tese defensiva aplicável a Luiz? (Valor: 0,5)
c) Qual a tese defensiva aplicável a Hugo? (Valor: 0,45)

RESOLUÇÃO DA QUESTÃO

Em vista da situação hipotética apresentada, a peça a ser ofertada, dentro do prazo de 10 dias, é a *resposta à acusação* (defesa prévia), na forma estabelecida no art. 406 do CPP, que deverá ser endereçada ao juiz da Vara Criminal do Júri.

A defesa de Luiz deverá sustentar que este agiu sob o manto da *legítima defesa real*, cujos requisitos estão contemplados no art. 25 do CP, visto que, lançando mão dos necessários meios, rechaçou agressão injusta perpetrada por José. Não há, aqui, que se falar em excesso, na medida em que a resposta foi proporcional à agressão impingida. Isto é, o uso dos meios necessários não pode ser qualificado de imoderado.

Não poderia Hugo responder como partícipe pela morte de José. Isso porque o fato ocorreu em resposta à iminente agressão que estaria para sofrer Luiz, o que exclui a ilicitude de sua conduta. É dizer, embora típica a conduta, não pode ser qualificada de antijurídica, visto que Luiz atuou em legítima defesa de direito próprio. Dessa forma, levando em conta o que enuncia a teoria da *acessoriedade limitada*, por nós acolhida, impossível punir o partícipe se o fato praticado pelo autor não é típico e antijurídico.

Comentários adicionais:

A modificação implementada na redação do art. 406 do CPP, promovida pela Lei 11.719/08 no CPP, permite ao acusado, na resposta à acusação (ou defesa prévia), arguir preliminares e alegar tudo aquilo que interesse à sua defesa, oferecer documentos e justificações, especificar as provas pretendidas e arrolar testemunhas.

De se notar, no entanto, que do enunciado da questão consta que "a denúncia foi oferecida e recebida", nenhuma menção sendo feita ao fato de os réus terem ou não sido citados. Ocorre que só há que se falar em "resposta à acusação" na hipótese de o réu ser citado. É por essa razão que - segundo acreditamos - o gabarito também considerou como correta a impetração de *habeas corpus*.

No Brasil vige a teoria da **acessoriedade limitada**, segundo a qual, para punir o partícipe, é suficiente apurar que o autor praticou um fato típico e antijurídico; para a **acessoriedade mínima**, basta que o autor tenha praticado um fato típico; já para a **hiperacessoriedade**, mister que o fato principal seja típico, antijurídico, culpável e punível; há, por fim, a **acessoriedade máxima**, em que o fato principal precisa ser típico, antijurídico e culpável.

Gabarito comentado - Examinadora:

a) Resposta à acusação, no prazo de 10 dias (art. 406 do CPP), endereçada ao juiz presidente do Tribunal do Júri.
   OU
   Habeas Corpus para extinção da ação penal; ação penal autônoma de impugnação que não possui prazo determinado; endereçado ao Tribunal de Justiça Estadual.

b) A tese defensiva aplicada a Luiz é a da legítima defesa real, instituto previsto no art. 25 do CP, cuja natureza é de causa excludente de ilicitude. Não houve excesso, pois a conduta de José (que mirava com o facão na cabeça do Luiz) configurava injusta agressão e claramente atentava contra a vida de Luiz.

c) Hugo não praticou fato típico, pois, de acordo com a Teoria da Acessoriedade Limitada, o partícipe somente poderá ser punido se o agente praticar conduta típica e ilícita, o que não foi o caso, já que Luiz agiu amparado por uma causa excludente de ilicitude, qual seja, legítima defesa (art. 25 do CP).

OU

Não havia liame subjetivo entre Hugo e Luiz, requisito essencial ao concurso de pessoas, razão pela qual Hugo não poderia ser considerado partícipe.

Distribuição dos Pontos

Item – Pontuação

a) Resposta à acusação (0,1), no prazo de 10 dias (art. 406 do CPP) (0,1), endereçada ao Juiz da Vara Criminal / do Júri (0,1).

OU

Habeas Corpus para extinção da ação penal (0,1); que não possui prazo determinado (0,1); endereçado ao Tribunal de Justiça (0,1).

0 / 0,1 / 0,2 / 0,3

b) Legítima defesa (0,3). Não houve excesso, pois a conduta de José configurava injusta agressão e atentava contra a vida de Luiz (OU fundamentação jurídica da legítima defesa) (0,2).

Obs.: A mera indicação de artigo não é pontuada.

0 / 0,2 / 0,3 / 0,5

c) Não praticou crime (0,2), pois, de acordo com a Teoria da Acessoriedade Limitada, o partícipe somente poderá ser punido se o agente praticar conduta típica e ilícita, o que não foi o caso, já que Luiz agiu amparado por uma causa excludente de ilicitude (0,25).

OU

Não havia liame subjetivo entre Hugo e Luiz (0,2), razão pela qual Hugo não poderia ser considerado partícipe (0,25).

0 / 0,2 / 0,25 / 0,45

(OAB/Exame Unificado – 2012.1 – 2ª fase) Carlos Alberto, jovem recém-formado em Economia, foi contratado em janeiro de 2009 pela ABC Investimentos S.A., pessoa jurídica de direito privado que tem como atividade principal a captação de recursos financeiros de terceiros para aplicar no mercado de valores mobiliários, com a função de assistente direto do presidente da companhia, Augusto César. No primeiro mês de trabalho, Carlos Alberto foi informado de que sua função principal seria elaborar relatórios e portfólios da companhia a serem endereçados aos acionistas com o fim de informá-los acerca da situação financeira da ABC. Para tanto, Carlos Alberto baseava-se, exclusivamente, nos dados financeiros a ele fornecidos pelo presidente Augusto César. Em agosto de 2010, foi apurado, em auditoria contábil realizada nas finanças da ABC, que as informações mensalmente enviadas por Carlos Alberto aos acionistas da companhia eram falsas, haja vista que os relatórios alteravam a realidade sobre as finanças da companhia, sonegando informações capazes de revelar que a ABC estava em situação financeira periclitante.

Considerando-se a situação acima descrita, responda aos itens a seguir, empregando os argumentos jurídicos apropriados e a fundamentação legal pertinente ao caso.

a) É possível identificar qualquer responsabilidade penal de Augusto César? Se sim, qual(is) seria(m) a(s) conduta(s) típica(s) a ele atribuída(s)? (Valor 0,45)

b) Caso Carlos Alberto fosse denunciado por qualquer crime praticado no exercício das suas funções enquanto assistente da presidência da ABC, que argumentos a defesa poderia apresentar para o caso? (Valor: 0,8)

RESOLUÇÃO DA QUESTÃO

Augusto Cesar, ao fornecer dados financeiros falsos a Carlos Alberto, que serviram de subsídio para que este elaborasse as informações que seriam transmitidas, por meio de relatórios e portfólios, aos acionistas, incorreu no crime do art. 6º da Lei 7.492/86.

Caso Carlos Alberto fosse denunciado por qualquer crime praticado no exercício de suas funções enquanto assistente da presidência da ABC, a defesa deveria se valer do argumento de que a sua atuação foi desprovida de dolo. Isso porque Carlos Alberto, desconhecendo o propósito criminoso de Augusto Cesar, limitara-se a transmitir aos acionistas as informações que lhe eram fornecidas pelo presidente da companhia, que, dessa forma, se valeu de Carlos Alberto para, com base em dados falsos, fazer chegar aos acionistas situação financeira que não correspondia à realidade. Carlos Alberto, assim, incorreu em erro de tipo essencial, na forma estatuída no art. 20, *caput*, do CP.

Gabarito comentado - Examinadora:

a) Sim, pois Augusto César agiu com dolo preordenado, sendo autor mediato do crime previsto no artigo 6º da Lei 7.492/86.

b) Poderia argumentar que Carlos Alberto não agiu com dolo, uma vez que recebera informações erradas. Agiu, portanto, em hipótese de erro de tipo essencial invencível/escusável, com base no art. 20, caput, OU art. 20, §2º, do CP.

Distribuição dos Pontos

Item – Pontuação

a) Sim, pois Augusto César agiu com dolo (0,25), sendo autor do crime previsto no art. 6º da Lei 7.492/86 (0,2).

Obs.: A mera indicação de artigo não é pontuada.

0 / 0,2 / 0,25 / 0,45

b) Poderia argumentar que não agiu com dolo, agiu em erro de tipo (0,6), nos termos do art. 20, caput, OU art. 20, §2º, do CP. (0,2).

Obs.: A mera indicação do artigo não é pontuada.

0 / 0,6 / 0,8

1.3. Penas, concurso de crimes e ação penal

(OAB/Exame Unificado – 2009.1 – 2ª fase) Bruno foi condenado a três anos de reclusão e ao pagamento de cem dias-multa por portar cédulas falsas — Código Penal (CP), art. 289, § 1º. O requerimento feito pela defesa, que pretendia converter a pena privativa de liberdade em restritiva de direitos, foi denegado pelo magistrado de primeiro grau, em virtude da existência de condenação anterior, já transitada em julgado, pelo crime de estelionato (CP, art. 171). Considerando essa situação hipotética, responda, de forma fundamentada, se é cabível, em tese, a pretendida substituição da pena privativa de liberdade por restritiva de direitos.

> **RESOLUÇÃO DA QUESTÃO**
>
> Considerando a situação acima narrada, é possível, em princípio, a substituição da pena privativa de liberdade por restritiva de direitos.
>
> O art. 44, II, do CP veda a conversão ao reincidente em crime doloso, mas o art. 44, § 3º, do CP autoriza a conversão do condenado reincidente desde que essa reincidência não tenha se operado em razão do cometimento do mesmo crime (reincidência específica) e desde que a medida se revele socialmente adequada.

Comentários adicionais:

O art. 44 do Código Penal estabelece requisitos *objetivos* e *subjetivos* que devem coexistir para tornar possível a substituição da pena privativa de liberdade pela restritiva de direito.

Reza o inciso I do dispositivo que a pena privativa de liberdade a ser substituída não pode ser superior a quatro anos, exceção feita aos crimes culposos, que não estão sujeitos a esse limite. Além disso, é vedada nos crimes em que o agente, no seu cometimento, tenha feito uso de violência ou grave ameaça contra a pessoa.

Estabelece o art. 44, II, do CP que a conversão não é permitida ao réu reincidente em crime doloso, ressalvada a hipótese contemplada no art. 44, § 3º, do CP.

O art. 44, III, do CP consagra o chamado *princípio da suficiência*.

(OAB/Exame Unificado – 2009.1 – 2ª fase) Félix, réu primário, foi condenado a 10 meses de detenção e a trinta dias-multa pela prática do delito previsto no art. 29, *caput*, da Lei nº 9.605/1998. Durante a instrução do feito, comprovou-se que as circunstâncias descritas no art. 44, III, do Código Penal eram favoráveis a Félix. Nesse contexto, o juiz sentenciante converteu a pena privativa de liberdade em pena restritiva de direitos, consistente na prestação de serviços à comunidade, por igual prazo. O advogado contratado pelo réu apresentou o recurso apropriado, pleiteando a conversão da pena privativa de liberdade em multa, uma vez que a prestação de serviços à comunidade era medida mais gravosa ao seu cliente. Nessa situação hipotética, é plausível a pretensão recursal da defesa de Félix? Fundamente sua resposta.

> **RESOLUÇÃO DA QUESTÃO**
>
> Na situação hipotética acima, a despeito de o réu, em princípio, preencher os requisitos necessários à substituição pleiteada, tal é incabível em face do disposto na Súmula 171 do Superior Tribunal de Justiça: "Cominadas cumulativamente, em lei especial, penas privativa de liberdade e pecuniária, é defeso a substituição da prisão por multa".

Comentários adicionais:

Confira, sobre o tema, o seguinte acórdão:

PENAL – PROCESSUAL PENAL – PORTE DE SUBSTÂNCIA ENTORPECENTE – SUBSTITUIÇÃO DA PENA PRIVATIVA DE LIBERDADE – MULTA – IMPOSSIBILIDADE – SÚMULA 171, DESTA CORTE.
Cominadas cumulativamente, em lei especial, penas privativa de liberdade e pecuniária, é defeso a substituição da prisão por multa (Súmula 171, do STJ).
Recurso provido para afastar a cumulação da pena de multa aplicada.
(REsp 297.921/RS, Rel. Ministro JORGE SCARTEZZINI, QUINTA TURMA, julgado em 10/09/2002, DJ 18/11/2002 p. 285)

(OAB/Exame Unificado – 2010.2 – 2ª fase) Tomé responde a ação penal submetida ao procedimento ordinário pela suposta prática do delito de estelionato, na modalidade de fraude no pagamento por meio de cheque (CP, art. 171, VI). Condenado o réu em primeira instância, o juiz sentenciante fixou a pena em dois anos de reclusão e vinte dias-multa, omitindo-se quanto à substituição da pena privativa de liberdade por restritiva de direitos. A sentença condenatória foi publicada em 8/3/2010, segunda-feira, mesmo dia da intimação pessoal de Tomé e de seu advogado.

Durante a instrução processual, restou comprovado que Tomé é réu reincidente, constando em sua folha de antecedentes criminais condenação anterior, transitada em julgado, pela prática de delito de furto (CP, art. 155, *caput*). As outras circunstâncias judiciais, no entanto, lhe são plenamente favoráveis.

Em face dessa situação hipotética, indique, com a devida fundamentação, a medida judicial adequada para sanar a referida omissão e o prazo final para sua apresentação, bem como esclareça se Tomé faz jus à substituição da pena privativa de liberdade por restritiva de direitos.

RESOLUÇÃO DA QUESTÃO

Por ter o juiz sentenciante se omitido quanto à substituição da pena privativa de liberdade por restritiva de direitos, Tomé deverá, dentro do prazo de dois dias, opor embargos de declaração, nos moldes do art. 382 do CPP.

Sendo o interregno fixado no dispositivo de dois dias, o prazo final será o dia 10/03/2010.

Ademais disso, Tomé faz jus à substituição da pena privativa de liberdade por restritiva de direitos.

Senão vejamos.

O art. 44 do CP lista os requisitos para a aplicação das penas restritivas de direitos.

A pena privativa de liberdade aplicada a Tomé foi de dois anos de reclusão, inferior, portanto, a quatro anos. Além disso, no cometimento do crime pelo qual foi condenado – estelionato na modalidade de fraude no pagamento por meio de cheque (CP, art. 171, VI), não houve emprego de violência ou grave ameaça à pessoa.

Atendido, portanto, o requisito contido no art. 44, I, do CP.

Embora o réu seja reincidente em crime doloso (art. 44, II), o § 3º do art. 44 abriu uma exceção ao inciso II do dispositivo e permitiu a substituição das penas privativas de liberdade por restritivas de direitos, desde que essa reincidência não tenha se operado em razão da prática do mesmo crime (reincidência específica) e que a medida seja socialmente recomendável.

Tomé não é reincidente específico, já que o crime por ele praticado anteriormente, com decisão transitada em julgado, foi furto.

Por fim, atendido está o requisito do art. 44, III, do CP, já que as outras circunstâncias judiciais lhe são plenamente favoráveis.

Gabarito comentado - Examinadora:

A peça processual adequada são os embargos de declaração, conforme art. 382 do CPP:

"Qualquer das partes poderá, no prazo de 2 (dois) dias, pedir ao juiz que declare a sentença, sempre que nela houver obscuridade, ambiguidade, contradição ou omissão."

No caso, o prazo final será 10/3/2010, pois a parte interessada dispõe de dois dias para apresentá-la.

Tomé faz jus à substituição da pena privativa de liberdade por restritivas de direitos. Isso porque preenche os requisitos especificados no art. 44 do CP, a saber:

> "I – aplicada pena privativa de liberdade não superior a quatro anos e o crime não for cometido com violência ou grave ameaça à pessoa;
>
> (...)
>
> III – a culpabilidade, os antecedentes, a conduta social e a personalidade do condenado, bem como os motivos e as circunstâncias indicarem que essa substituição seja suficiente.
>
> § 3º Se o condenado for reincidente, o juiz poderá aplicar a substituição, desde que, em face de condenação anterior, a medida seja socialmente recomendável e a reincidência não se tenha operado em virtude da prática do mesmo crime.

Assim, apesar de Tomé ser reincidente, não se trata de reincidência específica, de forma que a vedação prevista no referido § 3º não se aplica no caso.

(OAB/Exame Unificado – 2010.2 – 2ª fase) Aurélio, tentando defender-se da agressão a faca perpetrada por Berilo, saca de seu revólver e efetua um disparo contra o agressor. Entretanto, o disparo efetuado por Aurélio ao invés de acertar Berilo, atinge Cornélio, que se encontrava muito próximo de Berilo. Em consequência do tiro, Cornélio vem a falecer. Aurélio é acusado de homicídio. Na qualidade de advogado de Aurélio indique a tese de defesa que melhor se adequa ao fato. Justifique sua resposta.

RESOLUÇÃO DA QUESTÃO

Estamos aqui diante do chamado erro na execução ou *aberratio ictus*, previsto no art. 73 do CP.

O sujeito que, imbuído do propósito de atingir determinada pessoa, ainda que sob o pálio da excludente da legítima defesa, efetua o disparo, mas, por erro de pontaria, acaba por atingir outra, responderá como se tivesse acertado a pessoa que pretendia. É o que estabelece a regra contida no art. 73, primeira parte, do CP.

Neste caso, preenchidos os requisitos da legítima defesa, contemplados no art. 25 do CP, Aurélio fará jus à excludente de ilicitude, uma vez que, a despeito de ter acertado Cornélio, em razão do que veio a falecer, o fez em erro na execução, devendo, em vista do disposto no art. 73, primeira parte, do CP, ser responsabilizado como se o disparo fosse efetuado contra Berilo. Não são consideradas, conforme preconiza o art. 20, § 3º, do CP, as condições e qualidades da vítima, senão as da pessoa contra quem o sujeito queria investir.

Comentários adicionais:

O erro na execução, presente no art. 73 do CP, não deve ser confundido com o erro sobre a pessoa, este previsto no art. 20, § 3º, do CP, que constitui um equívoco de representação, uma falsa percepção da realidade. É o caso da mãe que, sob a influência do estado puerperal, provoca a morte de recém-nascido pensando tratar-se de seu próprio filho. Deverá, nos termos do art. 20, § 3º, do CP, responder por infanticídio. No erro na execução, temos um resultado diverso do desejado por falta de habilidade ou ainda por acidente. Não há, aqui, falsa representação da realidade, como ocorre no erro sobre a pessoa.

Gabarito comentado - Examinadora:

Trata-se o presente caso de um erro na execução (art. 73 do CP, 1ª parte), atendendo-se, conforme o citado artigo, ao disposto no parágrafo 3º do artigo 20 do Código Penal. Por outro lado verifica-se que Aurélio ao efetuar o disparo agiu em legítima defesa (art. 25 do CP) própria e real. Entretanto, por um erro acertou pessoa diversa (Cornélio) do agressor (Berilo). Mesmo assim, não fica afastada a legítima defesa posto que de acordo com o art. 20 § 3º do CP "não se consideram, neste caso, as condições ou qualidades da vítima, senão as da pessoa contra quem o agente queria praticar o crime". Levando-se, ainda, em consideração o fato de que Aurélio agiu em defesa de uma agressão injusta e atual, utilizando-se, ainda, dos meios necessários e que dispunha para se defender. – 1,0 ponto.

1.4. Extinção da punibilidade

(OAB/Exame Unificado – 2007.3 – 2ª fase) Pedro, nascido no dia 16/10/1980, foi indiciado pela subtração de um automóvel FIAT, no valor de R$ 7.000,00, que foi vendido em outro estado da Federação. O fato ocorreu em 20/8/2001. A denúncia foi recebida em 25/10/2007, imputando a Pedro a prática da conduta descrita no art. 155, §5º, do CP. O interrogatório judicial ocorreu um mês depois, na presença do defensor, oportunidade em que Pedro negou a autoria do delito, tendo indicado sua sogra como testemunha. Foi dada vista dos autos à defesa para se manifestar no prazo legal. Considerando a situação hipotética apresentada, redija um texto dissertativo, indicando:

a) a peça, privativa de advogado, que deve ser apresentada;
b) a preliminar que deve ser arguida, com a devida justificativa.

RESOLUÇÃO DA QUESTÃO

Quando praticou o crime, Pedro não contava ainda com 21 anos de idade, o que implica dizer que o prazo prescricional, a teor do art. 115 do Código Penal, será reduzido de metade. Sendo de 8 anos o máximo da pena privativa de liberdade prevista para o crime em questão (art. 155, § 5º, do CP), a prescrição da pretensão punitiva se dará, já descontada a redução a que alude o art. 115, em 6 anos.

Tendo o fato ocorrido em 20/8/2001 e a denúncia sido recebida em 25/10/2007 (causa interruptiva da prescrição), o que constitui um interregno superior a seis anos, deve o juiz rejeitar a denúncia por falta de interesse de agir, com base no art. 395, II, do CPP.

Se não o fizer, o réu, depois de citado, nos termos do art. 396-A do CPP, oferecerá sua resposta escrita (resposta à acusação ou defesa prévia), na qual alegará a prescrição da pretensão punitiva.

(OAB/Exame Unificado – 2011.2 – 2ª fase) Jaime, brasileiro, solteiro, nascido em 10/11/1982, praticou, no dia 30/11/2000, delito de furto qualificado pelo abuso de confiança (art. 155, parágrafo 4º, II, do CP). Devidamente denunciado e processado, Jaime foi condenado à pena de 4 (quatro) anos e 2 (dois) meses de reclusão. A sentença transitou definitivamente em julgado no dia 15/01/2002, e o término do cumprimento da pena se deu em 20/03/2006. No dia 24/03/2006, Jaime subtraiu um aparelho de telefone celular que havia sido esquecido por Lara em cima do balcão de uma lanchonete. Todavia, sua conduta fora filmada pelas câmeras do estabelecimento, o que motivou o oferecimento de denúncia, por parte do Ministério Público, pela prática de furto simples (art. 155, caput, do CP). A denúncia foi recebida em 14/04/2006, e, em 18/10/2006, Jaime foi condenado à pena de 1 (um) ano de reclusão e 10 (dez) dias-multa. Foi fixado o regime inicial aberto para o cumprimento da pena privativa de liberdade, com sentença publicada no mesmo dia.

Com base nos dados acima descritos, bem como atento às informações a seguir expostas, responda fundamentadamente:

a) Suponha que a acusação tenha se conformado com a sentença, tendo o trânsito em julgado para esta ocorrido em 24/10/2006. A defesa, por sua vez, interpôs apelação no prazo legal. Todavia, em virtude de sucessivas greves, adiamentos e até mesmo perda dos autos, até a data de 20/10/2010, o recurso da defesa não tinha sido julgado. Nesse sentido, o que você, como advogado, deve fazer? (Valor: 0,60)

b) A situação seria diferente se ambas as partes tivessem se conformado com o decreto condenatório, de modo que o trânsito em julgado definitivo teria ocorrido em 24/10/2006, mas Jaime, temeroso de ficar mais uma vez preso, tivesse se evadido tão logo teve ciência do conteúdo da sentença, somente tendo sido capturado em 25/10/2010? (Valor: 0,65)

RESOLUÇÃO DA QUESTÃO:

Deve-se impetrar *habeas corpus*, com fundamento no art. 648, VII, do CPP, com o propósito de ver declarada extinta a punibilidade em razão da prescrição.

Operou-se, neste caso, a chamada prescrição superveniente (modalidade de prescrição da pretensão punitiva), na forma do art. 110, § 1º, do CP, visto que, com o trânsito em julgado da decisão que condenou o réu para a acusação, o Estado deveria julgar o recurso interposto pela defesa, em razão da pena fixada, no prazo de quatro anos (art. 109, V, CP), a contar da publicação da sentença condenatória. Teria, portanto, até o dia 17/10/2010 para julgar em definitivo o recurso e evitar a extinção da punibilidade por força da prescrição. No entanto, até o dia 20/10/2010, por várias razões, o recurso não havia sido julgado, operando-se, assim, a extinção da punibilidade do agente em razão da prescrição, na forma estatuída no art. 107, IV, do CP.

Se as partes tivessem se conformado com o decreto condenatório, a situação seria diferente.

A partir de agora, então, fala-se em prescrição da pretensão executória, já que ocorreu o trânsito em julgado da sentença penal condenatória.

Neste caso, sendo Jaime reincidente, o prazo da prescrição executória, a teor do art. 110, *caput*, do CP, será aumentado de um terço, razão pela qual poderá ser capturado até o dia 23/02/2012.

Gabarito Comentado – Examinadora:

a) Ingressar com habeas corpus com fulcro no art. 648, VII, do CPP (extinção de punibilidade – art.107, IV, do CP), ou com mera petição diretamente dirigida ao relator do processo, considerando-se que a prescrição é matéria de ordem pública e pode até ser conhecida de ofício. O argumento a ser utilizado é a ocorrência de prescrição da pretensão punitiva superveniente/intercorrente/subsequente (causa extintiva de punibilidade), pois, já ciente do máximo de pena in concreto possível, qual seja, 1 ano e 10 dias-multa, o Estado teria até o dia 17/10/2010 para julgar definitivamente o recurso da defesa, o que não ocorreu, nos termos dos arts. 109, V; 110, §1º; e 117, I e IV, todos do CP. Vale lembrar que a prescrição da pretensão punitiva superveniente pressupõe o trânsito em julgado para a acusação (tal como ocorreu na espécie) e é contada a partir da publicação da sentença penal condenatória, último marco interruptivo da prescrição relacionado na questão. Vale ressaltar que não basta o candidato mencionar que houve prescrição. Tem que ser específico, dizendo ao menos que se trata de prescrição da pretensão punitiva.

b) Sim, a situação seria diferente, pois neste caso não haveria prescrição da pretensão executória nem outra modalidade qualquer. Como Jaime é reincidente, já que o 2º furto foi cometido após o trânsito em julgado definitivo de sentença que lhe condenou pelo 1º furto (art. 63 do CP), a prescrição da pretensão executória tem seu prazo acrescido de 1/3, de acordo com o artigo 110 do CP. Assim, o Estado teria até 23/02/2012 para capturar Jaime, nos termos dos arts. 110 caput e 112, I, do CP.

Distribuição dos Pontos

Item – Pontuação

a) Habeas Corpus OU Petição dirigida ao relator (0,3). Justificativa (0,3).

0 / 0,3 / 0,6

b) Não haveria prescrição (0,3). Jaime é reincidente (0,35).

OBS.: A justificativa isolada não pontua.

0 / 0,3 / 0,65

(OAB/Exame Unificado – 2011.2 – 2ª fase) João e Maria iniciaram uma paquera no Bar X na noite de 17 de janeiro de 2011. No dia 19 de janeiro do corrente ano, o casal teve uma séria discussão, e Maria, nitidamente enciumada, investiu contra o carro de João, que já não se encontrava em bom estado de conservação, com três exercícios de IPVA inadimplentes, a saber: 2008, 2009 e 2010. Além disso, Maria proferiu diversos insultos contra João no dia de sua festa de formatura, perante seu amigo Paulo, afirmando ser ele "covarde", "corno" e "frouxo". A requerimento de João, os fatos foram registrados perante a Delegacia Policial, onde a testemunha foi ouvida. João comparece ao seu escritório e contrata seus serviços profissionais, a fim de serem tomadas as medidas legais cabíveis. Você, como profissional diligente, após verificar não ter passado o prazo decadencial, interpõe Queixa-Crime ao juízo competente no dia 18/7/11.

O magistrado ao qual foi distribuída a peça processual profere decisão rejeitando-a, afirmando tratar-se de clara decadência, confundindo-se com relação à contagem do prazo legal. A decisão foi publicada dia 25 de julho de 2011.

Com base somente nas informações acima, responda:

a) Qual é o recurso cabível contra essa decisão? (0,30)

b) Qual é o prazo para a interposição do recurso? (0,30)

c) A quem deve ser endereçado o recurso? (0,30)

d) Qual é a tese defendida? (0,35)

RESOLUÇÃO DA QUESTÃO:

Os crimes perpetrados por Maria, dano e injúria, capitulados, respectivamente, nos arts. 163, *caput*, e 140, *caput*, ambos do Código Penal, são considerados de menor potencial ofensivo, na forma do art. 61 da Lei 9.099/95. Por se tratar de concurso material de crimes, as penas devem ser somadas. Ainda assim, não é superado o limite de 2 anos de prisão. Estão, pois, sob a égide do Juizado Especial Criminal.

> Em assim sendo, o recurso a ser interposto, neste caso, é a apelação, conforme estabelece o art. 82 da Lei 9099/95.
>
> O prazo para interposição deste recurso, a teor do art. 82, § 1º, da Lei 9.099/95, é de 10 dias.
>
> Deve ser endereçado à Turma Recursal, conforme preconiza o art. 82 da Lei 9.099/95.
>
> Não houve a decadência reconhecida pelo magistrado.
>
> O prazo decadencial – que tem natureza penal – tem como termo inicial a data em que o ofendido tem conhecimento de quem é o autor do delito, na forma estabelecida no art. 38 do CPP. Neste caso, corresponde ao dia em que se deram os fatos. Tendo natureza penal, a contagem do prazo decadencial se faz segundo as regras do art. 10 do CP, incluindo-se o primeiro dia e excluindo-se o derradeiro. Dessa forma, a queixa foi ajuizada dentro do prazo decadencial, mais precisamente no último dia desse prazo.

Gabarito Comentado – Examinadora:

a) Como se trata de crime de menor potencial ofensivo, o recurso cabível é Apelação, de acordo com o artigo 82 da Lei 9099/95. Vale lembrar que a qualificadora do art. 163, parágrafo único, IV, do CP, relativa ao motivo egoístico do crime de dano, caracteriza-se apenas quando o agente pretende obter satisfação econômica ou moral. Assim, a conduta de Maria, motivada por ciúme, não se enquadra na hipótese e configura a modalidade simples do delito de dano (art. 163, caput). Cabe ainda destacar que não houve prejuízo considerável a João, já que o carro danificado estava em mau estado de conservação, o que afasta definitivamente a qualificadora tipificada no art. 163, parágrafo único, IV, do CP. Assim, o concurso material entre o crime patrimonial e a injúria não ultrapassa o patamar máximo e 2 anos, que define os crimes de menor potencial ofensivo e a competência dos Juizados Especiais Criminais, sendo cabível, portanto, apelação (art. 82 da Lei 9.099/95).

b) 10 dias, de acordo com o §1º do artigo 82 da Lei 9099/95;

c) Turma Recursal, consoante art. 82 da Lei 9099/95;

d) O prazo para interposição da queixa-crime é de seis meses a contar da data do fato, conforme previu o artigo 38 do CPP. Trata-se de prazo decadencial, isto é, prazo de natureza material, devendo ser contado de acordo com o disposto no artigo 10 do CP – inclui-se o primeiro dia e exclui-se o último.

Distribuição dos Pontos

Item – Pontuação

a) Apelação.

0 / 0,3

b) 10 dias.

0 / 0,3

c) Turma Recursal.

0 / 0,3

d) O juiz contou de forma equivocada o prazo decadencial.

0 / 0,35

1.5. Crimes contra a pessoa

(OAB/Exame Unificado – 2006.3 – 2ª fase) Lucélia, em crise de depressão, decidiu suicidar-se, no que foi instigada por Sílvia. Assim, atirou-se do segundo andar de um edifício, mas não conseguiu lograr seu intento, tendo sofrido apenas lesões corporais leves. Considerando a situação hipotética apresentada, redija um texto dissertativo que tipifique, de forma fundamentada, a conduta de Sílvia.

RESOLUÇÃO DA QUESTÃO

O crime do art. 122 do Código Penal – *induzimento, instigação ou auxílio a suicídio* – consuma-se em duas situações, a saber: com a morte da vítima ou com a ocorrência de lesão corporal grave. Dito de outro modo, por se tratar de delito que não comporta a modalidade tentada, a vítima, em razão do induzimento, da instigação ou do auxílio, deve suicidar-se ou ao menos tentar o ato suicida e dele decorrer lesão corporal de natureza grave. Só assim o crime estará consumado.

Lucélia, decidida a suicidar-se e após ser instigada por Sílvia a fazê-lo, atira-se do segundo andar de um edifício, sem, contudo, conseguir dar fim à própria vida, sofrendo tão somente lesões corporais de natureza leve, o que, em vista do acima exposto, não é suficiente para configurar o crime de *participação em suicídio*, que só é punido quando há morte ou lesão corporal de natureza grave.

Não há, portanto, crime na conduta de Sílvia, na medida em que a tentativa de suicídio gerada pela instigação por ela perpetrada não ocasionou a morte de Lucélia tampouco lesão corporal de natureza grave.

Comentários adicionais:

Nosso ordenamento jurídico não prevê responsabilização no âmbito penal àquele que investe contra a própria vida e não consegue atingir seu objetivo ao argumento de que a punição, nestas circunstâncias, teria somente o efeito de reforçar o propósito suicida. Ademais, a pena não teria efeito preventivo algum, pois aquele que deseja a morte não está preocupado com a sanção a que estará submetido.

Assim, por razões de política criminal, a prática de tentativa de suicídio configura fato atípico. Constitui, no entanto, objeto de interesse do direito penal algumas formas de colaboração no suicídio de outrem. Essas modalidades de colaboração, representadas pelos núcleos do tipo alternativo *induzir, instigar* e *auxiliar*, estão contidas no art. 122 do CP. Note que o legislador considera como crime a conduta consistente em participar de fato não criminoso, induzindo ou instigando alguém a suicidar-se, ou prestando-lhe auxílio material para que o faça.

É importante que se diga que é necessário, à caracterização deste crime, que a vítima disponha de alguma capacidade de discernimento e resistência; do contrário o delito será o de homicídio.

Quanto à causa de aumento de pena, prevista no parágrafo único do art. 122 do CP, o legislador estabeleceu, para o crime de *participação em suicídio*, duas hipóteses. Além do motivo egoístico, a pena também será duplicada se a vítima for menor ou tiver diminuída sua capacidade de resistência.

(OAB/Exame Unificado – 2007.1 – 2ª fase) Responde por crime contra a honra o servidor público que, por dever de ofício e em razão do simples exercício de suas funções, participou de processo administrativo — promovendo a sua instauração, colhendo provas, elaborando relatórios, fazendo encaminhamentos e dando pareceres técnicos — que, ao final, importou a demissão de outro servidor público, por abandono de cargo? Fundamente sua resposta.

RESOLUÇÃO DA QUESTÃO

O servidor público que, no cumprimento de dever de ofício, participa de processo administrativo, emitindo conceito desfavorável em apreciação ou informação prestada, não responde por injúria nem por difamação, conforme estabelece o art. 142, III, do Código Penal.

Em outras palavras, o servidor público, por dever de ofício e em razão do simples exercício de suas funções, pode, ao emitir um parecer, expor uma opinião negativa, desfavorável acerca de alguém, sendo possível, com isso, comprometer sua reputação ou até mesmo ofender sua dignidade ou decoro, o que não implica prática de ato ilícito.

O crime de calúnia, capitulado no art. 138 do Código Penal, não foi incluído no rol do art. 142 do Código Penal.

Comentários adicionais:

Confira, a respeito do tema, os seguintes julgados:

PENAL E PROCESSUAL PENAL. QUEIXA-CRIME. DECADÊNCIA. CRIMES CONTRA A HONRA. OFENSA "PROPTER OFFICIUM". LEGITIMIDADE. ELEMENTO SUBJETIVO DO TIPO. ANIMUS NARRANDI. DESCARACTERIZAÇÃO. I - Recebido o ofício sobre a devolução do prazo para apresentação de defesa prévia de fatos que deram origem à presente queixa-crime, o prazo de decadência, previsto nos arts. 103 do Código Penal e 38 do Código de Processo Penal, não havia ainda sido ultrapassado quando do ajuizamento desta. II - A admissão da ação penal pública, quando se tratar de ofensa propter officium, é uma alternativa oferecida ao ofendido, não uma privação do seu direito de queixa. Legitimidade, pois, do servidor público, de ajuizar a ação penal para defesa de seus direitos. Precedentes do STF. III - A manifestação considerada ofensiva, feita com o propósito de informar possíveis irregularidades, sem a intenção de ofender, descaracteriza o tipo subjetivo nos crimes contra a honra, sobretudo quando o ofensor está agindo no estrito cumprimento de dever legal. Precedentes. IV - As informações levadas ao Corregedor-Regional do Trabalho por ex-ocupante do mesmo cargo, ainda que deselegantes e com possíveis consequências graves, praticadas no exercício regular de um direito e sem a intenção de caluniar e injuriar o querelante, não podem ser consideradas típicas, daí porque ausente a justa causa para a ação penal. V - Queixa-crime rejeitada. (APN 200400876880, ANTÔNIO DE PÁDUA RIBEIRO, STJ - CORTE ESPECIAL, 20/06/2005).

AÇÃO PENAL ORIGINÁRIA. QUEIXA-CRIME CONTRA DESEMBARGADORA.CALÚNIA, DIFAMAÇÃO E INJÚRIA. FATOS OCORRIDOS EM SESSÃO PLENÁRIA. ESCOLHA DE LISTA TRÍPLICE. EXPRESSÕES PARA JUSTIFICAR O VOTO. INEXISTÊNCIA DE DOLO. INDICAÇÃO APENAS VALORATIVA. DEVER DE OFÍCIO. CAUSA ESPECIAL DE EXCLUSÃO DO CRIME. ART. 142, III, DO CP. A conceituação dos crimes contra a honra envolve uma análise sistêmica do ambiente no qual as expressões tidas por desonrosas foram proferidas, de modo a evitar-se a análise individualizada e incompleta dos fatos. Por essa razão, semanticamente, deve ser considerada a imunidade profissional do magistrado, nos termos do art. 142, III, do Código Penal, que em sede de votação de lista tríplice justifica sua apreensão e seu voto com fortes indicações valorativas aos candidatos constates da lista sêxtupla objeto de votação, cumprindo um dever de ofício e limitando-se ao contexto do procedimento. Queixa-crime rejeitada. (APN 200301721876, JOSÉ ARNALDO DA FONSECA, STJ - CORTE ESPECIAL, 21/02/2005)

(OAB/Exame Unificado – 2008.1 – 2ª fase) O detento Getúlio envolveu, com fio elétrico, o pescoço de Paulo Tirso, policial militar que trabalha no complexo penitenciário, e o ameaçou com estilete, exigindo ser transferido do pavilhão A para o pavilhão B. Em face da situação hipotética apresentada, responda, fundamentadamente, às seguintes perguntas.

- Que crime foi praticado pelo detento Getúlio?
- Que procedimento/rito processual deve ser observado?

RESOLUÇÃO DA QUESTÃO

Getúlio, fazendo uso de violência e grave ameaça exercida com estilete contra policial militar que trabalha no complexo penitenciário em que o agente está preso, exigiu sua transferência de pavilhão, conduta essa que se amolda ao tipo prefigurado no art. 146 do Código Penal (constrangimento ilegal).

É infração penal de menor potencial ofensivo, sujeita, por isso, ao procedimento comum sumaríssimo estabelecido na Lei 9.099/95.

(OAB/Exame Unificado – 2008.2 – 2ª fase) Penélope, grávida de 6 meses, foi atingida por disparo de arma de fogo efetuado por Teobaldo, cuja intenção era matar a gestante e o feto. Socorrida por populares, a vítima foi levada ao hospital e, em decorrência das lesões sofridas, perdeu o rim direito. O produto da concepção veio ao mundo e, alguns dias depois, em virtude dessas circunstâncias, morreu. Considerando a situação hipotética apresentada, tipifique a(s) conduta(s) de Teobaldo.

RESOLUÇÃO DA QUESTÃO

Ciente do estado gravídico de Penélope e visando tanto à morte desta quanto à do feto, Teobaldo efetuou disparo de arma de fogo que veio a atingir a vítima.

Embora Teobaldo não tenha atingido seu intento em relação à morte de Penélope, visto que a mesma foi a tempo socorrida, em razão das lesões experimentadas, a vítima perdeu seu rim direito. É dizer, o resultado letal não foi atingido por circunstâncias alheias à vontade do agente.

Conseguiu Teobaldo, todavia, que a vítima, dadas as circunstâncias, antecipasse o parto, o que fez com que, dias depois, o produto da concepção, não resistindo, viesse a óbito.

Dessa forma, Teobaldo deverá ser responsabilizado pelos crimes previstos no art. 121 c/c o art. 14, II, ambos do Código Penal (homicídio tentado), e no art. 125 do Código Penal (aborto provocado sem o consentimento da gestante).

Comentários adicionais:

A prática do crime de aborto é exemplo típico de exceção à chamada *teoria monista*, acolhida como regra pelo Código Penal, pois, neste caso, a gestante que permitir em si mesma a prática do aborto responde nos moldes do art. 124 do CP, ao passo que o agente que nela provocá-lo estará incurso no art. 126 do CP, e não como coautor do art. 124, CP (incidência da *teoria pluralista* – cada agente responde pelo seu crime).

O agente que provoca aborto sem o consentimento da gestante comete a forma mais grave desse crime, pois está sujeito à pena de 3 a 10 anos de reclusão (art. 125, CP); diferente é a situação do agente que provoca aborto com o consentimento da gestante (art. 126, CP), que ficará sujeito a uma pena de reclusão de 1 a 4 anos. O art. 124 do CP contempla a forma menos grave deste crime: *autoaborto* e *aborto consentido*, modalidades que exigem como sujeito ativo a própria gestante.

1.6. Crimes contra o patrimônio

(OAB/Exame Unificado – 2004 – 2ª fase) No dia 25 de agosto de 2004, em Vila Velha – ES, Caio, apontando um revólver de brinquedo para o rosto de Laura, ordenou que esta preenchesse dois de seus cheques, no valor de R$ 1.000,00 cada um. Após preenchidos os cheques, a vítima os entregou a Caio, que se dirigiu à agência bancária em que Laura era correntista, localizada em Vitória – ES, no dia 27 de agosto de 2004. Na agência, houve recusa ao pagamento por falta de fundos. Discorra acerca da conduta de Caio, abordando, necessariamente, os seguintes aspectos:

- tipificação;
- quando ocorrerá a prescrição;
- qual o foro competente para processar e julgar o crime.

RESOLUÇÃO DA QUESTÃO

A conduta praticada por Caio está prefigurada no art. 158 do Código Penal - *extorsão*, já que este, mediante grave ameaça exercida com o emprego de arma de brinquedo, constrangeu Laura a preencher os cheques com o fito de obter para si indevida vantagem econômica. O emprego de arma de brinquedo não constitui hipótese de extorsão majorada (art. 158, § 1º, do CP).

A prescrição da pretensão punitiva levará em conta o máximo da pena privativa de liberdade prevista para o crime, em consonância com as regras estabelecidas no art. 109 do Código Penal. Em se tratando de crime de extorsão, cuja pena máxima prevista é de 10 anos, o prazo prescricional é de 16 anos, a contar do dia em que a infração se consumou (art. 111, I, do CP) – dia 25 de agosto de 2004.

Em vista do disposto no art. 70 do CPP, é competente o foro do lugar onde se consumar a infração penal. A extorsão consuma-se com o *comportamento da vítima*, o que, neste caso, se verificou no instante em que Laura, constrangida por Caio, preencheu os cheques. Tal se deu na Comarca de Vila Velha - ES, foro, portanto, competente para processar e julgar o crime.

Comentários adicionais:

Atualmente, com o advento da Lei 11.923/09, que introduziu o § 3ª no art. 158 do CP, o delito de extorsão será qualificado quando praticado mediante a restrição da liberdade da vítima, desde que tal condição seja necessária à obtenção da vantagem econômica.

No que tange ao momento consumativo do delito de extorsão, insta tecer mais algumas considerações. Trata-se de *delito formal*, na medida em que, como dito, a consumação opera-se no instante em que a vítima age, independentemente da ocorrência de resultado naturalístico. A esse respeito, a Súmula 96 do STJ: "O crime de extorsão consuma-se independentemente da obtenção da vantagem indevida". Dessa forma, o pagamento (compensação do título) porventura obtido na comarca de Vitória representa mero exaurimento.

Importante, ainda, que se diga que o constrangimento impingido à vítima, mediante violência ou grave ameaça, por si só, não representa consumação. Isso porque é necessário, para que tal ocorra, que o ofendido, em razão do constrangimento, faça, tolere que se faça ou deixe de fazer algo.

Foi o que se deu com Laura. Em razão do constrangimento a que foi submetida, assinou (fez, agiu) as folhas de cheque. O crime, neste momento, se tornou perfeito (consumou-se). Seria, portanto, incorreto afirmar que a consumação se operou no instante em que Laura foi constrangida (ameaçada, submetida a violência).

(OAB/Exame Unificado – 2006.2 – 2ª fase) Considere que determinado devedor, ciente do processo de execução que tramita contra si, alienou parte de seu patrimônio, evitando a penhora. Considere, ainda, que restou comprovado não haver seu patrimônio sofrido qualquer abalo em decorrência do ato. Diante dessa situação, redija um texto, de forma fundamentada, acerca da tipicidade ou não da conduta do devedor. extensão máxima: 30 linhas.

RESOLUÇÃO DA QUESTÃO

Está em discussão a prática ou não da conduta tipificada no art. 179 do Código Penal – *fraude à execução*.

Pois bem. Consiste tal crime em fraudar execução por intermédio de uma das condutas contempladas no tipo penal, frustrando a constrição de bens (penhora determinada no curso do processo de execução). Dito de outro modo, é indispensável ao cometimento do crime em questão que a execução seja inviabilizada em decorrência da inexistência de bens sobre os quais possa recair a penhora.

Não é o caso aqui retratado, na medida em que a alienação de parte dos bens do devedor não repercutiu de forma significativa no seu patrimônio, restando quantidade suficiente para satisfazer o débito. A propósito, a penhora poderá recair sobre outros bens que façam parte do patrimônio não alienado do devedor.

A conduta do devedor é, portanto, atípica.

(OAB/Exame Unificado – 2007.2 – 2ª fase) Gláuber, passando-se por um matuto, dizendo-se do interior de Minas Gerais, abordou Ofélia, pessoa idosa, a fim de obter informações sobre o endereço de uma casa lotérica ou agência da Caixa Econômica Federal para receber um prêmio, alegando ter ganhado na loteria. Gláuber, então, mostrou a Ofélia uma listagem falsa da Caixa Econômica Federal, onde constava o número do bilhete sorteado. Ofélia, envolvida na história narrada pelo suposto matuto, acompanhou-o até a casa lotérica para receber o prêmio, ocasião em que Gláuber lhe ofereceu o bilhete pelo preço de R$ 450,00. Ofélia, de pronto, aceitou e entregou-lhe a quantia acertada em troca do bilhete premiado. Em seguida, Gláuber, satisfeito, foi embora e Ofélia se dirigiu a uma agência da Caixa Econômica Federal para retirar o prêmio, onde constatou que o bilhete era falso e que havia sido enganada. Com base nessa situação hipotética, tipifique, justificadamente, a conduta de Gláuber, apontando as principais características do delito.

RESOLUÇÃO DA QUESTÃO

Gláuber cometeu o crime de estelionato, previsto no *caput* do art. 171 do Código Penal, isso porque, depois de induzir em erro a vítima, Ofélia, lançando mão de um ardil (passou-se por pessoa simples) e alegando ser portador de um bilhete de loteria premiado, logrou dela conseguir vantagem patrimonial ilícita.

São características do delito: emprego de ardil ou outro meio fraudulento; induzimento ou manutenção da vítima em erro; obtenção de vantagem patrimonial ilícita.

Essa modalidade de estelionato é popularmente conhecida como "golpe do bilhete" ou "golpe do vigário".

(OAB/Exame Unificado – 2007.3 – 2ª fase) Maria, primária e com bons antecedentes, após encontrar na rua uma folha de cheque em branco pertencente a Joaquim, dirigiu-se a uma loja de eletrodomésticos, onde, mediante falsificação da assinatura no cheque, adquiriu diversos aparelhos eletroeletrônicos no valor de R$ 3.000,00, tendo retirado os objetos no momento da compra. Com base na situação hipotética descrita; tipifique a conduta de Maria e aponte o procedimento processual penal cabível à espécie.

RESOLUÇÃO DA QUESTÃO

Maria, primária e com bons antecedentes, depois de encontrar uma folha de cheque em branco, preencheu o título, falsificando a assinatura do titular da conta, Joaquim, e com isso adquiriu diversos aparelhos eletroeletrônicos no valor de R$ 3.000,00, tendo os retirado da loja.

Maria, com a sua conduta, incorreu nas penas do art. 171, *caput*, do Código Penal.

Não se aplica a forma privilegiada contida no art. 171, § 1º, do CP porque, embora Maria seja primária, o prejuízo não pode ser reputado de pequeno valor.

O procedimento, em vista do disposto no art. 394, § 1º, I, do CPP, é comum ordinário.

Comentários adicionais:

Confira, sobre o tema, os julgados:

EMENTA: Habeas corpus. Denúncia. Estelionato (art. 171, *caput* do CP). Folhas de cheque furtadas. Perícia que concluiu pela falsificação da assinatura em um deles. Materialidade do crime comprovada. Autoria não fixada pela perícia, diante de circunstâncias técnicas. Elementos coligidos na investigação que, no entanto, apresentam indícios de autoria suficientes para embasar a ação penal. Pretensão dos impetrantes de revolvimento de matéria de fato, insuscetível no âmbito estreito do writ. Habeas corpus indeferido. (HC 80903, embranco, STF)

ESTELIONATO DO ART. 171, *Caput* DO COD. PENAL, PRATICADO MEDIANTE EMISSAO DE CHEQUE EM NOME DE TERCEIRO, COM FALSIFICAÇÃO DE SUA ASSINATURA. REPARAÇÃO VOLUNTARIA DO PREJUIZO; INAPLICABILIDADE DA JURISPRUDÊNCIA DO SUPREMO TRIBUNAL FEDERAL A RESPEITO DOS EFEITOS DO PAGAMENTO, ANTES DA DENUNCIA, DO CHEQUE EMITIDO SEM PROVISAO DE FUNDOS. RECURSO DE HABEAS CORPUS NÃO PROVIDO. (RHC 50007, embranco, STF)

(OAB/Exame Unificado – 2009.1 – 2ª fase) Pedro, estudante de 23 anos de idade, namorava Ana havia um mês. Ambos sonhavam realizar uma viagem para o exterior e, como dispunham de poucos recursos materiais, Pedro decidiu subtraí-los de alguém. Dirigiu-se, armado com um estilete, a uma estação de metrô e, ao avistar uma pessoa idosa, ameaçou-a com o referido objeto, na presença de diversas testemunhas, e subtraiu-lhe cerca de R$ 3.000,00. Havia, nas proximidades, policiais que, ao perceberem o ocorrido, deram-lhe ordem de prisão. Pedro tentou fugir, mas foi preso, e, como conseguira livrar-se do estilete, não foi possível a apreensão do objeto. Considerando a situação hipotética acima apresentada, responda, de forma fundamentada, às seguintes perguntas.

- Que delito Pedro cometeu?
- Sem a apreensão do estilete, pode haver causa de aumento de pena?
- Há, na situação, circunstâncias agravantes e atenuantes?

RESOLUÇÃO DA QUESTÃO

Pedro cometeu o delito de roubo majorado, previsto no art. 157, § 2º, I, do Código Penal, visto que, mediante ameaça exercida com emprego de arma branca, subtraiu para si de pessoa idosa a importância de R$ 3.000,00.

A incidência do aumento de pena, diante da não apreensão da arma, não é tema pacífico na jurisprudência, mas vários acórdãos dão conta de que a pena pode, sim, ser majorada por esse motivo desde que existam outros elementos comprobatórios de sua utilização (testemunhas, por exemplo).

Incide a circunstância agravante a que faz referência o art. 61, II, *h*, do CP (crime praticado contra pessoa idosa).

Comentários adicionais:

Confira, sobre o tema, os julgados:

AGRAVO REGIMENTAL. HABEAS CORPUS. ROUBO MAJORADO. CAUSA DE AUMENTO DE PENA. EMPREGO DE ARMA BRANCA. APREENSÃO E PERÍCIA. NECESSIDADE. 1. A Sexta Turma desta Corte tem entendido, compreensão em relação à qual ressalvo ponto de vista, divergente, que, para a caracterização da majorante prevista no artigo 157, § 2º, I, do Código Penal, faz-se necessário que a arma de fogo seja apreendida e periciada. 2. Em se tratando de arma branca, para a incidência da qualificadora, dentro desse raciocínio, também são imprescindíveis sua apreensão e a realização de exame pericial. 3. Agravo regimental a que se nega provimento. (AgRg no HC 122.307/MG, Rel. Ministro HAROLDO RODRIGUES (DESEMBARGADOR CONVOCADO DO TJ/CE), SEXTA TURMA, julgado em 10/11/2009, DJe 30/11/2009)

PENAL. HABEAS CORPUS. ROUBOS CIRCUNSTANCIADOS. EMPREGO DE ARMA. APREENSÃO E PERÍCIA. PRESCINDIBILIDADE. AUMENTO DA PENA EM 2/5. NÃO-DEMONSTRADAS CIRCUNSTÂNCIAS CONCRETAS QUE INDIQUEM A NECESSIDADE DE EXASPERAÇÃO DA PENA ALÉM DA FRAÇÃO MÍNIMA. CONTINUIDADE DELITIVA. REQUISITOS DE ORDEM OBJETIVA E SUBJETIVA. AUSÊNCIA DE UNIDADE DE DESÍGNIOS. CARACTERIZAÇÃO DE REITERAÇÃO CRIMINOSA. ORDEM PARCIALMENTE CONCEDIDA. 1. A jurisprudência da Quinta Turma do Superior Tribunal de Justiça é uníssona quanto à prescindibilidade da apreensão da arma para a caracterização da causa de aumento de pena do crime de roubo (art. 157, § 2º, I, do Código Penal), quando outros elementos comprovem sua utilização. 2. A presença de mais de uma causa especial de aumento da pena no crime de roubo pode agravar a pena em até metade, quando o magistrado, diante das peculiaridades do caso concreto, constatar a ocorrência de circunstâncias que indiquem a necessidade da elevação da pena acima da fração mínima. Precedentes do STJ. 3. Não fica o Juízo sentenciante adstrito, simplesmente, à quantidade de majorantes para fixar a fração de aumento, pois, na hipótese de existência de apenas uma, havendo nos autos elementos que conduzem à exasperação da reprimenda – tais como a quantidade excessiva de agentes no concurso de pessoas (CP, art. 157, § 2º, II) ou o grosso calibre da arma de fogo utilizada na empreitada criminosa (CP, art. 157, § 2º, I) –, a fração pode e deve ser elevada, acima de 1/3, contanto que devidamente justificada na sentença, em observância ao art. 68 do CP. O mesmo raciocínio serve para uma situação inversa, em que o roubo foi praticado com arma de fogo e por número reduzido de agentes, hipótese em que pode o magistrado aplicar a fração mínima, apesar da duplicidade de majorantes. 4. A jurisprudência do Superior Tribunal de Justiça orienta-se no sentido de que, para caracterizar a continuidade delitiva, é necessário o preenchimento de requisitos de ordem objetiva e subjetiva. Constatada a mera reiteração, em que as condutas criminosas são autônomas e isoladas, afasta-se a tese de continuidade delitiva para se acolher a da habitualidade ou profissionalismo na prática de crimes, circunstância que merece um tratamento penal mais rigoroso, tendo em vista o maior grau de reprovabilidade. 5. Ordem parcialmente concedida para aplicar o percentual de 1/3 relativo a duas causas de aumento da pena, redimensionando as pena do paciente para 16 anos, 10 meses e 20 dias de reclusão no regime inicial fechado, e 38 dias-multa. (HC 125.025/SP, Rel. Ministro ARNALDO ESTEVES LIMA, QUINTA TURMA, julgado em 29/10/2009, DJe 30/11/2009)

(OAB/Exame Unificado – 2010.3 - 2ª Fase) Caio, residente no município de São Paulo, é convidado por seu pai, morador da cidade de Belo Horizonte, para visitá-lo. Ao dirigir-se até Minas Gerais em seu carro, Caio dá carona a Maria, jovem belíssima que conhecera na estrada e que, ao saber do destino de Caio, o convence a subtrair pertences da casa do genitor do rapaz, chegando a sugerir que ele aguardasse o repouso noturno de seu pai para efetuar a subtração. Ao chegar ao local, Caio janta com o pai e o espera adormecer, quando então subtrai da residência uma televisão de plasma, um aparelho de som e dois mil reais. Após encontrar-se com Maria no veículo, ambos se evadem do local e são presos quando chegavam ao município de São Paulo.

Com base no relatado acima, responda aos itens a seguir, empregando os argumentos jurídicos apropriados e a fundamentação legal pertinente ao caso.

a) Caio pode ser punido pela conduta praticada e provada? (Valor: 0,4)
b) Maria pode ser punida pela referida conduta? (Valor: 0,4)
c) Em caso de oferecimento de denúncia, qual será o juízo competente para processamento da ação penal? (Valor: 0,2)

RESOLUÇÃO DA QUESTÃO:

Caio não pode ser punido pela conduta que praticou, visto que, na forma estatuída no art. 181, II, do Código Penal, constitui escusa absolutória, causa apta a excluir a pena, o fato de o descendente perpetrar contra o ascendente crime contra o patrimônio, exceção feita às hipóteses em que o agente se valha, para o seu cometimento, de violência ou grave ameaça, ou ainda quando o delito é praticado em detrimento de pessoa com idade igual ou superior da 60 anos, a teor do art. 183, I e III, do CP.

Já Maria poderá, sim, ser punida pela conduta praticada. Isso porque a imunidade contemplada no art. 181 do CP, por força do que dispõe o art. 183, II, do CP, não alcança o terceiro que toma partido no delito. Assim, a circunstância relativa a Caio, por ser de caráter pessoal, não se comunica à sua comparsa. Será, pois, punida pela conduta que ambos praticaram.

O foro competente, a teor do art. 70, *caput*, do CPP, será firmado em razão do local em que se deu a consumação do crime, isto é, a Comarca de Belo Horizonte.

Gabarito Comentado – Examinadora:

a) Não, uma vez que incide sobre o caso a escusa absolutória prevista no artigo 181, II, do CP.

b) Sim, uma vez que a circunstância relativa a Caio é de caráter pessoal, não se comunicando a ela (artigo 30 do CP). Assim, poderá ser punida pela prática do crime de furto qualificado pelo repouso noturno.

c) Belo Horizonte, local em que delito se consumou, conforme artigos 69, I, do CPP e 6º do CP.

Em relação à correção, levou-se em conta o seguinte critério de pontuação:

Item – Pontuação

a) Não, uma vez que incide sobre o caso a escusa absolutória (0,2) prevista no artigo 181, II, do CP (0,2).
0 / 0,2 / 0,4

b) Sim, uma vez que a circunstância relativa a Caio é de caráter pessoal, não se comunicando a ela (0,2), com base no artigo 30 OU 183, II, do CP (0,2).
0 / 0,2 / 0,4

c) Belo Horizonte, local em que o delito se consumou (0,1), conforme artigos 69, I, OU 70 do CPP (0,1).
0 / 0,1 / 0,2

1.7. Crimes contra a dignidade sexual

(OAB/Exame Unificado – 2004 – 2ª fase) R. manteve relações sexuais, durante mais de cinco anos, com sua filha M., atualmente com treze anos de idade. Ouvida em juízo, M. afirmou que não sentia dor quando o pai mantinha relações sexuais com ela. Em seu depoimento, afirmou ainda que o pai lhe dizia que essas relações eram uma espécie de carinho. Disse também que tais fatos ocorriam sempre às quartas-feiras, pela parte da manhã, ocasião em que sua mãe não estava em casa, pois era faxineira. Discorra sobre o caso apresentado, abordando, necessariamente, os seguintes aspectos:

- tipificação da conduta de R.;
- ação penal cabível;
- natureza do crime praticado;
- regime de cumprimento de pena em caso de eventual condenação.

RESOLUÇÃO DA QUESTÃO

R. praticou a conduta atualmente tipificada no art. 217-A – *estupro de vulnerável*, com incidência do aumento previsto no art. 226, II, ambos do Código Penal. Trata-se de *crime continuado*, nos termos do art. 71 do CP.

A ação penal, em consonância com o disposto no art. 225, parágrafo único, do CP, é pública incondicionada.

O crime em questão é hediondo, conforme preleciona o art. 1º, VI, da Lei 8.072/90 (Lei de Crimes Hediondos), e está inserido no Título VI do Código Penal, *Dos Crimes contra a Dignidade Sexual*.

Por fim, no caso de eventual condenação, reza o art. 2º, § 2º, da Lei 8.072/90 que, se o apenado for primário, a progressão de regime dar-se-á após o cumprimento de 2/5 da pena; se reincidente for, após o cumprimento de 3/5. De qualquer maneira, a pena será cumprida inicialmente em regime fechado, *ex vi* do art. 2º, § 1º, da Lei 8.072/90.

Comentários adicionais:

Com a Lei 12.015/09, que promoveu diversas alterações nos *delitos sexuais*, o estupro – art. 213 do CP, que incriminava tão somente a conjunção carnal realizada com mulher, mediante violência ou grave ameaça, passou a incorporar, também, a conduta antes contida no art. 214 do CP – dispositivo hoje revogado. Dessa forma, o crime do art. 213 do CP, com a mudança implementada pela Lei 12.015/09, passa a comportar, além da conduta consubstanciada na conjunção carnal violenta, contra homem ou mulher, também o comportamento consistente em obrigar alguém a praticar ou permitir que com o sujeito ativo se pratique outro ato libidinoso que não a conjunção carnal. Criou-se, assim, um *tipo misto alternativo (plurinuclear)*.

Além disso, a Lei 12.015/09 alterou a redação do art. 1º da Lei 8.072/90 (Lei de Crimes Hediondos). São, pois, hediondos os delitos de estupro (art. 213, *caput* e §§ 1º e 2º) e estupro de vulnerável, nos termos do art. 1º, V e VI, da Lei 8.072/90. Mais, a mesma Lei 12.015/09, em seu art. 7º, revogou expressamente o art. 224 do CP (presunção de violência), razão pela qual a majorante do art. 9º da Lei 8.072/90 não poderá, a nosso ver, ter mais incidência, visto que foi abolida.

A ação penal, nos delitos sexuais, era, em regra, de iniciativa privada. Era o que estabelecia a norma contida no *caput* do art. 225 do Código Penal. As exceções ficavam por conta do § 1º do dispositivo. Com o advento da Lei 12.015/09, que introduziu uma série de modificações nos crimes sexuais, agora chamados *crimes contra a dignidade sexual*, nomenclatura, a nosso ver, mais adequada aos tempos atuais, a ação penal deixa de ser privativa do ofendido para ser pública condicionada à representação. Será, entretanto, pública incondicionada quando se tratar de vítima: menor de 18 anos ou pessoa vulnerável, tudo nos exatos termos do alterado art. 225 do CP.

Dica: neste formato de questão, o examinador, na parte final do enunciado, faz menção a "aspectos", os quais o candidato necessariamente deve abordar, um a um, ao discorrer sobre o caso proposto.

(OAB/Exame Unificado – 2008.2 – 2ª fase) Enilton, brasileiro, com 23 anos de idade, casado, previamente combinado com Lúcia, brasileira, solteira, com 19 anos de idade, e tendo contado com o apoio efetivo desta, enganou Sofia, brasileira, com 13 anos de idade, dizendo-se curandeiro, e, a pretexto de curá-la de uma suposta síncope, com ela manteve conjunção carnal consentida, o que acarretou a perda da virgindade da adolescente. Ato contínuo, enquanto Lúcia segurava a adolescente, Enilton, contra a vontade da garota, praticava vários atos libidinosos diversos da conjunção carnal, o que provocou, embora inexistente a intenção de lesionar, a incapacidade de Sofia, por mais de 30 dias, para as ocupações habituais. Considerando a situação hipotética apresentada, tipifique a(s) conduta(s) de Enilton e Lúcia.

RESOLUÇÃO DA QUESTÃO

Ao manter conjunção carnal com Sofia, menor com 13 anos de idade, a pretexto de curá-la de uma suposta síncope, Enilton cometeu o crime previsto no art. 217-A do Código Penal – *estupro de vulnerável*. Lúcia, por ter colaborado com a prática criminosa, também deverá ser responsabilizada pelo mesmo crime, na qualidade de partícipe.

Na situação seguinte, o crime praticado por Enilton e Lúcia, agora ambos na qualidade de coautor, é o capitulado no art. 217-A, § 3º, do Código Penal, já que da prática dos atos libidinosos a que foi submetida Sofia resultou lesão corporal de natureza grave (art. 129, § 1º, I, do CP).

Incide o aumento a que alude o art. 226, I, do CP.

Trata-se de delitos hediondos, nos termos do art. 1º, VI, da Lei 8.072/90.

Comentários adicionais:

O crime de *estupro de vulnerável* – art. 217-A do CP – foi inserido no Código Penal pela Lei 12.015/09, que promoveu diversas outras alterações no âmbito dos *delitos sexuais*. Até então a conduta descrita no primeiro parágrafo (resposta) configurava o delito de estupro com violência presumida (art. 213 c/c o art. 224, "a", ambos do Código Penal). O art. 224 foi revogado pela Lei 12.014/09; a conduta descrita no segundo parágrafo (resposta) configurava atentado violento ao pudor (art. 214 do CP), dispositivo também revogado.

(OAB/Exame Unificado – 2.011.2 – 2ª fase) Joaquina, ao chegar à casa de sua filha, Esmeralda, deparou-se com seu genro, Adaílton, mantendo relações sexuais com sua neta, a menor F.M., de 12 anos de idade, fato ocorrido no dia 2 de janeiro de 2011. Transtornada com a situação, Joaquina foi à delegacia de polícia, onde registrou ocorrência do fato criminoso. Ao término do Inquérito Policial instaurado para apurar os fatos narrados, descobriu-se que Adaílton vinha mantendo relações sexuais com a referida menor desde novembro de 2010. Apurou-se, ainda, que Esmeralda, mãe de F.M., sabia de toda a situação e, apesar de ficar enojada, não comunicava o fato à polícia com receio de perder o marido que muito amava.

Na condição de advogado(a) consultado(a) por Joaquina, avó da menor, responda aos itens a seguir, empregando os argumentos jurídicos apropriados e a fundamentação legal pertinente ao caso.

a) Adaílton praticou crime? Em caso afirmativo, qual? (Valor: 0,3)
b) Esmeralda praticou crime? Em caso afirmativo, qual? (Valor: 0,5)
c) Considerando que o Inquérito Policial já foi finalizado, deve a avó da menor oferecer queixa-crime? (Valor: 0,45)

RESOLUÇÃO DA QUESTÃO:

Adaílton, ao manter relações com a menor F.M., de doze anos de idade, de forma continuada, cometeu o crime previsto no art. 217-A – estupro de vulnerável. Trata-se de delito continuado, na forma estabelecida no art. 71 do CP, já que as investigações revelaram que as relações sexuais vinham sendo mantidas há algum tempo.

Embora o enunciado não tenha deixado claro se Adaílton é pai ou padrasto da menor contra a qual investiu, é fato que deverá incidir, de uma maneira ou de outra, o aumento de pena previsto no art. 226, II, do CP.

Quanto à Esmeralda, dado que esta tinha o dever jurídico de evitar o resultado, consubstanciado no art. 13, § 2º, "a", do CP, deverá responder pelo crime de estupro de vulnerável na condição de partícipe. É o chamado crime omissivo impróprio. A ela também se aplica a causa de aumento de pena do art. 226, II, do CP.

Por força do que dispõe o art. 226, I, do CP, a pena também será majorada em razão do concurso de pessoas.

Em regra, não terá lugar a queixa-crime.

Sucede que, a ação penal, sendo a vítima pessoa vulnerável, em vista do que estabelece o art. 225, parágrafo único, do CP, é pública incondicionada.

Gabarito Comentado – Examinadora:

a) Sim. Estupro de vulnerável, conduta descrita no art. 217-A do CP.

b) Sim. Esmeralda também praticou estupro de vulnerável (artigo 217-A do CP c/c artigo 13, §2º, "a", do CP), uma vez que tinha a obrigação legal de impedir o resultado, sendo garantidora da menor.

c) Não, pois se trata de ação penal pública incondicionada, nos termos do art. 225, parágrafo único, do CP.

Distribuição dos Pontos

Item – Pontuação

a) Sim. Estupro de vulnerável (0,2) – art. 217-A do CP (0,1)
0 / 0,1 / 0,2 / 0,3

b) Sim. Estupro de vulnerável (0,3) – artigo 217-A do CP c/c artigo 13, §2º, "a", do CP OU era garantidora (0,2)
Não pontua só artigo ou fundamento isolados
0 / 0,3 / 0,5

c) Não, por se tratar de ação penal pública incondicionada (0,35). Art. 225, parágrafo único, do CP (0,1).
0 / 0,35 / 0,45

1.8. Crimes contra a fé pública

(OAB/Exame Unificado – 2009.1 – 2ª fase) Paulo apresentou declaração de pobreza, com o fim de obter o benefício da gratuidade judiciária, para o ajuizamento de ação de indenização contra determinada empresa aérea nacional, por ter perdido conexão internacional em virtude do atraso de um voo doméstico. O juiz indeferiu o pedido, tendo em vista a situação econômica do requerente, que lhe permitia pagar as custas do processo e os honorários advocatícios. Com o indeferimento, Paulo realizou o pagamento das custas processuais. Considerando a situação hipotética acima apresentada, responda, de forma fundamentada, se pode ser imputado a Paulo o crime de falsidade ideológica.

> **RESOLUÇÃO DA QUESTÃO**
>
> Não pode ser imputado a Paulo o crime de falsidade ideológica (art. 299 do Código Penal), isso porque a declaração de pobreza por ele firmada com o fito de obter o benefício da gratuidade judiciária não se enquadra no conceito de documento deste dispositivo, tendo em conta que o magistrado a quem foi formulado o pedido pode determinar, se julgar conveniente, a produção de prova acerca da real situação de miserabilidade de Paulo.
>
> A declaração de pobreza, assim, goza de presunção relativa de veracidade.

Comentários adicionais:

Confira, sobre o tema, o seguinte acórdão:

RECURSO ESPECIAL. PENAL. CRIMES DE FALSIDADE IDEOLÓGICA E USO DE DOCUMENTO FALSO. DECLARAÇÃO DE POBREZA PARA OBTENÇÃO DO BENEFÍCIO DA JUSTIÇA GRATUITA. TRANCAMENTO DE INQUÉRITO POLICIAL. CONDUTAS ATÍPICAS. IMPROVIMENTO DA IRRESIGNAÇÃO. 1. A declaração de pobreza com o intuito de obter os benefícios da justiça gratuita goza de presunção relativa, passível, portanto, de prova em contrário, não se enquadrando no conceito de documento previsto nos arts. 299 e 304, ambos do Estatuto Repressivo. 2. Assim, a conduta de quem se declara falsamente pobre visando aludida benesse ou se utiliza de tal documento para instruir pleito de assistência judiciária gratuita não se subsume àquelas descritas nos citados tipos penais. 3. Recurso especial improvido. (REsp 1096682/SC, Rel. Ministro JORGE MUSSI, QUINTA TURMA, julgado em 24/03/2009, DJe 01/06/2009)

1.9. Crimes contra a Administração Pública

(OAB/Exame Unificado – 2006.2 – 2ª fase) Considerando que Cássio, advogado, recebeu dinheiro de sua cliente a pretexto de influenciar promotor de justiça na elaboração de parecer, redija um texto, de forma fundamentada, tipificando a conduta do advogado e indicando o objeto jurídico tutelado pelo tipo em questão. Aborde, ainda, a classificação do delito quanto ao resultado. extensão máxima: 30 linhas

> **RESOLUÇÃO DA QUESTÃO**
>
> Cássio, ao receber dinheiro de sua cliente a pretexto de influenciar promotor de Justiça na elaboração de parecer, cometeu o crime prefigurado no art. 357 do Código Penal – *exploração de prestígio*.
>
> Frise-se que, se o agente alega ou insinua que o dinheiro também se destina às pessoas referidas no *caput* do dispositivo, a pena é aumentada de 1/3, conforme estabelece seu parágrafo único.
>
> O tipo penal em questão tem como objeto jurídico a *administração da justiça* - está inserido no Capítulo III do Título XI.
>
> Quanto ao resultado do delito como fator condicionante de sua consumação, cuida-se de *crime formal*, já que a consumação se opera com a prática de qualquer das condutas contidas no tipo penal, independentemente da ocorrência de prejuízo para o Estado.

(OAB/Exame Unificado – 2006.3 – 2ª fase) Pratica o delito de patrocínio infiel o advogado que, em nome das partes, peticiona, em reclamação trabalhista, a homologação de acordo firmado extrajudicialmente pelos contendores? Justifique sua resposta.

RESOLUÇÃO DA QUESTÃO

A ação incriminada no tipo do art. 355 do Código Penal consiste em trair, na qualidade de advogado ou procurador, o dever profissional, prejudicando interesse, cujo patrocínio, em juízo, lhe é confiado.

Na situação acima narrada, o advogado, ao peticionar a homologação de acordo firmado extrajudicialmente pelas partes, não está, evidentemente, a traí-las, mas, sim, atuando em nome delas, não havendo que se falar na prática do crime de patrocínio infiel.

(OAB/Exame Unificado – 2008.3 – 2ª fase) Francisco, funcionário público, agente penitenciário de segurança, lotado em penitenciária de determinado estado da Federação e usual substituto do diretor de segurança e disciplina da referida unidade prisional, valendo-se dessa função, concedeu aos detentos regalias contrárias à disciplina do presídio, bem como permitiu a entrada de substâncias entorpecentes a eles destinadas. Para tanto, acertou o recebimento da quantia de R$ 20 mil, que efetivamente foi paga por interlocutores dos sentenciados. Ainda como forma de retribuição à quantia recebida, Francisco passou a informar, previamente, os sentenciados acerca da realização de revistas no estabelecimento, a fim de lhes permitir a ocultação das drogas. Considerando a situação hipotética apresentada, tipifique, com fundamento no Código Penal, a conduta de Francisco e indique a esfera competente para processá-lo e julgá-lo.

RESOLUÇÃO DA QUESTÃO

Francisco, ao acertar o pagamento da importância de R$ 20.000,00 (vantagem indevida) para conceder regalias não permitidas aos detentos e permitir a entrada de drogas no interior da unidade prisional da qual é diretor substituto de segurança, incorrerá nas penas do art. 317, § 1º, do Código Penal – *corrupção passiva*.

A competência para o processamento e julgamento é da Justiça comum estadual.

(OAB/Exame Unificado – 2010.2 – 2ª fase) Caio, funcionário público, ao fiscalizar determinado estabelecimento comercial exige vantagem indevida. A qual delito corresponde o fato narrado:

I. se a vantagem exigida servir para que Caio deixe de cobrar tributo devido;
II. se a vantagem, advinda de cobrança de tributo que Caio sabia não ser devida, for desviada para proveito de Caio?

RESOLUÇÃO DA QUESTÃO:

Com a sua conduta, consubstanciada em exigir vantagem indevida para si, de forma direta, para deixar de cobrar tributo, Caio, funcionário público, incorreu nas penas do crime previsto no art. 3º, II, da Lei 8.137/90.

Na outra situação, o crime em que Caio incorreu é outro. Deverá, aqui, responder pelo delito capitulado no art. 316, § 2º, do CP.

Gabarito comentado - Examinadora:

Resposta: Art. 3º da Lei n. 8.137/90 (0,5) e excesso de exação qualificada – art. 316, § 2º, do CP (0,5). Justificativa: A exigência de vantagem indevida por funcionário público em razão de sua função caracteriza, em princípio, o delito de concussão. A Lei n. 8.137/90, a lei dos crimes contra a ordem tributária, criou, no que interessa à questão, dois tipos novos: inseriu no artigo 316 do Código Penal dois parágrafos, criando o excesso de exação – nas hipóteses em que a vantagem indevida for ela mesma um tributo ou contribuição social indevida, e sua forma qualificada, que se dá quando a vantagem é apropriada pelo agente. O outro novel tipo penal está no artigo 3º da Lei n. 8.137/90, que tipifica uma forma específica de concussão: a exigência de vantagem indevida para deixar de cobrar tributo devido.

1.10. Crimes relativos a drogas

(OAB/Exame Unificado – 2006.1 – 2ª fase) Carlos Eduardo, conhecido como Cadu, em um mesmo contexto fático e sucessivamente, importou 2 kg de cocaína, transportou a droga e, por fim, manteve em depósito tal substância entorpecente. Considerando a situação hipotética apresentada, redija um texto explicitando a tipificação legal da conduta de Cadu. Fundamente sua resposta, abordando a classificação do delito tipificado, com ênfase na noção de concurso de crimes. extensão máxima: 60 linhas

RESOLUÇÃO DA QUESTÃO

Carlos Eduardo praticou o crime capitulado no art. 33, *caput*, c.c. o art. 40, I, ambos da Lei 11.343/06 (tráfico internacional de drogas).

Trata-se de delito de ação múltipla ou de conteúdo variado (crime plurinuclear), razão pela qual, por incidência do *princípio da alternatividade*, praticando o agente, desde que no mesmo contexto fático e sucessivamente, mais de uma ação nuclear, responderá por crime único. Ressalte-se que deverá o magistrado, por ocasião da fixação da pena (art. 59 do CP), levar em conta o número de núcleos praticados pelo agente.

O crime em questão tem como *objeto jurídico* a saúde pública; como *sujeito ativo*, em regra, qualquer pessoa (crime comum); como *sujeito passivo*, a sociedade; o *elemento subjetivo* é representado pelo dolo; é, como dito acima, *crime de ação múltipla* (plurinuclear). Consuma-se com a prática de qualquer dos núcleos contidos no tipo penal.

É, ademais, delito equiparado a hediondo, nos termos do art. 5º, XLIII, da CF. Submete-se, pois, à disciplina da Lei 8.072/90 (Lei de Crimes Hediondos).

Comentários adicionais:

Confira, a respeito, o seguinte acórdão:

HABEAS CORPUS. TRÁFICO ILÍCITO DE ENTORPECENTES. DIREITO PENAL E PROCESSUAL PENAL. INÉPCIA DA DENÚNCIA. INOCORRÊNCIA. DELITO DE TRÁFICO DE ENTORPECENTES. DIVERSOS NÚCLEOS DO TIPO. CONSUMAÇÃO COM QUALQUER DAS CONDUTAS. ACÓRDÃO ESTADUAL. OMISSÃO CARACTERIZADA. NULIDADE. CAUSA DE AUMENTO DE PENA. ORDEM PARCIALMENTE CONCEDIDA. HABEAS CORPUS CONCEDIDO DE OFÍCIO. REDUÇÃO DA PENA-BASE. PROGRESSÃO DE REGIME PRISIONAL. INCONSTITUCIONALIDADE DO ARTIGO 2º,

PARÁGRAFO 1º, DA LEI Nº 8.072/90 DECLARADA PELO SUPREMO TRIBUNAL FEDERAL. 1. Ajustando-se a motivação da sentença à denúncia, que imputou ao paciente a prática do delito de tráfico ilícito de entorpecentes, em concurso de agentes, com perfeita definição da conduta de cada qual, além da demonstração, pelo magistrado, mediante exaustivo exame do conjunto da prova, da imputação deduzida na acusatória inicial, não há falar em constrangimento ilegal a ser sanado em habeas corpus. 2. O crime de tráfico de entorpecentes compreende dezoito ações identificadas pelos diversos verbos ou núcleos do tipo, em face do que tal delito se consuma com a prática de qualquer delas, eis que delito de ação múltipla ou misto alternativo. Precedentes. 3. A consideração só quantitativa das causas especiais de aumento de pena, submetidas a regime alternativo, é expressão, em última análise, da responsabilidade penal objetiva, enquanto a qualitativa é própria do direito penal da culpa e atende aos imperativos da individualização da pena, permitindo, ad exemplum, que uma única causa especial de aumento alternativa possa conduzir o quantum de pena para além do mínimo legal do aumento, que, em contrapartida, pode ser insuperável, diante do caso concreto, mesmo em se caracterizando mais de uma causa especial de aumento dessa espécie. 4. A redução da pena-base ao mínimo legal pela Corte Estadual de Justiça desconstitui a pretensão de reconhecimento da atenuante legal da confissão. 5. O Plenário do Supremo Tribunal Federal declarou, por maioria de votos, a inconstitucionalidade do parágrafo 1º do artigo 2º da Lei nº 8.072/90, afastando, assim, o óbice da progressão de regime aos condenados por crimes hediondos ou equiparados. 6. Ordem parcialmente concedida. Habeas corpus concedido de ofício para afastar o óbice à progressão de regime prisional. (HC 200300498084, HAMILTON CARVALHIDO, - SEXTA TURMA, 03/09/2007)

(OAB/Exame Unificado – 2008.3 – 2ª fase) Roberto e outras pessoas organizaram e participaram da "marcha da maconha", passeata com o objetivo de conscientizar parlamentares a respeito da tese de descriminalização do uso dessa substância entorpecente. No dia da passeata, policiais militares prenderam Roberto em flagrante, tendo o delegado o indiciado pela prática de apologia ao crime. Considerando a situação hipotética apresentada, responda, com fundamento na lei e na doutrina, se a conduta dos policiais em relação à prisão de Roberto foi correta e se a tipificação feita está de acordo com a conduta praticada por ele.

RESOLUÇÃO DA QUESTÃO

A ação incriminada no tipo penal do art. 287 do Código Penal consiste em fazer apologia *de fato criminoso* ou *de autor de crime*, que significa enaltecer, louvar o cometimento de crimes.

É inevitável que nos deparemos com situações em que fique evidenciado o conflito entre a incidência do tipo penal em questão e alguns direitos fundamentais: liberdade de expressão, insculpido no art. 5º, IV e IX, da CF; direito de reunião - art. 5º, XVI, da CF; e direito de acesso a informação - art. 5º, XIV, da CF.

Neste caso, devem preponderar, dada a sua relevância, os direitos fundamentais acima mencionados.

Além disso, Roberto e as pessoas que com ele estavam na passeata apenas exerceram seu direito à manifestação do pensamento, ou seja, exteriorizaram sua opinião acerca da descriminalização do uso maconha, sem, com isso, defender crime ou criminoso.

Em vista do exposto, a ação dos policiais em relação à prisão de Roberto foi incorreta, já que sua conduta não teve o condão de colocar a paz pública, bem jurídico tutelado, em risco.

Comentários adicionais:

Confira o posicionamento do STF sobre o tema, extraído do Informativo nº 631:

Liberdades fundamentais e "Marcha da Maconha" - 1

Por entender que o exercício dos direitos fundamentais de reunião e de livre manifestação do pensamento devem ser garantidos a todas as pessoas, o Plenário julgou procedente pedido formulado em ação de descumprimento de preceito fundamental para dar, ao art. 287 do CP, com efeito vinculante, interpretação conforme a Constituição, de forma a excluir qualquer exegese que possa ensejar a criminalização da defesa da legalização das drogas, ou de qualquer substância entorpecente específica, inclusive através de manifestações e eventos públicos. Preliminarmente, rejeitou-se pleito suscitado pela Presidência da República e pela Advocacia-Geral da União no sentido do não-conhecimento da ação, visto que, conforme sustentado, a via eleita não seria adequada para se deliberar sobre a interpretação conforme. Alegava-se, no ponto, que a linha tênue entre o tipo penal e a liberdade de expressão só seria verificável no caso concreto. Aduziu-se que se trataria de argüição autônoma, cujos pressupostos de admissibilidade estariam presentes. Salientou-se a observância, na espécie, do princípio da subsidiariedade. Ocorre que a regra penal em comento teria caráter pré-constitucional e, portanto, não poderia constituir objeto de controle abstrato mediante ações diretas, de acordo com a jurisprudência da Corte. Assim, não haveria outro modo eficaz de se sanar a lesividade argüida, senão pelo meio adotado. Enfatizou-se a multiplicidade de interpretações às quais a norma penal em questão estaria submetida, consubstanciadas em decisões a permitir e a não pemitir a denominada "Marcha da Maconha" por todo o país. Ressaltou-se existirem graves conseqüências resultantes da censura à liberdade de expressão e de reunião, realizada por agentes estatais em cumprimento de ordens emanadas do Judiciário. Frisou-se que, diante do quadro de incertezas hermenêuticas em torno da aludida norma, a revelar efetiva e relevante controvérsia constitucional, os cidadãos estariam preocupados em externar, de modo livre e responsável, as convicções que desejariam transmitir à coletividade por meio da pacífica utilização dos espaços públicos. ADPF 187/DF, rel. Min. Celso de Mello, 15.6.2011. (ADPF-187)

Liberdades fundamentais e "Marcha da Maconha" - 2

Decidiu-se, ainda, manter o objeto da demanda conforme a delimitação estabelecida pela Procuradoria-Geral da República, a despeito de um dos amici curiae — a ABESUP - Associação Brasileira de Estudos Sociais do Uso de Psicoativos — haver postulado o reconhecimento da legitimidade jurídica de determinadas condutas. A aludida associação pretendia a declaração da atipicidade penal de atos como o cultivo doméstico, o porte de pequena quantidade e o uso em âmbito privado da maconha; a utilização de referida substância para fins medicinais, inclusive para efeito de realização de pesquisas médicas; o uso ritual da maconha em celebrações litúrgicas; a utilização da substância canábica para fins econômicos; ou, então, a submissão dos mencionados pleitos a processo prévio de regulamentação, com a participação democrática dos órgãos e entidades que manifestassem interesse no assunto. O amicus curiae citado também requerera a concessão, de ofício, em caráter abstrato, de ordem de habeas corpus em favor de quaisquer pessoas que incidissem naqueles comportamentos anteriormente referidos. Aduziu-se que, não obstante o relevo da participação do amicus curiae, como terceiro interveniente, no processo de fiscalização normativa abstrata, ele não disporia de poderes processuais que, inerentes às partes, viabilizassem o exercício de determinadas prerrogativas que se mostrassem unicamente acessíveis a elas, como o poder que assiste, ao argüente, de delimitar o objeto da demanda por ele instaurada. Afirmou-se que a intervenção do amicus curiae seria voltada a proporcionar meios que viabilizassem uma adequada resolução do litígio constitucional, sob a perspectiva de pluralização do debate, de modo a permitir que o STF venha a dispor de todos os elementos informativos necessários à resolução da controvérsia, além de conferir legitimidade às decisões proferidas pela Suprema Corte. Para tanto, o amicus curiae teria a possibilidade de exercer o direito de fazer sustentações orais, além de dispor da faculdade de submeter, ao relator da causa, propostas de requisição de informações adicionais, de designação de peritos, de convocação de audiências públicas e de recorrer da decisão que haja denegado seu pedido de admissão no processo. Reputou-se, portanto, que as questões ora suscitadas não estariam em causa neste processo, muito embora reconhecida sua importância. Apontou-se, ademais, a inadequação do writ para o fim pretendido, visto que impetrado em caráter abstrato, sem vinculação concreta a um caso específico. Evidenciou-se a absoluta indeterminação subjetiva dos pacientes, de maneira a não se revelar pertinente esse remédio constitucional. Salientou-se que não se demonstrara configuração de ofensa imediata, atual ou iminente a direito de ir e vir de pessoas efetivamente submetidas a atos de injusto constrangimento. ADPF 187/DF, rel. Min. Celso de Mello, 15.6.2011. (ADPF-187)

Liberdades fundamentais e "Marcha da Maconha" - 3

No mérito, ressaltou-se, de início, que o presente feito não teria por objetivo discutir eventuais propriedades terapêuticas ou supostas virtudes medicinais ou possíveis efeitos benéficos resultantes da utilização de drogas ou de qualquer outra substância entorpecente. Destacou-se estar em jogo a proteção às liberdades individuais de reunião e de manifestação do pensamento. Em passo seguinte, assinalou-se que a liberdade de reunião, enquanto direito-meio, seria instrumento viabilizador da liberdade de expressão e qualificar-se-ia como elemento apto a propiciar a ativa participação da sociedade civil na vida política do Estado. A praça pública, desse modo, desde que respeitado o direto de reunião, passaria a ser o espaço, por excelência, para o debate. E, nesse sentido, salientou-se que esta Corte, há muito, firmara compromisso com a preservação da integridade das liberdades fundamentais contra o arbítrio do Estado. Realçou-se que a reunião, para merecer a proteção constitucional, deveria ser pacífica, ou seja, sem armas, violência ou incitação ao ódio ou à discriminação. Ademais, essa liberdade seria constituída por 5 elementos: pessoal, temporal, intencional, espacial e formal. Ponderou-se que, embora esse direito possa ser restringido em períodos de crise institucional, ao Estado não seria permitido, em período de normalidade, inibir essa garantia, frustrar-lhe os objetivos ou inviabilizá-la com medidas restritivas. ADPF 187/DF, rel. Min. Celso de Mello, 15.6.2011. (ADPF-187)

Liberdades fundamentais e "Marcha da Maconha" - 4

Apontou-se, ademais, que as minorias também titularizariam o direito de reunião. Observou-se que isso evidenciaria a função contra-majoritária do STF no Estado Democrático de Direito. Frisou-se, nessa contextura, que os grupos majoritários não poderiam submeter, à hegemonia de sua vontade, a eficácia de direitos fundamentais, especialmente tendo em conta uma concepção material de democracia constitucional. Mencionou-se que a controvérsia em questão seria motivada pelo conteúdo polissêmico do art. 287 do CP, cuja interpretação deveria ser realizada em harmonia com as liberdades fundamentais de reunião, de expressão e de petição. Relativamente a esta última, asseverou-se que o seu exercício estaria sendo inviabilizado, pelo Poder Público, sob o equivocado entendimento de que manifestações públicas, como a "Marcha da Maconha", configurariam a prática do ilícito penal aludido — o qual prevê a apologia de fato criminoso —, não obstante essas estivessem destinadas a veicular idéias, transmitir opiniões, formular protestos e expor reivindicações — direito de petição —, com a finalidade de sensibilizar a comunidade e as autoridades governamentais, notadamente o Legislativo, para o tema referente à descriminalização do uso de drogas ou de qualquer substância entorpecente específica. Evidenciou-se que o sistema constitucional brasileiro conferiria legitimidade ativa aos cidadãos para apresentar, por iniciativa popular, projeto de lei com o escopo de descriminalizar qualquer conduta hoje penalmente punida. Daí a relação de instrumentalidade entre a liberdade de reunião e o direito de petição. ADPF 187/DF, rel. Min. Celso de Mello, 15.6.2011. (ADPF-187)

Liberdades fundamentais e "Marcha da Maconha" - 5

Além disso, verificou-se que a marcha impugnada mostraria a interconexão entre as liberdades constitucionais de reunião — direito-meio — e de manifestação do pensamento — direito-fim — e o direito de petição, todos eles dignos de amparo do Estado, cujas autoridades deveriam protegê-los e revelar tolerância por aqueles que, no exercício do direito à livre expressão de suas idéias e opiniões, transmitirem mensagem de abolicionismo penal quanto à vigente incriminação do uso de drogas ilícitas. Dessa forma, esclareceu-se que seria nociva e perigosa a pretensão estatal de reprimir a liberdade de expressão, fundamento da ordem democrática, haja vista que não poderia dispor de poder algum sobre a palavra, as idéias e os modos de sua manifestação. Afirmou-se que, conquanto a livre expressão do pensamento não se revista de caráter absoluto, destinar-se-ia a proteger qualquer pessoa cujas opiniões pudessem conflitar com as concepções prevalecentes, em determinado momento histórico, no meio social. Reputou-se que a mera proposta de descriminalização de determinado ilícito penal não se confundiria com ato de incitação à prática do crime, nem com o de apologia de fato criminoso. Concluiu-se que a defesa, em espaços públicos, da legalização das drogas ou de proposta abolicionista a outro tipo penal, não significaria ilícito penal, mas, ao contrário, representaria o exercício legítimo do direito à livre manifestação do pensamento, propiciada pelo exercício do direito de reunião. O Min. Luiz Fux ressalvou que deveriam ser considerados os seguintes parâmetros: 1) que se trate de reunião pacífica, sem armas, previamente noticiada às autoridades públicas quanto à data, ao horário, ao local e ao objetivo, e sem incitação à violência; 2) que não exista incitação, incentivo ou estímulo ao consumo de entorpecentes na sua realização; 3) que não ocorra o consumo de entorpecentes na ocasião da manifestação ou evento público e 4) que não haja a participação ativa de crianças e adolescentes na sua realização. ADPF 187/DF, rel. Min. Celso de Mello, 15.6.2011. (ADPF-187)

1.11. Outros crimes do Código Penal e legislação extravagante

(OAB/Exame Unificado – 2006.3 – 2ª fase) Um advogado faz contato com um certo casal estrangeiro — ainda no exterior —, procura crianças "adotáveis" em comunidades de baixa renda, convence seus pais a doá-las e organiza toda a estrutura do encontro —transporte, alimentação, hospedagem — entre os pais das crianças e o casal estrangeiro, com o claro fito de obter lucro. Considerando a situação hipotética acima, tipifique a conduta do advogado. Fundamente a sua resposta apontando o objeto jurídico tutelado e o sujeito ativo do delito.

RESOLUÇÃO DA QUESTÃO

Em vista da situação hipotética acima narrada, o advogado praticou a conduta capitulada no art. 239 do Estatuto da Criança e do Adolescente (Lei 8.069/90), tendo em conta que promoveu, com o propósito de obter lucro, ato destinado ao envio de criança para o exterior com inobservância das formalidades legais.

A tutela penal, aqui, é voltada ao interesse estatal em que a criança ou adolescente não seja submetido a um processo de adoção internacional clandestino, com inobservância das formalidades legais ou ainda com o propósito de obter lucro. Ou seja, objetiva-se evitar o tráfico internacional de crianças.

No que concerne ao sujeito ativo, trata-se de crime comum. Pode, pois, ser praticado por qualquer pessoa, não exigindo do agente nenhuma condição especial.

(OAB/Exame Unificado – 2007.1 – 2ª fase) Lúcio guarda em sua propriedade rural substância tóxica (195 pacotes de herbicida, totalizando 2,4 kg), mantendo-os em depósito para posterior comercialização. Lúcio não possui autorização de uso de agrotóxicos e está ciente de que os agrotóxicos estão em desacordo com as exigências estabelecidas em leis e regulamentos. Considerando a situação hipotética, redija um texto indicando a tipificação da conduta de Lúcio e esclarecendo se a ela se aplica o princípio da insignificância.

RESOLUÇÃO DA QUESTÃO

A conduta praticada por Lúcio, consistente em ter em depósito significativa quantidade de substância tóxica em desacordo com as exigências estabelecidas em leis e regulamentos destinada a posterior comercialização, configura o crime capitulado no art. 56, *caput*, da Lei 9.605/98 (Lei de Crimes Ambientais).

Dada a significativa quantidade de substância tóxica mantida em depósito por Lúcio, inaplicável, aqui, o princípio da insignificância.

Frise-se, ademais, que nada obsta que o aludido princípio tenha incidência nos crimes ambientais, desde que preenchidos os requisitos consagrados na jurisprudência: a mínima ofensividade da conduta do agente; a nenhuma periculosidade social da ação; o reduzidíssimo grau de reprovabilidade do comportamento; e a inexpressividade da lesão jurídica provocada.

Comentários adicionais:

Confira, sobre o tema, o julgado abaixo:

PRINCÍPIO. INSIGNIFICÂNCIA. PESCA. APETRECHO PROIBIDO.

Do *nylon*, apetrecho de uso proibido. Vem daí a imputação do crime previsto no art. 34, parágrafo único, II, da Lei n. 9.605/1998. Anote-se que foram encontrados com ele apenas dois quilos de peixes de variadas espécies. Quanto a isso, vê-se da norma incriminadora que se trata de crime formal (crime de perigo abstrato), delito que prescinde de resultado danoso específico (no caso, ao meio ambiente). Porém, apesar de não se desconhecer que o enquadramento da lei de crimes ambientais no ordenamento jurídico brasileiro ainda é tema tormentoso a causar inúmeras discussões jurídicas, sobretudo quanto à configuração dos delitos penais nela insculpidos, chegando alguns a entender até que os princípios nela edificados, tais como os da prevenção e da precaução, sobrepõem-se aos próprios princípios penais de garantia ao cidadão, destaca-se que a hipótese em apreço resolve-se mesmo pela pouca invasão naquilo que a sociedade, mediante o ordenamento jurídico, espera quanto à proteção de sua existência, visto que há um mínimo de probabilidade de a conduta do paciente atingir o bem jurídico tutelado na espécie, a fauna aquática. Daí não se hesitar em consignar a presença da insignificância a ponto de, ao reconhecer a atipicidade material da conduta, conceder a ordem para trancar a ação penal por falta de justa causa. HC 93.859-SP, **Rel. Min. Maria Thereza de Assis Moura, julgado em 13/8/2009.** (Inform. STJ 402)

(OAB/Exame Unificado – 2007.1 – 2ª fase) Se o ato infracional praticado pelo adolescente, primário, equipara-se ao crime de tráfico de entorpecente, assemelhado aos hediondos, é legítima a aplicação de medida de internação, considerando que a infração está revestida da mesma gravidade? Fundamente sua resposta.

RESOLUÇÃO DA QUESTÃO

A simples alusão à gravidade do fato praticado (delito assemelhado a hediondo) não justifica a *medida de internação*, que constitui, nos termos do art. 121, *caput*, do Estatuto da Criança e do Adolescente, providência de caráter excepcional.

Além disso, a medida de internação, em consonância com o disposto no artigo 122 do ECA, somente terá lugar quando se tratar de ato infracional cometido mediante grave ameaça ou violência a pessoa; por reiteração no cometimento de outras infrações graves; bem assim na hipótese de descumprimento reiterado e injustificável de medida anteriormente imposta.

Assim, em vista do exposto, a aplicação de medida de internação revela-se ilegítima, pois o ato infracional praticado pelo adolescente, primário, não se enquadra nas hipóteses do art. 122 do ECA – Lei 8.069/90.

Comentários adicionais: Confira, sobre o tema, os acórdãos:

ESTATUTO DA CRIANÇA E DO ADOLESCENTE. HABEAS CORPUS. ATO INFRACIONAL EQUIPARADO AO TRÁFICO DE ENTORPECENTES. APLICAÇÃO DA MEDIDA SOCIOEDUCATIVA DE INTERNAÇÃO POR PRAZO INDETERMINADO EM RAZÃO DA GRAVIDADE DO DELITO. CONSTRANGIMENTO ILEGAL CARACTERIZADO. ORDEM CONCEDIDA. 1. Nos termos da legislação de regência, a medida de internação só poderá ser aplicada quando se tratar de ato infracional cometido mediante grave ameaça ou violência a pessoa, por reiteração no cometimento de outras infrações graves ou descumprimento reiterado e injustificável de medida anteriormente imposta. 2. O ato infracional equiparado ao delito de tráfico de entorpecentes não autoriza a imposição da medida socioeducativa de internação com fundamento no art. 122, inciso I, do ECA. 3. Tem-se como fundamento insuficiente para a aplicação da medida de privação de liberdade a simples alusão à gravidade do fato praticado, tendo em vista a própria excepcionalidade da medida de internação, somente admitida nas hipóteses legalmente previstas. 4. Somente é considerada reiterada a prática de conduta infracional quando são praticados três ou mais atos infracionais, o que não restou retratado nos autos. 5. Ordem concedida para anular a medida de internação, mantendo a de liberdade assistida, sem prejuízo de que outra mais adequada seja aplicada ao adolescente. (HC 59.465/RJ, Rel. Ministro ARNALDO ESTEVES LIMA, QUINTA TURMA, julgado em 05/12/2006, DJ 05/02/2007 p. 278)

CRIMINAL. HC. ECA. TRÁFICO DE ENTORPECENTES. INTERNAÇÃO POR PRAZO INDETERMINADO. GRAVIDADE DO ATO INFRACIONAL. FUNDAMENTAÇÃO INSUFICIENTE. AFRONTA AOS OBJETIVOS DO SISTEMA. CONSTRANGIMENTO ILEGAL CONFIGURADO. EXCEPCIONALIDADE DA MEDIDA EXTREMA. ORDEM CONCEDIDA. I. Hipótese em que o menor não registra antecedentes, tendo praticado ato infracional equiparado ao tráfico de entorpecentes – infração que não foi cometida mediante grave ameaça ou violência à pessoa. II A medida extrema de internação só está autorizada nas hipóteses previstas taxativamente nos incisos do art. 122 do ECA, pois a segregação do menor é medida de exceção, devendo ser aplicada e mantida somente quando evidenciada sua necessidade, em observância ao espírito do Estatuto, que visa à reintegração do menor à sociedade III A simples alusão à gravidade do fato praticado, mais especificamente quanto à natureza hedionda da conduta, é motivação genérica que não se presta para fundamentar a medida de internação, até mesmo por sua excepcionalidade, restando caracterizada a afronta aos objetivos do sistema. IV Deve ser reformada a decisão monocrática, bem como o acórdão recorrido, tão somente na parte relativa à medida imposta ao paciente, a fim de que outro decisum seja prolatado, afastando a aplicação de medida sócio-educativa de internação, permitindo que o menor aguarde tal desfecho em liberdade assistida. V. Ordem concedida, nos termos do voto do Relator. (HC 60.400/SP, Rel. Ministro GILSON DIPP, QUINTA TURMA, julgado em 05/10/2006, DJ 30/10/2006 p. 359)

(OAB/Exame Unificado – 2007.2 – 2ª fase) Regina procurou um escritório de advocacia e contou que possui um filho, Márcio, que cumpre medida socioeducativa de semiliberdade. Aduziu que Márcio já completou 18 anos de idade e que, por isso, ele deve ser posto em liberdade. Diante da situação hipotética descrita, responda: o advento da maioridade penal faz cessar a aplicação de medida socioeducativa prevista no Estatuto da Criança e do Adolescente? Fundamente a sua resposta.

RESOLUÇÃO DA QUESTÃO

O fato de Márcio ter completado 18 anos de idade – maioridade penal – não faz com que em relação a ele deixe de ser aplicada medida socioeducativa prevista no Estatuto da Criança e do Adolescente.

Reza o art. 121, § 5º, do ECA que a liberação do internado será compulsória somente aos 21 anos de idade.

A despeito de o dispositivo supracitado fazer referência à medida de internação, é também aplicado à semiliberdade (art. 120, § 2º, do ECA).

Assim, o advento da maioridade não faz cessar a aplicação de medida socioeducativa prevista na Lei 8.069/90 – ECA.

Comentários adicionais:

A seguir, trecho extraído do HC 108.356-RJ, DJE 3.11.08, julgado pelo STJ, em que foi relator o Min. Arnaldo Esteves Lima, da 5ª T.: "para a aplicação do ECA, leva-se em consideração apenas a idade do menor ao tempo do fato (ECA, artigo 104, parágrafo único)". Este julgado representa, como destacou o Ministro no seu voto, orientação dominante no STJ.

No caso em referência, a defesa impetrou *habeas corpus* naquela Corte com o propósito de ver extinta medida socioeducativa de semiliberdade pela prática de ato infracional equiparado aos delitos de tráfico ilícito de entorpecentes e homicídio qualificado. Invocou a defesa o fato de o paciente ter completado 18 anos, o que tornaria inviável sua manutenção em cumprimento de medida socioeducativa de semiliberdade, pois inexistiria previsão legal nesse sentido no ECA. O *habeas corpus* foi negado pelo STJ.

(OAB/Exame Unificado – 2007.2 – 2ª fase) Valdir fotografou Célia, criança com 10 anos de idade, em poses eróticas e, em seguida, publicou as fotos na Internet. Ocorreu que, devido a problemas com o provedor, tais fotos ficaram na rede apenas por 10 segundos, tendo sido vistas por somente uma pessoa. Na situação hipotética acima descrita, é típica a conduta de Valdir? Fundamente a sua resposta.

RESOLUÇÃO DA QUESTÃO

Ao fotografar Célia, criança com 10 anos de idade, em poses eróticas, Valdir incorreu nas penas do art. 240 do Estatuto da Criança e do Adolescente (Lei 8.069/90).

Ocorre que o agente, depois disso, publicou as fotos por ele tiradas na internet, que ali permaneceram por período curto, mas suficiente para que fossem vistas por uma pessoa, o que configura o delito capitulado no art. 241-A do ECA.

Comentários adicionais:

A redação dos dispositivos acima referidos, dentre outros, foi alterada por força da Lei 11.829/08, que teve como escopo aperfeiçoar o sistema de proteção conferido às crianças e adolescentes, com a criação de tipos penais que levam em conta o atual estágio de nossa civilização em relação à rede mundial de computadores.

(OAB/Exame Unificado – 2008.3 – 2ª fase) O Ministério Público, com fundamento no art. 4º da Lei nº 7.492/1986, combinado com o art. 29 do Código Penal, denunciou Roberto, por ele ter, supostamente, com a ajuda do gerente do banco XYZ, aberto várias contas correntes sem documentos comprobatórios de endereço, de identificação e de renda, o que causou prejuízos à instituição bancária. Em face dessa situação hipotética, exponha, com a devida fundamentação legal, o argumento adequado à defesa de Roberto.

RESOLUÇÃO DA QUESTÃO

O crime capitulado no art. 4º da Lei 7.492/86 é próprio, isto é, exige do sujeito ativo uma condição especial, qual seja, que o mesmo seja o administrador da instituição financeira, o que vem definido no art. 25 da Lei *supra*.

O tipo penal, assim, incrimina a conduta do administrador que gerencia de forma fraudulenta a instituição financeira.

Prevalece nos tribunais o entendimento segundo o qual o gerente de agência pode ser sujeito ativo deste crime. Nesse caso, o terceiro que com ele concorre responde na qualidade de coautor ou partícipe, nos termos do art. 29 do Código Penal. Sucede que Roberto, auxiliado que foi pelo gerente, este sim tendo atuado como partícipe, praticou atos típicos de autor sem reunir as características necessárias de sujeito ativo, ou seja, ele não é administrador/gerente da instituição financeira, condição indispensável à prática do delito, já que se trata, como dito acima, de crime próprio.

Dessa forma, pode-se dizer, em vista do exposto e também em razão da falta de descrição individualizada da conduta do agente, que a denúncia é inepta.

Comentários adicionais:

Confira, a seguir, os seguintes julgados:

EMENTA: HABEAS CORPUS. PROCESSO PENAL. DENÚNCIA. INÉPCIA. INOCORRÊNCIA. GESTÃO FRAUDULENTA. CRIME PRÓPRIO. CIRCUNSTÂNCIA ELEMENTAR DO CRIME. COMUNICAÇÃO. PARTÍCIPE. POSSIBILIDADE. PRECEDENTES. EXECUÇÃO DE UM ÚNICO ATO, ATÍPICO. IRRELEVÂNCIA. ORDEM DENEGADA. 1. A denúncia descreveu suficientemente a participação do paciente na prática, em tese, do crime de gestão fraudulenta de instituição financeira. 2. As condições de caráter pessoal, quando elementares do crime, comunicam-se aos co-autores e partícipes do crime. Artigo 30 do Código Penal. Precedentes. Irrelevância do fato de o paciente não ser gestor da instituição financeira envolvida. 3. O fato de a conduta do paciente ser, em tese, atípica - avalização de empréstimo - é irrelevante para efeitos de participação no crime. É possível que um único ato tenha relevância para consubstanciar o crime de gestão fraudulenta de instituição financeira, embora sua reiteração não configure pluralidade de delitos. Crime acidentalmente habitual. 4. Ordem denegada.

(HC 89364, Relator(a): Min. JOAQUIM BARBOSA, Segunda Turma, julgado em 23/10/2007, DJe-070 DIVULG 17-04-2008 PUBLIC 18-04-2008 EMENT VOL-02315-03 PP-00674)

PENAL. CRIMES CONTRA O SISTEMA FINANCEIRO NACIONAL. ARTS. 4º E 21 DA LEI N. 7492/86. SUBSIDIARIEDADE. GESTÃO FRAUDULENTA. SUJEITO ATIVO. GERENTE DE BANCO. POSSIBILIDADE. ABERTURA E MOVIMENTAÇÃO DE CONTA-CORRENTE FANTASMA. INSTITUIÇÃO FINANCEIRA. CONCEITO. AGÊNCIA BANCÁRIA. ABRANGÊNCIA. 1. Da mesma forma que o art. 4º, o art. 21 da Lei nº 7.492/86 ("Atribuir-se, ou atribuir a terceiro, falsa identidade, para realização de operação de câmbio") se consubstancia igualmente em proibição de comportamento fraudulento, com a finalidade de obter a realização de operação de câmbio. Destaque-se, ainda, que o art. 4º objetiva a higidez e segurança das instituições financeiras e das atividades daí decorrentes, incluindo-se, nesse âmbito, as operações de câmbio, que é justamente o bem jurídico tutelado pelo art. 21. A diferença marcante entre as condutas fraudulentas dispostas nos arts. 4º e 21 da Lei nº 7.492/86, reside na circunstância de que o primeiro é crime próprio, somente podendo ser executado por pessoas que tenham a condição de gerir a instituição financeira, sendo estas indicadas pelo art. 25 do mesmo diploma, e o segundo, crime comum, podendo ser praticado por qualquer pessoa. Nesse sentido, se a conduta perpetrada foi levada a efeito mediante o manejo de falsa identidade – que permitiu a abertura das contas "fantasmas" - e revestindo-se os acusados da especial condição de gerentes de agência bancária, a conduta se subsume ao tipo do art. 4º da Lei nº 7.492/86. A condenação pelo art. 21 implicaria *bis in idem*, porquanto a fraude seria punida como parte de um todo (gestão fraudulenta) e como crime autônomo. 2. O gerente bancário, que tem opções de ação administrativa possui alçada suficiente para praticar os crimes de gestão fraudulenta. É certo que não podem os gerentes de agência definir os rumos globais instituição, contudo, podem os mesmos conduzir a instituição em menor proporção. Dessa forma, poderão conceder empréstimos indevidos, autorizar a abertura de contas sem as cautelas exigíveis, enfim, poderão gerir a instituição local (agência bancária) e assim afetar o dinheiro de terceiros. Dessa forma, podem os gerentes de agências bancárias realizar em tese a conduta de gestão fraudulenta. 3. Não se mostra razoável considerar que uma agência bancária não possa ser considerada, autonomamente, como uma instituição financeira. Na medida em que a agência bancária direciona a sua atuação com vistas a realizar os próprios fins da instituição financeira, pode sim ser considerada, para fins de subsunção ao art. 4º da Lei n. 7492.86, como parcela integrante e representativa do conceito legal desta. 4. Negado provimento ao recurso do MPF e dado parcial provimento aos recursos dos réus JOÃO THOMÉ VIEIRA, EDVALDO GÓES DOS REIS, JOSÉ MORAES DE ALBUQUERQUE, ANTONIO CARLOS PREVATTI e JUANA ELVIRA BAZOBERRI DE MORALES OROZCO, para reduzir-lhes a pena. (ACR 199551010315860, Desembargadora Federal LILIANE RORIZ, TRF2 - SEGUNDA TURMA ESPECIALIZADA, 18/03/2009).

(OAB/Exame Unificado – 2009.2 – 2ª fase) O empresário João foi denunciado pela suposta prática de crime de sonegação fiscal, previsto no artigo 1º da Lei 8.137/1990. A denúncia foi recebida, não tendo havido o esgotamento da via administrativa na apuração do tributo devido. Em face dessa situação hipotética, apresente o fundamento jurídico para evitar o curso da ação penal.

RESOLUÇÃO DA QUESTÃO

As condutas previstas no art. 1o da Lei 8.137/90 constituem crime material, na medida em que se exige, à sua consumação, prejuízo efetivo para o Estado, representado pela supressão ou redução do tributo. Esse é o entendimento firmado na Súmula Vinculante no 24, cujo teor é o seguinte: "não se tipifica crime material contra a ordem tributária, previsto no art. 1º, incisos I a IV, da Lei no 8.137/90, antes do lançamento definitivo do tributo".

Desta feita, antes do esgotamento da via administrativa (lançamento definitivo do tributo), inexiste justa causa para a ação penal, porquanto não configurado o crime material. Esse entendimento, hoje consolidado com a edição da referida Súmula, já vinha sendo adotado pelas Cortes Superiores e pelos Tribunais estaduais há alguns anos.

Comentários adicionais:

Confira, a respeito do tema, o seguinte acórdão:

EMENTA: I. Crime material contra a ordem tributária (L. 8137/90, art. 1º): lançamento do tributo pendente de decisão definitiva do processo administrativo: falta de justa causa para a ação penal, suspenso, porém, o curso da prescrição enquanto obstada a sua propositura pela falta do lançamento definitivo. 1. Embora não condicionada a denúncia à representação da autoridade fiscal (ADInMC 1571), falta justa causa para a ação penal pela prática do crime tipificado no art. 1º da L. 8137/90 - que é material ou de resultado -, enquanto não haja decisão definitiva do processo administrativo de lançamento, quer se considere o lançamento definitivo uma condição objetiva de punibilidade ou um elemento normativo de tipo. 2. Por outro lado, admitida por lei a extinção da punibilidade do crime pela satisfação do tributo devido, antes do recebimento da denúncia (L. 9249/95, art. 34), princípios e garantias constitucionais eminentes não permitem que, pela antecipada propositura da ação penal, se subtraia do cidadão os meios que a lei mesma lhe propicia para questionar, perante o Fisco, a exatidão do lançamento provisório, ao qual se devesse submeter para fugir ao estigma e às agruras de toda sorte do processo criminal. 3. No entanto, enquanto dure, por iniciativa do contribuinte, o processo administrativo suspende o curso da prescrição da ação penal por crime contra a ordem tributária que dependa do lançamento definitivo (HC 81.611 do STF).

(OAB/Exame Unificado – 2010.2 – 2ª fase) Na zona rural de determinado município, foram encontrados vinte e sete trabalhadores rurais, entre os quais seis adolescentes e uma criança com dez anos de idade, que, contratados para trabalhar na lavoura, eram submetidos ao regime diário de quinze horas de trabalho, em local insalubre, sem instalações sanitárias, alojados em galpão sem ventilação. Todos estavam, havia três meses, proibidos de deixar a fazenda, sob grave ameaça, em face de dívidas contraídas com o arrendatário das terras, decorrentes do deslocamento de cidade do interior do estado para o local de trabalho, bem como pela aquisição de produtos alimentícios, remédios e ferramentas no armazém existente na sede da fazenda, de propriedade do empregador.

Os documentos pessoais dessas pessoas foram retidos pelo gerente da fazenda, permanecendo elas, todo o tempo, sob forte vigilância de seis agentes de segurança, que, sem o devido licenciamento de porte de arma, ostentavam armas de grosso calibre, algumas de uso restrito das Forças Armadas. Dois empregados que tentaram fugir foram brutalmente agredidos por todos os agentes de segurança e sofreram lesões de natureza gravíssima, ficando incapacitados definitivamente para o trabalho.

Nessa situação hipotética, que crime(s) praticaram o arrendatário da fazenda, o gerente e os seguranças do imóvel rural? Fundamente sua resposta.

RESOLUÇÃO DA QUESTÃO

Todos cometeram o crime de *redução a condição análoga à de escravo*. Incorrerão, por isso, nas penas do art. 149, § 1º, I e II, e § 2º, I, do CP.

Tal se dá porque os trabalhadores, entre os quais seis adolescentes e uma criança, além de serem submetidos a condições degradantes de trabalho, foram impedidos, por alguns meses, de deixar a fazenda na qual trabalhavam ao argumento de que dívidas foram contraídas com o arrendatário das terras. Além disso, os documentos pessoais desses trabalhadores foram retidos pelo gerente da fazenda, sendo fato que elas eram submetidas a vigilância ostensiva de seis agentes de segurança, todos armados. O objetivo era impedir a saída dos trabalhadores, retendo-os na sede da fazenda (art. 149, § 1º, I e II, CP).

A pena, em conformidade com o art. 149, § 2º, I, será aumentada de metade, já que o crime foi praticado contra criança e também contra adolescente.

Os seguranças, por sua vez, além do crime do art. 149 do CP, responderão pelo delito capitulado no art. 16, *caput*, da Lei 10.826/06, na medida em que portavam armas de fogo de uso restrito sem autorização para tanto, bem assim, por terem agredido dois empregados da fazenda que tentaram fugir, resultando da agressão lesão corporal de natureza grave, já que as vítimas ficaram incapacitadas definitivamente para o trabalho, incorrerão nas penas do art. 129, § 2º, I, do CP.

Por fim, todos deverão responder pelo crime do art. 288 do CP – quadrilha ou bando, já que houve associação de mais de três pessoas para o fim de cometer crimes.

Gabarito comentado - Examinadora:

Todos irão responder pelo crime de sujeição a trabalho escravo, previsto no art. 149, § 1º, incisos I e II, e § 2º, inciso I, do Código Penal.

"Reduzir alguém a condição análoga à de escravo, quer submetendo-o a trabalhos forçados ou a jornada exaustiva, quer sujeitando-o a condições degradantes de trabalho, quer restringindo, por qualquer meio, sua locomoção em razão de dívida contraída com o empregador ou preposto.

Pena – reclusão de 2 (dois) a 8 (oito) anos, e multa, além da pena correspondente à violência.

§ 1º Nas mesmas penas incorre quem:

I – cerceia o uso de qualquer meio de transporte por parte do trabalhador com o fim de retê-lo no local de trabalho;

II – mantém vigilância ostensiva no local de trabalho ou se apodera de documentos ou objetos pessoais do trabalhador, com o fim de retê-lo no local de trabalho.

§ 2º A pena é aumentada de metade, se o crime é cometido:

I – contra criança ou adolescente;

(...)"

Na doutrina, conferir o posicionamento de José Henrique Pierangeli. Manual de direito penal brasileiro. V.2 – Parte especial. 2 ed., São Paulo: RT, 2007, p. 156-161.

Os seguranças praticaram, ainda, o crime previsto no art. 16 da Lei 10.826/2006, além do crime de lesão corporal grave (CP, art. 129, § 2º). Na doutrina, confira-se o posicionamento de José Henrique Pierangeli. Op. cit., p. 77-80.

Na hipótese, como houve associação de mais de três pessoas para a prática de delitos, poderá ser imputada a todos os agentes a prática do crime formação de quadrilha ou bando, nos expressos termos do art. 288 do Código Penal.

Observação para a correção: atribuir pontuação integral às respostas em que esteja expresso o conteúdo do dispositivo legal, ainda que não seja citado, expressamente, o número do artigo; no subitem 2.3, basta a citação do crime (formação de quadrilha) ou a fundamentação legal, não sendo necessários ambos.

2. DIREITO PROCESSUAL PENAL

2.1. Inquérito policial

(OAB/Exame Unificado – 2006.2 – 2ª fase) Considere que determinada autoridade policial não permitiu que certo advogado tivesse acesso aos autos de um inquérito policial conduzido sob sigilo. Diante dessa situação hipotética, redija um texto, de forma justificada, a respeito de cabimento ou não de *habeas corpus*. Aborde, em seu texto, características da investigação policial. extensão máxima: 30 linhas

RESOLUÇÃO DA QUESTÃO

O inquérito policial é, conforme reza o art. 20, *caput*, do Código de Processo Penal, sigiloso. Significa dizer, portanto, que o inquérito não se submete à publicidade inerente ao processo. Dessa forma, deve a autoridade policial a quem incumbe a presidência do feito cuidar para que seja mantido o sigilo necessário à elucidação do crime sob investigação.

Tal sigilo, *evidentemente*, não se estende ao membro do Ministério Publico tampouco à autoridade judiciária.

Ocorre que, a teor do art. 7º, XIV, da Lei 8.906/94 (Estatuto da Advocacia), constitui direito do advogado, entre outros: "examinar em qualquer repartição policial, mesmo sem procuração, autos de flagrante e de inquérito, findos ou em andamento, ainda que conclusos à autoridade, podendo copiar peças e tomar apontamentos".

Assim, não poderia a autoridade policial negar ao advogado acesso aos autos de inquérito policial, ainda que classificado como sigiloso, visto que tal, além de infringir o direito contido no dispositivo acima, tornaria sem efeito a garantia do investigado insculpida no art. 5º, LXIII, da CF.

Ademais disso, como tem sido reconhecido na jurisprudência, é caso de impetração de *habeas corpus*, na medida em que o fato de se negar ao advogado acesso ao inquérito policial pode gerar prejuízo ao réu na fase processual e, em princípio, redundar em condenação a pena privativa de liberdade, o que já se mostra suficiente para justificar o uso do remédio heroico.

O advogado a quem foi negado acesso aos autos do inquérito também pode impetrar mandado de segurança, com o fito de que lhe seja assegurado o direito líquido e certo de examinar a peça inquisitorial.

Por fim, além de *sigiloso*, o inquérito policial é: *inquisitivo* (a autoridade policial procederá às investigações com discricionariedade); *indisponível* (a autoridade não está credenciada a arquivar autos de inquérito policial – art. 17, CPP); *procedimento escrito* (as peças do inquérito serão reduzidas a escrito ou datilografadas – art. 9º, CPP); e *oficial* (é procedimento levado a efeito por órgãos oficiais).

Comentários adicionais:

Sobre o assunto, o Supremo Tribunal Federal editou a Súmula Vinculante nº 14, a seguir transcrita: "É direito do defensor, no interesse do representado, ter acesso amplo aos elementos de prova que, já documentados em procedimento investigatório realizado por órgão com competência de polícia judiciária, digam respeito ao exercício do direito de defesa".

É bom lembrar que, do ato administrativo ou da decisão judicial que contrariar súmula vinculante, caberá, a teor do art. 103-A, § 3º, da CF, reclamação diretamente ao Supremo Tribunal Federal.

Confira, a seguir, sobre o tema, os seguintes acórdãos:

EMENTA: PROCESSUAL PENAL. HABEAS CORPUS. SÚMULA 691 DO SUPREMO TRIBUNAL FEDERAL. SUPERAÇÃO. POSSIBILIDADE. FLAGRANTE ILEGALIDADE. CARACTERIZAÇÃO. ACESSO DOS ACUSADOS A PROCEDIMENTO INVESTIGATIVO SIGILOSO. POSSIBILIDADE SOB PENA DE OFENSA AOS PRINCÍPIOS DO CONTRADITÓRIO, DA AMPLA DEFESA. PRERROGATIVA PROFISSIONAL DOS ADVOGADOS. ART. 7, XIV, DA LEI 8.906/94. ORDEM CONCEDIDA. I - O acesso aos autos de ações penais ou inquéritos policiais, ainda que classificados como sigilosos, por meio de seus defensores, configura direito dos investigados. II - A oponibilidade do sigilo ao defensor constituído tornaria sem efeito a garantia do indiciado, abrigada no art. 5º, LXIII, da Constituição Federal, que lhe assegura a assistência técnica do advogado. III - Ademais, o art. 7º, XIV, do Estatuto da OAB estabelece que o advogado tem, dentre outros, o direito de "examinar em qualquer repartição policial, mesmo sem procuração, autos de flagrante e de inquérito, findos ou em andamento, ainda que conclusos à autoridade, podendo copiar peças e tomar apontamentos". IV - Caracterizada, no caso, a flagrante ilegalidade, que autoriza a superação da Súmula 691 do Supremo Tribunal Federal. V – Ordem. concedida. (HC 94387, embranco, STF)

EMENTA: I. Habeas corpus: cabimento: cerceamento de defesa no inquérito policial. 1. O cerceamento da atuação permitida à defesa do indiciado no inquérito policial poderá refletir-se em prejuízo de sua defesa no processo e, em tese, redundar em condenação a pena privativa de liberdade ou na mensuração desta: a circunstância é bastante para admitir-se o habeas corpus a fim de fazer respeitar as prerrogativas da defesa e, indiretamente, obviar prejuízo que, do cerceamento delas, possa advir indevidamente à liberdade de locomoção do paciente. 2. Não importa que, neste caso, a impetração se dirija contra decisões que denegaram mandado de segurança requerido, com a mesma pretensão, não em favor do paciente, mas dos seus advogados constituídos: o mesmo constrangimento ao exercício da defesa pode substantivar violação à prerrogativa profissional do advogado - como tal, questionável mediante mandado de segurança - e ameaça, posto que mediata, à liberdade do indiciado - por isso legitimado a figurar como paciente no habeas corpus voltado a fazer cessar a restrição à atividade dos seus defensores. II. Inquérito policial: inoponibilidade ao advogado do indiciado do direito de vista dos autos do inquérito policial. 1. Inaplicabilidade da garantia constitucional do contraditório e da ampla defesa ao inquérito policial, que não é processo, porque não destinado a decidir litígio algum, ainda que na esfera administrativa; existência, não obstante, de direitos fundamentais do indiciado no curso do inquérito, entre os quais o de fazer-se assistir por advogado, o de não se incriminar e o de manter-se em silêncio. 2. Do plexo de direitos dos quais é titular o indiciado - interessado primário no procedimento administrativo do inquérito policial -, é corolário e instrumento a prerrogativa do advogado de acesso aos autos respectivos, explicitamente outorgada pelo Estatuto da Advocacia (L. 8906/94, art. 7º, XIV), da qual - ao contrário do que previu em hipóteses assemelhadas - não se excluíram os inquéritos que correm em sigilo: a irrestrita amplitude do preceito legal resolve em favor da prerrogativa do defensor o eventual conflito dela com os interesses do sigilo das investigações, de modo a fazer impertinente o apelo ao princípio da proporcionalidade. 3. A oponibilidade ao defensor constituído esvaziaria uma garantia constitucional do indiciado (CF, art. 5º, LXIII), que lhe assegura, quando preso, e pelo menos lhe faculta, quando solto, a assistência técnica do advogado, que este não lhe poderá prestar se lhe é sonegado o acesso aos autos do inquérito sobre o objeto do qual haja o investigado de prestar declarações. 4. O direito do indiciado, por seu advogado, tem por objeto as informações já introduzidas nos autos do inquérito, não as relativas à decretação e às vicissitudes da execução de diligências em curso (cf. L. 9296, atinente às interceptações telefônicas, de possível extensão a outras diligências); dispõe, em consequência a autoridade policial de meios legítimos para obviar inconvenientes que o conhecimento pelo indiciado e seu defensor dos autos do inquérito policial possa acarretar à eficácia do procedimento investigatório. 5. Habeas corpus deferido para que aos advogados constituídos pelo paciente se faculte a consulta aos autos do inquérito policial, antes da data designada para a sua inquirição. (HC 82354, embranco, STF)

(OAB/Exame Unificado – 2010.2 – 2ª fase) A autoridade policial titular da delegacia de combate aos delitos contra o patrimônio de determinado município instaurou inquérito para a apuração da prática de crime contra certo comerciante local, que teve seu estabelecimento furtado há quase oito anos. As investigações desenvolvem-se de forma lenta, pois várias diligências foram efetuadas em outras circunscrições policiais da mesma comarca, razão pela qual o delegado responsável pelo caso constantemente vale-se da expedição de cartas precatórias e requisições para as autoridades policiais dessas unidades, a fim de cumprir os atos necessários ao esclarecimento do delito. Em uma dessas diligências, houve demora de mais de um ano para promover a oitiva de apenas uma testemunha. Apesar do tempo transcorrido, a polícia ainda não dispõe de elementos capazes de identificar a autoria do delito. O comerciante não mantinha, em seu estabelecimento, sistema de segurança pessoal nem sistema eletrônico de segurança, não dispondo, assim, de nenhuma prova da autoria dos fatos. Dada a iminência do fim do prazo prescricional, o referido comerciante solicitou orientação a profissional da advocacia, no intuito de tomar alguma providência para a punição dos criminosos.

Em face dessa situação hipotética, responda, de forma fundamentada, aos seguintes questionamentos.

- Diante da necessidade de cumprir diligências em outra circunscrição, a autoridade policial poderia ordená-las diretamente sem a expedição de carta precatória ou de requisições?
- Seria viável, na hipótese, intentar ação penal privada subsidiária da pública?

RESOLUÇÃO DA QUESTÃO

O comando inserto no art. 22 do Código de Processo Penal autoriza o ingresso do delegado de polícia e de seus agentes na circunscrição de outra autoridade policial, independente da expedição de precatórias ou requisições, desde que para a colheita de provas necessárias à instrução do inquérito policial. Dito de outro modo, a autoridade policial, no caso hipotético acima, poderia, sim, prescindir da expedição de precatórias e requisições, determinando diretamente as diligências necessárias ao esclarecimento dos fatos.

É verdade que o art. 4º do CPP prescreve que a Polícia Judiciária será exercida pelas autoridades policiais no território de suas respectivas circunscrições, mas também é fato que a norma contida no art. 22 do CPP visa a conferir ao inquérito policial, ao permitir que a autoridade ingresse na circunscrição de outra, desde que na mesma comarca, mais agilidade.

Autoriza o art. 22, segunda parte, do CPP que a autoridade policial, quando em diligência em outra circunscrição que não a sua, diante de um fato ocorrido na sua presença, tome as providências que julgar necessárias em vista do caso concreto, até a chegada da autoridade com atribuição para o local.

A ação penal privada subsidiária da pública, a que aludem os arts. 5º, LIX, da CF e 29 do CPP, pressupõe desídia, falta de iniciativa do órgão acusatório.

Não é o que se verifica na situação hipotética acima.

Com efeito, o inquérito, ainda não concluído pela autoridade policial, não reúne os elementos mínimos para a propositura da ação penal exigidos pelo art. 41 do CPP, já que a autoria delitiva não foi estabelecida. Além disso, o comerciante não dispõe de outros elementos de prova que possam contribuir para o esclarecimento dos fatos.

A ação penal privada subsidiária da pública somente teria lugar se os autos de inquérito, já concluídos, fossem remetidos ao órgão do Ministério Público e este, em vez de ofertar a denúncia, requerer o arquivamento do inquérito ou ainda pleitear a devolução dos autos à autoridade policial para outras diligências, deixasse de tomar qualquer providência dentro do prazo legal.

2.2. Ação penal e ação civil

(OAB/Exame Unificado – 2007.3 – 2ª fase) José foi preso em flagrante pela prática de crime de roubo. Concluído no prazo previsto em lei, o inquérito policial foi encaminhado ao juiz, que considerou a prisão em flagrante legal e remeteu-o ao Ministério Público. O representante do Ministério Público, após dez dias de vistas, não ofereceu denúncia, tendo solicitado que os autos fossem encaminhados à delegacia de polícia para o cumprimento de mais diligências. O requerimento foi deferido pelo juiz, que manteve a prisão de José. Considerando a situação hipotética acima, redija um texto dissertativo, avaliando a legalidade da prisão de José e indicando, justificadamente, que medida judicial seria a mais adequada para impugnar essa prisão.

RESOLUÇÃO DA QUESTÃO

O órgão do Ministério Público, em consonância com o disposto no art. 46, *caput*, do CPP, dispõe do prazo de cinco dias, estando o réu preso, para oferecimento de denúncia, contado da data em que receber os autos de inquérito policial.

O desrespeito ao prazo a que alude o dispositivo *supra* configura constrangimento ilegal, ensejando o relaxamento da prisão em flagrante, que se tornou, vencido o interregno que dispunha o Ministério Público para o oferecimento da denúncia, ilegal.

A devolução dos autos de inquérito policial à delegacia para o cumprimento de outras diligências somente deve se dar na hipótese de o indiciado encontrar-se solto. Se preso estiver, será o caso de constrangimento ilegal, como é a hipótese narrada acima, sendo, por conta disso, possível a impetração de *habeas corpus* (art. 648, II, do CPP).

Comentários adicionais:

O art. 310 do CPP, com a redação alterada pela Lei 12.403/11, impõe ao magistrado, quando do recebimento do auto de prisão em flagrante, o dever de manifestar-se *fundamentadamente* acerca da prisão que lhe é comunicada. Pela *novel* redação do dispositivo, abrem-se para o juiz as seguintes opções: se se tratar de prisão ilegal, deverá o magistrado relaxá-la e determinar a soltura imediata do preso; se a prisão estiver em ordem, como é o caso narrado no enunciado da questão, deverá o juiz, desde que entenda necessário ao processo, converter a prisão em flagrante em preventiva, sempre levando-se em conta os requisitos do art. 312 do CPP. Ressalte-se que, tendo em vista o *postulado da proporcionalidade*, a custódia preventiva somente terá lugar se as medidas cautelares diversas da prisão revelarem-se inadequadas. Note que a prisão em flagrante não mais poderá perpetuar até o final do processo como modalidade de prisão cautelar; poderá, por fim, o juiz conceder a liberdade provisória, com ou sem fiança, substituindo, assim, a prisão em flagrante. Daí podemos afirmar que, neste novo panorama, a prisão em flagrante poderá ser substituída pela liberdade provisória, que constitui um sucedâneo seu, ou mesmo pela prisão preventiva, dado que o infrator não poderá permanecer preso provisoriamente, como antes ocorria, "em flagrante". Para alguns autores, a prisão em flagrante deixou de constituir modalidade de prisão cautelar, restando, com isso, somente duas modalidades de custódia processual em nosso sistema: preventiva e temporária.

(OAB/Exame Unificado – 2010.2 – 2ª fase) Em 27/8/2009, na cidade de Goiânia – GO, o servidor público federal Lucas, motorista do Ministério da Saúde, no exercício de suas funções e no horário de expediente, atropelou e matou Almir, na faixa de pedestres. Instaurado e concluído o inquérito policial, com regular tramitação, foi o servidor denunciado pela prática do crime de homicídio culposo.

Após recebimento da denúncia, o feito transcorreu em perfeita obediência aos comandos legais e resultou na condenação de Lucas. O magistrado, ao proferir a sentença penal condenatória, fixou, desde logo, o valor mínimo para a reparação dos danos causados pela infração, considerando os prejuízos sofridos pelo ofendido e devidamente comprovados no processo, nos expressos termos do art. 387, inciso IV, do Código de Processo Penal (CPP). Inconformado, Lucas apelou, encontrando-se o recurso pendente de julgamento.

Em face dessa situação hipotética, responda, com fundamento no atual disciplinamento do CPP, às seguintes indagações.

- O valor fixado pelo juiz na sentença penal condenatória poderá ser objeto imediato de execução?
- O valor fixado pelo juiz criminal impede que os herdeiros de Almir promovam a liquidação do julgado para a apuração do dano efetivamente sofrido?

RESOLUÇÃO DA QUESTÃO:

Em vista da disciplina estabelecida no art. 63 do CPP, que cuida da ação civil *ex delicto*, o valor fixado pelo juiz na sentença penal condenatória somente poderá ser objeto de execução após operar-se o trânsito em julgado.

Além disso, em consonância com o disposto no art. 387, IV, do CPP, tendo em vista os prejuízos sofridos pela vítima, o juiz, ao proferir a sentença, fixará valor mínimo para a reparação dos danos gerados pela infração.

De outro lado, o valor estabelecido pelo juiz criminal não impede que os herdeiros de Almir promovam a liquidação do julgado para a apuração do dano efetivamente sofrido, faculdade esta conferida pelo art. 63, parágrafo único, do CPP. Em outras palavras, podem os herdeiros de Almir pleitear valor superior àquele fixado pelo juiz criminal.

Comentários adicionais:
Obtida, na esfera penal, a sentença condenatória definitiva, não mais se discute culpa no juízo cível, mas, sim, o *quantum* necessário à satisfação do prejuízo experimentado pela vítima.

2.3. Jurisdição, competência, conexão e continência

(OAB/Exame Unificado – 2008.2 – 2ª fase) Ivan, Caio e Luiz, reunidos na residência de Caio, em São José – PR, planejaram subtrair, mediante grave ameaça, bens e valores da agência de um banco privado localizado em Piraquara – PR. Para tanto, ainda em São José, adquiriram armas de uso restrito e, na cidade de Curitiba – PR, subtraíram, sem grave ameaça ou violência à pessoa, o automóvel que, posteriormente, foi utilizado durante a ação. Consumado o crime, os agentes foram presos em flagrante, após perseguição policial, no município de Quatro Barras – PR. Considerando a situação hipotética acima apresentada e supondo que todos os municípios mencionados sejam sede de comarca da justiça estadual, responda, com o devido fundamento legal, às perguntas a seguir.

- Que crimes cometeram Ivan, Caio e Luiz?
- Qual é o juízo competente para julgá-los?

> **RESOLUÇÃO DA QUESTÃO**
>
> Ivan, Caio e Luiz cometeram os seguintes crimes: roubo majorado (art. 157, § 2º, I e II, do Código Penal); posse ou porte ilegal de arma de fogo de uso restrito (art. 16 da Lei 10.826/03); e furto qualificado (art. 155, § 4º, IV, do Código Penal).
>
> Em vista da conexão que existe entre as infrações penais (art. 76 do CPP), é competente para julgá-las o juízo do foro do local onde ocorreu a mais grave, no caso o roubo majorado, conforme preleciona o art. 78, II, do CPP.
>
> O julgamento deve se dar, portanto, na comarca de Piraquara-PR.

(OAB/Exame Unificado – 2011.1 – 2ª fase) Na cidade de Arsenal, no Estado Z, residiam os deputados federais Armênio e Justino. Ambos objetivavam matar Frederico, rico empresário que possuía valiosas informações contra eles. Frederico morava na cidade de Tirol, no Estado K, mas seus familiares viviam em Arsenal. Sabendo que Frederico estava visitando a família, Armênio e Justino decidiram colocar em prática o plano de matá-lo. Para tanto, seguiram Frederico quando este saía da casa de seus parentes e, utilizando-se do veículo em que estavam, bloquearam a passagem de Frederico, de modo que a caminhonete deste não mais conseguia transitar. Ato contínuo, Armênio e Justino desceram do automóvel. Armênio imobilizou Frederico e Justino desferiu tiros contra ele, Frederico. Os algozes deixaram rapidamente o local, razão pela qual não puderam perceber que Frederico ainda estava vivo, tendo conseguido salvar-se após socorro prestado por um passante. Tudo foi noticiado à polícia, que instaurou o respectivo inquérito policial. No curso do inquérito, os mandatos de Armênio e Justino chegaram ao fim, e eles não conseguiram se reeleger. O Ministério Público, por sua vez, munido dos elementos de informação colhidos na fase inquisitiva, ofereceu denúncia contra Armênio e Justino, por tentativa de homicídio, ao Tribunal do Júri da Justiça Federal com jurisdição na comarca onde se deram os fatos, já que, à época, os agentes eram deputados federais. Recebida a denúncia, as defesas de Armênio e Justino mostraram-se conflitantes. Já na fase instrutória, Frederico teve seu depoimento requerido. A vítima foi ouvida por meio de carta precatória em Tirol. Na respectiva audiência, os advogados de Armênio e Justino não compareceram, de modo que juízo deprecado nomeou um único advogado para ambos os réus. O juízo deprecante, ao final, emitiu decreto condenatório em face de Armênio e Justino. Armênio, descontente com o patrono que o representava, destituiu-o e nomeou você como novo advogado.

Com base no cenário acima, indique duas nulidades que podem ser arguidas em favor de Armênio. Justifique com base no CPP e na CRFB. (Valor: 1,25)

> **RESOLUÇÃO DA QUESTÃO:**
>
> Tendo em conta o término dos mandatos de Armênio e Justino, estes deixam de ter direito ao foro privilegiado. O julgamento, dessa forma, deve se dar pelas instâncias ordinárias.
>
> Neste caso, competente para o processamento e julgamento do feito será o Tribunal do Júri da Comarca de Arsenal, local onde os fatos se verificaram. Assim sendo, cabe aqui arguir nulidade por incompetência absoluta, na medida em que inexiste razão a justificar a competência da Justiça Federal, nos moldes do art. 109 da Constituição Federal.
>
> Além disso, considerando o fato de as defesas dos acusados serem conflitantes, seria de rigor, em vista do caro postulado da ampla defesa, com assento constitucional (art. 5º, LV), que o juízo deprecado nomeasse, para cada qual, um defensor. Não tendo sido essa a providência levada a efeito – bem ao contrário, restou evidente o prejuízo para a defesa dos réus e, em razão disso, deve-se arguir a nulidade consubstanciada no art. 564, IV, do CPP.

Considerações Adicionais:

A questão pede que sejam suscitadas duas nulidades, indicadas na *resolução*. A seguir, farei menção a uma terceira, que poderia ser arguida em substituição a uma das formuladas acima.

Calcado no princípio contemplado no art. 5º, LIII, da CF, é possível também alegar nulidade em razão de a causa não ter sido apreciada pelo seu juiz natural.

Por fim, voltando ao tema foro por prerrogativa de função, impende registrar, como já dito, que, uma vez cessado o cargo/função/mandato, a autoridade deixa de ter foro privilegiado, sendo julgada pelas instâncias ordinárias. No mais, a Súmula 394 do STF, que assegurava a perpetuação do foro por prerrogativa de função, foi cancelada pelo Pleno do próprio Supremo. Além disso, o STF declarou a inconstitucionalidade da Lei 10.628/02, que acrescentou os §§ 1º e 2º ao art. 84 do CPP.

Gabarito Comentado – Examinadora:

Primeiramente há que ser arguida nulidade por incompetência absoluta (art. 564, I, do CPP), pois no caso não há incidência de nenhuma das hipóteses mencionadas no art. 109 da CRFB que justifiquem a atração do processo à competência da Justiça Federal. Ademais, o fato de os agentes serem ex-deputados federais não enseja deslocamento de competência. Nesse sentido, competente é o Tribunal do Júri da Comarca onde se deram os fatos, pois, cessado o foro por prerrogativa de função, voltam a incidir as regras normais de competência para o julgamento da causa, de modo que, dada à natureza da infração (crime doloso contra a vida), a competência é afeta ao Tribunal do Júri de Arsenal.

Além disso, também deverá ser arguida nulidade com base no art. 564, IV, do CPP. A nomeação de somente um advogado para ambos réus, feita pelo juízo deprecado, não respeita o princípio da ampla defesa (art. 5º, LV, da CRFB), pois, como as defesas eram conflitantes, a nomeação de um só advogado prejudica os réus.

Por fim, com base nos artigos 413 e 414 do CPP, bem como art. 5º, LIII da CRFB/88, poderá ser arguida nulidade pela falta de apreciação da causa pelo juiz natural do feito.

Item – Pontuacao

Indicar **duas** entre as seguintes. Acertando duas, **+ 0,05**:

a) Nulidade por incompetência absoluta com base no art. 564, I, do CPP e ausência de qualquer das hipóteses mencionadas no art. 109 da CRFB que justifiquem a atração do processo à competência da Justiça Federal. (0,3) O fato de os agentes serem ex-deputados federais não enseja deslocamento de competência, inclusive porque o direito ao foro por prerrogativa de função já havia cessado, já que os réus não se reelegeram. Assim, competente é o Tribunal do Júri da comarca onde se deram os fatos. (0,3)

b) Nulidade com base no art. 564, IV, do CPP (0,3) A nomeação de somente um advogado para ambos os réus, feita pelo juízo deprecado, não respeita o princípio da ampla defesa consagrado no art. 5º, LV, da CRFB. (0,3)

c) Nulidade pela ausência da apreciação da causa pelo juiz natural do feito (0,3). Fundamentar com base no art. 5º, LIII, da CRFB **OU** art. 413/414 do CPP (0,3).
0 / 0,3 / 0,6 / 0,9 / 1,25

(OAB/Exame Unificado – 2011.2 – 2ª fase) Antônio, pai de um jovem hipossuficiente preso em flagrante delito, recebe de um serventuário do Poder Judiciário Estadual a informação de que Jorge, defensor público criminal com atribuição para representar o seu filho, solicitara a quantia de dois mil reais para defendê-lo adequadamente. Indignado, Antônio, sem averiguar a fundo a informação, mas confiando na palavra do serventuário, escreve um texto reproduzindo a acusação e o entrega ao juiz titular da vara criminal em que Jorge funciona como defensor público. Ao tomar conhecimento do ocorrido, Jorge apresenta uma gravação em vídeo da entrevista que fizera com o filho de Antônio, na qual fica evidenciado que jamais solicitara qualquer quantia para defendê-lo, e representa criminalmente pelo fato. O Ministério Público oferece denúncia perante o Juizado Especial Criminal, atribuindo a Antônio o cometimento do crime de calúnia, praticado contra funcionário público em razão de suas funções, nada mencionando acerca dos benefícios previstos na Lei 9.099/95. Designada Audiência de Instrução e Julgamento, recebida a denúncia, ouvidas as testemunhas, interrogado o réu e apresentadas as alegações orais pelo Ministério Público, na qual pugnou pela condenação na forma da inicial, o magistrado concede a palavra a Vossa Senhoria para apresentar alegações finais orais.

Em relação à situação acima, responda aos itens a seguir, empregando os argumentos jurídicos apropriados e a fundamentação legal pertinente ao caso.

a) O Juizado Especial Criminal é competente para apreciar o fato em tela? (Valor: 0,30)
b) Antônio faz jus a algum benefício da Lei 9.099/95? Em caso afirmativo, qual(is)? (Valor: 0,30)
c) Antônio praticou crime? Em caso afirmativo, qual? Em caso negativo, por que razão? (Valor: 0,65)

RESOLUÇÃO DA QUESTÃO:

Tendo em conta o aumento de pena previsto no art. 141, II, do CP que deverá incidir na sanção estabelecida para o crime de calúnia, já que este foi praticado contra funcionário público em razão de suas funções, a pena máxima cominada será superior a dois anos, limite estabelecido no art. 61 da Lei 9.099/95. Por essa razão, o Juizado Especial, cuja competência abrange os crimes em que a pena cominada não seja superior a dois anos, não poderá julgar este feito, pois escapa à sua competência.

Embora o instituto da suspensão condicional do processo esteja previsto na Lei 9.099/95, seu âmbito de aplicação não é restrito a ela, posto que, em vista do que preceitua o art. 89, *caput*, desta Lei, o *sursis* processual terá incidência nos crimes em que a pena mínima cominada for igual ou inferior a um ano.

Antônio faz jus, portanto, ao benefício da suspensão condicional do processo, previsto no art. 89 da Lei 9.099/95.

Antônio não praticou crime algum, porquanto incorreu em erro de tipo vencível, na forma do art. 20 do CP. Responderia por crime na modalidade culposa, visto que o erro em que incorreu é vencível, mas, ante a falta de previsão nesse sentido, não incide a responsabilidade a título de culpa. Não responde por crime doloso porque o erro exclui o dolo.

Gabarito Comentado – Examinadora:

a) Não, pois, de acordo com o artigo 141, II, do CP, quando a ofensa for praticada contra funcionário público em razão de suas funções, a pena será aumentada de um terço, o que faz com que a sanção máxima abstratamente cominada seja superior a dois anos.
b) Sim, suspensão condicional do processo, nos termos do art. 89 da Lei 9.099/95.
c) Não. Antônio agiu em erro de tipo vencível/inescusável. Conforme previsão do artigo 20 do CP, nessa hipótese, o agente somente responderá pelo crime se for admitida a punição a título culposo, o que não é o caso, pois o crime em comento não admite a modalidade culposa. Vale lembrar que não houve dolo na conduta de Antônio.

Distribuição dos Pontos
Item – Pontuação

a) Não, pois, de acordo com o artigo 141, II, do CP, (0,1) quando a ofensa for praticada contra funcionário público em razão de suas funções, a pena será aumentada de um terço, o que faz com que a sanção máxima abstratamente cominada seja superior a dois anos. (0,2)
0 / 0,1 / 0,2 / 0,3

b) Sim, suspensão condicional do processo (0,2) Art. 89 da Lei 9.099/95 (0,1).
0 / 0,1 / 0,2 / 0,3

c) Não. Antônio agiu em erro de tipo OU ausência de dolo (0,5), nos termos do art. 20 (não existe modalidade culposa) (0,15)
0 / 0,50 / 0,65

2.4. Questões e processos incidentes

(OAB/Exame Unificado – 2007.3 – 2ª fase) Carlos lesionou Messias em uma briga. Os dois foram conduzidos à delegacia de polícia, que os encaminhou ao Juizado Especial Criminal. Frustrada a conciliação, Messias apresentou representação criminal contra Carlos. O representante do Ministério Público fez a proposta de transação penal, que não foi aceita. A ação penal foi iniciada e, ao final, Carlos foi absolvido por ter agido em legítima defesa própria. A decisão transitou em julgado. Passados dois meses, Carlos recebeu um mandado de citação relativo a processo em curso junto ao tribunal do júri, no qual a denúncia narra o mesmo fato, Messias, figurando como vítima e a acusação de tentativa de homicídio. Com base na situação hipotética apresentada, redija um texto dissertativo, especificando:
a) a providência, privativa de advogado, que deve ser adotada nesse processo pelo advogado de Carlos e seu fundamento;
b) os requisitos e a consequência do acolhimento dessa medida.

RESOLUÇÃO DA QUESTÃO

Com o trânsito em julgado de uma decisão, inviável se torna novo processo pelo mesmo fato.

Com efeito, a partir do trânsito da decisão proferida no Juizado Especial Criminal, o fato não pode ser rediscutido, na medida em que esta decisão adquiriu a qualidade de imutável.

Deve o advogado de Carlos, portanto, na resposta a que se refere o art. 406, § 3º, do CPP, apresentar exceção de coisa julgada, que tem como fundamento o princípio do *non bis in idem*.

Em consonância com o disposto no art. 407 do CPP, as exceções serão processadas em apartado, nos termos dos arts. 95 a 112 do CPP.

No mais, a exceção de coisa julgada tem caráter peremptório, isto é, seu escopo é colocar fim ao processo (no caso de procedência, a ação será extinta). Os requisitos da exceção são: decisão anterior com trânsito em julgado; ajuizamento de uma ação penal que diga respeito ao mesmo fato; segunda ação movida em face do mesmo réu.

2.5. Prova

(OAB/Exame Unificado – 2007.1 – 2ª fase) Nos crimes de falsidade documental, a comprovação da materialidade pelo exame de corpo de delito é indispensável à propositura da ação penal? Fundamente sua resposta abordando o conceito de justa causa e o princípio da verdade real.

RESOLUÇÃO DA QUESTÃO

Nos crimes de falsidade documental, a comprovação da materialidade pelo exame de corpo de delito é indispensável ao julgamento.

Disso nenhuma dúvida deve restar.

Quanto à necessidade de comprovação da materialidade pelo exame de corpo de delito já no ato da propositura da ação, têm a doutrina e a jurisprudência entendido ser tal demonstração dispensável neste momento, podendo a materialidade, desse modo, ser aferida por outros meios idôneos.

> Com efeito, se levarmos em conta que o processo penal é informado pelo princípio da verdade real, devendo o juiz, por conta disso, buscar provas, não se limitando ao que lhe é trazido pelas partes, nada obsta que, ao receber a peça acusatória, determine a realização de perícia, com vistas a formar a sua convicção.
>
> De outro lado, como tem exigido a jurisprudência, é necessário que o juiz, ao receber a peça acusatória desacompanhada do exame de corpo de delito, exija a comprovação da materialidade do crime por outros meios idôneos, pois, se assim não for, a ação será rejeitada por falta de justa causa, conforme preleciona o art. 395, III, do CPP.

Comentários adicionais:

Confira, abaixo, alguns acórdãos:

HABEAS CORPUS. PROCESSUAL PENAL. OPERAÇÃO CANAÃ. CRIMES DE FALSIDADE DOCUMENTAL E IDEOLÓGICA. AUSÊNCIA DE JUSTA CAUSA PARA O RECEBIMENTO DA DENÚNCIA E PARA A DECRETAÇÃO DA PRISÃO PREVENTIVA. AFERIÇÃO, PELO MAGISTRADO, DA AUTORIA E DA MATERIALIDADE DOS DELITOS COM AMPARO EM OUTROS MEIOS IDÔNEOS DE PROVA. CONSTRANGIMENTO ILEGAL INEXISTENTE. PRECEDENTES. 1. Nos crimes de falsidade documental a comprovação da materialidade pelo exame de corpo de delito é dispensável à propositura da ação penal, podendo ser a materialidade do crime ser aferida por outros meios idôneos. 2. Nesse contexto, a justa causa da ação penal teria, segundo a instância ordinária, restado demonstrada nos relatórios policiais e nos autos de apreensão e transcrição de interceptações telefônicas. 3. Precedentes do Superior Tribunal de Justiça. 4. Ordem denegada. (HC 200601073725, LAURITA VAZ, STJ - QUINTA TURMA, 18/12/2006).

Penal. Processual Penal. Recurso especial. Crime falsificação de documento. Prova da materialidade. Exame de corpo delito. Reexame de provas. Súmula nº 07/STJ. - Em sede de crime de falsidade documental a comprovação da materialidade pelo exame de corpo de delito não é indispensável à propositura da ação penal, podendo ser produzida a prova no curso do sumário e materialidade do crime ser aferida por outros meios idôneos. - O Superior Tribunal de Justiça, com os olhos postos na sua competência constitucional de intérprete maior da lei federal (CF, art. 105, III), consolidou o entendimento de que o recurso especial é inadmissível quando o tema nele enfocado consubstancia mero reexame de provas para o deslinde de questão de fato controvertido (Súmula nº 07). - Recursos especiais não conhecidos. (RESP 199800852778, VICENTE LEAL, STJ - SEXTA TURMA, 30/10/2000).

PENAL. PROCESSUAL PENAL. "HABEAS CORPUS". AÇÃO PENAL. TRANCAMENTO DE AÇÃO PENAL. DENÚNCIA. INÉPCIA. NÃO CONFIGURAÇÃO. DESCRIÇÃO EM TESE DE CRIME. FALSIFICAÇÃO DE DOCUMENTO. PROVA DA MATERIALIDADE. EXAME DE CORPO DELITO. - O trancamento de ação penal por falta de justa causa, postulada na via estreita do "habeas corpus", somente se viabiliza quando, pela mera exposição dos fatos na denúncia, se constata que há imputação de fato penalmente atípico ou que inexiste qualquer elemento indiciário demonstrativo da autoria do delito pelo paciente. - Não é inepta a denúncia que descreve fatos que, em tese, apresentam a feição de crime e oferece condições plenas para o exercício de defesa. - Em sede de crime de falsidade documental a comprovação da materialidade pelo exame de corpo de delito não é indispensável à propositura da ação penal, podendo ser produzida a prova durante seu curso normal. - Recurso ordinário desprovido. (RHC 199800369120, VICENTE LEAL, STJ - SEXTA TURMA, 26/10/1998).

(OAB/Exame Unificado – 2008.1 – 2ª fase) José é acusado da prática de pedofilia. Na denúncia, o Ministério Público arrolou, entre as testemunhas, Júlia, mãe de uma das vítimas. Há notícia nos autos de que algumas mães recebiam dinheiro ou drogas para permitir que as vítimas se encontrassem com o acusado. Durante a oitiva de Júlia, testemunha compromissada, o promotor de justiça fez perguntas acerca de seu possível conhecimento e consentimento em relação aos fatos narrados na denúncia. Considerando a situação hipotética apresentada, responda, de forma fundamentada, se Júlia é obrigada a responder às perguntas formuladas pela acusação, abordando, necessariamente, o fato de ela ser testemunha compromissada.

RESOLUÇÃO DA QUESTÃO

Se contra Júlia pesam suspeitas de participação nos crimes perpetrados por José, compromissada ou não como testemunha, ela tem direito ao silêncio, não sendo, por isso, obrigada a responder às perguntas formuladas, uma vez que, com seu depoimento, há a possibilidade de produzir prova contra ela própria (*nemo tenetur se detegere*) – art. 5º, LXIII, da CF.

(OAB/Exame Unificado – 2008.3 – 2ª fase) Túlio, sabendo que Romero praticava habitualmente crimes contra crianças e adolescentes, adentrou o local de trabalho dele e dali subtraiu diversas fotografias nas quais eram retratadas crianças nuas e mantendo relações sexuais. De posse do material incriminador, Túlio passou a exigir dinheiro de Romero, sob a ameaça de entregar as fotografias à polícia. Recusada a exigência, as fotos foram efetivamente encaminhadas à autoridade policial, tendo o Ministério Público denunciado Romero, com base, exclusivamente, nessas provas. Em face dessa situação hipotética, responda, de forma fundamentada, aos seguintes questionamentos: É válida a denúncia? Houve violação dos direitos humanos fundamentais de Romero? Se houve, de que direitos? Romero poderá ser condenado? Caso a resposta seja afirmativa, por qual crime?

RESOLUÇÃO DA QUESTÃO

O art. 5º, LVI, da CF veda, de forma expressa, a utilização, no processo, das provas obtidas por meios ilícitos.

No âmbito do processo penal, a Lei 11.690/08 previu, também de forma expressa, o fato de ser ilícita a prova obtida em violação a normas constitucionais ou legais (art. 157, *caput*, CPP), reputando inadmissíveis (art. 157, § 1º) aquelas derivadas das ilícitas, salvo quando não e*vid*enciado o nexo de causalidade entre umas e outras, ou quando as derivadas puderem ser obtidas por uma fonte independente das primeiras.

As provas entregues por Túlio à autoridade policial são ilícitas, porquanto obtidas por intermédio do cometimento do crime de furto, com violação, pois, de direitos fundamentais (inviolabilidade domiciliar e devido processo legal). Não podem, portanto, ser utilizadas no processo, conforme estabelecem os dispositivos *supra*.

Em vista disso, a denúncia calcada nessas provas não tem validade. Pela mesma razão, Romero não poderá ser condenado com base nas provas entregues por Túlio ao delegado de polícia.

De outro lado, Túlio, ao exigir dinheiro de Romero, cometeu crime de extorsão, capitulado no art. 158 do Código Penal.

(OAB/Exame Unificado – 2010.2 – 2ª fase) O juiz criminal responsável pelo processamento de determinada ação penal instaurada para a apuração de crime contra o patrimônio, cometido em janeiro de 2010, determinou a realização de importante perícia por apenas um perito oficial, tendo sido a prova pericial fundamental para justificar a condenação do réu.

Considerando essa situação hipotética, esclareça, com a devida fundamentação legal, a viabilidade jurídica de se alegar eventual nulidade em favor do réu, em razão de a perícia ter sido realizada por apenas um perito.

RESOLUÇÃO DA QUESTÃO:

Não há que se falar em nulidade.

Isso porque a Lei 11.690/08 promoveu diversas alterações no Código de Processo Penal, entre as quais modificou a redação do art. 159 do Código. A redação anterior do dispositivo exigia que a perícia fosse levada a efeito por dois peritos. A Súmula 361 do STF, elaborada à época em que vigia o art. 159 na sua redação original, considerava nulo o exame realizado por um só profissional. Essa Súmula, com a mudança legislativa, perdeu sua razão de ser. A redação atual, por seu turno, permite que a perícia seja feita por um perito oficial – art. 159, *caput*, do CPP.

Dessa forma, em vista da mudança legislativa operada pela Lei 11.690/08, inexiste viabilidade jurídica de se alegar nulidade em favor do réu em razão de a perícia realizar-se por apenas um profissional.

Gabarito comentado - Examinadora:

Não há nulidade no caso. Com o advento da Lei nº 11.690/2008, que alterou dispositivos do Código de Processo Penal, o artigo 159 passou a ter a seguinte redação:

"O exame de corpo de delito e outras perícias serão realizados por perito oficial, portador de diploma de curso superior.

§ 1º Na falta de perito oficial, o exame será realizado por duas pessoas idôneas, portadoras de diploma de curso superior preferencialmente na área específica, dentre as que tiverem habilitação técnica relacionada com a natureza do exame."

A inovação legislativa dispensou a antiga exigência de dois peritos no mínimo para a produção do laudo pericial, pois, com a alteração na redação do art. 159, *caput*, basta agora que a perícia seja realizada por "perito oficial". Tendo sido a expressão empregada no singular, resta clara a intenção do legislador de se contentar, de agora em diante, com a perícia realizada por apenas um perito. Nesse contexto, passa a ser regra o que era exceção.

(OAB/Exame Unificado – 2010.2 – 2ª fase) José da Silva foi preso em flagrante pela polícia militar quando transportava em seu carro grande quantidade de drogas. Levado pelos policiais à delegacia de polícia mais próxima, José telefonou para seu advogado, o qual requereu ao delegado que aguardasse sua chegada para lavrar o flagrante. Enquanto esperavam o advogado, o delegado de polícia conversou informalmente com José, o qual confessou que pertencia a um grupo que se dedicava ao tráfico de drogas e declinou o nome de outras cinco pessoas que participavam desse grupo. Essa conversa foi gravada pelo delegado de polícia.

Após a chegada do advogado à delegacia, a autoridade policial permitiu que José da Silva se entrevistasse particularmente com seu advogado e, só então, procedeu à lavratura do auto de prisão em flagrante, ocasião em que José foi informado de seu direito de permanecer calado e foi formalmente interrogado pela autoridade policial. Durante o interrogatório formal, assistido pelo advogado, José da Silva optou por permanecer calado, afirmando que só se manifestaria em juízo.

Com base na gravação contendo a confissão e delação de José, o Delegado de Polícia, em um único ato, determina que um de seus policiais atue como agente infiltrado e requer, ainda, outras medidas cautelares investigativas para obter provas em face dos demais membros do grupo criminoso: 1. Quebra de sigilo de dados telefônicos, autorizada pelo juiz competente; 2. busca e apreensão, deferida pelo juiz competente, a qual logrou apreender grande quantidade de drogas e armas; 3. prisão preventiva dos cinco comparsas de José da Silva, que estavam de posse das drogas e armas. Todas as provas coligidas na investigação corroboraram as informações fornecidas por José em seu depoimento.

Relatado o inquérito policial, o promotor de justiça denunciou todos os envolvidos por associação para o tráfico de drogas (art. 35, Lei 11.343/2006), tráfico ilícito de entorpecentes (art. 33, Lei 11.343/2006) e quadrilha armada (art. 288, parágrafo único).

Considerando tal narrativa, excluindo eventual pedido de aplicação do instituto da delação premiada, indique quais as teses defensivas, no plano do direito material e processual, que podem ser arguidas a partir do enunciado acima, pela defesa de José. Indique os dispositivos legais aplicáveis aos argumentos apresentados.

RESOLUÇÃO DA QUESTÃO:

Cuida-se de interrogatório sub-reptício, conseguido por meio ilícito, porquanto desatendidas as formalidades que devem revestir o ato, a saber: "o preso será informado de seus direitos, entre os quais o de permanecer calado, sendo-lhe assegurada a assistência da família e de advogado". É o que dispõe o art. 5º, LXIII, da CF. Além disso, por se tratar de ato formal, submete-se às regras do interrogatório judicial, conforme preceitua o art. 6º, V, do CPP.

Não foi isso que se deu.

Pelo contrário. A autoridade policial responsável pela lavratura do auto de prisão em flagrante, ao invés de informar José da Silva acerca de seu direito de permanecer calado, adotou postura diversa, e, aproveitando-se da ausência de seu patrono, logrou obter sua confissão.

Não é só. A autoridade gravou esta confissão, que foi, após, utilizada para desencadear diversas medidas investigativas.

Trata-se, pois, de prova ilícita.

Por conseguinte, as demais provas produzidas a partir desta também devem assim ser consideradas, consoante preconiza o art. 157, § 1º, do CPP. É a chamada prova ilícita por derivação. Dessa forma, as provas gestadas a partir da confissão informal de José da Silva estão, também, comprometidas, salvo se não estivesse evidenciado o nexo de causalidade entre umas e outras, ou se as derivadas pudessem ser obtidas por uma fonte independente das primárias.

Reza o art. 53, I, da Lei 11.343/06 que a infiltração por agentes de polícia depende de autorização judicial, ouvido o Ministério Público.

A autoridade policial, portanto, não tem atribuição para determinar esta providência.

Por fim, a acumulação entre as acusações de quadrilha ou bando e associação para o tráfico constitui verdadeiro *bis in idem*, o que é repudiado pelo ordenamento jurídico.

Considerações adicionais:

Vide, a respeito do tema: STF, HC 80.949-RJ, rel. Min. Sepúlvida Pertence, DJ. 14.12.2001 – Informativo 250.

Outra inovação produzida pela Lei 12.403/11 refere-se à imediata ciência, que deve dar a autoridade policial, da prisão em flagrante ao Ministério Público, obrigação até então inexistente. Pela anterior redação do art. 306, *caput*, do CPP, incumbia ao delegado de polícia informar a prisão de qualquer pessoa e local em que se encontrava ao juiz competente e à família do preso ou a pessoa por ele indicada. Doravante, dada a modificação introduzida no *caput* do art. 306 pela Lei 12.403/11, deverá também ser comunicado o Ministério Público. Não nos esqueçamos que, dentro do prazo de 24 horas da prisão, sem prejuízo da comunicação a que fiz menção, deverá ser encaminhado ao juiz o auto de prisão em flagrante e, na hipótese de o autuado não indicar advogado de sua confiança, cópia integral (auto de prisão em flagrante) à Defensoria Pública. É o teor do art. 306, § 1º, do CPP.

Gabarito comentado - Examinadora:

1. gravação informal obtida pelo delegado de polícia constitui prova ilícita, já que o preso tem o direito de ser informado dos seus direitos, dentre os quais o de permanecer calado (art. 5º, inc. LXIII, Constituição). O depoimento policial é um ato formal e, segundo o artigo 6º, V, deve observar as regras para a oitiva do acusado na fase judicial, previstas no Capítulo III, Título VII do Código de Processo Penal. Como as demais provas foram obtidas a partir do depoimento que constitui prova ilícita, devem igualmente ser consideradas ilícitas (art. 157, §1º, Código de Processo Penal). (valor 0,3)

2. A infiltração de agente policial, conforme determina o artigo 53, I da Lei 11343/06, só pode ser determinada mediante autorização judicial e oitiva do Ministério Público. (valor 0,3)

3. Não se admite a acuúmulação das acusações de quadrilha e associação para o tráfico, já que as duas redações típicas compreendem as mesmas ações objetivas (estabilidade na comunhão de ações e desígnios para a prática de crimes). (valor 0,4)

(OAB/Exame Unificado – 2011.1 - 2ª fase) Maria, jovem extremamente possessiva, comparece ao local em que Jorge, seu namorado, exerce o cargo de auxiliar administrativo e abre uma carta lacrada que havia sobre a mesa do rapaz. Ao ler o conteúdo, descobre que Jorge se apropriara de R$ 4.000,00 (quatro mil reais), que recebera da empresa em que trabalhava para efetuar um pagamento, mas utilizara tal quantia para comprar uma joia para uma moça chamada Júlia. Absolutamente transtornada, Maria entrega a correspondência aos patrões de Jorge.

Com base no relatado acima, responda aos itens a seguir, empregando os argumentos jurídicos apropriados e a fundamentação legal pertinente ao caso.

a) Jorge praticou crime? Em caso positivo, qual(is)? (Valor: 0,35)

b) Se o Ministério Público oferecesse denúncia com base exclusivamente na correspondência aberta por Maria, o que você, na qualidade de advogado de Jorge, alegaria? (Valor: 0,9)

RESOLUÇÃO DA QUESTÃO:

Jorge, ao apropriar-se de dinheiro que recebera da empresa em que trabalha destinado a saldar pagamento desta, praticou o crime de apropriação indébita majorada em razão do ofício.

O art. 5º, LVI, da CF veda, de forma expressa, a utilização, no processo, das provas obtidas por meios ilícitos.

No âmbito do processo penal, a Lei 11.690/08 previu, também de forma expressa, o fato de ser ilícita a prova obtida em violação a normas constitucionais ou legais (art. 157, *caput*, CPP), reputando inadmissíveis (art. 157, § 1º) aquelas derivadas das ilícitas, salvo quando não evidenciado o nexo de causalidade entre a prova primária e a derivada, ou ainda quando as derivadas puderem ser obtidas por uma fonte independente das primárias.

A prova do crime imputado a Jorge é ilícita, porquanto obtida por intermédio do cometimento do delito de violação de correspondência, previsto no art. 151 do Código Penal. No pode, portanto, ser utilizada no processo, conforme estabelecem os dispositivos *supra*.

Em vista disso, a denúncia calcada exclusivamente nessa prova não tem validade. Verifica-se, portanto, falta de justa causa para o ajuizamento da ação penal.

Gabarito Comentado – Examinadora:

a) Sim. Apropriação indébita qualificada (ou majorada) em razão do ofício, prevista no art. 168, parágrafo 1º, III do CP.

b) Falta de justa causa para a instauração de ação penal, já que a denúncia se encontra lastreada exclusivamente em uma prova ilícita, porquanto decorrente de violação a uma norma de direito material (artigo 151 do CP).

Item – Pontuação

a) Sim. / Apropriação indébita qualificada (ou majorada) em razão do ofício, (0,2) / art. 168, § 1º, III, do CP (0,15).
0 / 0,15 / 0,2 / 0,35

b) Falta de justa causa para a instauração de ação penal, (0,3) / já que a denúncia se encontra lastreada exclusivamente em uma prova ilícita, (0,3) / porquanto decorrente de violação a uma norma de direito material (art. 151 do CP **OU** art. 395, III, do CPP **OU** art. 5º, XII e LVI, da CRFB) (0,3).
0 / 0,3 / 0,6 / 0,9

2.6. Prisão

(OAB/Exame Unificado – 2006.3 – 2ª fase) A prática de crime hediondo, por si só, basta para que seja determinada a segregação cautelar? Fundamente sua resposta abordando o princípio da presunção de inocência e os requisitos da prisão preventiva à luz da jurisprudência do Superior Tribunal de Justiça.

RESOLUÇÃO DA QUESTÃO

O cometimento de crime hediondo, por si só, não é motivo bastante a justificar a decretação da segregação cautelar. Esse é o posicionamento pacífico firmado pelo Supremo Tribunal Federal e pelo Superior Tribunal de Justiça.

Com efeito, hodiernamente a prisão cautelar somente se justifica no ordenamento jurídico quando necessária ao processo. A prisão provisória, em qualquer de suas modalidades, não poderá decorrer de automatismo legal, sem que haja demonstração de necessidade na decretação da custódia. Porque, se assim não for, a prisão provisória acaba por antecipar a análise da culpabilidade do réu, violando, de forma inevitável, o princípio da presunção de inocência – art. 5º, LVII, da CF.

A prisão decretada ao argumento de que o réu praticou crime hediondo, sem se ater aos requisitos contidos no art. 312 do CPP, está, portanto, em desacordo com o ordenamento jurídico, porquanto lastreada na gravidade abstrata do delito. Há de ficar demonstrada, em qualquer caso, a necessidade na decretação da custódia.

Importante salientar que, tendo em conta as mudanças implementadas pela recente Lei 12.403/11, que instituiu as medidas cautelares alternativas à *prisão provisória*, esta, além de absolutamente necessária, somente terá lugar diante da impossibilidade de se recorrer àquelas. Dessa forma, a custódia provisória, como medida excepcional, deve também ser vista como instrumento subsidiário, supletivo.

Frise-se, ademais, que a Lei 8.072/90, em seu art. 2º, II, permite que aos autores de crimes hediondos e equiparados seja concedida liberdade provisória.

Comentários adicionais:

É por essa razão que o Pleno do Supremo Tribunal Federal, em controle difuso de constitucionalidade, ao julgar o habeas corpus 104.339-SP, da relatoria do ministro Gilmar Mendes, considerou inconstitucional o dispositivo da Lei de Drogas (art. 44 da Lei 11.343/06) que proíbe a concessão de liberdade provisória.

Confira, sobre o tema, os seguintes julgados:

EMENTA: I - Prisão preventiva: revelia do acusado citado por edital não basta a fundamentá-la: inteligência da nova redação do art. 366 C.Pr.Penal. II - Fundamentação das decisões judiciais: sendo causa de nulidade de decisão de primeiro grau, não a podem suprir nem as informações nem o acórdão das instâncias superiores ao negar o habeas corpus ou desprover recurso: precedentes. III - Prisão preventiva: ser o crime legalmente classificado de hediondo não é razão bastante para decretá-la: precedentes.

(STF, HC 79392, Relator(a): Min. SEPÚLVEDA PERTENCE, Primeira Turma, julgado em 31/08/1999, DJ 22-10-1999 PP-00058 EMENT VOL-01968-02 PP-00333)

PROCESSUAL PENAL. HABEAS CORPUS. HOMICÍDIO QUALIFICADO. PRISÃO PREVENTIVA DECRETADA COM BASE NA ORDEM PÚBLICA. COMOÇÃO SOCIAL DIANTE DA GRAVIDADE DO DELITO. FUNDAMENTO INIDÔNEO. ORDEM CONCEDIDA. 1. A ameaça à ordem pública, como pressuposto que autoriza a prisão preventiva (CPP, art. 312), deve estar demonstrada de forma consistente no decreto prisional, não servindo como fundamento a simples menção à gravidade do delito imputado na denúncia, mesmo que hediondo, e à comoção social causada na comunidade, circunstâncias que não se mostram suficientes, por si só, para a decretação da referida medida restritiva de liberdade antecipada, que deve reger-se sempre pela efetiva necessidade no caso concreto. 2. Ordem concedida para desconstituir a prisão preventiva mantida pelo Tribunal a quo, sem prejuízo de que seja novamente decretada, caso fique demonstrada concretamente a necessidade da referida medida. (STJ, HC 39.443-BA, QUINTA TURMA, Relator Min. ARNALDO ESTEVES LIMA, 12.09.2005)

EMENTA: HABEAS CORPUS. PENAL E PROCESSUAL PENAL. HOMICÍDIO QUALIFICADO. INSTRUÇÃO CRIMINAL. EXCESSO DE PRAZO. SUPRESSÃO DE INSTÂNCIA. PRISÃO PREVENTIVA. AUSÊNCIA DE FUNDAMENTAÇÃO. 1. Homicídio qualificado. Excesso de prazo da instrução criminal. Matéria não submetida a exame do Tribunal de origem. Supressão de instância. Não-conhecimento. 2. Prisão preventiva. Ausência de fundamentação. Impossibilidade de suprimento pelas instâncias posteriores. A Lei n. 11.464/07 deu nova redação ao art. 2º da Lei n. 8.072/90, suprimindo a vedação à liberdade provisória nos crimes hediondos. Habeas corpus conhecido em parte e, nessa extensão, deferido.

(HC 93427, embranco, STF)

EMENTA Habeas Corpus. Processual penal. Paciente pronunciado pelo crime de homicídio qualificado. Ausência dos requisitos da prisão preventiva decretada na pronúncia. Constrangimento ilegal caracterizado. Maus antecedentes não podem servir como fundamento para punição antecipada. Aplicação do princípio da não-culpabilidade. Habeas corpus concedido. 1. Não se aplica, na espécie, a regra prevista no art. 2º, inc. II, da Lei nº 8.072/90, que proíbe a concessão de liberdade provisória aos crimes hediondos, por tratar-se de réu que respondeu ao processo, em liberdade e assim permaneceu até a sentença de pronúncia. 2. A decretação de prisão cautelar por ocasião da pronúncia não dispensa a presença de fundamentos objetivos, esbarrando na jurisprudência da Suprema Corte menção genérica aos requisitos da prisão cautelar, não prevalecendo para tanto o envolvimento do réu em outras ocorrências policiais. 3. Habeas corpus concedido. (HC 83865, embranco, STF)

HABEAS CORPUS. TRÁFICO DE ENTORPECENTES. CRIME HEDIONDO. LIBERDADE PROVISÓRIA. LEI Nº 8.072/1990. REQUISITOS DA PRISÃO PREVENTIVA. AUSÊNCIA. ORDEM CONCEDIDA. 1. Tratando-se de medida que mantenha a custódia cautelar, é necessário, para sua eficácia, que a motivação do ato esteja baseada em fatos que efetivamente justifiquem a sua excepcionalidade, a fim de que sejam atendidos os termos do artigo 312 do CPP. 2. O entendimento majoritário desta Corte é de que o simples fato de se tratar de crime hediondo não impede, por si só, a concessão da liberdade provisória, só se mostrando válido o provimento que esteja devidamente fundamentado, nos termos do artigo 93, IX, da Constituição Federal. 3. No caso, após o deferimento da liminar por esta Corte que determinou nova apreciação do pedido de liberdade provisória, afastado o óbice da Lei nº 8.072/1990, a magistrada de primeiro grau concedeu o benefício por não encontrar outros elementos a indicar a necessidade da custódia. 4. Habeas corpus concedido para que, confirmando a liminar deferida, seja mantida a liberdade provisória do paciente, sem prejuízo da decretação de nova prisão, caso demonstrada a sua necessidade. (HC 200500502196, PAULO GALLOTTI, STJ - SEXTA TURMA, 03/08/2009).

HABEAS CORPUS. HOMICÍDIO QUALIFICADO. PRISÃO EM FLAGRANTE. PEDIDO DE LIBERDADE PROVISÓRIA INDEFERIDO EM RAZÃO DA GRAVIDADE GENÉRICA DO DELITO. ORDEM CONCEDIDA. 1 - A prisão cautelar, assim entendida aquela que antecede a condenação transitada em julgado, só pode ser imposta se evidenciada, com explícita fundamentação, a necessidade da rigorosa providência. 2 - Mantida a custódia provisória tão somente em razão da gravidade genérica da infração, revela-se evidenciado o constrangimento ilegal. 3 - Habeas corpus concedido para assegurar ao paciente a liberdade provisória, mediante assinatura de termo de comparecimento aos atos do processo, sob pena de revogação. (HC 200702732276, HAMILTON CARVALHIDO, STJ - SEXTA TURMA, 22/06/2009).

RECURSO ORDINÁRIO EM HABEAS CORPUS. TENTATIVA DE HOMICÍDIO. PEDIDO DE LIBERDADE PROVISÓRIA INDEFERIDO. CRIME HEDIONDO. RECURSO PROVIDO. 1 - Há constrangimento ilegal se o magistrado negou o benefício da liberdade provisória tão somente ao fundamento de haver vedação para a sua concessão em se tratando de prisão pela prática de crime hediondo, entendimento contrário à compreensão atual do Superior Tribunal de Justiça sobre o tema. 2 - Recurso provido. (RHC 200600760710, PAULO GALLOTTI, STJ - SEXTA TURMA, 08/06/2009).

(OAB/Exame Unificado – 2008.1 – 2ª fase) Asplênio, funcionário público federal, no horário de expediente, solicitou a Tarso a quantia de R$ 2.000,00, em espécie, como condição para extraviar autos de processo criminal. Nesse momento, Asplênio foi preso em flagrante, antes de extraviar o processo que se encontrava na seção onde está lotado. Sabe-se, ainda, que Asplênio é primário e tem bons antecedentes. Com base na situação hipotética apresentada, responda, de forma fundamentada, às perguntas a seguir.

- Asplênio cometeu crime afiançável?
- Que pedido, privativo de advogado, deve ser formulado para Asplênio ser solto?

RESOLUÇÃO DA QUESTÃO

Asplênio, ao solicitar de Tarso a importância de R$ 2.000,00 como condição para extraviar autos de processo criminal, cometeu o crime capitulado no art. 317 do Código Penal – corrupção passiva (na forma consumada), cuja pena cominada é de 2 a 12 anos de reclusão e multa.

O delito praticado por Asplênio, em vista do que dispõe o art. 323 do CPP, é afiançável, devendo seu patrono, dessa forma, formular pedido de liberdade provisória.

Comentários adicionais:

Com a modificação a que foi submetido o art. 323 do CPP, operada pela Lei 12.403/11, somente são inafiançáveis os crimes ali listados (racismo, tortura, tráfico de drogas, terrorismo, crimes hediondos e os delitos praticados por grupos armados, civis ou militares, contra a ordem constitucional e o Estado Democrático) e também aqueles contidos em leis especiais, tais como o art. 31 da Lei 7.492/86 (Sistema Financeiro); o art. 7º da Lei 9.034/05 (Crime Organizado), dentre outros.

(OAB/Exame Unificado – 2010.3 – 2ª fase) Jeremias é preso em flagrante pelo crime de latrocínio, praticado contra uma idosa que acabara de sacar o valor relativo à sua aposentadoria dentro de uma agência da Caixa Econômica Federal e presenciado por duas funcionárias da referida instituição, as quais prestaram depoimento em sede policial e confirmaram a prática do delito. Ao oferecer denúncia perante o Tribunal do Júri da Justiça Federal da localidade, o Ministério Público Federal requereu a decretação da prisão preventiva de Jeremias para a garantia da ordem pública, por ser o crime gravíssimo e por conveniência da instrução criminal, uma vez que as testemunhas seriam mulheres e poderiam se sentir amedrontadas caso o réu fosse posto em liberdade antes da colheita de seus depoimentos judiciais. Ao receber a inicial, o magistrado decretou a prisão preventiva de Jeremias, utilizando-se dos argumentos apontados pelo Parquet.

Com base no caso acima, empregando os argumentos jurídicos apropriados e a fundamentação legal pertinente ao caso, indique os argumentos defensivos para atacar a decisão judicial que recebeu a denúncia e decretou a prisão preventiva.

RESOLUÇÃO DA QUESTÃO:

O crime de latrocínio não é doloso contra a vida, já que não está inserido no Capítulo I do Título I da Parte Especial do CP. Somente o homicídio doloso, a participação em suicídio, o infanticídio e o aborto, exceção feita ao homicídio culposo (art. 121, § 3º, CP), são julgados pelo Tribunal Popular.

Trata-se de crime patrimonial (art. 157, § 3º, segunda parte, do CP). Assim sendo, a competência para o seu processamento e julgamento é da Justiça comum estadual, visto que não há, neste caso, ofensa a bens, serviços ou interesses da União ou de suas entidades autárquicas a justificar a competência da Justiça Federal.

De outro lado, é pacífico, tanto na doutrina quanto na jurisprudência, que o decreto de prisão preventiva calcado na gravidade abstrata do crime é ilegal. Não se deve perder de vista que a custódia preventiva, em vista da reforma a que foi submetida a *prisão*, somente terá lugar, dado o seu caráter subsidiário, se outras medidas cautelares diversas da prisão não forem cabíveis (art. 282, § 6º, CPP). Além disso, a prisão cautelar, em qualquer de suas modalidades, por constituir medida invasiva, visto que subtrai do indivíduo sua liberdade antes do decreto condenatório definitivo, somente deve ser utilizada quando absolutamente necessária ao processo. Neste caso, o decreto de prisão processual baseou-se na gravidade abstrata do delito imputado ao réu e em meras conjecturas de que as testemunhas – mulheres – poderiam se sentir amedrontadas se acaso o réu permanecesse em liberdade. Nenhuma prova disso foi acostada aos autos. Registre-se, por fim, que a comunidade jurídica rechaça a prisão decretada ao argumento de que o crime é revestido de gravidade, ainda que o delito seja hediondo ou mesmo a ele equiparado. É necessário, para a decretação da custódia cautelar, ir além. É preciso demonstrar a sua necessidade, na forma estatuída no art. 312 do CPP.

Na hipótese de impugnação da decisão que recebeu a denúncia e decretou a prisão preventiva, a competência para apreciação da medida será do Tribunal Regional Federal.

Gabarito Comentado – Examinadora:

a) Não, pois a competência para processamento e julgamento é de uma vara comum da justiça estadual, por se tratar de crime patrimonial e que não ofende bens, serviços ou interesses da União ou de suas entidades autárquicas.

b) Não, pois a jurisprudência é pacífica no sentido de que considerações genéricas e presunções de que em liberdade as testemunhas possam sentir-se amedrontadas não são argumentos válidos para a decretação da prisão antes do trânsito em julgado de decisão condenatória, pois tal providência possui natureza estritamente cautelar, de modo que somente poderá ser determinada quando calcada em elementos concretos que demonstrem a existência de risco efetivo à eficácia da prestação jurisdicional.

c) Tribunal Regional Federal, pois a autoridade coatora é juiz de direito federal.

Em relação à correção, levou-se em conta o seguinte critério de pontuação:

Item – Pontuação

Incompetência da Justiça Federal para julgar o caso (0,15), por não se enquadrar nas hipóteses do art. 109 da CRFB (0,15).
0 / 0,15 / 0,3

Incompetência do Tribunal do Júri (0,15), considerando que o crime de latrocínio tem natureza patrimonial (0,15).
0 / 0,15 / 0,3

Ilegalidade na decretação da prisão preventiva (0,2), com base na impossibilidade de fundamentar a prisão na gravidade abstrata do crime OU na presunção de que as vítimas se sentiriam amedrontadas (0,2).
0 / 0,2 / 0,4

(OAB/Exame Unificado – 2010.3 – 2ª fase) Caio, Mévio, Tício e José, após se conhecerem em um evento esportivo de sua cidade, resolveram praticar um estelionato em detrimento de um senhor idoso. Logrando êxito em sua empreitada criminosa, os quatro dividiram os lucros e continuaram a vida normal. Ao longo da investigação policial, apurou-se a autoria do delito por meio dos depoimentos de diversas testemunhas que presenciaram a fraude. Em decorrência de tal informação, o promotor de justiça denunciou Caio, Mévio, Tício e José, alegando se tratar de uma quadrilha de estelionatários, tendo requerido a decretação da prisão temporária dos denunciados. Recebida a denúncia, a prisão temporária foi deferida pelo juízo competente.

Com base no relatado acima, responda aos itens a seguir, empregando os argumentos jurídicos apropriados e a fundamentação legal pertinente ao caso.

a) Qual(is) o(s) meio(s) de se impugnar tal decisão e a quem deverá(ão) ser endereçado(s)? (Valor: 0,6)
b) Quais fundamentos deverão ser alegados? (Valor: 0,65)

RESOLUÇÃO DA QUESTÃO

Sendo ilegal a prisão temporária decretada em desfavor dos denunciados, o meio adequado de impugnação é o *pedido de relaxamento da custódia*, que deverá ser dirigido ao juiz de direito estadual que proferiu a decisão.

Poderia, ainda, em vez do pedido de relaxamento, ser impetrado *habeas corpus*, sendo competente, para o seu julgamento, o Tribunal de Justiça estadual.

O decreto de prisão é, por várias razões, ilegal.

Em primeiro lugar, a custódia temporária, a teor do art. 1º, III, *l*, da Lei 7.960/89, somente poderia ser decretada se houvesse fundadas razões de autoria ou participação dos denunciados no crime de *quadrilha ou bando* (art. 288, CP).

Não é o caso.

Com efeito, não há que se cogitar, neste caso, da prática do crime do art. 288 do CP, porquanto os denunciados reuniram-se com o propósito de tão somente cometer um único delito de estelionato. Quer-se com isso dizer que o concurso de mais de três pessoas desprovido do propósito de praticar número indeterminado de crimes não configura o delito de *quadrilha ou bando*. A prisão, por conta disso, é ilegal na medida em que a prática do crime de estelionato não pode ensejar a decretação da custódia temporária, pois se trata de infração penal não contemplada no rol do art. 1º, III, da Lei 7.960/89.

Além disso, ainda que se reconhecesse a prática do crime de quadrilha ou bando, delito contemplado no rol do art. 1º, III, da Lei 7.960/89, a prisão temporária, mesmo assim, seria ilegal, dado que esta modalidade de custódia processual somente tem lugar, em obediência ao disposto no art. 1º, I, da Lei 7.960/89, se imprescindível às investigações do inquérito policial. Na hipótese narrada, a prisão foi decretada após o recebimento da denúncia, depois, portanto, de concluídas as investigações.

Gabarito comentado - Examinadora:

a) Relaxamento de prisão, endereçado ao juiz de direito estadual.

OU

Habeas corpus, endereçado ao Tribunal de Justiça estadual.

b) Ilegalidade da prisão, pois não há formação de quadrilha quando a reunião se dá para a prática de apenas um delito. Não há que se falar em formação de quadrilha, subsistindo apenas o delito único de estelionato. Nesse sentido, não se poderia decretar a prisão temporária, pois tal crime não está previsto no rol taxativo indicado no artigo 1º, III, da Lei 7.960/89. Ademais, a prisão temporária é medida exclusiva do inquérito policial, não podendo, em hipótese alguma, ser decretada quando já instaurada a ação penal.

Distribuição dos Pontos

Item – Pontuação

a) Relaxamento da prisão (0,3), endereçado ao juiz de direito estadual (0,3)

OU

habeas corpus (0,3), endereçado ao Tribunal de Justiça estadual (0,3).

0 / 0,3 / 0,6

b1) Ilegalidade da prisão, pois não há formação de quadrilha quando a reunião se deu para a prática de apenas um delito. (0,25) Não se poderia decretar a prisão temporária, pois estelionato não está previsto no artigo 1º, III, da Lei 7.960/89. (0,2)

0 / 0,2 / 0,25 / 0,45

b2) A prisão temporária é medida exclusiva do inquérito policial. (0,2)

0 / 0,2

2.7. Processos e procedimentos; sentença, preclusão e coisa julgada

(OAB/Exame Unificado – 2006.1 – 2ª fase) Eduardo foi denunciado pelo crime de estelionato, porém foi condenado por apropriação indébita, uma vez que a denúncia descrevia perfeitamente este fato delituoso, apesar de nela constar a qualificação penal referente ao delito de estelionato. Diante dos fatos apresentados na situação hipotética descrita, redija um texto esclarecendo se a nova tipificação emprestada pelo juízo constitui cerceamento do direito de defesa. Apresente sua resposta de forma fundamentada e aborde, sobretudo, os seguintes aspectos:

- princípio da correlação entre acusação e sentença penal (congruência);
- necessidade ou não de manifestação da defesa. extensão máxima: 60 linhas

RESOLUÇÃO DA QUESTÃO

O réu, no processo penal, defende-se do fato criminoso a ele atribuído, e não da classificação jurídica contida na exordial. Em outras palavras, no processo-crime, a definição jurídica atribuída ao fato, na inicial acusatória, em consonância com o disposto no art. 383 do CPP, não tem o condão de vincular o magistrado, que poderá, na sentença, atribuir a capitulação que bem entender, ainda que isso implique a incidência de pena mais grave. É hipótese de *emendatio libelli*.

Frise-se que, em vista do *princípio da correlação*, a sentença deve se limitar tão somente aos fatos narrados na peça acusatória, sendo irrelevante a capitulação conferida pelo acusador.

Dessa forma, não há que se falar em cerceamento de defesa, na medida em que o réu se defende do fato a ele imputado, e não da capitulação a ele atribuída, sendo permitido ao magistrado, em vista do disposto no art. 383 do CPP, emprestar ao fato nova tipificação, independentemente de manifestação da defesa.

Comentários adicionais:

A redação do art. 383 do CPP foi modificada pela Lei 11.719/2008, que promoveu diversas alterações no processo penal. Com isso, é defeso ao juiz, no âmbito deste dispositivo, proceder a qualquer modificação de fato contido na exordial. Está o magistrado, portanto, limitado a promover mudanças que digam respeito somente à capitulação jurídica.

No sentido do acima exposto:

EMENTA: HABEAS CORPUS. PENAL. PROCESSUAL PENAL. DENÚNCIA. HOMICÍDIO TENTADO E LESÃO CORPORAL. PRONÚNCIA. DUPLO HOMICÍDIO TENTADO. FRUSTRAÇÃO DA CORRELAÇÃO ENTRE ACUSAÇÃO E SENTENÇA. INOCORRÊNCIA. EMENDATIO LIBELLI NÃO CARACTERIZADA.ORDEM DENEGADA. I - O acusado se defende dos fatos, sendo provisória a qualificação dada pelo Ministério Público quando do oferecimento da denúncia. II - Ao magistrado é dado emprestar ao fato definição jurídica diversa daquela constante da denúncia (art. 583 do Código de Processo Penal). III - Inocorrente a alegada falta de correlação entre acusação e sentença. IV - Ordem denegada. (HC 90686, em branco, STF)

Dica: como já mencionado anteriormente, neste formato de questão, o examinador, na parte final do enunciado, faz menção a "aspectos", os quais o candidato necessariamente deve abordar, um a um, ao discorrer sobre o caso proposto. Sugerimos que, nesses casos, a abordagem acerca de cada "aspecto" seja estruturada em parágrafos, referindo-se cada qual, sempre que possível, a um tema (aspecto).

(OAB/Exame Unificado – 2010.2 – 2ª fase) Jânio foi denunciado pela prática de roubo tentado (Código Penal, art. 157, caput, c/c art. 14, II), cometido em dezembro de 2009, tendo sido demonstrado, durante a instrução processual, que o réu praticara, de fato, delito de dano (Código Penal, art. 163, caput).

Considerando essa situação hipotética, responda, de forma fundamentada, às seguintes indagações.

- Em face da nova definição jurídica do fato, que procedimento deve ser adotado pelo juiz?
- Caso a nova capitulação jurídica do fato fosse verificada apenas em segunda instância, seria possível a aplicação do instituto da emendatio libelli?

RESOLUÇÃO DA QUESTÃO

Tratando-se o delito de dano, capitulado no art. 163, caput, do Código Penal, de infração de menor potencial ofensivo, deverão os autos, com fundamento no que dispõe o art. 383, § 2º, do Código de Processo Penal, ser remetidos ao Juizado Especial competente.

No mais, na hipótese de a nova capitulação jurídica do fato ser verificada somente em segunda instância, desde que inalterado o contexto fático narrado na inicial, nada obsta que seja aplicado o instituto na emendatio libelli.

Comentários adicionais:

Há entendimento no sentido de que, depois de realizada a instrução do feito e verificado tratar-se de crime de ação penal de iniciativa privada, como é o caso aqui tratado, deve o magistrado, em vista disso, anular o processo, visto que a inicial acusatória foi ofertada por quem não dispunha de legitimidade para tanto.

(OAB/Exame Unificado – 2010.2 – 2ª fase) Tadeu foi preso em flagrante e denunciado pela prática do crime de abandono de incapaz (art. 133 do Código Penal), para o qual é prevista a pena de detenção de seis meses a três anos.

Considerando a situação hipotética apresentada, indique, com a devida fundamentação, o procedimento a ser adotado no curso da instrução criminal (comum ou especial; ordinário, sumário ou sumaríssimo), o número máximo de testemunhas que poderão ser arroladas pela defesa e o prazo, incluída eventual possibilidade de prorrogação, para a defesa apresentar suas alegações finais orais.

RESOLUÇÃO DA QUESTÃO:

O delito de abandono de incapaz, previsto no art. 133 do Código Penal, tem como pena máxima cominada 3 anos de detenção, inferior, portanto, à reprimenda de quatro anos estabelecida no art. 394, § 1º, II, do Código de Processo Penal.

O procedimento a ser adotado no curso da instrução criminal, portanto, é o comum sumário.

Poderão ser arroladas pela defesa, em vista do que estabelece o art. 532 do CPP, até cinco testemunhas.

Já no que concerne ao prazo para a defesa apresentar suas alegações finais orais, pela disciplina estabelecida no art. 534, caput, do CPP, tanto acusação quanto defesa, nesta ordem, disporá do prazo de vinte minutos, prorrogáveis por mais dez, para alegações orais, após o que o juiz proferirá a sentença.

(OAB/Exame Unificado – 2010.2 – 2ª fase) Júlio foi denunciado pela prática do delito de furto cometido em fevereiro de 2010. Encerrada a instrução probatória, constatou-se, pelas provas testemunhais produzidas pela acusação, que Júlio praticara roubo, dado o emprego de grave ameaça contra a vítima.

Em face dessa situação hipotética, responda, de forma fundamentada, às seguintes indagações.

- Dada a nova definição jurídica do fato, que procedimento deve ser adotado pela autoridade judicial, sem que se fira o princípio da ampla defesa?
- O princípio da correlação é aplicável ao caso concreto?
- Caso Júlio tivesse cometido crime de ação penal exclusivamente privada, dada a nova definição jurídica do fato narrado na queixa após o fim da instrução probatória, seria aplicável o instituto da *mutatio libelli*?

RESOLUÇÃO DA QUESTÃO

Dado que o magistrado entendeu cabível nova definição jurídica do fato em consequência de provas produzidas pela acusação no curso da instrução, é de rigor, em vista da nova sistemática implementada pela Lei 11.719/08, que modificou a redação do art. 384 do CPP, o aditamento da denúncia pelo Ministério Público.

Calcado no art. 384 do CPP, deverá, pois, o juiz, uma vez encerrada a instrução, dar vista ao Ministério Público para que este promova o aditamento da denúncia, ainda que isso implique a aplicação de pena igual ou menos grave, seguindo-se, a partir daí, o procedimento estabelecido no dispositivo.

Consiste o princípio da correlação na indispensável correspondência que deve existir entre o fato articulado na peça acusatória e aquele pelo qual o réu é condenado. O acusado, no processo penal, defende-se dos fatos a ele imputados, e não da capitulação que é atribuída ao crime na peça acusatória - denúncia ou queixa. Pouco importa, pois, a classificação operada pelo titular da ação penal na exordial.

Assim, este postulado tem, sim, incidência a este caso concreto, tendo em conta que o aditamento pelo Ministério Público se fez necessário na medida em que o fato atribuído ao réu, na denúncia, não corresponderia, com exatidão, àquele que seria reconhecido pelo juiz na sentença. Isto é: os fatos dos quais Júlio se defendeu não seriam aqueles reconhecidos pelo magistrado quando da prolação da sentença, não fosse, claro, a providência estabelecida no art. 384 do CPP (*mutatio libelli*).

Objetiva-se, dessa forma, assegurar a inviolabilidade dos princípios do contraditório e ampla defesa.

No mais, o art. 384 do CPP (*mutatio libelli*) não tem aplicação na ação penal privada exclusiva, que é regida pelo princípio da oportunidade. Este dispositivo somente tem incidência na ação penal pública e ação penal privada subsidiária.

Comentários adicionais:

Com o advento da Lei 11.719/08, que modificou, entre outros, o art. 384 do CPP, se o magistrado entender cabível nova definição jurídica do fato decorrente de prova existente nos autos de elemento ou circunstância da infração penal não contida na acusação, o aditamento pelo Ministério Público passa a ser obrigatório, ainda que a nova capitulação jurídica implique aplicação de pena igual ou menos grave.

No panorama anterior, a participação do Ministério Público não era necessária, ou seja, bastava que os autos do processo baixassem para manifestação da defesa e oitiva de testemunhas.

Gabarito comentado - Examinadora:

A primeira indagação deve ser respondida com base no art. 384 do CPP, que assim dispõe: "Encerrada a instrução probatória, se entender cabível nova definição jurídica do fato, em consequência de prova existente nos autos de elemento ou circunstância da infração penal não contida na acusação, o Ministério Público deverá aditar a denúncia ou queixa, no prazo de 5 (cinco) dias, se em virtude desta houver sido instaurado o processo em crime de ação pública, reduzindo-se a termo o aditamento, quando feito oralmente.

(...)

§ 4º Havendo aditamento, cada parte poderá arrolar até 3 (três) testemunhas, no prazo de 5 (cinco) dias, ficando o juiz, na sentença, adstrito aos termos do aditamento."(Redação dada pela Lei nº 11.719, de 2008)

Dessa forma, deverá o juiz dar aplicabilidade ao comando do art. 384, e parágrafos, do CPP, para encaminhar os autos ao Ministério Público, a fim de que haja o aditamento da denúncia, propiciando ao réu a oportunidade de se defender da nova capitulação do fato.

No que se refere à segunda indagação, deve-se responder que,segundo o princípio da correlação, deve haver uma correlação entre o fato descrito na denúncia ou queixa e o fato pelo qual o réu é o condenado. Aplica-se no processo em questão para explicar que o acusado não se defende da capitulação legal dada ao crime na denúncia, mas sim dos fatos narrados na referida peça acusatória. (Nesse sentido:, Fernando Capez. Curso de processo penal.16 ed., São Paulo: Saraiva, p. 465)

A resposta à terceira indagação deve ser negativa. O procedimento previsto no art. 384 do Código de Processo Penal somente se aplica na hipótese de ação penal pública e ação penal privada subsidiária da pública, sendo inadmissível o juiz determinar abertura de vista para o Ministério Público aditar a queixa e ampliar a imputação, na ação penal exclusivamente privada, conforme clara redação do dispositivo:

"(...) o Ministério Público deverá aditar a denúncia ou queixa, no prazo de 5 (cinco) dias, se em virtude desta houver sido instaurado o processo em crime de ação pública (...)."

2.8. Processo dos crimes de competência do júri

(OAB/Exame Unificado – 2006.3 – 2ª fase) O magistrado que, ao pronunciar o réu, afirmar o *animus necandi* e afastar a legítima defesa, de modo peremptório e com análise do conjunto da prova, ofende a competência funcional constitucional dos jurados? Fundamente sua resposta abordando os conceitos de *judicium accusationis* e *judicium causae*.

RESOLUÇÃO DA QUESTÃO

Encerrada a instrução do processo no Tribunal do Júri (*judicium accusationis*), o juiz tem quatro caminhos a seguir: pronunciar o réu; impronunciá-lo; absolvê-lo sumariamente; ou ainda desclassificar a infração penal. Pronunciado, o réu é julgado perante o Tribunal popular (*judicium causae*).

O juiz, convencendo-se da materialidade do fato e da existência de indícios suficientes de autoria, proferirá decisão de pronúncia, remetendo o caso à apreciação do Tribunal do Júri. É defeso ao juiz, nesta decisão, que é interlocutória mista, proceder a exame aprofundado do mérito, ingressando na análise do conjunto da prova. Se assim o fizer, estará usurpando a competência constitucional do Júri.

Significa dizer, portanto, que incumbe ao magistrado, na fase de pronúncia, fazer um exame relativo à viabilidade da acusação, declarando o dispositivo em que julgar incurso o acusado e especificar as circunstâncias qualificadoras e as causas de aumento de pena, deixando para os jurados a apreciação mais detalhada do caso.

Nesse sentido é claro o art. 413, *caput* e § 1º, do CPP, com a nova redação que lhe deu a Lei 11.689/08.

(OAB/Exame Unificado – 2010.2 – 2ª fase) Ricardo, depois de descobrir que vinha sendo traído por sua namorada, Marta, aproveitando-se do momento em que ela dormia, asfixiou-a até a morte e esquartejou o corpo. O crime chocou toda a população da comarca de Cabo Frio – RJ, que passou a clamar por justiça e a exigir punição exemplar para Ricardo. A denúncia foi recebida, a fase de prelibação transcorreu de forma regular e Ricardo foi pronunciado. Durante o curso de toda a instrução preliminar, tanto a família de Ricardo quanto o juiz presidente da vara do tribunal do júri foram, por diversas vezes, alertados, por intermédio de cartas, bilhetes e mensagens eletrônicas, de que os jurados que poderiam vir a compor o conselho de sentença não seriam isentos para julgar o caso, sob a alegação de que vários deles integravam grupo de extermínio que havia decidido dar cabo à vida de Ricardo no dia designado para a realização do julgamento em plenário. Todas as mensagens foram devidamente juntadas aos autos, tendo sido os fatos amplamente divulgados pela imprensa.

Houve uma tentativa de linchamento de Ricardo por populares, após a qual a imprensa veiculou imagens da delegacia de polícia local, oportunidade em que alguns jurados alistados foram identificados nas fotos.

Considerando a situação hipotética apresentada, indique, com base nos dispositivos legais pertinentes, a providência jurídica a ser adotada para garantir a imparcialidade do julgamento e a autoridade judiciária competente para apreciar o pedido a ser feito.

RESOLUÇÃO DA QUESTÃO

Em vista da situação hipotética apresentada, o acusado deve, por meio de seu advogado, requerer ao Tribunal o desaforamento do julgamento para outra comarca onde não existam os motivos que ensejaram o pedido. Além do acusado, o pedido de desaforamento pode ser formulado pelo Ministério Público, pelo assistente e pelo querelante, ou ainda mediante representação do juiz competente (art. 427, CPP).

O pleito se justifica na medida em que pesam sérias dúvidas sobre a imparcialidade do júri, além do que a segurança pessoal do acusado está sobremaneira ameaçada.

Frise-se, ademais, que a competência para a apreciação do pedido de desaforamento é sempre do Tribunal – órgão de segunda instância, conforme estabelece o art. 427 do CPP.

Gabarito comentado - Examinadora:

O advogado de Romeu deve requerer o desaforamento do julgamento para outra comarca, de acordo com o art. 427 do CPP, que assim dispõe:

"Se o interesse da ordem pública o reclamar ou houver dúvida sobre a imparcialidade do júri ou a segurança pessoal do acusado, o Tribunal, a requerimento do Ministério Público, do assistente, do querelante ou do acusado, ou mediante representação do juiz competente, poderá determinar o desaforamento do julgamento para outra comarca da mesma região, onde não existam aqueles motivos, preferindo-se as mais próximas."

O desaforamento deve ser requerido ao Tribunal de Justiça.

Conforme Nucci, a competência para avaliar a conveniência do desaforamento é sempre da instância superior e nunca do juiz que conduz o feito. Entretanto, a provocação pode originar-se tanto do magistrado de primeiro grau quanto das partes, como regra. (Guilherme de Souza Nucci. Manual de processo penal e execução penal. 5. ed. rev., atual. e ampl., São Paulo: Editora Revista dos Tribunais, 2008, p.759).

EMENTA: HABEAS CORPUS. PROCESSO PENAL. JÚRI. DESAFORAMENTO. PREFEITO MUNICIPAL. INFLUÊNCIA SOBRE OS JURADOS. 1. Pedido de desaforamento fundado na possibilidade de o paciente, ex-prefeito municipal, influenciar jurados admitidos em caráter efetivo na gestão de um dos acusados. Influência não restrita aos jurados, alcançando, também, toda a sociedade da Comarca de Serra – ES. 2. Não é necessária, ao desaforamento, a afirmação da certeza da imparcialidade dos jurados, bastando o fundado receio de que reste comprometida. Precedente. Ordem denegada. (STF – HC 96785, Relator(a): Min. Eros Grau, Segunda Turma, julgado em 25/11/2008, DJe-094 DIVULG 21-05-2009 PUBLIC 22-05-2009 EMENT VOL-02361-04 PP-00792).

EMENTA: DESAFORAMENTO: DÚVIDA FUNDADA SOBRE A PARCIALIDADE DOS JURADOS. MANIFESTAÇÃO FAVORÁVEL DE AMBAS AS PARTES E DO JUÍZO LOCAL NO SENTIDO DO DESAFORAMENTO, COM INDICAÇÃO DE FATO CONCRETO INDICATIVO DA PARCIALIDADE DOS JURADOS. ORDEM CONCEDIDA. 1. Segundo a jurisprudência do Supremo Tribunal, a definição dos fatos indicativos da necessidade de deslocamento para a realização do júri — desaforamento — dá-se segundo a apuração feita pelos que vivem no local. Não se faz mister a certeza da parcialidade que pode submeter os jurados, mas tão somente fundada dúvida quanto a tal ocorrência. 2. A circunstância de as partes e o Juízo local se manifestarem favoráveis ao desaforamento, apontando-se fato "notório" na comunidade local, apto a configurar dúvida fundada sobre a parcialidade dos jurados, justifica o desaforamento do processo (Código de Processo Penal, art. 424). 3. Ordem parcialmente concedida para determinar ao Tribunal de Justiça pernambucano a definição da Comarca para onde o processo deverá ser desaforado. (HC 93871, nRelator(a): Min. Cármen Lúcia, Primeira Turma, julgado em 10/06/2008, DJe-142 DIVULG 31-07-2008 PUBLIC 01-08-2008 EMENT VOL-02326-05 PP-00900 RT v. 97, n. 877, 2008, p. 520-523).

2.9. Recursos

(OAB/Exame Unificado – 2006.1 – 2ª fase) Pela prática do delito descrito no art. 171 do Código Penal Brasileiro, *caput*, Marcelo foi condenado a 3 anos de reclusão e multa. Insatisfeito com a sentença, ele apelou. Não houve recurso do Ministério Público. Ao julgar o recurso de apelação, o tribunal majorou a reprimenda anteriormente aplicada para 3 anos e 6 meses de reclusão e multa. Diante dos fatos descritos nessa situação hipotética, redija, de forma justificada, um texto esclarecendo se foi correta a decisão do tribunal ao agravar a situação do réu e se caberia recurso em favor de Marcelo. extensão máxima: 60 linhas

RESOLUÇÃO DA QUESTÃO

Ao tribunal compete julgar tão somente a matéria que lhe foi devolvida pelo recurso da parte. Não pode, pois, ir além, devendo, dessa forma, dar ou não provimento ao recurso, no todo ou em parte (art. 599, CPP). Cuida-se da incidência do princípio do *tantum devolutum quantum appellatum*.

Nessa esteira, o art. 617 do CPP, em sua parte final, veda a chamada *reformatio in pejus*, que consiste na possibilidade de o tribunal piorar a situação processual do recorrente, em razão de recurso por este interposto.

No caso acima, Marcelo, irresignado com a condenação a ele impingida, interpôs recurso de apelação. Em vista do disposto no art. 617 do CPP, a pena a que foi condenado em 1º grau não poderia ser aumentada, já que o Ministério Público não recorreu. Dessa forma, a decisão prolatada pelo tribunal não pode prosperar. Pode ser impetrado, em princípio, *habeas corpus*.

Comentários adicionais: Confira, a respeito do tema, os seguintes acórdãos:

HABEAS CORPUS. CRIME DE ROUBO CIRCUNSTANCIADO. RECURSO DE APELAÇÃO EXCLUSIVO DA DEFESA. SENTENÇA. ERRO MATERIAL NO QUANTUM DA PENA. CORREÇÃO DE OFÍCIO. REFORMATIO IN PEJUS. OCORRÊNCIA. 1. A correção, de ofício, de erro material no quantum da pena fixada na sentença condenatória, em prejuízo do condenado, quando feita em recurso exclusivo da Defesa, constitui reformatio in pejus, de acordo com a recente jurisprudência dos Tribunais Superiores. Precedentes desta Corte e do Supremo Tribunal Federal. 2. Habeas corpus concedido, para afastar a correção do erro material efetivada pelo acórdão impugnado, restabelecendo-se a pena de 05 (cinco) anos, 11 (onze) meses e 05 (cinco) dias de reclusão, fixada na sentença condenatória. (HC 200802672690, LAURITA VAZ, STJ - QUINTA TURMA, 08/09/2009)

HABEAS CORPUS. REGIME PRISIONAL. SENTENÇA QUE FIXOU A FORMA SEMI-ABERTA. MODIFICAÇÃO PELA CORTE DE ORIGEM PARA MODO FECHADO EM SEDE DE APELAÇÃO. RECURSO EXCLUSIVO DA DEFESA. IMPOSSIBILIDADE. REFORMATIO IN PEJUS CONFIGURADA. OFENSA AO ART. 617 DO CPP. CONSTRANGIMENTO ILEGAL DEMONSTRADO. 1. Evidenciado que o Tribunal, julgando recurso exclusivo da defesa, ao diminuir a sanção irrogada ao paciente, agravou o regime prisional fixado em primeira instância, de semi-aberto para o fechado, resta demonstrada a reforma a pior nesse ponto, em nítida ofensa ao art. 617 do CPP, que proíbe a reformatio in pejus. 2. Ordem concedida para anular o acórdão tão somente no ponto em agravou a situação do paciente, qual seja, na parte referente ao modo de cumprimento da sanção corporal, restabelecendo o modo semi-aberto para resgate da reprimenda imposto na sentença, estendendo-se a ordem, nos termos do art. 580 do CPP, de ofício, à Weslei Eliezer Teodoso do Nascimento. (HC 200802266880, JORGE MUSSI, STJ - QUINTA TURMA, 15/06/2009)

(OAB/Exame Unificado – 2007.3 – 2ª fase) Júlio foi condenado a doze anos de reclusão em regime integralmente fechado, pela prática de homicídio qualificado pela torpeza. Apenas a defesa do acusado recorreu, por entender que a decisão dos jurados foi manifestamente contrária à prova dos autos. O tribunal *ad quem* deu provimento ao recurso e determinou que Júlio fosse submetido a novo júri. Com base na situação hipotética apresentada e no princípio constitucional da soberania dos veredictos, redija, na qualidade de advogado de Júlio, um texto, orientando-o a respeito da aplicação do princípio no *reformatio in pejus*, no novo julgamento, em relação aos jurados e ao juiz presidente.

RESOLUÇÃO DA QUESTÃO

Regra geral, anulada sentença condenatória em sede de recurso exclusivo da defesa, a nova decisão proferida não poderá ser mais gravosa (prejudicial) ao réu do que a primeira (anulada).

Trata-se da *reformatio in pejus* indireta.

Tal regra, no entanto, não tem incidência no Tribunal do Júri, na medida em que o art. 617 do CPP, que veda a *reformatio in pejus*, cede em favor da soberania dos veredictos, princípio de índole constitucional (art. 5º, XXXVIII, *c*). Significa dizer, portanto, que o Júri, no segundo julgamento, não ficará adstrito ao primeiro, podendo proferir qualquer decisão, mesmo que mais gravosa.

Na hipótese de o Júri, no segundo julgamento, proferir decisão idêntica à do primeiro, o juiz presidente, neste caso, ficará limitado, no que se refere à imposição da pena, ao primeiro julgamento, não podendo ir além da pena imposta neste.

Comentários adicionais:

Confira, a respeito do tema, os julgados:

HABEAS CORPUS. PENAL E PROCESSUAL PENAL. HOMICÍDIO QUALIFICADO EM CONTINUIDADE DELITIVA. RÉU SUBMETIDO POR DUAS VEZES AO TRIBUNAL DO JÚRI. RECURSOS DE APELAÇÃO DA PRIMEIRA E DA SEGUNDA SENTENÇA ATACADOS NO PRESENTE WRIT. DEFENSOR DATIVO INTIMADO POR MEIO DA IMPRENSA OFICIAL NAS DUAS OCASIÕES. ARGUIÇÃO DE NULIDADE. INSURGÊNCIA DEDUZIDA APÓS SEIS ANOS DO TRÂNSITO EM JULGADO DA CONDENAÇÃO. AUSÊNCIA DE PREJUÍZO. EVENTUAL IRREGULARIDADE CONVALIDADA. RECONHECIMENTO DA QUALIFICADORA APENAS NO SEGUNDO JULGAMENTO. AGRAVAMENTO DA PENA. POSSIBILIDADE. SOBERANIA DO JÚRI POPULAR. INEXISTÊNCIA DE REFORMATIO IN PEJUS INDIRETA. 1. Considera-se convalidada a nulidade, consistente na intimação do Defensor Dativo, por meio da imprensa oficial, da inclusão em pauta de julgamento dos apelos interpostos, em razão da inércia da Defesa que tão somente após o transcurso de quase seis anos do trânsito em julgado da condenação, almeja a anulação dos julgamentos. 2. O silêncio da defesa, em decorrência do citado lapso temporal, torna preclusa a matéria, mormente porque não foi evidenciado prejuízo real ao Paciente, pois seu primeiro apelo foi provido para anular julgamento plenário e o Defensor Dativo, não obstante tenha sido intimado pessoalmente do segundo acórdão, deixou transitar em julgado a condenação. 3. Não há reformatio in pejus indireta pela imposição de pena mais grave, após a decretação de nulidade da primeira sentença, em apelo da defesa, quando no novo julgamento realizado pelo Tribunal do Júri, reconhece-se a incidência de qualificadora afastada no primeiro julgamento, eis que, em face da soberania dos veredictos, de caráter constitucional, pode o Conselho de Sentença proferir decisão que agrave a situação do réu. 4. Precedentes desta Corte Superior e do Supremo Tribunal Federal. 5. Ordem denegada. (HC 200700486591, LAURITA VAZ, STJ - QUINTA TURMA, 17/11/2008)

HABEAS CORPUS. PROCESSUAL PENAL. CRIME DO HOMICÍDIO QUALIFICADO (ART. 121, §2º, IV, DO CP). RÉU SUBMETIDO A DOIS JULGAMENTOS PELO TRIBUNAL DO JÚRI, AMBOS ANULADOS. REFORMATIO IN PEJUS INDIRETA. POSSIBILIDADE. SOBERANIA DO JÚRI POPULAR. 1. O princípio da ne reformatio in pejus indireta - isto é, a imposição de pena mais grave, após a decretação de nulidade da sentença, em apelo exclusivo da defesa -, não tem aplicação nos julgamentos realizados pelo Tribunal do Júri, eis que, em face da soberania dos veredictos, pode o Conselho de Sentença proferir decisão que agrave a situação do réu (precedentes do STF e STJ); 2. Ordem denegada. (HC 200401046578, HÉLIO QUAGLIA BARBOSA, STJ - SEXTA TURMA, 27/06/2005)

(OAB/Exame Unificado – 2008.1 – 2ª fase) Lauro foi denunciado e, posteriormente, pronunciado pela prática dos crimes previstos no art. 121, § 2º, incisos II e IV, em concurso material com o art. 211, todos do Código Penal Brasileiro (CPB). Em 24/6/2008, Lauro foi regularmente submetido a julgamento perante o tribunal do júri. A tese de negativa de autoria não foi acolhida pelo conselho de sentença e Lauro foi condenado pelos dois crimes, tendo o juiz fixado a pena em 16 anos pelo homicídio qualificado e, em 3 anos, pela ocultação de cadáver. O Ministério Público não recorreu da decisão. A defesa ficou inconformada com o resultado do julgamento, por entender que havia prova da inocência do réu em relação aos dois crimes e que a pena imposta foi injusta. Considerando a situação hipotética apresentada, indique, com os devidos fundamentos jurídicos:

- o recurso cabível à defesa de Lauro;
- a providência jurídica cabível na hipótese de o juiz denegar o recurso.

RESOLUÇÃO DA QUESTÃO

O advogado de Lauro, em vista de sua irresignação, deverá interpor recurso de apelação com fundamento no art. 593, III, *c* e *d*, do CPP, já que, na concepção da defesa, houve injustiça no tocante à aplicação da pena e a decisão dos jurados foi contrária à prova constante dos autos.

No mais, na hipótese de o juiz denegar o recurso de apelação, deverá ser interposto recurso em sentido estrito, nos moldes do art. 581, XV, do CPP.

(OAB/Exame Unificado – 2008.1 – 2ª fase) Em 11/1/2008, Celso foi preso em flagrante pela prática do crime previsto no art. 213 do Código Penal. Regularmente processado, foi condenado a 6 anos de reclusão, em regime inicialmente fechado. Somente a defesa recorreu da decisão e, logo após a interposição do recurso, Celso fugiu da prisão. Considerando essa situação hipotética, redija um texto dissertativo acerca da situação processual de Celso, indicando, com a devida fundamentação legal e com base nos princípios constitucionais:

- o recurso interposto pela defesa;
- a possibilidade de conhecimento e de julgamento do recurso interposto em face da fuga de Celso.

RESOLUÇÃO DA QUESTÃO

A defesa de Celso, em vista da condenação que sofrera, interpôs recurso de apelação, com base no art. 593, I, do CPP.

O art. 595 do CPP, cuja constitucionalidade, tanto na doutrina quanto na jurisprudência, era bastante controvertida, visto que sua incidência inviabilizava o direito à ampla defesa e ao duplo grau de jurisdição, foi revogado por força da Lei 12.403/11.

Comentários adicionais:
Vide Súmula 347 do STJ.

(OAB/Exame Unificado – 2009.2 – 2ª fase) Eduardo foi condenado à pena de 6 anos de reclusão e 100 dias-multa pela prática de roubo contra uma agência da Caixa Econômica Federal. A sentença, no entanto, foi proferida por juízo absolutamente incompetente, tendo sido anulada por decisão do órgão recursal em julgamento de recurso interposto pela defesa, determinando-se a remessa dos autos à autoridade judiciária competente. O Ministério Público, conformando-se com a condenação, não interpôs recurso. Após nova tramitação processual perante o juízo competente, Eduardo foi condenado à pena de 7 anos de reclusão e a 150 dias-multa. Nessa situação hipotética, cabe sustentar que a nova condenação não poderia ter sido superior à primeira? Justifique a resposta.

RESOLUÇÃO DA QUESTÃO

Está-se diante do instituto da *reformatio in pejus* indireta.

Sendo a declaração de nulidade da sentença proferida por juiz absolutamente incompetente alcançada por recurso interposto exclusivamente pela defesa, é vedado ao juiz competente impor ao réu pena mais gravosa do que a anterior. Se assim o fizer, incorrerá em *reformatio in pejus* indireta.

Desta feita, cabe, sim, sustentar que a nova condenação não poderia ser superior à primeira.

Comentários adicionais:
Confira, a respeito do tema, o julgado:
HABEAS CORPUS. PENAL E PROCESSUAL PENAL. INJÚRIA. SENTENÇA PROFERIDA PELO JUÍZO COMUM. APELAÇÃO. COMPETÊNCIA. JULGAMENTO. TRIBUNAL DE JUSTIÇA. INFRAÇÃO DE MENOR POTENCIAL OFENSIVO. DENÚNCIA RECEBIDA APÓS A EDIÇÃO DA LEI Nº 10.259/2001. NÃO-OBSERVÂNCIA DO RITO DA LEI Nº 9.099/95. NULIDADE ABSOLUTA.

ANULAÇÃO DO PROCESSO. RECURSO DA DEFESA. PENA FIXADA. LIMITE A SER OBSERVADO. PROIBIÇÃO À **REFORMATIO IN PEJUS INDIRETA.** PRESCRIÇÃO DA PRETENSÃO PUNITIVA CONSUMADA.

1. Proferida a sentença pelo Juízo Comum, cabe ao Tribunal de Justiça - e não à Turma Recursal dos Juizados Especiais Criminais - proceder ao julgamento da apelação.

2. Recebida a peça acusatória de crime de injúria, já na vigência da Lei nº 10.259/2001, ainda que referente a fato a ela anterior, deveria o feito ter obedecido ao rito da Lei nº 9.099/95. A circunstância de a Comarca ser de Vara Única, não afasta o prejuízo decorrente da não-adoção do rito mais benéfico e acarreta a nulidade do processo desde o recebimento da denúncia, em face da suspensão injustificada de seus benefícios.

3. Anulada a sentença e acórdão condenatórios, em recurso exclusivamente da defesa, a pena que fora fixada passa a ser o patamar máximo a ser observado em caso de nova condenação pois, caso viesse a ser superior, haveria **reformatio in pejus indireta,** inadmitida em nosso ordenamento.

4. Hipótese em que se verifica a prescrição retroativa da pretensão punitiva estatal, ex vi do art. 109, inciso VI, do Código Penal.

5. Ordem concedida na extensão pedida e, de ofício, para anular o processo desde o recebimento da denúncia e declarar extinta a punibilidade, em razão da prescrição da pretensão punitiva estatal, nos termos do art. 109, inciso VI, do Código Penal.

(HC 75140/RS, STJ, 5ª Turma, relatora Min. Laurita Vaz, julgado em 17.09.2009)

(OAB/Exame Unificado – 2010.3 – 2ª fase) Caio, na qualidade de diretor financeiro de uma conhecida empresa de fornecimento de material de informática, se apropriou das contribuições previdenciárias devidas dos empregados da empresa e por esta descontadas, utilizando o dinheiro para financiar um automóvel de luxo. A partir de comunicação feita por Adolfo, empregado da referida empresa, tal fato chegou ao conhecimento da Polícia Federal, dando ensejo à instauração de inquérito para apurar o crime previsto no artigo 168-A do Código Penal. No curso do aludido procedimento investigatório, a autoridade policial apurou que Caio também havia praticado o crime de sonegação fiscal, uma vez que deixara de recolher ICMS relativamente às operações da mesma empresa. Ao final do inquérito policial, os fatos ficaram comprovados, também pela confissão de Caio em sede policial. Nessa ocasião, ele afirmou estar arrependido e apresentou comprovante de pagamento exclusivamente das contribuições previdenciárias devidas ao INSS, pagamento realizado após a instauração da investigação, ficando não paga a dívida relativa ao ICMS. Assim, o delegado encaminhou os autos ao Ministério Público Federal, que denunciou Caio pelos crimes previstos nos artigos 168-A do Código Penal e 1º, I, da Lei 8.137/90, tendo a inicial acusatória sido recebida pelo juiz da vara federal da localidade. Após analisar a resposta à acusação apresentada pelo advogado de Caio, o aludido magistrado entendeu não ser o caso de absolvição sumária, tendo designado audiência de instrução e julgamento.

Com base nos fatos narrados no enunciado, responda aos itens a seguir, empregando os argumentos jurídicos apropriados e a fundamentação legal pertinente ao caso.

a) Qual é o meio de impugnação cabível à decisão do Magistrado que não o absolvera sumariamente? (Valor: 0,2)

b) A quem a impugnação deve ser endereçada? (Valor: 0,2)

c) Quais fundamentos devem ser utilizados? (Valor: 0,6)

RESOLUÇÃO DA QUESTÃO:

À falta de recurso específico para esse fim, deve ser impetrado, em face da decisão que absolve sumariamente o acusado, *habeas corpus*, na forma estatuída nos arts. 5º, LXVIII, da CF e 647 e seguintes do CPP.

A ação deve ser impetrada no Tribunal Regional Federal da respectiva região, na medida em que a autoridade coatora é o juiz federal.

No que toca ao delito previsto no art. 168-A do Código Penal – apropriação indébita previdenciária, operou-se, em razão do pagamento do montante devido, a extinção da punibilidade do agente. Quanto ao crime de sonegação de ICMS, a competência para processar e julgar essa matéria é da Justiça dos Estados, dado que esse tributo é de natureza estadual, razão por que o juízo federal é absolutamente incompetente para processar e julgar essa questão.

Comentários Adicionais:

Embora não haja previsão de meio específico de impugnação contra a decisão que não absolve o réu sumariamente, o art. 416 do Código de Processo Penal, com a mudança implementada pela Lei 11.689/08, estabelece que a sentença de absolvição sumária será combatida por meio de recurso de apelação. Registre-se que, antes da alteração legislativa levada a efeito, essa decisão bem assim a sentença de impronúncia eram passíveis de impugnação por meio de recurso em sentido estrito (art. 581, CPP).

Gabarito Comentado – Examinadora:

a) Habeas Corpus, uma vez que não há previsão de recurso contra a decisão que não absolvera sumariamente o acusado, sendo cabível a ação mandamental, conforme estabelecem os artigos 647 e seguintes do CPP. No caso, não seria admissível o recurso em sentido estrito, uma vez que o enunciado não traz qualquer informação acerca da fundamentação utilizada pelo magistrado para deixar de absolver sumariamente o réu, não podendo o candidato deduzir que teria sido realizado e indeferido pedido expresso de reconhecimento de extinção da punibilidade.

b) Ao Tribunal Regional Federal.

c) Extinção da punibilidade pelo pagamento do débito quanto ao delito previsto no artigo 168-A, do CP, e, após, restando apenas acusação pertinente à sonegação de tributo de natureza estadual, incompetência absoluta – em razão da matéria – do juízo federal para processar e julgar a matéria. Quanto à Súmula Vinculante nº 24, o enunciado não traz qualquer informação no sentido de que a via administrativa ainda não teria se esgotado, não podendo o candidato deduzir tal fato.

Em relação à correção, levou-se em conta o seguinte critério de pontuação:

Item – Pontuação

a) Habeas Corpus (0,2), uma vez que não há previsão de recurso contra a decisão que não absolvera sumariamente o acusado, sendo cabível a ação mandamental, conforme estabelecem os artigos 647 e seguintes do CPP

0 / 0,2

b) Ao Tribunal Regional Federal

0 / 0,2

c) Extinção da punibilidade (0,25) pelo pagamento (0,1) do débito quanto ao delito previsto no artigo 168-A, do CP, e, após, restando apenas acusação pertinente à sonegação de tributo de natureza estadual, incompetência absoluta (0,25) – em razão da matéria – do juízo federal para processar e julgar a matéria

0 / 0,1 / 0,25 / 0,35 / 0,5 / 0,6

(OAB/Exame Unificado – 2011.1 – 2ª fase) Caio é denunciado pelo Ministério Público pela prática do crime de homicídio qualificado por motivo fútil. De acordo com a inicial, em razão de rivalidade futebolística, Caio teria esfaqueado Mévio quarenta e três vezes, causando-lhe o óbito. Pronunciado na forma da denúncia, Caio recorreu com o objetivo de ser impronunciado, vindo o Tribunal de Justiça da localidade a manter a pronúncia, mas excluindo a qualificadora, ao argumento de que Mévio seria arruaceiro e, portanto, a motivação não poderia ser considerada fútil. No julgamento em plenário, ocasião em que Caio confessou a prática do crime, a defesa lê para os jurados a decisão proferida pelo Tribunal de Justiça no que se refere à caracterização de Mévio como arruaceiro. Respondendo aos quesitos, o Conselho de Sentença absolve Caio.

Sabendo-se que o Ministério Público não recorreu da sentença, responda aos itens a seguir, empregando os argumentos jurídicos apropriados e a fundamentação legal pertinente ao caso.

a) A esposa de Mévio poderia buscar a impugnação da decisão proferida pelo Conselho de Sentença? Em caso positivo, de que forma e com base em que fundamento? (Valor: 0,65)
b) Caso o Ministério Público tivesse interposto recurso de apelação com fundamento exclusivo no artigo 593, III, "d", do Código de Processo Penal, poderia o Tribunal de Justiça declarar a nulidade do julgamento por reconhecer a existência de nulidade processual? (Valor: 0,6)

RESOLUÇÃO DA QUESTÃO:

Sim, a esposa de Mévio poderia buscar a impugnação da decisão proferida pelo Conselho de Sentença.

Para tanto, deve constituir advogado para que este se habilite como assistente de acusação e interponha recurso de apelação, em conformidade com que estabelece o art. 593, III, *a* e *d*, do CPP, tendo em conta que a defesa, em patente violação à regra contemplada no art. 478, I, do CPP, procedeu à leitura, em plenário, de trecho extraído da decisão proferida pelo Tribunal de Justiça que julgou admissível a acusação, o que constitui causa de nulidade. Ademais disso, a absolvição revelou-se contrária à prova reunida nos autos, notadamente se considerarmos a confissão do acusado.

De outro lado, na hipótese de o Ministério Público interpor recurso de apelação com fundamento exclusivo no artigo 593, III, *d*, do Código de Processo Penal, seria vedado ao Tribunal de Justiça declarar a nulidade do julgamento em razão da existência de nulidade processual.

É que, tendo em conta o teor da Súmula nº 160 do STF, é defeso ao Tribunal conhecer de nulidade não arguida no recurso da acusação.

Gabarito Comentado – Examinadora:

a) Sim. A esposa da vítima deveria constituir advogado para que ele se habilitasse como assistente de acusação e interpusesse recurso de apelação, com fundamento nos artigos 598 e 593, III, "a" e "d". Afinal, a defesa violou a proibição expressa contida no artigo 478, I, do CPP, ao ler trecho de decisão que julgou admissível a acusação e manteve a pronúncia do réu. Além disso, tendo o réu confessado o homicídio, a absolvição se mostrou manifestamente contrária à prova dos autos.

b) Não, pois a Súmula 160 do STF proíbe que o Tribunal conheça de nulidade não arguida no recurso de acusação. Assim, a violação ao artigo 478, I, do CPP, por parte da defesa não poderia ser analisada se a acusação não lhe tivesse feito menção no recurso interposto.

Distribuição de Pontos:

Item – Pontuação

a) Sim. / A esposa da vítima poderia constituir advogado para que ele se habilitasse como assistente de acusação e interpusesse recurso de apelação, (0,35) / com fundamento no artigo 598 (0,3).
0 / 0,3 / 0,35 / 0,65

b) Não,/ pois a Súmula 160 do STF proíbe que o Tribunal conheça de nulidade não arguida no recurso de acusação. (0,3) / Assim, a violação ao artigo 478, I, do CPP, por parte da defesa não poderia ser analisada se a acusação não lhe tivesse feito menção no recurso interposto (0,3)
0 / 0,3 / 0,6

2.10. Revisão criminal

(OAB/Exame Unificado – 2008.2 – 2ª fase) Pietro, acusado de ter atropelado fatalmente Júlia, esposa de Maurício, foi absolvido, após o regular trâmite processual, por falta de provas da autoria. Inconformado, Maurício continuou a investigar o fato e, cerca de um ano após o trânsito em julgado da decisão, conseguiu reunir novas provas da autoria de Pietro. Considerando a situação hipotética apresentada, na qualidade de advogado(a) consultado(a) por Maurício, elabore parecer acerca da possibilidade de Maurício se habilitar como assistente da acusação e de Pietro ser novamente processado.

RESOLUÇÃO DA QUESTÃO

A decisão que absolveu Pietro transitou em julgado.

A revisão criminal somente tem lugar nas hipóteses contidas no art. 621 do Código de Processo Penal. Em outras palavras, somente o condenado e as pessoas referidas no rol do art. 623 do CPP, nos casos previstos no dispositivo supramencionado, poderão se insurgir contra injustiças cometidas no curso do processo, depois do trânsito em julgado da sentença condenatória.

Não cabe, assim, revisão criminal para reexaminar a sentença injusta que absolveu o réu.

Em vista da legitimidade ativa na revisão criminal (poderá ser pedida pelo réu ou por procurador legalmente habilitado ou, no caso de morte do réu, pelo cônjuge, ascendente, descendente ou irmão – art. 623, CPP), não há que se falar em assistência.

(OAB/Exame Unificado – 2010.2 – 2ª fase) Em processo criminal que tramitou perante a justiça federal comum, foi apurada a prática de crime de extorsão mediante sequestro. O juiz da causa ordenou, no curso da instrução do processo, que se expedisse carta rogatória para a oitiva da vítima e se colhesse depoimento de uma testemunha arrolada, na denúncia, pelo Ministério Público. Foi encerrada a instrução do processo, sem o retorno das sobreditas cartas, tendo o juiz proferido sentença na qual condenou os réus, entre os quais, Jair K. Os réus apelaram e a condenação foi mantida pelo tribunal regional federal, por unanimidade. O acórdão condenatório transitou em julgado em 20/3/2010. Após essa data, as cartas rogatórias regressaram, e o juiz originário do feito mandou juntá-las aos autos. O conteúdo das cartas afastou, de forma manifesta e cabal, a participação de Jair K. nos fatos apurados, tendo ele constituído advogado, em 26/3/2010.

Em face dessa situação hipotética, indique, com a devida fundamentação legal, a medida judicial a ser adotada em favor de Jair K. bem como o órgão competente para julgá-la, o fundamento legal da medida, o prazo para o ajuizamento, o mérito da questão e seus pedidos e efeitos.

> **RESOLUÇÃO DA QUESTÃO**
>
> Em vista do trânsito em julgado da decisão que condenou os réus, entre os quais Jair K., a medida judicial a ser adotada em favor deste é a revisão criminal - art. 621 e seguintes do CPP.
>
> Neste caso, a pretensão revisional se justifica na medida em que, em relação ao condenado Jair K., surgiram provas novas dando conta de sua inocência.
>
> Nesse sentido, determina o art. 621, III, primeira parte, do CPP que o pedido revisional será admitido na hipótese de surgirem, após a sentença, novas provas de inocência do condenado. É exatamente este o caso tratado nesta situação hipotética.
>
> A Constituição Federal, em seu art. 5º, LXXV, prescreve que o Estado indenizará o condenado por erro judiciário, bem como aquele que ficar preso além do tempo fixado na sentença.
>
> A revisão será processada e julgada pelo Tribunal Regional Federal da respectiva região, a teor do que dispõe o art. 108, I, *b*, da CF.
>
> Segundo estabelece o art. 622, *caput*, do CPP, o pedido revisional pode ser formulado a qualquer tempo. Inexiste, portanto, prazo para tanto.
>
> Quanto ao mérito, é bem verdade que nenhum reparo há de se fazer à atuação do juízo que prolatou a sentença condenatória, porquanto procedeu em consonância com o disposto no art. 222-A do CPP. As cartas rogatórias somente retornaram após o trânsito em julgado do acórdão condenatório.
>
> Ocorre que, por meio dessas cartas rogatórias, surgiram provas que podem levar à absolvição do condenado. É o que basta a justificar o pedido revisional com fundamento no art. 621, III, do CPP.
>
> Quanto aos pedidos, deverá o condenado formular pedido de conhecimento da ação, para julgá-la procedente com o objetivo de rescindir o julgado e absolver o condenado. Isso porque a sentença condenatória não levou em conta a oitiva da vítima e o depoimento de uma testemunha, tomados por carta rogatória e juntados aos autos após o trânsito em julgado.
>
> Se julgar procedente o pedido revisional, o tribunal procederá na forma do art. 626, *caput*, do CPP. No caso aqui tratado, o tribunal, no caso de procedência do pedido, absolverá o réu.
>
> De qualquer forma, é defeso ao tribunal agravar a pena imposta pela decisão revista. É o que determina o art. 626, parágrafo único, do CPP.
>
> Por fim, o art. 627 do CPP estabelece que a absolvição ensejará o restabelecimento de todos os direitos perdidos com a condenação.

2.11. Execução penal

(OAB/Exame Unificado – 2007.2 – 2ª fase) Rodrigo cumpre pena de 5 anos e 4 meses de reclusão pela prática do delito de roubo qualificado, praticado em 2/6/2005. Em 10/9/2006, o juiz da execução reconheceu que Rodrigo praticou falta grave por uso de celular dentro do estabelecimento prisional, aplicando Resolução da Secretaria da Administração Penitenciária, e determinou a perda dos dias remidos. No que se refere à situação hipotética acima, partindo do pressuposto de que Rodrigo realmente fez uso do celular dentro do referido estabelecimento, responda: agiu corretamente o magistrado? Fundamente a sua resposta.

RESOLUÇÃO DA QUESTÃO

O magistrado agiu corretamente.

Com efeito, dispõe o art. 50, VII, da Lei 7.210/84 (Lei de Execução Penal) que comete falta grave o condenado que utilizar aparelho telefônico que permita a comunicação com outros presos ou com o ambiente externo.

Já o art. 127 da Lei de Execução Penal determina que, na hipótese de o condenado cometer falta grave, este perderá até um terço do tempo remido.

Comentários adicionais:

Em vista da nova redação conferida pela Lei 12.433/11 ao art. 127 da Lei 7.210/84 (Execução Penal), o cometimento de falta grave acarretará a revogação, pelo juiz, de até um terço do tempo remido. Antes, o magistrado estava credenciado a revogar os dias remidos na sua totalidade, amparado que estava pelo posicionamento firmado pelo STF na Súmula Vinculante nº 9. Esta Súmula, por conta disso, perdeu sua razão de ser.

(OAB/Exame Unificado – 2009.2 – 2ª fase) Pedrosa foi condenado, definitivamente, perante a 1ª, a 3ª, a 5ª e a 2ª Vara Criminal da Comarca A, respectivamente, por ter subtraído, em cada um dos dias 11/1/2007, 12/1/2007, 13/1/2007 e 14/1/2007, aparelho de som automotivo do interior de veículo estacionado, mediante arrombamento do vidro traseiro. Nessa situação hipotética, havendo o início da execução de todas as penas privativas de liberdade e tendo o juiz da execução negado a unificação das penas, que medida judicial privativa de advogado é cabível para beneficiar o condenado? Sob que fundamentos jurídicos de direito material e processual? A que órgão compete o julgamento?

RESOLUÇÃO DA QUESTÃO

É cabível, em benefício do condenado, o recurso de agravo em execução, previsto no art. 197 da Lei 7.210/84 (Lei de Execução Penal).

A fundamentação reside na unificação das penas, em vista da continuidade delitiva – art. 71 do Código Penal.

É competente para o julgamento o Tribunal de Justiça do Estado.

(OAB/Exame Unificado – 2010.2 – 2ª fase) Lucas, processado em liberdade, foi condenado na 1ª instância à pena de 05 (cinco) anos em regime integralmente fechado, pelo crime de tráfico de drogas, cometido em setembro de 2006. Interpôs Recurso de Apelação o qual foi parcialmente provido. O Tribunal alterou apenas o dispositivo da sentença que fixava o regime em integralmente fechado para inicialmente fechado. Após o trânsito em julgado, Lucas deu início ao cumprimento de pena em 10 de fevereiro de 2009. O juízo da execução, em 10 de outubro de 2010, negou a progressão de regime sob o fundamento de que Lucas ainda não havia cumprido 2/5 da pena, em que pese os demais requisitos tenham sido preenchidos. Diante dos fatos e da decisão acima exposta, sendo que sua intimação, na condição de Advogado de Lucas, ocorreu em 11.10.2010:

I. indique o recurso cabível.

II. apresente a argumentação adequada, indicando os respectivos dispositivos legais.

RESOLUÇÃO DA QUESTÃO

O recurso a ser interposto é o agravo em execução, previsto no art. 197 da Lei 7.210/84 – Lei de Execução Penal.

Com a disciplina estabelecida pela Lei 11.464/07, que alterou a redação do art. 2º, § 2º, da Lei de Crimes Hediondos – Lei 8.072/90, a progressão de regime, em se tratando de condenado a crime hediondo ou a delito a ele equiparado, se se tratar de apenado primário, se dará após o cumprimento de dois quintos da pena; se reincidente for, depois de cumprir três quintos da sanção imposta.

Seria esta, em princípio, a legislação a ser aplicada ao caso narrado no enunciado.

Ocorre, porém, que os fatos atribuídos a Lucas, pelos quais ele foi condenado com decisão que passou em julgado, se deram antes da entrada em vigor da lei que promoveu alterações na Lei de Crimes Hediondos e nela introduziu prazos diferenciados para progressão (mais extensos), acima referidos, com o propósito de ver respeitado o princípio constitucional da individualização da pena.

Dessa forma, a atual redação da Lei de Crimes Hediondos, que fixa prazos diferenciados, mais rigorosos para a progressão de regime nos crimes hediondos e equiparados, posterior aos fatos e prejudicial ao condenado, não pode ser aplicada retroativamente, devendo, pois, incidir a legislação que já estava em vigor, aplicável à época em que se deram os fatos e mais benéfica ao réu, em obediência ao disposto no art. 5º, XL, da CF. Destarte, Lucas deve formular pedido de progressão de regime, tendo em conta o disposto no art. 112 da Lei de Execução Penal (Lei 7.210/84), aplicável à época em que os fatos ocorreram, já que cumpriu 1/6 da pena (requisito objetivo). Quanto aos demais requisitos, foram estes cumpridos.

Comentários adicionais:

Vide teor da Súmula nº 471 do STJ.

Gabarito comentado - Examinadora:

(a) - Recurso Cabível: Agravo em Execução (valor 0,2), nos termos do previsto no artigo 197, da Lei n. 7.210/84 (valor 0,1).

(b) - Fundamentação: Com o advento da Lei 11.464/07, restou legalmente instituída a possibilidade de progressão de regime nos crimes hediondos e equiparados, respeitando, assim, o princípio constitucional da individualização da pena. A mencionada lei fixou prazo diferenciado para tais delitos, afastando o critério de cumprimento de 1/6 da pena, determinando o cumprimento de 2/5, para primários e 3/5, para reincidentes. No entanto, no caso em comento, o delito fora cometido antes da entrada em vigor da lei 11.464/07, sendo esta prejudicial ao réu no que tange ao prazo para progressão, razão pela qual não poderá ser aplicada retroativamente. Logo, quando do pedido perante o juízo da execução, Lucas já havia cumprido o requisito objetivo exigido para a progressão de regime, ou seja, 1/6, devendo ser concedido, nos termos do artigo 112, da Lei n. 7.210/84. O requerimento deve ser de progressão de regime. Pontuação para argumentação 0,5. Pontuação para indicação dos dispositivos legais: 0,2

(OAB/Exame Unificado – 2010.3 – 2ª fase) Em 22 de julho de 2008, Caio foi condenado à pena de 10 (dez) anos de reclusão, a ser cumprida em regime inicialmente fechado, pela prática, no dia 10 de novembro de 2006, do crime de tráfico de drogas, previsto no artigo 33 da Lei 11.343/2006. Iniciada a execução da sua pena em 7 de janeiro de 2009, a Defensoria Pública, em 10 de fevereiro de 2011, requereu a progressão do cumprimento da sua pena para o regime semiaberto, tendo o pedido sido indeferido pelo juízo de execuções penais ao argumento de que, para tanto, seria necessário o cumprimento de 2/5 da pena.

Considerando ter sido procurado pela família de Caio para advogar em sua defesa, responda aos itens a seguir, empregando os argumentos jurídicos apropriados e a fundamentação legal pertinente ao caso.

a) Qual(is) o(s) meio(s) de impugnação da decisão que indeferiu o pedido da Defensoria Pública? (Valor: 0,3)

b) Qual(is) argumento(s) jurídico(s) poderia(m) ser usado(s) em defesa da progressão de regime de Caio? (Valor: 0,7)

RESOLUÇÃO DA QUESTÃO:

A decisão que indeferiu o pedido formulado pela Defensoria Pública pode ser impugnada por meio de *habeas corpus* ou ainda agravo em execução.

O crime pelo qual Caio foi condenado ocorreu em data anterior à entrada em vigor da Lei 11.464/07, que alterou, na Lei de Crimes Hediondos, a disciplina relativa à progressão de pena nos crimes hediondos e assemelhados. Por essa razão, conforme entendimento firmado na doutrina e na jurisprudência, inclusive com a edição de súmula pelo STJ, deve incidir, quanto aos condenados por esses fatos, a regência do art. 112 da LEP, que impõe, como condição para progressão de regime, o cumprimento de um sexto da pena no regime anterior, além de bom comportamento carcerário.

Considerações Adicionais:

Confira, a seguir, transcrição da recente Súmula nº 471, do STJ: "Os condenados por crimes hediondos ou assemelhados cometidos antes da vigência da Lei 11.464/2007 sujeitam-se ao disposto no art. 112 da Lei 7.210/1984 (Lei de Execução Penal) para a progressão de regime prisional".

Gabarito Comentado – Examinadora:

a) Habeas Corpus e agravo em execução penal.

b) Tendo em vista que a norma que alterou as regras relativas à progressão de regime possui natureza penal e é mais gravosa ao réu, não pode retroagir de modo a abarcar fatos que lhe são anteriores. No caso, o delito foi praticado antes da edição da lei, devendo, em consequência, ser aplicada a fração de 1/6 para a progressão de regime.

Em relação à correção, levou-se em conta o seguinte critério de pontuação:

Item – Pontuação

a) Habeas Corpus e agravo em execução penal (0,15 cada um)
0 / 0,15 / 0,3

b) Tendo em vista que a norma que alterou as regras relativas à progressão de regime possui natureza penal (0,3)
0 / 0,3

E é mais gravosa ao réu, não pode retroagir de modo a abarcar fatos que lhe são anteriores (0,2).
0 / 0,2

No caso, o delito foi praticado antes da edição da lei, devendo, em consequência, ser aplicada a fração de 1/6 para a progressão de regime (0,2).
0 / 0,2

2.12. Legislação extravante

(OAB/Exame Unificado – 2008.2 – 2ª fase) José, policial militar responsável pelo controle do trânsito, abordou Gonçalo, pedindo-lhe que retirasse o veículo da via por este estar mal estacionado, oportunidade em que Gonçalo retrucou-lhe: "Quero ver o militarzinho borra-botas que é homem para me fazer tirar o carro!". José conduziu Gonçalo até a delegacia mais próxima, onde a autoridade efetuou os procedimentos cabíveis e encaminhou as partes para o juízo criminal competente. Na audiência preliminar, Gonçalo confirmou as ofensas proferidas e pediu desculpas a José, que as aceitou, ocorrendo a conciliação nos termos previstos em lei. Em face da situação hipotética apresentada e considerando que Gonçalo não tenha antecedentes criminais, responda, de forma fundamentada, às perguntas a seguir.

- Que crime Gonçalo praticou?
- Em face do crime praticado, o representante do Ministério Público tem legitimidade para tomar alguma providência legal?

RESOLUÇÃO DA QUESTÃO

Gonçalo, ao reagir daquela forma à abordagem do policial militar, manifestou desprezo, menosprezo à figura do funcionário público. Cometeu, pois, o crime de desacato, capitulado no art. 331 do Código Penal.

Tratando-se de ação penal pública incondicionada, o representante do Ministério Público, em vista do crime praticado, que é de competência do Juizado Especial Criminal, poderá propor a aplicação imediata de pena restritiva de direitos ou multa, a ser especificada na proposta, nos termos do art. 76 da Lei 9.099/05 (transação penal).

(OAB/Exame Unificado – 2008.3 – 2ª fase) João praticou crime de lesão corporal contra sua progenitora, com quem residia havia 4 anos, tendo sido regularmente processado por tal fato. Ao final, João foi condenado a detenção de 2 anos, tendo o magistrado feito incidir, sobre a pena, a agravante do parentesco (art. 61, II, e, do Código Penal) e a referente às relações domésticas (art. 61, II, f, do Código Penal). Considerando a situação hipotética apresentada, responda, de forma fundamentada, se agiu corretamente o magistrado ao aplicar a pena bem como se é possível a suspensão condicional do processo.

RESOLUÇÃO DA QUESTÃO

Não pode o magistrado aplicar as duas agravantes; se o fizer, estará configurado o *bis in idem*.

De outro lado, no que concerne à suspensão condicional do processo (art. 89 da Lei 9.099/95), vigora, majoritariamente, o entendimento no sentido de que tal instituto é incabível em face da vedação a que alude o art. 41 da Lei 11.340/06 – Lei Maria da Penha: "Aos crimes praticados com violência doméstica e familiar contra a mulher, independentemente da pena prevista, não se aplica a Lei 9.099/95, de 26 de setembro de 1995".

Comentários adicionais:

Em controle difuso de constitucionalidade, o STF reconheceu, por unanimidade, no julgamento do HC 106212, a constitucionalidade do art. 41 da Lei Maria da Penha (Lei 11.340/06).

(OAB/Exame Unificado – 2011.1 – 2ª fase) João e Maria, casados desde 2007, estavam passando por uma intensa crise conjugal. João, visando tornar insuportável a vida em comum, começou a praticar atos para causar dano emocional a Maria, no intuito de ter uma partilha mais favorável. Para tanto, passou a realizar procedimentos de manipulação, de humilhação e de ridicularização de sua esposa.

Diante disso, Maria procurou as autoridades policiais e registrou ocorrência em face dos transtornos causados por seu marido. Passados alguns meses, Maria e João chegam a um entendimento e percebem que foram feitos um para o outro, como um casal perfeito. Maria decidiu, então, renunciar à representação.

Nesse sentido e com base na legislação pátria, responda fundamentadamente:

a) Pode haver renúncia (retratação) à representação durante a fase policial, antes de o procedimento ser levado a juízo? (0,65)

b) Pode haver aplicação de pena consistente em prestação pecuniária? (0,6)

RESOLUÇÃO DA QUESTÃO:

Em princípio, a renúncia à representação (retratação) somente seria admitida, no âmbito da violência doméstica e familiar contra a mulher, perante o juiz, em audiência especialmente designada para essa finalidade, desde que antes do recebimento da inicial.

Ocorre, porém, que o STF, ao julgar, recentemente, a Ação Declaratória de Constitucionalidade nº 19, reconheceu a constitucionalidade dos arts. 1º, 33 e 41 da Lei 11.340/06. Isso resultou no entendimento de que a ação, nos crimes praticados com violência doméstica e familiar contra a mulher, é pública incondicionada.

Pode o Ministério Público, portanto, ajuizar a ação penal à revelia da ofendida.

No mais, em conformidade com o que estabelece o art. 17 da Lei Maria da Penha, é vedada a aplicação de pena de prestação pecuniária.

Gabarito Comentado – Examinadora:

Trata-se de crime capitulado na Lei Maria da Penha (Lei 11.340/2006), conforme transcrito abaixo:

"Art. 7º São formas de violência doméstica e familiar contra a mulher, entre outras:

II -a violência psicológica, entendida como qualquer conduta que lhe cause dano emocional e diminuição da autoestima ou que lhe prejudique e perturbe o pleno desenvolvimento ou que vise degradar ou controlar suas ações, comportamentos, crenças e decisões, mediante ameaça, constrangimento, humilhação, manipulação, isolamento, vigilância constante, perseguição contumaz, insulto, chantagem, ridicularização, exploração e limitação do direito de ir e vir ou qualquer outro meio que lhe cause prejuízo à saúde psicológica e à autodeterminação;"

Além disso, o Código Penal assim dispõe:

"Art. 129. Ofender a integridade corporal ou a saúde de outrem:

Pena -detenção, de três meses a um ano.

§ 9º Se a lesão for praticada contra ascendente, descendente, irmão, cônjuge ou companheiro, ou com quem conviva ou tenha convivido, ou, ainda, prevalecendo-se o agente das relações domésticas, de coabitação ou de hospitalidade: (Redação dada pela Lei nº 11.340, de 2006)

Pena -detenção, de 3 (três) meses a 3 (três) anos. (Redação dada pela Lei nº 11.340, de 2006)

§ 10. Nos casos previstos nos §§1º a 3º deste artigo, se as circunstâncias são as indicadas no §9º deste artigo, aumenta-se a pena em 1/3 (um terço). (Incluído pela Lei nº 10.886, de 2004)"

Sendo assim, de acordo com a Lei supracitada, a renúncia à representação só é admitida na presença do Juiz, em audiência especialmente designada para esta finalidade, nos termos do art. 16 da lei 11.340/2006 e, de acordo com o artigo 17 da referida lei, a prestação pecuniária é vedada.

Item – Pontuação

a) Não, / de acordo com o art. 16 da Lei 11.340, renúncia à representação só é admitida na presença do Juiz, em audiência especialmente designada para esta finalidade (0,65).
0 / 0,65

b) Não, / de acordo com o artigo 17 da Lei 11.340, a prestação pecuniária é vedada (0,6).
0 / 0,6

PEÇAS PRÁTICO-PROFISSIONAIS

(OAB/Exame Unificado – 2006.1 – 2ª fase) PEÇA PRÁTICO-PROFISSIONAL. João da Silva procurou um escritório de advocacia, localizado no Setor Noroeste, Edifício Modern Hall, salas 110/112, em Brasília/DF, e relatou ao advogado que o atendeu que sua irmã, Lilian da Silva, brasileira, solteira, do lar, residente e domiciliada na SQN 311, bl. X, ap. 702, Brasília – DF, havia sido presa e autuada em flagrante delito no dia 1/3/06, na cidade de Brasília, pela prática de crime contra a ordem tributária tipificado no art. 1.º, I, da Lei 8.137/90. João da Silva informou ainda que a denúncia fora recebida no dia 3/4/06 pelo Juiz de Direito da 5.a Vara Criminal da Circunscrição Judiciária de Brasília – DF. Ele afirmou que Lilian da Silva é primária, tem bons antecedentes, possui residência fixa no distrito da culpa e frequenta regularmente as aulas do 3.º ano do ensino médio. Outrossim, argumentou que Lilian, após a prisão em flagrante, quitou integralmente os débitos para com a Fazenda Pública, referentes ao Auto de Infração n.º 6.332/2005, no valor de R$ 2.100,00, motivo pelo qual, segundo ele, a indiciada merece ser posta em liberdade, aquiescendo em prestar compromisso de comparecer a todos os atos processuais aos quais for intimada. Na ocasião, João da Silva, com o própósito de auxiliar o pleito, trazia consigo os seguintes documentos pertencentes a sua irmã: nota de culpa, cópia do auto de prisão em flagrante, certidão negativa de antecedentes criminais, conta de água, histórico escolar e comprovantes de pagamento de tributos. Considerando a situação hipotética apresentada e na condição de advogado, redija, perante o juízo de 1.º grau competente, a peça profissional pertinente a favor de sua nova cliente, Lilian da Silva (coloque a data de hoje e assine como ADVOGADO). extensão máxima: 90 linhas

CONSIDERAÇÕES PRELIMINARES

O *habeas corpus* constitui uma ação de índole constitucional destinada a tutelar a liberdade de locomoção do indivíduo – art. 5º, LXVIII, da CF. Está em jogo, pois, o direito de ir e vir.

O Código de Processo Penal, por sua vez, disciplina esta ação nos arts. 647 e seguintes.

Qualquer pessoa pode impetrar *habeas corpus*, aqui incluído o próprio paciente.

Deve-se identificar, para se saber contra quem impetrá-lo, qual a autoridade coatora. Competente será a autoridade imediatamente superior à coatora.

As hipóteses de cabimento do *habeas corpus* estão contempladas no art. 648 do Código de Processo Penal. Trata-se de rol meramente exemplificativo.

No mais, o remédio constitucional pode ser liberatório ou preventivo.

Resolução da peça prático-profissional – modelo de *HABEAS CORPUS*

início da folha

Excelentíssimo Senhor Doutor Juiz de Direito da 5ª Vara Criminal da Circunscrição Judiciária de Brasília – DF.

[deixe espaço de aproximadamente 10 cm, para eventual despacho ou decisão do juiz]

Nome ..., advogado inscrito na Ordem dos Advogados do Brasil ..., secção ..., com escritório no Setor Noroeste, Edifício Modern Hall, salas 110/112, nesta capital, vem, respeitosamente, à presença de Vossa Excelência impetrar, com fundamento no art. 5º, LXVIII, da CF e art. 648, VII, do CPP, a presente ordem de HABEAS CORPUS, com pedido de liminar, em favor de Lilian da Silva, brasileira, solteira, do lar, residente e domiciliada na SQN 311, bl. X, ap. 702, nesta capital, pelas razões a seguir expostas:

1. DOS FATOS

A paciente foi presa em flagrante porque, em princípio, teria violado o art. 1º, I, da Lei 8.137/90.

A prisão se deu em 1º de março do corrente, sendo a denúncia recebida no dia 3 seguinte.

Consta ainda que, após a prisão em flagrante, o valor correspondente ao débito foi integralmente recolhido em favor da Fazenda Pública, conforme consta do incluso comprovante de pagamento de tributo (doc. 1).

A paciente permanece presa até então.

2. DO DIREITO

Não bastasse o fato de a paciente ser primária, ter bons antecedentes, possuir residência fixa no distrito da culpa e cursar o 3º ano do ensino médio (doc. 2), o que, por si só, já seria motivo bastante a justificar sua soltura para responder ao processo em liberdade, o fato é que a quitação do débito constitui causa de extinção da punibilidade, não se justificando o prosseguimento da ação penal, que deve, por isso mesmo, ser trancada.

Com efeito, o pagamento do valor devido a título de tributo, que poderá ser feito, a teor do art. 9º, § 2º, da Lei 10.684/03, até o trânsito em julgado da sentença, tem o condão de extinguir a punibilidade, com o consequente trancamento da ação penal instaurada.

Dessa forma, outra consequência não poderia ensejar, *in casu*, o pagamento, realizado na íntegra e devidamente comprovado, senão o trancamento da presente ação penal instaurada em face da paciente.

3. DO PEDIDO

Ante o exposto, requer seja concedida ordem de *habeas corpus*, liminarmente, em favor da paciente, uma vez que presentes a probabilidade de dano irreparável e a fumaça do bom direito, a fim de que seja relaxada a prisão e expedido o competente alvará de soltura.

Requer-se, outrossim, o regular processamento do feito com a ratificação da liminar concedida, decretando-se a extinção da punibilidade e o trancamento da ação penal.

Nestes Termos,

Pede Deferimento.

Local ..., 7 de maio de 2006.

ADVOGADO

fim da petição

(OAB/Exame Unificado – 2006.3 – 2ª fase) PEÇA PRÁTICO-PROFISSIONAL. Maria José, indiciada por tráfico de drogas, apontou, em seu interrogatório extrajudicial, realizado em 3/11/2006, Thiago, seu ex-namorado, brasileiro, solteiro, bancário, residente na rua Machado de Assis, n.º 167, no Rio de Janeiro–RJ, como a pessoa que lhe fornecia entorpecentes. No dia 4/11/2006, cientes da assertiva de Maria José, policiais foram ao local em que Thiago trabalhava e o prenderam, por suposta prática do crime de tráfico de drogas. Nessa oportunidade, não foi encontrado com Thiago qualquer objeto ou substância que o ligasse ao tráfico de entorpecentes, mas a autoridade policial entendeu que, na hipótese, haveria flagrante impróprio, ou quase-flagrante, porquanto se tratava de crime permanente. Apresentado à autoridade competente, Thiago afirmou que nunca teve qualquer envolvimento com drogas e muito menos passagem pela polícia. Disse, ainda, que sempre trabalhou em toda a sua vida, apresentou a sua carteira de trabalho e declarou possuir residência fixa. Mesmo assim, lavrou-se o auto de prisão em flagrante, sendo dada a Thiago a nota de culpa, e, em seguida, fizeram-se as comunicações de praxe. Com base na situação hipotética descrita acima, e considerando que Thiago está sob custódia decorrente de prisão em flagrante, redija a peça processual, privativa de advogado, pertinente à defesa de Thiago.

CONSIDERAÇÕES PRELIMINARES

Terá lugar o pedido de relaxamento da prisão em flagrante sempre que houver um vício material (não era hipótese de flagrante – art. 302, CPP) ou formal (o auto não foi confeccionado como manda a lei – art. 304, CPP). Em se tratando de prisão corretamente levada a efeito, isto é, não sendo o caso de relaxar a prisão em flagrante por força de vício de ordem formal ou material, o juiz, logo que comunicado da detenção de alguém (art. 306, *caput*, CPP), deverá, tendo em conta as mudanças introduzidas no art. 310 do CPP pela Lei 12.403/11, proceder a um acurado exame da conveniência e necessidade em se manter o indiciado preso. No regime anterior, o juiz se limitava a chancelar a prisão em flagrante, que perdurava, muitas vezes, até o final da instrução, funcionando, como é consabido, como verdadeira prisão-pena (cumprimento antecipado de pena). Agora, nada obsta que o indiciado permaneça encarcerado, mas, para tanto, o juiz deverá analisar o caso à luz dos requisitos do art. 312 do CPP e, uma vez presentes, converter a prisão em flagrante em custódia preventiva. Mais: esta somente terá lugar, a teor dos arts. 282, § 6º, e 310, II, do CPP, quando não for possível substituí-la por outra medida cautelar (caráter subsidiário da prisão processual). Voltando ao art. 310, poderá ainda o juiz conceder liberdade provisória, com ou sem fiança (inciso II do dispositivo).

> De se ver, de outro lado, que nada impede que, após o relaxamento da prisão em flagrante considerada ilegal, seja decretada a custódia preventiva ou temporária, desde que presentes os requisitos contemplados em lei.
>
> O pedido (relaxamento da prisão ilegal com a expedição do alvará de soltura) deve ser dirigido ao juiz de primeira instância.
>
> Se o juiz, depois de recebido o pedido de relaxamento da prisão em flagrante, acatar o pleito, pode a parte contrária ingressar com recurso em sentido estrito, nos termos do art. 581, V, do CPP; se o magistrado, no entanto, indeferir o pedido, não cabe recurso. Restará aqui à defesa impetrar *habeas corpus*.

Resolução da peça prático-profissional – modelo de
RELAXAMENTO DE PRISÃO EM FLAGRANTE

início da folha

Excelentíssimo Senhor Doutor Juiz de Direito da ___Vara Criminal da Comarca do Rio de Janeiro – RJ.

[deixe espaço de aproximadamente 10 cm, para eventual despacho ou decisão do juiz]

Tiago, brasileiro, solteiro, bancário, portador da cédula de identidade nº ..., inscrito no Cadastro de Pessoas Físicas do Ministério da Fazenda sob o nº ..., residente e domiciliado na Rua Machado de Assis, nº 167, nesta capital e comarca, por seu advogado infra-assinado, conforme procuração anexa, vem, respeitosamente, à presença de Vossa Excelência requerer o RELAXAMENTO DE PRISÃO EM FLAGRANTE, com fundamento no art. 5º, LXV, da Constituição Federal, pelos seguintes motivos:

1. DOS FATOS

O indiciado foi preso em flagrante no dia 4 de novembro do corrente, sob a alegação de estar supostamente praticando o crime de tráfico de drogas.

Tal ocorreu porque sua ex-namorada, Maria José, indiciada em inquérito, no dia anterior, por tráfico de drogas, afirmou que o indiciado lhe fornecia entorpecentes.

Na ocasião de sua prisão, não foi encontrado com o indiciado qualquer objeto ou substância que o relacionasse ao tráfico de entorpecentes, mas a autoridade policial entendeu que, na hipótese, haveria flagrante impróprio, ou quase-flagrante, porquanto se tratava de crime permanente.

Quando na unidade de polícia judiciária, o indiciado negou qualquer envolvimento com entorpecentes, bem assim afirmou que nunca registrou passagem pela polícia. Na mesma ocasião, afirmou que sempre trabalhou, tendo apresentado sua carteira de trabalho, e declarou possuir residência fixa. Ainda assim, lavrou-se o auto de prisão em flagrante.

2. DO DIREITO

Em verdade, não há que se falar em flagrante impróprio ou quase-flagrante neste caso.

Para que ocorresse tal modalidade de prisão em flagrante, presente no art. 302, III, do Código de Processo Penal, necessário seria que o agente fosse perseguido logo após a infração, e preso. Não foi o que ocorreu.

Pelo contrário. Não existe sequer situação de flagrância. O indiciado foi preso porque sua ex-namorada, em interrogatório extrajudicial, fez menção ao fato de o mesmo ter-lhe fornecido substância entorpecente. Diante disso, deveria a autoridade policial proceder a investigações, apurar os fatos, reunir provas. Nada disso, no entanto, foi feito.

Nunca poderia ter efetuado a prisão da forma como fez, porque não existia situação de flagrante, sobretudo ao argumento de que houvera flagrante impróprio. Some-se a isso ainda o fato de a prisão ter ocorrido no dia seguinte à informação prestada pela ex-namorada do indiciado.

Ademais, com o indiciado não foi encontrado qualquer substância ou objeto que o ligasse com o delito de tráfico de drogas.

A prisão em flagrante é, em vista disso, intrinsecamente ilegal, devendo, pois, em vista do que estabelece o art. 310, I, do CPP, ser relaxada.

3. DO PEDIDO

Ante o exposto, requer a Vossa Excelência, afastada a hipótese de flagrância, determinar o relaxamento da prisão, colocando-se o indiciado em liberdade.

Termos em que, ouvido o digno representante do Ministério Público e expedindo-se o competente alvará de soltura, Pede deferimento.

Local, data ...

Advogado

fim da petição

(OAB/Exame Unificado – 2007.2 – 2ª fase) PEÇA PRÁTICO-PROFISSIONAL. O Ministério Público ofereceu denúncia contra Pedro Antunes Rodrigues, por infração prevista no art. 121, *caput*, c/c o art. 14, inciso II, e art. 61, inciso II, alínea e, todos do Código Penal. Conforme a inicial acusatória, no dia 2 de novembro de 2006, por volta das 15 horas, na quadra 5, em via pública, na localidade de Planaltina – DF, o denunciado, fazendo uso de uma pistola, da marca Taurus, calibre 380, semi-automática, com capacidade para doze cartuchos, conforme laudo de exame em arma de fogo, efetuou um disparo contra seu irmão Alberto Antunes Rodrigues, na tentativa de matá-lo, causando-lhe lesões no peito, do lado esquerdo. O delito de homicídio não se consumou por circunstâncias alheias à sua vontade, sendo evitado porque a vítima recebeu pronto atendimento médico. O que motivou o fato, conforme a exordial, foi a divisão de uma área de terras oriunda de herança. Narra a denúncia que Pedro Antunes Rodrigues disse à vítima, na véspera dos fatos, que "a fazenda seria sua de qualquer jeito, nem que, para isso, tivesse que matar o próprio irmão". Ao ser interrogado, o réu admitiu que teria dito ao seu irmão, um dia antes do crime, exatamente as palavras narradas na denúncia. Durante a instrução do feito, a acusação apresentou testemunhas não-presenciais. A defesa, por seu turno, arrolou Catarina Andrade, que informou que, depois de efetuar um único disparo de arma de fogo contra a vítima, Pedro Antunes Rodrigues absteve-se, voluntariamente, de reiterar atos agressivos à integridade física da vítima e, ato contínuo, retirou-se, caminhando, do local onde ocorreram os fatos. Consta nos autos informação da polícia técnica de que na arma, apreendida imediatamente após o crime, havia 7 cartuchos intactos. E, ainda, que Pedro não possui antecedentes penais. Conforme o laudo de exame de corpo de delito (lesões corporais), a vítima foi atingida no lado esquerdo do peito, tendo o projétil transfixado o coração, do que resultou perigo de vida. Em razão da lesão sofrida, Alberto ficou 40 dias sem exercer suas atividades normais. Sobreveio, então, sentença que pronunciou o réu nos termos da denúncia. Submetido a julgamento pelo tribunal do júri, o réu foi condenado a 5 anos de reclusão, em regime semi-aberto, conforme o disposto no art. 121, *caput*, c/c o art. 14, inciso II, e art. 61, inciso II, alínea e, todos do Código Penal. Considerando essa situação hipotética, redija, na qualidade de advogado de Pedro Antunes Rodrigues, a peça processual que não seja o *habeas corpus*, privativa de advogado, pertinente à sua defesa, incluindo a fundamentação legal.

CONSIDERAÇÕES PRELIMINARES

Quando se tratar de apelação de decisão proferida no Tribunal do Júri – art. 593, III, *a* a *d*, do CPP, o apelante, nas razões de recurso, ficará adstrito ao tema indicado na petição de interposição, ou seja, o recorrente há de fazer indicar, logo na petição de interposição, a razão de seu inconformismo, dela não podendo se desvincular quando do oferecimento das razões.

Nesse sentido a Súmula 713 do STF: "O efeito devolutivo da apelação contra decisões do Júri é adstrito aos fundamentos da sua interposição".

Em obediência ao postulado da soberania dos veredictos, que tem assento constitucional, ao tribunal *ad quem* é defeso reformar o julgado proferido pelos jurados, prolatando em seu lugar outra decisão de mérito. O art. 593, III, do CPP estabelece as hipóteses em que o recurso de apelação pode ser manejado no Tribunal do Júri, traçando seus limites.

Resolução da peça prático-profissional – modelo de APELAÇÃO

Petição de interposição

início da folha

Excelentíssimo Senhor Doutor Juiz de Direito da __ Vara do Tribunal do Júri da Comarca de Planaltina – DF.

[deixe espaço de aproximadamente 10 cm, para eventual despacho ou decisão do juiz]

Pedro Antunes Rodrigues, já qualificado nos autos da ação penal nº ..., que lhe move o Ministério Público, por seu advogado e bastante procurador que esta subscreve, não se conformando com a respeitável sentença que o condenou à pena de cinco anos de reclusão, dela vem interpor recurso de APELAÇÃO, com fundamento no art. 593, III, *d*, do Código de Processo Penal, ao Egrégio Tribunal de Justiça.

Nesses termos, requerendo seja ordenado o processamento do recurso, com as inclusas razões.

Pede Deferimento.

Local ..., data ....

Advogado

fim da petição

início da folha

Razões de apelação

Razões de Apelação

Apelante: Pedro Antunes Rodrigues

Apelado: Ministério Público

Processo-crime nº ...

Egrégio Tribunal de Justiça,

Colenda Câmara,

Ilustres Desembargadores,

Douta Procuradoria de Justiça,

A respeitável sentença condenatória, pelas razões que a seguir serão expostas, não merece prosperar.

1. DOS FATOS

O apelante foi processado como incurso no art. 121, *caput*, c/c o art. 14, II, e art. 61, II, *e*, todos do Código Penal.

É da denúncia que o apelante, no dia 2 de novembro de 2006, por volta das 15 horas, fazendo uso de uma pistola, teria efetuado um disparo contra seu irmão, Alberto Antunes Rodrigues, na tentativa de matá-lo, causando-lhe lesões no peito. Segundo também consta da exordial, o delito de homicídio somente não se consumara por circunstâncias alheias à vontade do apelante.

A vítima foi prontamente socorrida.

No decorrer da instrução, o Ministério Público apresentou tão somente testemunhas não presenciais do fato.

A única testemunha presencial, Catarina Andrade, foi arrolada pela defesa.

Sobreveio, então, decisão de pronúncia nos moldes da denúncia, sendo, em seguida, o apelante julgado perante o Tribunal do Júri, onde foi condenado à pena de 5 anos de reclusão, em regime semiaberto, como incurso no art. 121, *caput*, c/c o art. 14, II, e art. 61, II, *e*, todos do Código Penal.

2. DO DIREITO

A autoria do disparo que atingiu a vítima é inconteste. Partiu da arma de fogo disparada pelo apelante.

Não procede, no entanto, a afirmação que da exordial consta de que o delito de homicídio não teria se consumado por circunstâncias alheias à vontade do apelante, sendo evitado porque a vítima, seu irmão, recebera pronto atendimento médico.

É bem verdade que o pronto atendimento prestado à vítima contribuiu para que a mesma se restabelecesse.

Mas a dinâmica do evento não deixa dúvidas de que o apelante, após efetuar o primeiro e único disparo, podendo dar sequência à execução do crime, já que dispunha de meios para tanto, visto que a arma que portava ainda tinha sete cartuchos íntegros, deixou, voluntariamente, de fazê-lo, manifestando, portanto, sua vontade de não atingir a consumação do delito. Está-se diante, portanto, da chamada desistência voluntária, presente no art. 15, primeira parte, do Código Penal.

Em casos tais, conforme reza o dispositivo *supra*, deve o agente responder tão somente pelos atos já praticados, ou seja, no caso pelas lesões corporais experimentadas pela vítima, isso porque, sendo a desistência do apelante voluntária, não há que se falar em causa não relacionada à sua vontade, afastando a tipicidade da conduta (tentativa). Não há, pois, no caso, tentativa de homicídio, e sim lesão corporal consumada (atos já praticados).

O depoimento da testemunha Catarina Andrade, que a tudo presenciou, retrata de forma fiel, com exatidão e riqueza de detalhes, os fatos, e, ao que parece, não foi levado em conta pelos jurados.

Dessa forma, fica e*vide*nte que a decisão dos jurados contrariou de forma manifesta a prova dos autos, notadamente o depoimento da testemunha acima referida, que reputamos o mais relevante no acervo probatório destes autos.

3. DO PEDIDO.

Diante de todo o exposto, postula-se seja dado provimento ao recurso interposto, para o fim de anular a decisão proferida pelo Tribunal do Júri, determinando seja o apelante submetido a novo julgamento, com fundamento no art. 593, § 3º, do CPP.

Nesses Termos,

Pede Deferimento.

Local ..., data ....

Advogado

fim da petição

(OAB/Exame Unificado – 2007.3 – 2ª fase) PEÇA PRÁTICO-PROFISSIONAL. O Ministério Público ofereceu denúncia contra Alexandre Silva, brasileiro, casado, taxista, nascido em 21/01/1986, pela prática de infração prevista no art. 121, *caput*, do CP. Consta, na denúncia, que, no dia 10/10/2006, aproximadamente às 21 horas, em via pública da cidade de Brasília – DF, o acusado teria efetuado um disparo contra a pessoa de Filipe Santos, que, em razão dos ferimentos, veio a óbito. No laudo de exame cadavérico acostado aos autos, os peritos do Instituto Médico Legal registraram a seguinte conclusão: "morte decorrente de anemia aguda, devido a hemorragia interna determinada por transfixação do pulmão por ação de instrumento perfurocontundente (projétil de arma de fogo)". Consta da folha de antecedentes penais de Alexandre, um inquérito policial por crime de porte de arma, anterior à data dos fatos e ainda em apuração. No interrogatório judicial, o acusado afirmou que, no horário dos fatos, encontrava-se em casa com sua esposa e dois filhos; que só saiu por volta das 22 horas para comprar refrigerante, oportunidade em que foi preso quando adentrava no bar; que conhecia a vítima apenas de vista; que não responde a nenhum processo. Na instrução criminal, Paulo Costa, testemunha arrolada pelo Ministério

Público, em certo trecho do seu depoimento, disse que era amigo de Filipe, que aparentemente a vítima não tinha inimigos; que deve ter sido um assalto; que estava a aproximadamente cinquenta metros de distância e não viu o rosto da pessoa que atirou em Filipe, mas que certamente era alto e forte, da mesma compleição física do acusado; que não tem condições de reconhecer com certeza o ora acusado. André Gomes, também arrolado pela acusação, disse que a noite estava muito escura e o local não tinha iluminação pública; que estava próximo da vítima, mas havia bebido; que hoje não tem condições de reconhecer o autor dos disparos, mas tem a impressão de que o acusado tinha o mesmo porte físico do assassino. Breno Oliveira, policial militar, testemunha comum, afirmou que prendeu o acusado porque ele estava próximo ao local dos fatos e suas características físicas correspondiam à descrição dada pelas pessoas que teriam presenciado os fatos; que, pela descrição, o autor do disparo era alto, forte, moreno claro, vestia calça jeans e camiseta branca; que o céu estava encoberto, o que deixava a rua muito escura, principalmente porque não havia iluminação pública; que, na delegacia, o acusado permaneceu em silêncio; que a arma do crime não foi encontrada. Maíra Silva, esposa de Alexandre, arrolada pela defesa, confirmou, em seu depoimento, que o marido permanecera em casa a noite toda, só tendo saído para comprar refrigerante, oportunidade em que foi preso e não mais voltou para casa; que só tomou conhecimento da acusação na delegacia e, de imediato, disse ao delegado que aquilo não era possível, mas este não acreditou; que o acusado vestia calça e camiseta clara no dia dos fatos; que Alexandre é um bom marido, trabalhador e excelente pai. Após a audiência, o juiz abriu vista dos autos ao Ministério Público, que requereu a pronúncia do réu nos termos da denúncia. Com base na situação hipotética apresentada, redija, na qualidade de advogado de Alexandre, a peça processual, privativa de advogado, pertinente à defesa do réu; inclua a fundamentação legal e jurídica, explore a tese defensiva cabível nesse momento processual e date a petição no último dia do prazo para protocolo, considerando que a intimação ocorra no dia 3/3/2008, segunda-feira.

CONSIDERAÇÕES PRELIMINARES

A despeito de o art. 411, § 4º, do Código de Processo Penal não fazer menção à possibilidade de o magistrado deferir a juntada de memoriais em substituição aos debates orais, a maioria da doutrina tem entendido ser aplicável, sim, por analogia, o art. 403, § 3º, do CPP ao rito do Júri.

Resolução da peça prático-profissional – modelo de MEMORIAIS

início da folha

Excelentíssimo Senhor Doutor Juiz de Direito da __Vara do Júri de Brasília - DF.

[Deixe espaço de aproximadamente 10 cm, para eventual despacho ou decisão do juiz]

Alexandre Silva, já qualificado nos autos da ação penal nº ... , que lhe move o Ministério Público, por seu advogado e bastante procurador que esta subscreve, vem, mui respeitosamente, à presença de Vossa Excelência, por analogia ao art. 403, § 3º, do Código de Processo Penal, apresentar os seus MEMORIAIS, nos seguintes termos:

1. DOS FATOS

O réu foi denunciado como incurso no art. 121, *caput*, do Código Penal porque teria, no dia 10/10/2006, por volta das 21 horas, em via pública, efetuado disparo de arma de fogo contra a pessoa de Filipe Santos, que, em razão dos ferimentos, veio a óbito.

O réu foi preso logo em seguida aos fatos.

O feito foi instruído e o Ministério Público, ao final do sumário de culpa, pugnou pela pronúncia do réu nos termos da exordial.

2. DO DIREITO

Como ficará demonstrado a seguir, a acusação baseou-se, ao oferecer a peça inicial, em meras conjecturas, suposições.

Da mesma forma, as testemunhas ouvidas em juízo nada acrescentaram que pudesse estabelecer de maneira segura a autoria do crime imputado pela acusação ao réu.

Por primeiro, impende consignar que Paulo Costa, testemunha arrolada pela acusação, ao depor em juízo, declarou que era amigo da vítima. Disse, também, que Filipe possivelmente tenha sido vítima de um assalto e que, quando dos fatos, estava a aproximadamente cinquenta metros de distância, o que o impossibilitou de ver o rosto da pessoa que atirou contra a vítima. Limitou-se a afirmar que se tratava de pessoa alta e forte, da mesma compleição física do acusado. Asseverou a testemunha, por fim, não ter condições de reconhecer com certeza o acusado.

É *evide*nte que o teor das declarações da testemunha Paulo Costa, em razão da distância que mantinha do local dos fatos e da deficiente iluminação pública que havia no momento, revela-se frágil e temerário, notadamente porque a própria testemunha afirma não dispor de condições de reconhecer com certeza o acusado, aplicando-se, *in casu*, o postulado do *in dubio pro reo*.

André Gomes, também arrolado pelo Ministério Público, disse que a noite estava muito escura e o local não tinha iluminação pública. Asseverou, também, que, a despeito de estar próximo da vítima, havia feito uso de bebida alcoólica, não tendo, por conta disso, condições de reconhecer o autor dos disparos. Declarou ter a impressão de que o acusado tinha o mesmo porte físico do assassino.

Temos, pois, o depoimento de duas testemunhas, uma que presenciou os fatos a uma distância de cinquenta metros e que, por isso, não viu o rosto do assassino, e outra que estava próxima do local onde se deram os fatos, mas que, em razão de ingestão de álcool, não tem condições de reconhecer o autor dos disparos. Ambas asseveram que o réu tem o porte semelhante ao do autor dos disparos.

Ocorre que o acusado, no momento em que a vítima era alvejada pelo disparo que a levou à morte, estava em sua residência, de lá tendo saído para comprar refrigerante somente uma hora mais tarde, conforme declarou sua esposa, Maíra Silva, quando ouvida em juízo, ressaltando que Alexandre permanecera em casa a noite toda até então.

O policial militar que efetuou a prisão do réu, Breno Oliveira, nada presenciou. Declarou em juízo que prendeu o acusado porque ele estava próximo ao local dos fatos e suas características físicas correspondiam à descrição fornecida pelas pessoas que teriam presenciado os fatos. Acrescentou que o céu estava encoberto, o que deixava a rua muito escura, principalmente porque não havia iluminação pública.

A arma do crime não foi apreendida.

No seu interrogatório judicial, o réu negou a prática do crime a ele atribuído, tendo declarado que, no dia e horário dos fatos, encontrava-se em casa com sua esposa e os dois filhos, de lá saindo somente por volta das 22 horas para comprar refrigerante, quando foi preso no exato instante em que adentrava em um bar. Asseverou conhecer a vítima apenas de vista.

Assim, infere-se, ante todo o exposto, que não existem elementos suficientes para afirmar que o réu foi o autor do fato noticiado na denúncia ofertada pelo Ministério Público.

Nenhuma testemunha de acusação afirmou de forma inequívoca que foi o acusado quem efetuou o disparo que atingiu a vítima.

De outro lado, a esposa do réu, em depoimento seguro, declarou que o marido, no momento do crime, estava em sua companhia.

Se existem dúvidas quanto à culpa do réu, deve prevalecer o estado de inocência (*in dubio pro reo*).

3. DO PEDIDO.

Ante o exposto, requer-se a Vossa Excelência seja proferida a respeitável decisão de impronúncia do réu, com fundamento no art. 414 do Código de Processo Penal.

Por fim, deve-se ressaltar que o acusado é primário.

Local ..., 10 de março de 2008.

Advogado

fim da petição

(OAB/Exame Unificado – 2008.1 – 2ª fase) PEÇA PRÁTICO-PROFISSIONAL. Mariano Pereira, brasileiro, solteiro, nascido em 20/1/1987, foi denunciado pela prática de infração prevista no art. 157, § 2.º, incisos I e II, do Código Penal, porque, no dia 19/2/2007, por volta das 17 h 40 min, em conjunto com outras duas pessoas, ainda não identificadas, teria subtraído, mediante o emprego de arma de fogo, a quantia de aproximadamente R$ 20.000,00 de agência do banco Zeta, localizada em Brasília – DF. Consta na denúncia que, no dia dos fatos, os autores se dirigiram até o local e convenceram o vigia a permitir sua entrada na agência após o horário de encerramento do atendimento ao público, oportunidade em que anunciaram o assalto. Além do vigia, apenas uma bancária, Maria Santos, encontrava-se no local e entregou o dinheiro que estava disponível, enquanto Mariano, o único que estava armado, apontava sua arma para o vigia. Fugiram em seguida pela entrada da agência. Durante o inquérito, o vigia, Manoel Alves, foi ouvido e declarou: que abriu a porta porque um dos ladrões disse que era irmão da funcionária; que, após destravar a porta e o primeiro ladrão entrar, os outros apareceram e não conseguiu mais travar a porta; que apenas um estava armado e ficou apontando a arma o tempo todo para ele; que nenhum disparo foi efetuado nem sofreram qualquer violência; que levaram muito dinheiro; que a agência estava sendo desativada e não havia muito movimento no local. O vigia fez retrato falado dos ladrões, que foi divulgado pela imprensa, e, por intermédio de uma denúncia anônima, a polícia conseguiu chegar até Mariano. O vigia Manoel reconheceu o indiciado na delegacia e faleceu antes de ser ouvido em juízo. Regularmente denunciado e citado, em seu interrogatório judicial, acompanhado pelo advogado, Mariano negou a autoria do delito. A defesa não apresentou alegações preliminares. Durante a instrução criminal, a bancária Maria Santos afirmou: que não consegue reconhecer o réu; que ficou muito nervosa durante o assalto porque tem depressão; que o assalto não demorou nem 5 minutos; que não houve violência nem viu a arma; que o Sr. Manoel faleceu poucos meses após o fato; que ele fez o retrato falado e reconheceu o acusado; que o sistema de vigilância da agência estava com defeito e por isso não houve filmagem; que o sistema não foi consertado porque a agência estava sendo desativada; que o Sr. Manoel era meio distraído e ela acredita que ele deixou o primeiro ladrão entrar por boa fé; que sempre ficava até mais tarde no banco e um de seus 5 irmãos ia buscá-la após as 18 h; que, por ficar até mais tarde, muitas vezes fechava o caixa dos colegas, conferia malotes etc.; que a quantia levada foi de quase vinte mil reais. O policial Pedro Domingos também prestou o seguinte depoimento em juízo: que o retrato falado foi feito pelo vigia e muito divulgado na imprensa; que, por uma denúncia anônima, chegaram até Mariano e ele foi reconhecido; que o réu negou participação no roubo, mas não explicou como comprou uma moto nova à vista já que está desempregado; que os assaltantes provavelmente vigiaram a agência e notaram a pouca segurança, os horários e hábitos dos empregados do banco Zeta; que não recuperaram o dinheiro; que nenhuma arma foi apreendida em poder de Mariano; que os outros autores não foram identificados; que, pela sua experiência, tem plena convicção da participação do acusado no roubo. Na fase de requerimento de diligências, a folha de antecedentes penais do réu foi juntada e consta um inquérito em curso pela prática de crime contra o patrimônio. Na fase seguinte, a acusação pediu a condenação nos termos da denúncia. Em face da situação hipotética apresentada, redija, na qualidade de advogado(a) de Mariano, a peça processual, privativa de advogado, pertinente à defesa do acusado. Inclua, em seu texto, a fundamentação legal e jurídica, explore as teses defensivas possíveis e date no último dia do prazo para protocolo, considerando que a intimação tenha ocorrido no dia 23/6/2008, segunda-feira.

CONSIDERAÇÕES PRELIMINARES

Levamos em conta, na elaboração desta peça, as alterações implementadas pela Lei 11.719/08.

Assim, as alegações finais escritas devem ser, em regra, substituídas pelos debates orais. Pode o magistrado, no entanto, autorizar a apresentação das alegações por escrito, a depender da complexidade do caso ou do número de acusados. São os chamados *memoriais* e estão previstos no art. 403, § 3º, do Código de Processo Penal.

Devem ser apresentados logo em seguida ao término da instrução, ao juiz que a presidiu, ou, havendo determinação para a realização de diligências, após a realização destas.

Trata-se da derradeira oportunidade de as partes se manifestarem antes de o magistrado prolatar a sentença.

Atenção: o prazo para apresentação de memoriais é de cinco dias (art. 403, § 3º, do CPP), diferente, portanto, do prazo que o revogado art. 500 fixava para apresentação das alegações finais (três dias).

Resolução da peça prático-profissional – modelo de MEMORIAIS

início da folha

Excelentíssimo Senhor Doutor Juiz de Direito da __Vara Criminal de Brasília - DF.

[deixe espaço de aproximadamente 10 cm, para eventual despacho ou decisão do juiz]

Mariano Pereira, já qualificado nos autos da ação penal nº ... que lhe move o Ministério Público, por seu advogado e bastante procurador que esta subscreve, vem, mui respeitosamente, à presença de Vossa Excelência, com fundamento no art. 403, § 3º, do Código de Processo Penal, apresentar os seus MEMORIAIS, nos seguintes termos:

1. DOS FATOS

O réu foi denunciado como incurso no art. 157, § 2.º, I e II, do Código Penal, porque teria subtraído, no dia 19/2/2007, por volta das 17h40min, em conjunto com outras duas pessoas não identificadas, mediante o emprego de arma de fogo, a quantia de aproximadamente R$ 20.000,00, de agência do banco Zeta, localizada em Brasília – DF.

O feito foi instruído e a acusação, ao final, pugnou pela condenação do réu nos termos da inicial.

2. DO DIREITO

A acusação que pesa sobre o réu não pode prosperar, na medida em que o órgão acusatório não logrou comprovar a autoria do fato imputado ao acusado, havendo, quando muito, meros indícios não corroborados em juízo, como restará sobejamente demonstrado a seguir.

Em primeiro lugar, no momento em que os fatos se deram, somente se encontravam na agência bancária na qual ocorreu o roubo o vigia, Manoel Alves, e uma bancária, Maria Santos, tendo esta entregado ao roubador o dinheiro que estava disponível.

A bancária, ouvida em juízo, declarou ser incapaz de reconhecer o acusado, visto que pouco se recorda do ocorrido.

O vigia, que chegou a fazer retrato falado dos ladrões, que foi divulgado pela imprensa, reconheceu o réu na delegacia e faleceu antes de ser ouvido em contraditório.

Parece-nos e*vide*nte que o reconhecimento do réu perante a autoridade policial, além de constituir mero indício, haveria de ser corroborado em juízo, mas, ante o falecimento do vigia, não pôde sê-lo. Assim, não poderá ser levado em consideração numa eventual condenação.

Ademais disso, esse indício não se coaduna com o conjunto de provas, que depõe a favor do réu.

Consta da peça acusatória que o único que estaria armado era o réu.

Pois bem, a que arma o Ministério Público se refere? Além de não haver prova da participação do réu nesta empreitada criminosa, não houve apreensão de arma alguma.

A jurisprudência tem entendido que, para a caracterização da majorante prevista no artigo 157, § 2º, I, do Código Penal, faz-se necessário que a arma de fogo seja apreendida e periciada.

Não foi apreendida tampouco periciada.

O policial Pedro Domingos, em depoimento prestado em juízo, asseverou que o réu negou ter participado do roubo em questão. Declarou, ainda, que o acusado não esclareceu como adquiriu uma moto nova à vista, já que estava desempregado.

O fato de o réu ter adquirido um veículo novo à vista e encontrar-se desempregado não pode ser interpretado em seu desfavor. Isso não constitui crime. Se o policial, por alguma razão, achava que a moto tinha alguma ligação com o delito, que então aprofundasse as investigações.

Da mesma forma, quando afirma, em depoimento, ter plena convicção de que o réu participou do roubo, o policial está exteriorizando um juízo de valor que vem a retratar a total falta de provas para condenar o acusado.

Ademais disso, o réu sempre negou de forma peremptória sua participação no crime.

3. DO PEDIDO.

Ante o exposto, requer-se a Vossa Excelência a absolvição do réu, com fundamento no art. 386, V, do Código de Processo Penal, ou, subsidiariamente, que não seja aplicada a majorante contida no art. 157, § 2º, I, do Código Penal, e também que faça incidir, em vista da menoridade do réu, a circunstância atenuante prevista no art. 65, I, do Código Penal.

Por fim, deve-se ressaltar que o acusado é primário.

Local ..., 30 de junho de 2008.

Advogado

fim da petição

(OAB/Exame Unificado – 2008.2 – 2ª fase) PEÇA PRÁTICO-PROFISSIONAL. Odilon Coutinho, brasileiro, com 71 anos de idade, residente e domiciliado em Rio Preto da Eva – AM, foi denunciado pelo Ministério Público, nos seguintes termos: "No dia 17 de setembro de 2007, por volta das 19 h 30 min, na cidade e comarca de Manaus – AM, o denunciado, Odilon Coutinho, juntamente com outro não identificado, imbuídos do propósito de assenhoreamento definitivo, quebraram a janela do prédio onde funciona agência dos Correios e de lá subtraíram quatro computadores da marca Lunation, no valor de R$ 5.980,00; 120 caixas de encomenda do tipo 3, no valor de R$ 540,00; e 200 caixas de encomenda do tipo 4, no valor de R$ 1.240,00 (cf. auto de avaliação indireta às fls.). Assim agindo, incorreu o denunciado na prática do art. 155, §§ 1.º e 4.º, incs. I e IV, do Código Penal (CP), combinado com os arts. 29 e 69, todos do CP, motivo pelo qual é oferecida a presente denúncia, requerendo-se o processamento até final julgamento." O magistrado recebeu a exordial em 1.º de outubro de 2007, acolhendo a imputação em seus termos. Após o interrogatório e a confissão de Odilon Coutinho, ocorridos em 7 de dezembro de 2007, na presença de advogado ad hoc, embora já houvesse advogado constituído não intimado para o ato, a instrução seguiu, fase em que o magistrado, alegando que o fato já estava suficientemente esclarecido, não permitiu a oitiva de uma testemunha arrolada, tempestivamente, pela defesa. O policial Jediel Soares, responsável pelo monitoramento das conversas telefônicas de Odilon, foi inquirido em juízo, tendo esclarecido que, inicialmente, a escuta telefônica fora realizada "por conta", segundo ele, porque havia diversas denúncias anônimas, na região de Manaus, acerca de um sujeito conhecido como Vovô, que invadia agências dos Correios com o propósito de subtrair caixas e embalagens para usá-las no tráfico de animais silvestres. Jediel e seu colega Nestor, nas diligências por eles efetuadas, suspeitaram da pessoa de Odilon, senhor de "longa barba branca", e decidiram realizar a escuta telefônica. Superada a fase de alegações finais, apresentadas pelas partes em fevereiro de 2008, os autos foram conclusos para sentença, em março de 2008, tendo o magistrado, com base em toda a prova colhida, condenado o réu, de acordo com o art. 155, §§ 1.º e 4.º, incs. I e IV, do CP, à pena privativa de liberdade de 8 anos de reclusão (a pena-base foi fixada em 5 anos de reclusão), cumulada com 30 dias-multa, no valor de 1/30 do salário mínimo, cada dia. Fixou, ainda, para Odilon Coutinho, réu primário, o regime fechado de cumprimento de pena. O Ministério Público não interpôs recurso. Em face da situação hipotética acima apresentada, na qualidade de advogado(a) constituído(a) de Odilon Coutinho, e supondo que, intimado(a) da sentença condenatória, você tenha manifestado seu desacordo em relação aos termos da referida decisão e que, em 13 de outubro de 2008, tenha sido intimado(a) a apresentar as razões de seu inconformismo, elabore a peça processual cabível, endereçando-a ao juízo competente, enfrentando todas as matérias pertinentes e datando o documento no último dia do prazo para apresentação.

Resolução da peça prático-profissional – modelo de APELAÇÃO

início da folha

Razões de Apelação

Apelante: Odilon Coutinho

Apelado: Ministério Público

Processo-crime nº ...

Egrégio Tribunal Regional Federal,

Colenda Turma,

Ilustres Desembargadores Federais,

Douta Procuradoria da República,

A respeitável sentença condenatória proferida pelo juízo *a quo* merece ser reformada, pelos razões a seguir aduzidas:

1. DOS FATOS

O apelante foi processado como incurso no art. 155, §§ 1.º e 4.º, I e IV, do Código Penal, combinado com os arts. 29 e 69, todos do Código Penal, porque teria, no dia 17 de setembro de 2007, por volta das 19h30min, na cidade e comarca de Manaus-AM, na companhia de pessoa não identificada, quebrado a janela do prédio onde funciona a agência dos Correios e de lá subtraído os bens discriminados na exordial acusatória, todos avaliados, conforme consta do auto de avaliação indireta, em R$ 1.240,00.

O magistrado recebeu a denúncia ofertada, acolhendo a imputação em seus termos.

No ato do interrogatório judicial do apelante, o mesmo confessou a prática do delito a ele imputado, o que se deu na presença de advogado *ad hoc*, já que o patrono por ele constituído, não tendo sido intimado para o ato, a ele não compareceu.

O magistrado *a quo,* ainda durante a instrução, por entender que o fato já estava suficientemente esclarecido, não permitiu a oitiva de uma testemunha arrolada, tempestivamente, pela defesa.

Não bastasse isso, o policial Jediel Soares, inquirido em juízo, admitiu que efetuou, sem contar com autorização judicial, monitoramento das conversas telefônicas do apelante, isso porque, segundo esclareceu, havia diversas denúncias anônimas, na região de Manaus, dando conta de que um sujeito conhecido como Vovô invadia agências dos Correios com o fito de subtrair caixas e embalagens para usá-las no tráfico de animais silvestres. Por essa razão, Jediel e seu colega Nestor, nas diligências efetuadas, suspeitaram de Odilon, senhor de "longa barba branca", e decidiram realizar a escuta telefônica.

O magistrado sentenciante, com base em toda prova colhida, condenou o apelante como incurso no art. 155, §§ 1.º e 4.º, I e IV, do Código Penal, à pena privativa de liberdade de 8 anos de reclusão, cumulada com 30 dias-multa, no valor de 1/30 do salário mínimo, cada dia, sendo a pena-base fixada em 5 anos.

O Ministério Público não interpôs recurso.

2. DO DIREITO

2.1. Matéria Preliminar

Estabelece a Constituição Federal, em seu art. 5º, XII, como regra, a inviolabilidade da comunicação telefônica, que somente pode ser quebrada, por exceção, por ordem judicial, para fins de investigação criminal ou instrução processual penal.

A Lei 9.296/96 estabelece como deve se dar a interceptação telefônica, que, reitere-se, depende de ordem de juiz de direito.

Desta feita, o monitoramento das conversas telefônicas do apelante, levado a efeito pelo policial Jediel, à míngua de autorização judicial para tanto e, portanto, ao arrepio da lei, constitui, por isso mesmo, prova ilícita, nos exatos termos do art. 157 do Código de Processo Penal e do art. 5º, LVI, da CF.

A decisão, pois, que tenha por sustentáculo provas ilícitas, como é o caso aqui tratado, deve ser considerada nula.

Além disso, quando do seu interrogatório em juízo, o apelante não pôde se fazer acompanhar de seu advogado constituído, isso porque o mesmo não foi intimado para o ato. O interrogatório e a confissão ocorrida se deram na presença de defensor *ad hoc.* É hipótese de violação ao postulado da ampla defesa e deve, por isso, ensejar a nulidade do processo.

Por derradeiro, o nobre magistrado *a quo,* em nova violação ao postulado da ampla defesa, alegando que o fato já estava suficientemente esclarecido, não permitiu a oitiva de uma testemunha arrolada, tempestivamente, pela defesa, o que também constitui causa de nulidade.

2.2. Mérito

No que toca à incidência da causa de aumento de pena a que alude o art. 155, § 1º, do Código Penal, a sentença merece reparo.

Ocorre que a jurisprudência majoritária firmou entendimento segundo o qual o furto noturno somente se configura quando a subtração ocorre em casa habitada, com os ocupantes nela repousando. É por essa razão que prevalece o entendimento de que não se admite a incidência do aumento em testilha na hipótese de o furto ocorrer em casa comercial.

No que concerne à pena aplicada pelo juízo sentenciante, entendemos, da mesma forma, que a sentença deve ser reformada, tendo em vista que a pena-base foi estabelecida muito além do mínimo, levando-se em conta que o apelante é primário e as demais circunstâncias judiciais do art. 59 do Código Penal podem ser consideradas favoráveis.

Além disso, é direito do apelante, previsto no art. 33, § 2º, *b*, do Código Penal, cumprir a pena imposta, desde o início, em regime semiaberto.

Por fim, o apelante, tendo em conta sua confissão realizada em juizo, faz jus à circunstância atenuante a que alude o art. 65, III, *d*, do Código Penal.

3. DO PEDIDO.

Diante de todo o exposto, postula-se seja dado provimento ao recurso interposto, decretando-se a nulidade do processo, visto que instruído com prova ilícita e também em razão do cerceamento de defesa, ou, subsidiariamente, a redução de pena e a mudança do regime prisional, do fechado para o semiaberto, bem assim o reconhecimento da circunstância atenuante da confissão.

Nesses Termos,

Pede Deferimento.

Local ..., 21 de outubro de 2008.

Advogado

fim da petição

(OAB/Exame Unificado – 2008.3 – 2ª fase) PEÇA PRÁTICO-PROFISSIONAL. Alessandro, de 22 anos de idade, foi denunciado pelo Ministério Público como incurso nas penas previstas no art. 213, c/c art. 224, alínea b, do Código Penal, por crime praticado contra Geisa, de 20 anos de idade. Na peça acusatória, a conduta delitiva atribuída ao acusado foi narrada nos seguintes termos:

"No mês de agosto de 2000, em dia não determinado, Alessandro dirigiu-se à residência de Geisa, ora vítima, para assistir, pela televisão, a um jogo de futebol. Naquela ocasião, aproveitando-se do fato de estar a sós com Geisa, o denunciado constrangeu-a a manter com ele conjunção carnal, fato que ocasionou a gra*videz* da vítima, atestada em laudo de exame de corpo de delito. Certo é que, embora não se tenha valido de violência real ou de grave ameaça para constranger a vítima a com ele manter conjunção carnal, o denunciando aproveitou-se do fato de Geisa ser incapaz de oferecer resistência aos seus propósitos libidinosos assim como de dar validamente o seu consentimento, visto que é deficiente mental, incapaz de reger a si mesma."

Nos autos, havia somente a peça inicial acusatória, os depoimentos prestados na fase do inquérito e a folha de antecedentes penais do acusado. O juiz da 2.ª Vara Criminal do Estado XX recebeu a denúncia e determinou a citação do réu para se defender no prazo legal, tendo sido a citação efetivada em 18/11/2008. Alessandro procurou, no mesmo dia, a ajuda de um profissional e outorgou-lhe procuração ad juditia com a finalidade específica de ver-se defendido na ação penal em apreço. Disse, então, a seu advogado que não sabia que a vítima era deficiente mental, que já a namorava havia algum tempo, que sua avó materna, Romilda, e sua mãe, Geralda, que moram com ele, sabiam do namoro e que todas as relações que manteve com a vítima eram consentidas. Disse, ainda, que nem a vítima nem a família dela quiseram dar ensejo à ação penal, tendo o promotor, segundo o réu, agido por conta própria. Por fim, Alessandro informou que não havia qualquer prova da debilidade mental da vítima.

Em face da situação hipotética apresentada, redija, na qualidade de advogado(a) constituído(a) pelo acusado, a peça processual, privativa de advogado, pertinente à defesa de seu cliente. Em seu texto, não crie fatos novos, inclua a fundamentação legal e jurídica, explore as teses defensivas e date o documento no último dia do prazo para protocolo.

CONSIDERAÇÕES PRELIMINARES

Com o novo panorama estabelecido para os delitos sexuais pela Lei 12.015/09, a ação penal, que em regra era de iniciativa privada, passou a ser pública condicionada à representação, salvo quando se tratar de pessoa menor de 18 anos ou vulnerável, hipótese em que será pública incondicionada.

Em face da revogação do art. 224 do Código Penal promovida pela Lei 12.015/09, que tratava da presunção de violência, a tutela penal das pessoas desprovidas de meios para externar seu consentimento de forma plena foi introduzida no tipo penal autônomo do art. 217-A do Código Penal, chamado *estupro de vulnerável*, cuja ação penal, como dito acima, é pública incondicionada, o que constitui exceção ao novo sistema adotado para os crimes sexuais.

Assim sendo, levando-se em consideração as mudanças legislativas verificadas, o Ministério Público teria, em princípio, no caso hipotético acima apresentado, legitimidade para denunciar Alessandro.

E é nesse novo contexto que vamos dar uma solução para a peça, elaborando, com fundamento no art. 396-A do Código de Processo Penal, pelo réu, sua defesa prévia (resposta à acusação ou resposta escrita).

Resolução da peça prático-profissional – modelo de DEFESA PRÉVIA

início da folha

Excelentíssimo Senhor Doutor Juiz de Direito da 2ª Vara Criminal do Estado XX.

Processo nº ...

[deixe espaço de aproximadamente 10 cm, para eventual despacho ou decisão do juiz]

Alessandro, por seu advogado, nos autos da ação penal que lhe move o Ministério Público, vem, respeitosamente, à presença de Vossa Excelência, nos termos do disposto no art. 396-A do Código de Processo Penal, apresentar a sua DEFESA PRÉVIA, pelas razões a seguir aduzidas:

1. DOS FATOS

Foi o réu denunciado porque, segundo consta da inicial acusatória, teria o mesmo, em dia não determinado do mês de agosto de 2000, aproveitando-se do fato de estar a sós com a vítima, no interior da residência desta, com ela praticado conjunção carnal, o que teria resultado em gra*videz*.

É ainda da exordial oferecida que o acusado, embora não tivesse feito uso de violência real ou de grave ameaça para constranger a vítima a com ele manter conjunção carnal, teria se aproveitado do fato de a ofendida, com 20 anos de idade, ser incapaz de oferecer resistência aos seus propósitos libidinosos assim como de dar validamente o seu consentimento, visto que é, segundo consta da peça acusatória, deficiente mental, incapaz, portanto, de reger a si mesma.

Nos autos não foi juntado o laudo comprobatório da debilidade mental da vítima.

Recebida a denúncia, o réu foi citado para responder à presente acusação.

2. DO DIREITO

2.1. Matéria Preliminar

O órgão acusatório, ao oferecer a denúncia desacompanhada do respectivo laudo comprobatório da alegada debilidade mental da vítima, incorreu em inépcia da inicial, na medida em que, tratando-se de circunstância elementar do crime em questão, a debilidade deve ser comprovada por laudo seguro, pois, caso contrário, estará a denunciar fato atípico, isto é, que não constitui crime.

E foi exatamente o que se deu.

A ausência de comprovação da debilidade mental da vítima torna, portanto, o fato não criminoso, impondo-se, por conta disso, a absolvição sumária do réu.

2.2. Mérito

No que toca ao mérito, trata-se, da mesma forma, de fato atípico.

Isso se deve ao fato de o acusado desconhecer a circunstância de a vítima ser portadora da debilidade mental alegada pela acusação. Desconhecia, enfim, qualquer prova da tal debilidade mental da ofendida.

Com efeito, o acusado namorava a vítima há algum tempo, o que era de conhecimento tanto de sua avó materna, Romilda, quanto de sua mãe, Geralda, que moram com ele. Além disso, todas as relações que manteve com a vítima foram por esta consentidas, o que demonstra de forma inequívoca a boa-fé do acusado e o fato de o mesmo desconhecer qualquer circunstância que pudesse viciar a manifestação de vontade de sua namorada.

Some-se a isso o fato de a família da vítima não manifestar o desejo de ver processado o réu, o que também depõe a seu favor.

Nessa esteira, a doutrina exige que a debilidade retire inteiramente da vítima sua capacidade de entendimento. Não foi, evidentemente, o que se deu neste caso, já que o acusado não dispunha de elemento algum para sequer desconfiar da alegada debilidade de sua namorada.

O fato, dessa forma, é atípico, visto que o acusado, ante o exposto, não tinha como ter conhecimento desta debilidade.

3. DO PEDIDO

Diante de todo o exposto, postula-se pela absolvição sumária do réu, nos termos do art. 397, III, do Código de Processo Penal.

E, se acaso Vossa Excelência assim não entender, requer-se a realização de exame pericial e a intimação das testemunhas a seguir arroladas ....

Termos em que,

Pede deferimento.

Local ..., 28 de novembro de 2008.

Advogado

fim da petição

(OAB/Exame Unificado – 2009.1 – 2ª fase) PEÇA PRÁTICO-PROFISSIONAL. Agnaldo, que reside com sua esposa, Ângela, e seus dois filhos na cidade de Porto Alegre – RS, pretendendo fazer uma reforma na casa onde mora com a família, dirigiu-se a uma loja de material de construção para verificar as opções de crédito existentes. Entre as opções que o vendedor da loja apresentou, a mais adequada ao seu orçamento familiar era a emissão de cheques pré-datados como garantia da dívida. Como não possui conta-corrente em agência bancária, Agnaldo pediu a seu cunhado e vizinho, Firmino, que lhe emprestasse seis cheques para a aquisição do referido material, pedido prontamente atendido. Com o empréstimo, retornou ao estabelecimento comercial e realizou a compra, deixando como garantia da dívida os seis cheques assinados pelo cunhado. Dias depois, Firmino, que tivera seu talonário de cheques furtado, sustou todos os cheques que havia emitido, entre eles, os emprestados a Agnaldo. Diante da sustação, o empresário, na delegacia de polícia mais próxima, alegou que havia sido fraudado em uma transação comercial, uma vez que Firmino frustrara o pagamento dos cheques pré-datados. Diante das alegações, o delegado de polícia instaurou inquérito policial para apurar o caso, indiciando Firmino, por entender que havia indícios de ele ter cometido o crime previsto no inciso VI do § 2.º do art. 171 do Código Penal. Inconformado, Firmino impetrou *habeas corpus* perante a 1.ª Vara Criminal da Comarca de Porto Alegre, tendo o juiz denegado a ordem. Considerando essa situação hipotética, na condição de advogado(a) contratado(a) por Firmino, interponha a peça judicial cabível, privativa de advogado, em favor de seu cliente.

Resolução da peça prático-profissional – modelo de RECURSO EM SENTIDO ESTRITO

Recurso em Sentido Estrito – petição de interposição

início da folha

Excelentíssimo Senhor Doutor Juiz de Direito da 1ª Vara Criminal da Comarca de Porto Alegre - RS.

[deixe espaço de aproximadamente 10 cm, para eventual despacho ou decisão do juiz]

Firmino, já qualificado nos autos do *habeas corpus* nº ..., no qual figura como paciente, por seu advogado que esta subscreve, não se conformando, *data maxima venia*, com a decisão que denegou a ordem de *habeas corpus* impetrada com o fito de trancar o inquérito policial instaurado para apurar a prática do crime capitulado no art. 171, § 2º, VI, do Código Penal, em que figura o paciente como indiciado, com supedâneo no art. 581, X, do Código de Processo Penal, dela vem, tempestivamente, interpor RECURSO EM SENTIDO ESTRITO.

Caso Vossa Excelência entenda que seja o caso de manter a respeitável decisão, postula-se pela remessa deste recurso ao Tribunal de Justiça do Rio Grande do Sul.

Termos em que, requerendo seja ordenado o processamento do recurso, com as inclusas razões.

Pede Deferimento.

Local ..., data ...

Advogado

fim da petição

início da folha

Razões de Recurso em Sentido Estrito

RAZÕES DE RECURSO EM SENTIDO ESTRITO
RECORRENTE: FIRMINO
"HABEAS CORPUS" nº ...

Egrégio Tribunal de Justiça,

Colenda Câmara,

Doutos Desembargadores,

Inconformado com a respeitável decisão contra si prolatada, vem o recorrente interpor o presente recurso em sentido estrito, aguardando, ao final, se dignem Vossas Excelências em reformá-la, pelas razões de fato e de direito a seguir expostas:

1. DOS FATOS

Firmino, atendendo a pedido de seu cunhado e vizinho, Agnaldo, emprestou-lhe seis cheques que seriam usados para garantia de dívida contraída na aquisição de material de construção a ser utilizado em reforma na casa onde este reside com a família.

Os cheques pré-datados de titularidade do recorrente, assim, seriam, como de fato foram, emitidos tão somente como garantia da dívida contraída por Agnaldo.

Tal ocorreu porque Agnaldo não é titular de conta-corrente em agência bancária e também porque esta opção de crédito lhe pareceu mais conveniente em vista de outras disponíveis.

Depois de alguns dias da aquisição do material, em razão de furto do qual foi vítima o recorrente, no qual foi levado seu talonário de cheques, viu-se o mesmo obrigado a sustar todos os cheques que havia emitido, inclusive os emprestados a Aguinaldo.

O empresário, em vista disso, dirigiu-se à delegacia mais próxima e comunicou à autoridade policial que havia sido vítima de fraude, tendo esta, em face do ocorrido, determinado a instauração de inquérito policial e o indiciamento do recorrente como incurso no art. 171, § 2º, VI, do Código Penal.

Inconformado, Firmino impetrou *habeas corpus* perante a 1ª Vara Criminal da Comarca de Porto Alegre, tendo o magistrado *a quo* denegado a ordem.

2. DO DIREITO

A respeitável decisão não merece prosperar.

Com efeito, é indispensável à configuração do crime do artigo 171, § 2º, VI, do Código Penal a existência de fraude, isto é, que o sujeito ativo do delito tenha agido com inequívoca má-fé.

Nesse sentido o Supremo Tribunal Federal editou a Súmula nº 246: "Comprovado não ter havido fraude, não se configura o crime de emissão de cheques sem fundos".

Por essa razão, nossos tribunais têm decidido que não se configura o delito em questão quando se trata de cheque pré-datado ou ainda dado como garantia de dívida.

Os cheques emitidos por Firmino foram pré-datados e serviram para garantir o pagamento de uma dívida, não podendo ensejar, à evidência, seu indiciamento na forma como ocorreu.

Além disso, Firmino não é sequer o devedor. Limitou-se a emprestar, por puro altruísmo, os cheques de sua titularidade para que seu vizinho e cunhado pudesse adquirir material de construção necessário para uma reforma. Não obteve o recorrente benefício algum.

Ademais, a sustação dos cheques foi motivada exclusivamente pelo furto do qual o recorrente foi vítima, fato esse que o obrigou a agir dessa maneira, não lhe restando outra alternativa.

Ficou evidente, pois, que o recorrente agiu desprovido do propósito de obter vantagem indevida, que constitui o dolo específico, necessário à caracterização do crime aqui tratado. Sua intenção foi, isso sim, precaver-se de futuros inconvenientes decorrentes da subtração de que foi vítima.

O fato, portanto, e disso não deve restar a menor dúvida, é atípico.

3. DO PEDIDO.

Ante o exposto, postula-se seja dado provimento ao presente recurso para o fim de determinar o trancamento do inquérito policial instaurando contra o recorrente.

Nestes Termos,

Pede Deferimento.

Local ..., data ...

Advogado

fim da petição

(OAB/Exame Unificado – 2009.2 – 2ª fase) PEÇA PRÁTICO-PROFISSIONAL. José de Tal, brasileiro, divorciado, primário e portador de bons antecedentes, ajudante de pedreiro, nascido em Juazeiro – BA, em 7/9/1938, residente e domiciliado em Planaltina – DF, foi denunciado pelo Ministério Público como incurso nas penas previstas no art. 244, *caput*, c/c art. 61, inciso II, "e", ambos do Código Penal. Na exordial acusatória, a conduta delitiva atribuída ao acusado foi narrada nos seguintes termos:

Desde janeiro de 2005 até, pelo menos, 4/4/2008, em Planaltina – DF, o denunciado José de Tal, livre e conscientemente, deixou, em diversas ocasiões e por períodos prolongados, sem justa causa, de prover a subsistência de seu filho Jorge de Tal, menor de 18 anos, não lhe proporcionando os recursos necessários para sua subsistência e faltando ao pagamento de pensão alimentícia fixada nos autos n.º 001/2005 – 5.ª Vara de Família de Planaltina – DF (ação de alimentos) e executada nos autos do processo n.º 002/2006 do mesmo juízo. Arrola como testemunha Maria de Tal, genitora e representante legal da vítima. A denúncia foi recebida em 3/11/2008, tendo o réu sido citado e apresentado, no prazo legal, de próprio punho — visto que não tinha condições de contratar advogado sem prejuízo de seu sustento próprio e do de sua família — resposta à acusação, arrolando as testemunhas Margarida e Clodoaldo. A audiência de instrução e julgamento foi designada e José compareceu desacompanhado de advogado. Na oportunidade, o juiz não nomeou defensor ao réu, aduzindo que o Ministério Público estaria presente e que isso seria suficiente. No curso da instrução criminal, presidida pelo juiz de direito da 9.ª Vara Criminal de Planaltina – DF, Maria de Tal confirmou que José atrasava o pagamento da pensão alimentícia, mas que sempre efetuava o depósito parcelado dos valores devidos. Disse que estava aborrecida porque José constituíra nova família e, atualmente, morava com outra mulher, desempregada, e seus 6 outros filhos menores de idade. As testemunhas Margarida e Clodoaldo, conhecidos de José há mais de 30 anos, afirmaram que ele é ajudante de pedreiro e ganha 1 salário mínimo por mês, quantia que é utilizada para manter seus outros filhos menores e sua mulher, desempregada, e para pagar pensão alimentícia a Jorge, filho que teve com Maria de Tal. Disseram, ainda, que, todas as vezes que conversam com José, ele sempre diz que está tentando encontrar mais um emprego, pois não consegue sustentar a si próprio nem a seus filhos, bem como que está atrasando os pagamentos da pensão alimentícia, o que o preocupa muito, visto que deseja contribuir com a subsistência, também, desse filho, mas não consegue. Informaram que José sofre de problemas cardíacos e gasta boa parte de seu salário na compra de remédios indispensáveis à sua sobrevivência. Após a oitiva das testemunhas, José disse que gostaria de ser ouvido para contar sua versão dos fatos, mas o juiz recusou-se a interrogá-lo, sob o argumento de que as provas produzidas eram suficientes ao julgamento da causa. Na fase processual prevista no art. 402 do Código de Processo Penal, as partes nada requereram. Em manifestação escrita, o Ministério Público pugnou pela condenação do réu nos exatos termos da denúncia, tendo o réu, então, constituído advogado, o qual foi intimado, em 15/6/2009, segunda-feira, para apresentação da peça processual cabível. Considerando a situação hipotética acima apresentada, redija, na qualidade de advogado(a) constituído(a) por José, a peça processual pertinente, privativa de advogado, adequada à defesa de seu cliente. Em seu texto, não crie fatos novos, inclua a fundamentação que embase seu(s) pedido(s) e explore as teses jurídicas cabíveis, endereçando o documento à autoridade competente e datando-o no último dia do prazo para protocolo.

CONSIDERAÇÕES PRELIMINARES

Com as mudanças operadas no campo da prisão e da liberdade provisória, o art. 313, I, do CPP, agora com a nova redação que lhe conferiu a Lei 12.403/11, afasta a possibilidade de decretação da prisão preventiva nos crimes culposos e nos dolosos cuja pena máxima cominada não seja superior a quatro anos (reclusão ou detenção). Assim, inviável, em razão da pena máxima cominada, a decretação da custódia preventiva em inquérito ou processo no qual se apure o crime do art. 244 do Código Penal. Frise-se que o autor de crime doloso cuja pena máxima não seja superior a quatro anos poderá ter contra si decretada a prisão preventiva, desde que reincidente em crime doloso e caso a custódia se revele necessária, à luz do que dispõe o art. 312 do CPP. É o teor do art. 313, II, do CPP, cuja redação também foi modificada por força da Lei 12.403/11.

Resolução da peça prático-profissional – modelo de MEMORIAIS

início da folha

Excelentíssimo Senhor Doutor Juiz de Direito da 9ª Vara Criminal da Comarca de Planaltina - DF.

[deixe espaço de aproximadamente 10 cm, para eventual despacho ou decisão do juiz]

José de Tal, já qualificado nos autos da ação penal nº ... que lhe move o Ministério Público, por seu advogado e bastante procurador que esta subscreve, vem, mui respeitosamente, à presença de Vossa Excelência, com fundamento no art. 403, § 3º, do Código de Processo Penal, apresentar os seus MEMORIAIS, nos seguintes termos:

1. MATÉRIA PRELIMINAR

O réu, citado para responder à acusação, deixou de constituir defensor de sua confiança, tendo ele mesmo elaborado, de próprio punho, sua defesa, apresentado-a, dentro do prazo legal, em juízo. Designada a audiência de instrução e julgamento, o réu a ela compareceu desacompanhado de advogado. Vossa Excelência, nesta oportunidade, deixou de nomear-lhe defensor ao argumento de que a presença do Ministério Público supriria tal falta. Ademais disso, ao término da inquirição das testemunhas, deixou-se de proceder ao interrogatório do acusado, que, embora tivesse expressado sua vontade de contribuir para o esclarecimento dos fatos, teve seu pleito negado.

Não agiu Vossa Excelência, a nosso ver, com o costumeiro acerto, por, basicamente, três razões.

Por primeiro, reza o art. 396-A, § 2º, do CPP que "não apresentada a resposta no prazo legal, ou se o acusado, citado, não constituir defensor, o juiz nomeará defensor para oferecê-la, concedendo-lhe vista dos autos por 10 (dez) dias". Pois bem, em vista do comando contido no dispositivo transcrito, ante a não constituição de defensor pelo réu, seria o caso de Vossa Excelência nomear-lhe um para que oferecesse a resposta dentro no prazo legal. Tal ausência de nomeação de defensor, por si só, já constitui causa de nulidade do processo.

Além disso, em vista da designação da audiência de instrução e julgamento e do fato de o réu a ela ter comparecido desacompanhado de advogado, seria o caso de, neste ato, nomear-lhe defensor. Não foi o que ocorreu. A falta de nomeação de defensor *ad hoc* é também causa de nulidade absoluta.

Com efeito, preleciona o art. 564, III, *c*, do CPP que a nulidade ocorrerá por falta das fórmulas e termos seguintes: "a nomeação de defensor ao réu presente (...)".

Corroborando tal posicionamento, a Súmula 523 do STF: "No processo penal, a falta de defesa constitui nulidade absoluta, mas a sua deficiência só o anulará se houver prova de prejuízo para o réu".

Por fim, ainda no que toca à matéria preliminar, a falta de interrogatório do réu presente constitui causa de nulidade, nos termos do art. 564, III, *e*, do CPP.

2. MÉRITO

No que tange ao mérito, o órgão acusatório não conseguiu sequer demonstrar a tipicidade do fato.

Com efeito, é imprescindível à configuração do crime capitulado no art. 244, *caput*, do Código Penal a ausência de justa causa, elemento normativo do tipo.

Diante das dificuldades financeiras por que passa o réu, cremos haver a justa causa para o descumprimento da obrigação, o que torna o fato atípico.

Em verdade, pelo que resultou apurado, o réu, embora atrasasse a pensão devida a seu filho Jorge de Tal, sempre efetuava o depósito parcelado dos valores; apurou-se também que o réu vinha tentando, em vista da necessidade de sustentar a si próprio e a seus filhos, arrumar outro emprego, o que só demonstra sua disposição de obedecer à ordem judicial; não bastasse isso, o réu ainda sofre de problemas cardíacos, o que o obriga a gastar boa parte de seu salário com a aquisição de remédios necessários à sua sobrevivência; de se ver, ainda, que o réu, ajudante de pedreiro, ganha salário mínimo e tem outra família constituída, estando sua atual companheira desempregada.

Do quadro exposto, reitere-se, o fato narrado na exordial longe está de constituir crime, na medida em que o acusado, diante do seu estado de penúria, não tinha como prover a subsistência do filho menor de forma pontual. Além disso, a conduta do réu é desprovida de dolo, o que também tem o condão de excluir a tipicidade do fato.

Assim não entendendo Vossa Excelência, apenas para argumentar, deve ser afastada, ao menos, a agravante contida no art. 61, II, *e*, do CP, tendo em conta que a sua incidência implica *bis in idem*, isso porque o fato de a vítima ser descendente do réu já é elemento constitutivo do tipo. É o que determina o art. 61, *caput*, do CP.

Pleiteia-se, ademais, o reconhecimento da atenuante contida no art. 65, I, do CP (réu maior de 70 anos na data da sentença).

3. PEDIDO

Ante o exposto, requer-se a Vossa Excelência a absolvição do réu, com fundamento no art. 386, III, do Código de Processo Penal, ou, subsidiariamente, pleiteia-se o afastamento da agravante do art. 61, II, *e*, do Código Penal, bem assim o reconhecimento da atenuante a que alude o art. 65, I, do mesmo Diploma.

Por fim, deve-se ressaltar que o acusado é primário, tem bons antecedentes, merecendo receber a pena no mínimo legal, fixação de regime aberto para o seu cumprimento, se houver condenação, bem como a substituição da pena privativa de liberdade por uma de multa ou por uma restritiva de direitos e o direito de recorrer em liberdade.

Local ..., 22 de junho de 2009.

Advogado

fim da petição

(OAB/Exame Unificado – 2009.3 – 2ª fase) Prova Prático-Profissional. Em 17/1/2010, Rodolfo T., brasileiro, divorciado, com 57 anos de idade, administrador de empresas, importante dirigente do clube esportivo LX F.C., contratou profissional da advocacia para que adotasse as providências judiciais em face de conhecido jornalista e comentarista esportivo, Clóvis V., brasileiro, solteiro, com 38 anos de idade, que, a pretexto de criticar o fraco desempenho do time de futebol do LX F.C. no campeonato nacional em matéria esportiva divulgada por meio impresso e apresentada em programa televisivo, bem como no próprio blog pessoal do jornalista na Internet, passou, em diversas ocasiões, juntamente com Teodoro S., brasileiro, de 60 anos de idade, casado, jornalista, desafeto de Rodolfo T., a praticar reiteradas condutas com o firme propósito de ofender a honra do dirigente do clube. Foram ambos interpelados judicialmente e se recusaram a dar explicações acerca das ofensas, mantendo-se inertes.

Por três vezes afirmou, em meios de comunicação distintos, o comentarista Clóvis V., sabendo não serem verdadeiras as afirmações, que o dirigente "havia 'roubado' o clube LX F.C. e os torcedores, pois tinha se apropriado, indevidamente, de R$ 5 milhões pertencentes ao LX F.C., na condição de seu diretor-geral, quando da venda do jogador Y, ocorrida em 20/12/2008" e que "já teria gasto parte da fortuna 'roubada', com festas, bebidas, drogas e prostitutas". Tal afirmação foi proferida durante o programa de televisão Futebol da Hora, em 7/1/2010, às 21 h 30m, no canal de televisão VX e publicado no blog do comentarista esportivo, na Internet, em 8/1/2010, no endereço eletrônico www.clovisv.futebol.xx. Tais declarações foram igualmente publicadas no jornal impresso Notícias do Futebol, de circulação nacional, na edição de 8/1/2010. Destaque-se que o canal de televisão VX e o jornal Notícias do Futebol pertencem ao mesmo grupo econômico e têm como diretor-geral e redator-chefe Teodoro S., desafeto do dirigente Rodolfo T. Sabe-se que todas as notícias foram veiculadas por ordem direta e expressa de Teodoro S.

Prosseguindo a empreitada ofensiva, o jornalista Clóvis V. disse, em 13/1/2010, em seu blog pessoal na Internet, que o dirigente não teria condições de gerir o clube porque seria "um burro, de capacidade intelectual inferior à de uma barata" e, por isso, "tinha levado o clube à falência", porém estava "com os bolsos cheios de dinheiro do clube e dos torcedores". Como se não bastasse, na última edição do blog, em 15/1/2010, afirmou que "o dirigente do clube está tão decadente que passou a sair com homens", por isso "a mulher o deixou".

Entre os documentos coletados pelo cliente e pelo escritório encontram-se a gravação, em DVD, do programa de televisão, com o dia e horário em que foi veiculado, bem como a edição do jornal impresso em que foi difundida a matéria sobre o assunto, além de cópias de páginas e registros extraídos da Internet, com as ofensas perpetradas pelo jornalista Clóvis V. Rodolfo T. tomou conhecimento da autoria e dos fatos no dia 15/1/2010, tendo todos eles ocorrido na cidade de São Paulo – SP, sede da emissora e da editora, além de domicílio de todos os envolvidos.

Em face dessa situação hipotética, na condição de advogado(a) contratado(a) por Rodolfo T., redija a peça processual que atenda aos interesses de seu cliente, considerando recebida a pasta de atendimento do cliente devidamente instruída, com todos os documentos pertinentes, suficientes e necessários, procuração com poderes especiais e testemunhas.

Resolução da Peça Prático-Profissional – modelo de QUEIXA-CRIME

início da folha

Excelentíssimo Senhor Doutor Juiz de Direito da ___Vara Criminal da Comarca de São Paulo – SP.

[deixe espaço de aproximadamente 10 cm, para eventual despacho ou decisão do juiz]

Rodolfo T., brasileiro, divorciado, administrador de empresas, portador da cédula de identidade nº ..., inscrito no Cadastro de Pessoas Físicas do Ministério da Fazenda sob o nº ..., residente e domiciliado na Rua ..., nº ..., nesta capital e comarca, por seu advogado infra-assinado, vem oferecer, com fundamento nos arts. 41 e 44 do Código de Processo Penal, QUEIXA-CRIME contra Clóvis V., brasileiro, solteiro, jornalista, portador da cédula de identidade nº ..., inscrito no Cadastro de Pessoas Físicas do Ministério da Fazenda sob o nº ..., residente e domiciliado na Rua ..., nº ..., nesta capital e comarca, e Teodoro S., brasileiro, casado, jornalista, portador da cédula de identidade nº ..., inscrito no Cadastro de Pessoas Físicas do Ministério da Fazenda sob o nº ..., residente e domiciliado na Rua ..., nº ..., nesta capital e comarca, pelos motivos a seguir expostos.

Segundo consta, o clube esportivo dirigido pelo querelante, que disputa o campeonato nacional e no qual teve desempenho fraco, foi alvo de críticas por parte dos querelados.

Sucede que os querelados, a pretexto de criticar o fraco desempenho do time dirigido pelo querelante, passaram a praticar reiteradas condutas com o propósito de lançar ofensas à honra deste.

Interpelados judicialmente quanto às ofensas proferidas, permaneceram silentes.

O querelado Clóvis declarou, por três vezes, em meios de comunicações distintos, sabendo da falsidade da afirmação, que o querelante "havia *roubado* o clube LX F.C. e os torcedores, pois tinha se apropriado, indevidamente, de R$ 5 milhões pertencentes ao LX F.C., na condição de seu diretor-geral, quando da venda do jogador Y, ocorrida em 20/12/2008" e que "já teria gasto parte da fortuna *roubada*, com festas, bebidas, drogas e prostitutas".

Praticou, dessa forma, o crime capitulado no art. 138, *caput*, do Código Penal, três vezes, em continuidade delitiva – art. 71, CP, visto que se trata de crimes da mesma espécie perpetrados nas mesmas circunstâncias de tempo, lugar e execução.

Ao afirmar que o querelante "já teria gasto parte da fortuna *roubada* com festas, bebidas, drogas e prostitutas", o querelado Clóvis cometeu o crime capitulado no art. 139, *caput*, do Código Penal, tendo em conta que tal declaração é ofensiva à sua reputação. Como essa declaração foi feita três vezes, em meios de comunicações distintos, nas mesmas circunstâncias de tempo, lugar e execução, está-se diante de crime continuado – art. 71, CP.

Por ter essa declaração sido feita durante o programa de televisão Futebol da Hora, em 7/1/2010, às 21h30, no canal de televisão VX e também sido publicada no blog do comentarista esportivo, na Internet, em 8/1/2010, no endereço eletrônico www.clovisv.futebol.xx., também sendo publicada no jornal impresso Notícias do Futebol, de circulação nacional, na edição de 8/1/2010, é de rigor a incidência da causa de aumento de pena a que alude o art. 141, III, do Código Penal, já que a calúnia foi proferida por diversos meios que facilitaram a sua divulgação.

Registre-se que o canal de televisão VX e o jornal Notícias do Futebol pertencem ao mesmo grupo econômico e têm como diretor-geral e redator-chefe o querelado Teodoro S., que é desafeto do querelante.

Sabe-se que todas as notícias foram veiculadas por ordem direta e expressa de Teodoro S, razão pela qual incorreu nas penas dos arts. 138, § 1º, por duas vezes, nos termos do art. 71 do CP, e 139, *caput*, do CP, por duas vezes, também em continuidade delitiva, com a causa de aumento do art. 141, III, ambos do Código Penal, observado, no mais, o concurso material entre os dois delitos.

Em 13/01/2010, dando continuidade às ofensas perpetradas, Clóvis, agora em seu blog pessoal, declarou que o querelante seria incapaz de gerir o clube porque seria "um burro de capacidade intelectual inferior à de uma barata".

Ao afirmar que o querelante é "um burro de capacidade intelectual inferior à de uma barata", Clovis cometeu o delito do art. 140 do Código Penal, visto que atribuiu adjetivação ofensiva à sua capacidade intelectual, à sua honra subjetiva.

Na edição de 15/1/2010 do blog, afirmou que "o dirigente do clube está tão decadente que passou a sair com homens", razão por que "a mulher o deixou".

Ao proferir essa afirmação, o querelado Clóvis, uma vez mais, em continuidade delitiva, incorreu nas penas do art. 140 do Código Penal, tendo em conta que atribuiu ao querelante opinião pejorativa ofensiva, tachando-o de homossexual.

De tudo quanto foi exposto, torna-se patente a prática dos crimes noticiados, notadamente em vista do farto material acostado: gravação, em DVD, do programa de televisão, com o dia e horário em que foi veiculado, bem como a edição do jornal impresso em que foi difundida a matéria sobre o assunto, além de cópias de páginas e registros extraídos da Internet, com as ofensas perpetradas.

Do acima exposto, requer a Vossa Excelência seja recebida a presente queixa-crime contra o réu Clóvis V., como incurso no art. 138, *caput*, por três vezes, em continuidade delitiva, conforme art. 71 do CP; art. 139, *caput*, do CP, por três vezes, em continuidade delitiva, nos termos do art. 71, CP; e art. 140 do CP, duas vezes, em continuidade delitiva, todos combinados com os arts. 69, 141, III, e 29, *caput*, do CP; e contra o réu Teodoro S., este como incurso no art. 138, § 1.º, do CP, por duas vezes, em continuidade delitiva, conforme art. 71 do CP, e também no art. 139, *caput*, do CP, por duas vezes, também em continuidade delitiva, combinados com os arts. 69, 141, III, e 29, *caput*, todos do Código Penal, para que, citados, o que, desde já se requer, respondam ao processo, e, ao final, o pedido seja julgado totalmente procedente com a consequente condenação dos querelados pela prática dos crimes acima narrados. Requer-se, outrossim, com base no que dispõe o art. 387, IV, do CPP, a fixação de valor mínimo para reparação dos danos causados pela infração.

Rol de testemunhas
Termos em que,
P. deferimento.
Local ..., data.
Advogado

fim da petição

(OAB/Exame Unificado – 2010.2 – 2ª fase) Prova Prático-Profissional. Leila, de quatorze anos de idade, inconformada com o fato de ter engravidado de seu namorado, Joel, de vinte e oito anos de idade, resolveu procurar sua amiga Fátima, de vinte anos de idade, para que esta lhe provocasse um aborto. Utilizando seus conhecimentos de estudante de enfermagem, Fátima fez que Leila ingerisse um remédio para úlcera. Após alguns dias, na véspera da comemoração da entrada do ano de 2005, Leila abortou e disse ao namorado que havia menstruado, alegando que não estivera, de fato, grávida. Desconfiado, Joel vasculhou as gavetas da namorada e encontrou, além de um envelope com o resultado positivo do exame de gravidez de Leila, o frasco de remédio para úlcera embrulhado em um papel com um bilhete de Fátima a Leila, no qual ela prescrevia as doses do remédio. Munido do resultado do exame e do bilhete escrito por Fátima, Joel narrou o fato à autoridade policial, razão pela qual Fátima foi indiciada por aborto.

Tanto na delegacia quanto em juízo, Fátima negou a prática do aborto, tendo confirmado que fornecera o remédio a Leila, acreditando que a amiga sofria de úlcera.

Leila foi encaminhada para perícia no Instituto Médico Legal de São Paulo, onde se confirmou a existência de resquícios de saco gestacional, compatível com gravidez, mas sem elementos suficientes para a confirmação de aborto espontâneo ou provocado.

Leila não foi ouvida durante o inquérito policial porque, após o exame, mudou-se para Brasília e, apesar dos esforços da autoridade policial, não foi localizada.

Em 30/1/2010, Fátima foi denunciada pela prática de aborto. Regularmente processada a ação penal, o juiz, no momento dos debates orais da audiência de instrução, permitiu, com a anuência das partes, a manifestação por escrito, no prazo sucessivo de cinco dias.

A acusação sustentou a comprovação da autoria, tanto pelo depoimento de Joel na fase policial e ratificação em juízo, quanto pela confirmação da ré de que teria fornecido remédio abortivo. Sustentou, ainda, a materialidade do fato, por meio do exame de laboratório e da conclusão da perícia pela existência da gravidez.

A defesa teve vista dos autos em 12/7/2010.

Em face dessa situação hipotética, na condição de advogado(a) constituído(a) por Fátima, redija a peça processual adequada à defesa de sua cliente, alegando toda a matéria de direito processual e material aplicável ao caso. Date o documento no último dia do prazo para protocolo.

CONSIDERAÇÕES PRELIMINARES

Apesar de o art. 411, § 4º, do Código de Processo Penal não fazer referência à possibilidade de o magistrado deferir a juntada de memoriais em substituição aos debates orais, a doutrina vem entendendo ser aplicável, por analogia, o art. 403, § 3º, do CPP ao rito do Júri, lembrando que o art. 394, § 5º, do CPP estabelece que as disposições do procedimento ordinário terão aplicação subsidiária.

Embora o espelho da prova não tenha contemplado esta possibilidade, seria, em princípio, possível falar-se em nulidade decorrente da falta de proposta de suspensão condicional do processo (art. 89 da Lei 9.099/95), isso porque a pena mínima cominada ao crime do art. 126, *caput*, do Código Penal é de um ano, dentro, portanto, do patamar fixado no art. 89, *caput*, da Lei 9.099/95.

Ainda no tema nulidades, seria, em tese, possível argumentar que a prova que deflagrou a investigação e depois deu origem ao processo é ilícita, já que obtida em violação a direito consagrado na Constituição Federal, em seu art. 5º, X (direito à intimidade). O enunciado não deixa claro se houve violação domiciliar.

No que toca à prescrição, trata-se, a nosso ver, de matéria de mérito, cuja tese respectiva deve, por essa razão, ser desenvolvida, dentro da peça, no campo a ele destinado.

Resolução da peça prático-profissional – modelo de MEMORIAIS

início da folha

Excelentíssimo Senhor Doutor Juiz de Direito da __Vara do Júri da Comarca de São Paulo – SP.

[Deixe espaço de aproximadamente 10 cm, para eventual despacho ou decisão do juiz]

Fátima, já qualificada nos autos da ação penal nº..., que lhe move o Ministério Público, por seu advogado e bastante procurador que esta subscreve, vem, mui respeitosamente, à presença de Vossa Excelência, por analogia ao art. 403, § 3º, do Código de Processo Penal, apresentar os seus MEMORIAIS, nos seguintes termos:

1. DOS FATOS

A ré foi denunciada porque teria, em princípio, violado o art. 126, *caput*, do Código Penal.

É da peça acusatória que, próximo à comemoração da entrada do ano de 2005, a acusada, atendendo a pedido de sua amiga Leila, de 14 anos, teria nesta provocado aborto, prescrevendo-lhe medicamento para tratamento de úlcera, já que era estudante de enfermagem e como tal detinha conhecimentos na área da saúde.

Descobertos os fatos, foram os mesmos levados ao conhecimento da autoridade de Polícia Judiciária, que providenciou a instauração de inquérito e o indiciamento de Fátima.

O feito foi instruído e o Ministério Público, ao final do sumário de culpa, pugnou pela pronúncia da ré nos termos da inicial acusatória.

2. DO DIREITO

Como matéria preliminar de mérito, operou-se a prescrição da pretensão punitiva, dado que, por ser a acusada menor de 21 anos ao tempo do crime, nos exatos termos do art. 115 do Código Penal, o prazo de prescrição é reduzido de metade. Sendo de 4 anos a pena máxima cominada ao crime imputado à ré, a prescrição, estabelecida no art. 109, IV, do CP, ocorreria em 8 anos. Em face da mencionada redução, o interregno será de 4 anos, período já superado entre a data do fato (dezembro de 2005) e o recebimento da denúncia (janeiro de 2010).

Como ficará sobejamente demonstrado, a acusação que pesa sobre a ré não pode prosperar, tendo em conta que o acervo probatório reunido pela acusação é frágil e insuficiente a comprovar a materialidade delitiva e a autoria do crime imputado à acusada.

Não bastasse o fato de o prazo de que o Estado dispunha para punir a acusada ter-se exaurido, é fato que inexistem provas de que a ré tivesse conhecimento do estado gravídico da amiga.

Ao contrário, ao prescrever-lhe o medicamento, a acusada somente o fez porque não sabia que este se destinava à interrupção da gravidez de Leila. Ao fazê-lo, a ré, induzida em erro pela amiga, que lhe afirmara padecer de úlcera, prescreveu-lhe medicamento exclusivamente para essa finalidade, é dizer, para o tratamento do quadro de úlcera. Fica, pois, claro que não havia, por parte da ré, qualquer intenção de provocar o aborto em Leila, porquanto desconhecia sua gravidez.

Nos crimes de uma forma geral - e no aborto não é diferente - é imprescindível à própria existência do delito o chamado elemento subjetivo, representado, aqui, pelo dolo, entendido, neste caso, como a vontade livre e consciente de interromper a gravidez e provocar a morte do produto da concepção.

Ausente o dolo, não há que se falar em conduta e, por conseguinte, em crime.

A acusada agiu sem dolo, sem consciência da gravidez de Leila. Não pode, dessa forma, ser responsabilizada pela conduta tipificada no art. 126, *caput*, do Código Penal.

Leila, após se submeter a exame no Instituto Médico Legal, mudou-se para Brasília, antes mesmo do término das investigações e de sua oitiva no inquérito.

Tal fato, a despeito dos esforços envidados pela autoridade policial para localizá-la, contribui para enfraquecer o acervo probatório, visto que este depoimento seria esclarecedor.

Quanto à materialidade, o laudo confeccionado pelo Instituto Médico Legal revelou-se inconclusivo, na medida em que, apesar de ter confirmado a existência de gravidez, não apontou nenhum elemento a partir do qual pudesse se depreender que Leila submetera-se a aborto.

No que tange ao resultado positivo do exame de gravidez encontrado por Joel, este somente confirma o resultado do laudo expedido pelo IML, isto é, que Leila estivera grávida. O bilhete de Fátima a Leila, por sua vez, foi escrito com o propósito de adverti-la das doses a serem ingeridas para o tratamento da úlcera.

Assim, como se pode notar, a acusação está calcada em provas frágeis, insuficientes para autorizar a pronúncia da ré, além do que o Estado já esgotou o prazo de que dispunha para punir a acusada.

3. PEDIDO

Ante o exposto, requer-se a Vossa Excelência seja reconhecida extinta a punibilidade pela prescrição da pretensão punitiva estatal ou, de forma subsidiária, postula-se seja proferida a respeitável decisão de impronúncia da ré, com fundamento no art. 414 do Código de Processo Penal.

Local..., 19 de julho de 2010.

Advogado

fim da petição

Gabarito comentado - Examinadora:

Deve-se redigir memorial ao juiz do tribunal do júri. Embora não haja previsão legal expressa quanto à apresentação de memorial na audiência de instrução do procedimento do júri, é possível a substituição dos debates orais pelos memoriais, por analogia ao art. 403, § 3º, do Código de Processo Penal e em face da anuência das partes.

Prazo estabelecido pelo juiz: 19/7/2010.

Preliminar: prescrição da pretensão punitiva, visto que da data do fato (dezembro de 2005) até a denúncia (janeiro de 2010) passaram-se mais de quatro anos. Como para o crime de aborto, previsto no art. 126 do Código Penal, é prevista pena de um a quatro anos, o crime prescreverá em oito anos. Entretanto, tratando-se de menor de vinte e um anos, a prescrição corre pela metade, estando o crime prescrito (CP, arts. 109, IV, 115 e 126)

Mérito: impronúncia por falta de comprovação da materialidade (laudo pericial inconclusivo); inexistência de indícios suficientes de autoria (falta das declarações da menor) e ausência da comprovação do dolo (a ré afirma que não sabia da gravidez da amiga e forneceu-lhe remédio com objetivo de curar úlcera).

Pedido: reconhecimento da preliminar e extinção da punibilidade; impronúncia nos termos do art. 414 do Código de Processo Penal. Admite-se o pedido de absolvição sumária (CPP, art. 415) em atenção ao princípio da ampla defesa.

Observação para a correção: atribuir pontuação integral às respostas em que esteja expresso o conteúdo do dispositivo legal, ainda que não seja citado, expressamente, o número do artigo.

(OAB/Exame Unificado – 2010.2 – 2ª fase) Peça Prático-profissional. A Polícia Civil do Estado do Rio Grande do Sul recebe notícia crime identificada, imputando a Maria Campos a prática de crime, eis que mandaria crianças brasileiras para o estrangeiro com documentos falsos. Diante da notícia crime, a autoridade policial instaura inquérito policial e, como primeira providência, representa pela decretação da interceptação das comunicações telefônicas de Maria Campos, "dada a gravidade dos fatos noticiados e a notória dificuldade de apurar crime de tráfico de menores para o exterior por outros meios, pois o 'modus operandi' envolve sempre atos ocultos e exige estrutura organizacional sofisticada, o que indica a existência de uma organização criminosa integrada pela investigada Maria". O Ministério Público opina favoravelmente e o juiz defere a medida, limitando-se a adotar, como razão de decidir, "os fundamentos explicitados na representação policial".

No curso do monitoramento, foram identificadas pessoas que contratavam os serviços de Maria Campos para providenciar expedição de passaporte para viabilizar viagens de crianças para o exterior. Foi gravada conversa telefônica de Maria com um funcionário do setor de passaportes da Polícia Federal, Antônio Lopes, em que Maria consultava Antônio sobre os passaportes que ela havia solicitado, se já estavam prontos, e se poderiam ser enviados a ela. A pedido da autoridade policial, o juiz deferiu a interceptação das linhas telefônicas utilizadas por Antônio Lopes, mas nenhum diálogo relevante foi interceptado.

O juiz, também com prévia representação da autoridade policial e manifestação favorável do Ministério Público, deferiu a quebra de sigilo bancário e fiscal dos investigados, tendo sido identificado um depósito de dinheiro em espécie na conta de Antônio, efetuado naquele mesmo ano, no valor de R$ 100.000,00 (cem mil reais). O monitoramento telefônico foi mantido pelo período de quinze dias, após o que foi deferida medida de busca e apreensão nos endereços de Maria e Antônio. A decisão foi proferida nos seguintes termos: "diante da gravidade dos fatos e da real possibilidade de serem encontrados objetos relevantes para investigação, defiro requerimento de busca e apreensão nos endereços de Maria (Rua dos Casais, 213) e de Antônio (Rua Castro, 170, apartamento 201)". No endereço de Maria Campos, foi encontrada apenas uma relação de nomes que, na visão da autoridade policial, seriam clientes que teriam requerido a expedição de passaportes com os nomes de crianças que teriam viajado para o exterior. No endereço indicado no mandado de Antônio Lopes, nada foi encontrado. Entretanto, os policiais que cumpriram a ordem judicial perceberam que o apartamento 202 do mesmo prédio também pertencia ao investigado, motivo pelo qual nele ingressaram, encontrando e apreendendo a quantia de cinquenta mil dólares em espécie. Nenhuma outra diligência foi realizada.

Relatado o inquérito policial, os autos foram remetidos ao Ministério Público, que ofereceu a denúncia nos seguintes termos: "o Ministério Público vem oferecer denúncia contra Maria Campos e Antônio Lopes, pelos fatos a seguir descritos: Maria Campos, com o auxílio do agente da polícia federal Antônio Lopes, expediu diversos passaportes para crianças e adolescentes, sem observância das formalidades legais.

Maria tinha a finalidade de viabilizar a saída dos menores do país. A partir da quantia de dinheiro apreendida na casa de Antônio Lopes, bem como o depósito identificado em sua conta bancária, evidente que ele recebia vantagem indevida para efetuar a liberação dos passaportes. Assim agindo, a denunciada Maria Campos está incursa nas penas do artigo 239, parágrafo único, da Lei n. 8069/90 (Estatuto da Criança e do Adolescente), e nas penas do artigo 333, parágrafo único, c/c o artigo 69, ambos do Código Penal. Já o denunciado Antônio Lopes está incurso nas penas do artigo 239, parágrafo único, da Lei n. 8069/90 (Estatuto da Criança e do Adolescente) e nas penas do artigo 317, § 1º, c/c artigo 69, ambos do Código Penal.

O juiz da 15ª Vara Criminal de Porto Alegre, RS, recebeu a denúncia, nos seguintes termos:

"compulsando os autos, verifico que há prova indiciária suficiente da ocorrência dos fatos descritos na denúncia e do envolvimento dos denunciados. Há justa causa para a ação penal, pelo que recebo a denúncia. Citem-se os réus, na forma da lei". Antônio foi citado pessoalmente em 27.10.2010 (quarta-feira) e o respectivo mandado foi acostado aos autos dia 01.11.2010 (segunda-feira). Antônio contratou você como Advogado, repassando-lhe nomes de pessoas (Carlos de Tal, residente na Rua 1, n. 10, nesta capital; João de Tal, residente na Rua 4, n. 310, nesta capital; Roberta de Tal, residente na Rua 4, n. 310, nesta capital) que prestariam relevantes informações para corroborar com sua versão.

Nessa condição, redija a peça processual cabível desenvolvendo TODAS AS TESES DEFENSIVAS que podem ser extraídas do enunciado com indicação de respectivos dispositivos legais. Apresente a peça no último dia do prazo.

Resolução da peça prático-profissional – modelo de DEFESA PRÉVIA

início da folha

Excelentíssimo Senhor Doutor Juiz de Direito da 15ª Vara Criminal da Comarca de Porto Alegre – RS.

[Deixe espaço de aproximadamente 10 cm, para eventual despacho ou decisão do juiz]

Antônio Lopes, por seu advogado, nos autos da ação penal que lhe move o Ministério Público, vem, respeitosamente, à presença de Vossa Excelência, nos termos do que dispõe o art. 396-A do Código de Processo Penal, apresentar sua DEFESA PRÉVIA, pelas razões a seguir expostas:

1. DOS FATOS

Consta da inicial acusatória que o réu teria incorrido na prática das condutas prefiguradas nos arts. 239, parágrafo único, da Lei 8069/90 e 317, § 1º, c/c o art. 69, ambos do Código Penal.

Isso porque, segundo relato que consta da denúncia, o acusado, agente da Polícia Federal lotado no setor de passaportes, recebia vantagem indevida para proceder à liberação de passaportes de crianças e adolescentes para que estes pudessem ser enviados ao exterior em desacordo com as formalidades legais.

É ainda da exordial que a expedição dos passaportes e o contato com o corréu Antônio Lopes era feito pela corré Maria Campos, a quem são imputadas as condutas tipificadas nos arts. 239, parágrafo único, da Lei n. 8069/90 e 333, parágrafo único, c/c o artigo 69, ambos do Código Penal.

Recebida a denúncia, o réu foi citado para responder à presente acusação.

2. DO DIREITO

2.1. Matéria Preliminar

O primeiro reparo a ser feito, em sede de preliminar, refere-se à falta de competência da Justiça Estadual para processar este feito.

Reza o art. 109, V, da CF que "aos juízes federais compete processar e julgar os crimes previstos em tratado ou convenção internacional, quando, iniciada a execução no país, o resultado tenha ou devesse ter ocorrido no estrangeiro, ou reciprocamente".

Dada a transnacionalidade do delito previsto no art. 239, parágrafo único, da Lei 8.069/90, é competente, portanto, para o seu processamento e julgamento, a Justiça Federal.

Trata-se de incompetência absoluta, porque em razão da matéria, o que gera nulidade *ab initio*.

Estabelece a Constituição Federal, em seu art. 5º, XII, como regra, a inviolabilidade da comunicação telefônica, que somente pode ser quebrada, por ordem judicial, para fins de investigação criminal ou instrução processual penal.

A Lei 9.296/96 fixa a forma pela qual deve se dar a interceptação telefônica.

Pois bem, como a seguir ficará demonstrado, a interceptação determinada nas linhas telefônicas dos réus está em desacordo com o que prescreve esta legislação.

Senão vejamos.

Por primeiro, em obediência ao comando contido no art. 2º, II, da Lei 9.296/96, tratando-se de medida constritiva das mais invasivas, ainda que não existam outras provas, é dever da autoridade policial, antes de recorrer à interceptação telefônica, formulando requerimento nesse sentido ao magistrado, envidar esforços para colher outras provas, somente lançando mão da interceptação quando esta se mostrar imprescindível.

Não foi o que se deu.

Com efeito, a autoridade policial presidente do inquérito, como primeira providência, requereu a interceptação telefônica da linha utilizada pela ré Maria Campos, em flagrante violação à regra contemplada no art. 2º, II, da Lei 9.296/96.

Mais: o magistrado, ao decretar a interceptação na linha de uso da corré Maria Campos, deixou de fundamentar sua decisão, em patente desrespeito ao que dispõem os arts. 93, IX, da CF e 5º da Lei 9.296/96, apenas fazendo menção aos fundamentos contidos na representação policial, o que é inadmissível.

Trata-se, pois, de decisão nula.

Ainda em preliminar, a decisão que deferiu a busca e apreensão é nula, porquanto genérica e sem fundamentação, em flagrante violação ao disposto no art. 93, IX, da CF. Quanto às provas obtidas nesta diligência, devem ser consideradas ilícitas e, dessa forma, desentranhadas dos autos.

Em cumprimento ao mandado de busca e apreensão no endereço do réu, os agentes nada encontraram. Não satisfeitos, diante da notícia de que o apartamento vizinho também pertencia ao réu, ao arrepio da lei, já que não tinham ordem para isso, nele adentraram e ali apreenderam a importância de cinquenta mil dólares em espécie. A prova obtida nesta diligência de busca e apreensão, não autorizada judicialmente, é ilícita, devendo, portanto, ser retirada, desentranhadas dos autos.

A denúncia ofertada pelo Ministério Público é inepta, isso porque não descreve de forma clara, pormenorizada a conduta realizada pelo réu, o que inviabiliza o exercício do seu direito de defesa, em patente violação ao art. 5º, LV, da CF.

2.2. Mérito

No que concerne ao mérito, a acusação, por razões várias que a seguir serão expostas, também não pode prosperar.

Em primeiro lugar, inexiste lastro probatório mínimo a justificar a denúncia pelo crime do art. 317, § 1º, do Código Penal contra o réu.

A autoridade policial, ao efetuar a intercepção telefônica nas linhas de uso dos réus, não logrou obter nenhum diálogo útil às investigações.

À míngua de elementos para dar início às investigações, dirigiu seus esforços ao réu, pessoa com quem a corré Maria Campos havia feito contato telefônico e a quem ela formulara consulta acerca de passaportes.

Foi essa, pois, a ligação entre os réus.

Nenhuma prova foi construída que desse suporte à tese de que o réu tenha recebido vantagem indevida para expedir passaporte de forma irregular. Da mesma forma, a acusação nenhuma prova fez de que o réu, com a sua conduta, tenha infringido dever funcional, conforme exigência do art. 317, § 1º, do Código Penal.

Inexiste, portanto, neste caso, justa causa para a ação penal.

A imputação ao réu pelo crime do art. 239, parágrafo único, da Lei 8.069/90 merece reparo, já que o mesmo não tinha conhecimento do delito supostamente praticado pela corré Maria.

Com efeito, nos crimes em geral é necessário que o agente aja com dolo ou culpa, que constitui o elemento subjetivo do tipo. Ausente um ou outro, inexiste fato típico e, por conseguinte, crime.

No caso aqui tratado, o elemento subjetivo do crime previsto no art. 239, parágrafo único, do Estatuto da Criança e do Adolescente é representado pelo dolo. Pelo que dos autos consta, Antônio não tinha conhecimento do crime supostamente perpetrado por Maria, razão pela qual inexiste, da parte dele, dolo.

A conduta de Antônio, dessa forma, é atípica.

1. DO PEDIDO

Ante o exposto, postula-se pela declaração das nulidades noticiadas e pela absolvição sumária do réu, nos exatos termos do art. 397, III, do CPP, e, alternativamente, não sendo esse o entendimento de Vossa Excelência, sendo instruído o feito, requer-se a intimação das testemunhas abaixo arroladas:

Carlos de Tal, residente na Rua 1, n. 10, nesta apital;

João de Tal, residente na Rua 4, n. 310, nesta capital;

Roberta de Tal, residente na Rua 4, n.310, nesta capital.

Termos em que,

Pede deferimento.

Local ..., 8 de novembro de 2010.

Advogado

fim da petição

Gabarito comentado - Examinadora:

- O candidato deverá redigir Resposta à Acusação endereçada ao Juiz de Direito da 15ª Vara Criminal de Porto Alegre, RS, com base nos artigos 396 e/ou 396-A do Código de Processo Penal. É indispensável a indicação do dispositivo legal que fundamenta a apresentação da peça. Peças denominadas "Defesa Previa", "Defesa Preliminar" e "Resposta Preliminar" sem indicação do dispositivo legal não serão aceitas. Peças com fundamento simultâneo nos artigos 406 e 514.

ORDEM DOS ADVOGADOS DO BRASIL – OAB
EXAME DE ORDEM 2010/2
PROVA DISCURSIVA – DIREITO PENAL

Código de Processo Penal, ou em qualquer artigo de outra lei não serão aceitas. Quando se indicava os artigos 396 e/ou 396-A, as peças eram aceitas independente do nome, salvo quando também se fundamentavam\ no art. 514 do Código de Processo Penal ou em outro artigo não aplicável ao caso.

Admitiu-se a resposta acompanhada da exceção de incompetência, pontuando-se os argumentos constantes de ambas as peças.

- A primeira questão preliminar que deverá ser arguida é incompetência da Justiça Estadual para processar o feito, eis que o crime é de competência federal, nos termos do que prevê o artigo 109, V, da Constituição Federal. Relativamente a esse tema, admitiu-se também a arguição de incompetência com base no inciso IV do art. 109, da Constituição. Em ambos os casos, será considerada válida a indicação da transnacionalidade do crime ou a circunstância de ser uma acusação de crime supostamente praticado por funcionário público federal no exercício das funções e com estas relacionadas. Admite-se também a simples referência ao dispositivo da Constituição, ou até mesmo à Súmula n. 254, do extinto mas sempre Egrégio Tribunal Federal de Recursos. Não será aceita, por outro lado, a referência ao art. 109, I da Constituição nem às Súmulas 122 e/ou 147 do STJ.

- A segunda questão preliminar que deverá ser arguida é nulidade na interceptação telefônica. Aqui, foram pontuados separadamente os dois argumentos para sustentar a nulidade: (a) falta de fundamentação da decisão nos termos do que disciplina o artigo 5º, da Lei n. 9.296/96 e artigo 93, IX, da Constituição da República; no mesmo sentido; (b) impossibilidade de se decretar a medida de interceptação telefônica como primeira medida investigativa, não respeitando o princípio da excepcionalidade, violando o previsto no artigo 2º, II, da Lei n. 9.296/96. Na nulidade da interceptação não se aceitará o argumento do art. 4º, acerca da ausência de indicação de como seria implementada a medida. Também não se aceitará a nulidade decorrente da incompetência para a decretação, eis que o argumento da incompetência era objeto de pontuação específica.

- A terceira questão preliminar que deverá ser arguida é a nulidade da decisão que deferiu a busca e apreensão nula, eis que genérica e sem fundamentação, fulcro no artigo 93, IX, da Constituição da República.

- A quarta questão preliminar que deverá ser arguida é a nulidade da apreensão dos cinquenta mil dólares, eis que o ingresso no outro apartamento de Antônio, onde estava a quantia, não estava nautorizado judicialmente. Relativamente a este ponto, era indispensável que se associasse a ilegalidade ao conceito de prova ilícita e consequentemente requerendo-se a desconsideração do dinheiro lá apreendido.

- A quinta questão preliminar que deverá ser arguida é a inépcia da inicial acusatória, eis que a conduta é genérica, sem descrever as elementares do tipo de corrupção passiva e sem imputar fato determinado. Isso viola o previsto no artigo 8º, 2, 'b', do Decreto 678/92, o qual prevê como garantia do acusado a comunicação prévia e pormenorizada da acusação formulada. Além disso, limita o exercício do direito de defesa, em desrespeito ao previsto no artigo 5º, LV, da Constituição da República. Por fim, há violação ao artigo 41, do Código de Processo Penal.

- Em relação ao crime de corrupção passiva, previsto no artigo 317, §1o, do Código Penal, o candidato deverá apontar a falta de justa causa para a ação penal. Afirmações genéricas de falta de justa causa não serão consideradas suficientes para obtenção da pontuação. Com efeito, é preciso que o mcandidato faça um cotejo entre o tipo penal (com seus elementos normativos, objetivos e subjetivos) e os fatos narrados no enunciado da questão. São exemplos de argumentos: não há prova suficiente de que o réu recebia vantagem indevida para a emissão de passaportes de forma irregular; não há nenhuma prova de que os passaportes fossem emitidos de forma irregular; nenhum passaporte foi apreendido ou periciado na fase de inquérito policial; não há prova de que os

- passaportes supostamente requeridos por Maria na ligação telefônica foram, efetivamente, emitidos; não há prova de que houve o exaurimento do crime, nos termos do que prevê o §1º do artigo 317, do Código Penal, ou seja, que Antônio tenha efetivamente praticado ato infringindo dever funcional.
- No que tange ao crime previsto no artigo 239, parágrafo único, da Lei n. 8.069/90 (Estatuto da Criança e do Adolescente), não há qualquer indício da prática delituosa por parte de Antônio, eis que não há sequer referência de que ele tivesse ciência da intenção de Maria. Em outras palavras, o candidato deverá indicar que não havia consciência de que Antônio estivesse colaborando para a prática do crime supostamente praticado por Maria, inexistindo, dessa forma dolo. Assim como no caso do crime anterior, afirmações genéricas de falta de justa causa não serão consideradas suficientes para obtenção da pontuação. Com efeito, é preciso que o candidato faça um cotejo entre o tipo penal (com seus elementos normativos, objetivos e subjetivos) e os fatos narrados no enunciado da questão. Dessa forma, relativamente à atipicidade do crime do art. 239, é indispensável que o candidato apontasse a ausência de dolo ou falasse do elemento subjetivo do tipo. Argumentos relacionados exclusivamente ao nexo causal não serão considerados aptos.

ORDEM DOS ADVOGADOS DO BRASIL – OAB
EXAME DE ORDEM 2010/2
PROVA DISCURSIVA – DIREITO PENAL

- Ao final, o candidato deverá especificar provas, indicando rol de testemunhas. Os requerimentos devem ser de declaração das nulidades, absolvição sumária e, alternativamente, instrução processual com produção da prova requerida pela defesa. Para pontuar o pedido não é necessário que o candidato faça todos os pedidos constantes do gabarito, mas que seus pedidos estejam coerentes com a argumentação desenvolvida na peça. Por outro lado, se houver argumentos flagrantemente equivocados em maior número do que adequados, o pedido deixará de ser pontuado. No pedido, não foi admitida absolvição com fulcro no art. 386 e do 415 do Código de Processo Penal, já que ele trata das hipóteses de absolvição após o transcurso do processo, e não na fase de resposta.
- O último dia do prazo é 08.11.2010, eis que a contagem inicia na data da intimação pessoal. Não serão aceitas datas como 06 ou 07 de novembro, pois o enunciado é claro ao especificar que a petição deveria ser protocolada no último dia do prazo, o qual se prorrogou até o dia útil subsequente. Erros como 08 de outubro e 08 de setembro (ou qualquer outra data) serão considerados insuscetíveis de pontuação.
- Por fim, o gabarito não contempla nenhuma atribuição de pontuação para as argumentações relativas à: (1) ausência de notificação para apresentar resposta preliminar (art. 514, Código de Processo Penal); (2) nulidade da decisão que decretou a quebra do sigilo bancário. Também não será atribuída pontuação á simples narrativa dos fatos nem às afirmações genéricas de que não havia justa causa para a ação penal.

Item Pontuação

Incompetência da Justiça Estadual. Artigo 109, V, CF. 0,75

Nulidade da decisão que decretou a interceptação telefônica como primeira medida investigatória. Artigo 2º, II, da Lei n. 9.296/96. 0,25

Nulidade da decisão que decretou a interceptação telefônica sem fundamentação adequada. Basta indicar um dos seguintes dispositivos: artigo 5º, da Lei n. 9.296/96 e artigo 93, IX, da Constituição da República. 0,25

Nulidade da decisão que deferiu a busca e apreensão por ser genérica e sem devida fundamentação. Artigo 93, IX, da Constituição da República. 0,50

Nulidade na apreensão dos cinquenta mil dólares em endereço para o qual não havia autorização judicial. 0,50

Inépcia da denúncia, eis que genérica. Basta indicar um dos seguintes dispositivos: artigo 8º, 2, 'b', do Decreto 678/92, artigo 5º, LV, da Constituição da República, e artigo 41, do Código de Processo Penal 0,50

Falta de justa causa para ação penal em relação ao crime previsto no artigo 317, §1º, do Código Penal. 0,75

Atipicidade do artigo 239, parágrafo único, da Lei n. 8.069/90, eis que sem dolo. 0,50

Apresentação de requerimento de declaração de nulidades, absolvição sumária e, alternativamente, sendo instruído o feito, produção das provas em direito admitidas. 0,25

Apresentação de rol de testemunhas. 0,25

Prazo: 08/11/2010. 0,50

(OAB/Exame Unificado – 2010.3 – 2ª fase) Peça prático-profissional. No dia 17 de junho de 2010, uma criança recém-nascida é vista boiando em um córrego e, ao ser resgatada, não possuía mais vida. Helena, a mãe da criança, foi localizada e negou que houvesse jogado a vítima no córrego. Sua filha teria sido, segundo ela, sequestrada por um desconhecido. Durante a fase de inquérito, testemunhas afirmaram que a mãe apresentava quadro de profunda depressão no momento e logo após o parto. Além disso, foi realizado exame médico legal, o qual constatou que Helena, quando do fato, estava sob influência de estado puerperal. À míngua de provas que confirmassem a autoria, mas desconfiado de que a mãe da criança pudesse estar envolvida no fato, a autoridade policial representou pela decretação de interceptação telefônica da linha de telefone móvel usado pela mãe, medida que foi decretada pelo juiz competente. A prova constatou que a mãe efetivamente praticara o fato, pois, em conversa telefônica com uma conhecida, de nome Lia, ela afirmara ter atirado a criança ao córrego, por desespero, mas que estava arrependida. O delegado intimou Lia para ser ouvida, tendo ela confirmado, em sede policial, que Helena de fato havia atirado a criança, logo após o parto, no córrego. Em razão das aludidas provas, a mãe da criança foi então denunciada pela prática do crime descrito no art. 123 do Código Penal perante a 1ª Vara Criminal (Tribunal do Júri). Durante a ação penal, é juntado aos autos o laudo de necropsia realizada no corpo da criança. A prova técnica concluiu que a criança já nascera morta. Na audiência de instrução, realizada no dia 12 de agosto de 2010, Lia é novamente inquirida, ocasião em que confirmou ter a denunciada, em conversa telefônica, admitido ter jogado o corpo da criança no córrego. A mesma testemunha, no entanto, trouxe nova informação, que não mencionara quando ouvida na fase inquisitorial. Disse que, em outras conversas que tivera com a mãe da criança, Helena contara que tomara substância abortiva, pois não poderia, de jeito nenhum, criar o filho. Interrogada, a denunciada negou todos os fatos. Finda a instrução, o Ministério Público manifestou-se pela pronúncia, nos termos da denúncia, e a defesa, pela impronúncia, com base no interrogatório da acusada, que negara todos os fatos. O magistrado, na mesma audiência, prolatou sentença de pronúncia, não nos termos da denúncia, e sim pela prática do crime descrito no art. 124 do Código Penal, punido menos severamente do que aquele previsto no art. 123 do mesmo código, intimando as partes no referido ato.

Com base somente nas informações de que dispõe e nas que podem ser inferidas pelo caso concreto acima, na condição de advogado(a) de Helena, **redija a peça cabível à impugnação da mencionada decisão**, acompanhada das razões pertinentes, as quais devem apontar os argumentos para o provimento do recurso, mesmo que em caráter sucessivo.

Resolução da peça prático-profissional – modelo de RECURSO EM SENTIDO ESTRITO

Recurso em Sentido Estrito – petição de interposição

início da folha

Excelentíssimo Senhor Doutor Juiz de Direito da 1ª Vara do Tribunal do Júri da Comarca de...

[deixe espaço de aproximadamente 10 cm, para eventual despacho ou decisão do juiz]

Helena, já qualificada nos autos do processo nº ..., que lhe move o Ministério Público, por seu advogado que esta subscreve, não se conformando, *data maxima venia*, com a decisão de pronúncia, com supedâneo no art. 581, IV, do Código de Processo Penal, dela vem, tempestivamente, interpor RECURSO EM SENTIDO ESTRITO.

Caso Vossa Excelência entenda que seja o caso de manter a respeitável decisão, postula-se pela remessa deste recurso ao Tribunal de Justiça.

Termos em que, requerendo seja ordenado o processamento do recurso, com as inclusas razões.

Pede Deferimento.

Local ..., data ...

Advogado

fim da petição

início da folha

Razões de Recurso em Sentido Estrito

RAZÕES DE RECURSO EM SENTIDO ESTRITO

RECORRENTE: HELENA

RECORRIDO: Ministério Público

Processo-crime nº ...

Egrégio Tribunal de Justiça,

Colenda Câmara,

Doutos Desembargadores,

Inconformado com a respeitável decisão contra si prolatada, vem a recorrente interpor o presente recurso em sentido estrito, aguardando, ao final, se dignem Vossas Excelências em reformá-la, pelas razões de fato e de direito a seguir expostas:

1. DOS FATOS

A recorrente foi denunciada porque teria incorrido no crime previsto no art. 123 do CP.

Segundo restou apurado em sede de inquérito, a acusada, depois de dar sua filha à luz e ainda sob os efeitos do puerpério, teria atirado a recém-nascida em um córrego, o que teria resultado no óbito desta.

Denunciada e submetida ao sumário de culpa, a recorrente foi pronunciada nos termos do art. 124 do Código Penal, uma vez que, no curso da instrução, surgiu prova, em decorrência de depoimento prestado por testemunha, de que o crime perpetrado seria diverso daquele descrito na inicial.

Não houve aditamento pelo Ministério Público.

2. DO DIREITO

2.1. Matéria Preliminar

O primeiro reparo a ser feito, em preliminar, diz respeito à ilicitude da interceptação telefônica como prova.

Com efeito, não é admitida, por força do que dispõe o art. 2º, III, da Lei 9.296/96, a intercepção telefônica como recurso de investigação nos crimes cuja pena cominada não seja a de reclusão. As penas previstas para os crimes dos arts. 123 e 124 são de detenção.

Não seria o caso, portanto, por expressa vedação legal, de se autorizar a intercepção telefônica.

Não é só.

Em obediência ao comando contido no art. 2º, II, da Lei 9.296/96, tratando-se de medida constritiva das mais invasivas, ainda que não existam outras provas, é dever da autoridade policial, antes de recorrer à interceptação telefônica, formulando requerimento nesse sentido ao magistrado, envidar esforços para colher outras provas, somente lançando mão da interceptação quando esta se mostrar imprescindível.

Não foi o que se deu.

A autoridade policial presidente do inquérito, antes mesmo de esgotar os recursos de investigação de que dispunha, requereu a interceptação telefônica da linha utilizada pela recorrente, em flagrante violação à regra contemplada no art. 2º, II, da Lei 9.296/96.

Além disso, o depoimento prestado por Lia, amiga da recorrente, constitui prova ilícita por derivação, nos termos do art. 157, § 1º, do CPP, na medida em que a sua produção foi viabilizada pela interceptação telefônica determinada ilicitamente.

Essas duas provas, pois, devem ser desentranhadas dos autos.

De se ver, ainda em preliminar, que o fato de surgir, no curso da instrução, prova apta a conferir nova definição jurídica ao fato impõe ao juiz o dever de abrir vista dos autos ao Ministério Público para que este adite a denúncia, conforme estabelece o art. 384 do CPP.

É a chamada *mutatio libelli*.

Esta formalidade não foi observada pelo juízo *a quo*.

O magistrado, no lugar de aplicar o art. 411, § 3º, do CPP, como exigia o caso, pronunciou a recorrente, dando ensejo, portanto, à nulidade do processo.

2.2. Mérito

No mérito, a respeitável decisão de pronúncia não merece prosperar.

A materialidade do crime com base no qual foi pronunciada a recorrente não restou provada.

Com efeito, consta do laudo de necropsia que a criança já nascera morta. Nenhuma menção foi feita quanto à ingestão, pela mãe, de substância abortiva, o que afasta qualquer possibilidade de sustentar a existência do crime capitulado no art. 124 do CP.

No mais, se desconsideramos as provas ilícitas, nenhuma prova de autoria pesa contra a recorrente, quer em relação ao crime de infanticídio, quer em relação ao crime de aborto, razão por que é de rigor a impronúncia.

3. DO PEDIDO

Ante o exposto, postula-se seja dado provimento ao presente recurso para o fim de determinar o desentranhamento das provas ilícitas e das ilícitas por derivação, bem assim requer seja a requerente impronunciada em razão do desentranhamento dessas provas e consequente ausência de indícios de autoria e também por ausência de provas de materialidade do crime de aborto.

Nestes Termos,

Pede Deferimento.

Local ..., data ...

Advogado

fim da petição

Gabarito comentado - Examinadora:

O recurso cabível é o recurso em sentido estrito, na forma do art. 581, IV, do Código de Processo Penal, dirigido ao Juiz da 1ª Vara Criminal (Tribunal do Júri).

Em primeiro lugar, deverá o examinando requerer, em preliminar, o desentranhamento das provas ilícitas.

Isso porque o crime investigado, infanticídio (art. 123 do Código Penal), é punido com pena de detenção. Em razão disso, não era admissível a interceptação telefônica prevista na Lei 9.296/96, pois a lei em tela não admite a medida quando o crime só é punido com pena de detenção (art. 2º, III). É de ressaltar que o crime de aborto, previsto no art. 124, também só é punido com pena de detenção. Além disso, o enunciado indica não existir indícios suficientes de autoria, uma vez que o delegado representou pela decretação da quebra com base em meras suspeitas. Finalmente, não foram esgotados todos os meios de investigação, condição sine qua non para que a medida seja decretada.

Por outro lado, o examinando deverá registrar também que o testemunho de Lia, embora seja prova realizada de modo lícito, será ilícito por derivação, na forma do art. 157, § 1º, do Código e Processo Penal e, portanto, imprestável.

Ainda em preliminar, deverá o examinando suscitar a nulidade do processo por violação do art. 411, § 3º do Código de Processo Penal, c/c art. 384 do Código de Processo Penal. Com efeito, diante das regras acima referidas, o Juiz, vislumbrando a possibilidade de nova definição do fato em razão de prova nova, surgida durante a instrução, deverá abrir vista dos autos para que o Ministério Público, se for o caso, adite a denúncia, mesmo que a pena prevista para a nova definição jurídica seja menor, conforme a nova redação do art. 384 do Código de Processo Penal, dada pela Lei 11.719/2008.

O candidato deverá, ainda, sustentar que não restou provada a materialidade do crime de aborto, uma vez que nenhuma perícia foi feita no sentido de comprovar que a criança faleceu em decorrência da ingestão de substância abortiva.

Finalmente, deveria requerer, em caráter sucessivo, a impronúncia da acusada, uma vez que, retiradas as provas ilícitas dos autos, nenhuma prova de autoria existiria contra a denunciada.

Em relação aos itens da correção, assim ficaram divididos:

Item – Pontuação

Endereçamento correto e indicação da norma (art. 581, IV, CPP)
0 / 0,35 / 0,7

Pedido de reconsideração ao juiz de 1º grau e indicação da norma (art. 589, parágrafo único, CPP)
0 / 0,1 / 0,2

Indicação da ilegitimidade/ilicitude da interceptação telefônica (0,4) por tratar-se de crime apenado com detenção (0,4) OU Indicação da ilegitimidade/ilicitude da interceptação telefônica (0,4) com fundamento na necessidade de esgotamento prévio dos meios de investigação (0,4)
0 / 0,4 / 0,8

Indicação do dispositivo legal (art. 2º, III, Lei 9.296/96) OU (art. 2º, II, Lei 9.296/96)
0 / 0,5

Indicação da ilicitude por derivação da prova testemunhal (0,25) com fundamentação legal (art. 157, §1º, CPP) (0,25)
0 / 0,25 / 0,5

Desenvolvimento fundamentado de que haveria violação das regras referentes à mutatio libelli (0,25/0,5) / Indicação do dispositivo legal: art. 384 do CPP (0,25), c/c art. 411, §3º, do CPP (0,25)
0 / 0,25 / 0,5 / 0,75 / 1,0

Desenvolvimento fundamentado acerca da ausência de prova da materialidade do crime de aborto por inexistência de perícia que vincule o óbito à substância abortiva
0 / 0,25 / 0,5

Pedidos principais corretos (0,2 cada):
- desentranhamento da prova Ilícita
- impronúncia em virtude do desentranhamento da prova ilícita e consequente ausência de indícios suficientes de autoria
- impronúncia por ausência de prova da materialidade do crime de aborto
- absolvição sumária OU nulidade da decisão de pronúncia, com fundamento na mutatio libelli
0 / 0,2 / 0,4 / 0,6 / 0,8

(OAB/Exame Unificado – 2.011.1 – 2ª fase) Peça prático-profissional. Tício foi denunciado e processado, na 1ª Vara Criminal da Comarca do Município X, pela prática de roubo qualificado em decorrência do emprego de arma de fogo. Ainda durante a fase de inquérito policial, Tício foi reconhecido pela vítima. Tal reconhecimento se deu quando a referida vítima olhou através de pequeno orifício da porta de uma sala onde se encontrava apenas o réu. Já em sede de instrução criminal, nem vítima nem testemunhas afirmaram ter escutado qualquer disparo de arma de fogo, mas foram uníssonas no sentido de assegurar que o assaltante portava uma. Não houve perícia, pois os policiais que prenderam o réu em flagrante não lograram êxito em apreender a arma. Tais policiais afirmaram em juízo que, após escutarem gritos de "pega ladrão!", viram o réu correndo e foram em seu encalço. Afirmaram que, durante a perseguição, os passantes apontavam para o réu, bem como que este jogou um objeto no córrego que passava próximo ao local dos fatos, que acreditavam ser a arma de fogo utilizada. O réu, em seu interrogatório, exerceu o direito ao silêncio. Ao cabo da instrução criminal, Tício foi condenado a oito anos e seis meses de reclusão, por roubo com emprego de arma de fogo, tendo sido fixado o regime inicial fechado para cumprimento de pena. O magistrado, para fins de condenação e fixação da pena, levou em conta os depoimentos testemunhais colhidos em juízo e o reconhecimento feito pela vítima em sede policial, bem como o fato de o réu ser reincidente e portador de maus antecedentes, circunstâncias comprovadas no curso do processo.

Você, na condição de advogado(a) de Tício, é intimado(a) da decisão. Com base somente nas informações de que dispõe e nas que podem ser inferidas pelo caso concreto acima, redija a peça cabível, apresentando as razões e sustentando as teses jurídicas pertinentes. (Valor: 5,0)

Resolução da peça prático-profissional – modelo de APELAÇÃO

Petição de interposição

início da folha

Excelentíssimo Senhor Doutor Juiz de Direito da 1ª Vara Criminal da Comarca do Município X.

[deixe espaço de aproximadamente 10 cm, para eventual despacho ou decisão do juiz]

Tício, já qualificado nos autos da ação penal nº ..., que lhe move o Ministério Público, por seu advogado e bastante procurador que esta subscreve, não se conformando com a respeitável sentença que o condenou à pena de oito anos e seis meses de reclusão, dela vem interpor recurso de APELAÇÃO, com fundamento no art. 593, I, do Código de Processo Penal, ao Egrégio Tribunal de Justiça.

Nesses termos, requerendo seja ordenado o processamento do recurso, com as inclusas razões.

Pede Deferimento.

Local ..., data ....

Advogado

fim da petição

início da folha

Razões de apelação

Razões de Apelação
Apelante: Tício
Apelado: Ministério Público
Processo-crime nº ...
Egrégio Tribunal de Justiça,
Colenda Câmara,
Ilustres Desembargadores,
Douta Procuradoria de Justiça,

A respeitável sentença condenatória, pelas razões que a seguir serão expostas, não merece prosperar.

1. DOS FATOS

O apelante foi denunciado e processado pela prática do crime de roubo majorado em razão do emprego de arma de fogo porque teria subtraído, para si, mediante grave ameaça exercida com arma de fogo pertence da vítima.

A suposta arma de fogo utilizada não foi apreendida e, bem por isso, não foi submetida a perícia.

Finda a instrução, o apelante foi condenado a oito anos e seis meses de reclusão, por roubo com emprego de arma de fogo, estabelecendo o magistrado sentenciante, como regime inicial para cumprimento de pena, o fechado.

2. DO DIREITO

Como ficará demonstrado nas linhas a seguir, não existem provas suficientes a autorizar um decreto condenatório em desfavor do apelante.

Como argumento preliminar, deve-se, de plano, combater o reconhecimento levado a efeito durante a fase investigativa.

Com efeito, a autoridade policial, ao proceder ao reconhecimento do apelante, ainda no curso do inquérito policial, deveria obedecer a certas formalidades, estas contempladas no art. 226, II, do CPP.

Conforme impõe o dispositivo em questão, aquele que há de ser submetido a reconhecimento deve ser colocado ao lado de outras pessoas que com ele tenham qualquer semelhança.

Não foi o que se deu, pois na sala em que ocorreu o reconhecimento somente estava o apelante. A autoridade policial, para que nenhuma dúvida restasse, não providenciou para que, ao seu lado, fossem posicionados outros com características semelhantes.

Assim sendo, ante a violação da norma imposta pelo art. 226, II, do CPP, o reconhecimento, no qual se baseou o juízo *a quo* para condenar o réu, não pode ser levado em consideração.

Se desconsiderarmos o reconhecimento, visto que foi produzido em violação aos ditames legais, podemos, dessa forma, afirmar que inexiste prova suficiente para sustentar a condenação do apelante, nos termos do art. 386, VII, do CPP.

Se assim não entenderem Vossas Excelências, somente para argumentar, a jurisprudência tem entendido que, para a caracterização da majorante prevista no artigo 157, § 2º, I, do Código Penal, faz-se necessário que a arma de fogo seja apreendida e periciada, conforme estabelece o art. 158 do CPP.

Não foi apreendida tampouco periciada, o que torna inviável a demonstração de sua potencialidade lesiva.

Registre-se, de outro lado, que não se tem notícia de que tenha havido disparo de arma de fogo, conforme relataram vítima e testemunhas, o que torna inviável o exame de corpo de delito indireto, a teor do art. 167 do CPP.

No que concerne à pena aplicada pelo juízo sentenciante, entendemos que a sentença merece reparo, visto que a pena-base foi fixada muito além do mínimo, levando-se em conta que o apelante, ainda que seja reincidente e ostente maus antecedentes, tem as demais circunstâncias judiciais favoráveis.

3. DO PEDIDO.

Diante de todo o exposto, requer-se seja dado provimento ao recurso para decretar a nulidade do reconhecimento no qual se fundamentou o magistrado sentenciante para condenar o apelante; postula-se, também, que, uma vez reconhecida a nulidade do reconhecimento, seja dado provimento ao recurso interposto para o fim de absolver o réu por falta de provas suficientes para autorizar um decreto condenatório, nos termos do art. 386, VII, do CPP; e, caso esse entendimento não prevaleça, postula-se pelo afastamento da majorante do art. 157, § 2º, I, do CP; e pela redução da pena-base.

Nesses Termos,
Pede Deferimento.
Local ..., data ....
Advogado

fim da petição

Gabarito comentado - Examinadora:

O examinando deve redigir uma apelação, com fundamento no artigo 593, I, do Código de Processo Penal.

A petição de interposição deve ser endereçada ao juiz de direito da 1ª vara criminal da comarca do município X.

Nas razões de apelação o candidato deverá dirigir-se ao Tribunal de Justiça do Estado do Rio de Janeiro, argumentando que o reconhecimento feito não deve ser considerado para fins de condenação, pois houve desrespeito à formalidade legal prevista no art. 226, II, do Código de Processo Penal. Dessa forma, inexistiria prova suficiente para a condenação do réu, haja vista ter sido feito somente um único reconhecimento, em sede de inquérito policial e sem a observância das exigências legais, o que levaria à absolvição com fulcro no art. 386, VII, do mesmo diploma (também aceita-se como fundamento do pedido de absolvição o art. 386, V do CPP).

Outrossim, de maneira alternativa, deverá postular o afastamento da causa especial de aumento de pena decorrente do emprego de arma de fogo, pois esta deveria ter sido submetida à perícia, nos termos do art. 158 do Código de Processo Penal, o que não foi feito, de modo que não há como ser comprovada a potencialidade lesiva da arma.

Ademais, sequer foi possível a perícia indireta (art. 167 CPP), pois nenhuma das testemunhas disse ter escutado a arma disparar, de modo que o emprego de arma somente poderia servir para configurar a grave ameaça, elementar do crime de roubo.

Distribuição de Pontos:
Item – Pontuação

Estrutura correta (divisão das partes / indicação de local, data, assinatura)
0 / 0,25

Indicação correta do prazo e dispositivos legais que dão ensejo à apelação, na petição de interposição (art. 593, I, do CPP)
0 / 0,25

Endereçamento correto da interposição – 1ª Vara Criminal do Município X
0 / 0,25

Endereçamento correto das razões – Tribunal de Justiça do Estado
0 / 0,25

Desenvolvimento jurídico acerca da falta de observância da formalidade legal (0,8) / prevista no art. 226, II, do CPP (0,2)
0 / 0,2 / 0,8 / 1,0

Desenvolvimento jurídico acerca da ausência da apreensão da arma (ou de ausência de potencialidade lesiva), o que impede o exame pericial da arma, nos termos do art. 158 do CPP. (0,6)
Ninguém afirmou que a arma tenha efetuado qualquer disparo (perícia indireta) (0,4).
0 / 0,4 / 0,6 / 1,0

Pedido: Absolvição + argumento + base legal
0 / 0,5

Pedidos (0,5 cada) – no mínimo 3 pedidos – máximo 1,5 ponto:
- redução da pena + base legal
- mudança de regime + base legal
- nulidade da prova + base legal
- afastamento da agravante + argumento + base legal
0 / 0,5 / 1,0 / 1,5

(OAB/Exame Unificado – 2.011.2 – 2ª fase) Peça prático-profissional. Em 10 de janeiro de 2007, Eliete foi denunciada pelo Ministério Público pela prática do crime de furto qualificado por abuso de confiança, haja vista ter alegado o Parquet que a denunciada havia se valido da qualidade de empregada doméstica para subtrair, em 20 de dezembro de 2006, a quantia de R$ 50,00 de seu patrão Cláudio, presidente da maior empresa do Brasil no segmento de venda de alimentos no varejo. A denúncia foi recebida em 12 de janeiro de 2007, e, após a instrução criminal, foi proferida, em 10 de dezembro de 2009, sentença penal julgando procedente a pretensão acusatória para condenar Eliete à pena final de dois anos de reclusão, em razão da prática do crime previsto no artigo 155, §2º, inciso IV, do Código Penal. Após a interposição de recurso de apelação exclusivo da defesa, o Tribunal de Justiça entendeu por bem anular toda a instrução criminal, ante a ocorrência de cerceamento de defesa em razão do indeferimento injustificado de uma pergunta formulada a uma testemunha. Novamente realizada a instrução criminal, ficou comprovado que, à época dos fatos, Eliete havia sido contratada por Cláudio havia uma semana e só tinha a obrigação de trabalhar às segundas, quartas e sextas-feiras, de modo que o suposto fato criminoso teria ocorrido no terceiro dia de trabalho da doméstica. Ademais, foi juntada aos autos a comprovação dos rendimentos da vítima, que giravam em torno de R$ 50.000,00 (cinquenta mil reais) mensais. Após a apresentação de memoriais pelas partes, em 9 de fevereiro de 2011, foi proferida nova sentença penal condenando Eliete à pena final de 2 (dois) anos e 6 (seis) meses de reclusão. Em suas razões de decidir, assentou o magistrado que a ré possuía circunstâncias judiciais desfavoráveis, uma vez que se reveste de enorme gravidade a prática de crimes em que se abusa da confiança depositada no agente, motivo pelo qual a pena deveria ser distanciada do mínimo. Ao final, converteu a pena privativa de liberdade em restritiva de direitos, consubstanciada na prestação de 8 (oito) horas semanais de serviços comunitários, durante o período de 2 (dois) anos e 6 (seis) meses em instituição a ser definida pelo juízo de execuções penais. Novamente não houve recurso do Ministério Público, e a sentença foi publicada no Diário Eletrônico em 16 de fevereiro de 2011.

Com base somente nas informações de que dispõe e nas que podem ser inferidas pelo caso concreto acima, redija, na qualidade de advogado de Eliete, com data para o último dia do prazo legal, o recurso cabível à hipótese, invocando todas as questões de direito pertinentes, mesmo que em caráter eventual.

(Valor: 5,0)

Resolução da peça prático-profissional – modelo de APELAÇÃO

Petição de interposição

início da folha

Excelentíssimo Senhor Doutor Juiz de Direito da__Vara Criminal da Comarca de_____.

[deixe espaço de aproximadamente 10 cm, para eventual despacho ou decisão do juiz]

Eliete, já qualificado nos autos da ação penal nº ..., que lhe move o Ministério Público, por seu advogado e bastante procurador que esta subscreve, não se conformando com a respeitável sentença que a condenou à pena de dois anos e seis meses de reclusão, dela vem interpor recurso de APELAÇÃO, com fundamento no art. 593, I, do Código de Processo Penal, ao Egrégio Tribunal de Justiça.

Nesses termos, requerendo seja ordenado o processamento do recurso, com as inclusas razões.

Pede Deferimento.

Local, 21 de fevereiro de 2011.

Advogado

fim da petição

início da folha

Razões de apelação

Razões de Apelação
Apelante: Eliete
Apelado: Ministério Público
Processo-crime nº ...
Egrégio Tribunal de Justiça,
Colenda Câmara,
Ilustres Desembargadores,
Douta Procuradoria de Justiça,

A respeitável sentença condenatória, pelas razões que a seguir serão expostas, não merece prosperar.

1. DOS FATOS

O Ministério Público ofertou denúncia em desfavor da apelante pela prática do crime de furto qualificado por abuso de confiança porque, segundo consta, teria a mesma, em 20 de dezembro de 2006, prevalecendo-se da qualidade de empregada doméstica, subtraído de seu empregador a importância de cinquenta reais.

Recebida a denúncia em 12 de janeiro de 2007 e instruído o feito, a apelante foi condenada à pena de dois anos de reclusão, em razão do cometimento do crime capitulado no artigo 155, § 2º, IV, do Código Penal.

Irresignada com o resultado do julgamento, a defesa achou por bem interpor recurso de apelação, ao qual o Tribunal deu provimento para o fim de anular toda a instrução realizada em primeiro grau, ao argumento de que nesta ocorrera cerceamento de defesa decorrente do indeferimento injustificado de uma pergunta formulada a uma testemunha.

Nova instrução foi realizada e, ao final, a apelante foi uma vez mais condenada, mas agora à pena de 2 anos e 6 meses de reclusão, reprimenda, portanto, superior à do primeiro julgamento.

Em seguida e por fim, o magistrado sentenciante converteu a pena privativa de liberdade em restritiva de direitos, consubstanciada na prestação de 8 horas semanais de serviços comunitários, durante o período de 2 anos e 6 meses em instituição a ser definida pelo juízo de execuções penais.

Não houve recurso do Ministério Público.

2. DO DIREITO

2.1. Matéria Preliminar

Como ficará a seguir demonstrado, a decisão que condenou a recorrente à pena de 2 anos e 6 meses de reclusão padece de nulidade, porquanto não poderia, em relação à primeira condenação, ter agravado a sua situação.

É do art. 617 do CPP que a pena, na hipótese de recurso exclusivo da defesa, não poderá ser agravada pelo tribunal, câmara ou turma. É a chamada *reformatio in pejus*.

Da mesma forma, anulada a condenação proferida em recurso exclusivo da defesa, a nova decisão a ser prolatada não pode ser mais prejudicial ao réu do que aquela que foi anulada (proibição da *reformatio in pejus* indireta – art. 617, CPP).

A vedação à *reformatio in pejus* indireta, embora não esteja prevista de forma expressa no art. 617 do CPP, é consagrada na doutrina e na jurisprudência.

Pois bem, foi exatamente o que ocorreu no caso em testilha.

Depois de julgado recurso de apelação em que o processo no qual a apelante foi condenada à pena de dois anos de reclusão foi anulado em razão de cerceamento de defesa, a sentença proferida no novo julgamento não poderia estabelecer pena superior àquela fixada no primeiro, sob pena de incorrer em violação à proibição da *reformatio in pejus* indireta.

Sucede que, em patente afronta à regra contida no art. 617 do CPP, o magistrado sentenciante fixou, neste segundo julgamento, reprimenda superior ao do primeiro, devendo, por isso, ser anulada.

2.2. Mérito

No mérito, se levarmos em conta que a nova pena aplicada por força da regra estampada no art. 617 do CPP é de no máximo 2 anos de reclusão, operou-se a prescrição da pretensão punitiva, que constitui causa extintiva da punibilidade.

Com efeito, tendo transcorrido lapso superior a quatro anos entre o recebimento da denúncia e a prolação da sentença, perdeu o Estado o seu direito de punir, nos moldes do que estabelecem os art. 109, V, e 110, § 1º, do Código Penal.

Está, portanto, extinta a punibilidade, conforme prevê o art. 107, IV, do CP.

De outro lado, o fato praticado pela apelante é atípico do ponto de vista material.

Explico. Hodiernamente, não basta que o fato seja formalmente típico. É necessário mais. Aliás, é imprescindível que, além de formalmente típico, o fato o seja sob a ótica material. Refiro-me aqui ao princípio da insignificância, que, uma vez reconhecido, enseja a exclusão da tipicidade penal, em especial a tipicidade material. Assim, ainda que o fato insignificante seja formalmente típico, materialmente não o é, já que a aplicação deste postulado constitui causa supralegal de exclusão da tipicidade material, atuando como instrumento de interpretação restritiva do tipo penal.

O furto de cinquenta reais constitui delito de bagatela, devendo, em relação a ele, portanto, incidir o postulado da insignificância, notadamente se levarmos em conta o patrimônio concreto da vítima, cuja renda mensal gira em torno de cinquenta mil reais, conforme consta dos autos.

Dessa forma, a sentença deve ser reformada para absolver a apelante, dada a aplicação do princípio da insignificância.

De se ver, de outra banda, que a incidência da qualificadora de abuso de confiança revela-se insustentável.

Isso porque a apelante havia sido contratada há somente uma semana pelo ofendido, interregno insuficiente a caracterizar a necessária relação de confiança.

Mais: o contrato firmado entre ambos estabelecia que a recorrente somente trabalharia às segundas, quartas e sextas-feiras. Ademais disso, o fato a ela atribuído se deu no seu terceiro dia de trabalho.

Reitere-se: inexistia entre recorrente e ofendido, dado o tempo de prestação de serviço, vínculo suficiente a caracterizar a qualificadora contemplada no art. 155, § 2º, IV, do Código Penal.

Neste caso, com a eliminação da qualificadora, o crime deve ser desclassificado para o delito de furto simples, com a consequente aplicação do instituto da suspensão condicional do processo, previsto no art. 89 da Lei 9.099/95.

Se Vossas Excelências, ainda assim, não compartilharem desse entendimento, tratando-se de ré primária e sendo de pequeno valor a coisa furtada, visto que muito aquém do valor correspondente ao salário mínimo, entendemos aplicável à espécie a figura do furto privilegiado, com a substituição da pena de reclusão pela de multa.

Por derradeiro, a fixação da pena-base mostrou-se, *data venia*, em razão da violação da regra do *no bis in idem*, exagerada. É que o magistrado sentenciante, ao estabelecer a pena-base, fez uso do argumento consubstanciado na enorme gravidade nos crimes em que se abusa da confiança depositada, sendo certo que esta mesma circunstância foi utilizada para qualificar o crime, o que constitui patente e indevido caso de *bis in idem*. Por essa razão, a pena-base deve ser redimensionada, de forma a não mais levar-se e conta a circunstância mencionada, se o caso.

3. DO PEDIDO.

Diante de todo o exposto, requer-se seja dado provimento ao recurso para acolher a preliminar de nulidade da sentença proferida em razão da ocorrência de *reformatio in pejus* indireta, com a aplicação da pena em no máximo dois anos e, por consequência, a declaração da extinção da punibilidade em virtude da prescrição; assim não entendendo esse Tribunal, postula-se pela absolvição da apelante por atipicidade material da conduta a ela imputada, diante da incidência do postulado da insignificância ou, ao menos, a supressão da qualificadora consistente no abuso de confiança com a desclassificação para o delito de furto simples e a consequente aplicação do instituto da suspensão condicional do processo, previsto no art. 89 da Lei 9.099/95 e, não sendo esse o caso, requer-se, finalmente, o reconhecimento do furto privilegiado e, dessa forma, a substituição da pena de reclusão pela pecuniária, bem assim o recálculo da pena-base em razão da ocorrência do *bis in idem*.

Nesses Termos,
Pede Deferimento.
Local, 21 de fevereiro de 2011.
Advogado

fim da petição

Gabarito comentado - Examinadora:

O candidato deverá redigir uma apelação, com fundamento no artigo 593, I, do CPP, a ser endereçada ao juiz de direito, com razões inclusas endereçadas ao Tribunal de Justiça. Nas razões recursais, o candidato deverá argumentar que a segunda sentença violou a proibição à reformatio in pejus – configurando-se caso de reformatio in pejus indireta –, contida no artigo 617 do CPP, de modo que, em razão do trânsito em julgado para a acusação, a pena não poderia exceder dois anos de reclusão, estando prescrita a pretensão punitiva estatal, na forma do artigo 109, V, do Código Penal, uma vez que, entre o recebimento da denúncia (12/01/2007) e a prolação de sentença válida (09/02/2011), transcorreu lapso superior a quatro anos.

Superada a questão, o candidato deverá argumentar que inexistia relação de confiança a justificar a incidência da qualificadora (Eliete trabalhava para Cláudio fazia uma semana) e que a quantia subtraída era insignificante, sobretudo tomando-se como referência o patrimônio concreto da vítima. Em razão disso, o candidato deverá requerer a reforma da sentença, de modo a se absolver a ré por atipicidade material de sua conduta, ante a incidência do princípio da insignificância/bagatela.

O candidato deve argumentar, ainda, que, na hipótese de não se reformar a sentença para se absolver a ré, ao menos deveria ser reduzida a pena em razão do furto privilegiado, substituindo-se a sanção por multa.

Em razão de tais pedidos, considerando-se a redução de pena, o candidato deveria requerer a substituição da pena privativa de liberdade por multa, bem como a aplicação da suspensão condicional da pena e/ou suspensão condicional do processo.

Deveria ainda o candidato argumentar sobre a impossibilidade do aumento da pena base realizado pelo magistrado sob o fundamento da enorme gravidade nos crimes em que se abusa da confiança depositada, pois tal motivo já foi levado em consideração para qualificar o delito, não podendo a apelante sofrer dupla punição pelo mesmo fato – bis in idem.

Por fim, o candidato deveria requerer um dos pedidos possíveis para a questão apresentada, tais como:

1 - absolvição;

2 - reconhecimento da reformatio in pejus, com a aplicação da pena em no máximo 2 anos e a consequente prescrição;

3 - atipicidade da conduta, tendo em vista a aplicação do princípio da bagatela;

4 - não incidência da qualificadora do abuso da confiança, com a consequente desclassificação para furto simples;

5 - aplicação da Suspensão Condicional do Processo;

6 - não sendo afastada a qualificadora, a incidência do parágrafo 2º do artigo 155 do CP;

7 - a redução da pena pelo reconhecimento do bis in idem e a consequente prescrição;

8 - aplicação de sursis;

9 - inadequação da pena restritiva aplicada, tendo em vista o que dispõe o artigo 46, §3º, do CP.

Alternativamente, o candidato poderá elaborar embargos de declaração, abordando os pontos indicados no gabarito 2.

Distribuição dos Pontos – Gabarito 1

Item – Pontuação

Estrutura correta (divisão das partes / indicação de local, data, assinatura)
0 / 0,25

Indicação correta dos dispositivos legais que dão ensejo à apelação (art. 593, I, do CPP)
0 / 0,5

Endereçamento correto da interposição
0 / 0,25

Endereçamento correto das razões
0 / 0,25

Indicação de reformatio in pejus (0,20).
0 / 0,20

Desenvolvimento jurídico acerca da ocorrência de reformatio in pejus (0,40) Art. 617 do CPP (0,15)
0 / 0,15 / 0,40 / 0,55

Incidência da prescrição da pretensão punitiva. (0,30) Desenvolvimento jurídico. (0,45)
0 / 0,30 / 0,45 / 0,75

Não incidência da qualificadora de abuso de confiança OU desclassificação para furto simples. (0,3) Desenvolvimento jurídico. (0,45)
0 / 0,30 / 0,45 / 0,75

Atipicidade material da conduta OU Princípio da bagatela (0,3). Desenvolvimento jurídico. (0,45)
0 / 0,30 / 0,45 / 0,75

Desenvolvimento jurídico acerca da incidência, em caráter eventual, da figura do furto privilegiado
0 / 0,25

Desenvolvimento jurídico acerca da substituição da pena privativa de liberdade por multa OU suspensão condicional da pena (sursis) e do processo OU diminuição da pena por bis in idem
0 / 0,25

Pedido correto, contemplando as teses desenvolvidas
0 / 0,25

Distribuição dos Pontos – Gabarito 2

Item – Pontuação

Endereçamento ao juiz que proferiu a sentença recorrida.
0 / 0,50

Fundamento no art. 382 do CPP.
0 / 0,50

Indicação do prazo legal de 2 dias.
0 / 0,50

Desenvolvimento jurídico acerca da obscuridade quanto ao artigo que embasou a condenação, levando-se em conta que houve perfeita narrativa de furto cometido com abuso de confiança, mas a capitulação dada não existe.
0 / 0,50 / 1,00

Desenvolvimento jurídico acerca da obscuridade quanto aos critérios utilizados pelo magistrado para embasar o aumento da pena levando-se em conta a gravidade do crime cometido com abuso de confiança. Referido juiz não foi claro quanto ao critério utilizado, não informando em sua decisão, objetivamente, por que considerou mais gravosa a conduta de Eliete.
0 / 0,50 / 1,00

Desenvolvimento jurídico acerca da contradição existente entre a condenação de 8 horas semanais de serviços comunitários, considerando-se que o art. 46, parágrafo 3º, do CP estabelece que a fração é de apenas uma hora de prestação de serviços por semana.
0 / 0,50 / 1,00

Data em que deveriam ser opostos os embargos: 18/02/11 (último dia, levando-se em conta que a sentença foi publicada em 16/02/11 e que o prazo legal é de 2 dias).
0 / 0,50

(OAB/Exame Unificado – 2.012.1 – 2ª fase) Prova Prático-Profissional. No dia 10 de março de 2011, após ingerir um litro de vinho na sede de sua fazenda, José Alves pegou seu automóvel e passou a conduzi-lo ao longo da estrada que tangencia sua propriedade rural. Após percorrer cerca de dois quilômetros na estrada absolutamente deserta, José Alves foi surpreendido por uma equipe da Polícia Militar que lá estava a fim de procurar um indivíduo foragido do presídio da localidade. Abordado pelos policiais, José Alves saiu de seu veículo trôpego e exalando forte odor de álcool, oportunidade em que, de maneira incisiva, os policiais lhe compeliram a realizar um teste de alcoolemia em aparelho de ar alveolar. Realizado o teste, foi constatado que José Alves tinha concentração de álcool de um miligrama por litro de ar expelido pelos pulmões, razão pela qual os policiais o conduziram à Unidade de Polícia Judiciária, onde foi lavrado Auto de Prisão em Flagrante pela prática do crime previsto no artigo 306 da Lei 9.503/1997, c/c artigo 2º, inciso II, do Decreto 6.488/2008, sendo-lhe negado no referido Auto de Prisão em Flagrante o direito de entrevistar-se com seus advogados ou com seus familiares.

Dois dias após a lavratura do Auto de Prisão em Flagrante, em razão de José Alves ter permanecido encarcerado na Delegacia de Polícia, você é procurado pela família do preso, sob protestos de que não conseguiam vê-lo e de que o delegado não comunicara o fato ao juízo competente, tampouco à Defensoria Pública.

Com base somente nas informações de que dispõe e nas que podem ser inferidas pelo caso concreto acima, na qualidade de advogado de José Alves, redija a peça cabível, exclusiva de advogado, no que tange à liberdade de seu cliente, questionando, em juízo, eventuais ilegalidades praticadas pela Autoridade Policial, alegando para tanto toda a matéria de direito pertinente ao caso.

(Valor: 5,0)

Resolução da peça prático-profissional – modelo de RELAXAMENTO DE PRISÃO EM FLAGRANTE

início da folha

Excelentíssimo Senhor Doutor Juiz de Direito da __ Vara Criminal da Comarca de...

[deixe espaço de aproximadamente 10 cm, para eventual despacho ou decisão do juiz]

José Alves, nacionalidade..., estado civil..., profissão..., portador da cédula de identidade nº..., inscrito no Cadastro de Pessoas Físicas do Ministério da Fazenda sob nº..., residente e domiciliado na Rua..., nº..., nesta comarca, por seu advogado infra-assinado, conforme procuração anexa, vem, respeitosamente, à presença de Vossa Excelência requerer o RELAXAMENTO DE PRISÃO EM FLAGRANTE com fundamento nos arts. 5º, LXV, da CF e 310, I, do CPP, pelos seguintes motivos:

1. DOS FATOS

O indiciado foi preso em flagrante por suposta violação ao art. 306 da Lei 9.503/1997, c/c o art. 2º, II, do Decreto 6.488/2008.

Segundo consta, o requerente, depois de percorrer cerca de dois quilômetros em estrada deserta que tangencia sua propriedade rural, foi surpreendido por uma equipe da Polícia Militar que procurava por um indivíduo foragido do presídio da região.

Abordado pelos policiais, o indiciado teria saído do veículo que conduzia apresentando sinais de embriaguez. Por essa razão, foi forçado, de forma incisiva, a submeter-se a teste de alcoolemia em aparelho de ar alveolar. Concluído o exame, constatou-se que o indiciado tinha concentração de álcool de um miligrama por litro de ar expelido pelos pulmões, quantidade superior ao limite estabelecido no art. 2º, II, do Decreto 6.488/08, em razão do que foi conduzido à Unidade de Polícia Judiciária, onde foi lavrado o respectivo auto de prisão em flagrante pelo cometimento do crime previsto no artigo 306 da Lei 9.503/1997, c/c o artigo 2º, II, do Decreto 6.488/2008.

Por ocasião da lavratura do auto flagrancial, fora negado ao indiciado o direito de entrevistar-se com seus advogados ou com seus familiares. Além disso, transcorridos dois dias da lavratura do auto de prisão, com o indiciado ainda preso, a autoridade policial não providenciara a comunicação do fato ao juiz competente nem à Defensoria Pública.

2. DO DIREITO

O auto de prisão em flagrante lavrado em desfavor do indiciado é, pelas razões que a seguir serão expostas, nulo, sendo a sua prisão, portanto, ilegal.

Em primeiro lugar, porque a prova produzida contra o requerente é ilícita, dado que este foi coagido pelos policiais que o detiveram a submeter-se ao bafômetro. Esta prova deve, portanto, a teor do art. 5º, LVI, da CF, ser desentranhada dos autos.

Com efeito, como é consabido, ninguém pode ser compelido a autoincriminar-se, a produzir prova contra si mesmo (princípio do *nemo tenetur se detegere*). É o teor do art. 8º, 2, "g", do Decreto 678/92 (Pacto de San José da Costa Rica).

Em segundo lugar, porque a autoridade policial, ao não providenciar a comunicação da prisão ao juiz, ao Ministério Público e à Defensoria Pública dentro de vinte e quatro horas, deixou de cumprir a exigência contemplada nos arts. 5º, LXII, da CF e 306, *caput* e § 1º, do CPP. Também por essa razão a prisão, decorrente de auto flagrancial nulo, visto que contém vício formal, deve ser relaxada, pois ilegal.

Ademais disso, a nulidade do auto de prisão em flagrante decorre também do fato de a autoridade policial não ter permitido a comunicação entre o preso e seu advogado, bem assim com seus familiares, em patente violação aos arts. 5º, LXIII, da CF e 7º, III, do Estatuto da Ordem dos Advogados do Brasil.

3. DO PEDIDO

Ante todo o exposto, requer a Vossa Excelência o reconhecimento da ilicitude da prova produzida, com o seu desentranhamento dos autos, bem assim o relaxamento da prisão em flagrante, expedindo-se em favor do indiciado o competente alvará de soltura.

Nesses Termos,

Pede Deferimento.

Local ..., data ...

Advogado

fim da petição

CONSIDERAÇÕES PRELIMINARES

Entendemos inapropriada a qualificação "nulo" atribuída pelo gabarito da peça prático-profissional ao *auto de prisão em flagrante*, visto que as nulidades são observadas no curso do processo.

Dessa forma, inobservada, na lavratura do auto de prisão em flagrante, a regra que impõe à autoridade policial o dever, por exemplo, de comunicar a prisão ao juiz competente, dizemos que o auto flagrancial é *ilegal* (prisão ilegal), o que acarretará o relaxamento da prisão em flagrante.

Gabarito comentado - Examinadora:

O examinando deverá redigir uma petição de relaxamento de prisão, fundamentado no art. 5º, LXV, da CRFB/88, ou art. 310, I, do CPP (embora os fatos narrados na questão sejam anteriores à vigência da Lei 12.403/11, a Banca atribuirá a pontuação relativa ao item também ao examinando que indicar o art. 310, I, do CPP como dispositivo legal ensejador ao pedido de relaxamento de prisão. Isso porque estará demonstrada a atualização jurídica acerca do tema), a ser endereçada ao Juiz de Direito da Vara Criminal.

Na petição, deverá argumentar que:

1. O auto de prisão em flagrante é nulo por violação ao direito à não autoincriminação compulsória (princípio do *nemo tenetur se detegere*), previsto no art. 5º, LXIII, da CRFB/88 ou art. 8º, 2, "g" do Decreto 678/92.

2. A prova é ilícita em razão da colheita forçada do exame de teor alcoólico, por força do art. 5º, LVI, da CRFB/88 ou art. 157 do CPP.

3. O auto de prisão em flagrante é nulo pela violação à exigência de comunicação da medida à Autoridade Judiciária, ao Ministério Público e à Defensoria Pública dentro de 24 horas, nos termos do art. 306, §1º, do CPP ou art. 5º, LXII, da CRFB/88, ou art. 6º, inciso V, c/c. artigo 185, ambos do CPP (a banca também convencionou aceitar como fundamento o artigo 306, caput, do CPP, considerando-se a legislação da época dos fatos).

4. O auto de prisão é nulo por violação ao direito à comunicação entre o preso e o advogado, bem com familiares, nos termos do art. 5º, LXIII, da CRFB ou art. 7º, III, do Estatuto da Ordem dos Advogados do Brasil ou art. 8º, 2, "d" do Decreto 678/92;

Ao final, o examinando deverá formular pedido de relaxamento de prisão em razão da nulidade do auto de prisão em flagrante, com a consequente expedição de alvará de soltura.

Distribuição dos Pontos

Item – Pontuação

1 - Estrutura correta (divisão das partes / indicação de local, data, assinatura)
0 / 0,25

2 - Indicação correta dos dispositivos legais que dão ensejo ao pedido de relaxamento de prisão – art. 5º, LXV, da CRFB OU art. 310, I, do CPP.
0 / 0,5

3 - Endereçamento correto – Juiz de Direito da XX Vara Criminal da Comarca...
0 / 0,25

4.1 - Desenvolvimento jurídico acerca da nulidade do auto de prisão em flagrante por violação ao direito a não produzir prova contra si (0,5) [art. 5º, LXIII, da CRFB OU art. 8º, 2, "g" do Decreto 678/92 (Pacto de San José da Costa Rica)] (0,25)
Obs.: A mera indicação do artigo não é pontuada.
0 / 0,5 / 0,75

4.2 - em razão da colheita forçada do exame de teor alcoólico e consequente ilicitude da prova (0,5) [art. 5º, LVI, OU art. 157 do CPP] (0,25)
Obs.: A mera indicação do artigo não é pontuada.
0 / 0,5 / 0,75

5 - Desenvolvimento jurídico acerca da nulidade do auto de prisão em flagrante por violação ao direito à comunicação entre o preso e o advogado, bem como familiares (0,8), nos termos do art. 5º, LXIII, da CRFB OU art 7º, III, do EOAB (0,2).
Obs.: A mera indicação do artigo não é pontuada.
0 / 0,8 / 1,0

6 - Desenvolvimento jurídico acerca da nulidade do auto de prisão em flagrante por violação à exigência de comunicação da medida à autoridade judiciária e à defensoria pública dentro de 24 horas (0,8), nos termos do art. 306, §1º, do CPP OU art. 5º, LXII, da CRFB (0,2).
Obs.: A mera indicação do artigo não é pontuada.
0 / 0,8 / 1,0

7 - Pedido de relaxamento de prisão em razão da nulidade do auto de prisão em flagrante (0,25) e expedição de alvará de soltura (0,25).
0 / 0,25 / 0,5

INFORMATIVOS STF/STJ – CLASSIFICADOS

1. DIREITO PENAL

1.1. CONCEITO, FONTES E PRINCÍPIOS

Supremo Tribunal Federal

Princípio da insignificância e rompimento de obstáculo
A 2ª Turma concedeu *habeas corpus* para aplicar o postulado da insignificância em favor de condenado pela prática do crime de furto qualificado mediante ruptura de barreira (CP: "*Art. 155 - Subtrair, para si ou para outrem, coisa alheia móvel: ... § 4º - A pena é de reclusão de dois a oito anos, e multa, se o crime é cometido: I - com destruição ou rompimento de obstáculo à subtração da coisa*"), a fim de cassar sua condenação. Na espécie, o paciente pulara muro, subtraíra 1 carrinho de mão e 2 portais de madeira (avaliados em R$ 180,00) e, para se evadir do local, arrombara cadeado. Decorrido algum tempo, quando ainda transitava na rua, a polícia militar fora acionada e lograra êxito na apreensão dele e na devolução dos bens furtados à vítima. Inicialmente, consignou-se que não houvera rompimento de obstáculo para adentrar o local do crime, mas apenas para sair deste, o que não denotaria tamanha gravidade da conduta. Na seqüência, salientaram-se a primariedade do paciente e a ambiência de amadorismo para a consecução do delito. Assim, concluiu-se que a prática perpetrada não seria materialmente típica, porquanto presentes as diretivas para incidência do princípio colimado: a) mínima ofensividade da conduta do agente; b) nenhuma periculosidade social da ação; c) reduzidíssimo grau de reprovabilidade do comportamento; e d) inexpressividade da lesão jurídica provocada. HC 109363/MG, rel. Min. Ayres Britto, 11.10.2011. (HC-109363) (Inform. STF 644)

Princípio da insignificância e rompimento de obstáculo
A 2ª Turma denegou *habeas corpus* em que requerida a aplicação do princípio da insignificância em favor de condenado por crime de furto qualificado com rompimento de obstáculo (CP: "*Art. 155 - Subtrair, para si ou para outrem, coisa alheia móvel: Pena - reclusão, de um a quatro anos, e multa. ... § 4º - A pena é de reclusão de dois a oito anos, e multa, se o crime é cometido: I - com destruição ou rompimento de obstáculo à subtração da coisa*"). Na espécie, a defesa sustentava a atipicidade material da conduta, haja vista que a *res furtiva* fora avaliada em R$ 220,00. Na linha da jurisprudência firmada pela 2ª Turma, ratificou-se a inviabilidade da incidência do referido postulado aos delitos contra o patrimônio praticados mediante ruptura de barreira. HC 109609/MG, rel. Min. Gilmar Mendes, 27.9.2011. (HC-109609) (Inform. STF 642)

Apropriação indébita e princípio da insignificância
A 1ª Turma denegou *habeas corpus* em que se pleiteava o trancamento de ação penal com base na aplicação do princípio da insignificância em favor de denunciado pela suposta prática do delito de apropriação indébita de contribuições previdenciárias (CP: "*Art. 168-A. Deixar de repassar à previdência social as contribuições recolhidas dos contribuintes,*

no prazo e forma legal ou convencional"), no valor de R$ 3.110,71. Aduziu-se tratar-se de apropriação indébita e não de débito fiscal, haja vista que houvera o desconto de contribuições não repassadas a entidade previdenciária. Portanto, o caso seria distinto daquele em que a jurisprudência do STF autoriza a incidência do referido postulado por ser dispensada pela administração tributária a exigibilidade judicial da exação para o crime de sonegação fiscal. HC 102550/PR, rel. Min. Luiz Fux, 20.9.2011.(HC-102550) (Inform. STF 641)

Princípio da insignificância e furto de prêmio artístico

A 1ª Turma denegou *habeas corpus* em que requerido o trancamento de ação penal, ante a aplicação do princípio da insignificância, em favor de acusado pela suposta prática do crime de furto de quadro denominado "disco de ouro". A defesa sustentava atipicidade da conduta, porque o bem possuiria valor apenas sentimental e teria sido restituído integralmente ao ofendido. De início, salientou-se que o acusado praticara o delito com invasão de domicílio e ruptura de barreira, o que demonstraria tanto a sua ousadia quanto o alto grau de reprovabilidade do seu comportamento. Aduziu-se que aquela conduta, por si só, não se enquadraria dentre os vetores que legitimariam a aplicabilidade do referido postulado. Asseverou-se, ainda, que o objeto subtraído seria dotado de valor inestimável para a vítima. Reputou-se não ter havido a restituição, porquanto o agente fora encontrado nas imediações do local do delito, logo após a ocorrência deste. O Min. Luiz Fux acrescentou que a aplicação do princípio da bagatela deveria levar em conta o valor da *res furtiva* para o sujeito passivo do crime. Frisou que, no caso, o ofendido recebera a premiação do "disco de ouro" após muito esforço para se destacar no meio artístico. Logo, explicitou que não se poderia cogitar insignificante a conduta do acusado sob qualquer ângulo. HC 107615/MG, rel. Min. Dias Toffoli, 6.9.2011. (HC-107615) (Inform. STF 639)

Contrabando: princípio da insignificância e reincidência

A 1ª Turma denegou habeas corpus em que se requeria a incidência do princípio da insignificância. Na situação dos autos, a paciente, supostamente, internalizara maços de cigarro sem comprovar sua regular importação. De início, assinalou-se que não se aplicaria o aludido princípio quando se tratasse de parte reincidente, porquanto não haveria que se falar em reduzido grau de reprovabilidade do comportamento lesivo. Enfatizou-se que estariam em curso 4 processos-crime por delitos de mesma natureza, tendo sido condenada em outra ação penal por fatos análogos. Acrescentou-se que houvera lesão, além de ao erário e à atividade arrecadatória do Estado, a outros interesses públicos, como à saúde e à atividade industrial interna. Em seguida, asseverou-se que a conduta configuraria contrabando e que, conquanto houvesse sonegação de tributos com o ingresso de cigarros, tratar-se-ia de mercadoria sob a qual incidiria proibição relativa, presentes as restrições de órgão de saúde nacional. Por fim, reputou-se que não se aplicaria, à hipótese, o postulado da insignificância — em razão do valor do tributo sonegado ser inferior a R$ 10.000,00 — por não se cuidar de delito puramente fiscal. O Min. Marco Aurélio apontou que, no tocante ao débito fiscal, o legislador teria sinalizado que estampa a insignificância, ao revelar que executivos de valor até R$ 100,00 seriam extintos. HC 100367/RS, rel. Min. Luiz Fux, 9.8.2011. (HC-100367) (Inform. STF 635)

HC N. 107.370-SP
RELATOR: MIN. GILMAR MENDES
Habeas Corpus. 2. Subtração de objetos da Administração Pública, avaliados no montante de R$ 130,00 (cento e trinta reais). 3. Aplicação do princípio da insignificância, considerados crime contra o patrimônio público. Possibilidade. Precedentes. 4. Ordem concedida. (Inform. STF 632) *noticiado no Informativo 624

Descaminho e princípio da insignificância

A 1ª Turma, por maioria, denegou habeas corpus em que se pleiteava a aplicação do princípio da insignificância — em favor de denunciado pela suposta prática do crime de descaminho —, haja vista o tributo totalizar valor inferior a R$ 10.000,00. Aludiu-se à Lei 10.522/2002. Nesse tocante, ressaltou-se que não se poderia confundir a possibilidade de o Procurador da Fazenda Nacional requerer o sobrestamento de execução fiscal, na origem, com a persecução criminal. Salientou-se que a ação penal, inclusive, seria pública e, ainda, a cargo do órgão ministerial. Vencidos os Ministros Dias Toffoli e Ricardo Lewandowski, que concediam a ordem. HC 100986/PR, rel. Min. Marco Aurélio, 31.5.2011. (HC-100986) (Inform. STF 629)

HC N. 104.286-SP
RELATOR: MIN. GILMAR MENDES
Habeas Corpus. 2. Ex-prefeito condenado pela prática do crime previsto no art. 1º, II, do Decreto-Lei 201/1967, por ter utilizado máquinas e caminhões de propriedade da Prefeitura para efetuar terraplanagem no terreno de sua residência. 3. Aplicação do princípio da insignificância. Possibilidade. 4. Ordem concedida. (Inform. STF 627)
*noticiado no Informativo 625

Princípio da insignificância e furto em penitenciária
A 1ª Turma iniciou julgamento de recurso ordinário em *habeas corpus* no qual se pretende a aplicação do princípio da insignificância a condenado pela tentativa de subtração de 1 cartucho de tinta para impressora do Centro de Progressão Penitenciária, em que trabalhava e cumpria pena por delito anterior. O Min. Ricardo Lewandowski, relator, negou provimento ao recurso. Asseverou que não haveria como se considerar reduzido o grau de reprovabilidade da conduta do paciente, porque durante o cumprimento da pena ele tentara, no próprio estabelecimento penitenciário, furtar um bem do Estado. Ressaltou que esse comportamento mostraria uma propensão do paciente para praticar delitos contra o patrimônio. Ademais, reputou que o encarceramento não surtira qualquer efeito no sentido de ressocializá-lo. Após, pediu vista dos autos o Min. Dias Toffoli. RHC 106731/DF, rel. Min. Ricardo Lewandowski, 1º.3.2011. (RHC-106731)

Princípio da Insignificância e furto em penitenciária - 2
A 1ª Turma retomou julgamento de recurso ordinário em *habeas corpus* no qual se pretende a incidência do princípio da insignificância em favor de condenado pela tentativa de subtração de 1 cartucho de tinta para impressora do Centro de Progressão Penitenciária, em que trabalhava e cumpria pena por delito anterior – v. Informativo 618. Em divergência, o Min. Dias Toffoli deu provimento ao recurso, por entender aplicável, ao caso, o referido postulado, no que foi acompanhado pelo Min. Luiz Fux. Após, pediu vista dos autos a Min. Cármen Lúcia. RHC 106731/DF, rel. Min. Ricardo Lewandowski, 3.5.2011. (RHC-106731)

Princípio da insignificância e ato de prefeito
A 2ª Turma concedeu *habeas corpus* para aplicar o princípio da insignificância em favor de ex-prefeito que, no exercício de suas atividades funcionais, utilizara-se de máquinas e caminhões de propriedade da prefeitura para efetuar terraplenagem em terreno de sua residência. Por esse motivo, fora denunciado pela suposta prática do crime previsto no art. 1º, II, do Decreto-Lei 201/67 ("*Art. 1º São crimes de responsabilidade dos Prefeitos Municipais, sujeitos ao julgamento do Poder Judiciário, independentemente do pronunciamento da Câmara dos Vereadores ... II - utilizar-se, indevidamente, em proveito próprio ou alheio, de bens, rendas ou serviços públicos*"). Asseverou-se tratar-se de prática comum na municipalidade em questão, mediante ressarcimento, para fins de remuneração dos condutores e abastecimento de óleo diesel. Concluiu-se pela plausibilidade da tese defensiva quanto ao referido postulado, dado que o serviço prestado, se contabilizado hoje, não ultrapassaria o valor de R$ 40,00. HC 104286/SP, rel. Min. Gilmar Mendes, 3.5.2011. (HC-104286) (Inform. STF 625)

Princípio da insignificância e Administração Pública
A 2ª Turma, por maioria, concedeu *habeas corpus* para reconhecer a aplicação do princípio da insignificância e absolver o paciente ante a atipicidade da conduta. Na situação dos autos, ele fora denunciado pela suposta prática do crime de peculato, em virtude da subtração de 2 luminárias de alumínio e fios de cobre. Aduzia a impetração, ao alegar a atipicidade da conduta, que as luminárias: a) estariam em desuso, em situação precária, tendo como destino o lixão; b) seriam de valor irrisório; e c) teriam sido devolvidas. Considerou-se plausível a tese sustentada pela defesa. Ressaltou-se que, em casos análogos, o STF teria verificado, por inúmeras vezes, a possibilidade de aplicação do referido postulado. Enfatizou-se que, esta Corte, já tivera oportunidade de reconhecer a admissibilidade de sua incidência no âmbito de crimes contra a Administração Pública. Observou-se que os bens seriam inservíveis e não haveria risco de interrupção de serviço. Vencida a Min. Ellen Gracie, que indeferia ordem. Salientava que o furto de fios de cobre seria um delito endêmico no Brasil, a causar enormes prejuízos, bem assim que o metal seria reaproveitável. HC 107370/SP, rel. Min. Gilmar Mendes, 26.4.2011. (HC-107370) (Inform. STF 624)

HC N. 107.240-RJ
RELATOR: MIN. RICARDO LEWANDOWSKI
EMENTA: *HABEAS CORPUS*. PENAL MILITAR. PACIENTE CONDENADO PELO CRIME DE FURTO. PRINCÍPIO DA INSIGNIFICÂNCIA. INAPLICABILIDADE. RAZOÁVEL GRAU DE REPROVABILIDADE DA CONDUTA. BEM QUE NÃO PODE SER CONSIDERADO DE VALOR ÍNFIMO. ORDEM DENEGADA.
I – A aplicação do princípio da insignificância de modo a tornar a conduta atípica exige, além da pequena expressão econômica do bem que fora objeto de subtração, um reduzido grau de reprovabilidade da conduta do agente.

II – É relevante e reprovável a conduta de um militar que, em serviço, furta bem de um colega de farda, demonstrando desrespeito às leis e às instituições de seu País.
III – No caso em espécie, o bem subtraído – um aparelho celular avaliado em R$ 699,00 – não pode ser considerado de ínfimo valor, mormente quando considerados os vencimentos percebidos pelo ofendido – soldado do Exército.
IV – Ordem denegada. (Inform. STF 624)

Furto em estabelecimento militar e princípio da insignificância
A 2ª Turma, por maioria, deu provimento a recurso ordinário em *habeas corpus* para reconhecer a atipicidade da conduta supostamente protagonizada pelos pacientes e determinar, por conseqüência, o trancamento da respectiva ação penal. Na situação dos autos, os recorrentes, civis, foram presos em flagrante e denunciados pela subtração de cápsulas de projéteis deflagrados e fragmentos de chumbo de estande de tiros do Exército, onde teriam adentrado após arrombar cerca de arame. Considerou-se incidir, na espécie, o postulado da insignificância penal. Aduziu-se que o objeto do furto fora avaliado em R$ 18,88. Observou-se que os acusados eram civis e preencheriam os requisitos para o enquadramento da conduta como beneficiária do referido postulado, dentre eles, ausência de violência ou ameaça, física ou moral, de vítima ou de terceiros. No ponto, acresceu-se que, como consignado em voto vencido no STM, a própria denúncia, ao descrever o fato, expusera que a finalidade seria de reversão do material em moeda e que o objeto caracterizava *res derelicta* — coisa despojada, descartada e abandonada pelo titular do direito real. Vencida a Min. Ellen Gracie, que desprovia o recurso, ao ressaltar que os pacientes teriam invadido estabelecimento castrense, cujo acesso seria vedado a civis. Apontou, ainda, que, se eles tivessem prosseguido na coleta, talvez conseguissem juntar quantidade razoável de metais, os quais, em tese, poderiam ser recolhidos e revertidos em favor da União. RHC 97816/SP, rel. Min. Ayres Britto, 12.4.2011. (RHC-97816) (Inform. STF 623)

Princípio da insignificância e moeda falsa
A 2ª Turma indeferiu *habeas corpus* no qual pretendida a aplicação do princípio da insignificância em favor de condenado por introduzir duas notas falsas de R$ 10,00 em circulação (CP, art. 289, § 1º). Na espécie, a defesa sustentava atipicidade da conduta em virtude do reduzido grau de reprovabilidade da ação, bem como da inexpressiva lesão jurídica provocada. Afastou-se, inicialmente, a hipótese de falsificação grosseira e considerou-se que as referidas cédulas seriam capazes de induzir a erro o homem médio. Aduziu-se, em seguida, que o valor nominal derivado da falsificação de moeda não seria critério de análise de relevância da conduta, porque o objeto de proteção da norma seria supra-individual, a englobar a credibilidade do sistema monetário e a expressão da própria soberania nacional. HC 97220/MG, rel. Min. Ayres Britto, 5.4.2011. (HC-97220) (Inform. STF 622)

Reincidência e princípio da insignificância
Ante o empate na votação, a 2ª Turma deferiu *habeas corpus* impetrado em favor de condenado à pena de 10 meses de reclusão, em regime semi-aberto, pela prática do crime de furto tentado de bem avaliado em R$ 70,00. Reputou-se, ante a ausência de tipicidade material, que a conduta realizada pelo paciente não configuraria crime. Aduziu-se que, muito embora ele já tivesse sido condenado pela prática de delitos congêneres, tal fato não poderia afastar a aplicabilidade do referido postulado, inclusive porque estaria pendente de análise, pelo Plenário, a própria constitucionalidade do princípio da reincidência, tendo em vista a possibilidade de configurar dupla punição ao agente. Vencidos os Ministros Joaquim Barbosa, relator, e Ayres Britto, que indeferiam o *writ*, mas concediam a ordem, de ofício, a fim de alterar, para o aberto, o regime de cumprimento de pena. HC 106510/MG, rel. orig. Min. Joaquim Barbosa, red. p/o acórdão Min. Celso de Mello, 22.3.2011. (HC-106510) (Inform. STF 620)

Princípio da Insignificância e Usuário de Drogas
A Turma iniciou julgamento de habeas corpus em que se pretende o reconhecimento da atipicidade material da conduta do paciente — surpreendido na posse de cinco decigramas de maconha — em face da aplicação do princípio da insignificância. O Min. Ricardo Lewandowski, relator, denegou a ordem. Enfatizou que decorreria a presunção de perigo do delito da própria conduta do usuário, pois, ao adquirir a droga para seu consumo, realimentaria esse comércio, pondo em risco a saúde pública. Ressaltou, ainda, a real possibilidade de o usuário vir a se tornar mais um traficante, em busca de recursos para sustentar seu vício. Observou, por fim, que — por se tratar de crime no qual o perigo seria presumido — não se poderia falar em ausência de periculosidade social da ação, um dos requisitos cuja verificação seria necessária para a aplicação do princípio da insignificância. Após, pediu vista dos autos o Min. Dias Toffoli.
HC 102940/ES, rel. Min. Ricardo Lewandowski, 24.8.2010. (HC-102940) (Informativo STF 597)

Princípio da insignificância e usuário de drogas - 2
Em conclusão, a 1ª Turma, ao resolver questão de ordem, julgou prejudicado *habeas corpus* no qual se pretendia, mediante a aplicação do princípio da insignificância, o reconhecimento da atipicidade material da conduta do paciente — surpreendido na posse de 0,5 grama de maconha — v. Informativo 597. Verificou-se que, na instância de origem, fora proferida sentença que reconhecera a prescrição da pretensão punitiva do Estado e, conseqüentemente, extinguira a punibilidade do réu. Reajustou o voto o Min. Ricardo Lewandowski, relator. HC 102940/ES, rel. Min. Ricardo Lewandowski, 15.2.2011. (HC-102940) (Inform. STF 616)

Art. 229 do CP e princípio da adequação social
Não compete ao órgão julgador descriminalizar conduta tipificada formal e materialmente pela legislação penal. Com esse entendimento, a 1ª Turma indeferiu *habeas corpus* impetrado em favor de condenados pela prática do crime descrito na antiga redação do art. 229 do CP ["*Manter, por conta própria ou de terceiro, casa de prostituição ou lugar destinado a encontros para fim libidinoso, haja ou não intuito de lucro ou mediação direta do proprietário ou gerente: Pena - reclusão, de 2 (dois) a 5 (cinco) anos, e multa.*"]. A defesa sustentava que, de acordo com os princípios da fragmentariedade e da adequação social, a conduta perpetrada seria materialmente atípica, visto que, conforme alegado, o caráter criminoso do fato estaria superado, por força dos costumes. Aduziu-se, inicialmente, que os bens jurídicos protegidos pela norma em questão seriam relevantes, razão pela qual imprescindível a tutela penal. Ademais, destacou-se que a alteração legislativa promovida pela Lei 12.015/2009 teria mantido a tipicidade da conduta imputada aos pacientes. Por fim, afirmou-se que caberia somente ao legislador o papel de revogar ou modificar a lei penal em vigor, de modo que inaplicável o princípio da adequação social ao caso. HC 104467/RS, rel. Min. Cármen Lúcia, 8.2.2011. (HC-104467) (Inform. STF 615)

Superior Tribunal de Justiça

FURTO SIMPLES. CRIME IMPOSSÍVEL. SISTEMA ELETRÔNICO DE VIGILÂNCIA. PRINCÍPIO. INSIGNIFICÂNCIA. *RES FURTIVA*. VALOR IRRISÓRIO.
A Turma, cassando a liminar deferida, denegou a ordem na qual se pretendia o reconhecimento da ocorrência de crime impossível ou absolvição do paciente pela aplicação direta do princípio da insignificância e, subsidiariamente, a alteração do regime inicial de cumprimento da pena. Na espécie, o paciente foi condenado, pelo delito descrito no art. 155, *caput*, do Código Penal (CP), à pena de três anos e quatro meses de reclusão em regime semiaberto. Inicialmente, ressaltou o Min. Relator a posição firmada neste Superior Tribunal em diversos precedentes de que a presença de sistema eletrônico de vigilância no estabelecimento comercial não se mostra infalível para impedir a consumação dos delitos de furto. Logo, não seria o caso do reconhecimento da figura do crime impossível. Em seguida, destacou que, para a exclusão da tipicidade material pela aplicação do princípio da insignificância, como consabido, seria necessária a apreciação dos seguintes requisitos: a mínima ofensividade da conduta do agente, nenhuma periculosidade social da ação, o reduzido grau de reprovação do comportamento e a inexpressividade da lesão jurídica provocada. Ponderou, dessa forma, que a suposta inexpressividade da lesão jurídica provocada, configurada pela pequena lesão causada ao patrimônio da vítima, não deve ser utilizada como único parâmetro para aplicação do aludido princípio sob pena de relativizar o direito de propriedade, bem como estimular a prática reiterada de furtos de bens pequeno valor. Considerou, ademais, que o crime tratado nos autos não representa fato isolado na vida do paciente, razão pela qual a sua conduta não deve ser tida como penalmente irrelevante, mas comportamento altamente reprovável a ser combatido pelo Direito Penal. Inclusive, consta dos autos que o paciente, após ter tentado subtrair outros itens por diversas vezes no mesmo estabelecimento comercial, teria sido advertido de que, se houvesse outra tentativa, a Polícia Militar seria acionada. Por fim, diante da ausência de flagrante ilegalidade suportada pelo paciente apta a viabilizar a análise da matéria no *mandamus*, foi mantido o regime prisional semiaberto. Precedente citado do STF: HC 84.412-SP, DJ 19/11/2004. **HC 181.138-MG, Rel. Min. Gilson Dipp, julgado em 8/11/2011.** (Inform. STJ 487)

PRINCÍPIO. INSIGNIFICÂNCIA. FURTO QUALIFICADO. ABUSO. CONFIANÇA. EMPREGADA DOMÉSTICA.
Julgou-se procedente o pedido feito pelo MP para reformar acórdão do TJ que negou prosseguimento à denúncia pelo cometimento do crime de furto por empregada doméstica, que subtraiu o valor de R$ 120,00 da gaveta e da carteira do seu patrão. O Min. Relator entendeu, no que foi seguido pelos demais Ministros, que a atitude da ré revela lesividade suficiente para justificar uma condenação, havendo que se reconhecer a ofensividade, a periculosidade social e o significativo grau de reprovabilidade do seu comportamento. Continuando seu voto, o Min. Relator aduziu

que a ação da denunciada se deu com nítido abuso de confiança, haja vista trabalhar na casa da vítima há dois anos e meio; não se poder considerar o valor de R$ 120,00 como bagatela, notadamente tomando-se de base o salário mínimo vigente à época (ano de 2007), de R$ 380,00, e, por último, haver notícias nos autos de que a denunciada já havia furtado da vítima, em ocasiões anteriores, mais R$ 270,00. **REsp 1.179.690-RS, Rel. Min. Og Fernandes, julgado em 16/8/2011.** (Inform. STJ 481)

PRINCÍPIO DA SUBSIDIARIEDADE. SUBTRAÇÃO. ÁGUA.
O paciente foi denunciado porque se constatou, em imóvel de sua propriedade, suposta subtração de água mediante ligação direta com a rede da concessionária do serviço público. Anote-se que, à época dos fatos, ele não residia no imóvel, mas quitou o respectivo débito. Dessarte, é aplicável o princípio da subsidiariedade, pelo qual a intervenção penal só é admissível quando os outros ramos do Direito não conseguem bem solucionar os conflitos sociais. Daí que, na hipótese, em que o ilícito toma contornos meramente contratuais e tem equacionamento no plano civil, não está justificada a persecução penal. Precedente citado: HC 14.337-GO, DJ 5/8/2002. **HC 197.601-RJ, Rel. Min. Maria Thereza de Assis Moura, julgado em 28/6/2011.** (Inform. STJ 479)

PRINCÍPIO. INSIGNIFICÂNCIA. REPROVABILIDADE. CONDUTA.
Fora aplicada ao paciente a medida socioeducativa de internação em razão da prática de ato infracional análogo ao delito previsto no art. 155, § 9º, II, do CP. No *habeas corpus*, pretende-se a aplicação do princípio da insignificância, pois a *res furtiva* foi avaliada em R$ 80,00. Assim, para a aplicação do mencionado princípio, deve-se aferir o potencial grau de reprovabilidade da conduta e identificar a necessidade de utilização do direito penal como resposta estatal. Se assim é, quanto à pessoa que comete vários delitos ou comete habitualmente atos infracionais, não é possível reconhecer um grau reduzido de reprovabilidade na conduta. Logo, mesmo que pequeno o valor da *res furtiva* (cadeira de alumínio), não ocorre desinteresse estatal à repressão do ato infracional praticado pelo paciente. Ademais, além de praticar reiteradamente atos infracionais, o paciente está afastado da escola e faz uso de drogas. Com isso, a Turma denegou a ordem. Precedentes citados do STF: HC 97.007-SP, DJe 31/3/2011; HC 100.690-MG, DJe 4/5/2011; do STJ: HC 137.794-MG, DJe 3/11/2009, e HC 143.304-DF, DJe 4/5/2011. **HC 182.441-RS, Rel. Min. Laurita Vaz, julgado em 14/6/2011.** (Inform. STJ 477)

PRINCÍPIO. INSIGNIFICÂNCIA. DESCAMINHO. HABITUALIDADE.
A Turma deu provimento ao recurso especial do MPF para afastar a incidência do princípio da insignificância na hipótese em que havia habitualidade na prática do crime de descaminho, ainda que o valor apurado do tributo tenha sido inferior a R$ 10 mil. Precedentes citados do STF: HC 102.088-RS, DJe 21/5/2010; HC 97.007-SP, DJe 31/3/2011; HC 101.998-MG, DJe 22/3/2011; HC 103.359-RS, DJe 6/8/2010; HC 96.202-RS, DJe 28/5/2010; do STJ: REsp 784.091-PR, DJ 30/10/2006; HC 44.986-RS, DJ 7/11/2005, e HC 38.965-RS, DJ 22/8/2005. **REsp 1.241.696-PR, Rel. Min. Laurita Vaz, julgado em 21/6/2011.** (Inform. STJ 478)

PRINCÍPIO. INSIGNIFICÂNCIA. FURTO. MOTOR ELÉTRICO.
A Turma não aplicou o princípio da insignificância no caso em que o paciente foi denunciado pelo furto de um motor elétrico avaliado em R$ 88,00. De acordo com o Min. Relator, não obstante o pequeno valor da *res furtiva*, o réu é reincidente e a conduta delituosa foi perpetrada mediante arrombamento da janela da residência da vítima, um lavrador de frágil situação financeira. Precedentes citados do STF: HC 96.202-RS, DJe 27/5/2010; do STJ: HC 130.365-SP, DJe 1º/2/2011; HC 152.875-SP, DJe 7/6/2010, e HC 139.600-RS, DJe 29/3/2010. **HC 195.178-MS, Rel. Min. Haroldo Rodrigues (Desembargador convocado do TJ-CE), julgado em 7/6/2011.** (Inform. STJ 476)

PRINCÍPIO. INSIGNIFICÂNCIA. RECEPTAÇÃO. CELULAR.
A Turma aplicou o princípio da insignificância na hipótese de receptação de um celular avaliado em R$ 55,00, mas adquirido pelo paciente por R$ 10,00. Ressalvou seu entendimento a Min. Maria Thereza de Assis Moura. Precedentes citados do STF: HC 91.920-RS, DJe 12/3/2010; HC 84.412-SP, DJ 19/11/2004; do STJ: HC 142.586-SP, DJe 1º/7/2010, e HC 153.757-MG, DJe 3/5/2010. **HC 191.067-MS, Rel. Min. Haroldo Rodrigues (Desembargador convocado do TJ-CE), julgado em 2/6/2011.** (Inform. STJ 475)

PRINCÍPIO. INSIGNIFICÂNCIA. ADMINISTRAÇÃO PÚBLICA.
Na impetração, foi requerida a alteração da capitulação legal atribuída na denúncia, o que é inviável no *habeas corpus*, uma vez que exige o revolvimento do conjunto fático-probatório. No caso, a acusação descreve fato criminoso com todas as circunstâncias, satisfazendo os requisitos do art. 77 do CPPM. De acordo com a peça acusatória, os fatos revelam indícios suficientes para justificar apuração mais aprofundada do caso. Mesmo que a capitulação esteja equivocada, como alegam os impetrantes, o que somente será verificado na instrução criminal, a defesa deve

combater os fatos indicados na denúncia e não a estrita capitulação legal, não havendo assim qualquer prejuízo ao exercício da ampla defesa e do contraditório. Quanto ao princípio da insignificância, a Turma entendeu não ser possível sua aplicação aos crimes praticados contra a Administração, pois se deve resguardar a moral administrativa. Embora o crime seja militar, em última análise, foi praticado contra a Administração Pública. Precedentes citados: HC 154.433-MG, DJe 20/9/2010, e HC 167.915-MT, DJe 13/9/2010. **HC 147.542-GO, Rel. Min. Gilson Dipp, julgado em 17/5/2011.** (Inform. STJ 473)

PRINCÍPIO. INSIGNIFICÂNCIA. TENTATIVA. FURTO QUALIFICADO. ALIMENTO. HABITUALIDADE. CONDUTA.

Noticiam os autos que o paciente foi absolvido sumariamente em primeira instância pela prática do crime previsto no art. 155, § 4º, IV, c/c 14, II, ambos do CP (tentativa de furto qualificado). Houve apelação e o tribunal *a quo* reformou a decisão do juiz, dando provimento ao recurso do MP estadual para receber a denúncia oferecida contra os pacientes. Irresignada, a Defensoria Pública interpôs embargos de declaração que foram rejeitados. Daí o *habeas corpus*, sustentando que deve ser reconhecida a atipicidade da conduta em razão da aplicação do princípio da insignificância, haja vista o irrisório valor da *res* furtiva (6 kg de carne avaliados em R$ 51,00). No entanto, para a maioria dos ministros da Turma, a habitualidade da conduta tida por criminosa descaracteriza sua insignificância. Assim, se consta dos autos que o paciente continua praticando delitos de pequeno valor patrimonial, não se poderia dar salvo conduto à prática delituosa. Por outro lado, somados os reiterados delitos, ultrapassar-se-ia o pequeno valor, que, assim, deixa de ser irrisório e passa a ter relevância para a vítima. Ademais, mesmo verificada a necessidade e utilidade da medida de política criminal do princípio da insignificância, é imprescindível que sua aplicação se dê de forma prudente e criteriosa, razão pela qual é necessária a presença de certos elementos, como exige a jurisprudência do STF: a mínima ofensividade da conduta do agente, a ausência total de periculosidade social da ação, o ínfimo grau de reprovabilidade do comportamento e a inexpressividade da lesão jurídica ocasionada. Destarte, cabe ao intérprete da lei penal delimitar o âmbito de abrangência dos tipos penais abstratamente positivados no ordenamento jurídico, de modo a excluir de sua proteção aqueles fatos provocadores de ínfima lesão ao bem jurídico por ele tutelado, nos quais tem aplicação o princípio da insignificância. Anotou-se ainda que, nesses casos, não é possível aplicar esse princípio, pois haveria a possibilidade de incentivar o pequeno delinquente, sabendo que nunca será apenado, a fazer sucessivos furtos de pequenos valores. Com esses argumentos, entre outros, a Turma, por maioria, denegou a ordem. O Min. Adilson Vieira Macabu (Desembargador convocado do TJ-RJ) ficou vencido por entender que, no caso, não se trata de reincidência, mas de habitualidade na repetição da conduta e a habitualidade é uma conduta que lhe é atribuída, mas que não teve ainda o crivo do Poder Judiciário, ou seja, nem do contraditório nem do devido processo legal. Precedente citado do STF: HC 84.412-SP, DJ 19/11/2004. **HC 196.132-MG, Rel. Min. Napoleão Nunes Maia Filho, julgado em 10/5/2011.** (Inform. STJ 472)

PRINCÍPIO. INSIGNIFICÂNCIA. ARROMBAMENTO.

O paciente foi denunciado por tentar, mediante arrombamento, subtrair duas facas de cozinha, um alicate de unhas e uma chave de fenda (arts. 155, *caput* e § 4º, I, c/c 14, II, ambos do CP). Nesse contexto, a Turma, por maioria, entendeu não aplicar o princípio da insignificância e denegar a ordem. **HC 134.940-DF, Rel. originário Min. Celso Limongi (Desembargador convocado do TJ-SP), Rel. para acórdão Min. Haroldo Rodrigues (Desembargador convocado do TJ-CE), julgado em 5/5/2011.** (Inform. STJ 471)

PRINCÍPIO. INSIGNIFICÂNCIA. POLICIAL.

O paciente, policial militar, fardado e em serviço, subtraiu uma caixa de bombons de um supermercado, colocando-a dentro de seu colete à prova de balas. Vê-se, assim, não ser possível aplicar o princípio da insignificância à hipótese, visto não estarem presentes todos os requisitos necessários para tal (mínima ofensividade da conduta, nenhuma periculosidade social da ação, reduzidíssimo grau de reprovação do comportamento e inexpressividade da lesão jurídica provocada). Apesar de poder tachar de inexpressiva a lesão jurídica em razão de ser ínfimo o valor dos bens subtraídos (R$ 0,40), há alto grau de reprovação na conduta do paciente, além de ela ser relevante para o Direito Penal; pois, aos olhos da sociedade, o policial militar representa confiança e segurança, dele se exige um comportamento adequado, dentro do que ela considera correto do ponto de vista ético e moral. Anote-se que a interpretação que se dá ao art. 240, § 1º, do CPM (que ao ver do paciente justificaria a aplicação do referido princípio) não denota meio de trancar a ação penal, mas sim que cabe ao juízo da causa, após o processamento dela, analisar se a infração pode ser considerada apenas como disciplinar. Precedentes citados do STF: HC 84.412-0-SP, DJ 19/11/2004; HC 104.853-PR, DJe 18/11/2010; HC 102.651-MG, DJe 30/6/2010; HC 99.207-SP, DJe 17/12/2009; HC 97.036-RS, DJe 22/5/2009; do STJ: HC 141.686-SP, DJe 13/11/2009. **HC 192.242-MG, Rel. Min. Gilson Dipp, julgado em 22/3/2011.** (Inform. STJ 467)

PESCA PREDATÓRIA. PEQUENA QUANTIDADE. PRINCÍPIO. INSIGNIFICÂNCIA.
Trata-se de *habeas corpus* impetrado em favor de réu denunciado como incurso nas penas do art. 34, parágrafo único, II, da Lei n. 9.605/1998, uma vez que foi flagrado pela Polícia Militar de Proteção Ambiental praticando pesca predatória de camarão, com a utilização de petrechos proibidos em período defeso para a fauna aquática e sem autorização dos órgãos competentes. Postula o paciente a atipicidade da conduta com a aplicação do princípio da insignificância, visto que pescara aproximadamente quatro kg de camarão, que foram devolvidos ao *habitat* natural. A Turma denegou a ordem com o entendimento de que a quantidade de pescado apreendido não desnatura o delito descrito no art. 34 da Lei n. 9.605/1998, que pune a atividade durante o período em que a pesca seja proibida, exatamente como no caso, ou seja, em época da reprodução da espécie e com utilização de petrechos não permitidos (parágrafo único, II, do referido artigo). Há interesse estatal na repreensão da conduta em se tratando de delito contra o meio ambiente, dada sua relevância penal, tendo a CF destinado um capítulo inteiro à sua proteção. **HC 192.696-SC, Rel Min. Gilson Dipp, julgado em 17/3/2011.** (Inform. STJ 466)

INSIGNIFICÂNCIA. VALOR MÁXIMO. AFASTAMENTO.
A Turma afastou o critério adotado pela jurisprudência que considerava o valor de R$ 100,00 como limite para a aplicação do princípio da insignificância e deu provimento ao recurso especial para absolver o réu condenado pela tentativa de furto de duas garrafas de bebida alcoólica (avaliadas em R$ 108,00) em um supermercado. Segundo o Min. Relator, a simples adoção de um critério objetivo para fins de incidência do referido princípio pode levar a conclusões iníquas quando dissociada da análise do contexto fático em que o delito foi praticado – importância do objeto subtraído, condição econômica da vítima, circunstâncias e resultado do crime – e das características pessoais do agente. No caso, ressaltou não ter ocorrido repercussão social ou econômica com a tentativa de subtração, tendo em vista a importância reduzida do bem e a sua devolução à vítima (pessoa jurídica). Precedentes citados: REsp 778.795-RS, DJ 5/6/2006; HC 170.260-SP, DJe 20/9/2010, e HC 153.673-MG, DJe 8/3/2010. **REsp 1.218.765-MG, Rel. Min. Gilson Dipp, julgado em 1º/3/2011.** (Inform. STJ 465)

PRINCÍPIO. INSIGNIFICÂNCIA. ARROMBAMENTO.
Cuida-se de furto qualificado pelo rompimento de obstáculo: o paciente arrombou as duas portas do veículo da vítima para subtrair apenas algumas moedas. Assim, apesar do valor ínfimo subtraído (R$ 14,20), a vítima sofreu prejuízo de R$ 300,00 decorrente do arrombamento, o que demonstra não ser ínfima a afetação do bem jurídico a ponto de aplicar o princípio da insignificância, quanto mais se considerado o desvalor da conduta, tal qual determina a jurisprudência do STJ. Anote-se não se tratar de furto simples, mas de crime qualificado sujeito a um *plus* de reprovabilidade por suas peculiaridades. Precedentes citados do STF: HC 84.412-SP, DJ 19/11/2004; do STJ: HC 103.618-SP, DJe 4/8/2008; HC 160.916-SP, DJe 11/10/2010, e HC 164.993-RJ, DJe 14/6/2010. **HC 122.347-DF, Rel. Min. Maria Thereza de Assis Moura, julgado em 3/3/2011.** (Inform. STJ 465)

INSIGNIFICÂNCIA. APROPRIAÇÃO INDÉBITA. AGENDA.
A Turma concedeu a ordem de *habeas corpus* para reconhecer a atipicidade da conduta imputada ao paciente denunciado pela suposta prática do crime previsto no art. 168 do CP (apropriação indébita), ante a aplicação do princípio da insignificância. *In casu*, a vítima, advogado, alegou que o paciente – também advogado e colega do mesmo escritório de advocacia – teria se apropriado de sua agenda pessoal (avaliada em cerca de dez reais), a qual continha dados pessoais e profissionais. Para a Min. Relatora, a hipótese dos autos revela um acontecimento trivial, sem que tenha ocorrido qualquer circunstância hábil a lhe conferir maior relevância. Consignou que, por mais que se considere que o objeto supostamente tomado continha informações importantes à vítima, a conduta é dotada de mínimo caráter ofensivo e reduzido grau de reprovação, assim como a lesão jurídica é inexpressiva e não causa repulsa social. Precedentes citados do STF: HC 84.412-SP, DJ 19/11/2004; do STJ: HC 103.618-SP, DJe 4/8/2008; REsp 922.475-RS, DJe 16/11/2009; REsp 1.102.105-RS, DJe 3/8/2009, e REsp 898.392-RS, DJe 9/3/2009. **HC 181.756-MG, Rel. Min. Maria Thereza de Assis Moura, julgado em 15/2/2011.** (Inform. STJ 463)

TRANCAMENTO. AÇÃO PENAL. HC. APLICAÇÃO. PRINCÍPIO DA INSIGNIFICÂNCIA.
Trata-se, no caso, do furto de um "Disco de Ouro", de propriedade de renomado músico brasileiro, recebido em homenagem à marca de 100 mil cópias vendidas. Apesar de não existir nos autos qualquer laudo que ateste o valor da coisa subtraída, a atitude do paciente revela reprovabilidade suficiente para que não seja aplicado o princípio da insignificância, haja vista a infungibilidade do bem. Para aplicar o referido princípio, são necessários a mínima

ofensividade da conduta do agente, nenhuma periculosidade social da ação, o reduzidíssimo grau de reprovabilidade do comportamento e a inexpressividade da ordem jurídica provocada. Assim, a Turma denegou a ordem. Precedentes citados: HC 146.656-SC, DJe 1º/2/2010; HC 145.963-MG, DJe 15/3/2010, e HC 83.027-PE, DJe 1º/12/2008. **HC 190.002-MG, Rel. Min. Og Fernandes, julgado em 3/2/2011.** (Inform. STJ 461)

Súmula STJ nº 17
Quando o falso se exaure no estelionato, sem mais potencialidade lesiva, é por este absorvido.

1.2. APLICAÇÃO DA LEI NO TEMPO E NO ESPAÇO

Conjugação de leis e descabimento
Com base no princípio unitário, a 1ª Turma denegou habeas corpus em que se pleiteava a mescla da legislação nova com a antiga, nos trechos em que mais favoráveis ao paciente. Na espécie dos autos, ele fora condenado a 17 anos e 6 meses de reclusão e, em grau de recurso, o STJ concedera a ordem, de ofício, a fim de reduzir a pena para 13 anos e 4 meses de reclusão, nos termos dispostos pela Lei 12.015/2009 — que revogou o art. 9º da Lei 8.072/90 e criou o tipo específico de estupro de vulnerável (CP, art. 217-A). Alegava-se que o acórdão questionado prejudicara o paciente, visto que a sentença condenatória estabelecera a pena-base em 6 anos e, pela nova regra, aplicada pelo STJ, esta fora fixada em 8 anos. Considerou-se, ademais, que não houvera qualquer decisão contrária aos interesses do paciente, porque reduzida a pena final, de 17 para 13 anos. HC 104193/RS, rel. Min. Marco Aurélio, 9.8.2011. (HC-104193) (Inform. STF 635)

Súmula STF nº 711
A Lei penal mais grave aplica-se ao crime continuado ou ao crime permanente, se a sua vigência é anterior à cessação da continuidade ou da permanência.

1.3. TEORIA DO CRIME

"Racha" e dolo eventual - 1
A 1ª Turma, por maioria, denegou *habeas corpus* em que alegado constrangimento ilegal decorrente de: a) falta de fundamentação da sentença de pronúncia, porquanto genérica; b) substituição indevida de relatores na ocasião do segundo julgamento de recurso em sentido estrito, uma vez que a mesma desembargadora — que anteriormente proferira voto prevalecente pelo provimento do apelo — mudara sua convicção; c) excesso de linguagem no acórdão confirmatório da decisão que pronunciara o réu; e d) contradição neste *decisum*, haja vista que o conselho de sentença entendera que o co-réu não participara da disputa dolosamente, mas culposamente. No mérito, a defesa sustentava que a conduta objeto da denúncia não caracterizaria dolo eventual, mas culpa consciente, pelo que pugnava pelo deferimento da ordem, a fim de que fosse determinada a competência do juízo singular, e não do tribunal do júri, para julgar o paciente. De início, assinalou-se que o juízo pronunciante teria cumprido seu dever de fundamentação, de modo a não incidir em excesso de linguagem, tendo em vista que ele apenas teria demonstrado seu convencimento acerca da materialidade do crime e dos indícios de autoria. Outrossim, ressaltou-se que a fundamentação do voto condutor do acórdão que confirmara a pronúncia também teria observado os limites inerentes à espécie de provimento jurisdicional, ao assentar a comprovação da materialidade do fato e dos indícios suficientes de autoria, consoante a norma vigente à época (CPP, art. 408: *"Se o juiz se convencer da existência do crime e de indícios de que o réu seja o seu autor, pronunciá-lo-á, dando os motivos do seu convencimento"*). Ademais, consignou-se que nada impediria que o mesmo magistrado, ao participar de nova apreciação de recurso, revelasse convencimento diverso, desde que devidamente motivado. No ponto, asseverou-se que, verificada a anulação do primeiro julgamento, este não condicionaria a manifestação do órgão julgador no segundo. HC 101698/RJ, rel. Min. Luiz Fux, 18.10.2011. (HC-101698)

"Racha" e dolo eventual - 2
Quanto ao mérito, distinguiu-se o caso dos autos daquele versado no HC 107801/SP (DJe de 13.10.2011), que cuidara de homicídio na direção de veículo automotor cometido por agente sob o efeito de bebidas alcoólicas. Rememorou-se que o Colegiado limitara a aplicação da teoria da actio libera in causa aos casos de embriaguez preordenada. Sublinhou-se, entretanto, que não se deveria generalizar a compreensão de que qualquer homicídio praticado na direção de veículo automotor seria culposo, desde que tratasse de embriaguez preordenada. Elucidou-se que a diferença entre dolo eventual e culpa consciente encontrar-se-ia no elemento volitivo do tipo penal. Todavia, ante a impossibilidade de se adentrar a psique do agente, essa análise exigiria a observação de todas as circunstâncias objetivas do caso concreto. Nesse sentido, dessumiu-se, da descrição dos fatos realizada pelas instâncias ordinárias, que o réu, ao lançar-se em

prática de altíssima periculosidade em via pública e mediante alta velocidade, teria consentido com que o resultado se produzisse, de sorte a incidir em dolo eventual (CP, art. 18, I: *"Diz-se o crime: I - doloso, quando o agente quis o resultado ou assumiu o risco de produzi-lo"*). No ponto, assentou-se que o Supremo firmara jurisprudência no sentido de que o homicídio cometido na direção de veículo automotor em virtude de "pega" seria doloso. Desta feita, aludiu-se que a prática de competições automobilísticas em vias públicas seria crime autônomo, doloso e de perigo concreto (CTB, art. 308: *"Participar, na direção de veículo automotor, em via pública, de corrida, disputa ou competição automobilística não autorizada pela autoridade competente, desde que resulte dano potencial à incolumidade pública ou privada"*). Enfatizou-se que este tipo penal, se resultar em lesão corporal ou homicídio, progrediria para os delitos dispostos nos artigos 129 ou 121 do CP, em sua forma dolosa, visto que seria contra-senso transmudá-lo para a modalidade culposa em razão do advento de resultado mais grave. Assim, reconheceu-se presente o elemento volitivo do dolo eventual. Por fim, explicou-se tanto haver hipótese de "racha" entre dois condutores, assim como de apenas um motorista, que poderia perseguir outro veículo, o que denotaria um único imputável para a prática. Vencido o Min. Marco Aurélio, que concedia a ordem, para que os 2 réus respondessem criminalmente pelo fato tendo em conta o art. 302 do CTB (*"Praticar homicídio culposo na direção de veículo automotor"*). HC 101698/RJ, rel. Min. Luiz Fux, 18.10.2011. (HC-101698) (Inform. STF 645)

Desclassificação de homicídio doloso para culposo na direção de veículo automotor
A 1ª Turma iniciou julgamento de habeas corpus em que requerida a desclassificação do delito de homicídio doloso para culposo na direção de veículo automotor, descrito na revogada redação do art. 302, parágrafo único, V, da Lei 9.503/97 – CTB (*"Art. 302. Praticar homicídio culposo na direção de veículo automotor: ... Parágrafo único. No homicídio culposo cometido na direção de veículo automotor, a pena é aumentada de um terço à metade, se o agente: ... V - estiver sob a influência de álcool ou substância tóxica ou entorpecente de efeitos análogos"*). Na espécie, o paciente fora pronunciado como incurso no art. 121, § 2º, IV, c/c o art. 18, I, 2ª parte, do CP. A defesa sustentava que o fato de o réu estar sob efeito de álcool ou substância análoga na condução do veículo quando perpetrara o referido crime não autorizaria o reconhecimento de dolo eventual. A Min. Cármen Lúcia, relatora, denegou a ordem. Entendeu que a via estreita do writ não seria adequada para apuração do elemento subjetivo do tipo penal. Nesse sentido, reputou que a análise de ocorrência de culpa consciente ou de dolo eventual em processos de competência do tribunal do júri demandaria aprofundado revolvimento da prova produzida no âmbito da ação penal. Ressaltou que, na fase de pronúncia, somente as acusações manifestamente improcedentes não poderiam ser admitidas, porquanto vigoraria o princípio *in dubio pro societate*. Ponderou, por fim, que eventual debate sobre a desclassificação do delito em comento caberia tão-somente ao conselho de sentença, juiz natural da causa. Após, pediu vista o Min. Luiz Fux. HC 107801/ SP, rel. Min. Cármen Lúcia, 31.5.2011. (HC-107801) (Inform. STF 629)

Desclassificação de homicídio doloso para culposo na direção de veículo automotor - 2
Em conclusão, a 1ª Turma deferiu, por maioria, *habeas corpus* para desclassificar o delito de homicídio doloso para culposo na direção de veículo automotor, descrito na revogada redação do art. 302, parágrafo único, V, da Lei 9.503/97 – CTB (*"Art. 302. Praticar homicídio culposo na direção de veículo automotor: ... Parágrafo único. No homicídio culposo cometido na direção de veículo automotor, a pena é aumentada de um terço à metade, se o agente: ... V - estiver sob a influência de álcool ou substância tóxica ou entorpecente de efeitos análogos"*) — v. Informativo 629. Inicialmente, ressaltou-se que o exame da questão não demandaria revolvimento do conjunto fático-probatório, mas apenas revaloração jurídica do que descrito nas instâncias inferiores. Em seguida, consignou-se que a aplicação da teoria da *actio libera in causa* somente seria admissível para justificar a imputação de crime doloso no caso de embriaguez preordenada quando ficasse comprovado que o agente teria se inebriado com o intuito de praticar o ilícito ou assumir o risco de produzi-lo, o que não ocorrera na espécie dos autos. Asseverou-se que, nas hipóteses em que o fato considerado doloso decorresse de mera presunção em virtude de embriaguez alcoólica eventual, prevaleceria a capitulação do homicídio como culposo na direção de veículo automotor em detrimento daquela descrita no art. 121 do CP. O Min. Marco Aurélio acrescentou que haveria norma especial a reger a matéria, com a peculiaridade da causa de aumento decorrente da embriaguez ao volante. Sublinhou que seria contraditória a prática generalizada de se vislumbrar o dolo eventual em qualquer desastre de veículo automotor com o resultado morte, porquanto se compreenderia que o autor do crime também submeteria a própria vida a risco. Vencida a Min. Cármen Lúcia, relatora, que denegava a ordem por reputar que a análise de ocorrência de culpa consciente ou de dolo eventual em processos de competência do tribunal do júri demandaria aprofundado revolvimento da prova produzida no âmbito da ação penal. HC 107801/SP, rel. orig. Min. Cármen Lúcia, red. p/ o acórdão Min. Luiz Fux, 6.9.2011. (HC-107801) (Inform. STF 639)

Súmula STF nº 145
Não há crime, quando a preparação do flagrante pela polícia torna impossível a sua consumação.

1.4. AUTORIA E CONCURSO DE PESSOAS

EMENTA: *Habeas Corpus*. Direito Penal e Processual Penal. Concurso de pessoas. Reconhecimento de delito em modalidades de consumação distintas para co-réus que praticaram o mesmo fato criminoso em unidade de desígnios. Impossibilidade. Aplicação da teoria monista. Tratando-se de concurso de pessoas que agiram com unidade de desígnios e cujas condutas tiveram relevância causal para a produção do resultado, é inadmissível o reconhecimento de que um agente teria praticado o delito na forma tentada e o outro, na forma consumada. Segundo a teoria monista ou unitária, havendo pluralidade de agentes e convergência de vontades para a prática da mesma infração penal, como se deu no presente caso, todos aqueles que contribuem para o crime incidem nas penas a ele cominadas (CP, art. 29), ressalvadas as exceções para as quais a lei prevê expressamente a aplicação da teoria pluralista. Ordem concedida. HC N. 97.652-2. RELATOR: MIN. JOAQUIM BARBOSA. Noticiado no Informativo 554 (Inform. STF 559)

Concurso de Pessoas: Teoria Monista e Fixação de Reprimenda mais Grave a um dos Co-réus
Por reputar não observada a teoria monista adotada pelo ordenamento pátrio (CP, art. 29) — segundo a qual, havendo pluralidade de agentes e convergência de vontades para a prática da mesma infração penal, todos aqueles que contribuem para o crime incidem nas penas a ele cominadas, ressalvadas as exceções legais —, a Turma deferiu *habeas corpus* cassar decisão do STJ que condenara o paciente pela prática de roubo consumado. No caso, tanto a sentença condenatória quanto o acórdão proferido pelo tribunal local condenaram o paciente e o co-réu por roubo em sua forma tentada (CP, art. 157, § 2º, I e II, c/c o art. 14, II). Contra esta decisão, o Ministério Público interpusera recurso especial, apenas contra o paciente, tendo transitado em julgado o acórdão da Corte estadual relativamente ao co-réu. Assentou-se que o acórdão impugnado, ao prover o recurso especial, para reconhecer que o paciente cometera o crime de roubo consumado, provocara a inadmissível situação consistente no fato de se condenar, em modalidades delitivas distintas quanto à consumação, os co-réus que perpetraram a mesma infração penal. Destarte, considerando que os co-réus atuaram em acordo de vontades, com unidade de desígnios e suas condutas possuíram relevância causal para a produção do resultado decorrente da prática do delito perpetrado, observou-se ser imperioso o reconhecimento uniforme da forma do delito cometido. Assim, restabeleceu-se a reprimenda anteriormente fixada para o paciente pelo tribunal local. HC 97652/RS, rel. Min. Joaquim Barbosa, 4.8.2009. (HC-97652) (Inform. STF 554)

Superior Tribunal de Justiça

ART. 29 DO CP. INDICAÇÃO. SENTENÇA. PRONÚNCIA.
A Turma deu provimento ao recurso especial do *Parquet* para consignar que, na decisão de pronúncia, o art. 29 do CP – referente ao concurso de pessoas – deve ser mencionado quando da indicação do tipo penal incriminador nos termos da antiga redação do art. 408, § 1º, do CPP (anterior à Lei n. 11.689/2008). Segundo a Min. Relatora, o *caput* do referido art. 29 não se relaciona apenas ao aspecto da dosimetria da pena, mas influencia na tipicidade da conduta por se tratar de norma de extensão, a permitir uma adequação típica de subordinação mediata. Ressaltou que, *in casu*, a indicação do dispositivo é imprescindível para a tipicidade formal, tendo em vista que a denúncia não detalhou a conduta de cada acusado pela suposta prática dos delitos de homicídio e homicídio tentado, não constando a informação de quem teria disparado a arma contra as vítimas. **REsp 944.676-RS, Rel. Min. Laurita Vaz, julgado em 21/6/2011.** (Inform. STJ 478)

1.5. PENA, MEDIDA DE SEGURANÇA, CONCURSO DE CRIMES E AÇÃO PENAL

Dosimetria e fundamentação idônea
A 2ª Turma iniciou julgamento de *habeas corpus* em que se pretende a redução da pena-base fixada, em virtude da alegada falta de fundamentação idônea para sua exacerbação. No caso, ao majorar a pena-base, o juiz considerara que *"a) os motivos que levaram à prática das infrações penais foram o egoísmo e o desejo de obter ganho fácil; b) as circunstâncias em que ocorreram as práticas criminosas foram graves, em razão da nocividade e expressiva quantidade de droga apreendida (quase 13 kg de cocaína); e c) as consequências são graves pelo mal causado aos consumidores"*. O Min. Gilmar Mendes, relator, conquanto entendesse correta a conclusão do magistrado no que concerne ao motivo do crime — lucro fácil, por este não integrar a essência do crime de tráfico de entorpecentes — concedeu, parcialmente, a ordem, para que se proceda nova individualização da pena. No ponto, determinou que se

afastasse a circunstância judicial referente ao *"mal causado pelo tóxico"*, por ser ínsito à conduta delituosa e estar incorporado ao próprio tipo penal, o que impossibilitaria sua utilização como elemento hábil a proporcionar o recrudescimento da reprimenda, sob pena de *bis in idem*. Após, pediu vista o Min. Ayres Britto. HC 107532/SC, rel. Min. Gilmar Mendes, 28.6.2011. (HC-107532) (Inform. STF 633)

ED: dosimetria e circunstância judicial
A 1ª Turma iniciou julgamento de embargos declaratórios opostos de acórdão denegatório de *habeas corpus* impetrado em favor do paciente, submetido ao tribunal do júri por homicídio simples. A Min. Cármen Lúcia, relatora, rejeitou os embargos, no que foi acompanhada pelo Min. Luiz Fux. Afirmou que, no julgamento do *writ*, consignara-se que a alteração da pena exigiria o revolvimento de prova, atividade incompatível com os limites do *habeas*. Asseverou inexistir contradição, porquanto a pena definida não representaria afronta à lei. Verificou que se pretenderia, em embargos, reexaminar o que decidido na Turma. Considerou, por fim, não ser hipótese de concessão da ordem de ofício. Em divergência, o Min. Marco Aurélio deferiu, de ofício, o *writ* para fixar a reprimenda em 5 anos e 6 meses, ou seja, pena-base de 6 anos com redução de 6 meses pela confissão espontânea. Assinalou que, ao se pronunciar o paciente, não fora articulada qualquer das qualificadoras; tampouco, por elas denunciado. Entendeu que, no entanto, o juiz-presidente evocara na primeira fase da dosimetria, a título de circunstâncias judiciais, dados que consubstanciariam qualificadoras como o motivo fútil e a surpresa da vítima. Ressaltou que a sentença não aludiria a qualquer outra circunstância judicial. Concluiu que aqueles aspectos não poderiam ser considerados à luz do art. 59 do CP. Após, pediu vista o Min. Dias Toffoli. HC 107501 ED/GO, rel. Min. Cármen Lúcia, 14.6.2011. (HC-107501) (Inform. STF 631)

ED: dosimetria e circunstância judicial - 2
Em conclusão, a 1ª Turma rejeitou embargos declaratórios opostos de acórdão denegatório de *habeas corpus* impetrado em favor de pronunciado por homicídio simples entretanto, por maioria, concedeu a ordem de ofício — v. Informativo 631. No caso, a juíza-presidente do tribunal do júri evocara na primeira fase da dosimetria, a título de circunstâncias judiciais, dados que consubstanciariam qualificadoras como o motivo fútil, a premeditação e a surpresa da vítima. Ressaltou-se que a sentença não aludiria a qualquer outra circunstância judicial. Concluiu-se que aqueles aspectos não poderiam ser considerados à luz do art. 59 do CP, porquanto não seria possível a magistrada substituir o Ministério Público, tampouco o corpo de jurados, já que o paciente não fora denunciado, pronunciado e julgado por homicídio qualificado. Vencidos os Ministros Cármen Lúcia, relatora, e Luiz Fux, que consignavam que a alteração da pena exigiria o revolvimento de prova, atividade incompatível com os limites do *habeas*. HC 107501 ED/GO, rel. orig. Min. Cármen Lúcia, red. p/ o acórdão Min. Marco Aurélio, 2.8.2011. (HC-107501) (Inform. STF 634)

Medida de segurança e hospital psiquiátrico
A 1ª Turma deferiu parcialmente *habeas corpus* em favor de denunciado por homicídio qualificado, perpetrado contra o seu próprio pai em 1985. No caso, após a realização de incidente de insanidade mental, constatara-se que o paciente sofria de esquizofrenia paranóide, o que impedira de entender o caráter ilícito de sua conduta, motivo pelo qual fora internado em manicômio judicial. Inicialmente, afastou-se a alegada prescrição e a conseqüente extinção da punibilidade. Reafirmou-se a jurisprudência desta Corte no sentido de que o prazo máximo de duração de medida de segurança é de 30 anos, nos termos do art. 75 do CP. Ressaltou-se que o referido prazo não fora alcançado por haver interrupção do lapso prescricional em face de sua internação, que perdura há 26 anos. No entanto, com base em posterior laudo que atestara a periculosidade do paciente, agora em grau atenuado, concedeu-se a ordem a fim de determinar sua internação em hospital psiquiátrico próprio para tratamento ambulatorial. HC 107432/RS, rel. Min. Ricardo Lewandowski, 24.5.2011. (HC-107432) (Inform. STF 628)

Policial federal e crime de concussão
Ante o empate na votação, a 1ª Turma deferiu *habeas corpus* impetrado em favor de policial federal para anular a sentença proferida, a fim de que outra seja prolatada pelo juiz da causa, consideradas as singularidades de cada acusado, conforme o disposto no art. 59 do CP (*"O juiz, atendendo à culpabilidade, aos antecedentes, à conduta social, à personalidade do agente, aos motivos, às circunstâncias e conseqüências do crime, bem como ao comportamento da vítima, estabelecerá, conforme seja necessário e suficiente para reprovação e prevenção do crime: I - as penas aplicáveis dentre as cominadas; II - a quantidade de pena aplicável, dentro dos limites previstos; III - o regime inicial de cumprimento da pena privativa de liberdade; IV - a substituição da pena privativa da liberdade aplicada, por outra espécie de pena, se cabível"*). Na espécie, o paciente e outro agente de polícia foram condenados à pena de 6 anos de reclusão e 60 dias-multa, pela prática do crime de concussão, prevista no art. 316 do CP (*"Exigir, para si ou para outrem, direta ou indiretamente, ainda que fora da função ou antes de assumi-la, mas em razão dela, vantagem indevida: Pena - reclusão, de dois a oito anos, e multa"*). Refutou-se que, na dosimetria, ter-se-ia utilizado

apenas o critério "culpabilidade" para majorar a pena e repetido os mesmos aspectos para ambos os acusados. O Min. Marco Aurélio ressaltou que a sentença condenatória potencializara o fato de os agentes serem policiais, o que seria elemento neutro, intrínseco ao próprio tipo penal. Vencidos os Ministros Cármen Lúcia, relatora, e Luiz Fux, que denegavam o *writ*. HC 104864/RJ, rel. orig. Min. Cármen Lúcia, red. p/o acórdão Min. Marco Aurélio,17.5.2011. (HC-104864) (Inform. STF 627)

Violência presumida e regime de cumprimento de pena
O crime cometido com violência presumida obstaculiza o benefício da substituição da pena privativa de liberdade por restritiva de direitos. Esse o entendimento da 2ª Turma, ao indeferir *habeas corpus* impetrado em favor de condenado a 3 anos de reclusão em regime semi-aberto pela prática do crime então descrito no art. 213, c/c art. 224, a, do CP. A impetração sustentava que a violência a impedir o benefício da substituição da pena (CP, art. 44, I) seria a violência real, e não a presumida (CP, art. 224). Asseverou-se que, embora a reprimenda aplicada fosse inferior a 4 anos, o crime teria sido cometido com violência à pessoa, motivo suficiente para obstaculizar o benefício requerido. Entendeu-se que a vedação da substituição da pena privativa de liberdade por restritiva de direitos não alcançaria somente a violência física, real, mas também a presumida. HC 99828/SP, rel. Min. Gilmar Mendes, 17.5.2011. (HC-99828) (Inform. STF 627)

REPERCUSSÃO GERAL EM RE N. 601.182-MG
RELATOR: MIN. MARCO AURÉLIO
DIREITOS POLÍTICOS – CONDENAÇÃO CRIMINAL – SUBSTITUIÇÃO DA PENA RESTRITIVA DA LIBERDADE PELA RESTRITIVA DE DIREITOS – ARTIGO 15, INCISO III, DA CONSTITUIÇÃO FEDERAL – ALCANCE – AFASTAMENTO DA SUSPENSÃO NA ORIGEM – REPERCUSSÃO GERAL CONFIGURADA. Possui repercussão geral a controvérsia sobre a suspensão de direitos políticos, versada no artigo 15, inciso III, da Constituição Federal, tendo em vista a substituição da pena privativa de liberdade pela restritiva de direitos. (Inform. STF 623)

Superior Tribunal de Justiça
MAUS ANTECEDENTES. CONDENAÇÃO. PROCESSO CONEXO. INADMISSIBILIDADE.
Tendo em vista que uma mesma sentença julgou dois processos conexos, mostra-se inadmissível a consideração da condenação oriunda de um desses para fins de exasperar a pena-base do outro processo, como maus antecedentes, seja porque julgados numa mesma oportunidade, englobada e indissociadamente, seja porque a condenação não cumpriu, até então, o requisito do prévio trânsito em julgado. **HC 143.026-RJ, Rel. Min. Laurita Vaz, julgado em 27/9/2011.** (Inform. STJ 484)

FIXAÇÃO. PENA-BASE. SUPERIOR. MÍNIMO. CABIMENTO.
A Turma reiterou o entendimento de que, conforme o grau de reprovabilidade da conduta e a existência de circunstâncias desfavoráveis, é cabível a fixação de regime mais severo aos condenados à pena inferior a oito anos desde que devidamente fundamentada a decisão. E considera-se devidamente fundamentada a sentença que estabeleceu regime fechado para o cumprimento de pena com base no nível de organização do bando criminoso, na quantidade de drogas e armamentos apreendidos, na nítida desproporção entre uma tentativa de homicídio realizada por meios de explosivos em estabelecimento jornalístico e sua motivação (veiculação de reportagem cujo conteúdo desagradou a um dos membros do grupo criminoso), no *modus operandi* do delito e na especial reprovação da vingança privada devido à tentativa de cerceamento da imprensa. Com esse entendimento, a Turma denegou a ordem. **HC 196.485-SP, Rel. Min. Gilson Dipp, julgado em 1º/9/2011.** (Inform. STJ 482)

DOCUMENTO FALSO. CARGO PÚBLICO RELEVANTE. ELEVAÇÃO. CULPABILIDADE.
A Turma decidiu que não há constrangimento ilegal em fixar a pena-base acima do mínimo legal, considerando-se mais elevada a culpabilidade do paciente, ocupante de cargo público relevante, com alto grau de instrução, por ter apresentado, em uma barreira de fiscalização policial, documento público falsificado, praticando, assim, o crime do art. 304 do CP. Para os ministros, ratificando acórdão do tribunal *a quo*, o grau de culpabilidade do denunciado seria superior ao ordinário, porque exerce, no momento da infração, entre outros, o cargo de secretário de Estado adjunto e era detentor de três cursos superiores. Por tanto, o paciente tinha maiores condições de entender o caráter ilícito do seu ato, razão pela qual não se mostra injustificada a decisão que considerou um pouco mais elevada a sua culpabilidade. **HC 194.326-RS, Rel. Min. Jorge Mussi, julgado em 18/8/2011.** (Inform. STJ 481)

DETRAÇÃO. CUSTÓDIA CAUTELAR.
A Turma denegou a ordem de *habeas corpus* e reafirmou ser inviável aplicar o instituto da detração penal nos processos relativos a crimes cometidos após a custódia cautelar. Precedentes citados do STF: HC 93.979-RS, DJe 19/6/2008; do STJ: REsp 1.180.018-RS, DJe 4/10/2010; HC 157.913-RS, DJe 18/10/2010, e REsp 650.405-RS, DJ 29/8/2005. **HC 178.129-RS, Rel. Min. Og Fernandes, julgado em 7/6/2011.** (Inform. STJ 476)

CIRCUNSTÂNCIAS JUDICIAIS DESFAVORÁVEIS. REGIME FECHADO.
A Turma denegou a ordem de *habeas corpus* e reafirmou que as circunstâncias judiciais desfavoráveis – *in casu*, culpabilidade, circunstâncias do crime e maus antecedentes (duas condenações transitadas em julgado) – autorizam a adoção do regime inicial fechado para o cumprimento da reprimenda, ainda que o paciente tenha sido condenado à pena de cinco anos e oito meses de reclusão (homicídio tentado). Precedente citado: HC 126.311-SP, DJe 15/6/2009. **HC 193.146-MG, Rel. Min. Napoleão Nunes Maia Filho, julgado em 24/5/2011.** (Inform. STJ 474)

DETRAÇÃO PENAL. CRIME POSTERIOR. PRISÃO CAUTELAR.
A Turma denegou a ordem de *habeas corpus*, reafirmando a jurisprudência deste Superior Tribunal de ser inviável a aplicação da detração penal em relação aos crimes cometidos posteriormente à custódia cautelar. No *writ*, a Defensoria sustentava constrangimento ilegal na decisão de não concessão da detração ao paciente que permaneceu preso cautelarmente em outro feito criminal no período de 27/9/2006 a 7/9/2007 e buscava a detração da pena pela prática de crime perpetrado em 27/11/2007. Precedentes citados do STF: HC 93.979-RS, DJe 19/6/2008; do STJ: REsp 650.405-RS, DJ 29/8/2005; HC 157.913-RS, DJe 18/10/2010, e REsp 1.180.018-RS, DJe 04/10/2010. **HC 197.112-RS, Rel. Min. Og Fernandes, julgado em 19/5/2011.** (Inform. STJ 473)

CARGA ROUBADA. RECEPTAÇÃO. CONCURSO. PESSOAS.
In casu, os pacientes foram condenados por receptação de carga roubada e, na ocasião do crime, o motorista foi morto. Na primeira instância, cada um deles recebeu como pena dois anos e seis meses de reclusão em regime aberto e o pagamento de 30 dias-multa. Irresignada com a condenação, a defesa apelou e o TJ deu parcial provimento ao recurso para determinar a substituição da pena privativa de liberdade por duas restritivas de direitos: prestação de serviços à comunidade pelo mesmo período da sanção reclusiva e prestação pecuniária, mas manteve a sentença quanto à fixação da pena-base dos pacientes acima do mínimo legal previsto. No *habeas corpus*, sustenta ser nula a sentença condenatória no tocante à dosimetria da pena mantida pelo tribunal *a quo*, já que a sanção básica teria sido aplicada um ano e seis meses acima do mínimo legalmente previsto sem a devida fundamentação e com base nas elementares do delito. Ressalta o Min. Relator que o juiz, ao analisar as circunstâncias judiciais conforme dispostas no art. 59 do CP, considerou-as desfavoráveis aos pacientes, apontando-as com base concreta nos fatos narrados nos autos, que evidenciaram ser desfavoráveis a culpa, as circunstâncias e as consequências do delito praticado pelos pacientes. Assim, verificada a adequação da análise dessas circunstâncias, a Turma denegou a ordem. **HC 149.456-RS, Rel. Min. Jorge Mussi, julgado em 10/5/2011.** (Inform. STJ 472)

LATROCÍNIO. PENA-BASE. MÍNIMO LEGAL.
A Turma reduziu a pena do paciente condenado pelos crimes de roubo seguido de morte e corrupção de menores por entender que os fundamentos utilizados pelo magistrado sentenciante para fixar a pena-base acima do mínimo legal foram genéricos e inerentes ao próprio tipo penal. *In casu*, o juiz entendeu, no tocante ao latrocínio, ter o réu agido com culpabilidade elevada pelo fato de ele ter efetuado, juntamente com um menor, disparo de arma de fogo contra a vítima. Entretanto, consignou o Min. Relator que, além de o paciente também ter sido condenado pelo delito autônomo do art. 1º da Lei n. 2.252/1954, o resultado morte – somente alcançado por meio do disparo – já integra o tipo penal. Ademais, salientou que a justificativa referente à motivação econômica do apenado é inerente aos delitos contra o patrimônio, ressaltando que a circunstância de a conduta ter sido perpetrada em via pública de madrugada não representa desvalor que ultrapassa o *modus operandi* comum a esses crimes. Precedentes citados: HC 50.672-RJ, DJ 23/4/2007; HC 178.660-GO, DJe 21/2/2011, e HC 109.831-DF, DJe 1º/2/2011. **HC 150.231-DF, Rel. Min. Og Fernandes, julgado em 10/5/2011.** (Inform. STJ 472)

ROUBO. PORTADOR. NECESSIDADES ESPECIAIS.
Desponta dos autos que as decisões das instâncias ordinárias de condenar o paciente ao cumprimento de pena de reclusão no regime inicial fechado pela prática de roubo circunstanciado (art. 157, § 2º, I, do CP) valeram-se de circunstâncias judiciais, especialmente da personalidade do paciente evidenciada nas circunstâncias do crime, que foi

praticado com grave ameaça (mediante arma) contra pessoa portadora de necessidades especiais (limitações físicas que a impediram de qualquer tipo de defesa). Dessarte, embora a pena aplicada não alcance o patamar de oito anos de reclusão, veda-se a fixação do regime semiaberto diante da valoração negativa e fundamentada das circunstâncias judiciais (art. 33, § 3º, do CP). Com esse entendimento, a Turma, por maioria, denegou a ordem. Precedentes citados: HC 173.848-SP, DJe 1º/2/2011; HC 45.110-DF, DJ 21/11/2005, e HC 98.295-PR, DJe 30/6/2008. **HC 188.899-SP, Rel. Min. Og Fernandes, julgado em 28/4/2011.** (Inform. STJ 470)

MEDIDA. SEGURANÇA. DURAÇÃO.

A Turma concedeu a ordem de *habeas corpus* para limitar a duração da medida de segurança à pena máxima abstratamente cominada ao delito praticado pelo paciente, independentemente da cessação da periculosidade, não podendo ainda ser superior a 30 anos, conforme o art. 75 do CP. Precedentes citados: HC 135.504-RS, DJe 25/10/2010; HC 113.993-RS, DJe 4/10/2010; REsp 1.103.071-RS, DJe 29/3/2010, e HC 121.877-RS, DJe 8/9/2009. **HC 147.343-MG, Rel. Min. Laurita Vaz, julgado em 5/4/2011.** (Inform. STJ 468)

SERVIDOR PÚBLICO. PECULATO.

Consta dos autos que os pacientes, funcionários públicos municipais, foram condenados, em primeira instância, às penas de seis anos de reclusão em regime inicial semiaberto e ao pagamento de multa pela prática do crime de peculato (art. 312, *caput*, c/c o art. 71, ambos do CP), em razão de depósitos de dinheiro em sua conta-corrente proveniente de suposto desvio de verbas públicas. Mas o tribunal *a quo* proveu somente em parte a apelação interposta pela defesa, reduzindo a pena aplicada para quatro anos e seis meses de reclusão em regime inicial semiaberto. Isso posto, no *habeas corpus* explica o Min. Relator que a realização de corpo de delito é sempre necessária e insubstituível para evidenciar a materialidade quando se trata da prática de ilícito que deixa vestígios ou produz alterações no mundo dos fatos ou da natureza; porém, no caso, a questão da imprescindibilidade do exame de corpo de delito sequer foi submetida à apreciação do tribunal *a quo*, o que veda a análise do tema neste Superior Tribunal, pois consubstanciaria supressão de instância. Destaca que a condenação veio suficientemente arrimada no acervo das provas colhidas, principalmente por farta prova documental juntada, como extratos bancários, cópias das declarações de imposto de renda e nos depoimentos colhidos, inclusive do prefeito do município, não sendo admissível seu reexame na via estreita do *habeas corpus*. Por outro lado, reduz a pena-base fixada em três anos de reclusão para dois anos e seis meses de reclusão, tornando-a definitiva em três anos e nove meses de reclusão, em razão da aplicação do aumento pela continuidade delitiva nos moldes definidos nas instâncias ordinárias (1/2). Expõe o Min. Relator, quanto ao reconhecimento da confissão espontânea, que, em nenhum momento, os pacientes confessaram a prática do delito, houve apenas a confirmação do depósito, entretanto a defesa afirma que o dinheiro foi transferido para a conta de forma lícita para cobrir despesas do município. Assim, assevera que, como se trata de confissão qualificada, não há que aplicar a atenuante (art. 65, III, **d**, do CP). Reajusta também o regime prisional para o semiaberto em consequência do *quantum* da pena aplicada. Com esse entendimento, a Turma concedeu em parte o *writ*, com recomendação ao juízo da execução para examinar a possibilidade de substituição da sanção. Precedentes citados: HC 72.073-SP, DJ 21/5/2007; HC 69.007-SP, DJ 14/5/2007; HC 100.911-SP, DJe 16/2/2009; HC 102.362-SP, DJe 2/2/2009; HC 68.719-SP, DJ 4/6/2007; HC 81.206-PR, DJe 3/11/2008; HC 111.341-MS, DJe 9/11/2009, e HC 129.278-RS, DJe 25/2/2009. **HC 124.009-SP, Rel. Min. Napoleão Nunes Maia Filho, julgado em 15/3/2011.** (Inform. STJ 466)

DETRAÇÃO. CÔMPUTO. PERÍODO ANTERIOR.

A Turma reiterou o entendimento de que se admite a detração por prisão ocorrida em outro processo, desde que o crime pelo qual o sentenciado cumpre pena tenha sido praticado anteriormente à prisão cautelar proferida no processo do qual não resultou condenação. Contudo, nega-se a detração do tempo de recolhimento quando o crime é praticado posteriormente à prisão provisória, para que o criminoso não se encoraje a praticar novos delitos, como se tivesse a seu favor um crédito de pena cumprida. Precedentes citados: RHC 61.195-SP, DJ 23/9/1983; do STJ: REsp 878.574-RS, DJ 29/6/2007; REsp 711.054-RS, DJ 14/5/2007, e REsp 687.428-RS, DJ 5/3/2007. **HC 155.049-RS, Rel. Min. Celso Limongi (Desembargador convocado do TJ-SP), julgado em 1º/3/2011.** (Inform. STJ 465)

CONFISSÃO ESPONTÂNEA. PRISÃO. FLAGRANTE.

A Turma, entre outras questões, entendeu que o fato de a prisão do paciente ter sido em flagrante não impede, por si só, que se reconheça a atenuante da confissão espontânea. Precedente citado: REsp 435.430-MS, DJ 18/12/2006. **HC 135.666-RJ, Rel. Min. Og Fernandes, julgado em 22/2/2011.** (Inform. STJ 464)

TRÁFICO. ENTORPECENTES. CONFISSÃO ESPONTÂNEA.
In casu, o ora paciente foi condenado como incurso no art. 33 c/c o art. 40, III, ambos da Lei n. 11.343/2006, à pena de sete anos, nove meses e 22 dias de reclusão, a ser cumprida inicialmente em regime fechado. Em recurso de apelação, o tribunal *a quo* manteve a sentença. Daí sobreveio o *habeas corpus* em que se pretende o reconhecimento da atenuante de confissão espontânea disposta no art. 65, III, **d**, do CP. Ao apreciar o *writ*, observou o Min. Relator que o paciente alegou ter comprado 20 gramas de maconha para consumo próprio, quando, na realidade, conforme o boletim de ocorrência, ele foi flagrado à beira do muro da delegacia de polícia local portando 180 gramas dessa substância entorpecente. Contudo, apesar de o paciente ter admitido a propriedade da droga, negou a sua comercialização, aduzindo que o entorpecente destinava-se ao consumo próprio, procurando, com isso, minimizar a sua conduta. Assim, consignou que, como o acusado não assumiu o fato criminoso que lhe foi imputado, é impossível aplicar a atenuante do art. 65, III, do CP. Registrou, ademais, que, para o reconhecimento da referida atenuante, exigir-se-ia aprofundada incursão na seara fático-probatória, o que não é possível na via do *habeas corpus*. Diante disso, a Turma denegou a ordem. Precedentes citados: REsp 1.133.917-PR, DJe 1º/2/2011; HC 150.408-SP, DJe 12/4/2010; HC 105.408-MS, DJe 1º/6/2009, e REsp 934.004-RJ, DJ 26/11/2007. **HC 191.105-MS, Rel. Min. Og Fernandes, julgado em 17/2/2011.** (Inform. STJ 463)

Súmula STF nº 719
A imposição do regime de cumprimento mais severo do que a pena aplicada permitir exige motivação idônea.

Súmula STF nº 718
A opinião do julgador sobre a gravidade em abstrato do crime não constitui motivação idônea para a imposição de regime mais severo do que o permitido segundo a pena aplicada.

Súmula STF nº 605
Não se admite continuidade delitiva nos crimes contra a vida.

Súmula STF nº 499
Não obsta à concessão do "sursis" condenação anterior à pena de multa.

Súmula STF nº 422
A absolvição criminal não prejudica a medida de segurança, quando couber, ainda que importe privação da liberdade.

Súmula STF Nº 723
Não se admite a suspensão condicional do processo por crime continuado, se a soma da pena mínima da infração mais grave com o aumento mínimo de um sexto for superior a um ano.

Súmula STJ nº 444
É vedada a utilização de inquéritos policiais e ações penais em curso para agravar a pena-base.

Súmula STJ nº 440
Fixada a pena-base no mínimo legal, é vedado o estabelecimento de regime prisional mais gravoso do que o cabível em razão da sanção imposta, com base apenas na gravidade abstrata do delito.

Súmula STJ nº 269
É admissível a adoção do regime prisional semi-aberto aos reincidentes condenados a pena igual ou inferior a quatro anos se favoráveis as circunstâncias judiciais.

Súmula STJ nº 241
A reincidência penal não pode ser considerada como circunstância agravante e, simultaneamente, como circunstância judicial.

Súmula STJ nº 231
A incidência da circunstância atenuante não pode conduzir à redução da pena abaixo do mínimo legal.

Súmula STJ nº 171
Cominadas cumulativamente, em lei especial, penas privativa de liberdade e pecuniária, é defeso a substituição da prisão por multa.

1.6. EXTINÇÃO DA PUNIBILIDADE – PRESCRIÇÃO

Prescrição e cumprimento de pena por outro delito
A 1ª Turma iniciou julgamento de recurso ordinário em habeas corpus em que se discute a ocorrência, ou não, da prescrição da pretensão executória da pena, em virtude de o réu ser menor de 21 anos à época do delito. No caso, o paciente fora condenado à pena de 8 meses de detenção pelo crime de lesão corporal leve e a defesa sustenta a ocorrência da prescrição, haja vista que já decorrido o interregno de 1 ano do trânsito em julgado da sentença condenatória sem o início da execução da pena. Solicitada a certidão criminal para verificar eventual cumprimento da reprimenda, constatou-se que, embora não iniciada a execução dessa pena, o réu encontrava-se preso pela prática de latrocínio. O Min. Dias Toffoli, relator, ao salientar que o réu já estaria custodiado, desproveu o recurso por reputar possível a soma das penas. Após, pediu vista o Min. Luiz Fux. RHC 105504/MS, rel. Min. Dias Toffoli, 9.8.2011. (RHC-105504) (Inform. STF 635)

Prescrição e cumprimento de pena por outro delito - 2
A 1ª Turma retomou julgamento de recurso ordinário em *habeas corpus* em que se discute a ocorrência, ou não, de prescrição da pretensão executória da pena, em virtude de o réu ser menor de 21 anos à época do delito. No caso, o paciente fora condenado à pena de 8 meses de detenção pelo crime de lesão corporal leve e a defesa sustenta a ocorrência da prescrição, haja vista que já decorrido o interregno de 1 ano do trânsito em julgado da sentença condenatória sem o início da execução da pena. Solicitada a certidão criminal para verificar eventual cumprimento da reprimenda, constatou-se que, embora não iniciada a execução dessa pena, o réu encontrava-se preso pela prática de latrocínio — v. Informativo 635. Em voto-vista, o Min. Luiz Fux acompanhou o Min. Dias Toffoli, relator, para desprover o recurso. No tocante à alegada menoridade do recorrente, asseverou que a data de seu nascimento constaria de documentos inaptos à prova da idade, quais sejam, a denúncia e a certidão de execução criminal, sendo certo que a lei civil somente admitiria essa comprovação por meio de certidão própria — certidão do registro civil. Aduziu que, unificadas as penas em 16.12.2009, antes do transcurso do lapso de 2 anos contados do termo inicial, ocorrido em 23.6.2008, data do trânsito em julgado para a acusação, não se verificaria a prescrição da pretensão executória. Após, pediu vista o Min. Marco Aurélio. RHC 105504/MS, rel. Min. Dias Toffoli, 25.10.2011. (RHC-105504) (Inform. STF 646)

Prescrição e marco interruptivo
A 1ª Turma iniciou julgamento de *habeas corpus* em que se pretende o reconhecimento de extinção de punibilidade, tendo em vista suposta prescrição da pretensão punitiva estatal. No caso, o paciente fora condenado, pelo delito de concussão (CP, art. 316), à pena de 10 anos de reclusão e 40 dias-multa, em sentença publicada em 3.7.2002. Interposta apelação, o tribunal local reduzira a pena para 5 anos e 4 meses de reclusão em acórdão publicado em 29.4.2004. O STJ, em 4.12.2009, ao julgar recurso especial, alterara a reprimenda para 2 anos de reclusão em regime aberto. O Min. Dias Toffoli, relator, concedeu a ordem para julgar extinta a punibilidade do réu, por reputar consumada a prescrição da pretensão punitiva, com fundamento no art. 107, IV, do CP. Assinalou que houvera decurso de lapso temporal superior a 4 anos entre o último marco interruptivo — sentença condenatória recorrível (CP, art.117) — e a presente data. Aduziu que o acórdão confirmatório que diminui a pena imposta ao réu não interromperia a prescrição e, por isso, esta já teria ocorrido. Em divergência, o Min. Marco Aurélio, denegou a ordem. Consignou que a sentença não poderia ser considerada título condenatório, em razão de ter sido substituída por acórdão da Corte estadual, e este, por aresto do STJ. Dessa forma, inadmissível ressuscitar a sentença como marco interruptivo da prescrição com a pena fixada pelo STJ. Após, pediu vista dos autos o Min. Luiz Fux. HC 109966/SP, rel. Dias Toffoli, 8.11.2011. (HC-109966) (Inform. STF 647)

Prescrição e art. 115 do CP
A causa de redução do prazo prescricional constante do art. 115 do CP ("*São reduzidos de metade os prazos de prescrição quando o criminoso era, ao tempo do crime, menor de vinte e um anos, ou, na data da sentença, maior de setenta anos*") deve ser aferida no momento da sentença penal condenatória. Com base nesse entendimento, a 2ª Turma indeferiu *habeas corpus* em que se pleiteava o reconhecimento da prescrição da pretensão punitiva em favor de condenado que completara 70 anos entre a data da prolação da sentença penal condenatória e a do acórdão que a confirmara em sede de apelação. HC 107398/RJ, rel. Min. Gilmar Mendes, 10.5.2011. (HC-107398) (Inform. STF 626)

Prescrição: recebimento da denúncia e autoridade incompetente
O recebimento da denúncia por magistrado absolutamente incompetente não interrompe a prescrição penal (CP, art. 117, I). Esse o entendimento da 2ª Turma ao denegar *habeas corpus* no qual a defesa alegava a consumação do lapso prescricional intercorrente, que teria acontecido entre o recebimento da denúncia, ainda que por juiz incompetente, e

o decreto de condenação do réu. Na espécie, reputou-se que a prescrição em virtude do interregno entre os aludidos marcos interruptivos não teria ocorrido, porquanto apenas o posterior acolhimento da peça acusatória pelo órgão judiciário competente deteria o condão de interrompê-la. HC 104907/PE, rel. Min. Celso de Mello, 10.5.2011. (HC-104907) (Inform. STF 626)

HC N. 105.754-PR
RELATORA: MIN. CÁRMEN LÚCIA
EMENTA: *HABEAS CORPUS*. CONSTITUCIONAL. PENAL. CRIME DE FALSIDADE IDEOLÓGICA. ALEGAÇÃO DE OCORRÊNCIA DA PRESCRIÇÃO EM PERSPECTIVA. INADIMISSIBILIDADE. PRECEDENTES. ORDEM DENEGADA.
1. A jurisprudência do Supremo Tribunal Federal não admite a aplicação da prescrição em perspectiva. Precedentes.
2. *Habeas corpus* denegado (Inform. STF 622)

Redimensionamento da pena e prescrição
O acórdão de segundo grau que, ao confirmar a condenação, modifica a pena de modo a refletir no cálculo do prazo prescricional, tem relevância jurídica e, portanto, deve ser considerado marco interruptivo da prescrição da pretensão punitiva do Estado. Com base nesse entendimento, a 1ª Turma indeferiu *habeas corpus* em que pretendido o reconhecimento da prescrição, porquanto passados mais de 14 anos entre a data da sentença condenatória — exarada sob a égide do texto primitivo do inciso IV do art. 117 do CP — e a do julgamento do recurso no STJ. Inicialmente, observou-se que a pena de reclusão fixada em 2 anos e 6 meses, em primeira instância, fora elevada para 4 anos e 6 meses quando do julgamento do recurso de apelação. Após, consignou-se que, independentemente da discussão acerca da retroatividade, ou não, da regra trazida pela Lei 11.596/2007, na época em que prolatada a sentença, já haveria jurisprudência consolidada do STF no sentido da citada orientação. Ressaltou-se que, considerada a pena de 4 anos e 6 meses de reclusão, o prazo prescricional seria de 12 anos (CP, art. 109, III), não tendo transcorrido lapso superior entre as causas de interrupção do prazo prescricional. HC 106222/SP, rel. Min. Ricardo Lewandowski, 1º.3.2011. (HC-106222) (Inform. STF 618)

Superior Tribunal de Justiça

PRESCRIÇÃO. SENTENÇA. PUBLICAÇÃO. ART. 389 DO CPP.
Trata-se de recurso em *habeas corpus* que tem por objeto ser declarada a extinção da punibilidade do paciente pela prescrição retroativa. Inicialmente, ressaltou o Min. Relator que, *in casu*, embora a sentença seja datada de 3/6/2009, último dia antes da consumação do prazo prescricional, não se sabe, ao certo, a data em que houve a sua entrega em mãos do escrivão, uma vez que esse, em descumprimento ao disposto no art. 389 do CPP, não lavrou o respectivo termo de recebimento. Nem as informações complementares prestadas pelo juízo *a quo* esclareceram tal fato. Assim, entendeu que, sendo o primeiro ato que demonstrou, de maneira inequívoca, a publicidade da sentença, a ciência que o MP nela após, em 8/6/2009, deve ser considerada como a efetiva publicação. Observou, ademais, não se poder admitir que, na solução da dúvida decorrente da omissão cartorária, adote-se o entendimento mais prejudicial ao réu, ou seja, presumir que a publicação da sentença em mãos do escrivão ocorreu na mesma data da sua prolação, segundo fez o acórdão recorrido. Diante disso, a Turma, por maioria, deu provimento ao recurso para declarar extinta a punibilidade do paciente pela prescrição da pretensão punitiva, nos termos do art. 107, IV, c/c o art. 110, *caput*, ambos do CP. Precedente citado do STF: HC 73.242-GO, DJ 24/5/1996. **RHC 28.822-AL, Rel. Min. Sebastião Reis Júnior, julgado em 22/8/2011.** (Inform. STJ 481)

PRESCRIÇÃO. ADITAMENTO. DENÚNCIA.
O aditamento da denúncia (nova capitulação sem descrição de fato novo) não torna nula a primeva exordial acusatória. Assim, mantém-se o recebimento da denúncia como marco da interrupção do prazo prescricional. **HC 188.471-ES, Rel. Min. Napoleão Nunes Maia Filho, julgado em 31/5/2011.** (Inform. STJ 475)

QO. ESTELIONATO. PREVIDÊNCIA. PRESCRIÇÃO.
A Turma, em questão de ordem (QO), decidiu remeter o julgamento do REsp à Terceira Seção. Trata o caso do marco inicial para a contagem do prazo prescricional nos crimes de estelionato praticados contra a Previdência. **QO nº REsp 1.206.105-RJ, Rel. Min. Gilson Dipp, em 5/5/2011.** (Inform. STJ 471)

PRESCRIÇÃO. PENDÊNCIA. RESP. INTERESSE.
O tribunal *a quo*, na ocasião do julgamento da apelação, declarou extinta a punibilidade do primeiro recorrente, pela ocorrência da prescrição da pretensão punitiva estatal. No Superior Tribunal de Justiça, quando do julgamento do Recurso Especial, o segundo recorrente também veio a ser beneficiado com o instituto da prescrição. Questionou-se, então, se a Turma julgadora, diante do reconhecimento da extinção da punibilidade dos recorrentes, poderia conhecer do apelo especial, no qual se alega, entre outros temas, a atipicidade das condutas, e prosseguir no julgamento com o exame da matéria de fundo. Nesse contexto, após a convocação sucessiva de dois Ministros da Quinta Turma para a composição do quórum, a Sexta Turma, por maioria, entendeu que, consumado o lapso prescricional na pendência do julgamento do especial, há que se declarar, preliminarmente, a extinção da punibilidade, ficando prejudicada, em consequência, a análise da matéria objeto de irresignação. Segundo o Relator, mostra-se patente a falta de interesse dos recorrentes em obter a absolvição em razão da atipicidade da conduta, diante dos amplos efeitos produzidos pelo reconhecimento daquele instituto, tal como apregoado pela doutrina e jurisprudência desta Corte. Já os votos vencidos entendiam que, nesses casos em que se busca a absolvição, o reconhecimento da prescrição poderia produzir alguns reflexos na esfera extrapenal (tal como no caso, de funcionários públicos sujeitos à decretação da perda do cargo pela Administração), devendo-se, assim, assegurar-lhes o direito de ver o mérito analisado. Precedentes citados do STF: HC 96.631-RS, DJe 20/11/2009; do STJ: AgRg no Ag 811.515-CE, DJe 23/3/2009; RHC 17.276-SP, DJ 18/2/2008; REsp 661.338-RS, DJ 14/11/2005, e REsp 691.696-PE, DJ 27/3/2006. **REsp 908.863-SP, Rel. Min. Og Fernandes, julgado em 8/2/2011.** (Inform. STJ 462)

Súmula STF nº 604
A prescrição pela pena em concreto é somente da pretensão executória da pena privativa de liberdade.

Súmula STF nº 497
Quando se tratar de crime continuado, a prescrição regula-se pela pena imposta na sentença, não se computando o acréscimo decorrente da continuação.

Súmula STF nº 146
A prescrição da ação penal regula-se pela pena concretizada na sentença, quando não há recurso da acusação.

Súmula STJ nº 438
É inadmissível a extinção da punibilidade pela prescrição da pretensão punitiva com fundamento em pena hipotética, independentemente da existência ou sorte do processo penal.

Súmula STJ nº 338
A prescrição penal é aplicável nas medidas sócio-educativas.

Súmula STJ nº 220
A reincidência não influi no prazo da prescrição da pretensão punitiva.

Súmula STJ nº 191
A pronúncia é causa interruptiva da prescrição, ainda que o tribunal do júri venha a desclassificar o crime.

1.7. CRIMES CONTRA A PESSOA

Difamação e imunidade profissional de advogado
A 1ª Turma, por maioria, denegou habeas corpus em que se pleiteava o trancamento da ação penal. Na espécie, a paciente — condenada pelo crime de difamação — teria ofendido a reputação de magistrada, desmerecendo a sua capacitação funcional, diante dos serventuários e demais pessoas presentes no cartório da vara judicial. De início, aduziu-se que as alegações de atipicidade da conduta e de inexistência de dolo não poderiam ser apreciadas nesta via, uma vez que, para chegar a conclusão contrária à adotada pelas instâncias ordinárias, seria necessário o reexame do conjunto fático-probatório, não admissível nesta sede. Em seguida, ponderou-se estar diante de fato, em tese, típico, ilícito e culpável, revestido de considerável grau de reprovabilidade. Ressaltou-se que o comportamento da paciente amoldar-se-ia, em princípio, perfeitamente à descrição legal da conduta que a norma visaria coibir (CP, art. 139). Desse modo, afirmou-se que não haveria falar em atipicidade da conduta. Ante as circunstâncias dos autos, reputou-se, também, que não se poderia reconhecer, de plano, a ausência do animus difamandi, identificado na sentença condenatória e no acórdão que a confirmara. No tocante à alegação de que teria agido acobertada pela imunidade conferida aos advogados, asseverou-se que seria inaplicável à espécie a excludente de crime (CP, art. 142), haja vista que a ofensa não teria sido irrogada em juízo, na discussão da causa. Acrescentou-se que a mencionada excludente não abrangeria o magistrado, que não poderia ser considerado parte na relação processual, para os fins da norma.

Frisou-se, também, que a jurisprudência e a doutrina seriam pacíficas nesse sentido, na hipótese de ofensa a magistrado. O Min. Luiz Fux enfatizou que a frase proferida pela advogada encerraria uma lesão penal bifronte. Vencidos os Ministros Marco Aurélio, relator, e Dias Toffoli, que concediam a ordem. Aquele, para assentar a atipicidade da conduta da paciente sob o ângulo penal; este, porquanto afirmava que a difamação estaria expressamente imunizada pelo § 2º do art. 7º do Estatuto da Advocacia. HC 104385/SP, rel. orig. Min. Marco Aurélio, red. p/ o acórdão Min. Ricardo Lewandowski, 28.6.2011. (HC-104385) (Inform. STF 633)

HC N. 95.136-PR
RELATOR: MIN. JOAQUIM BARBOSA
EMENTA: Habeas Corpus. Homicídio qualificado pelo modo de execução e dolo eventual. Incompatibilidade. Ordem concedida.
O dolo eventual não se compatibiliza com a qualificadora do art. 121, § 2º, inc. IV, do CP ("traição, emboscada, ou mediante dissimulação ou outro recurso que dificulte ou torne impossível a defesa do ofendido"). Precedentes. Ordem concedida. (Inform. STF 621) * noticiado no Informativo 618

Dolo eventual e qualificadora: incompatibilidade
São incompatíveis o dolo eventual e a qualificadora prevista no inciso IV do § 2º do art. 121 do CP ("§ 2º Se o homicídio é cometido: ... IV - à traição, de emboscada ou mediante dissimulação ou outro recurso que dificulte ou torne impossível a defesa do ofendido"). Com base nesse entendimento, a 2ª Turma deferiu habeas corpus impetrado em favor de condenado à pena de reclusão em regime integralmente fechado pela prática de homicídio qualificado descrito no artigo referido. Na espécie, o paciente fora pronunciado por dirigir veículo, em alta velocidade, e, ao avançar sobre a calçada, atropelara casal de transeuntes, evadindo-se sem prestar socorro às vítimas. Concluiu-se pela ausência do dolo específico, imprescindível à configuração da citada qualificadora e, em conseqüência, determinou-se sua exclusão da sentença condenatória. Precedente citado: HC 86163/SP (DJU de 3.2.2006). HC 95136/PR, rel. Min. Joaquim Barbosa, 1º.3.2011. (HC-95136) (Inform. STF 618)

Superior Tribunal de Justiça

QUEIXA-CRIME. CALÚNIA. DIFAMAÇÃO. ASSÉDIO. MENSAGENS. CELULAR.
In casu, a paciente responde pela prática dos crimes de calúnia e difamação porque, em 20/8/2008, dirigiu-se a um dos sócios administradores do escritório de advocacia no qual estagiava e afirmou, segundo a queixa-crime, ter-se sentido assediada, pois recebera do querelante, o advogado que a supervisionava, dois torpedos em seu celular no dia da sua viagem para os Estados Unidos da América, com a declaração amorosa "eu te amo". Recebida a queixa, foi impetrado habeas corpus prévio, o qual foi denegado pelo tribunal a quo sob o fundamento de que, de um lado, a alegação de atipicidade demandaria deslindar o mérito da ação penal privada e, de outro, a decisão que recebeu a queixa-crime estaria suficientemente fundamentada. No writ em questão, pretende-se o trancamento da ação penal por atipicidade de conduta, tendo em vista que a paciente agiu com exclusivo animus narrandi, estando ausente o dolo específico necessário para caracterizar a difamação e, consequentemente, a justa causa para tal ação. Sustenta-se que a paciente sentiu-se constrangida com as mensagens recebidas em seu telefone celular e que, por isso, entendeu não haver mais condições de prosseguir no estágio, razão pela qual entrou em contato com o então sócio administrador do escritório a fim de tratar de sua saída, apontando o ocorrido. A Turma concedeu a ordem por entender que os fatos, conforme narrados na queixa-crime, não são suficientes à caracterização de crime contra a honra e, muito menos, de calúnia. Consignou-se que a paciente, sentindo-se desconfortável com as mensagens recebidas do supervisor, tratou de pedir afastamento, exibindo as mensagens, sem alarde, apenas para justificar a sua decisão de encerrar antecipadamente o estágio. Registrou-se, ainda, que, para a caracterização dos crimes contra a honra, é necessária a intenção dolosa de ofender, o que não ocorreu no caso. Assim, falta à peça acusatória o mínimo de plausibilidade, revelando-se ausente a justa causa, condição necessária para o recebimento da queixa-crime, nos termos do art. 395, III, do CPP. Precedentes citados do STF: RHC 81.750-SP, DJe 10/8/2007; do STJ: RHC 15.941-PR, DJ 1º/2/2005, e APn 347-PA, DJ 14/3/2005. HC 173.881-SP, Rel. Min. Celso Limongi (Desembargador convocado do TJ-SP), julgado em 17/5/2011. (Inform. STJ 473)

HOMICÍDIO CULPOSO. AUMENTO. PENA. REGRA TÉCNICA. BIS IN IDEM.
Trata-se de recurso em habeas corpus em que se discute o afastamento da causa de aumento de pena constante do § 4º do art. 121 do CP, relativa à inobservância de regra técnica de profissão, sustentando o recorrente que essa mesma causa foi utilizada para a caracterização do próprio tipo penal. A Turma, ao prosseguir o julgamento, por maioria, deu

provimento ao recurso sob o fundamento de que, embora a causa de aumento de pena referente à inobservância de regra técnica de profissão se situe no campo da culpabilidade, demonstrando que o comportamento do agente merece uma maior censurabilidade, não se pode utilizar do mesmo fato para, a um só tempo, tipificar a conduta e, ainda, fazer incidir o aumento de pena. Consignou-se que, no caso, a peça exordial em momento algum esclarece em que consistiu a causa de aumento de pena, apenas se referindo à inobservância de regra técnica como a própria circunstância caracterizadora da negligência do agente, fazendo de sua ação uma ação típica. Assim, entendeu-se estar claro que a inobservância de regra técnica foi utilizada para configurar o próprio núcleo da culpa, não podendo servir também para possibilitar o aumento de pena, visto que não se pode recair em indesejável bis in idem. Precedentes citados do STF: HC 95.078-RJ, DJe 15/5/2009; do STJ: REsp 606.170-SC, DJ 14/11/2005. RHC 22.557-SP, Rel. Min. Haroldo Rodrigues (Desembargador convocado do TJ-CE), julgado em 17/5/2011. (Inform. STJ 473)

Súmula STJ nº 18
A sentença concessiva do perdão judicial é declaratória da extinção da punibilidade, não subsistindo qualquer efeito condenatório.

1.8. CRIMES CONTRA O PATRIMÔNIO

Roubo e momento consumativo
A 1ª Turma, por maioria, deferiu *habeas corpus* para desclassificar o crime de roubo na modalidade consumada para a tentada. Na espécie, os pacientes, mediante violência física, subtraíram da vítima quantia de R$ 20,00. Ato contínuo, foram perseguidos e presos em flagrante por policiais que estavam no local do ato delituoso. Inicialmente, aludiu-se à pacífica jurisprudência da Corte no sentido da desnecessidade de inversão de posse mansa e pacífica do bem para haver a consumação do crime em comento. Entretanto, consignou-se que essa tese seria inaplicável às hipóteses em que a conduta fosse, o tempo todo, monitorada por policiais que se encontrassem no cenário do crime. Isso porque, no caso, ao obstar a possibilidade de fuga dos imputados, a ação da polícia teria frustrado a consumação do delito por circunstâncias alheias à vontade dos agentes ("*Art. 14. Diz-se o crime: ... II - tentado, quando, iniciada a execução, não se consuma por circunstâncias alheias à vontade do agente*"). Vencida a Min. Cármen Lúcia, por reputar que, de toda sorte, os réus teriam obtido a posse do bem, o que seria suficiente para consumação do crime. Precedente citado: HC 88259/SP (DJU de 26.5.2006). HC 104593/MG, rel. Min. Luiz Fux, 8.11.2011. (HC-104593) (Inform. STF 647)

HC N. 106.095-RS
RELATORA: MIN. CÁRMEN LÚCIA
EMENTA: *HABEAS CORPUS*. CONSTITUCIONAL. PENAL. FURTO QUALIFICADO. FURTO COMETIDO COM USO DE CHAVE "MIXA". ALEGAÇÃO DE CONSTRANGIMENTO ILEGAL DECORRENTE DA EVENTUAL ATIPICIDADE DA QUALIFICADORA DO EMPREGO DE CHAVE FALSA: IMPROCEDÊNCIA. ORDEM DENEGADA.
1. A jurisprudência do Supremo Tribunal Federal é firme no sentido de que o conceito de chave falsa abrange a chave "mixa" e todo e qualquer instrumento ou dispositivo empregado para abertura de fechaduras. Precedentes.
2. Ordem denegada. (Inform. STF 627) *noticiado no Informativo 625

RHC N. 102.984-RJ
RELATOR: MIN. DIAS TOFFOLI
Recurso ordinário em habeas corpus. Paciente condenado a 14 anos e 2 meses de reclusão por formação de quadrilha, roubo circunstanciado (duas vezes), sequestro e cárcere privado (duas vezes). Continuidade delitiva não configurada. Necessidade de unidade de desígnios. Reexame de fatos e provas. Via estreita do HC imprópria. Quadrilha armada e roubo circunstanciado pelo emprego de arma. Bis in idem. Inocorrência. Cárcere privado. Retenção das vítimas em seu próprio veículo durante os roubos. Pretensão de exclusão dos crimes de sequestro. Supressão de instância. Matéria não debatida no Tribunal a quo. Recurso desprovido. Verificação, todavia, da ocorrência de novatio legis in melius. Reconhecimento da figura única do roubo qualificado (CP, art. 157, § 2o, inciso V, introduzido pela Lei no 9.426/96). Ordem concedida de ofício para exclusão dos crimes de sequestro.
1. A via estreita do **habeas corpus** é inadequada para a incursão em aspectos fáticos do processo ou para a dilação probatória tendente a comprovar a existência dos requisitos objetivos e subjetivos para o reconhecimento da continuidade delitiva.

2. As condenações por roubo circunstanciado pelo emprego de arma e por quadrilha armada não configuram o vedado **bis in idem**, em face da autonomia dos crimes, bem como das circunstâncias que os qualificam. Precedentes.
3. A tese de que a retenção da vítima em seu próprio veículo durante o roubo não configura o crime de sequestro não foi apreciada nas instâncias antecedentes, inviabilizando sua análise nesta Corte, sob pena de indevida supressão de instância.
4. Conforme narrado na denúncia, as vítimas foram privadas momentaneamente de sua liberdade, sendo, contudo, postas espontaneamente em liberdade pelos roubadores tão logo assegurada a posse mansa e pacífica das **res furtivae**, o que enseja, nos termos do que dispõe o parágrafo único do art. 2º do ordenamento penal, a aplicação da **novatio legis in melius**, com o reconhecimento da figura única do roubo qualificado, na forma prevista no inciso V do § 2º do art. 157 do CP, introduzido pela Lei nº 9.426/96.
5. Recurso ordinário a que se nega provimento. Ordem de **habeas corpus** concedida de ofício. (Inform. STF 626)
*noticiado no Informativo 613

Chave "mixa" e furto qualificado
O furto praticado mediante o emprego de "mixa" é qualificado nos termos do art. 155, § 4º, III, do CP (*"Art. 155 - Subtrair, para si ou para outrem, coisa alheia móvel: Pena - reclusão, de um a quatro anos, e multa ... § 4º - A pena é de reclusão de dois a oito anos, e multa, se o crime é cometido: ... III - com emprego de chave falsa"*). Com base nessa orientação, a 1ª Turma denegou *habeas corpus* no qual sustentada a ilegalidade da incidência dessa qualificadora no crime em comento. HC 106095/RS, rel. Min. Cármen Lúcia, 3.5.2011. (HC-106095) (Inform. STF 625)

Furto e ligação clandestina de TV a cabo
A 2ª Turma concedeu *habeas corpus* para declarar a atipicidade da conduta de condenado pela prática do crime descrito no art. 155, § 3º, do CP (*"Art. 155 - Subtrair, para si ou para outrem, coisa alheia móvel: ... § 3º - Equipara-se à coisa móvel a energia elétrica ou qualquer outra que tenha valor econômico."*), por efetuar ligação clandestina de sinal de TV a cabo. Reputou-se que o objeto do aludido crime não seria "energia" e ressaltou-se a inadmissibilidade da analogia *in malam partem* em Direito Penal, razão pela qual a conduta não poderia ser considerada penalmente típica. HC 97261/RS, rel. Min. Joaquim Barbosa, 12.4.2011. (HC-97261) (Inform. STF 623)

HC N. 105.263-MG
RELATOR: MIN. DIAS TOFFOLI
EMENTA:*Habeas corpus*. **Penal. Sentença penal condenatória. Crime do art. 157, § 2º, inciso I, do CP. Incidência da majorante em razão do emprego da arma. Precedentes.**
1. Firmado nesta Corte Suprema o entendimento de que a incidência da majorante do inciso I do § 2º do artigo 157 do Código Penal prescinde da apreensão da arma, se comprovado, por outros meios, o seu emprego. 2. **Habeas corpus** denegado. (Inform. STF 619)

Elemento subjetivo do tipo: seqüestro e roubo de veículos
Ante o empate na votação, a 1ª Turma deferiu *habeas corpus*, de ofício, para excluir, da condenação do paciente, a pena relativa ao crime de seqüestro. Tratava-se, na espécie, de recurso ordinário em *habeas corpus* interposto em favor de condenado pela prática dos delitos de quadrilha armada, roubo qualificado, seqüestro e cárcere privado. A defesa requeria o reconhecimento: a) da continuidade delitiva em relação aos crimes de roubo praticados pelo paciente, afastado o concurso material imposto pelo tribunal de justiça local; b) da tese de que a condenação pelo crime de roubo qualificado pelo emprego de arma e por crime de formação de quadrilha armada consistiria em *bis in idem*; c) da atipicidade do crime de seqüestro. Prevaleceu o voto proferido pelo Min. Dias Toffoli, relator, que, inicialmente, não conheceu do recurso. No tocante ao primeiro argumento, aduziu que o exame do tema demandaria o revolvimento de matéria fática, incabível na sede eleita. Rejeitou o alegado *bis in idem,* dada a autonomia do crime de quadrilha ou bando. No que concerne à última assertiva, registrou que a questão não fora apreciada na origem. Contudo, vislumbrou a possibilidade da concessão da ordem de ofício. Asseverou que os crimes de seqüestro e cárcere privado imputados ao recorrente na denúncia, na realidade, tiveram escopo único, exclusivamente voltado à consumação do crime de roubo de veículos automotores, ainda que a privação de liberdade das vítimas tivesse ocorrido por razoável período de tempo. Enfatizou que estas teriam sido colocadas espontaneamente em liberdade pelos criminosos, tão-logo assegurada a posse mansa e pacífica da *res furtiva*. Em razão disso, considerou não caracterizado o crime de seqüestro por ausência do elemento subjetivo do tipo. Os Ministros Ricardo Lewandowski e Cármen Lúcia votaram pela não concessão, de ofício, do *writ* RHC 102984/RJ, rel. Min. Dias Toffoli, 8.2.2011. (RHC-102984) (Inform. STF 615)

AP N. 516-DF
RELATOR: MIN. AYRES BRITTO
EMENTA: AÇÃO PENAL ORIGINÁRIA. CRIMES DE APROPRIAÇÃO INDÉBITA PREVIDENCIÁRIA E SONEGAÇÃO DE CONTRIBUIÇÃO PREVIDENCIÁRIA (INCISO I DO § 1º DO ART. 168-A E INCISO III DO ART. 337-A, AMBOS DO CÓDIGO PENAL). CONTINUIDADE DELITIVA E CONCURSO MATERIAL. ELEMENTO SUBJETIVO DO TIPO. DOLO ESPECÍFICO. NÃO-EXIGÊNCIA PARA AMBAS AS FIGURAS TÍPICAS. MATERIALIDADE E AUTORIA COMPROVADAS EM RELAÇÃO AO CO-RÉU DETENTOR DO FORO POR PRERROGATIVA DE FUNÇÃO. PRECÁRIA CONDIÇÃO FINANCEIRA DA EMPRESA. EXCLUDENTE DE CULPABILIDADE. INEXIGIBILIDADE DE CONDUTA DIVERSA. NÃO-COMPROVAÇÃO. INAPLICABILIDADE AO DELITO DE SONEGAÇÃO DE CONTRIBUIÇÃO PREVIDENCIÁRIA. PROCEDÊNCIA DA ACUSAÇÃO. ABSOLVIÇÃO DA CO-RÉ. INSUFICIÊNCIA DE PROVAS. PENA DE 3 (TRÊS) ANOS E 6 (SEIS) MESES DE RECLUSÃO E 30 (TRINTA) DIAS-MULTA, PARA CADA DELITO, TOTALIZANDO 7 (SETE) ANOS DE RECLUSÃO E 60 (SESSENTA) DIAS-MULTA, FIXADOS EM ½ (UM MEIO) SALÁRIO MÍNIMO. REGIME INICIAL DE CUMPRIMENTO DA PENA. SEMI-ABERTO. SUBSTITUIÇÃO DA PENA PRIVATIVA DE LIBERDADE. *SURSIS.* DESCABIMENTO.

1. O acusado, detentor do foro por prerrogativa de função, na condição de sócio-gerente da empresa Curtume Progresso Indústria e Comércio Ltda., deixou de repassar ao INSS, no prazo legal, no período de janeiro de 1995 a agosto de 2002, valores arrecadados pela empresa a título de contribuições incidentes sobre a remuneração de empregados, relacionados em folha de pagamento mensal e rescisões de contrato de trabalho. Além disso, no período de maio de 1999 a agosto de 2002, omitiu fatos geradores de contribuições previdenciárias nas Guias de Recolhimento do Fundo de Garantia por Tempo de Serviço e Informações à Previdência Social – GFIP referentes a remunerações pagas a segurados empregados e contribuintes individuais e à diferença de remuneração paga a segurados empregados. Valores consolidados em 14 de março de 2003, respectivamente, em R$ 259.574,72 (duzentos e cinquenta e nove mil, quinhentos de setenta e quatro reais e setenta e dois centavos) e R$ 618.587,06 (seiscentos e dezoito mil, quinhentos e oitenta e sete reais e seis centavos).
2. A materialidade delitiva ressai do procedimento fiscal já encerrado, acompanhado de farta de documentação, que resultou nos valores indevidamente apropriados e sonegados, detalhados nas notificações fiscais de lançamento de débito lavradas pela autoridade fazendária e não impugnadas na esfera administrativa.
3. A orientação jurisprudencial do Supremo Tribunal Federal é firme no sentido de que, para a configuração do crime de apropriação indébita previdenciária, basta a demonstração do dolo genérico, sendo dispensável um especial fim de agir, conhecido como *animus rem sibi habendi* (a intenção de ter a coisa para si). Assim como ocorre quanto ao delito de apropriação indébita previdenciária, o elemento subjetivo animador da conduta típica do crime de sonegação de contribuição previdenciária é o dolo genérico, consistente na intenção de concretizar a evasão tributária.
4. Não se presta para a suspensão da pretensão punitiva estatal, nos moldes do art. 9º da Lei 10.684/2003, a juntada de *"Recibo de Pedido de Parcelamento da Lei 11.941, de 27 de maio de 2009"*, cuja primeira prestação não foi paga no prazo previsto no referido documento, porque não comprova a efetiva obtenção do parcelamento administrativo do débito fiscal.
5. A mera participação no quadro societário como sócio-gerente não pode significar a automática, ou mecânica, responsabilização criminal, porquanto não se pode presumir a responsabilidade criminal daquele que se acha no contrato social como sócio-gerente, devido apenas a essa condição, pois tal increpação mecânica ou linear acarretaria a aplicação de inadmissível figura de responsabilidade penal objetiva.
6. Os elementos probatórios confrontados com as diferentes versões externadas pela defesa no curso da persecução penal, bem como a juntada de alteração contratual com registro falso da junta comercial excluindo o acusado da sociedade permitem chegar à conclusão da responsabilidade penal deste. No procedimento fiscal, ganha destaque e corrobora inequivocamente a condição contratual de sócio-gerente do acusado o instrumento procuratório por ele outorgado, representando a empresa, em que concede poderes a mandatário para os atos relacionados à ação fiscal. Mandatário que efetivamente assinou todas as notificações fiscais de lançamento de débito e os atos com ela relacionados. A transmissão de poderes, típicos de administração societária, confere certeza do grau de envolvimento do acusado com a administração da empresa. De outra parte, a concessão de procuração pelo acusado a terceiro, com outorga de poderes de gerência da empresa, não conferiu exclusividade de poderes ao outorgado, preservando os poderes de gestão do acusado.
7. A prova testemunhal produzida durante a instrução criminal não infirma a condição do acusado de responsável pela administração da sociedade, se nenhuma das pessoas ouvidas mantinha contato direto ou tinha vínculo com a empresa. Se não mantiveram contato com o dia-a-dia da empresa, não há de se atribuir ao depoimento de empregados de pessoas jurídicas outras – ainda que de empresas de um mesmo grupo familiar – a força de afastar do acusado a condição de responsável pela administração da sua empresa.

8. No âmbito dos crimes contra a ordem tributária, tem-se admitido, tanto em sede doutrinária quanto jurisprudencial, como causa supralegal de exclusão de culpabilidade a precária condição financeira da empresa, extrema ao ponto de não restar alternativa socialmente menos danosa que não a falta do não-recolhimento do tributo devido. Configuração a ser aferida pelo julgador, conforme um critério valorativo de razoabilidade, de acordo com os fatos concretos revelados nos autos, cabendo a quem alega tal condição o ônus da prova, nos termos do art. 156 do Código de Processo Penal. Deve o julgador, também, sob outro aspecto, aferir o elemento subjetivo do comportamento, pois a boa-fé é requisito indispensável para que se confira conteúdo ético a tal comportamento.
9. Não é possível a aplicação da referida excludente de culpabilidade ao delito do art. 337-A do Código Penal, porque a supressão ou redução da contribuição social e quaisquer acessórios são implementadas por meio de condutas fraudulentas – incompatíveis com a boa-fé – instrumentais à evasão, descritas nos incisos do *caput* da norma incriminadora.
10. Hipótese em que o conjunto probatório não revela, em absoluto, a precária condição financeira da empresa. Nítida é a deficiência da prova de tal condição, não havendo nos autos um só documento que permita concluir por modo diverso. De mais a mais, a posterior autuação da empresa, referente ao período de setembro de 2002 a abril 2004, demonstra a plena continuidade dos seus negócios, de maneira a patentear que os elementos de convicção constantes dos autos caminham em sentido contrário à tese defensiva.
11. A continuidade delitiva se configura pela sucessão de crimes autônomos de idêntica espécie – praticados nas mesmas condições de tempo, lugar e maneira de execução – e que se considera um só crime por *fictio iuris* (ficção de direito).
12. Não há nos autos prova ou evidência de que a co-ré detivesse poder de mando, ou houvesse exercido qualquer atividade na empresa. O que afasta, por completo, a sua responsabilidade penal pelos crimes cometidos.
13. Réu condenado à pena-base de 3 (três) anos de reclusão e 30 (trinta) dias-multa, para cada delito, que, na ausência de circunstâncias atenuantes e agravantes e aumentada de 1/6 (um sexto) ante a continuidade delitiva, foi tornada definitiva em 3 (três) anos e 6 (seis) meses e 30 (trinta) dias-multa. Pena que, somada, devido ao concurso material, totalizou 7 (sete) anos de reclusão e 60 (sessenta) dias-multa, fixados no valor unitário de ½ (um meio) salário mínimo, vigente em agosto de 2002 (término da continuidade delitiva), atualizados monetariamente desde então. Fixação do regime semi-aberto para o início do cumprimento da pena, seguido do reconhecimento da impossibilidade de conversão das penas privativas de liberdade por restritivas de direitos ou da falta de direito ao *sursis* da pena.
14. Co-ré absolvida por insuficiência de provas, nos termos do inciso V do art. 386 do Código de Processo Penal. (Inform. STF 612)
*noticiado no Informativo 602

Superior Tribunal de Justiça

FOLHAS DE CHEQUE E OBJETO MATERIAL DO CRIME.
A Turma, ao reconhecer a atipicidade da conduta praticada pelo paciente, concedeu a ordem para absolvê-lo do crime de receptação qualificada de folhas de cheque. Reafirmou-se a jurisprudência do Superior Tribunal de Justiça no sentido de que o talonário de cheque não possui valor econômico intrínseco, logo não pode ser objeto material do crime de receptação. **HC 154.336-DF, Rel. Min. Laurita Vaz, julgado em 20/10/2011.** (Inform. STJ 485)

FURTO QUALIFICADO. PRIVILÉGIO. PRIMARIEDADE. PEQUENO VALOR. RES FURTIVA.
A Seção, pacificando o tema, julgou procedente os embargos de divergência, adotando orientação de que o privilégio estatuído no § 2º do art. 155 do CP mostra-se compatível com as qualificadoras do delito de furto, desde que as qualificadoras sejam de ordem objetiva e que o fato delituoso não seja de maior gravidade. Sendo o recorrido primário e de pequeno valor a *res furtiva*, verificando-se que a qualificadora do delito é de natureza objetiva – concurso de agentes – e que o fato criminoso não se revestiu de maior gravidade, torna-se devida a incidência do benefício legal do furto privilegiado, pois presente a excepcionalidade devida para o seu reconhecimento na espécie. Precedentes citados do STF: HC 96.843-MS, DJe 23/4/2009; HC 100.307-MG, DJe 3/6/2011; do STJ: AgRg no HC 170.722-MG, DJe 17/12/2010; HC 171.035-MG, DJe 1º/8/2011, e HC 157.684-SP, DJe 4/4/2011. **EREsp 842.425-RS, Rel. Min. Og Fernandes, julgados em 24/8/2011.** (Inform. STJ 481)

FURTO. ROMPIMENTO. OBSTÁCULO. PERÍCIA.
A Turma reiterou que, tratando-se de furto qualificado pelo rompimento de obstáculo, de delito que deixa vestígio, torna-se indispensável a realização de perícia para a sua comprovação, a qual somente pode ser suprida por prova testemunhal quando desaparecerem os vestígios de seu cometimento ou esses não puderem ser constatados pelos peritos (arts. 158 e 167 do CPP). No caso, cuidou-se de furto qualificado pelo arrombamento de porta e janela da

residência, porém, como o rompimento de obstáculo não foi comprovado por perícia técnica, consignou-se pela exclusão do acréscimo da referida majorante. Precedentes citados: HC 136.455-MS, DJe 22/2/2010; HC 104.672-MG, DJe 6/4/2009; HC 85.901-MS, DJ 29/10/2007, e HC 126.107-MG, DJe 3/11/2009. **HC 207.588-DF, Rel. Min. Og Fernandes, julgado em 23/8/2011.** (Inform. STJ 481)

ARMA. FOGO. INIDONEIDADE. PERÍCIA. OUTROS MEIOS. PROVA.
A Turma, entre outras questões, reiterou o entendimento adotado pela Terceira Seção, com ressalva da Min. Relatora, de que é prescindível a apreensão e perícia de arma de fogo para a aplicação da causa de aumento de pena prevista no art. 157, § 2º, I, do CP, impondo-se a verificação, caso a caso, da existência de outras provas que atestem a utilização do mencionado instrumento. No caso, o magistrado de primeiro grau e a corte estadual assentaram a existência de prova pericial suficiente a demonstrar a inidoneidade da arma de fogo utilizada pelo réu, dada sua ineficácia para a realização dos disparos. Assim, a Turma concedeu a ordem a fim de afastar a causa de aumento prevista no art. 157, § 2º, I, do CP e reduziu a pena para cinco anos e quatros meses de reclusão a ser cumprida inicialmente no regime semiaberto, mais 13 dias-multa. **HC 199.570-SP, Rel. Min. Maria Thereza de Assis Moura, julgado em 21/6/2011.** (Inform. STJ 478)

ROUBO QUALIFICADO TENTADO. RES FURTIVA. BEM ILÍCITO.
Trata-se de paciente condenado por crime de tentativa de roubo qualificado de duas máquinas caça-níqueis à pena de dois anos e 20 dias de reclusão em regime inicial fechado. Sustenta o impetrante a atipicidade da conduta porque a tentativa de roubo incidiu sobre duas máquinas caça-níqueis, que são bens ilícitos. Assim, busca a impetração, liminarmente e no mérito, a absolvição do paciente e, subsidiariamente, requer a fixação do regime inicial intermediário. Para a Min. Relatora, ao contrário do que sustenta o impetrante, é típica a conduta de roubar as máquinas caça-níqueis porque, apesar da proibição à exploração do jogo de azar vigente em nosso ordenamento jurídico, a *res furtiva* tem relevância econômica, pois atinge o patrimônio da vítima, objeto jurídico tutelado pela lei penal. Por outro lado, reconhece que o regime inicial de cumprimento da pena deve ser o semiaberto nos termos da Súm. n. 269-STJ, visto que a pena-base imposta ao paciente foi fixada no mínimo legal em razão do reconhecimento de circunstâncias judiciais favoráveis. Daí asseverar a Min. Relatora que, tendo em vista o *quantum* da pena definitiva aplicada, apesar de reincidência, afigura-se possível o condenado iniciar o cumprimento de sua reprimenda no regime prisional semiaberto. Diante do exposto, a Turma concedeu parcialmente a ordem. Precedentes citados: HC 132.817-SP, DJe 21/9/2009, e HC 120.039-SP, DJe 11/5/2009. **HC 202.784-SP, Rel. Min. Laurita Vaz, julgado em 21/6/2011.** (Inform. STJ 478)

CONCURSO. AGENTES. CARACTERIZAÇÃO.
A Turma, entre outras questões, asseverou que, para caracterizar o concurso de agentes, basta que duas ou mais pessoas concorram para a prática delituosa, não sendo necessária a identificação dos corréus. Consignou-se, ainda, que essa causa de aumento pode ser reconhecida mesmo nas hipóteses em que o crime (*in casu*, roubo) tenha sido supostamente cometido na companhia de inimputável. Segundo o Min. Relator, os motivos que impõem o agravamento da punição são o maior risco que a pluralidade de pessoas proporciona à integridade física e ao patrimônio alheios e o maior grau de intimidação infligido à vítima. Precedentes citados: HC 85.631-SP, DJe 23/11/2009; HC 169.151-DF, DJe 2/8/2010; HC 131.763-MS, DJe 14/9/2009, e HC 88.444-DF, DJe 13/10/2009. **HC 197.501-SP, Rel. Min. Og Fernandes, julgado em 10/5/2011.** (Inform. STJ 472)

LATROCÍNIO. PATRIMÔNIO. CASAL.
Na espécie, o paciente foi condenado pela prática de dois crimes de latrocínio – um consumado e outro tentado – em concurso formal. Na impetração, sustentou-se que os delitos foram praticados contra um casal, o que caracterizaria violação de apenas um patrimônio, devendo ser reconhecido, portanto, o cometimento de crime único. Nesse contexto, a Turma, ao prosseguir o julgamento, por maioria, denegou a ordem de *habeas corpus* por entender que o fato de as vítimas serem casadas não necessariamente significa que os objetos subtraídos de sua residência compunham um patrimônio comum indivisível. Segundo salientou o Min. Relator, mesmo nas hipóteses de os cônjuges adotarem o regime da comunhão universal, há bens que não se comunicam, como os do caso: foram subtraídos, entre outros itens, um par de alianças de ouro e quantia em dinheiro proveniente, ao que tudo indica, da aposentadoria por eles recebida. Concluiu, portanto, que, *in casu*, foram cometidos dois crimes contra duas vítimas diferentes mediante uma única ação e lesão a mais de um patrimônio, o que caracteriza o concurso formal nos termos do art. 70 do CP, ainda que as vítimas fossem casadas civilmente. Precedente citado: REsp 729.772-RS, DJ 7/11/2005. **HC 122.061-RS, Rel. originária Min. Laurita Vaz, Rel. para acórdão Min. Jorge Mussi, julgado em 3/5/2011.** (Inform. STJ 471)

ROUBO ARMADO. DISPAROS. COAUTORIA.
A Turma entendeu, entre outras questões, que o paciente condenado por roubo armado seguido de morte responde como coautor, ainda que não tenha sido o responsável pelos disparos que resultaram no óbito da vítima. Na espécie, ficou demonstrado que houve prévio ajuste entre o paciente e os outros agentes, assumindo aquele o risco do evento morte. Precedentes citados: REsp 622.741-RO, DJ 18/10/2004; REsp 418.183-DF, DJ 4/8/2003, e REsp 2.395-SP, DJ 21/5/1990. **HC 185.167-SP, Rel. Min. Og Fernandes, julgado em 15/3/2011.** (Inform. STJ 466)

Súmula STF nº 610
Há crime de latrocínio, quando o homicídio se consuma, ainda que não realize o agente a subtração de bens da vítima.

Súmula STF nº 554
O pagamento de cheque emitido sem provisão de fundos, após o recebimento da denúncia, não obsta ao prosseguimento da ação penal.

Súmula STF nº 246
Comprovado não ter havido fraude, não se configura o crime de emissão de cheque sem fundos.

Súmula STJ nº 443
O aumento na terceira fase de aplicação da pena no crime de roubo circunstanciado exige fundamentação concreta, não sendo suficiente para a sua exasperação a mera indicação do número de majorantes.

Súmula STJ nº 442
É inadmissível aplicar, no furto qualificado, pelo concurso de agentes, a majorante do roubo.

Súmula STJ nº 96
O crime de extorsão consuma-se independentemente da obtenção da vantagem indevida.

Súmula STJ nº 73
A utilização de papel moeda grosseiramente falsificado configura, em tese, o crime de estelionato, da competência da justiça estadual.

Súmula STJ nº 24
Aplica-se ao crime de estelionato, em que figure como vítima entidade autárquica da previdência social, a qualificadora do § 3º, do art. 171, do Código Penal.

1.9. CRIMES CONTRA A DIGNIDADE SEXUAL

Crime hediondo e atentado violento ao pudor
É hediondo o crime de atentado violento ao pudor praticado com violência presumida. Esse o entendimento da 1ª Turma ao denegar, por maioria, *habeas corpus* em que se alegava não ser admissível a caracterização como hediondo do crime de atentado violento ao pudor. A impetração sustentava a ausência de previsão legal, uma vez que o delito não estaria incluído no rol da Lei 8.072/90. Vencido o Min. Marco Aurélio que deferia o *writ* por reputar hediondo apenas o crime perpetrado na forma qualificada, quando dele resultasse lesão corporal de natureza grave. HC 101860/RS, rel. orig. Min. Marco Aurélio, red. p/ o acórdão Min. Dias Toffoli, 5.4.2011. (HC-101860) (Inform. STF 622)

HC N. 103.404-SP
RELATOR: MIN. DIAS TOFFOLI
EMENTA: PENAL. PROCESSUAL PENAL. *HABEAS CORPUS.* **ATENTADO VIOLENTO AO PUDOR. VIOLÊNCIA PRESUMIDA. VÍTIMA MENOR DE QUATORZE ANOS. AUMENTO DE PENA PREVISTO NO ART. 9º DA LEI 8.072/90.** *BIS IN IDEM:* **INOCORRÊNCIA. LEI Nº 12.015/09: REPERCUSSÃO. SUPRESSÃO DE INSTÂNCIA: MATÉRIA NÃO SUBMETIDA À INSTÂNCIA ANTECEDENTE. QUESTÃO, ADEMAIS, DE COMPETÊNCIA DO JUÍZO DA EXECUÇÃO. SÚMULA Nº 611 DO STF.**
1 - Não constitui **bis in idem** o aumento de pena previsto no art. 9º da Lei 8.072/90, por ser a vítima do atentado violento ao pudor menor de 14 (quatorze) anos. Precedentes do STF.
2. - No estupro e no atentado violento ao pudor não é a idade da vítima que compõe o tipo, mas o emprego, para lograr a prática sexual incriminada, de grave ameaça ou de violência, o qual, na verdade, a regra de extensão do art. 224 – antes de presumi-lo existente -, equipara à incapacidade de consentir da vítima, entre outras razões, pela presunção legal extraída de não ser ela maior de quatorze anos.

3. - A repercussão da Lei nº 12.015/09 sobre a pena imposta ao paciente, além de não haver sido objeto de questionamento e apreciação na instância antecedente, em conformidade com o disposto na Súmula 611 desta Suprema Corte, deve ser objeto de consideração pelo juízo da execução.
4. - Writ não conhecido. Ordem concedida de ofício. (Inform. STF 622) *noticiado no Informativo 613

Dosimetria: art. 59 do CP e "bis in idem"
A 2ª Turma denegou *habeas corpus* no qual pretendida a realização de nova dosimetria da pena. Na espécie, o paciente fora condenado a de 10 anos de reclusão, em regime inicial fechado, pela prática do delito de atentado violento ao pudor com violência presumida, descrito na revogada redação do art. 214, *caput*, c/c. art. 224, ambos do CP. A defesa sustentava que a majoração da reprimenda em virtude das circunstâncias de quebra de confiança e de coabitação configuraria *bis in idem*. Aduziu-se que a pena fora imposta em conformidade com o sistema trifásico (CP, art. 68), tendo em vista que as circunstâncias judiciais de majoração relativas à quebra da confiança e à coabitação com a vítima não estabeleceriam, necessariamente, relação de vinculação ou interdependência. HC 98446/MS, rel. Min. Joaquim Barbosa, 29.3.2011. (HC-98446) (Inform. STF 621)

HC N. 102.683-RS
RELATORA: MIN. ELLEN GRACIE
HABEAS CORPUS. DIREITO PENAL. ESTUPRO. VIOLÊNCIA REAL. DESNECESSIDADE DE LESÕES CORPORAIS. EXISTÊNCIA DE UNIÃO ESTÁVEL ENTRE O PACIENTE E A MÃE DA VÍTIMA. LEGITIMIDADE DO MINISTÉRIO PÚBLICO PARA PROPOSITURA DA AÇÃO. ORDEM DENEGADA.
1. A questão diz respeito à legitimidade do Ministério Público para propor a ação penal no caso concreto.
2. É dispensável a ocorrência de lesões corporais para a caracterização da violência real nos crimes de estupro. Precedentes.
3. Caracterizada a ocorrência de violência real no crime de estupro, incide, no caso, a Súmula 608/STF: *"No crime de estupro, praticado mediante violência real, a ação penal é pública incondicionada"*.
4. Tem a jurisprudência admitido também a posição do mero concubino ou companheiro para tornar a ação pública incondicionada.
5. Havendo o vínculo de união estável entre o paciente e a mãe da vítima, aplica-se o inciso II do § 1º do art. 225 do Código Penal (vigente à época dos fatos).
6. *Writ* denegado. (Inform. STF 614)

ESTUPRO. ATENTADO VIOLENTO AO PUDOR. CONTINUIDADE DELITIVA.
In casu, o recorrido foi condenado à pena de nove anos e quatro meses de reclusão pela prática de dois crimes de atentado violento ao pudor em continuidade e à pena de sete anos de reclusão por dois delitos de estupro, igualmente em continuidade, cometidos contra a mesma pessoa. Em grau de apelação, o tribunal *a quo* reconheceu a continuidade delitiva entre os crimes de estupro e atentado violento ao pudor e reduziu a pena para sete anos e seis meses de reclusão em regime fechado. O MP, ora recorrente, sustenta a existência de concurso material entre os delitos. A Turma, ao prosseguir o julgamento, por maioria, negou provimento ao recurso, adotando o entendimento de que os delitos de estupro e de atentado violento ao pudor correspondem a uma mesma espécie de tipo penal, confirmando a possibilidade do crime continuado. Dessarte, consignou-se que o tribunal de origem nada mais fez que seguir a orientação de uma vertente jurisprudencial razoável que acabou por harmonizar-se com a legislação nova que agora prestigia essa inteligência, isto é, sendo os fatos incontroversos, o que já não pode ser objeto de discussão nessa instância especial, o acórdão recorrido apenas adotou a tese de que os crimes são da mesma espécie e, assim, justificou a continuidade. Precedentes citados do STF: HC 103.353-SP, DJe 15/10/2010; do STJ: REsp 565.430-RS, DJe 7/12/2009. **REsp 970.127-SP, Rel. originária Min. Laurita Vaz, Rel. para acórdão Min. Gilson Dipp, julgado em 7/4/2011.** (Inform. STJ 468)

1.10. CRIMES CONTRA A FÉ PÚBLICA

USO DE DOCUMENTO FALSO: TIPICIDADE DA CONDUTA E PRINCÍPIO DA AUTODEFESA.
A Turma denegou *habeas corpus* no qual se postulava o reconhecimento da atipicidade da conduta praticada pelo paciente – uso de documento falso (art. 304 do CP) – em razão do princípio constitucional da autodefesa. Alegava-se, na espécie, que o paciente apresentara à autoridade policial carteira de habilitação e documento de identidade falsos, com objetivo de evitar sua prisão, visto que foragido do estabelecimento prisional, conduta plenamente exigível para a garantia de sua liberdade. O Min. Relator destacou não desconhecer o entendimento desta Corte de que não caracteriza

o crime disposto no art. 304, tampouco no art. 307, ambos do CP, a conduta do acusado que apresenta falso documento de identidade à autoridade policial para ocultar antecedentes criminais e manter o seu *status libertatis*, tendo em vista se tratar de hipótese de autodefesa, já que atuou amparado pela garantia consagrada no art. 5º, inciso LXII, da CF. Considerou, contudo, ser necessária a revisão do posicionamento desta Corte para acolher entendimento recente do Supremo Tribunal Federal em sentido contrário, proferido no julgamento do RE 640.139-DF, quando reconhecida a repercussão geral da matéria. Ponderou-se que, embora a aludida decisão seja desprovida de caráter vinculante, deve-se atentar para a finalidade do instituto da repercussão geral, qual seja, uniformizar a interpretação constitucional. Conclui-se, assim, inexistir qualquer constrangimento ilegal suportado pelo paciente uma vez que é típica a conduta daquele que à autoridade policial apresenta documentos falsos no intuito de ocultar antecedentes criminais negativos e preservar sua liberdade. **HC 151.866-RJ, Rel. Min. Jorge Mussi, julgado em 1º/12/2011.** (Inform. STJ 488)

USO. DOCUMENTO FALSO. AUTODEFESA. IMPOSSIBILIDADE.
A Turma, após recente modificação de seu entendimento, reiterou que a apresentação de documento de identidade falso no momento da prisão em flagrante caracteriza a conduta descrita no art. 304 do CP (uso de documento falso) e não constitui um mero exercício do direito de autodefesa. Precedentes citados STF: HC 103.314-MS, DJe 8/6/2011; HC 92.763-MS, DJe 25/4/2008; do STJ: HC 205.666-SP, DJe 8/9/2011. **REsp 1.091.510-RS, Rel. Min. Maria Thereza de Assis Moura, julgado em 8/11/2011.** (Inform. STJ 487)

1.11. CRIMES CONTRA A ADMINISTRAÇÃO PÚBLICA E AS FINANÇAS PÚBLICAS

Médico conveniado pelo SUS e equiparação a funcionário público
Considera-se funcionário público, para fins penais, o médico particular em atendimento pelo Sistema Único de Saúde - SUS, antes mesmo da alteração normativa que explicitamente fizera tal equiparação por exercer atividade típica da Administração Pública (CP, art. 327, § 1º, introduzido pela Lei 9.983/2000). Essa a orientação da 2ª Turma ao, por maioria, negar provimento a recurso ordinário em *habeas corpus* interposto por profissional de saúde condenado pela prática do delito de concussão (CP, art. 316). Na espécie, o recorrente, em período anterior à vigência da Lei 9.983/2000, exigira, para si, vantagem pessoal a fim de que a vítima não aguardasse procedimento de urgência na fila do SUS. A defesa postulava a atipicidade da conduta. Prevaleceu o voto do Min. Ayres Britto, relator, que propusera novo equacionamento para solução do caso, não só a partir do conceito de funcionário público constante do art. 327, *caput*, do CP, como também do entendimento de que os serviços de saúde, conquanto prestados pela iniciativa privada, consubstanciar-se-iam em atividade de relevância pública (CF, artigos 6º, 197 e 198). Asseverou que o hospital ou profissional particular que, mediante convênio, realizasse atendimento pelo SUS, equiparar-se-ia a funcionário público, cujo conceito, para fins penais, seria alargado. Reputou, dessa forma, não importar a época do crime em comento. Vencido o Min. Celso de Mello, que provia o recurso, ao fundamento da irretroatividade da *lex gravior*, porquanto a tipificação do mencionado crime, para aqueles em exercício de função delegada da Administração, somente teria ocorrido a partir da Lei 9.983/2000. RHC 90523/ES, rel. Min. Ayres Britto, 19.4.2011. (RHC-90523) (Inform. STF 624)

Superior Tribunal de Justiça

PREFEITO. CONCUSSÃO. EXASPERAÇÃO. PENA-BASE.
O fato de o paciente ser prefeito municipal na época da infração e ter-se conluiado com o presidente de autarquia municipal e com sujeito que teria sido diretor da empresa vítima do crime de concussão é suficiente para exasperar a pena-base além do mínimo legal, porque foi indicada uma forma particularizada pela qual a exigência de vantagem ilícita logrou maior efetividade. Ademais, para a Min. Rel., esses fatos indicam fundamento ligado a um maior poder de vulneração do bem jurídico: prestígio da administração pública. Não havendo dúvida de que a condição de servidor público é elementar do tipo penal descrito. Todavia, *in casu*, o cargo de prefeito, conjugado com poderosos e influentes comparsas, torna mais propício o sucesso delitivo. Em razão de a cobrança de propina mensal ter-se alongado por período superior a um ano, foi confirmada a aplicação da fração máxima da majorante da continuidade delitiva. Precedentes citados: HC 158.968-RJ, DJe 15/6/2011, e HC 116.437-SP, DJe 19/4/2010. **HC 117.514-SP, Rel. Min. Maria Thereza de Assis Moura, julgado em 22/11/2011.** (Inform. STJ 488)

PECULATO. ESTAGIÁRIA DE DIREITO. ADVOGADA.
In casu, as ora pacientes foram denunciadas porque a primeira, na qualidade de estagiária de Direito, e a segunda, como advogada, juntamente com um procurador do INSS, teriam fraudado aquele instituto, fazendo acordos em ações de revisão de benefícios previdenciários propostas pelas primeiras, cujos cálculos dos valores devidos eram alterados para maior, propiciando aos envolvidos o recebimento de parcela significativa do montante apurado. No *writ* em questão, alega-se, principalmente, que as pacientes foram processadas e condenadas pelo crime de peculato (art. 312 do CP), tipo penal em que se faz imprescindível a atuação conectante de servidor público, todavia os fatos pelos quais o referido procurador teria sido condenado em outras ações, nas quais não foram denunciadas as pacientes, são diversos daqueles que deram suporte à ação penal a que elas respondem. Assim, se ausente a circunstância elementar do crime, a ação deve ser trancada ou as acusadas, absolvidas. A Turma consignou que somente pode ser imputado o crime de peculato ao estranho, ou seja, não servidor público, quando a sua atuação ilícita dá-se em coparceria com quem ostente essa qualidade. Contudo, não se verifica *primo ictu oculi* que aquele revestido da condição de servidor público, no caso, o procurador do INSS, não teria, pelos fatos narrados na denúncia, sido processado em outra ação penal. É que foram vários os processos criminais contra ele e outras pessoas integrantes do referido esquema de fraude, todos com trânsito em julgado. Desse modo, mostra-se correto o tribunal *a quo* quando afirma que, somente pela análise da denúncia e da sentença proferida nos autos originários, não é possível sustentar a alegação de que ficou provado, no decorrer da instrução da ação penal, que o mencionado agente público, que teria sido coautor do crime de peculato com as pacientes, não fora condenado em outra ação penal pelas condutas imputadas a elas. Observou-se, ainda, que a via própria para a análise dessa e das demais questões (pedido de desclassificação para o crime de estelionato, suposta ilegalidade na dosimetria da pena e ausência de prova da materialidade do delito) é o recurso de apelação, ainda pendente de julgamento no tribunal de origem. Diante desses fundamentos, entre outros, não se conheceu do *habeas corpus*. **HC 201.273-RJ, Rel. Min. Napoleão Nunes Maia Filho, julgado em 28/6/2011.** (Inform. STJ 479)

QO. DENÚNCIA. USO INDEVIDO. BRASÃO. REPÚBLICA.
A Turma, em questão de ordem (QO), deliberou pela anulação do julgamento proferido na assentada de 2/6/2011, tendo em vista a defesa pretender manifestar-se oralmente e, por equívoco, não ter sido intimada da data daquela sessão. Assim, proferiu novo julgamento, negando provimento ao recurso. *In casu,* o paciente foi denunciado por apor o brasão da República em diversas cartas de teor exclusivamente particular encaminhadas a órgãos públicos e privados (art. 296, § 1º, II, do CP), conduta que, somada à sua identificação como suplente de deputado federal, teria conferido a tais cartas a aparência de documentos oficiais. Vê-se que a denúncia narra a ocorrência de fato típico em tese, não se vislumbrando nela o vício da inépcia, pois está condizente com todos os requisitos do art. 41 do CPP e apta ao exercício da ampla defesa. Por sua vez, o brasão da República constitui notório símbolo identificador da Administração Pública Federal, por isso é obrigatória sua utilização por seus órgãos (Lei n. 5.700/1971). Assim, não prospera o argumento de que não há óbice a seu uso por particulares, quanto mais se os documentos em questão não se relacionam à condição eventualmente ocupada pelo paciente (como dito, suplente de deputado federal). Anote-se, por último, que o delito em questão é crime de mera conduta, assim, mostra-se irrelevante para sua consumação apurar a existência de prejuízo. Precedentes citados: RHC 29.544-RJ, DJe 12/5/2011; RHC 28.001-RJ, DJe 28/3/2011, e HC 89.696-SP, DJe 23/8/2010. **RHC 29.397-SP, Rel. Min. Og Fernandes, julgado em 14/6/2011.** (Inform. STJ 477)

COMPETÊNCIA. DOCUMENTOS FALSOS. PECULATO.
Trata-se de recurso em *habeas corpus* contra acórdão que manteve a condenação do paciente à pena de quatro anos e dois meses de reclusão em regime semiaberto e pagamento de 31 dias-multa, pela suposta prática dos delitos previstos nos arts. 304 e 312, *caput*, do CP. Consoante os autos, o paciente fora condenado porque teria usado cartões de ponto ideologicamente falsos nos autos de reclamação trabalhista, além de ter-se apropriado, em proveito próprio, de bem móvel de que tinha a posse em razão do cargo, já que teria subtraído os documentos comprobatórios de seu horário de trabalho da autarquia municipal em que exercia a função de superintendente. Portanto, pretende-se, em síntese, a decretação da nulidade da ação penal que culminou com a condenação do recorrente ou, alternativamente, a redução da pena imposta a ele. A Turma, entre outras questões, consignou que, na hipótese, no que se refere ao delito de uso de documento falso, o juiz estadual, prolator da sentença, é absolutamente incompetente, pelo que se impõe a anulação do édito repressivo quanto ao ponto, facultando-se a ratificação, pela Justiça Federal (competente para o julgamento de tal crime), dos demais atos processuais anteriormente praticados, inclusive os decisórios não referentes ao mérito da causa. Por outro lado, quanto ao crime de peculato-apropriação, registrou-se que, para a configuração, é imprescindível que o funcionário público se aproprie de coisa que possua significação patrimonial, de modo que simples cartões de ponto, embora posteriormente utilizados para pleitear verbas trabalhistas indevidas, não podem ser considerados objeto material do mencionado ilícito porque não possuem qualquer valor monetário, já que, por si só, não representam acréscimo ao patrimônio do agente ou de quem quer que seja. Ressaltou-se que, mesmo não se admitindo a aplicação do princípio da insignificância nos crimes contra a Administração Pública, o

certo é que, no peculato-apropriação, o bem objeto da conduta do funcionário público deve possuir, em si mesmo, algum significado patrimonial, ainda que ínfimo, o que não se verifica no tocante aos comprovantes de frequência supostamente apropriados indevidamente pelo ora recorrente. Desse modo, constatou-se a ausência de justa causa para a ação penal no que se refere ao crime previsto no *caput* do art. 312 do CP, impondo-se o trancamento da ação penal. Trancado o feito com relação ao crime de peculato-apropriação, entendeu-se prejudicado o exame das alegações de nulidade da ação penal por deficiência de defesa, pela inobservância do art. 514 do CPP, pela inversão na ordem de intimação do acusado e de seu defensor e pela ilegalidade na dosimetria da pena. Diante desses fundamentos, entre outros, deu-se provimento ao recurso. Precedentes citados do STF: HC 88.262-SP, DJ 30/3/2007; HC 83.006-SP, DJ 29/8/2003; do STJ: CC 109.021-RS, DJe 19/3/2010; CC 85.803-SP, DJ 27/8/2007; HC 117.722-PR, DJe 13/4/2009; HC 76.946-SP, DJe 16/3/2009, e HC 160.623-RS, DJe 6/12/2010. **RHC 23.500-SP, Rel. Min. Jorge Mussi, julgado em 5/5/2011.** (Inform. STJ 471)

HC. PATROCÍNIO INFIEL.

Trata-se de *habeas corpus* em que se pretende o trancamento de ação penal referente ao crime de patrocínio infiel imputado ao paciente. Para tanto, alega-se a atipicidade da conduta ao fundamento de que não há procurações nos autos constituindo o paciente como defensor dos réus contra os quais teria sido praticado tal crime, tampouco existe liame de confiança entre eles, além de não haver registro de prejuízo para os mencionados réus em decorrência da conduta imputada ao paciente. A Turma, por maioria, denegou a ordem ao entendimento de que os fatos narrados na peça acusatória revelam indícios suficientes para justificar a apuração mais aprofundada do suposto crime. Observou-se que, embora fossem pagos por outros denunciados os honorários advocatícios do acusado, este figurava como advogado dos referidos réus, uma vez que havia entre eles um liame de confiança que se estabelece entre o advogado e seus clientes, sendo que o paciente utilizou essa confiança para induzi-los por diversas vezes ao erro e a atitudes que lhes trouxeram grandes prejuízos no decorrer do processo. Desse modo, o acusado quebrou o dever de lealdade que a condição de advogado lhe impunha, visto que, na realidade, defendia os interesses de outros em detrimento dos interesses dos aludidos réus, sobretudo no momento em que os orientou a assumir toda a responsabilidade criminal. Assim, consignou-se que, no caso, além da descrição do fato típico, há indícios suficientes da autoria e materialidade, não sendo possível descartar de plano o cometimento do patrocínio infiel, bem como não existe motivo que justifique o arquivamento prematuro do processo. **HC 135.633-PA, Rel. Min. Gilson Dipp, julgado em 3/3/2011.** (Inform. STJ 465)

RCL. CRIME. FALSA IDENTIDADE.

A reclamação tem por base a Res. n. 12/2009-STJ, visto que a turma recursal dos juizados especiais estaduais em questão teria proferido acórdão que diverge da jurisprudência do STJ. Houve a concessão de liminar para determinar a suspensão dos processos em trâmite no juizados especiais que tratem de tema semelhante ao da reclamação. O reclamante foi condenado por ter declarado, diante da autoridade policial, nome diverso do seu com o fim de ocultar sua vida pregressa (art. 307 do CP). Contudo, prevalece no STJ o entendimento de que, em regra, essa conduta é atípica, pois geralmente não se subsume ao tipo constante do referido artigo, visto que se está buscando não uma vantagem ilícita, mas sim o exercício de possível direito constitucional – a autodefesa. Anote-se, todavia, que essa averiguação faz-se caso a caso. Quanto ao tema, a Min. Maria Thereza de Assis Moura trouxe ao conhecimento da Seção recente julgado do STF nesse mesmo sentido. Assim, a Seção julgou procedente a reclamação para reformar a decisão da turma recursal dos juizados especiais estaduais e absolver o reclamante por atipicidade, ratificando a liminar concedida apenas quanto a ele, revogando-a no que diz respeito aos demais processos, que deverão ser analisados um a um pelos respectivos órgãos julgadores, mas com a observância do entendimento reiterado pelo STJ. Por último, cogitou-se sobre a remessa do julgamento à Corte Especial em razão da cláusula de reserva de plenário, diante da aventada inconstitucionalidade parcial do referido artigo do CP, o que foi descartado. Precedentes citados do STF: HC 103.314-MS, DJe 7/6/2011; do STJ: HC 171.389-ES, DJe 17/5/2011; HC 99.179-SP, DJe 13/12/2010; HC 46.747-MS, DJ 20/2/2006; HC 21.202-SP, DJ 13/3/2006; HC 153.264-SP, DJe 6/9/2010; HC 145.261-MG, DJe 28/2/2011, e REsp 432.029-MG, DJ 16/11/2004. **Rcl 4.526-DF, Rel. Min. Gilson Dipp, julgada em 8/6/2011.** (Inform. STJ 476)

FALSIFICAÇÃO. DOCUMENTOS. USO.

No caso, o paciente fora condenado pela prática de três crimes, dois de falsificação de documentos e um de uso de documento falso. Isso porque teria falsificado duas certidões de casamento, uma que fora utilizada por ele próprio para obtenção do passaporte e outra utilizada pelo corréu para o mesmo fim. Assim, apenas a condenação relativa a um dos três crimes deve ser afastada. Somente com relação à falsificação e utilização do mesmo documento pelo paciente pode incidir o princípio da consunção. Como a falsificação e o respectivo uso se encontram teleologicamente ligados, em respeito ao princípio mencionado, tem-se um único delito. Quanto ao delito de falsificação da outra certidão de casamento, é inviável tal proceder, uma vez que foi utilizado pelo corréu, pois o *bis in idem* somente é reconhecido quando o mesmo agente falsifica e usa o documento. Precedentes citados: HC 107.103-GO, DJe 8/11/2010; HC 146.521-SP, DJe 7/6/2010, e CC 107.100-RJ, DJe 1º/6/2010. **HC 150.242-ES, Rel. Min. Maria Thereza de Assis Moura, julgado em 31/5/2011.** (Inform. STJ 475)

TROCA. PLACAS. VEÍCULO. ART. 311 DO CP.
A Turma deu provimento ao recurso do *Parquet* ao entender que a troca das placas originais de automóvel por outras de outro veículo constitui adulteração de sinal identificador (art. 311 do CP). Precedentes citados: AgRg no REsp 783.622-DF, DJe 3/5/2010, e HC 107.301-RJ, DJe 21/6/2010. **REsp 1.189.081-SP, Rel. Min. Gilson Dipp, julgado em 14/4/2011.** (Inform. STJ 469)

ATIPICIDADE. DECLARAÇÃO. NOME FALSO.
A paciente foi presa em flagrante pela suposta prática de delitos previstos nas Leis ns. 11.343/2006 e 10.826/2003, mas o MP somente a denunciou pelo pretenso cometimento do crime previsto no art. 307 do CP, visto que ela, na delegacia de polícia, declarou chamar-se por nome que, em realidade, não era o seu, mas sim de sua prima, tudo a demonstrar que almejava encobrir seus antecedentes criminais. Contudo, este Superior Tribunal já firmou que a conduta de declarar nome falso à autoridade policial é atípica, por inserir-se no exercício do direito de autodefesa consagrado na CF, o que levou a Turma a absolvê-la da imputação. Precedentes citados: HC 153.264-SP, DJe 6/9/2010, e HC 81.926-SP, DJe 8/2/2010. **HC 145.261-MG, Rel. Min. Celso Limongi (Desembargador convocado do TJ-SP), julgado em 8/2/2011.** (Inform. STJ 462)

1.12. OUTROS CRIMES DO CÓDIGO PENAL

Crime de quadrilha e denúncias sucessivas
A 1ª Turma concedeu *habeas corpus* para reconhecer litispendência entre ações que imputavam ao réu o crime de quadrilha (CP, art. 288) com fundamento em fatos conexos, de modo a afastar esse tipo penal das denúncias subseqüentes à primeira. Na espécie, o paciente fora acusado simultaneamente por associação para a prática de fatos criminosos em cinco processos criminais, dois dos quais com a qualificadora de quadrilha armada (CP, art. 288, parágrafo único). Inicialmente, aludiu-se que o crime de quadrilha seria autônomo, sendo suficiente para caracterizá-lo a demonstração da existência de associação prévia com estabilidade e finalidade voltada para a prática de atos ilícitos, além da união de desígnios entre os envolvidos, de sorte a prescindir de delitos anteriores ou posteriores. Realçou-se que a própria tipificação do crime em tela pressuporia o propósito de cometimento reiterado de infrações penais. Aduziu-se que, conquanto existisse possibilidade jurídica de imputarem-se diversos delitos de quadrilha ao agente que participasse de várias associações ilícitas, não seria este o caso dos autos, haja vista que teriam sido cindidas as ações penais em decorrência da distinção entre as empresas supostamente utilizadas como "laranjas", e não porque o paciente integraria quadrilhas independentes. Reputou-se, pois, que configuraria *bis in idem* essa atribuição ao réu por mais de uma vez, tendo em conta a mesma base fática, relativa à prática habitual de delitos de sonegação fiscal, falsidade ideológica, ocultação de bens e capitais, corrupção ativa e passiva e frustração de direitos trabalhistas. Dessa forma, em virtude de o paciente não compor diversas quadrilhas independentes, concluiu-se que apenas uma imputação deveria permanecer hígida. Ademais, afastou-se a qualificadora de quadrilha armada por deficiência na peça inicial, uma vez que não esclarecera qual dos acusados teria portado arma. Por fim, estendeu-se a ordem aos co-réus, que se encontravam em situação análoga àquela do ora paciente. HC 103171/SP, rel. Min. Marco Aurélio, 29.11.2011. (HC-103171) (Inform. STF 650)

Superior Tribunal de Justiça

PENSÃO ALIMENTÍCIA. INADIMPLÊNCIA. ART. 244 DO CP.
In casu, o paciente foi denunciado sob a acusação de deixar de prover a subsistência de seus dois filhos menores sem justa causa, faltando ao pagamento de pensão alimentícia acordada judicialmente. Assim, no *habeas corpus*, discute-se o enquadramento de tal fato ao disposto no art. 244 do CP. Segundo a Min. Relatora, a caracterização do tipo penal exige que se demonstre que a conduta de não pagar a pensão alimentícia foi realizada por alguém que, podendo

implementá-la, não o faz sem uma justificativa, o que não foi demonstrado na incoativa, que se limita a afirmar que a omissão do ora paciente foi "sem justa causa". Ressaltou que esse elemento não está no tipo penal apenas como adorno, mas, como o próprio nome indica, é uma parte essencial e a acusação dele deve se ocupar, demonstrando, em cada caso concreto, a razão do não pagamento da pensão, ou seja, se, pelos fatos ocorridos, há motivos justos para o alimentante deixar de solver as prestações, o que não ocorreu na hipótese. Registrou, ademais, que, se assim não fosse, estar-se-ia igualando os ilícitos penal e civil, pois não haveria mais diferença entre eles, bastando que o alimentante falte ao seu dever para cometer um crime, o que não é possível, não é esse o espírito da lei penal. Com esse entendimento, a Turma concedeu a ordem para trancar a ação penal, seja pela ausência de justa causa para a acusação, diante da atipicidade da conduta, seja pela inépcia da denúncia, visto que não suficientemente descritos os fatos. **HC 141.069-RS, Rel. Min. Maria Thereza de Assis Moura, julgado em 22/8/2011.** (Inform. STJ 481)

1.13. CRIMES RELATIVOS A DROGAS E ASPECTOS CORRELATOS

Dosimetria e quantidade de droga apreendida
A 2ª Turma, em julgamento conjunto de habeas corpus e recurso ordinário em habeas corpus, reafirmou orientação no sentido de que a quantidade de substância ilegal entorpecente apreendida deve ser sopesada na primeira fase de individualização da pena, nos termos do art. 42 da Lei 11.343/2006, sendo impróprio invocá-la por ocasião da escolha do fator de redução previsto no § 4º do art. 33 da mesma lei, sob pena de bis in idem. Com base nesse entendimento, determinou-se a devolução dos autos para que as instâncias de origem procedam a nova individualização da pena, atentando-se para a adequada motivação do fator reducional oriundo da causa especial de diminuição. HC 108513/RS, rel. Min. Gilmar Mendes, 23.8.2011. (HC-108513)
RHC 107857/DF, rel. Min. Gilmar Mendes, 23.8.2011. (RHC-107857) (Inform. STF 637)

"Fogueteiro" e atipicidade da conduta
A 1ª Turma iniciou o julgamento de habeas corpus em que se discute o reconhecimento da superveniente atipicidade da conduta em relação ao crime previsto no art. 12, § 2º, III, da Lei 6.368/76, com a conseqüente declaração de extinção da punibilidade. No caso, o paciente fora condenado por associação para o tráfico de drogas, em virtude de sua atuação como "fogueteiro". O Min. Marco Aurélio, relator, concedeu a ordem para expungir da condenação a cláusula alusiva ao tráfico de drogas. Ressaltou que o art. 33 da Lei 11.343/2006 não repetiu o tipo do inciso III do § 2º do art. 12 da Lei 6.368/76, a revelar a contribuição, sob qualquer forma, para incentivar ou difundir o uso indevido ou o tráfico ilícito de substância entorpecente ou que determine dependência física ou psíquica. Consignou que os núcleos do art. 33 da Lei 11.343/2006 mostrar-se-iam exaustivos e que, em direito penal, não seria permitida a interpretação extensiva em prejuízo da defesa. Após, pediu vista o Min. Luiz Fux. HC 106155/RJ, rel. Min. Marco Aurélio, 23.8.2011. (HC-106155) (Inform. STF 637)

"Fogueteiro" e atipicidade da conduta - 2
Em conclusão de julgamento, a 1ª Turma, por maioria, denegou *habeas corpus*, mas, concedeu a ordem, de ofício, para determinar ao juízo da execução que proceda a nova dosimetria da pena, com base na repriménda abstratamente cominada no art. 37 da Lei 11.343/2006. Na situação dos autos, discutia-se o reconhecimento da superveniente atipicidade da conduta de condenado por associação para o tráfico de drogas, em virtude de sua atuação como "fogueteiro", por não ter o art. 33 da novel Lei de Drogas repetido o tipo do art. 12, § 2º, III, da Lei 6.368/76 — v. Informativo 637. Reputou-se que a conduta do "fogueteiro" no tráfico enquadrar-se-ia como informante, que na sistemática da lei anterior seria penalmente responsável como co-autor ou partícipe do crime para o qual colaborava, ou seja, o tráfico de entorpecentes. Asseverou-se que essa conduta fora reproduzida, não no art. 33 da Lei 11.343/2006, mas no seu art. 37 ("*Colaborar, como informante, com grupo, organização ou associação destinados à prática de qualquer dos crimes previstos nos arts. 33, caput e § 1º, e 34 desta Lei: Pena reclusão, de 2 a 6 anos, e pagamento de 300 a 700 dias-multa*"). HC 106155/RJ, rel. orig. Min. Marco Aurélio, red. p/ o acórdão Min. Luiz Fux, 4.10.2011. (HC-106155)

"Fogueteiro" e atipicidade da conduta - 3
Consignou-se que o inciso II do § 2º do art. 12 da Lei 6.368/76 conteria a expressão "*contribui de qualquer maneira*", ao passo que o art. 37 da Lei 11.343/2006 utiliza-se dos termos "*colaborar como informante*", sendo certo que não haveria distinção ontológica entre os termos nucleares "*contribuir*" e "*colaborar*", a ensejar a inafastável conclusão de que essas condutas estariam tipificadas em ambas as leis. Destarte, reconhecida a dupla tipicidade, seria imperioso

que a dosimetria da pena fosse feita com base no *quantum* cominado no preceito do art. 37 da Lei 11.343/2006, *lex mitior*, que, por essa razão, deveria retroagir (CF, art. 5º, XL), e não com fulcro na pena abstratamente cominada no art. 12 da Lei 6.368/76 (3 a 15 anos de reclusão). Vencido o Min. Marco Aurélio, que concedia a ordem por considerar que o paciente não poderia ser processado como informante, mas como aquele que promove a difusão do uso indevido ou do tráfico ilícito de substância entorpecente, conduta não contida na nova Lei de Entorpecentes. HC 106155/RJ, rel. orig. Min. Marco Aurélio, red. p/ o acórdão Min. Luiz Fux, 4.10.2011. (HC-106155) (Inform. STF 643)

Art. 33, § 2º, da Lei 11.343/2006 e criminalização da "Marcha da Maconha" - 1
O Plenário julgou procedente pedido formulado em ação direta, ajuizada pela Procuradora-Geral da República em exercício, para dar interpretação conforme a Constituição ao § 2º do artigo 33 da Lei 11.343/2006 ["*Art. 33... § 2º Induzir, instigar ou auxiliar alguém ao uso indevido de droga. Pena - detenção de 1 (um) a 3 (três) anos, e multa de 100 (cem) a 300 (trezentos) dias-multa*"], com o fim de dele excluir qualquer significado que ensejasse a proibição de manifestações e debates públicos acerca da descriminalização ou da legalização do uso de drogas ou de qualquer substância que leve o ser humano ao entorpecimento episódico, ou então viciado, das suas faculdades psico-físicas. Rejeitou-se, de início, a preliminar de não-conhecimento da ação. Aduziu-se que o preceito impugnado estaria servindo como fundamento para a proibição judicial de eventos públicos — popularmente chamados de "Marcha da Maconha" — de defesa da legalização ou da descriminalização do uso de entorpecentes. Assim, destacou-se que o dispositivo comportaria pluralidade de sentidos, sendo um deles contrário à Constituição, a possibilitar a aplicação da técnica de interpretação com ela conforme. No mérito, reiterou-se o que afirmado quando do julgamento da ADPF 187/DF (acórdão pendente de publicação, v. Informativo 631) em que assentado que essas manifestações representariam a prática legítima do direito à livre expressão do pensamento, propiciada pelo exercício do direito de reunião. ADI 4274/DF, rel. Min. Ayres Britto, 23.11.2011. (ADI-4274)

Art. 33, § 2º, da Lei 11.343/2006 e criminalização da "Marcha da Maconha" - 2
O Min. Ayres Britto, relator, enfatizou que as liberdades de pensamento, de expressão, de informação e de comunicação fariam parte do rol de direitos individuais de matriz constitucional, tidos como emanação direta do princípio da dignidade da pessoa humana e da cidadania. Registrou que o direito de reunião seria insusceptível de censura prévia e poderia ser visto como especial veículo da busca de informação para uma consciente tomada de posição comunicacional. Salientou, por outro lado, que a única vedação constitucional, relativamente a esse direito, diria respeito a convocação cuja base de inspiração revelasse propósitos e métodos de violência física, armada ou beligerante. O Min. Luiz Fux relembrou que deveriam ser considerados os seguintes parâmetros: 1) que se tratasse de reunião pacífica, sem armas, previamente noticiada às autoridades públicas quanto à data, ao horário, ao local e ao objetivo, e sem incitação à violência; 2) que não existisse incitação, incentivo ou estímulo ao consumo de entorpecentes na sua realização; 3) que não ocorresse o consumo de entorpecentes na ocasião da manifestação ou evento público e 4) que não houvesse a participação ativa de crianças e adolescentes na sua realização. Por sua vez, o Min. Celso de Mello reafirmou que as liberdades de expressão e de reunião possuiriam interconexão e que deveriam ser exercidas com observância das restrições que emanariam do próprio texto constitucional. Realçou, ademais, que a Constituição objetivara subtrair da interferência do Poder Público o processo de comunicação e de livre expressão das idéias, mesmo que estas pudessem eventualmente ser rejeitadas por estamentos dominantes ou por grupos majoritários dentro da formação social. Asseverou que a defesa em espaços públicos da legalização das drogas não caracterizaria ilícito penal — quer sob a égide do Código Penal, quer sob o que estabelecido na regra em comento —, mas sim o exercício legítimo do direito à livre manifestação do pensamento, sendo irrelevante, para o efeito de proteção constitucional, a maior ou a menor receptividade social da proposta. De outro lado, o Min. Gilmar Mendes fez ressalva no sentido de não se poder depreender deste julgamento que o texto constitucional permitiria toda e qualquer reunião. No ponto, o Min. Cezar Peluso, Presidente, consignou que a análise sobre a liberdade de reunião para efeito de manifestação de pensamento deveria ser feita caso a caso, para se saber se a questão não implicaria outorga ou proposta de outorga de legitimidade a atos que repugnariam a consciência democrática, o próprio sistema jurídico constitucional de um país civilizado. ADI 4274/DF, rel. Min. Ayres Britto, 23.11.2011. (ADI-4274) (Inform. STF 649)

HC N. 103.311-PR
RELATOR: MIN. LUIZ FUX
EMENTA: PENAL E PROCESSO PENAL. *HABEAS CORPUS.* **TRÁFICO ILÍCITO DE ENTORPECENTES. LEI Nº 6.368/76, ARTIGOS 12 E 18, I. SUBSTITUIÇÃO DE PENA PRIVATIVA DE LIBERDADE POR RESTRITIVA DE DIREITOS. REQUISITOS OBJETIVOS E SUBJETIVOS DO ART. 44 DO CÓDIGO PENAL PRESENTES. ESTRANGEIRO. POSSIBILIDADE. ORDEM CONCEDIDA.**

1. O Princípio da Isonomia, garantia pétrea constitucional extensível aos estrangeiros, impede que o condenado não nacional pelo crime de tráfico ilícito de entorpecentes seja privado da concessão do benefício da substituição da pena privativa por restritiva de direitos quando atende aos requisitos objetivos e subjetivos do art. 44 do Código Penal. (Precedentes: HC 85894, Rel. Ministro GILMAR MENDES, TRIBUNAL PLENO, DJe 28/09/2007; HC 103068/MG, Rel. Ministro DIAS TOFFOLI, PRIMEIRA TURMA, DJe 21/02/2011; HC 103093/RS, Rel. Ministro GILMAR MENDES, SEGUNDA TURMA, DJe 01/10/2010; HC 89976/RJ, Rel. Ministra ELLEN GRACIE, TRIBUNAL PLENO, DJe 24/04/2009; HC 96011/RS, Rel. Ministro JOAQUIM BARBOSA, SEGUNDA TURMA, DJe 10/09/2010; HC 96923/SP, Rel. Ministro GILMAR MENDES, SEGUNDA TURMA, DJe 10/09/2010; HC 91600/RS, Rel. Ministro SEPÚLVEDA PERTENCE, PRIMEIRA TURMA, DJ 06/09/2007; HC 84715, Rel. Ministro JOAQUIM BARBOSA, SEGUNDA TURMA, DJ 29/06/2007).
2. O tráfico, mercê de equiparado ao crime hediondo, admite o benefício na forma da doutrina clássica do tema que assenta: "É possível a substituição da pena privativa de liberdade no caso de crime hediondo (Lei 8.072/1990) por pena restritiva de direitos, sendo que essa substituição deve atender, concomitantemente, aos requisitos objetivos e subjetivos listados no art. 44 do CP. O rótulo do delito como "hediondo" não figura como empecilho à substituição, desde que cabível" (*in* Prado, Luiz Regis - Comentários ao Código Penal, Revista dos Tribunais, 4ª Edição, p. 210).
3. É cediço na Corte que: "O SÚDITO ESTRANGEIRO, MESMO AQUELE SEM DOMICÍLIO NO BRASIL, TEM DIREITO A TODAS AS PRERROGATIVAS BÁSICAS QUE LHE ASSEGUREM A PRESERVAÇÃO DO "STATUS LIBERTATIS" E QUE LHE GARANTAM A OBSERVÂNCIA, PELO PODER PÚBLICO, DA CLÁUSULA CONSTITUCIONAL DO "DUE PROCESS". - O súdito estrangeiro, mesmo o não domiciliado no Brasil, tem plena legitimidade para impetrar o remédio constitucional do "habeas corpus", em ordem a tornar efetivo, nas hipóteses de persecução penal, o direito subjetivo, de que também é titular, à observância e ao integral respeito, por parte do Estado, das prerrogativas que compõem e dão significado à cláusula do devido processo legal. - A condição jurídica de não nacional do Brasil e a circunstância de o réu estrangeiro não possuir domicílio em nosso país não legitimam a adoção, contra tal acusado, de qualquer tratamento arbitrário ou discriminatório. Precedentes (HC 94.016/SP, Rel. Min. CELSO DE MELLO, v.g.). - Impõe-se, ao Judiciário, o dever de assegurar, mesmo ao réu estrangeiro sem domicílio no Brasil, os direitos básicos que resultam do postulado do devido processo legal, notadamente as prerrogativas inerentes à garantia da ampla defesa, à garantia do contraditório, à igualdade entre as partes perante o juiz natural e à garantia de imparcialidade do magistrado processante (...)". (HC 102041/SP, Rel. Ministro Celso de Mello, SEGUNDA TURMA, DJe 20/08/2010).
4. "O legislador deixou por conta dos operadores jurídicos a tarefa de individualizar o instituto alternativo da substituição em cada caso concreto. É preciso que se faça um juízo de valor sobre a 'suficiência' da resposta alternativa ao delito. Essa valoração deve ter em mira a repressão e prevenção do delito. É sempre importante enfatizar que essa valoração deve ser objetiva e descritiva, isto é, fundamentada, para se possibilitar o seu democrático controle" (in Gomes, Luiz Flávio - Penas e Medidas Alternativas à Prisão, Revista dos Tribunais, p. 596/597).
5. *In casu*, restou comprovado o direito do estrangeiro ao benefício, máxime porque *(i)* a ele foi fixado o regime aberto para iniciar o cumprimento da pena; (*ii*) inexiste decreto de expulsão em seu desfavor; e (*iii*) na visão das instâncias inferiores, preenche os requisitos do art. 44, como declarou o Superior Tribunal de Justiça, *in verbis*: "Desse modo, fixada a pena-base no mínimo legal, sendo o agente primário e inexistindo circunstâncias judiciais desfavoráveis, não é legítimo agravar o regime de cumprimento da pena, a teor do disposto no artigo 33, § 2.º, alínea c, e § 3.º do Código Penal, que dispõe que "o condenado não reincidente, cuja pena seja igual ou inferior a 4 (quatro)anos, poderá, desde o início, cumpri-la em regime aberto". Portanto, a decisão que lhe impôs o regime inicial fechado para o cumprimento da pena há de ser reformada para adequar-se à individualização da sanção criminal, em estrita obediência ao disposto no mencionado texto legal."
6. Parecer do *parquet* pela concessão da ordem.
Ordem concedida. (Inform. STF 633) *noticiado no Informativo 630

Princípio da isonomia e substituição de pena

A 1ª Turma, ao aplicar o princípio da isonomia, concedeu *habeas corpus* em favor de cidadão paraguaio, em situação irregular no Brasil, aqui condenado a 4 anos de reclusão pela prática do delito de tráfico ilícito de entorpecentes (Lei 6.368/76, art. 12 c/c art. 18). Considerou-se que o referido postulado seria garantia extensível aos estrangeiros e impediria que não nacional condenado pela prática do mencionado crime fosse privado da concessão do benefício de substituição da pena privativa de liberdade por restritiva de direitos quando preenchesse os requisitos objetivos e subjetivos do artigo 44 do CP. Asseverou-se que o discrímen, fato de o paciente ser estrangeiro, não impediria a aplicação da aludida cláusula pétrea. HC 103311/PR, rel. Min. Luiz Fux, 7.6.2011. (HC-103311) (Inform. STF 630)

Tráfico de drogas e combinação de leis - 1
O Plenário iniciou julgamento de recurso extraordinário em que se discute a aplicabilidade, ou não, da causa de diminuição de pena prevista no art. 33, § 4º, da Lei 11.343/2006 sobre condenações fixadas com base no art. 12, *caput*, da Lei 6.368/76, diploma normativo este vigente à época da prática do delito. Na espécie, o Ministério Público Federal alega afronta ao art. 5º, XL, da CF ("*a lei penal não retroagirá, salvo para beneficiar o réu;*") ao argumento de que a combinação de regras mais benignas de dois sistemas legislativos diversos formaria uma terceira lei. O Min. Ricardo Lewandowski, relator, proveu o recurso para determinar que o juízo da Vara de Execuções Penais aplique, em sua integralidade, a legislação mais benéfica ao recorrido, no que foi acompanhado pelos Ministros Cármen Lúcia e Joaquim Barbosa. Inicialmente, ressaltou que a doutrina sempre esteve dividida quanto ao tema. Em seqüência, entendeu não ser possível a conjugação de partes mais benéficas de diferentes normas para se criar uma terceira lei, sob pena de ofensa aos princípios da legalidade e da separação de poderes. RE 596152/SP, rel. Min. Ricardo Lewandowski, 2.12.2010. (RE-596152)

Tráfico de drogas e combinação de leis - 2
Afirmou que a Constituição permitiria a retroatividade da lei penal para favorecer o réu, mas não mencionaria sua aplicação em partes. Consignou que a Lei 6.368/76 estabelecia para o delito de tráfico de drogas uma pena em abstrato de 3 a15 anos de reclusão e fora revogada pela Lei 11.343/2006, que cominou, para o mesmo crime, pena de 5 a 15 anos de reclusão. Enfatizou, assim, que a novel lei teria imposto reprimenda mais severa para aquele tipo penal e que o legislador se preocupara em diferenciar o traficante organizado do pequeno traficante. Acrescentou haver correlação entre o aumento da pena-base mínima prevista no *caput* do art. 33 da Lei 11.343/2006 e a inserção da causa de diminuição disposta em seu § 4º. Explicitou que, ao ser permitida a combinação das leis referidas para se extrair um terceiro gênero, os magistrados estariam atuando como legislador positivo. Ademais, ponderou que, dessa forma, poder-se-ia chegar à situação em que o delito de tráfico viesse a ser punido com pena semelhante às das infrações de menor potencial ofensivo. Concluiu que, se na dúvida quanto à legislação mais benéfica em determinada situação, dever-se-ia examinar o caso concreto e verificar a lei, que aplicada em sua totalidade, seria mais favorável. RE 596152/SP, rel. Min. Ricardo Lewandowski, 2.12.2010. (RE-596152)

Tráfico de drogas e combinação de leis - 3
Em divergência, o Min. Cezar Peluso, Presidente, proveu o recurso, no que foi seguido pelo Min. Dias Toffoli. Reiterou o teor do voto proferido no julgamento do HC 95435/RS (DJe de 7.11.2008), no sentido de entender que aplicar a causa de diminuição não significaria baralhar e confundir normas, uma vez que o juiz, ao assim proceder, não criaria lei nova, mas apenas se movimentaria dentro dos quadros legais para uma tarefa de integração perfeitamente possível. Além disso, asseverou que se deveria observar a finalidade e a *ratio* do princípio, para que fosse dada correta resposta ao tema, não havendo como se repudiar a aplicação da causa de diminuição também a situações anteriores. Nesse diapasão, realçou, também, que a vedação de junção de dispositivos de leis diversas seria apenas produto de interpretação da doutrina e da jurisprudência, sem apoio direto em texto constitucional. Após, pediu vista o Min. Ayres Britto. RE 596152/SP, rel. Min. Ricardo Lewandowski, 2.12.2010. (RE-596152) (Inform. STF 611)

Tráfico de drogas e combinação de leis - 4
O Plenário retomou julgamento de recurso extraordinário em que se discute a aplicabilidade, ou não, da causa de diminuição de pena prevista no art. 33, § 4º, da Lei 11.343/2006 sobre condenações fixadas com base no art. 12, *caput*, da Lei 6.368/76, diploma normativo este vigente à época da prática do delito — v. Informativo 611. Em voto-vista, o Min. Ayres Britto acompanhou a divergência iniciada pelo Min. Cezar Peluso, Presidente, e desproveu o recurso. Aduziu que a expressão "lei" contida no princípio insculpido no art. 5º, XL, da CF ("*a lei penal não retroagirá, salvo para beneficiar o réu*") referir-se-ia à norma penal, considerada como dispositivo isolado inserido em determinado diploma de lei. No ponto, destacou que a discussão estaria na combinação de normas penais que se friccionassem no tempo, e não na mesclagem de leis. Afirmou, ademais, que a Constituição vedaria a mistura de normas penais que, ao dispor sobre o mesmo instituto legal, contrapusessem-se temporalmente. Nesse sentido, reputou que o fato de a Lei 11.343/2006 ter criado a figura do pequeno traficante, a merecer tratamento diferenciado — não contemplada na legislação anterior —, não implicaria conflito de normas, visto que a minorante seria inédita, sem contraposição a qualquer regra anterior. Após, pediu vista o Min. Luiz Fux. RE 596152/SP, rel. Min. Ricardo Lewandowski, 26.5.2011. (RE-596152) (Inform. STF 628)

Tráfico de drogas e combinação de leis - 5
Em conclusão de julgamento, o Plenário, ante empate na votação, desproveu recurso extraordinário em que se discutia a aplicabilidade, ou não, da causa de diminuição de pena prevista no art. 33, § 4º, da Lei 11.343/2006 sobre condenações fixadas com base no art. 12, *caput*, da Lei 6.368/76, diploma normativo este vigente à época da prática do delito — v.

Informativos 611 e 628. Além disso, assentou-se a manutenção da ordem de *habeas corpus,* concedida no STJ em favor do ora recorrido, que originara o recurso. Na espécie, o recorrente, Ministério Público Federal, alegava afronta ao art. 5º, XL, da CF ("*a lei penal não retroagirá, salvo para beneficiar o réu*"), ao argumento de que a combinação de regras mais benignas de 2 sistemas legislativos diversos formaria uma terceira lei. Aduziu-se que a expressão "lei" contida no princípio insculpido no mencionado inciso referir-se-ia à norma penal, considerada como dispositivo isolado inserido em determinado diploma de lei. No ponto, destacou-se que a discussão estaria na combinação de normas penais que se friccionassem no tempo. Afirmou-se, ademais, que a Constituição vedaria a mistura de normas penais que, ao dispor sobre o mesmo instituto legal, contrapusessem-se temporalmente. Nesse sentido, reputou-se que o fato de a Lei 11.343/2006 ter criado a figura do pequeno traficante, a merecer tratamento diferenciado — não contemplada na legislação anterior — não implicaria conflito de normas, tampouco mescla, visto que a minorante seria inédita, sem contraposição a qualquer regra pretérita. Por se tratar de pedido de *writ* na origem e em vista de todos os atuais Ministros do STF terem votado, resolveu-se aplicar ao caso concreto o presente resultado por ser mais favorável ao paciente com fundamento no art. 146, parágrafo único, do RISTF ("*Parágrafo único. No julgamento de habeas corpus e de recursos de habeas corpus proclamar-se-á, na hipótese de empate, a decisão mais favorável ao paciente*"). Nesse tocante, advertiu-se que, apesar de a repercussão geral ter sido reconhecida, em decorrência da peculiaridade da situação, a temática constitucional em apreço não fora consolidada. RE 596152/SP, rel. orig. Min. Ricardo Lewandowski, red. p/ o acórdão Min. Ayres Britto, 13.10.2011. (RE 596152)

Tráfico de drogas e combinação de leis - 6
O Min. Cezar Peluso, Presidente, frisou o teor do voto proferido pela 2ª Turma no julgamento do HC 95435/RS (DJe de 7.11.2008), no sentido de entender que aplicar a causa de diminuição não significaria baralhar e confundir normas, uma vez que o juiz, ao assim proceder, não criaria lei nova, apenas se movimentaria dentro dos quadros legais para uma tarefa de integração perfeitamente possível. Além disso, consignou que se deveria cumprir a finalidade e a *ratio* do princípio, para que fosse dada correta resposta ao tema, não havendo como se repudiar a aplicação da causa de diminuição também a situações anteriores. Realçou, ainda, que a vedação de convergência de dispositivos de leis diversas seria apenas produto de interpretação da doutrina e da jurisprudência, sem apoio direto em texto constitucional. O Min. Celso de Mello, a seu turno, enfatizou que o citado pronunciamento fora ratificado em momento subseqüente, no julgamento de outro *habeas corpus*. Acresceu que não se cuidaria, na espécie, da denominada "criação indireta da lei". Ato contínuo, assinalou que, mesmo se fosse criação indireta, seria preciso observar que esse tema haveria de ser necessariamente examinado à luz do princípio constitucional da aplicabilidade da lei penal mais benéfica. RE 596152/SP, rel. orig. Min. Ricardo Lewandowski, red. p/ o acórdão Min. Ayres Britto, 13.10.2011. (RE-596152)

Tráfico de drogas e combinação de leis - 7
De outro lado, o Min. Ricardo Lewandowski, relator, dava provimento ao recurso do *parquet* para determinar que o juízo da Vara de Execuções Penais aplicasse, em sua integralidade, a legislação mais benéfica ao recorrido, no que fora acompanhado pelos Ministros Cármen Lúcia, Joaquim Barbosa, Luiz Fux e Marco Aurélio. Ressaltava a divisão da doutrina acerca do tema. Entendia não ser possível a conjugação de partes mais benéficas de diferentes normas para se criar uma terceira lei, sob pena de ofensa aos princípios da legalidade e da separação de poderes. Afirmava que a Constituição permitiria a retroatividade da lei penal para favorecer o réu, mas não mencionaria sua aplicação em partes. Registrava que a Lei 6.368/76 estabelecia para o delito de tráfico de drogas uma pena em abstrato de 3 a 15 anos de reclusão e fora revogada pela Lei 11.343/2006, que cominara, para o mesmo crime, pena de 5 a 15 anos de reclusão. Evidenciava, dessa maneira, que a novel lei teria imposto reprimenda mais severa para aquele tipo penal e que o legislador se preocupara em diferenciar o traficante organizado do pequeno traficante. Acrescentava haver correlação entre o aumento da pena-base mínima prevista no *caput* do art. 33 da Lei 11.343/2006 e a inserção da causa de diminuição disposta em seu § 4º. Explicitava que, ao ser permitida a combinação das leis referidas para se extrair um terceiro gênero, os magistrados atuariam como legisladores positivos. Por fim, ponderava que se poderia chegar à situação em que o delito de tráfico fosse punido com pena semelhante às das infrações de menor potencial ofensivo. Concluía que, na dúvida quanto à legislação mais benéfica em determinada situação, dever-se-ia examinar o caso concreto e verificar a lei que, aplicada em sua totalidade, fosse mais favorável. RE 596152/SP, rel. orig. Min. Ricardo Lewandowski, red. p/ o acórdão Min. Ayres Britto, 13.10.2011. (RE-596152)

Tráfico de drogas e combinação de leis - 8
O Min. Luiz Fux apontava afronta ao princípio da isonomia (CF, art. 5º, *caput*), pois a *lex tertia*, aplicada pelo STJ, conceberia paradoxo decorrente da retroação da lei para conferir aos fatos passados situação jurídica mais favorável do que àqueles praticados durante a sua vigência. Dessumia que a aplicação da retroatividade da lei "em tiras" consistiria em velada deturpação da nova percepção que o legislador, responsável por expressar os anseios sociais, manifestara sobre a mesma conduta. Indicava, ademais, violação a outros fundamentos da Constituição: o princípio da legalidade e a democracia. Criar-se-ia, com a tese por ele refutada, regra não prevista na lei antiga nem na lei nova,

que não experimentaria do batismo democrático atribuído à lei formal. Destacava que a questão reclamaria, portanto, o que se denominara como "sistema da apreciação *in concreto*" em conjunto com o princípio da alternatividade, para resolver pela aplicação da lei antiga ou da lei nova, uma ou outra, integralmente. O Min. Marco Aurélio, por sua vez, aduzia que, com a Lei 11.343/2006, houvera, também, a exacerbação das penas relativas à multa. Assegurava que, naquele contexto, cuidara-se, para situações peculiares, de uma causa de diminuição da reprimenda, ao inseri-la no artigo. No aspecto, salientava que o parágrafo seria interpretado segundo o artigo. A razão de ser do preceito seria mitigar a elevação do piso em termos de pena restritiva da liberdade de 3 para 5 anos. Por esse motivo, entendia haver mesclagem de sistemas, ao se manter a pena da Lei 6.368/76 adotando-se, contudo, a causa de diminuição que estaria jungida à cabeça do art. 33 da outra norma. Asseverava que, ao se proceder dessa maneira, colocar-se-ia em segundo plano o princípio unitário e criar-se-ia novo diploma para reger a matéria. RE 596152/SP, rel. orig. Min. Ricardo Lewandowski, red. p/ o acórdão Min. Ayres Britto, 13.10.2011. (RE-596152) (Inform. STF 644)

Tráfico ilícito de entorpecentes e suspensão condicional da pena
A 1ª Turma iniciou julgamento de *habeas corpus* em que se pleiteia a suspensão condicional da pena a condenado pela prática do crime de tráfico ilícito de entorpecentes (Lei 11.343/2006, art. 33). O Min. Marco Aurélio, relator, denegou a ordem. Reputou não se poder cogitar do benefício devido à vedação expressa contida no art. 44 do referido diploma ("*Os crimes previstos nos arts. 33, caput e § 1º, e 34 a 37 desta Lei são inafiançáveis e insuscetíveis de sursis, graça, indulto, anistia e liberdade provisória, vedada a conversão de suas penas em restritivas de direitos*"), que estaria em harmonia com a Lei 8.072/90 e com a Constituição, em seu art. 5º, XLIII ("*a lei considerará crimes inafiançáveis e insuscetíveis de graça ou anistia a prática da tortura, o tráfico ilícito de entorpecentes e drogas afins, o terrorismo e os definidos como crimes hediondos, por eles respondendo os mandantes, os executores e os que, podendo evitá-los, se omitirem*"). Após, pediu vista o Min. Dias Toffoli. HC 101919/MG, rel. Min. Marco Aurélio, 26.4.2011. (HC-101919) (Inform. STF 624)

Tráfico ilícito de entorpecentes e suspensão condicional da pena - 2
Em conclusão de julgamento, a 1ª Turma denegou, por maioria, *habeas corpus* em que se pleiteava a suspensão condicional da pena a condenado pela prática do crime de tráfico ilícito de entorpecentes (Lei 11.343/2006, art. 33) — v. Informativo 624. Reputou-se não se poder cogitar do benefício devido à vedação expressa contida no art. 44 do referido diploma ("*Os crimes previstos nos arts. 33, caput e § 1º, e 34 a 37 desta Lei são inafiançáveis e insuscetíveis de sursis, graça, indulto, anistia e liberdade provisória, vedada a conversão de suas penas em restritivas de direitos*"), que estaria em harmonia com a Lei 8.072/90 e com a Constituição, em seu art. 5º, XLIII ("*a lei considerará crimes inafiançáveis e insuscetíveis de graça ou anistia a prática da tortura, o tráfico ilícito de entorpecentes e drogas afins, o terrorismo e os definidos como crimes hediondos, por eles respondendo os mandantes, os executores e os que, podendo evitá-los, se omitirem*"). Vencido o Min. Dias Toffoli, que deferia a ordem ao aplicar o mesmo entendimento fixado pelo Plenário, que declarara incidentalmente a inconstitucionalidade do óbice da substituição da pena privativa de liberdade por restritiva de direito em crime de tráfico ilícito de droga. HC 101919/MG, rel. Min. Marco Aurélio, 6.9.2011. (HC-101919) (Inform. STF 639)

Tráfico de drogas e lei mais benéfica - 1
A 1ª Turma iniciou julgamento de *habeas corpus* em que se pretende a desclassificação da conduta imputada ao paciente, prevista no art. 12 da Lei 6.368/76 ("*Importar ou exportar, remeter, preparar, produzir, fabricar, adquirir, vender, expor à venda ou oferecer, fornecer ainda que gratuitamente, ter em depósito, transportar, trazer consigo, guardar, prescrever, ministrar ou entregar, de qualquer forma, a consumo substância entorpecente ou que determine dependência física ou psíquica, sem autorização ou em desacordo com determinação legal ou regulamentar*"), para a disposta no art. 33, § 3º, da Lei 11.343/2006 ("*§ 3º Oferecer droga, eventualmente e sem objetivo de lucro, a pessoa de seu relacionamento, para juntos a consumirem*"). Busca-se reduzir a pena para 6 meses de detenção, bem como substituí-la por restritiva de direito e multa. Alternativamente, pleiteia-se a aplicação do redutor de 2/3 sobre a pena mínima prevista no art. 33 da Lei 11.343/2006 e a convolação da reprimenda privativa de liberdade para restritiva de direito, consistente na prestação de serviços à comunidade e multa. HC 107448/MG, rel. Min. Ricardo Lewandowski, 10.5.2011. (HC-107448)

Tráfico de drogas e lei mais benéfica - 2
O Min. Ricardo Lewandowski, relator, denegou a ordem. Ressaltou não ser possível, na via eleita, o reexame do conjunto fático-probatório para se chegar à desclassificação colimada. No que concerne ao pedido alternativo de aplicação da causa especial de redução da pena do § 4º, da mesma norma, não conheceu do *writ*, porquanto a matéria não fora discutida no STJ. Reputou, ainda, que a jurisprudência desta Corte não admite a combinação de leis no tempo, sob

pena de se criar uma terceira lei. Entretanto, concedeu a ordem, de ofício, para o tribunal de justiça verificar e aplicar integralmente o diploma legal mais benéfico ao paciente: Lei 6.368/76 ou Lei 11.343/2006. O Min. Dias Toffoli acompanhou o relator quanto ao conhecimento e à denegação da ordem, mas a concedeu, de ofício, em maior extensão para que se possa fazer a dosimetria da pena conjugando ambas as leis. Após, pediu vista o Min. Marco Aurélio. HC 107448/MG, rel. Min. Ricardo Lewandowski, 10.5.2011. (HC-107448) (Inform. STF 626)

Tráfico de drogas: "sursis" e substituição de pena por restritiva de direitos
A 1ª Turma julgou prejudicado *habeas corpus* em que condenado à reprimenda de 1 ano e 8 meses de reclusão em regime fechado e 166 dias-multa, pela prática do crime de tráfico ilícito de entorpecentes (Lei 11.343/2006, art. 33), pleiteava a suspensão condicional da pena nos termos em que concedida pelo Tribunal de Justiça estadual. Em seguida, deferiu, de ofício, a ordem para reconhecer a possibilidade de o juiz competente substituir a pena privativa de liberdade por restritiva de direitos, desde que preenchidos os requisitos objetivos e subjetivos previstos na lei. A impetração questionava acórdão que, em 9.3.2010, ao dar provimento a recurso especial do *parquet*, não admitira o *sursis*, em virtude de expressa vedação legal. Consignou-se que, ao julgar o HC 97256/RS (DJe de 16.12.2010), o Supremo concluíra, em 1º.9.2010, pela inconstitucionalidade dos artigos 33, § 4º; e 44, *caput*, da Lei 11.343/2006, ambos na parte em que vedavam a substituição da pena privativa de liberdade por restritiva de direitos em condenação pelo delito em apreço.Asseverou-se, portanto, estar superado este impedimento. Salientou-se que a convolação da reprimenda por restritiva de direitos seria mais favorável ao paciente. Ademais, observou-se que o art. 77, III, do CP estabelece a aplicabilidade de suspensão condicional da pena quando não indicada ou cabível a sua substituição por restritiva de direitos (CP, art. 44). HC 104361/RJ, rel. Min. Cármen Lúcia, 3.5.2011. (HC-104361) (Inform. STF 625)

Dosimetria e quantidade de droga apreendida
A 1ª Turma indeferiu *habeas corpus* no qual pretendida a aplicação, em patamar máximo, da causa especial de diminuição de pena, prevista no § 4º do art. 33 da Lei 11.343/2006 (*"Nos delitos definidos no caput e no § 1º deste artigo, as penas poderão ser reduzidas de um sexto a dois terços, vedada a conversão em penas restritivas de direitos, desde que o agente seja primário, de bons antecedentes, não se dedique às atividades criminosas nem integre organização criminosa"*), em face de a quantidade de droga já ter sido contemplada pelo juiz ao fixar a pena-base com fulcro no art. 42 do mesmo diploma legal (*"O juiz, na fixação das penas, considerará, com preponderância sobre o previsto no art. 59 do Código Penal, a natureza e a quantidade da substância ou do produto, a personalidade e a conduta social do agente"*). Concluiu-se que, embora já considerada a quantidade de substância entorpecente na fixação da pena- base, seria legítimo esse critério para graduar a causa de diminuição. HC 104195/MS, rel. Min. Luiz Fux, 26.4.2011. (HC-104195) (Inform. STF 624)

HC N. 107.274-MS
RELATOR: MIN. RICARDO LEWANDOWSKI
EMENTA: *HABEAS CORPUS*. PENAL. TRÁFICO ILÍCITO DE DROGAS. PENA. DOSIMETRIA. PENA-BASE. FIXAÇÃO NO MÍNIMO LEGAL. IMPOSSIBILIDADE. MAUS ANTECEDENTES. NATUREZA ALTAMENTE NOCIVA DA DROGA APREENDIDA. REINCIDÊNCIA/MAUS ANTECEDENTES. COMPROVAÇÃO. CERTIDÃO. IDONEIDADE. *BIS IN IDEM*. INOCORRÊNCIA. CAUSA ESPECIAL DE DIMINUIÇÃO PREVISTA NO § 4º DO ART. 33 DA LEI 11.343/2006. APLICAÇÃO. INVIABILIDADE. ORDEM DENEGADA.
I – Ao fixar a pena-base acima do mínimo legal, o magistrado sentenciante considerou os maus antecedentes ostentados pelo réu e a natureza altamente nociva da droga apreendida, de modo que a reprimenda não merece nenhum reparo nesse ponto.
II – Não procede a alegação de que a inexistência de certidão cartorária atestando o trânsito em julgado de eventual condenação inviabilizaria o reconhecimento de maus antecedentes/reincidência e que a folha de antecedentes criminais não serviria para esse fim. Esta Corte já firmou entendimento no sentido da idoneidade do referido documento, que possui fé pública. Precedentes.
III – Infração cometida em transporte público. Incidência da causa de aumento prevista no art. 40, III, da Lei 11.343/2006.
IV – Não caracteriza *bis in idem* a consideração da reincidência para fins de majoração da pena-base e como fundamento para a negativa de concessão da benesse prevista no art. 33, § 4º, da Lei Antidrogas.
V- Para a concessão do benefício previsto no § 4º do art. 33 da Lei 11.343/2006, é necessário que o réu seja primário, ostente bons antecedentes, não se dedique às atividades criminosas nem integre organização criminosa.
VI – Réu que apresenta maus antecedentes, condição que impede a aplicação da referida causa de diminuição.
VII - Ordem denegada. (Inform. STF 624)

HC N. 102.547-MG
RELATOR: MIN. DIAS TOFFOLI
EMENTA: *Habeas corpus.* Tráfico de entorpecentes. Figura privilegiada. Delito praticado sob a égide da Lei nº 11.343/06. Pretensão à redução da pena no patamar máximo legalmente admissível. Dosimetria. Reexame que implica a análise da prova, vedada na via processual eleita. Substituição da pena privativa de liberdade em restritiva de direitos. Possibilidade. Aplicação do art. 44 do Código Penal. Substituição admissível. Precedente do Pleno. Paciente que se encontra no gozo de liberdade condicional. Substituição que, no momento, se afigura mais gravosa ao paciente. Ordem prejudicada neste particular.
1. O **habeas corpus** não é a via adequada para a análise do pedido de mitigação da pena quando sua fixação tiver apoio nas circunstâncias constantes do § 4º do art. 33 e do art. 42, ambos da Lei nº 11.343/06.
2. A dosimetria levada a efeito na instância ordinária não apenas atendeu aos requisitos legais, como respeitou o princípio da individualização da pena. O Tribunal **a quo** analisou as circunstâncias previstas no § 4º do art. 33 da Lei nº 11.343/06 e estabeleceu a mitigação da pena aplicada ao paciente fundando-se nas circunstâncias indicadas no art. 42 do mesmo diploma legal. Precedentes. Ordem, nesse aspecto, denegada.
3. O Tribunal Pleno desta Suprema Corte, em 1º/9/10, ao analisar o HC nº 97.256/RS, Relator o Ministro **Ayres Britto**, por maioria de votos, declarou, **incidenter tantum**, a inconstitucionalidade dos arts. 33, § 4º, e 44, **caput**, da Lei nº 11.343/06 na parte em que vedavam a substituição da pena privativa de liberdade por restritiva de direitos em condenação pelo crime de tráfico de entorpecentes.
4. O cumprimento de pena restritiva de direito, ainda que pelo prazo remanescente de eventual parte da reprimenda corporal, encontrando-se o réu em liberdade condicional, afigura-se mais gravoso ao paciente. **Habeas corpus** prejudicado.
5. Ordem parcialmente prejudicada e, no mais, denegada. (Inform. STF 624) *noticiado no Informativo 616

"Mula" e causa de diminuição de pena
A 1ª Turma iniciou julgamento de recurso ordinário em *habeas corpus* em que se pretende seja aplicada, em favor de condenado por tráfico de entorpecentes pelo transporte 1,5 kg de cocaína, a causa de diminuição da pena do § 4º do art. 33 da Lei 11.343/2006 e a atenuante genérica decorrente da confissão espontânea. O Min. Dias Toffoli, relator, afastou a tese da confissão espontânea e deu provimento parcial ao recurso por reputar que a quantidade de droga transportada não implicaria, por si só, participação em organização criminosa. Considerou o paciente, sem registro de nenhuma outra ocorrência com o tráfico, seria uma simples "mula", cuja conduta poderia ser enquadrada como traficância menor ou eventual. Após, pediu vista o Min. Ricardo Lewandowski. RHC 103556/SP, rel. Min. Dias Toffoli, 1º.3.2011. (RHC-103556) (Inform. STF 618)

"Mula" e causa de diminuição de pena - 2
Em conclusão, a 1ª Turma, por maioria, negou provimento a recurso ordinário em *habeas corpus* para assentar a inviabilidade da aplicação da atenuante da confissão espontânea, bem como da causa de diminuição prevista no art. 33, § 4º, da Lei 11.343/2006, por não se verificar, de forma cabal, a ausência de envolvimento do réu com atividades criminosas. Na espécie, o recorrente fora condenado pela prática do crime de tráfico por haver transportado 1,5 Kg de cocaína — v. Informativo 618. Prevaleceu o voto do Min. Ricardo Lewandowski, que destacou o fato de ter o recorrente se deslocado de São Paulo para Alagoas com grande quantidade de entorpecente. Entendeu que o fato seria expressivo a demonstrar seu envolvimento com a delinqüência. Ademais, reputou que, para se chegar à orientação diversa da adotada pelas instâncias antecedentes, no sentido da inexistência de vínculo do ora recorrente com atividades criminosas, seria necessário adentrar o conjunto fático-probatório, inviável em sede de *habeas corpus*. Vencidos os Ministros Dias Toffoli, relator, e Luiz Fux, que proviam, em parte, o recurso, de modo a afastar somente a confissão espontânea, por reputarem que a quantidade de droga transportada não implicaria, por si só, participação em organização criminosa. Consideravam que o paciente, sem registro de nenhuma outra ocorrência com o tráfico, seria uma simples "mula", cuja conduta poderia ser enquadrada como traficância menor ou eventual. RHC 103556/SP, rel. orig. Min. Dias Toffoli, red. p/ o acórdão Min. Ricardo Lewandowski, 5.4.2011. (RHC-103556) (Inform. STF 622)

HC N. 106.313-MG
RELATOR: MIN. GILMAR MENDES
Habeas Corpus. 2. Tráfico de entorpecentes. 3. Pedido de aplicação da causa especial de diminuição de pena (Lei n. 11.343/2006, art. 33, § 4º) em seu patamar máximo. A quantidade de droga apreendida é circunstância que deve ser sopesada na primeira fase de individualização da pena, nos termos do art. 42 da Lei 11.343/2006, sendo impróprio invocá-la por ocasião de escolha do fator de redução previsto no § 4º do art. 33, sob pena de *bis in idem*. 4. Ordem parcialmente deferida para determinar que se proceda a nova individualização da pena, bem como que, fixada a

individualização da pena, delibere-se sobre o regime inicial de cumprimento de pena e a possibilidade de conversão da pena privativa de liberdade em restritiva de direito, segundo os requisitos previstos no art. 44 do CP. (Inform. STF 622) *noticiado no Informativo 619

HC N. 104.764-RS
RELATOR: MIN. DIAS TOFFOLI
EMENTA: *Habeas corpus*. Tráfico de entorpecentes. Delito praticado sob a égide da Lei nº 11.343/06. Substituição da pena privativa de liberdade por restritiva de direitos. Possibilidade. Aplicação do art. 44 do Código Penal. Requisitos presentes. Substituição admissível. Ordem concedida.
1. A regra do art. 44 do Código Penal é aplicável ao crime de tráfico de entorpecentes, observados os seus pressupostos de incidência.
2. Não se afigura possível a negativa de substituição calcada exclusivamente em virtude da vedação contida no art. 44 da Lei nº 11.343/06, em decorrência apenas da natureza da infração.
3. Ordem concedida. (Inform. STF 621)

Dosimetria e quantidade de droga apreendida
A quantidade de droga apreendida deve ser sopesada na primeira fase de individualização da pena, nos termos do art. 42 da Lei 11.343/2006, sendo impróprio invocá-la por ocasião da escolha do fator de redução previsto no § 4º do art. 33 da mesma Lei, sob pena de *bis in idem*. Com base nesse entendimento, a 2ª Turma deferiu parcialmente *habeas corpus* para determinar ao TRF da 3ª Região que proceda a nova individualização da pena, atentando-se para a adequada motivação do fator de redução oriundo da causa especial de diminuição da pena. Determinou-se, ainda, que, fixada a individualização da reprimenda, deverá o Tribunal deliberar sobre o regime inicial de cumprimento, bem assim sobre a possibilidade de conversão da pena em restritiva de direitos, segundo os requisitos previstos no art. 44 do CP. De início, ressaltou-se que as balizas para a concessão da referida causa especial seriam as seguintes: a) ser o agente primário; b) possuidor de bons antecedentes; c) não se dedicar a atividades criminosas; e d) não integrar organização criminosa. Em seguida, observou-se que o magistrado de primeiro grau, ao estabelecer a causa de diminuição no patamar de 1/3, atentara-se para a quantidade e a espécie da droga apreendida. O STJ, por sua vez, mantivera aquela decisão, por reputar considerável a quantidade de droga apreendida. No que concerne ao pedido de substituição da pena privativa de liberdade por restritiva de direitos, registrou-se que o Plenário declarara incidentalmente a inconstitucionalidade da expressão *"vedada a conversão em penas restritivas de direitos"*, constante do § 4º do art. 33 da Lei 11.343/2006, e da expressão *"vedada a conversão de suas penas em restritivas de direitos"*, contida no referido art. 44 do mesmo diploma legal. Alguns precedentes citados: HC 101317/MS (DJe de 6.8.2010); HC 98172/GO (DJe de 8.10.2010); HC 104423/AL (DJe de 8.10.2010); HC 97256/RS (DJe de 16.12.2010). HC 106313/MG, rel. Min. Gilmar Mendes, 15.3.2011. (HC-106313) (Inform. STF 619)

"Mula" e causa de diminuição de pena
A 2ª Turma iniciou julgamento de *habeas corpus* em que se pretende seja aplicada, em favor de condenada por tráfico de entorpecentes pelo transporte de 951 g de cocaína, a causa de diminuição da pena do § 4º do art. 33 da Lei 11.343/2006. No caso, as instâncias de origem, embora tenham reconhecido que a ré seria primária, portadora de bons antecedentes e não se dedicaria à atividade criminosa, concluíram que, de fato, ela integraria organização criminosa e, portanto, não teria jus à citada causa de diminuição. O Min. Ayres Britto, relator, concedeu a ordem sob o fundamento de que o fato de transportar droga, por si só, não seria o bastante para afirmar que a paciente integraria organização criminosa. Ressaltou que as organizações criminosas se aproveitariam de pessoas vulneráveis socialmente para a arriscada tarefa de transportar entorpecentes, que tal atividade não teria reconhecimento para o mundo do tráfico e que essas pessoas seriam descartáveis para o grupo criminoso. Em divergência, a Min. Ellen Gracie, denegou a ordem, no que foi acompanhada pelos Ministros Joaquim Barbosa e Celso de Mello. Considerou que o tráfico internacional não existiria sem o transporte da droga pelas chamadas "mulas". Após, pediu vista o Min. Gilmar Mendes. HC 101265/SP, rel. Min. Ayres Britto, 1º.3.2011. (HC-101265) (Inform. STF 618)

Liberdade provisória e tráfico ilícito de entorpecente
Ao acolher proposta formulada pelo Min. Ayres Britto, a 2ª Turma deliberou afetar ao Plenário julgamento de *habeas corpus* em que se discute a constitucionalidade, ou não, da vedação abstrata da liberdade provisória prevista no art. 44 da Lei 11.343/2006, bem como o excesso de prazo para o encerramento da instrução criminal. HC 104339/SP, rel. Min. Gilmar Mendes, 22.2.2011. (HC-104339) (Inform. STF 617)

HC: liberdade provisória e prejudicialidade

A 1ª Turma, por maioria, julgou prejudicado, em parte, *habeas corpus* em que se pleiteava a redução da pena no patamar máximo previsto no art. 33, § 4º, da Lei 11.343/2006, bem como a substituição da reprimenda por restritiva de direitos ou a concessão de *sursis*. Na espécie, o paciente fora condenado a pena inferior a 2 anos de reclusão. Inicialmente, ressaltou-se que, embora o paciente tivesse jus à substituição da pena corporal pela restritiva de direitos, ele estaria em liberdade condicional desde 4.2.2010, o que configuraria situação mais favorável do que a pretendida neste *writ*. Enfatizou-se que, agora, o cumprimento da reprimenda restritiva de direito, ainda que pelo prazo remanescente de eventual parte daquela corporal, afigurar-se-ia mais gravoso ao condenado. Em seguida, denegou-se a ordem quanto à análise da dosimetria. No ponto, reputou-se que o reexame seria vedado na via eleita, porquanto consistiria no revolvimento de prova. Ademais, observou-se que o tribunal de justiça estadual, ao proferir decisão mais favorável do que a sentença de 1º grau, reduzira a pena de maneira fundamentada, respeitara o princípio da individualização e atendera aos requisitos legais, fundando-se nas circunstâncias indicadas no art. 42 do referido diploma. Vencido o Min. Marco Aurélio que afastava o prejuízo da impetração e concedia a ordem para aplicar o art. 44 do CP, consubstanciado na Lei 11.343/2006. HC 102547/MG, rel. Min. Dias Toffoli, 15.2.2011. (HC-102547) (Inform. STF 616)

Lei 8.072/90 e regime inicial de cumprimento de pena - 1

A 2ª Turma concedeu *habeas corpus* para determinar ao juízo da execução que proceda ao exame da possibilidade de substituição da pena privativa de liberdade por restritiva de direitos ou, no caso de o paciente não preencher os requisitos, que modifique o regime de cumprimento da pena para o aberto. Na situação dos autos, o magistrado de primeiro grau condenara o paciente à pena de 1 ano e 8 meses de reclusão, a ser cumprida no regime inicialmente fechado, nos termos do art. 2º, § 1º, da Lei 8.072/90 (Lei dos Crimes Hediondos), com a redação dada pela Lei 11.464/2007 (*"Art. 2º Os crimes hediondos, a prática da tortura, o tráfico ilícito de entorpecentes e drogas afins e o terrorismo são insuscetíveis de: § 1º A pena por crime previsto neste artigo será cumprida inicialmente em regime fechado"*). Observou-se, em princípio, que o Supremo declarara, *incidenter tantum*, a inconstitucionalidade da antiga redação do art. 2º, § 1º, da Lei 8.072/90, em que se estabelecia o regime integralmente fechado para o cumprimento das penas por crimes previstos naquela norma. Consignou-se, ainda, que a nova redação do aludido dispositivo estaria sendo alvo de debates nas instâncias inferiores e que o STJ concluíra por sua inconstitucionalidade, ao fundamento de que, a despeito das modificações preconizadas pela Lei 11.464/2007, persistiria a ofensa ao princípio constitucional da individualização da pena e, também, da proporcionalidade. HC 105779/SP, rel. Min. Gilmar Mendes, 8.2.2011. (HC-105779)

Lei 8.072/90 e regime inicial de cumprimento de pena - 2

Em seguida, considerou-se que deveria ser superado o disposto na Lei dos Crimes Hediondos quanto à obrigatoriedade do início de cumprimento de pena no regime fechado, porquanto o paciente preencheria os requisitos previstos no art. 33, § 2º, c, do CP. Aduziu-se, para tanto, que a decisão formalizada pelo magistrado de primeiro grau: 1) assentara a não reincidência do condenado e a ausência de circunstâncias a ele desfavoráveis; 2) reconhecera a sua primariedade; e 3) aplicara reprimenda inferior a 4 anos. No que concerne ao pedido de substituição da pena por restritiva de direitos, registrou-se que o Plenário desta Corte declarara incidentalmente a inconstitucionalidade da expressão *"vedada a conversão em penas restritivas de direitos"*, constante do § 4º do art. 33 da Lei 11.343/2006, e da expressão *"vedada a conversão de suas penas em restritivas de direitos"*, contida no referido art. 44 do mesmo diploma legal. Alguns precedentes citados: HC 82959/SP (DJU de 1º.9.2006); HC 97256/RS (DJe de 16.12.2010). HC 105779/SP, rel. Min. Gilmar Mendes, 8.2.2011. (HC-105779) (Inform. STF 615)

Liberdade Provisória e Tráfico de Drogas - 1

O Tribunal iniciou julgamento de dois *habeas corpus*, afetados ao Pleno pela 2ª Turma, nos quais se questiona a proibição de liberdade provisória, prevista no art. 44 da Lei 11.343/2006, a presos em flagrante por tráfico ilícito de entorpecentes — v. Informativo 598. Inicialmente, o Tribunal resolveu questão de ordem suscitada pelo Min. Joaquim Barbosa no sentido de lhe designar a relatoria dos feitos. Aduziu-se que o Min. Eros Grau, relator originário dos *writs*, após proferir seu voto pela concessão da ordem, aposentara-se na pendência de pedido de vista, em que deliberada a remessa ao Plenário, considerada a argüição de inconstitucionalidade do referido art. 44 da Lei 11.343/2006. Tendo em conta a falta de regra regimental específica a incidir sobre o caso, reputou-se que deveria ser aplicado, analogicamente, o art. 38, IV, b e c, do RISTF (*"Art. 38 - O Relator é substituído: ... IV - em caso de aposentadoria, renúncia ou morte: ...b) pelo Ministro que tiver proferido o primeiro voto vencedor, acompanhando o do Relator, para lavrar ou assinar os acórdãos dos julgamentos anteriores à abertura da vaga; c) pela mesma forma da letra 'b' deste inciso, e, enquanto não empossado o novo Ministro, para assinar carta de sentença e admitir recurso."*). Consignou-se que, retomado o julgamento depois da aposentadoria do relator e não havendo Ministro nomeado para a sua vaga, a relatoria do feito passaria para o Ministro que proferisse o 1º voto acompanhando o relator originário até a decisão final do órgão colegiado. Observou-se que, na espécie, o Min. Joaquim Barbosa apresentara voto-vista na mesma linha do Min. Eros Grau antes da submissão do feito ao Plenário. HC 92687/MG, rel. Min. Eros Grau, 9.9.2010. (HC-92687) HC 100949/SP, rel. Min. Eros Grau, 9.9.2010. (HC-100949)

Liberdade Provisória e Tráfico de Drogas - 2
Em seguida, o Min. Marco Aurélio formulou nova questão de ordem para que não fosse computado o voto prolatado pelo Min. Eros Grau na sessão de julgamento da 2ª Turma, no que acompanhado pelos Ministros Cármen Lúcia, Ayres Britto e Celso de Mello. Entenderam os aludidos Ministros que, com o deslocamento, ter-se-ia o início de apreciação pelo Plenário de forma completa: com apresentação de novo relatório, sustentação oral e prolação de novo voto pelo relator. Salientaram que a deliberação pelo envio ao Pleno superaria os votos proferidos no âmbito das turmas, não podendo haver "regime híbrido de votação". No ponto, destacaram que, reiniciado o julgamento, não se poderia mais computar nenhum dos votos proferidos no órgão fracionário, considerado o princípio da concentração dos votos no órgão colegiado de que será emanada a decisão final, sob pena de se contar com um voto ficto proferido no Plenário. Assinalaram cuidar-se de regra de competência, a qual não aceitaria concessões. Ponderaram, ainda, que, presente o sucessor do Min. Eros Grau, caberia a ele votar e suceder aquele na própria relatoria dos *habeas*. Em divergência, os Ministros Joaquim Barbosa, Dias Toffoli, Gilmar Mendes e Cezar Peluso, Presidente, admitiram o aproveitamento daquele voto. Ao enfatizar a peculiaridade da hipótese em apreço, asseveraram que o Tribunal poderia superar essas formalidades, haja vista que o sistema jurídico reverencia a liberdade como bem maior — depois da vida humana — e permite que qualquer tribunal, em qualquer circunstância e independentemente de formalidades, conceda ordem de ofício. Registraram que orientação diversa significaria uma interpretação contra a liberdade. Acrescentaram que os pacientes já possuiriam expectativa de direito relativamente ao voto que lhes fora favorável, que o tipo de processo e que o tema de fundo permitiriam essa solução para o caso, o qual seria heterodoxo. Após, o julgamento foi suspenso para aguardar os votos dos Ministros Ricardo Lewandowski e Ellen Gracie, ausentes nesta assentada. HC 92687/MG, rel. Min. Eros Grau, 9.9.2010. (HC-92687) HC 100949/SP, rel. Min. Eros Grau, 9.9.2010. (HC-100949)

Liberdade provisória e tráfico de drogas - 3
O Plenário retomou julgamento de dois *habeas corpus*, afetados pela 2ª Turma, nos quais se questiona a proibição de liberdade provisória, prevista no art. 44 da Lei 11.343/2006, a presos em flagrante por tráfico ilícito de entorpecentes — v. Informativos 598 e 599. Inicialmente, por maioria, acolheu-se questão de ordem suscitada pelo Min. Marco Aurélio no sentido de que não fosse admitido o cômputo do voto prolatado pelo Min. Eros Grau na sessão de julgamento da 2ª Turma. Vencidos os Ministros Joaquim Barbosa, relator, Dias Toffoli, Gilmar Mendes e Cezar Peluso, Presidente. No mérito, o relator deferiu o *writ*. Consignou, primeiro, que a decisão que denegara o pedido de liberdade provisória não encontraria respaldo em circunstância concreta ou nos requisitos cautelares do art. 312 do CPP. Ao revés, estaria amparada apenas na vedação legal abstrata à liberdade provisória contida no preceito questionado. Em seqüência, o Min. Joaquim Barbosa mencionou que o STF já decidira que nem mesmo a condenação em dois graus de jurisdição autorizaria a expedição de mandado de prisão, a qual dependeria do reconhecimento dos pressupostos cautelares pelo juiz ou do trânsito em julgado da sentença condenatória. Assim, se o Poder Judiciário não poderia, depois de ampla cognição e apreciação dos fatos e provas, determinar a custódia do condenado mesmo considerando que os recursos excepcionais têm efeito meramente devolutivo, com muito menos razão uma decisão sumária, como a da prisão em flagrante, poderia escapar à obrigatoriedade de fundamentação tendo em conta o caso concreto e os requisitos cautelares. Asseverou que a segregação de ofício ofenderia os direitos constitucionais de motivação das decisões judiciais, motivação esta que não poderia ser feita em abstrato, e de acesso ao Judiciário, haja vista que o art. 44 da Lei 11.343/2006 retiraria a possibilidade de examinar a existência de lesão ao direito do jurisdicionado, obrigando a Justiça a manter preso o acusado em situação de flagrante. Salientou, ademais, que este Tribunal já se manifestara contrariamente à prisão *ex lege*. HC 92687/MG, rel. Min. Joaquim Barbosa, 2.12.2010. (HC-92687) HC 100949/SP, rel. Min. Joaquim Barbosa, 2.12.2010. (HC-100949)

Liberdade provisória e tráfico de drogas - 4
Considerou que a proibição de fiança estabelecida na norma constitucional não poderia ser confundida com vedação à liberdade provisória, porquanto seriam institutos diversos. Aquela seria fixada independentemente da apreciação dos pressupostos cautelares (CPP, art. 322) e, no caso dos crimes hediondos, a própria Constituição impediria que a autoridade policial e o juiz a arbitrassem. Dessa forma, dispensável a previsão legal acerca da fiança. Enfatizou que a Constituição não estabeleceria a impossibilidade de concessão da liberdade provisória aos presos em flagrante por crimes hediondos, visto que as hipóteses de liberdade provisória não se restringiriam às de crimes afiançáveis. Concluiu que a prisão em flagrante no processo penal brasileiro, seja o crime afiançável ou não, estaria condicionada, para sua manutenção, à presença dos requisitos cautelares previstos no art. 312 do CPP. Com isso, o juízo competente teria sempre o dever de demonstrar no caso concreto a necessidade de manter o acusado preso durante o processo

(CPP, art. 312). Após o voto do Min. Dias Toffoli que, ao seguir o relator, declarou a inconstitucionalidade do art. 44 da Lei 11.343/2006 na parte em veda a liberdade provisória aos crimes previstos *"nos arts. 33, caput e § 1º, e 34 a 37 desta Lei"* para tornar definitiva a liberdade dos pacientes, pediu vista a Min. Cármen Lúcia. HC 92687/MG e HC 100949/SP, rel. Min. Joaquim Barbosa, 2.12.2010. (HC-92687)

Liberdade provisória e tráfico de drogas - 5
O Plenário retomou julgamento conjunto de dois *habeas corpus*, afetados pela 2ª Turma, nos quais questionada a proibição de liberdade provisória, prevista no art. 44 da Lei 11.343/2006, a presos em flagrante por tráfico ilícito de entorpecentes — v. Informativos 599 e 611. Em voto-vista, a Min. Cármen Lúcia não conheceu do HC 92687/DF. Destacou que, de acordo com informações prestadas em data anterior à impetração do *writ* nesta Corte, o juízo de origem deferira a liberdade provisória, desclassificando o crime de tráfico para o de posse, e que, portanto, não haveria objeto. Reajustaram seus votos pelo não conhecimento os Ministros relator e Dias Toffoli. No que se refere ao HC 100949/SP, após manifestação da Min. Cármen Lúcia esclarecendo que, na espécie, o acórdão recorrido não teria em nenhum momento tratado da Lei 11.343/2006, mas fundamentado a custódia cautelar no art. 312 do CPP, o Min. Joaquim Barbosa indicou adiamento. HC 92687/MG e HC 100949/SP, rel. Min. Joaquim Barbosa, 9.12.2010. (HC-92687) (Inform. STF 612)

Estrangeiro Não Residente e Substituição de Pena - 1
A Turma iniciou julgamento de *habeas corpus* em que se pleiteia a concessão da substituição da pena privativa de liberdade por restritiva de direitos a súdito estrangeiro, sem residência no Brasil, condenado — à pena de 4 anos de reclusão e a 50 dias-multa — pela prática do crime de tráfico de entorpecentes (Lei 6.368/76, art. 12, *caput*, c/c art. 18, I). O Min. Gilmar Mendes, relator, deferiu o *writ*. Consignou, de início, que o fato de o estrangeiro não possuir domicílio no território brasileiro não afastaria, por si só, o benefício da substituição da pena. Mencionou que há jurisprudência antiga desta Corte segundo a qual a residência seria apenas um ponto para aplicação espacial da Constituição. Não se trataria, pois, de critério que valorizasse a residência como elemento normativo em si mesmo. Assentou que a interpretação do art. 5º, *caput*, da CF não deveria ser literal, porque, de outra forma, os estrangeiros não residentes estariam alijados da titularidade de todos os direitos fundamentais. Ressaltou a existência de direitos assegurados a todos, independentemente da nacionalidade do indivíduo, porquanto considerados emanações necessárias do princípio da dignidade da pessoa humana. Alguns direitos, porém, seriam dirigidos ao indivíduo como cidadão, tendo em conta a situação peculiar que o ligaria à pátria. Assim, os direitos políticos pressuporiam exatamente a nacionalidade brasileira. Direitos sociais, como o direito ao trabalho, tenderiam a ser também não inclusivos dos ádvenas sem residência no país. Ademais, afirmou que seria no âmbito dos direitos chamados individuais que os direitos do estrangeiro não residente ganhariam maior significado. Nesse ponto, concluiu que o fato de o paciente não possuir domicílio no Brasil não legitimaria a adoção de tratamento distintivo e superou essa objeção. HC 94477/PR, rel. Min. Gilmar Mendes, 3.8.2010. (HC-94477) (Inform. STF 594)

Estrangeiro Não Residente e Substituição de Pena - 2
Em seguida, o relator verificou que o suposto fato delituoso ocorrera na vigência da Lei 6.368/76, o que, portanto, permitiria a aplicação do entendimento consagrado no STF, no sentido de que há possibilidade da substituição da pena privativa de liberdade por restritiva de direitos desde que o fato seja anterior à Lei 11.343/2006. Salientou que a Lei 9.714/98 — mediante a qual foi ampliado o rol de penas restritivas de direitos, no ordenamento jurídico brasileiro — não conteria norma específica que proibisse o benefício legal pretendido para os crimes hediondos, mas apenas restringiria tal possibilidade para os crimes que envolvessem violência ou grave ameaça à pessoa, como defluiria do art. 44, I, do CP (*"As penas restritivas de direitos são autônomas e substituem as privativas de liberdade, quando: . I – aplicada pena privativa de liberdade não superior a quatro anos e o crime não for cometido com violência ou grave ameaça à pessoa ou, qualquer que seja a pena aplicada, se o crime for culposo"*). Assim, concedeu a ordem para que, uma vez afastada a proibição da mencionada substituição, seja tal possibilidade aferida fundamentadamente pelo magistrado de 1º grau, segundo os requisitos do art. 44 do CP. Após, pediu vista dos autos a Min. Ellen Gracie. HC 94477/PR, rel. Min. Gilmar Mendes, 3.8.2010. (HC-94477) (Inform. STF 594)

Estrangeiro não residente e substituição de pena - 3
Em conclusão, a 2ª Turma concedeu a ordem para afastar o óbice da substituição da pena privativa de liberdade por restritiva de direito a estrangeiro não residente no país. Na espécie, a Min. Ellen Gracie pedira vista dos autos e, em virtude de sua aposentadoria, a defensoria pública requerera a solução da lide. Nesta assentada, o relator confirmou seu voto. Consignou, de início, que o fato de o estrangeiro não possuir domicílio no território brasileiro não afastaria, por si só, o benefício da substituição da pena. Mencionou haver jurisprudência antiga desta Corte segundo a qual

a residência seria apenas um ponto para aplicação espacial da Constituição. Não se trataria, pois, de critério que valorizasse a residência como elemento normativo em si mesmo. Assentou que a interpretação do art. 5º, *caput*, da CF não deveria ser literal, porque, de outra forma, os estrangeiros não residentes estariam alijados da titularidade de todos os direitos fundamentais. Ressaltou a existência de direitos assegurados a todos, independentemente da nacionalidade do indivíduo, porquanto considerados emanações necessárias do princípio da dignidade da pessoa humana. Alguns direitos, porém, seriam dirigidos ao indivíduo como cidadão, tendo em conta a situação peculiar que o ligaria à pátria. Assim, os direitos políticos pressuporiam exatamente a nacionalidade brasileira. HC 94477/PR, rel. Min. Gilmar Mendes, 6.9.2011. (HC-944477)

Estrangeiro não residente e substituição de pena - 4
Direitos sociais, como o direito ao trabalho, tenderiam a ser também não inclusivos dos ádvenas sem residência no país. Ademais, afirmou que seria no âmbito dos direitos chamados individuais que os direitos do estrangeiro não residente ganhariam maior significado. Nesse ponto, concluiu que o fato de o paciente não possuir domicílio no Brasil não legitimaria a adoção de tratamento distintivo e superou essa objeção. Em seguida, o relator verificou que o suposto fato delituoso ocorrera na vigência da Lei 6.368/76, o que, portanto, permitiria a aplicação do entendimento consagrado no STF, no sentido de ser possível a substituição da pena privativa de liberdade por restritiva de direitos desde que o fato fosse anterior à Lei 11.343/2006. Salientou que a Lei 9.714/98 — mediante a qual foi ampliado o rol de penas restritivas de direitos, no ordenamento jurídico brasileiro — não conteria norma específica que proibisse o benefício legal pretendido para os crimes hediondos, mas apenas restringiria essa possibilidade para os crimes que envolvessem violência ou grave ameaça à pessoa, como defluiria do art. 44, I, do CP (*"As penas restritivas de direitos são autônomas e substituem as privativas de liberdade, quando: I – aplicada pena privativa de liberdade não superior a quatro anos e o crime não for cometido com violência ou grave ameaça à pessoa ou, qualquer que seja a pena aplicada, se o crime for culposo"*) — v. Informativo 594. Por fim, o Colegiado determinou o retorno dos autos para que o juiz da execução penal decida sobre o preenchimento dos requisitos objetivos e subjetivos do art. 44 do CP. 94477/PR, rel. Min. Gilmar Mendes, 6.9.2011. (HC-944477) (Inform. STF 639)

Superior Tribunal de Justiça

TRÁFICO INTERESTADUAL. DROGAS. TRANSPORTE PÚBLICO.
Na espécie, o paciente foi abordado dentro de transporte coletivo, quando transportava 1.120 g de cocaína, no interior de sua bagagem pessoal. A pena foi fixada em oito anos e nove meses de reclusão, a ser inicialmente cumprida em regime fechado, e ao pagamento de 100 dias-multa, sendo que o tribunal *a quo* confirmou as causas de aumento de pena previstas no art. 40, III e V, da Lei n. 11.343/2006. No *writ*, o paciente alega a necessidade de efetiva transposição da fronteira para a caracterização do tráfico interestadual de drogas. Nesse contexto, a Turma denegou a ordem ao entendimento de que, para a incidência da causa de aumento prevista no art. 40, V, da Lei n. 11.343/2006, não é necessária a efetiva transposição da fronteira interestadual, bastando que fique evidenciado, pelos elementos de prova, que a droga transportada teria como destino localidade de outro estado da Federação. *In casu*, o paciente foi preso em flagrante em ônibus que fazia o trajeto de Corumbá-MS para Florianópolis-SC, trazendo consigo droga, e confessou, tanto em inquérito quanto em juízo, a intenção de transportá-la para a cidade localizada no Estado de Santa Catarina, local em que residia. Ressaltou-se que a referida causa de aumento de pena visou valorar o elevado grau de reprovabilidade da conduta daquele que busca fornecer droga para além dos limites do seu estado. Ademais, consignou-se que, o fato de a droga ter sido encontrada na mala do paciente localizada no interior de transporte coletivo (ônibus) mostrou-se suficiente para a caracterização da majorante prevista no art. 40, III, da mencionada lei. Precedentes citados do STF: HC 99.452-MS, DJe 8/10/2010; do STJ: HC 157.630-SP, DJe 13/12/2010; REsp 1.199.567-MS, DJe 28/6/2011; HC 100.644-MS, DJe 28/6/2011, e HC 184.419-MS, DJe 13/12/2010. **HC 109.724-MS, Rel. Min. Og Fernandes, julgado em 23/8/2011.** (Inform. STJ 481)

TRÁFICO. DROGAS. TRANSPORTE PÚBLICO. MAJORANTE. ART. 40, III, DA LEI N. 11.343/2006.
Na espécie, a paciente foi surpreendida ao transportar seis quilos de maconha dentro de um ônibus intermunicipal. O tribunal *a quo* fixou a pena-base no mínimo legal e reconheceu a causa de aumento da pena prevista no art. 40, III, da Lei n. 11.343/2006, tornando-a definitiva em seis anos e oito meses de reclusão a ser inicialmente cumprida em regime fechado. A Turma denegou a ordem apoiada em remansosa jurisprudência, afirmando que a causa do aumento de pena do art. 40, III, da Lei 11.343/2006 incide quando o agente utiliza transporte público com grandes aglomerações de pessoas no intuito de passar despercebido, tornando a traficância mais fácil e ágil. Para a incidên-

cia da referida norma, basta o simples uso daquele tipo de transporte, independentemente da distribuição da droga naquele local, sendo irrelevante se o paciente ofereceu ou tentou disponibilizar a substância para outros passageiros. Precedentes citados: HC 116.051-MS, DJe 3/5/2010, e HC 119.635-MS, DJe 15/12/2009. **HC 199.417-MS, Rel. Min. Haroldo Rodrigues (Desembargador convocado do TJ-CE), julgado em 24/5/2011 (ver Informativo n. 472).** (Inform. STJ 474)

TRÁFICO. DROGAS. TRANSPORTE PÚBLICO.
A Turma reafirmou que, no delito de tráfico ilícito de drogas, a causa de aumento de pena do art. 40, III, da Lei n. 11.343/2006 incide pela simples utilização do transporte público na condução da substância entorpecente, sendo irrelevante se o agente a ofereceu ou tentou distribuí-la aos demais passageiros no local. Precedentes citados: HC 116.051-MS, DJe 3/5/2010, e HC 119.635-MS, DJe 15/12/2009. **HC 118.565-MS, Rel. Min. Haroldo Rodrigues (Desembargador convocado do TJ-CE), julgado em 10/5/2011.** (Inform. STJ 472)

TRÁFICO. PRESCRIÇÃO. ANSIOLÍTICO. ANORÉXICO.
O paciente firmou prescrição médica de medicamentos que continham ansiolíticos e anoréxicos, o que é proibido pelos arts. 47 e 48 da Portaria n. 344/1998 da Secretaria de Vigilância Sanitária do Ministério da Saúde. Destaca-se a peculiaridade de que não se prescreviam ambos os medicamentos na mesma receita, mas em separadas, daí a alegação de falta de justa causa para a ação penal. Nesse contexto, a Turma, ao prosseguir o julgamento, entendeu negar provimento ao recurso. O Min. Celso Limongi (Desembargador convocado do TJ-SP) destacou, em seu voto-vista, que, mesmo diante da peculiaridade, é certo que se tomavam os medicamentos em associação, o que poderia ocasionar a dependência química. Assim, concluiu que essa conduta deve ser analisada primeiramente pelas instâncias ordinárias, lembrando, também, que o crime de tráfico ilícito de drogas caracteriza-se como norma penal em branco, a depender de regulamentação administrativa. Por último, aduziu que a falta de apreensão das receitas não tem importância, visto que são devolvidas aos pacientes (art. 35, § 5º, da referida portaria) e que as notificações juntadas nos autos são "espelhos" das receitas. **RHC 26.915-SC, Rel. Min. Maria Thereza de Assis Moura, julgado em 5/5/2011.** (Inform. STJ 471)

TRÁFICO. ENTORPECENTES. CAUSAS. DIMINUIÇÃO. PENA.
Trata-se de *habeas corpus* em que se pretende o incremento da fração redutora prevista no art. 33, § 4º, da Lei n. 11.343/2006 sob a alegação de que o paciente preenche os requisitos legais. Pretende-se, ainda, a fixação do regime aberto e a substituição da pena privativa de liberdade por restritiva de direitos. A Turma, ao prosseguir o julgamento, denegou a ordem ao entendimento de que, na hipótese, justifica-se o percentual de 1/6 para a diminuição da pena por força do art. 33, § 4º, da Lei n. 11.343/2006, sendo perfeitamente possível a utilização da quantidade e da qualidade da droga, bem como da conduta social (o exercício da prática delitiva como meio de subsistência) para tal balizamento. Quanto ao regime prisional em que a reprimenda será inicialmente cumprida, esclareceu-se que os fatos que ensejaram a propositura da ação penal ocorreram em 21/1/2008, ou seja, após a vigência da Lei n. 11.464/2007, que, alterando a Lei n. 8.072/1990, impôs o regime fechado como o inicial para todos os condenados pela prática de tráfico ilícito de entorpecentes, independentemente do *quantum* de pena aplicado. Assim, consignou-se que, na espécie, o aresto hostilizado, ao eleger o regime prisional fechado para o início do cumprimento da pena imposta ao paciente, nada mais fez do que seguir expressa determinação legal (art. 2º, § 1º, da Lei n. 8.072/1990). Registrou-se, por fim, não possuir o paciente os requisitos necessários a fim de obter a concessão da substituição da pena por restritiva de direitos, visto que a pena aplicada foi superior a quatro anos. Precedentes citados: HC 134.249-SP, DJe 14/9/2009, e HC 122.106-SP, DJe 22/6/2009. **HC 175.907-ES, Rel. Min. Napoleão Nunes Maia Filho, julgado em 7/4/2011.** (Inform. STJ 468)

TRÁFICO. DROGAS. REGIME PRISIONAL.
A Turma denegou a ordem de *habeas corpus,* com ressalva do ponto de vista pessoal de alguns Ministros, firmando o entendimento de que o delito de tráfico de entorpecentes, por ser equiparado aos crimes hediondos segundo expressa disposição constitucional, sujeita-se ao tratamento dispensado a esses crimes. Ademais, com o advento da Lei n. 11.464/2007, que deu nova redação ao § 1º do art. 2º da Lei n. 8.072/1990 (crimes de tráfico), ficou estabelecida a obrigatoriedade do regime inicial fechado para os crimes ali previstos. Assim, o regime inicial fechado para o desconto das penas impostas por desrespeito ao art. 33 da Lei n. 11.343/2006, nos termos da alteração trazida pela Lei n. 11.464/2007, é imposição legal que independe da quantidade de sanção imposta e de eventuais condições pessoais favoráveis do réu. O Min. Relator ressaltou ainda que, no caso, o fato delituoso é posterior ao advento da nova redação do art. 2º da Lei dos Crimes Hediondos, já que foi praticado em 29/6/2008, e os pacientes foram condenados,

respectivamente, às penas de quatro anos, três meses e 20 dias de reclusão e quatro anos e dois meses de reclusão em regime inicialmente fechado pela prática do delito previsto no art. 33 da Lei n. 11.343/2006. Precedente citado: REsp 1.193.080-MG, DJe 16/11/2010. **HC 174.543-SP, Rel. Min. Gilson Dipp, julgado em 15/3/2011.** (Inform. STJ 466)

TRÁFICO. DROGAS. SUBSTITUIÇÃO. PENA.
A Turma concedeu a ordem para assegurar ao paciente a substituição da pena privativa de liberdade por pena restritiva de direitos, a ser implementada pelo juízo das execuções penais nos termos do art. 44 do CP. É cediço que a vedação da substituição da pena privativa de liberdade por pena restritiva de direitos constante do art. 44 da Lei n. 11.343/2006 aos apenados pela prática do crime de tráfico de drogas não subsiste após o Plenário do STF ter declarado incidentalmente a inconstitucionalidade dos termos desse art. 44 que vedavam tal benefício. Precedentes citados: HC 97.256-RS, DJe 15/5/2008, e HC 106.296-SP, DJe 2/8/2010. **HC 162.965-MG, Rel. Min. Laurita Vaz, julgado em 15/3/2011.** (Inform. STJ 466)

1.14. CRIMES CONTRA O MEIO AMBIENTE

Absolvição de pessoa física e condenação penal de pessoa jurídica
É possível a condenação de pessoa jurídica pela prática de crime ambiental, ainda que haja absolvição da pessoa física relativamente ao mesmo delito. Com base nesse entendimento, a 1ª Turma manteve decisão de turma recursal criminal que absolvera gerente administrativo financeiro, diante de sua falta de ingerência, da imputação da prática do crime de licenciamento de instalação de antena por pessoa jurídica sem autorização dos órgãos ambientais. Salientou-se que a conduta atribuída estaria contida no tipo penal previsto no art. 60 da Lei 9.605/98 (*"Construir, reformar, ampliar, instalar ou fazer funcionar, em qualquer parte do território nacional, estabelecimentos, obras ou serviços potencialmente poluidores, sem licença ou autorização dos órgãos ambientais competentes, ou contrariando as normas legais e regulamentares pertinentes: Pena - detenção, de um a seis meses, ou multa, ou ambas as penas cumulativamente"*). Reputou-se que a Constituição respaldaria a cisão da responsabilidade das pessoas física e jurídica para efeito penal (*"Art. 225. Todos têm direito ao meio ambiente ecologicamente equilibrado, bem de uso comum do povo e essencial à sadia qualidade de vida, impondo-se ao Poder Público e à coletividade o dever de defendê-lo e preservá-lo para as presentes e futuras gerações. ... § 3º - As condutas e atividades consideradas lesivas ao meio ambiente sujeitarão os infratores, pessoas físicas ou jurídicas, a sanções penais e administrativas, independentemente da obrigação de reparar os danos causados"*). RE 628582 AgR/RS rel. Min. Dias Toffoli, 6.9.2011. (RE-628582) (Inform. STF 639)

Superior Tribunal de Justiça

CRIME AMBIENTAL. SÍTIO ARQUEOLÓGICO.
Narra a denúncia que o paciente teria adquirido terreno no intuito de iniciar uma incorporação imobiliária, tendo, posteriormente, descoberto que o terreno era protegido por registro, pois se tratava de um sítio arqueológico (art. 27 da Lei n. 3.924/1961). Diante da falta de recursos, vendeu o imóvel a uma incorporadora, também do ramo da construção civil, omitindo, para tanto, a informação sobre a existência do sítio arqueológico, além de ter fornecido aos adquirentes projeto de empreendimento imobiliário que, depois de implementado, resultou na destruição da área ambientalmente protegida, sendo denunciado como incurso nas sanções do art. 62, I, da Lei n. 9.605/1998. O Min. Relator asseverou que tal conduta não é suficiente para configurar o referido crime, que pressupõe a prática de uma das três ações descritas no tipo penal, quais sejam: destruir, inutilizar ou deteriorar bem especialmente protegido por lei, ato administrativo ou decisão judicial. Mesmo que se pudesse considerar o comportamento omisso do paciente como a caracterizar o delito ambiental analisado, há que ter presente que sua conduta foi irrelevante para a consecução do resultado. A conduta de não comunicar aos novos proprietários a existência de área de proteção ambiental poderia, em tese, configurar crime omissivo impróprio ou comissivo por omissão, no qual o agente só pode ser punido se ostentar posição de garante, conforme dispõe o art. 13, § 2º, do CP. Contudo, no caso, o paciente não tinha por lei obrigação de cuidado, proteção ou vigilância, tampouco assumiu a responsabilidade de impedir o resultado, de modo que só poderia ser incriminado se, com seu comportamento, houvesse criado o risco da ocorrência da lesão. Daí, a Turma concedeu a ordem para trancar a ação penal. **HC 134.409-SP, Rel. Min. Jorge Mussi, julgado em 16/8/2011.** (Inform. STJ 481)

1.15. CRIMES CONTRA A ORDEM TRIBUTÁRIA, A ORDEM ECONÔMICA E CONTRA O SISTEMA FINANCEIRO NACIONAL

Inquérito e lavagem de capitais - 1
Por vislumbrar prova da materialidade e indícios suficientes de autoria, o Plenário, em votação majoritária, recebeu, em parte, denúncia oferecida pelo Ministério Público Federal contra deputado federal e outras 8 pessoas acusadas da suposta prática dos delitos de lavagem de dinheiro (Lei 9.613/98, art. 1º, V e § 1º, II e § 4º) e de formação de quadrilha ou bando (CP, art. 288), rejeitando-a, no que concerne a este último delito, somente quanto ao parlamentar e sua mulher. No caso, a peça acusatória narrara o envolvimento de 11 pessoas — o parlamentar, sua esposa, seus 4 filhos, nora e genro, casal de doleiros e consultor financeiro naturalizado suíço — em pretensa ocultação e dissimulação da origem, da natureza e da propriedade de valores provenientes de delitos de corrupção passiva, alegadamente cometidos pelo parlamentar e seu filho, em virtude da condição de agente político do primeiro, prefeito à época dos fatos. Descrevera a inicial que, para a ocultação desses recursos financeiros, os denunciados se utilizariam de diversas contas bancárias — mantidas em instituições financeiras localizadas na Europa e nos Estados Unidos —, cujos titulares seriam empresas e fundos de investimentos *offshore*, de propriedade da família do parlamentar, o que caracterizaria organização criminosa voltada para a lavagem de capitais. Inq 2471/SP, rel. Min. Ricardo Lewandowski, 29.9.2011. (Inq-2471)

Inquérito e lavagem de capitais - 2
Constaria, ainda, a referência ao retorno desse numerário ao Brasil por meio da compra de títulos denominados ADR's (*American Depositary Receipts*) de determinada empresa, pertencente à família do deputado federal, com o intuito de dissimular a origem dos valores. A denúncia fora inicialmente ofertada perante a justiça federal, sendo remetida ao Supremo ante a diplomação do acusado. Diante disso, a Procuradoria-Geral da República, ao ratificar a exordial, aditara-a para modificar período relativo ao 5º conjunto de fatos nela descritos, bem como requerera o desmembramento do feito, de modo que a tramitação nesta Corte ocorresse apenas em relação ao detentor de prerrogativa de foro. Na ocasião, o Colegiado mantivera decisão do Min. Ricardo Lewandowski, relator, que, por não entrever a participação direta do parlamentar nos conjuntos fáticos de números 5 a 8, encaminhara à origem os tópicos desmembrados — aqui incluído o casal de doleiros. Inq 2471/SP, rel. Min. Ricardo Lewandowski, 29.9.2011. (Inq-2471)

Inquérito e lavagem de capitais - 3
De início, rejeitou-se a preliminar de inépcia de denúncia genérica ao fundamento de que, em se tratando de atuação coletiva de agentes, cujos crimes teriam sido praticados por meio da colaboração de várias pessoas físicas e jurídicas, não seria razoável exigir-se, nesta fase processual, que o Ministério Público descrevesse de forma minuciosa os atos atribuídos a cada um dos denunciados, sob pena de adentrar-se em inextrincável cipoal fático. Além disso, as condutas dos agentes estariam de tal modo interligadas, a permitir sua análise sob um mesmo *modus operandi*. De igual modo, superou-se a alegação de que a exordial referir-se-ia a documentos que não constariam dos autos. Assinalou-se que o *parquet* posteriormente juntara novos documentos e mídia eletrônica, oportunidade em que os acusados puderam se manifestar. Repeliu-se, também, a assertiva de que o delito de lavagem constituiria mero exaurimento do crime antecedente de corrupção passiva. Aduziu-se que a Lei 9.613/98 não excluiria a possibilidade de que o ilícito penal antecedente e a lavagem de capitais subseqüente tivessem a mesma autoria, sendo aquele independente em relação a esta. Rechaçou-se a pretensa litispendência ou o risco de dupla penalização no que se refere a outra ação penal em curso no STF contra o parlamentar e seu filho, pois os delitos seriam diversos. Inq 2471/SP, rel. Min. Ricardo Lewandowski, 29.9.2011. (Inq-2471)

Inquérito e lavagem de capitais - 4
Ante a natureza permanente da lavagem de capitais, afastou-se o argumento de ofensa ao princípio vedatório de retroação da lei penal em prejuízo do réu. Sustentava a defesa que a peça ministerial imputaria aos denunciados fatos ocorridos antes da entrada em vigor da Lei 9.613/98. Consignou-se que, embora as transferências ilícitas de recursos para o exterior tivessem ocorrido antes de 4 de março de 1998, enquanto os valores correspondentes não viessem a ser legalmente repatriados ou remanescessem ocultos no exterior, o crime de lavagem de capitais continuaria sendo perpetrado. Os Ministros Dias Toffoli e Gilmar Mendes fizeram a reserva de não se comprometerem com a tese, vindo a apreciá-la na ação penal. Nesse contexto, explicitou-se que o marco inicial da prescrição seria computado a partir do momento em que descoberto o delito, ou seja, quando o que estivesse oculto viesse a lume. No ponto, o Presidente somou-se ao Ministro Dias Toffoli para ressalvar seu entendimento quanto ao tema da prescrição. Em passo seguinte, considerou-se que os documentos oriundos da quebra de sigilo bancário dos acusados, enviados por governos estrangeiros às autoridades brasileiras, seriam hábeis para embasar a denúncia. Ademais, o Plenário, ao julgar outra ação penal ajuizada contra o parlamentar, autorizara utilização das provas em outros processos. Mencionou-se que toda a documentação que instruíra os autos fora colhida de modo lícito, com observância das garantias constitucionais dos denunciados. Inq 2471/SP, rel. Min. Ricardo Lewandowski, 29.9.2011. (Inq-2471)

Inquérito e lavagem de capitais - 5
Frisou-se não ser indispensável haver perfeita correspondência entre os valores tidos pela acusação como oriundos do crime de corrupção passiva e os movimentados, posteriormente, nas contas correntes mantidas no exterior pela família do deputado federal. Refutou-se, ainda, a alusão de dependência das regras descritas no § 1º em relação ao *caput* e aos incisos do art. 1º da Lei 9.613/98. Entendeu-se que essas seriam autônomas e subsidiárias, de modo a não haver impedimento para que os acusados, em mesma ação penal, respondessem separada e subsidiariamente por ações enquadradas em cada um dos preceitos, desde que existente prova da materialidade e indícios suficientes de autoria. Ressaltou-se que para a caracterização do delito de lavagem de capitais bastaria o cometimento de atos que objetivassem a ocultação patrimonial, sendo irrelevante o local em que operada a camuflagem, dado que em jogo crime de natureza transnacional. No que se refere ao consultor financeiro, enfatizou-se que, não obstante a carta rogatória expedida para a Suíça — com o objetivo de intimá-lo para fins de apresentação de defesa preliminar — não tivesse sido formalmente cumprida, sua finalidade fora atingida, haja vista que ele constituíra advogado para representá-lo neste inquérito, o qual tivera amplo acesso aos autos e demonstrara conhecimento inequívoco sobre os elementos componentes dos autos. Inq 2471/SP, rel. Min. Ricardo Lewandowski, 29.9.2011. (Inq-2471)

Inquérito e lavagem de capitais - 6
Por fim, resolveu-se questão de ordem suscitada da tribuna no sentido de que o 5º conjunto fático retornasse ao STF, uma vez que o mencionado aditamento, além de alterar o intervalo em que supostamente perpetradas as condutas, teria incluído nova imputação ao parlamentar. A defesa, durante o julgamento, informou que tramitariam perante a 1ª instância duas ações penais, porquanto o juízo, ao receber o traslado, procedera à separação entre os agentes brasileiros e o residente suíço. Argüiu que o juízo acatara a inicial quanto aos nacionais e não se manifestara no que se refere ao estrangeiro. Por maioria, reputou-se que o Supremo deveria apreciar esse grupo de fatos apenas no tocante ao titular da prerrogativa de foro. O relator asseverou que não haveria prejuízo ao parlamentar, já que amplamente se manifestara em defesa preliminar — apresentada antes do desmembramento — e quando da juntada de documentos adicionais. Explicou que, naquela oportunidade, concluíra, com base em elementos precários de cognição, pela inexistência de relação direta com o parlamentar. Agora, após examinar o conjunto indiciário, considerou que o fatos estariam tão imbricados que o aditamento deveria ser acolhido. Ademais, afirmou que essas acusações estariam incluídas no 3º conjunto fático. O Min. Cezar Peluso, Presidente, acrescentou que a anterior decisão da Corte, relativa ao desmembramento, não teria configurado verdadeiro arquivamento. Vencidos os Ministros Dias Toffoli, Gilmar Mendes e Marco Aurélio, que não conheciam da questão de ordem. Este aduzia não ser possível rever o arquivamento que favorecera o deputado sem que surgissem dados fáticos novos. Além disso, tendo em conta o princípio da segurança jurídica, apontava que a decisão do Pleno não estaria submetida à condição resolutiva. O primeiro, por sua vez, observava que o Tribunal teria outrora acatado a separação do feito. Inq 2471/SP, rel. Min. Ricardo Lewandowski, 29.9.2011. (Inq-2471)

Inquérito e lavagem de capitais - 7
No mérito, a partir de farta documentação probatória, a exemplo de pareceres técnicos, verificou-se a existência de indícios substanciais de que o delito de corrupção passiva, pressuposto para o recebimento da denúncia por lavagem de dinheiro, teria ocorrido por intermédio de um sistema de desvios de verbas pagas pela prefeitura a construtoras. Aludiu-se a conjunto de empresas que, durante anos, teriam vendido serviços fictos àquela, mediante remuneração de 10%. Afirmou-se, também por depoimentos testemunhais, que parte das propinas seriam remetidas ao exterior, com o auxílio de doleiros, para contas da família do parlamentar, com movimentação de aproximadamente US$ 1 bilhão. Assinalou-se que a mera ocultação de capitais já poderia configurar, por si só, o crime de lavagem. Entretanto, enalteceu-se o trabalho pericial realizado pelo Ministério Público do Estado de São Paulo, em que retratado o caminho percorrido pelo dinheiro retirado do país. Destacou-se que a elementar subjetiva "servidor público" comunicar-se-ia ao filho do parlamentar, não havendo impedimento para que fosse processado por corrupção passiva em co-autoria. Inq 2471/SP, rel. Min. Ricardo Lewandowski, 29.9.2011. (Inq-2471)

Inquérito e lavagem de capitais - 8
Registrou-se que não haveria como deixar de considerar que cada transferência internacional representaria, em tese, ajuda à pulverização do capital ilícito, a caracterizar elo que daria continuidade ao processo de ocultação patrimonial. Aduziu-se que esse raciocínio alcançaria os demais acusados que, de alguma forma, manipularam ou foram beneficiados com os recursos. Realçaram-se as indicações, referências, comparações e conclusões do laudo elaborado pelo Ministério Público estadual seriam confirmadas por outro trabalho pericial efetivado por técnicos do Departamento de Recuperação de Ativos e Cooperação Jurídica Internacional, da Secretaria Nacional de Justiça, órgão vinculado ao Ministério da Justiça. Anotou-se que, em 11.5.2006, por intermédio de comunicação oficial desse ente, a acusação tomara ciência dos documentos oriundos de autoridade norte-americana. Razão pela qual, em face da permanência do delito, não se cogitaria de prescrição. Para evitar a ocorrência de *bis in idem*, julgou-se o pleito

ministerial improcedente quanto à imputação, em concurso material, de ocultação de recursos oriundos de crime praticado por organização criminosa (Lei 9.613/98, art. 1º, VII e § 4º). Correr-se-ia o risco de punir os acusados, duas vezes, por corrupção passiva, desta vez cometida por meio de organização criminosa. Inq 2471/SP, rel. Min. Ricardo Lewandowski, 29.9.2011. (Inq-2471)

Inquérito e lavagem de capitais - 9
Por outro lado, recebeu-se a denúncia quanto à formação de quadrilha ou bando (CP, art. 288). Entretanto, no que concerne ao parlamentar e à sua mulher, reconheceu-se a prescrição da pretensão punitiva, haja vista que ambos teriam mais de 70 anos de idade (CP, art. 115). Para o acolhimento da pretensão acusatória, levou-se em conta não só o fato de os denunciados integrarem a mesma família, mas também, consoante demonstrado para fins de cognição sumária e inaugural, a circunstância de serem sócios de várias pessoas jurídicas *offshore*, suspeitas de envolvimento na lavagem de capitais; transferirem recursos entre essas sociedades; e empregarem mecanismos societários complexos a dificultar a identificação de seus dirigentes. Ademais, conforme comprovado, essa associação objetivaria a prática de crimes. Advertiu-se inexistir empecilho para a exacerbação da pena, com base no § 4º do art. 1º da Lei 9.613/98, na hipótese de demonstração de que os crimes de lavagem de capital teriam sido perpetrados de modo habitual e reiterado. Vencido o Min. Marco Aurélio, que rejeitava a denúncia. Salientava que as práticas delituosas teriam ocorrido em 1998 e, em conseqüência, pronunciava a prescrição da pretensão punitiva quanto ao parlamentar. Esclarecia que o crime de lavagem se operaria com os atos e os fatos realizados, possuindo natureza instantânea. Determinava, por conseguinte, a baixa dos autos à justiça de primeiro grau relativamente aos demais envolvidos. Inq 2471/SP, rel. Min. Ricardo Lewandowski, 29.9.2011. (Inq-2471) (Inform. STF 642)

Crimes contra a Ordem Tributária e Quadrilha - 1
A Turma iniciou julgamento conjunto de três habeas corpus em que se pleiteia o trancamento de ações penais que imputam aos pacientes a suposta prática de crimes contra a ordem tributária e de formação de quadrilha. No caso, a denúncia noticia a existência de esquema criminoso na administração de entidade filantrópica utilizado com o objetivo de iludir a fiscalização tributária e desrespeitar as normas que regem as entidades fundacionais. O Ministério Público afirma que os denunciados teriam transformado a referida entidade filantrópica — sem observância dos mandamentos legais — em uma empresa controladora e administradora de outras pessoas jurídicas de cunho econômico, na medida em que possuíam a maioria do controle acionário dessas, quando não a exclusividade. Sustenta a impetração a inépcia da inicial acusatória e a falta de justa causa para as ações penais. No tocante aos delitos contra a ordem tributária, alega ausência de individualização da conduta atribuída aos pacientes, bem como de indicação precisa do modo como eles supostamente teriam omitido operações em documentos e livros contábeis. Assinala a defesa que a denúncia fora oferecida antes do término dos procedimentos administrativo-fiscais. Quanto à formação de quadrilha, argumenta que as demais acusações são meras reiterações das imputações feitas nas outras ações penais, o que configuraria flagrante bis in idem. **HC 92497/SP, rel. Min. Carlos Britto, 17.11.2009. (HC-92497) HC 92499/SP, rel. Min. Carlos Britto, 17.11.2009. (HC-92499) HC 92959/SP, rel. Min. Carlos Britto, 17.11.2009. (HC-92959)** (Inform. STF 568)

Crimes contra a Ordem Tributária e Quadrilha - 2
Inicialmente, procedeu-se à análise do habeas corpus que teria antecedido as demais imputações de formação de quadrilha. O Min. Carlos Britto, relator, indeferiu o writ. Ressaltou que para cada infração tributária fora atribuído aos pacientes o cometimento do aludido crime e que a denúncia, ao contrário do que afirmado pela impetração, não atribuiria responsabilidade penal aos pacientes pelo fato exclusivo da administração de pessoas jurídicas. Enfatizou que a exordial se basearia numa série de elementos concretos e indicativos da existência de uma associação criminosa para a prática de crimes tributários, o que viabilizaria o prosseguimento da ação penal. Assinalou que, em que pese entenda correta a tese de que o crime de formação de quadrilha não se configura como decorrência pura e simples do fato de sócios gerenciarem uma pessoa jurídica envolvida em crimes tributários, não seria o caso de aplicá-la ao processo penal objeto do presente habeas corpus, isso porque, na espécie, haveria elementos concretos, de natureza indiciária, viabilizando o prosseguimento da ação penal. Esclareceu que o fato em si de se reunirem pessoas numa sociedade comercial, com o objetivo de praticar atos empresariais lícitos, não configuraria a formação de quadrilha, na eventualidade de prática de crimes contra a ordem tributária. Destacou, porém, que não menos certo poderia haver a associação de pessoas para praticar atos empresariais lícitos e, paralelamente, cometer crimes contra a ordem tributária. Observou ser este o núcleo da denúncia, cumprindo examinar, ao longo da instrução criminal, se os indícios até agora existentes se confirmariam com mais nitidez. **HC 92497/SP, rel. Min. Carlos Britto, 17.11.2009. (HC-92497) HC 92499/SP, rel. Min. Carlos Britto, 17.11.2009. (HC-92499) HC 92959/SP, rel. Min. Carlos Britto, 17.11.2009. (HC-92959)** (Inform. STF 568)

Crimes contra a Ordem Tributária e Quadrilha - 3
Em divergência, o Min. Marco Aurélio concedeu a ordem, no que foi acompanhado pelo Min. Dias Toffoli. Considerou que os indícios apontados para se chegar à pretensão punitiva quanto ao crime de quadrilha não seriam idôneos. Afirmou ver com reserva denúncias com esta junção — qual seja, a imputação de crime fiscal e de crime de quadrilha —, na medida em que não poderia imaginar que alguém constituiria uma sociedade simplesmente para sonegar, mormente pessoas que têm ficha ilibada. Mencionou que não se poderia partir do pressuposto de que se abriria uma empresa, se formalizaria uma pessoa jurídica, se criaria uma fundação, para a prática de crimes. Para ele, não se poderia aí presumir — por essa criação — o dolo específico do delito de formação de quadrilha. Destacou estar preocupado com o que vem se tornando regra ultimamente, ou seja, o parquet denunciar pelo crime de sonegação e a partir da reunião de pessoas num corpo societário lançar, também, a imputação por quadrilha. Ressaltou, no ponto, que a denúncia teria de reunir dados e indícios para se chegar a tal conclusão. Após, pediu vista, quanto a este writ, a Min. Cármen Lúcia. **HC 92497/SP, rel. Min. Carlos Britto, 17.11.2009. (HC-92497) HC 92499/SP, rel. Min. Carlos Britto, 17.11.2009. (HC-92499) HC 92959/SP, rel. Min. Carlos Britto, 17.11.2009. (HC-92959)** (Inform. STF 568)

Crimes contra a Ordem Tributária Quadrilha - 4
Relativamente ao habeas corpus que cuidava apenas do crime de formação de quadrilha, a Turma o deferiu para determinar o trancamento da ação penal, ante a evidente ocorrência de bis in idem. Assinalou que esta denúncia seria simples transcrição literal daquela ação penal anteriormente ajuizada. Quanto ao habeas corpus restante, concedeu-se, em parte, a ordem para determinar o trancamento da ação penal exclusivamente em relação ao crime de quadrilha. Determinou-se, contudo, o prosseguimento em relação ao crime de sonegação fiscal. Observou-se que a jurisprudência do STF é firme em considerar excepcional o trancamento da ação penal pela via processualmente estreita do habeas corpus, que somente autorizaria o encerramento prematuro do processo-crime quando de logo avultasse ilegalidade ou abuso de poder. Acentuou-se que houvera, sim, a devida particularização das condutas ilícitas supostamente protagonizadas pelos pacientes, pelo que não seria possível reconhecer a inépcia da denúncia, sendo descabido o nível de detalhamento requerido pelos impetrantes. Enfatizou-se, por outro lado, que se colheria dos autos que a denúncia fora apresentada de modo a permitir o mais amplo exercício do direito de defesa dos pacientes, logo não sendo fruto de um arbitrário exercício do poder-dever de promover a ação penal pública. Rememorou-se orientação da Corte no sentido de que, nos crimes societários ou de gabinete, não se aceitaria uma denúncia de todo genérica, mas se admitiria uma denúncia um tanto ou quanto genérica, dada a evidente dificuldade de individualização de condutas que no mais das vezes são concebidas e perpetradas a portas fechadas. Averbou-se, ademais, que os pacientes não se desincumbiram do seu dever processual de comprovar, nos autos, a suposta pendência administrativa dos débitos tributários objeto da denúncia.**HC 92497/SP, rel. Min. Carlos Britto, 17.11.2009. (HC-92497)HC 92499/SP, rel. Min. Carlos Britto, 17.11.2009. (HC-92499)HC 92959/SP, rel. Min. Carlos Britto, 17.11.2009. (HC-92959)** (Inform. STF 568)

Crimes contra a ordem tributária e quadrilha - 5
Em conclusão, por maioria, a 1ª Turma concedeu *habeas corpus* para determinar o trancamento de ação penal quanto à imputação aos pacientes da suposta prática do delito de formação de quadrilha (CP, art. 288) para consecução de crimes contra a ordem tributária — v. Informativo 568. Prevaleceu o voto do Min. Marco Aurélio. Considerou que os indícios apontados para se chegar à pretensão punitiva quanto ao crime de quadrilha não seriam idôneos. Afirmou ver com reserva denúncias que contivessem convergência de imputação de crime fiscal e de crime de quadrilha, na medida em que não poderia imaginar que alguém constituiria uma sociedade simplesmente para sonegar, mormente pessoas que possuíssem ficha ilibada. Mencionou que não se poderia partir do pressuposto de que se formalizaria uma pessoa jurídica para a prática de crimes. Assim, não se presumiria — por essa criação — o dolo específico do delito de formação de quadrilha. Destacou sua preocupação com a prática do *parquet* de denunciar pelo crime de sonegação e, a partir da reunião de pessoas num corpo societário, lançar, também, a imputação por formação de quadrilha. Ressaltou, no ponto, que a inicial acusatória teria de reunir dados e indícios para se chegar a essa conclusão. A Min. Cármen Lúcia, ao acrescentar que, de fato, a descrição dos comportamentos dos pacientes não tornaria factíveis ou óbvios os indícios mínimos de autoria e materialidade delitivas para a prática do crime em questão. Vencido o Min. Ayres Britto, relator, que denegava a ordem. Assinalava que, conquanto entendesse correta a tese de que o crime de formação de quadrilha não se configuraria como decorrência pura e simples do fato de sócios gerenciarem uma pessoa jurídica envolvida em crimes tributários, não seria o caso de aplicá-lo ao caso. Destacava que poderia haver a associação de pessoas para praticar atos empresariais lícitos e, paralelamente, cometer crimes contra a ordem tributária. Observava ser este o núcleo da denúncia, cumprindo examinar, ao longo da instrução criminal, se os indícios se confirmariam com mais nitidez. **HC 92499/SP, rel. orig. Min. Ayres Britto, red. p/ o acórdão Min. Marco Aurélio, 18.10.2011.** (HC-92499) (Inform. STF 645)

Crime tributário e oferecimento de denúncia antes da constituição definitiva do crédito tributário - 1
A 1ª Turma, por maioria, denegou *habeas corpus* em que se pleiteava o trancamento de ação penal, ante a ausência de constituição definitiva do crédito tributário à época em que recebida a denúncia, por estar pendente de conclusão o procedimento administrativo-fiscal. Assentou-se que a Lei 8.137/90 não exigiria, para a configuração da prática criminosa, a necessidade de esgotar-se a via administrativa, condição imposta pela Constituição somente à justiça desportiva e ao processo referente ao dissídio coletivo, de competência da justiça do trabalho. Consignou-se que seria construção pretoriana a necessidade de exaurimento do processo administrativo-fiscal para ter-se a persecução criminal e que o Ministério Público imputara a prática criminosa concernente à omissão de informações em declarações do imposto de renda com base em auto de infração que resultara em crédito tributário. Portanto, descaberia potencializar a construção jurisprudencial a ponto de chegar-se, uma vez prolatada sentença condenatória — confirmada em âmbito recursal e transitada em julgado — ao alijamento respectivo, assentando a falta de justa causa. HC 108037/ES, rel. Min. Marco Aurélio, 29.11.2011. (HC-108037)

Crime tributário e oferecimento de denúncia antes da constituição definitiva do crédito tributário - 2
O Min. Luiz Fux acrescentou que no curso da ação penal houvera a constituição definitiva do crédito tributário. Assim, aplicável o art. 462 do CPC ("*Se, depois da propositura da ação, algum fato constitutivo, modificativo ou extintivo do direito influir no julgamento da lide, caberá ao juiz tomá-lo em consideração, de ofício ou a requerimento da parte, no momento de proferir a sentença*"). Vencido o Min. Dias Toffoli, que concedia a ordem e aplicava a Súmula Vinculante 24 ("*Não se tipifica crime material contra a ordem tributária, previsto no art. 1º, incisos I a IV, da Lei nº 8.137/90, antes do lançamento definitivo do tributo*"), em razão de a denúncia ter sido apresentada e recebida antes desse momento do processo administrativo. HC 108037/ES, rel. Min. Marco Aurélio, 29.11.2011. (HC-108037) (Inform. STF 650)

Crime contra a ordem tributária e tipicidade
Ao aplicar a Súmula Vinculante 24 ("*Não se tipifica crime material contra a ordem tributária, previsto no art. 1º, incisos I a IV, da Lei nº 8.137/90, antes do lançamento definitivo do tributo*"), a 2ª Turma deferiu *habeas corpus* para determinar, por ausência de justa causa, o trancamento de ação penal deflagrada durante pendência de recurso administrativo fiscal do contribuinte. Entendeu-se que, conquanto a denúncia tenha sido aditada após a inclusão do tributo na dívida ativa, inclusive com nova citação dos acusados, o vício processual não seria passível de convalidação, visto que a inicial acusatória fundara-se em fato destituído, à época, de tipicidade penal. Precedente citado: HC 81611/DF (DJU de 13.5.2005). HC 100333/SP, rel. Min. Ayres Britto, 21.6.2011. (HC-100333) (Inform. STF 632)

Crime contra a Ordem Tributária e Pendência de Lançamento Definitivo do Crédito Tributário
A Turma iniciou julgamento de habeas corpus em que acusado da suposta prática dos crimes de formação de quadrilha armada, lavagem de dinheiro, crime contra a ordem tributária e falsidade ideológica pleiteia o trancamento da ação penal contra ele instaurada ao fundamento de inépcia da denúncia e de ausência de justa causa para a persecução criminal, por imputar-se ao paciente fato atípico, dado que o suposto crédito tributário ainda penderia de lançamento definitivo. Sustenta a impetração que os débitos fiscais foram devidamente declarados, em que pese não tenham sido pagos, o que revelaria inadimplência e não tentativa de falsear ou omitir dados ao Fisco. Argumenta que o delito descrito no art. 1º da Lei 8.137/90 ("Constitui crime contra a ordem tributária suprimir ou reduzir tributo, ou contribuição social e qualquer acessório, mediante as seguintes condutas:") teria a fraude como elemento nuclear do tipo e, verificado que não ocorrera fraude e sim ausência de satisfação da obrigação tributária, não estaria configurado crime tributário. Nesse sentido, alega que, não se evidenciando a presença do núcleo do tipo, descaberia falar-se em conduta delituosa e, conseqüentemente, a denúncia seria inepta, decorrendo, então, a ausência de justa causa para a ação penal. O Min. Marco Aurélio, relator, indeferiu a ordem. Frisou que tanto a suspensão de ação penal quanto o trancamento surgiriam com excepcionalidade maior. Considerou que a denúncia não estaria a inviabilizar a defesa. Reputou, por outro lado, que o caso versaria não a simples sonegação de tributos, mas a existência de organização, em diversos patamares, visando à prática de delitos, entre os quais os de sonegação fiscal, falsidade ideológica, lavagem de dinheiro, ocultação de bens e capitais, corrupção ativa e passiva, com frustração de direitos trabalhistas. Concluiu não se poder reputar impróprio o curso da ação penal, não cabendo exigir o término de possível processo administrativo fiscal. Após, pediu vista dos autos o Min. Dias Toffoli.HC 96324/SP, rel. Min. Marco Aurélio, 13.4.2010. (HC-96324) (Inform. STF 582)

Crime contra a ordem tributária e pendência de lançamento definitivo do crédito tributário - 2
A 1ª Turma retomou julgamento de *habeas corpus* em que acusado da suposta prática dos crimes de formação de quadrilha armada, lavagem de dinheiro, crime contra a ordem tributária e falsidade ideológica pleiteia o trancamento da ação penal contra ele instaurada. Sustenta a impetração a inépcia da denúncia e a ausência de justa causa para a persecução criminal, por imputar-se ao paciente fato atípico, dado que o suposto crédito tributário ainda penderia de lançamento definitivo — v. Informativo 582. O Min. Dias Toffoli concedeu a ordem para trancar, por ausência de justa causa, a ação penal instaurada contra o paciente pelo crime previsto no art. 1º, II, da Lei 8.137/90. Determinou, ainda, o prosseguimento da ação quanto às demais apurações ainda pendentes de julgamento. Ressaltou inexistir a constituição definitiva do crédito tributário, o que impediria o Ministério Público de iniciar a persecução penal. Aduziu que o *parquet* e o Poder Judiciário não teriam competência para a apuração do referido crédito, pois tal ato seria exclusivo da Administração Tributária. Afirmou que, mesmo que o devedor seja condenado criminalmente e com trânsito em julgado, a lei permitiria o pagamento do débito com a extinção da punibilidade e que, no caso, isso não seria possível diante da ausência da constituição definitiva da obrigação tributária. Concluiu pela atipicidade da conduta de sonegação fiscal imputada ao paciente. Após, pediu vista dos autos o Min. Luiz Fux. HC 96324/SP, rel. Min. Marco Aurélio, 29.3.2011. (HC-96324) (Inform. STF 621)

Crime contra a ordem tributária e pendência de lançamento definitivo do crédito tributário - 3
A 1ª Turma retomou julgamento de *habeas corpus* em que acusado da suposta prática dos crimes de formação de quadrilha armada, lavagem de dinheiro, crime contra a ordem tributária e falsidade ideológica pleiteia o trancamento da ação penal contra ele instaurada ao argumento de inépcia da denúncia e de ausência de justa causa para a persecução criminal, por imputar-se ao paciente fato atípico, dado que o suposto crédito tributário ainda penderia de lançamento definitivo — v. Informativos 582 e 621. O Min. Luiz Fux acompanhou o Min. Marco Aurélio, relator, e indeferiu a ordem. Ressaltou que a via eleita seria imprópria para apreciar matéria fática com o escopo de trancar a ação penal. Asseverou que envolvido fato de extrema complexidade, forjado por organização criminosa que, ao constituir pessoa jurídica fictícia, visaria a exclusão do crime fiscal pelo verdadeiro responsável tributário. Consignou que o falso não estaria absorvido pelo crime tributário nos casos em que o documento falso continua passível de gerar lesões jurídicas. Após, pediu vista o Min. Ricardo Lewandowski. HC 96324/SP, rel. Min. Marco Aurélio, 10.5.2011. (HC-96324) (Inform. STF 626)

Crime contra a ordem tributária e pendência de lançamento definitivo do crédito tributário - 4
Em conclusão, a 1ª Turma, por maioria, denegou *habeas corpus* em que acusado da suposta prática dos crimes de formação de quadrilha armada, lavagem de dinheiro, crime contra a ordem tributária e falsidade ideológica pleiteava o trancamento da ação penal contra ele instaurada, ao argumento de inépcia da denúncia e de ausência de justa causa para a persecução criminal, por se imputar ao paciente fato atípico, dado que o suposto crédito tributário ainda penderia de lançamento definitivo — v. Informativos 582, 621 e 626. Frisou-se que tanto a suspensão de ação penal quanto o trancamento surgiriam com excepcionalidade maior. Considerou-se que a denúncia não estaria a inviabilizar a defesa. Reputou-se, por outro lado, que o caso versaria não a simples sonegação de tributos, mas a existência de organização, em diversos patamares, visando à prática de delitos, entre os quais os de sonegação fiscal, falsidade ideológica, lavagem de dinheiro, ocultação de bens e capitais, corrupção ativa e passiva, com frustração de direitos trabalhistas. Concluiu-se não se poder reputar impróprio o curso da ação penal, não cabendo exigir o término de possível processo administrativo fiscal. O Min. Ricardo Lewandowski, destacou que o caso não comportaria aplicação da jurisprudência firmada pela Corte no julgamento do HC 81.611/DF (DJU de 13.5.2005), no sentido da falta de justa causa à ação penal instaurada para apurar delito de sonegação fiscal quando ainda não exaurida a via administrativa, e, por conseguinte, não constituído, definitivamente, o crédito tributário. Por fim, acrescentou que a análise da conduta do acusado constituiria matéria probatória a ser apreciada pelo juiz natural da causa no curso da ação penal, de modo que não se cogitaria, de plano, afastar a imputação do referido crime. Vencido o Min. Dias Toffoli, que concedia a ordem apenas para trancar, por ausência de justa causa, a ação penal instaurada contra o paciente pelo crime previsto no art. 1º, II, da Lei 8.137/90. HC 96324/SP, rel. Min. Marco Aurélio, 14.6.2011. (HC-96324) (Inform. STF 631)

Superior Tribunal de Justiça

HC. GESTÃO FRAUDULENTA. INSTITUIÇÃO FINANCEIRA. AÇÃO PENAL. TRANCAMENTO. POSSIBILIDADE.
Trata-se de *habeas corpus* em que se pretende o trancamento de ação penal referente ao crime de gestão fraudulenta de instituição financeira. Segundo a denúncia, o paciente, operador de mesa de corretora de valores, realizou uma única operação denominada *day trade*, juntamente com um dirigente de determinado fundo de pensão, em prejuízo

deste último. A Turma entendeu que o crime do art. 4o, *caput* da Lei n. 7.492/1986 (gestão fraudulenta) é de mão própria e somente pode ser cometido por quem tenha poder de direção, conforme expressamente previsto no art. 25 da citada lei. Ademais, exige para a sua consumação a existência de habitualidade, ou seja, de uma sequência de atos perpetrados com dolo, na direção da instituição financeira, visando à obtenção de vantagem indevida em prejuízo da pessoa jurídica. A descrição de um só ato, isolado no tempo, não legitima denúncia pelo delito de gestão fraudulenta, como ocorre na espécie, onde o ora paciente está imbricado como mero partícipe, estranho aos quadros da instituição financeira, por ter efetivado uma operação na bolsa de valores, em mesa de corretora. Com essas considerações, entre outras, a Turma concedeu a ordem. **HC 101.381-RJ, Rel. Min. Maria Thereza de Assis Moura, julgado em 27/9/2011.** (Inform. STJ 484)

CRIMES. SFN. GESTÃO FRAUDULENTA.

In casu, os recorrentes e outros foram condenados pelos crimes previstos nos arts. 4º, *caput*, 5º, *caput*, e 7º, III, c/c o art. 25 da Lei n. 7.492/1986 em concurso material. Contra essa sentença, foi interposta apelação, provida parcialmente em relação aos recorrentes para absolvê-los quanto ao crime do art. 5º e redimensionar as penas quanto às demais imputações. Nesta instância especial, consoante os autos, entendeu-se que os recorrentes, na qualidade de diretores e administradores da sociedade empresária que administravam, no período de janeiro de 1994 a dezembro de 1995, geriram fraudulentamente a instituição, provocando a insolvência e a consequente liquidação extrajudicial e, ainda, enormes prejuízos não só ao Sistema Financeiro Nacional (SFN) como também a milhões de investidores que adquiriram os títulos de capitalização denominados "Papatudo", emitidos pela referida sociedade empresária. Ressaltou-se que a inicial descreve, de forma satisfatória, a conduta delituosa dos acusados, relatando os elementos indispensáveis para a demonstração da existência dos crimes em tese praticados, bem assim os indícios suficientes para a deflagração da persecução penal. Desse modo, deve ser tida por apta a denúncia, reservando-se para a instrução criminal o detalhamento mais preciso das condutas dos réus, ora recorrentes, e a comprovação dos fatos a eles imputados, a fim de permitir a correta e equânime aplicação da lei penal. Observou-se que este Superior Tribunal, na linha do entendimento do STF, tem decidido que, nos crimes de autoria coletiva, é prescindível a descrição minuciosa e individualizada da ação de cada acusado, bastando a narrativa das condutas delituosas e da suposta autoria, com elementos suficientes para garantir o direito à ampla defesa e ao contraditório, tal como verificado na hipótese. Quanto ao segundo recorrente, contudo, consignou-se que não poderia a sentença utilizar um mesmo fato consistente nos prejuízos causados pela conduta delituosa para considerar desfavoráveis as circunstâncias e as consequências do crime, em indevido *bis in idem*. Igualmente, era vedado ao tribunal *a quo* valorar negativamente circunstância, a culpabilidade, em recurso exclusivo da defesa; em assim procedendo, houve *reformatio in pejus*. Em relação ao primeiro recorrente, registrou-se que não há como aplicar, na espécie, a atenuante da confissão espontânea, tendo em vista que ele negou a autoria delitiva e, no exame da culpabilidade do agente e das circunstâncias do crime, verificou-se que os elementos concretos foram detidamente analisados pelo tribunal *a quo*, para demonstrar por que sua conduta se reveste de especial reprovabilidade. Assim, ficou consignado, no acórdão, que os ilícitos foram perpetrados sob a orientação do primeiro recorrente, que engendrou complexo esquema para gerir e desviar recursos e emitir títulos sem lastro por longo lapso temporal. Além disso, ele foi o maior beneficiário da empreitada. Quanto ao recurso do MP, assentou-se ir de encontro ao óbice contido na Súm. n. 7-STJ o pedido de condenação pelo crime do art. 5º, caput, da Lei n. 7.492/1986, relativo à apropriação ou desvio de dinheiro, título, valor ou outro bem, pois o tribunal de origem fundamentou a absolvição também no fato de que o desvio de valores para sociedades empresárias controladas pelo primeiro recorrente constitui a própria gestão fraudulenta e se identifica plenamente com o conceito jurídico definido no art. 4º, *caput*, da mesma lei. Diante dessas considerações, entre outras, a Turma, por unanimidade, não conheceu do recurso do MP e, por maioria, conheceu do recurso do segundo recorrente e deu a ele parcial provimento, bem como negou provimento ao recurso do primeiro recorrente. **REsp 946.653-RJ, Rel. Min. Laurita Vaz, julgado em 2/6/2011.** (Inform. STJ 475)

ADVOCACIA ADMINISTRATIVA FAZENDÁRIA. PARTÍCIPE.

A Turma, ao prosseguir o julgamento, por maioria, denegou a ordem de *habeas corpus* por entender que, no delito de advocacia administrativa fazendária (art. 3º, III, da Lei n. 8.137/1990), o particular pode figurar como partícipe, desde que saiba da condição de funcionário público do autor, a teor dos arts. 11 da mencionada lei e 29, *caput*, do CP. Em voto vista que acompanhou a Min. Relatora, o Min. Gilson Dipp consignou que a suposta participação do paciente diz respeito à condição de servidor público do autor, que é elementar do crime e da qual ele tinha conhecimento, razão por que a ele pode se comunicar nos termos do art. 30 do CP. Precedentes citados: HC 93.352-SC, DJe 9/11/2009; HC 30.832-PB, DJ 19/4/2004, e RHC 5.779-SP, DJ 1º/12/1997. **HC 119.097-DF, Rel. Min. Laurita Vaz, julgado em 1º/3/2011.** (Inform. STJ 465)

SONEGAÇÃO FISCAL. PROCEDIMENTO ADMINISTRATIVO.
Para a promoção da ação penal referente ao delito de sonegação fiscal (art. 1º da Lei n. 8.137/1990), não é necessário que se instaure procedimento administrativo fiscal contra cada um dos corréus na qualidade de pessoas físicas, se já transcorreu outro procedimento de igual natureza em que se apurou haver a prática do crime por meio da pessoa jurídica. O fato de o paciente não ser sócio da empresa em questão não afasta a possibilidade de imputar-lhe o aludido crime, visto que há liame causal, estabelecido em razão de sua qualidade de procurador da sociedade, além de existir suficiente descrição na denúncia de sua participação no crime. Precedentes citados: HC 40.994-SC, DJ 24/4/2006; HC 41.310-MA, DJ 29/8/2005, e HC 89.386-RJ, DJe 20/10/2008. **HC 86.309-MS, Rel. Min. Maria Thereza de Assis Moura, julgado em 8/2/2011.** (Inform. STJ 462)

Súmula Vinculante 24
Não se tipifica crime material contra a ordem tributária, previsto no art. 1º, incisos I a IV, da Lei no 8.137/90, antes do lançamento definitivo do tributo.

Súmula STF nº 609
É pública incondicionada a ação penal por crime de sonegação fiscal.

1.16. CRIMES DE TRÂNSITO

Crime de perigo abstrato e embriaguez ao volante
A 2ª Turma denegou *habeas corpus* em que se pretendia o restabelecimento de sentença absolutória de denunciado pela suposta prática do delito tipificado no art. 306 do CTB ["*Conduzir veículo automotor, na via pública, estando com concentração de álcool por litro de sangue igual ou superior a 6 (seis) decigramas, ou sob a influência de qualquer outra substância psicoativa que determine dependência*"]. O paciente alegava a inconstitucionalidade da referida norma ao criar crime de perigo abstrato, na medida em que a modalidade do delito seria compatível apenas com a presença de dano efetivo. Aludiu-se que, segundo a jurisprudência do STF, seria irrelevante indagar se o comportamento do agente atingira, ou não, algum bem juridicamente tutelado. Consignou-se, ainda, legítima a opção legislativa por objetivar a proteção da segurança da própria coletividade. HC 109269/MG, rel. Min. Ricardo Lewandowski, 27.9.2011. (HC-109269) (Inform. STF 642)

DIREÇÃO. EMBRIAGUEZ. PERIGO ABSTRATO.
A Turma reiterou que o crime do art. 306 do Código de Trânsito Brasileiro é de perigo abstrato, pois o tipo penal em questão apenas descreve a conduta de dirigir veículo sob a influência de álcool acima do limite permitido legalmente, sendo desnecessária a demonstração da efetiva potencialidade lesiva do condutor. Assim, a denúncia traz indícios concretos de que o paciente foi flagrado conduzindo veículo automotor e apresentando concentração de álcool no sangue superior ao limite legal, fato que sequer é impugnado pelo impetrante, não restando caracterizada a ausência de justa causa para a persecução penal do crime de embriaguez ao volante. Logo, a Turma denegou a ordem. Precedentes citados: HC 140.074-DF, DJe 22/2/2010, e RHC 26.432-MT, DJe 14/12/2009. **HC 175.385-MG, Rel. Min. Laurita Vaz, julgado em 17/3/2011.** (Inform. STJ 466)

EMBRIAGUEZ AO VOLANTE. ART. 306 DO CTB.
Trata-se de pedido de trancamento da ação penal por ausência de prova da materialidade do delito de embriaguez ao volante por não ter sido realizado exame toxicológico de sangue. *In casu*, foi realizado o exame do bafômetro e constatou-se a concentração alcoólica de ar nos pulmões, que corresponde à concentração sanguínea acima do limite legal. De modo que a materialidade do crime foi demonstrada, tendo em vista que o art. 306 do CTB não exige expressamente o exame toxicológico de sangue. Com essas considerações, entre outras, a Turma denegou a ordem. Precedentes citados: HC 158.311-RS, DJe 18/10/2010; HC 166.377-SP, DJe 1º/7/2010; HC 155.069-RS, DJe 26/4/2010; HC 151.087-SP, DJe 26/4/2010, e HC 140.074-DF, DJe 14/12/2009. **HC 177.942-RS, Rel. Min. Celso Limongi (Desembargador convocado do TJ-SP), julgado em 22/2/2011.** (Inform. STJ 464)

HOMICÍDIO. ALCOOLEMIA.
O processo crime averigua a prática de homicídio e não de condução de veículo automotor sob influência de álcool (art. 306 do CTB). Assim, mesmo que se apure ser a quantidade de álcool detectada no etilômetro suficiente apenas para caracterizar infração administrativa, esse fato, por si só, não tem o condão de cessar a persecução criminal. Contudo, não há demonstração concreta a permitir a segregação cautelar do paciente, sendo-lhe permitido aguardar o julgamento em liberdade mediante o compromisso de comparecer a todos os atos do processo, além da necessária entrega ao juízo da carteira de habilitação para dirigir veículos. Precedentes citados do STF: HC 100.012-PE, DJe

26/2/2010; HC 101.055-GO, DJe 18/12/2009; do STJ: HC 48.208-GO, DJ 6/3/2006; HC 43.887-MG, DJ 26/9/2005; HC 141.553-MG, DJe 26/4/2010, e HC 117.769-SP, DJe 8/6/2009. HC 162.678-MA, Rel. Min. Laurita Vaz, julgado em 18/11/2010. (Inform. STJ 456)

Súmula STF nº 720
O art. 309 do código de trânsito brasileiro, que reclama decorra do fato perigo de dano, derrogou o art. 32 da Lei das contravenções penais no tocante à direção sem habilitação em vias terrestres.

1.17. ESTATUTO DO DESARMAMENTO E LEGISLAÇÃO CORRELATA

Permuta de armas: Estatuto do Desarmamento e "abolitio criminis"
A 1ª Turma denegou *habeas corpus* em que se pleiteava a aplicação da *abolitio criminis*, contida nos artigos 30 e 32 da Lei 10.826/2003 (Estatuto do Desarmamento), em favor de réus que, no prazo estipulado pelos mencionados dispositivos, permutaram suas armas de fogo. A impetração sustentava que o ato perpetrado entre ambos estaria absorvido pelo crime de posse. Asseverou-se que os artigos citados estabeleceram prazo para que os possuidores ou proprietários de armas de fogo regularizassem-nas ou entregassem-nas às autoridades competentes, descriminalizando, temporariamente, apenas as condutas típicas de possuir ou ser proprietário de arma de fogo. Na seqüência, salientou-se que a permuta seria uma forma de aquisição de armas, considerada uma cessão ou um fornecimento recíproco, descaracterizada, portanto, a atipicidade da conduta. HC 99448/RS, rel. Min. Luiz Fux, 10.5.2011. (HC-99448) (Inform. STF 626)

Superior Tribunal de Justiça

CRIME ÚNICO. GUARDA. MUNIÇÃO.
O crime de manter sob a guarda munição de uso permitido e de uso proibido caracteriza-se como crime único, quando houver unicidade de contexto, porque há uma única ação, com lesão de um único bem jurídico, a segurança coletiva, e não concurso formal, como entendeu o tribunal estadual. Precedente citado: HC 106.233-SP, DJe 3/8/2009. **HC 148.349-SP, Rel. Min. Maria Thereza de Assis Moura, julgado em 22/11/2011.** (Inform. STJ 488)

ARMA DESMUNICIADA. USO PERMITDO. ATIPICIDADE.
Conforme o juízo de primeiro grau, a paciente foi presa em flagrante quando trazia consigo uma arma de fogo calibre 22 desmuniciada que, periciada, demonstrou estar apta a realizar disparos. Assim, a Turma, ao prosseguir o julgamento, por maioria, concedeu a ordem com base no art. 386, III, do CPP e absolveu a paciente em relação à acusação que lhe é dirigida por porte ilegal de arma de fogo de uso permitido, por entender que o fato de a arma de fogo estar desmuniciada afasta a tipicidade da conduta, conforme reiterada jurisprudência da Sexta Turma. Precedentes citados do STF: RHC 81.057-SP, DJ 29/4/2005; HC 99.449-MG, DJe 11/2/2010; do STJ: HC 76.998-MS, DJe 22/2/2010, e HC 70.544-RJ, DJe 3/8/2009. **HC 124.907-MG, Rel. Min. Og Fernandes, julgado em 6/9/2011.** (Inform. STJ 482)

1.18. CRIMES RELATIVOS A LICITAÇÃO

DELAÇÃO ANÔNIMA. IMPROBIDADE ADMINISTRATIVA. LICITAÇÃO.
No *habeas corpus*, sustenta a impetração a nulidade da ação penal, alegando que tanto a denúncia quanto a condenação basearam-se exclusivamente em dados colhidos em correspondência apócrifa, ou seja, denúncia anônima mediante *e-mail* e, por isso, ela deveria ser considerada prova ilícita. No entanto, segundo o Min. Relator, ao contrário do que afirma a impetração, os autos demonstram que o Ministério Público Federal, legitimado para averiguar a regularidade dos contratos administrativos denunciados, somente formou sua *opinio delicti* depois de verificar a existência de elementos mínimos e colher, de forma idônea, todos os dados informativos, para então determinar a instauração da investigação criminal. Por outro lado, a condenação da paciente por fraude à licitação (art. 90 da Lei n. 8.666/1993) fundou-se em acervo probatório composto por depoimento de testemunhas e dos réus, informações prestadas pela Superintendência do Incra, cópia do procedimento administrativo de licitação sob suspeita e outros documentos; todos comprovaram que somente uma empresa foi contactada para fornecer orçamento prévio, servindo de base para a elaboração de edital licitatório, e, depois, a mesma empresa foi vencedora, apesar de não poder participar do certame por estar em dívida com a Receita Federal. Dessa forma, concluiu

o Min. Relator que, pelos documentos constantes dos autos, não há, de plano, comprovação que possa evidenciar ser a exordial acusatória ou a sentença condenatória embasadas apenas em denúncia anônima. Assim, até por ser inviável ampla dilação probatória em HC, não há como acatar a irresignação da impetração. Diante do exposto, a Turma denegou a ordem em consonância com o parecer da Subprocuradoria-Geral da República. Precedentes citados: HC 44.649-SP, DJ 8/10/2007, e HC 93.421-RO, DJe 9/3/2009. **HC 191.797-PA, Rel. Min. Napoleão Nunes Maia Filho, julgado em 21/6/2011.** (Inform. STJ 478)

1.19. VIOLÊNCIA DOMÉSTICA

Lei Maria da Penha e audiência de retratação
A 2ª Turma denegou *habeas corpus* em que condenado pela prática do delito de lesão corporal qualificada por violência doméstica (CP, art. 129, § 9º) pretendia o trancamento de ação penal contra ele instaurada. A impetração alegava que a suposta vítima, esposa do paciente, admitira, no decorrer do processo, ser a responsável pelas agressões por ter iniciado o entrevero e, ainda, que o art. 16 da Lei n. 11.340/2006 (Lei Maria da Penha) dispunha que deveria haver audiência para renúncia à representação perante o juiz. No tocante à primeira assertiva, reputou-se que a pretensão deveria ter sido apurada no decorrer do processo de conhecimento, e não em sede de *habeas corpus*, conforme requerido. Em relação à audiência de retratação da delação postulatória, aduziu-se que, com fulcro no dispositivo mencionado ("*Art. 16. Nas ações penais públicas condicionadas à representação da ofendida de que trata esta Lei, só será admitida a renúncia à representação perante o juiz, em audiência especialmente designada com tal finalidade, antes do recebimento da denúncia e ouvido o Ministério Público*"), esta poderia ocorrer, em caso de violência contra a mulher, mas somente antes do recebimento da denúncia pelo Ministério Público. HC 109176/MG, rel. Min. Ricardo Lewandowski, 4.10.2011. (HC-109176) (Inform. STF 643)

Superior Tribunal de Justiça
VIOLÊNCIA DOMÉSTICA. LEI MARIA DA PENHA. AUDIÊNCIA.
Trata-se de RMS em que se pretende o reconhecimento do direito líquido e certo da mulher que tenha sofrido violência doméstica e familiar de não ser obrigada a participar de audiência confirmatória da representação pela persecução penal. Para tanto, alega-se que a audiência prevista no art. 16 da Lei n. 11.340/2006 (Lei Maria da Penha) só pode ser determinada pelo magistrado quando a vítima manifestar interesse em retratar-se da representação. A Turma entendeu que a audiência prevista no art. 16 da mencionada lei não deve ser realizada *ex officio* como condição da abertura da ação penal, sob pena de constrangimento ilegal à mulher, vítima de violência doméstica e familiar, pois isso configuraria ato de ratificação da representação, inadmissível na espécie. Consignou-se que a realização da audiência deve ser precedida de manifestação de vontade da ofendida, se assim ela o desejar, em retratar-se da representação registrada, cabendo ao magistrado verificar a espontaneidade e a liberdade na prática de tal ato. Com esse entendimento, a Turma concedeu a segurança para determinar que a audiência de retratação da representação da ação penal de natureza pública condicionada somente seja realizada após prévia manifestação da ofendida. Precedentes citados: HC 178.744-MG, DJe 24/6/2011; HC 168.003-ES, DJe 1º/6/2011, e HC 96.601-MS, DJe 22/11/2010. **RMS 34.607-MS, Rel. Min. Adilson Vieira Macabu (Desembargador convocado do TJ/RJ), julgado em 13/9/2011.** (Inform. STJ 483)

1.20. OUTROS CRIMES PREVISTOS EM LEGISLAÇÃO EXTRAVAGANTE

Precatório: descumprimento de ordem judicial e crime de responsabilidade
Por reputar atípica a conduta de descumprimento de ordem materialmente administrativa, expedida em sede de precatório, a 2ª Turma concedeu *habeas corpus* para invalidar procedimento penal em tramitação na justiça federal, bem como determinar a extinção definitiva de inquérito policial com o conseqüente arquivamento dos respectivos autos. Na espécie, instaurara-se inquérito policial para apurar suposto crime de desobediência, previsto no art. 1º, XIV, do Decreto-lei 201/67 ["*Art. 1º São crimes de responsabilidade dos Prefeitos Municipal* (sic)*, sujeitos ao julgamento do Poder Judiciário, independentemente do pronunciamento da Câmara dos Vereadores:... XIV - Negar execução a lei federal, estadual ou municipal, ou deixar de cumprir ordem judicial, sem dar o motivo da recusa ou da impossibilidade, por escrito, à autoridade competente*"], imputado ao paciente, então prefeito, ante suposta omissão de incluir verba, na lei orçamentária de município, para pagamento de precatório. O magistrado, sem manifestação

do Ministério Público, ordenara o arquivamento das peças informativas e, por esta razão, o *parquet* recorrera ao STJ, que decidira pela reabertura do inquérito instaurado. Asseverou-se que essa decisão teria submetido o paciente a procedimento penal apoiado em fatos destituídos de tipicidade, pois, conforme jurisprudência da Corte, os atos praticados por presidentes de tribunais, no tocante ao processamento e ao pagamento de precatório judicial, têm natureza administrativa, não jurisdicional, como exige o tipo em comento. HC 106124/PR, rel. Min. Celso de Mello, 22.11.2011. (HC-106124) (Inform. STF 649)

Crime contra as relações de consumo e modalidade omissiva - 1
A 2ª Turma desproveu recurso ordinário em *habeas corpus* em que se sustentava nulidade da condenação de 2 pacientes por suposta: a) ausência de fundamentação idônea; b) falta de correlação entre a denúncia e a sentença condenatória; c) impossibilidade de cometimento, por omissão, do crime previsto no art. 7º, VII, da Lei 8.137/90; e d) aplicação abusiva do art. 71 do CP. Além disso, um deles também alegava inadequada atribuição de responsabilidade penal objetiva, com a conseqüente violação ao princípio da presunção de inocência. Quanto a essa alegação, consignou-se que a denúncia imputara a conduta de efetivar contratos de assistência médico-hospitalar, apesar de o condenado ter conhecimento de que médicos, laboratórios e hospitais conveniados ao plano de saúde passaram a recusar o atendimento aos consumidores e que, na qualidade de integrante de sociedade empresarial, teria plena ciência da situação econômica da empresa e do débito para com os consumidores. Ainda assim, continuara a celebrar contratos. Desta forma, concluiu-se que a conduta praticada tivera o condão de induzir os consumidores a erro, de modo a caracterizar a figura típica prevista no art. 7º, VII, da Lei 8.137/90, o que afastaria qualquer alegação atinente a eventual responsabilidade penal objetiva imputada à defesa. RHC 88861/MG, rel. Min. Gilmar Mendes, 25.10.2011. (RHC-88861)

Crime contra as relações de consumo e modalidade omissiva - 2
Não se vislumbrou ausência de fundamentação idônea, porquanto a imputação seria clara e não houvera a "*inaceitável indeterminação da participação dos pacientes*". Assentou-se que o fato descrito na denúncia estaria em perfeita harmonia com a tipificação pela qual os pacientes foram condenados. Ademais, a conduta reportada na inicial acusatória teria sido a de indução do consumidor a erro por meio de declaração falsa quanto à natureza do serviço. Destacou-se que a sentença, por sua vez, chegara à mesma conclusão, ao considerar que o meio utilizado para manter os consumidores em erro seria omissivo, ao fundamento de que os pacientes teriam celebrado contrato de assistência médico-hospitalar, a despeito de saber que os estabelecimentos conveniados ao seu plano de saúde recusariam atendimento aos consumidores credenciados. Asseverou-se que essa decisão não desbordaria da imputação e reconheceria que os denunciados "*celebraram contratos de assistência médico-hospitalar, realizando venda de um serviço que não correspondia ao ofertado*". Por fim, ressaltou-se que o magistrado de primeiro grau, ao atentar para a pluralidade de condutas praticadas nas mesmas condições de tempo, lugar e maneira de execução e, tendo em vista que 98 vítimas foram induzidas a erro, aumentara, de forma escorreita, a pena dos pacientes em 2/3, nos termos do art. 71 do CP. RHC 88861/MG, rel. Min. Gilmar Mendes, 25.10.2011. (RHC-88861) (Inform. STF 646)

Prefeito e crime de responsabilidade
A 1ª Turma desproveu recurso ordinário em *habeas corpus* em que pretendido o trancamento de ação penal ajuizada, com fulcro no art. 1º, II, do DL 201/67 [*"Art. 1º São crimes de responsabilidade dos Prefeitos Municipal* (sic), *sujeitos ao julgamento do Poder Judiciário, independentemente do pronunciamento da Câmara dos Vereadores: ... II - utilizar-se, indevidamente, em proveito próprio ou alheio, de bens, rendas ou serviços públicos"*], contra ex-prefeito que, no exercício do cargo, emprestara carro oficial a correligionário para fins particulares. Na espécie, o paciente colocara veículo da prefeitura à disposição de vereador que, ao se dirigir a evento festivo, na companhia de familiares e de terceiro, colidira o automóvel. Asseverou-se que o trancamento de ação penal somente seria possível em situações de extrema excepcionalidade, o que não seria o caso. O Min. Marco Aurélio destacou a minudência da denúncia e a temeridade de se admitir, existentes 5.567 municípios no Brasil, a reprodução desse fato em outras municipalidades. RHC 107675/DF, rel. Min. Luiz Fux, 27.9.2011. (RHC-107675) (Inform. STF 642)

Inexigibilidade de licitação e ausência de dolo - 1
O Plenário, por maioria, rejeitou denúncia ajuizada contra atual deputado federal, então prefeito à época dos fatos, além de outros acusados pela suposta prática, em concurso, do crime previsto no art. 89 da Lei 8.666/93 (*"Dispensar ou inexigir licitação fora das hipóteses previstas em lei, ou deixar de observar as formalidades pertinentes à dispensa ou à inexigibilidade"*). Constava da inicial acusatória que o parlamentar, o diretor e o secretário municipal de esportes e lazer teriam contratado bandas de música para as comemorações de carnaval na localidade, supostamente em desacordo com as hipóteses legais e sem o necessário procedimento administrativo disposto no art. 26 da mencionada lei. A acusação afirmava, também, que os grupos musicais foram contratados por empresas sem vínculo com

o setor artístico; que a substituição de 2 bandas, após parecer da procuradoria local pela inexigibilidade da licitação, teria gerado um acréscimo de R$ 7 mil ao valor das contratações, a totalizar R$ 62 mil; e que existiriam processos de contratação identicamente numerados com a mesma data e com o mesmo objeto. No caso, a exordial fora aditada para consignar que o parlamentar, ao ratificar as conclusões da procuradoria do município sem observar as formalidades legais, teria se omitido no seu dever de agir. Inq 2482/MG, rel. orig. Min. Ayres Britto, red. p/ o acórdão, Min. Luiz Fux, 15.9.2011. (Inq-2482)

Inexigibilidade de licitação e ausência de dolo - 2
Prevaleceu o voto do Min. Luiz Fux, que assentou a falta de justa causa para o recebimento da denúncia, ante a ausência de elemento subjetivo do tipo. Destacou, de início, ser inverídica a assertiva de que o recebimento da peça acusatória, tendo em conta a prevalência da presunção de inocência, possibilitaria ao acusado melhores condições de comprovar a ausência de ilicitude. Em seguida, registrou que os delitos da Lei de Licitações não seriam crimes de mera conduta ou formais, mas sim de resultado, o qual ficaria afastado, na espécie, porque as bandas, efetivamente, prestaram serviço. Ao analisar o dolo, asseverou que a consulta sobre a possibilidade de fazer algo demonstraria a inexistência de vontade de praticar ilícito, de modo que aquele que consulta e recebe uma resposta de um órgão jurídico no sentido de que a licitação seria inexigível não teria manifestação voltada à prática de infração penal. Assinalou, ademais, que, na área musical e artística, as obrigações seriam firmadas em razão das qualidades pessoais do contratado, fundamento este para a inexigibilidade de licitação. O Min. Dias Toffoli frisou que a denúncia não descrevera em que consistiria a vantagem obtida com a não-realização do certame. Por sua vez, o Min. Gilmar Mendes apontou que, se não se tratar de intérpretes consagrados, a norma do art. 25, III, da Lei 8.666/93 sofreria uma relativização, uma localização. Por fim, os Ministros Celso de Mello e Cezar Peluso, Presidente, não vislumbraram a existência de fato típico. Aquele Ministro acrescentou que o mencionado aditamento não definira em que consistiria a relevância causal da omissão imputada ao parlamentar. Inq 2482/MG, rel. orig. Min. Ayres Britto, red. p/ o acórdão, Min. Luiz Fux, 15.9.2011. (Inq-2482)

Inexigibilidade de licitação e ausência de dolo - 3
Vencidos os Ministros Ayres Britto, relator, que recebia a denúncia em sua integralidade, e Marco Aurélio, que a acolhia apenas contra o então prefeito e determinava a remessa de cópias ao juízo de primeiro grau relativamente aos acusados que não possuíam prerrogativa de foro no STF. Aduzia, ainda, que não se teria contratado escolhendo banda única pelo valor artístico — quando presente a exclusividade para prestar os serviços —, porém 8 bandas mediante empresas intermediárias. O relator, ao seu turno, reputava que a peça acusatória atenderia as exigências legais e que presente conjunto probatório sinalizador da prática de condutas comissivas e omissivas para burlar a necessidade de licitação. Além disso, apontava que a exordial permitiria aos acusados o conhecimento dos fatos a eles atribuídos, com o exercício da ampla defesa. Inq 2482/MG, rel. orig. Min. Ayres Britto, red. p/ o acórdão, Min. Luiz Fux, 15.9.2011. (Inq-2482) (Inform. STF 640)

Ação penal e esterilização cirúrgica irregular - 1
O Plenário, por maioria, julgou parcialmente procedente pedido formulado em ação penal promovida pelo Ministério Público Federal para condenar Deputado Federal pela prática do crime de esterilização cirúrgica irregular (Lei 9.263/96, art. 15) à pena de 3 anos, 1 mês e 10 dias de reclusão e ao pagamento de 14 dias-multa, calculados no valor unitário equivalente a 1 salário mínimo. No caso, a peça acusatória narrara que, no período que antecedera às eleições municipais de 2004, o parlamentar, entre os meses de janeiro e março, teria oferecido, na qualidade de pré-candidato a prefeito, vantagem a eleitoras, consistente na realização gratuita de cirurgia de esterilização, com o suposto objetivo de lograr votos. Para tanto, a denúncia descrevera que ele contaria com o auxílio de sua companheira e de sua enteada que, na condição de administradoras da Fundação "PMDB Mulher" naquela localidade, aliciavam e cadastravam mulheres para serem submetidas ao citado procedimento cirúrgico. Nessa cooptação, também contava com a ajuda de 2 correligionários que abordavam interessadas nos bairros da municipalidade. Em passo seguinte, as eleitoras eram operadas pelo marido da enteada do réu e pelo proprietário do hospital privado para o qual encaminhadas, este, amigo do parlamentar. Consta da inicial que os procedimentos eram feitos sem a observância dos requisitos pré-cirúrgicos exigidos por lei, bem como que seriam emitidas guias com intervenções distintas das efetivadas, para fins de ressarcimento pelo SUS, uma vez que o nosocômio não possuía autorização para esse específico atendimento. Dessa forma, o *parquet* imputara ao parlamentar o cometimento dos supostos delitos de corrupção eleitoral (Código Eleitoral, art. 299), de estelionato qualificado (CP, art. 171, § 3º), de formação de quadrilha ou bando (CP, art. 288) e de esterilização cirúrgica irregular (Lei 9.263/96, art. 15), em concurso material e em continuidade delitiva (CP, artigos 69 e 71, respectivamente). AP 481/PA, rel. Min. Dias Toffoli, 8.9.2011. (AP-481)

Ação penal e esterilização cirúrgica irregular - 2
Prevaleceu o voto do Min. Dias Toffoli, relator, que, de início, rejeitou tese defensiva no sentido da atipicidade da conduta prevista no crime de corrupção eleitoral (Código Eleitoral, art. 299) se perpetrada em data anterior ao registro oficial da candidatura ao pleito eletivo. Asseverou que esta Corte, quando do recebimento da denúncia, teria reconhecido a tipicidade da conduta. Ademais, destacou que se exigir a condição especial de "candidato" para a ocorrência dessa infração tornaria inócua a norma penal tipificadora do delito de corrupção eleitoral, de modo a possibilitar, antes do registro das candidaturas, toda sorte de irregularidades por parte dos pretendentes a cargos eletivos. Aludiu que, no tipo em comento, não haveria menção quanto a conceitos de ordem temporal, diferentemente do que ocorreria com o crime de captação ilícita de sufrágio (Lei 9.504/97, art. 41-A), o qual faz referência à expressão "candidato". No mérito, reputou que os elementos coligidos nos autos indicariam ser o réu o principal articulador do estratagema, com o objetivo de captação ilegal de votos em seu favor, embora não houvesse comprovação de que fizera, pessoalmente, qualquer oferta às eleitoras e, tampouco, existissem depoimentos das testemunhas afirmando que teriam sido por ele abordadas para a realização das cirurgias. Assinalou ser improvável que o denunciado desconhecesse os fatos, dado que o encaminhamento ao hospital era efetivado pela agremiação política por ele instituída e mantida. Ao avançar a análise sobre o dolo, entendeu configurado o elemento subjetivo do tipo concernente à vontade livre e consciente do acusado em corromper, dando, oferecendo, prometendo vantagem para obter o voto das eleitoras. Assim, por considerar desfavoráveis a culpabilidade, as circunstâncias, os motivos e as conseqüências do crime, fixou a pena-base em 1 ano e 2 meses de reclusão e 6 dias-multa, no valor unitário de 1 salário mínimo (em atenção à situação econômica do sentenciado). Na 2ª fase da dosimetria, compensou a circunstância atenuante de o réu ser maior de 70 anos, nos dias atuais (CP, art. 65, I), com as agravantes de torpeza (CP, art. 61, I) e de promoção, organização e direção das atividades dos demais agentes (CP, art. 62, I), tornando a pena definitiva, diante da inexistência de causas especiais de aumento ou de diminuição da pena. Reconheceu a continuidade delitiva na prática de 5 crimes e, em conseqüência, aumentou de 1/3 a pena, a totalizar 1 ano, 6 meses e 20 dias de reclusão e 8 dias-multa. Entretanto, ao aplicar o art. 115 do CP, declarou extinta a punibilidade pela prescrição da pretensão punitiva, tendo em conta o transcurso de lapso superior a 2 anos entre os fatos e o recebimento da inicial acusatória pelo STF (13.12.2007), bem assim desse termo até a presente data. AP 481/PA, rel. Min. Dias Toffoli, 8.9.2011. (AP-481) (Inform. STF 639)

Ação penal e esterilização cirúrgica irregular - 3
No tocante à prática de esterilização cirúrgica irregular, assentou que a materialidade do delito fora comprovada relativamente a 5 eleitoras, por meio de provas documental e testemunhal. Registrou que houvera a demonstração de que as intervenções teriam sido efetuadas sem a observância das formalidades previstas no art. 10 da Lei 9.263/96, em estabelecimento de saúde não credenciado. Além disso, apontou que, pelos mesmos motivos citados no reconhecimento da participação do denunciado no crime de corrupção eleitoral, concluir-se-ia que, de igual modo, ele concorrera para a realização irregular dessas operações. Reiterou que não seria crível que ele pudesse desconhecer o tipo de procedimento propiciado às eleitoras, porquanto essa era a oferta feita às mulheres em seu reduto eleitoral para angariar votos em seu favor. Asseverou que, não obstante a esterilização tivesse sido feita por médicos indicados pelo denunciado, ele tivera efetiva participação no cometimento dessas infrações, devendo por elas responder, na forma do art. 29, *caput*, do CP. Ao levar em conta as circunstâncias judiciais acima referidas, estabeleceu a pena-base em 2 anos e 4 meses de reclusão e 11 dias-multa, no valor de 1 salário mínimo. Tornou-a definitiva ante a compensação da atenuante com as agravantes já mencionadas e a ausência de causas de diminuição e de aumento da pena. Igualmente, fizera incidir o acréscimo de 1/3 pela continuidade delitiva, o que resultara na pena total de 3 anos, 1 mês e 10 dias de reclusão e 14 dias-multa. AP 481/PA, rel. Min. Dias Toffoli, 8.9.2011. (AP-481)

Ação penal e esterilização cirúrgica irregular - 4
No que concerne ao delito de estelionato, enfatizou que, ao contrário do que sustentado pela defesa, das provas carreadas poder-se-ia extrair que o parlamentar tinha conhecimento da falsificação de autorizações para internação hospitalar. Com isso, visava induzir órgão público em erro para que fossem reembolsadas as despesas suportadas pelo nosocômio e pagos os honorários médicos aos responsáveis pelas cirurgias. Consignou estar caracterizada a tipicidade material do delito pela efetiva lesão ao erário, cujo prejuízo poderia ser classificado como de pequeno valor — considerado o importe aproximado de R$ 200,36 a R$ 369,89 para cada uma das cirurgias —, apto ao reconhecimento do privilégio previsto no art. 171, § 1º, do CP, não obstante tratar-se de crime qualificado (CP, art. 171, § 3º). No ponto, mencionou que a situação seria análoga à do privilégio aplicável ao furto de bem de pequeno valor (CP, art. 155, § 2º). Reafirmou o que dito quanto às circunstâncias judiciais já apreciadas e fixou a pena-base em 1 ano e 2 meses de reclusão e 11 dias-multa, no valor de 1 salário mínimo. Também procedeu à compensação da atenuante com as agravantes referidas outrora e, diante da causa especial de aumento de pena concernente à prática de crime em detrimento de entidade de direito público, aumentou a pena provisória, em 1/3, a resultar em 1 ano, 6 meses e 20 dias de reclusão e 14 dias-multa. Aplicou, ainda, a causa de diminuição em idêntica fração, pelo menor

prejuízo individualmente suportado pelo ofendido em cada uma das infrações, perfazendo 1 ano e 13 dias de reclusão e 9 dias-multa. Por fim, ao reconhecer o crime continuado, acresceu 1/3 à pena, o que culminara no total de 1 ano, 4 meses e 17 dias de reclusão e 12 dias-multa. De igual forma, declarou extinta a punibilidade pela prescrição da pretensão punitiva. AP 481/PA, rel. Min. Dias Toffoli, 8.9.2011. (AP-481)

Ação penal e esterilização cirúrgica irregular - 5
Relativamente ao crime de formação de quadrilha ou bando, salientou que a prova produzida no curso da instrução processual seria firme em demonstrar a estabilidade e a permanência da associação entre os envolvidos. Outrossim, seria irrelevante, para a configuração do tipo em tela, que não houvesse concurso direto de todos os integrantes do bando no cometimento de todas as infrações, bastando que o fim almejado fosse a prática de crimes. Estabeleceu a pena-base em 1 ano e 2 meses de reclusão, consideradas desfavoráveis a culpabilidade, as circunstâncias, os motivos e as conseqüências do delito. Na fase seguinte, fez a citada compensação e, em virtude da inexistência de causas de aumento e de diminuição, tornou a pena definitiva Reconheceu, ainda, a extinção da punibilidade pela prescrição da pretensão punitiva. Após fixar a quantidade de pena, determinou o seu cumprimento em regime inicial aberto, cujas condições deverão ser disciplinadas na execução. O Colegiado vedou a substituição da pena privativa de liberdade por restritiva de direitos, vencido o relator. Prevaleceu, no ponto, o voto do Min. Luiz Fux, revisor, que a entendia incabível, dadas as peculiaridades da espécie, pois a esterilização seria uma violência mais do que simbólica, realizada com significativa interferência na higidez física das mulheres. Por fim, o relator observou que, se o sentenciado estiver no exercício do cargo parlamentar por ocasião do trânsito em julgado desta decisão, dever-se-á oficiar à Câmara dos Deputados para fins de deliberação de eventual perda do mandato. O Min. Marco Aurélio absolvia o réu e julgava o pleito improcedente. Ressaltava que o tipo previsto no art. 15 da Lei 9.263/96 seria crime de mão própria, o qual não admitiria participação, e que, considerado o objetivo visado pelo agente — obtenção de votos —, ele não teria adentrado campo para praticar fraude junto ao SUS. Dessa forma, excluídos esses 2 crimes, afastava a ocorrência do art. 288 do CP quanto ao delito eleitoral. AP 481/PA, rel. Min. Dias Toffoli, 8.9.2011. (AP-481) (Inform. STF 639)

Superior Tribunal de Justiça

PORTADORA. DEFICIÊNCIA. ACESSO. SALA. AULA. IMPEDIMENTO. PROFESSORA.
In casu, trata-se de saber se a conduta praticada pela recorrente, na condição de professora, qual seja, impedir o acesso de aluna portadora de deficiência auditiva à sala de aula, preenche o comando incriminador descrito no art. 8º, I, da Lei n. 7.853/1989. A Turma entendeu que, na hipótese, não se demonstrou a conduta típica, pois, consoante os autos, não se verifica ter a recorrente recusado, suspendido, procrastinado, cancelado ou feito cessar, sem justa causa, a inscrição da aluna. Observou-se que em se tratando de professora, a menos que cumule também atividades de diretoria do estabelecimento educacional, o que não restou descrito, não teria a recorrente condições de praticar a conduta típica, a qual está intrinsecamente relacionada à inscrição da educanda. Portanto, não se demonstrou de nenhuma forma a prática da conduta típica, a possibilidade de a recorrente ser sujeito ativo do delito em questão, haja vista cuidar-se de crime próprio. Ademais, não se identificou eventual prejuízo à inscrição da aluna na escola. Assim, deu-se provimento ao recurso para restabelecer a decisão de 1º grau, que entendeu ser atípica a conduta da recorrente. **REsp 1.022.478-RN, Rel. Min. Maria Thereza de Assis Moura, julgado em 4/10/2011.** (Inform. STJ 484)

INTERCEPTAÇÃO TELEFÔNICA. INÍCIO E DURAÇÃO DO PRAZO.
O prazo de 15 dias previsto no art. 5º da Lei n. 9.296/1996 não se inicia da decisão judicial que autoriza a interceptação telefônica, mas do dia em que a medida é efetivada. Ademais, as escutas podem extrapolar o prazo veiculado na lei sempre que houver comprovada necessidade. O prazo de oito meses mostrou-se indispensável para que a autoridade policial chegasse aos envolvidos no sofisticado esquema de tráfico de drogas, principalmente pela complexidade do feito, pelo número de acusados, pela quantidade de drogas e pela variedade de entorpecentes. Precedentes citados do STF: Inq 2.424-RJ, DJe 26/3/2010; do STJ: HC 50.193-ES, DJ 21/8/2006, e HC 125.197-PR, DJe 24/6/2011. **HC 135.771-PE, Rel. Min. Og Fernandes, julgado em 4/8/2011.** (Inform. STJ 480)

SONEGAÇÃO FISCAL. PARCELAMENTO. DÉBITO.
Trata-se de *habeas corpus* contra acórdão que, segundo a impetrante, procedera ao julgamento *extra petita*, submetendo a ora paciente, sem justa causa, a procedimento investigatório e à circunstância de ver contra si instaurada ação penal por crime tributário cuja dívida encontra-se parcelada e regularmente adimplida. Dessarte, pretende obstar o formal prosseguimento da investigação em desfavor da paciente, bem como suspender a pretensão punitiva e o curso do prazo prescricional, segundo dispõe o art. 9º da Lei n. 10.684/2003. A Turma, entre outras questões, entendeu que

o acórdão ora atacado, ao restabelecer o procedimento investigatório, providência não pleiteada na insurgência do MPF, extrapolou os limites recursais, julgando *extra petita* e divergindo do entendimento deste Superior Tribunal, qual seja, parcelado o débito fiscal nos termos do referido dispositivo, suspende-se também a pretensão punitiva e a prescrição, pois o escopo maior da norma penal é o pagamento do tributo. Observou-se, ademais, não se tratar, na hipótese, de nenhuma violação da independência das esferas administrativa e judicial. Trata-se de uma questão de competência, pois só à autoridade administrativa cabe efetuar o lançamento definitivo do tributo. Diante disso, concedeu-se a ordem para suspender o curso do procedimento investigatório até o resultado definitivo do parcelamento do débito administrativamente concedido à ora paciente pela Receita Federal. Precedentes citados do STF: HC 81.611-DF, DJ 13/5/2005; AgRg no Inq 2.537-GO, DJe 13/6/2008; do STJ: HC 29.745-SP, DJ 6/2/2006; RHC 16.218-SP, DJe 12/8/2008; HC 68.407-SP, DJ 26/3/2007, e HC 40.515-MT, DJ 16/5/2005. **HC 100.954-DF, Rel. Min. Maria Thereza de Assis Moura, julgado em 14/6/2011.** (Inform. STJ 477)

Súmula STF nº 592
Nos crimes falimentares, aplicam-se as causas interruptivas da prescrição, previstas no código penal.

2. DIREITO PROCESSUAL PENAL

2.1. FONTES, PRINCÍPIOS GERAIS, EFICÁCIA DA LEI PROCESSUAL NO TEMPO E NO ESPAÇO E INTERPRETAÇÃO

Princípio do promotor natural e nulidade
A 2ª Turma denegou *habeas corpus* em que pretendida anulação de ação penal em face de suposta violação ao princípio do promotor natural. Na espécie, o Procurador-Geral de Justiça designara promotor lotado em comarca diversa para atuar, excepcionalmente, na sessão do tribunal do júri em que o paciente fora julgado e condenado. Consignou-se que o postulado do promotor natural teria por escopo impedir que chefias institucionais do Ministério Público determinassem designações casuísticas e injustificadas, de modo a instituir a reprovável figura do "acusador de exceção". No entanto, não se vislumbrou ocorrência de excepcional afastamento ou substituição do promotor natural do feito originário, mas, tão-somente, a designação prévia e motivada de outro promotor para determinado julgamento, em conformidade com o procedimento previsto na Lei 8.625/93. HC 98841/PA, rel. Min. Gilmar Mendes, 11.10.2011. (HC-98841) (Inform. STF 644)

Princípio do Juiz Natural: Vacância e Juiz Instrutor - 1
A Turma iniciou julgamento de *habeas corpus* em que se pleiteia, sob a alegação de ofensa ao princípio do juiz natural, a nulidade absoluta da ação penal, a partir do primeiro despacho proferido por juiz autorizado para oficiar no feito. No caso, o paciente fora pronunciado como incurso no art. 121, § 2º, III e IV, c/c o art. 29, ambos do CP, em razão de haver coordenado, na condição de comandante da Polícia Militar, operação no Município de Eldorado dos Carajás-PA, que resultara na morte de dezenove pessoas, em decorrência de confronto entre policiais e integrantes do Movimento dos Trabalhadores Rurais Sem-Terra. A impetração alega que, embora a ação penal tivesse sido instaurada perante a Comarca de Curionópolis, a instrução e a sentença de pronúncia foram realizadas por juiz de vara penal da Comarca de Belém. O Min. Gilmar Mendes, relator, indeferiu a ordem. Assentou, de início, a capacidade e competência do juiz prolator da pronúncia, o qual fora designado pelo Presidente do Tribunal do Estado do Pará, mediante portaria (em 6.5.97), em caráter exclusivo e sem prejuízo de sua competência. Registrou que a designação estaria fundamentada no Código Judiciário do Estado e no Regimento Interno daquele Tribunal. Em seguida, salientou que a designação objetivara dar celeridade a um feito importante e complexo, não comum ao cotidiano da Comarca de Curionópolis, com grande volume de atos processuais a praticar, o que justificaria a exclusiva atuação de juiz para o procedimento. HC 86604/PA, rel. Min. Gilmar Mendes, 14.6.2010. (HC-86604) (Inform. STF 591)

Princípio do Juiz Natural: Vacância e Juiz Instrutor - 2
Asseverou não ser a hipótese de se afirmar que houvera um tribunal de exceção, haja vista que o Judiciário local buscara suprir uma omissão existente, ante o grave fato ocorrido e a falta de juiz por quase dez meses naquela Comarca. Considerou, ademais, que, em razão disso, o Tribunal dera poderes ao magistrado para que se deslocasse e ouvisse testemunhas em qualquer outra comarca do Estado. No ponto, ressaltou que o Congresso Nacional aprovou lei que permite ao STF, também, valer-se de um juiz, assim chamado juiz instrutor, para evitar a demora oriunda da expedição de cartas. Consignou que, de fato, houvera a designação, em 6.6.97, de magistrada para responder pela

Comarca, mas subsistira a competência do juiz designado para a instrução e julgamento do feito. Destacou que o caso demandava uma solução para o estado de inércia em que se encontrava o processo e que a designação homenagearia o devido processo legal, assegurando uma duração razoável do processo. Não vislumbrou, por fim, qualquer indicação de parcialidade por parte do Tribunal ou do magistrado designado na condução do feito. Após o voto da Min. Ellen Gracie, que acompanhava o relator, pediu vista dos autos o Min. Celso de Mello.
HC 86604/PA, rel. Min. Gilmar Mendes, 14.6.2010. (HC-86604) (Inform. STF 591)

Princípio do Juiz Natural: Vacância e Juiz Instrutor - 3
Em conclusão, a 2ª Turma, por maioria, denegou *habeas corpus* em que pleiteada, sob a alegação de ofensa ao princípio do juiz natural, a nulidade absoluta da ação penal, a partir do primeiro despacho proferido por juiz autorizado para oficiar no feito – v. Informativo 591. Salientou-se que a designação do juiz prolator da pronúncia, em caráter exclusivo, pelo Presidente do Tribunal do Estado do Pará, mediante portaria, estaria fundamentada em Código Judiciário do Estado e no Regimento Interno daquele tribunal, o que não configuraria constrangimento ilegal. Ressaltou-se que a designação objetivara suprimir uma omissão existente diante do grave fato ocorrido e da falta de juiz para assumir a Comarca de Curionópolis. Reputou-se, ainda, que o caso demandava uma solução para o estado de inércia em que se encontrava o processo e que a designação homenagearia o devido processo legal, assegurando uma duração razoável do processo. Por fim, não se vislumbrou qualquer indicação de parcialidade por parte do tribunal ou do magistrado designado na condução do feito. Vencido o Min. Celso de Mello, que deferia, em parte, o pedido por considerar violado o princípio do juiz natural, em virtude de não haver um critério previamente definido que pautasse o ato de designação por parte do Presidente do TJ/PA. E, em consequência, declarava a nulidade do processo-crime em trâmite no aludido juízo — relativamente ao ora paciente — em ordem a invalidar, a partir da data de designação da magistrada para responder pela comarca, todos os atos processuais, inclusive os de conteúdo decisório. HC 86604/PA, rel. Min. Gilmar Mendes, 28.6.2011. (HC-86604) (Inform. STF 633)

HC N. 102.556-DF
RELATOR: MIN. MARCO AURÉLIO
INVESTIGAÇÃO – POSTURA DO INVESTIGADO. Ao investigado assiste o direito de permanecer calado sem que isso possa resultar em desobediência. ACUSADO – ASSISTÊNCIA TÉCNICA. O acusado, quer em inquérito criminal, quer em ação penal, tem o direito de fazer-se acompanhado por profissional da advocacia e com ele comunicar-se. (Inform. STF 633)

HC N. 104.075-SE
REDATOR P/ O ACÓRDÃO: MIN. LUIZ FUX
EMENTA: PROCESSO PENAL. *HABEAS CORPUS*. TORTURA. CONDENAÇÃO. ALEGAÇÃO DE INÉPCIA DA DENÚNCIA. PRINCÍPIO DA IDENTIDADE FÍSICA DO JUIZ. APLICAÇÃO A PARTIR DA VIGÊNCIA DA LEI Nº 11.719/2008. *TEMPUS REGIT ACTUM*. DECISÃO COMPATÍVEL COM A PROVA DOS AUTOS. DENEGAÇÃO DA ORDEM. 1. A utilização do *habeas corpus* em substituição ao recurso extraordinário, sem qualquer excepcionalidade que permita a preterição do meio de impugnação previsto pela Lei, configura banalização da garantia constitucional, motivo pelo qual deve ser combatida. 2. A aplicação do princípio da identidade física do juiz no processo penal antes do advento da Lei nº 11.719/08, sob a perspectiva da instrumentalidade das formas, impunha reconhecer nulidade apenas no caso de patente descompasso entre a decisão e as provas colhidas. (HC 74.131/MG, rel. Min. Moreira Alves, DJ de 18/10/1996) 3. *In casu*, a sentença condenatória foi proferida em consonância com as provas dos autos. 4. O princípio *tempus regit actum*, a nortear o conflito de leis processuais penais puras no tempo, impede a aplicação retroativa da regra que impõe a identidade física do juiz, introduzida no CPP após o advento da sentença condenatória proferida em desfavor dos pacientes. 5. Ordem denegada. (Inform. STF 633)

HC e uso de documento falso
A 2ª Turma denegou *habeas corpus* em que pleiteada a atipicidade da conduta descrita como uso de documento falso (CP, art. 304). Na espécie, a defesa alegava que o paciente apresentara Registro Geral falsificado a policial a fim de ocultar sua condição de foragido, o que descaracterizaria o referido crime. Inicialmente, reconheceu-se que o princípio da autodefesa tem sido aplicado em casos de delito de falsa identidade (CP, art. 307). Ressaltou-se, entretanto, que não se confundiria o crime de uso de documento falso com o de falsa identidade, porquanto neste último não haveria apresentação de qualquer documento, mas tão-somente a alegação falsa quanto à identidade. HC 103314/MS, rel. Min. Ellen Gracie, 24.5.2011. (HC-103314) (Inform. STF 628)

Uso de algemas e fundamentação
A 2ª Turma indeferiu *habeas corpus* impetrado em favor de paciente que permanecera algemada durante a realização de audiência. Na espécie, a paciente fora condenada pelo crime previsto no art. 35 da Lei 11.343/2006 por integrar organização criminosa voltada ao tráfico de entorpecentes. Aludiu-se às informações do juízo criminal de que, em nenhum momento, a paciente e seu advogado teriam sido impedidos de se comunicar durante a audiência e de que não houvera objeção quanto a isso por parte da defesa. Assentou-se inexistir desrespeito à Súmula Vinculante 11 ("*Só é lícito o uso de algemas em casos de resistência e de fundado receio de fuga ou de perigo à integridade física própria ou alheia, por parte do preso ou de terceiros, justificada a excepcionalidade por escrito, sob pena de responsabilidade disciplinar, civil e penal do agente ou da autoridade e de nulidade da prisão ou do ato processual a que se refere, sem prejuízo da responsabilidade civil do Estado*"). Ademais, salientou-se que a magistrada consignara, no termo de audiência, a determinação para que os réus permanecessem algemados. Asseverou-se que a decisão daquele juízo teria sido suficientemente fundamentada, porquanto se mostraria necessária ao desenvolvimento regular do próprio ato e à segurança dos presentes. Entendeu-se, no ponto, que seria razoável a menção à presença de muitos advogados e funcionários, tendo em conta o fato de haver mais de 10 réus na audiência, com a agravante de que pertenceriam a uma facção criminosa muito atuante no Estado de São Paulo. Ressaltou-se, por fim, que não seria possível inverter o entendimento da magistrada sobre a situação do fórum — uma cidade do interior — sem o exame de fatos e provas, não cabível na via eleita. O Min. Ayres Britto considerou a ausência de efetivo prejuízo processual à paciente e o espectro limitado do *writ*. O Min. Gilmar Mendes, por sua vez, reputou justificada a medida do uso de algemas, todavia, ponderou que seria possível uma eventual reavaliação, nos casos de notório abuso, para aplicar a Súmula Vinculante 11 na sua integralidade. HC 103003/SP, rel. Min. Ellen Gracie, 29.3.2011. (HC-103003) (Inform. STF 621)

HC N. 105.335-SP
RELATOR: MIN. DIAS TOFFOLI
EMENTA : *Habeas corpus*. Constitucional. Excesso de prazo para julgamento do *habeas* no Superior Tribunal de Justiça não configurado. Precedentes.
1. Não havendo, nos autos, comprovação de que eventual demora para o julgamento do **habeas corpus** impetrado ao Superior Tribunal de Justiça estaria ocorrendo por inércia daquela Corte, não há como caracterizar-se a negativa de prestação jurisdicional.
2. Ordem denegada. (Inform. STF 621)

HC N. 106.539-MG
RELATOR : MIN. RICARDO LEWANDOWSKI
Ementa: *HABEAS CORPUS*. PROCESSUAL PENAL. ALEGAÇÃO DE DEMORA NO JULGAMENTO DO MÉRITO DE *WRIT* PELO SUPERIOR TRIBUNAL DE JUSTIÇA. EXCESSO DE IMPETRAÇÕES NA CORTE SUPERIOR PENDENTES DE JULGAMENTO. FLEXIBILIZAÇÃO DO PRINCÍPIO CONSTITUCIONAL DA RAZOÁVEL DURAÇÃO DO PROCESSO QUE SE MOSTRA COMPREENSÍVEL. ORDEM DENEGADA.
I – O excesso de trabalho que assoberba o STJ permite a flexibilização, em alguma medida, do princípio constitucional da razoável duração do processo. Precedentes.
II – A concessão da ordem para determinar o julgamento do *writ* na Corte *a quo* poderia redundar na injustiça de determinar-se que a impetração manejada em favor do paciente seja colocada em posição privilegiada com relação a de outros jurisdicionados.
III – Ordem denegada. (Inform. STF 621)

EMENTA: PROMOTOR NATURAL. POSTULADO QUE SE REVELA **IMANENTE** AO SISTEMA CONSTITUCIONAL BRASILEIRO. **A DUPLA VOCAÇÃO** DESSE PRINCÍPIO: **ASSEGURAR**, AO MEMBRO DO MINISTÉRIO PÚBLICO, **O EXERCÍCIO** PLENO E INDEPENDENTE DE SEU OFÍCIO **E PROTEGER** O RÉU **CONTRA** O *ACUSADOR DE EXCEÇÃO* (**RTJ**) 150/123-124). **OCORRÊNCIA DE OPINIÕES COLIDENTES MANIFESTADAS**, *EM MOMENTOS SUCESSIVOS*, POR PROCURADORES DE JUSTIÇA **OFICIANTES** NO MESMO PROCEDIMENTO RECURSAL. **POSSIBILIDADE JURÍDICA** DESSA DIVERGÊNCIA OPINATIVA. **PRONUNCIAMENTOS** *QUE SE LEGITIMAM* EM FACE *DA AUTONOMIA INTELECTUAL* **QUE QUALIFICA** A ATUAÇÃO DO MEMBRO DO MINISTÉRIO PÚBLICO. SITUAÇÃO **QUE NÃO TRADUZ** OFENSA AO POSTULADO *DO PROMOTOR NATURAL*. **SIGNIFICADO** DOS PRINCÍPIOS CONSTITUCIONAIS DA UNIDADE **E** DA INDIVISIBILIDADE DO MINISTÉRIO PÚBLICO. "*HABEAS CORPUS*" PARCIALMENTE *CONHECIDO* **E**, *NESSA PARTE*, **INDEFERIDO**. HC 102147/GO,
RELATOR: Min. Celso de Mello, j. 20.12.10. (Inform. STF 613)

Superior Tribunal de Justiça

PRINCÍPIO. IDENTIDADE FÍSICA. JUIZ. SENTENÇA. FÉRIAS.
Os impetrantes sustentam a ocorrência de constrangimento ilegal ao argumento de que não teria sido observado o princípio da identidade física do juiz, previsto no art. 399, § 2º, do CPP, visto que o magistrado sentenciante não teria sido o mesmo que presidiu a instrução criminal. Na hipótese, o juiz titular estava em gozo de férias e de alguns dias de compensação, e a sentença foi proferida por juiz diverso em data quando o juiz titular já havia retomado suas funções. A Turma entendeu que, de acordo com o referido princípio, aplicado no âmbito do processo penal somente com o advento da Lei n. 11.719/2008, o magistrado que presidir a instrução criminal deverá sentenciar o feito, ou seja, o juiz que colher a prova fica vinculado ao julgamento da causa, por entender-se que seria mais fiel ao sentido do conjunto probatório, porquanto em contato direto com a prova, do que aquele que dele tomasse conhecimento apenas pelos elementos dos autos. Assim, diante da ausência de outras normas específicas que regulamentem o mencionado dispositivo legal, o STJ entende dever ser admitida a mitigação do aludido princípio nos casos de convocação, licença, promoção, aposentadoria ou afastamento por qualquer motivo que impeça o juiz que presidiu a instrução a sentenciar o feito, por aplicação analógica, devidamente autorizada pelo art. 3º do CPP, da regra contida no art. 132 do CPC. Ao prosseguir o julgamento, a Turma concedeu a ordem para anular a sentença proferida contra o paciente. **HC 185.859-SP, Rel. Min. Sebastião Reis Júnior, julgado em 13/9/2011.** (Inform. STJ 483)

PRINCÍPIO. IDENTIDADE FÍSICA. JUIZ. SENTENÇA. FÉRIAS.
O princípio da identidade física do juiz passou a ser aplicado também no âmbito do Direito Penal a partir da Lei n. 11.719/2008, que incluiu o § 2º no art. 399 do CPP ao dispor que o magistrado que presidir a instrução criminal deverá proferir a sentença no feito. Contudo, o aludido princípio não tem aplicação absoluta. O STJ vem admitindo mitigação do aludido princípio nos casos de convocação, licença, promoção ou de outro motivo que impeça o juiz que tiver presidido a instrução de sentenciar o feito, aplicando, por analogia, o art. 132 do CPC. Assim, em razão do princípio da identidade física do juiz, a sentença deverá, em regra, ser proferida pelo magistrado que participou de produção das provas durante o processo criminal, admitindo-se, excepcionalmente, que juiz diverso o faça quando aquele estiver impossibilitado de realizar o ato em razão das hipóteses acima narradas. No caso, o juiz prolator de sentença encontrava-se em gozo de férias regulamentares. Daí, ao prosseguir o julgamento, a Turma, por maioria, concedeu a ordem para anular a sentença proferida contra o paciente, pois caberia ao magistrado substituto fazê-lo, inexistindo motivos que justifiquem a prolação de sentença durante o período de descanso regulamentar. Precedente citado: HC 163.425-RO, DJe 6/9/2010. **HC 184.838-MG, Rel. Min. Jorge Mussi, julgado em 4/8/2011.** (Inform. STJ 480)

HC. ANULAÇÃO. EDCL. OFENSA. JUIZ NATURAL.
O paciente foi pronunciado como incurso nas sanções do art. 121, *caput*, c/c o art. 70, ambos do CP, por ter causado acidente automobilístico com morte em razão de ingestão de bebida alcoólica. Contra a decisão de pronúncia, a defesa interpôs recurso em sentido estrito para o TJ, a que foi negado seguimento; houve embargos de declaração (EDcl) que também não foram acolhidos. Então, a defesa interpôs recurso especial ao qual foi negado seguimento, dando ensejo a agravo de instrumento ao STJ. No *habeas corpus*, busca a defesa do paciente o reconhecimento da nulidade dos julgamentos do recurso em sentido estrito e dos EDcl por alegada ofensa ao princípio do juiz natural. Segundo consta dos autos, foi convocado pela presidência do TJ um juiz para responder pelo cargo vago de desembargador em decorrência de aposentadoria. Para o Min. Relator, ao contrário do que foi consignado na impetração, o decreto de convocação foi referendado pela corte especial do TJ nos termos do art. 118 da Loman (LC n. 35/1979). Também explica não haver violação do regimento interno do TJ, que, após a emenda regimental n. 4, passou a exigir somente que o juiz convocado seja da capital. No entanto, assevera existir a apontada nulidade do julgamento dos EDcl, haja vista que, na data do julgamento, o magistrado não se encontrava mais em substituição, inclusive, à época, já havia outro magistrado convocado. Dessa forma, a Turma, por maioria, anulou os EDcl decididos por órgão julgador do qual fazia parte magistrado que não estava mais no exercício da substituição de desembargador aposentado por revelar constrangimento ilegal diante da não observância do princípio do juiz natural, determinando que outro seja realizado dentro das normas legais e regimentais pertinentes. Precedentes citados: HC 109.456-DF, DJe 20/10/2009, e HC 97.623-AL, DJe 30/6/2008. **HC 134.463-GO, Rel. Min. Jorge Mussi, julgado em 7/6/2011.** (Inform. STJ 476)

PRINCÍPIO. IDENTIDADE FÍSICA. JUIZ. ART. 399, § 2º, DO CPP. ART. 132 DO CPC.

O princípio da identidade física do juiz, introduzido no sistema penal brasileiro pela Lei n. 11.719/2008 (art. 399, § 2º, do CPP), deve ser observado em consonância com o art. 132 do CPC. Assim, em razão de férias da juíza titular da vara do tribunal do júri, foi designado juiz substituto que realizou o interrogatório do réu e proferiu a decisão de pronúncia, fato que não apresenta qualquer vício a ensejar a nulidade do feito. Daí, a Turma denegou a ordem. Precedente citado: HC 163.425-RO, DJe 6/9/2010. **HC 161.881-RS, Rel. Min. Laurita Vaz, julgado em 17/5/2011.** (Inform. STJ 473)

HC. INTERROGATÓRIO. LEI N. 11.719/2008.

A impetração busca a imediata aplicação da Lei n. 11.719/2008, uma vez que a audiência para o interrogatório do paciente e demais corréus (todos indiciados pela prática de roubo triplamente circunstanciado, em concurso material por seis vezes, além de, em tese, integrarem bando armado), embora estivesse agendada sob a égide de lei anterior, deu-se, conforme consta da ata da audiência, um dia após entrar em vigor a citada lei, em 22/8/2011. Na ocasião, o juiz, instado pelo defensor, não redesignou o ato para depois da instrução, momento apropriado nos moldes da novel legislação, ao argumento de que, nos termos do art. 196 do CPP, ao juiz é dado estabelecer quando realizará o interrogatório. Contra essa decisão, foi impetrado *habeas corpus*, mas o tribunal *a quo*, por maioria, manteve-a. Assevera a Min. Relatora que, superado o período de *vacatio legis*, a Lei n. 11.719/2008 (que reformou o CPP) incide imediatamente sobre os feitos em curso. Por esse motivo, o interrogatório, como meio de defesa, passou a ser realizado somente ao final da instrução para que o acusado possa exercer sua ampla defesa, não podendo o momento do interrogatório ficar ao arbítrio do juiz. Explica que o art. 196 do CPP apenas confere ao juiz a possibilidade de reinterrogar o réu, de ofício ou a pedido das partes. A Turma, bem como a Min. Relatora, acolheu o parecer do subprocurador-geral da República e, ratificada a liminar, concedeu a ordem em menor extensão, pois devem permanecer hígidos os atos posteriores ao interrogatório tido por nulo, mas ficou assegurado ao paciente e demais corréus o direito de serem interrogados ao final da ação penal, como determina a nova sistemática processual da citada lei. Precedente citado: HC 120.197-PE, DJe 16/2/2009. **HC 123.958-MG, Rel. Min. Maria Thereza de Assis Moura, julgado em 26/4/2011.** (Inform. STJ 470)

INTERROGATÓRIO. LEI ESPECIAL. CPP.

O paciente é detentor do foro privilegiado por prerrogativa de função (prefeito) e, por isso, encontra-se processado sob o rito da Lei n. 8.038/1990, pela prática de gestão temerária. Dessa forma, logo se percebe tratar de procedimento especial em relação ao comum ordinário previsto no CPP, cujas regras, em razão do princípio da especialidade, devem ser afastadas na hipótese. Não se olvida que o § 5º do art. 394 do CPP traz a ressalva de aplicar-se subsidiariamente o rito ordinário nos procedimentos especial, sumário e sumaríssimo nos casos em que há omissões ou lacunas; contudo, quanto aos arts. 395 a 397 do CPP, por exemplo, alguns doutrinadores entendem que eles somente podem incidir no primeiro grau, não atingindo os procedimentos de competência originária dos tribunais. Na hipótese, busca-se novo interrogatório do paciente, agora ao final da instrução processual, tal qual determina o art. 400 do CPP. Sucede que o art. 7º da Lei n. 8.038/1990 prevê momento específico para a inquirição do réu (após o recebimento da denúncia ou queixa) e, constatado não haver quanto a isso lacuna ou omissão nessa lei especial, não há falar em aplicação do mencionado artigo do CPP. Mesmo que se admitisse a incidência do art. 400 do CPP à hipótese, anote-se que o réu foi ouvido antes da vigência da Lei n. 11.719/2008, que trouxe o interrogatório do réu como o último ato da instrução e, como consabido, não é possível a aplicação retroativa dessa norma de caráter procedimental. Precedente citado: HC 152.456-SP, DJe 31/5/2010. **HC 121.171-SP, Rel. Min. Jorge Mussi, julgado em 22/3/2011.** (Inform. STJ 467)

IDENTIDADE FÍSICA. JUIZ. PROCESSO PENAL.

A Turma denegou a ordem de *habeas corpus*, reiterando que o princípio da identidade física do juiz, aplicável no processo penal com o advento do § 2º do art. 399 do CPP, incluído pela Lei n. 11.719/2008, pode ser excetuado nas hipóteses em que o magistrado que presidiu a instrução encontra-se afastado por um dos motivos dispostos no art. 132 do CPC – aplicado subsidiariamente, conforme permite o art. 3º do CPP, em razão da ausência de norma que regulamente o referido preceito em matéria penal. Precedente citado: HC 163.425-RO, DJe 6/9/2010. **HC 133.407-RS, Rel. Min. Jorge Mussi, julgado em 3/2/2011.** (Inform. STJ 461)

2.2. INQUÉRITO POLICIAL

Súmula Vinculante 14 e acesso a mídias danificadas
Por reputar violada a Súmula Vinculante 14 ("*É direito do defensor, no interesse do representado, ter acesso amplo aos elementos de prova que, já documentados em procedimento investigatório realizado por órgão com competência de polícia judiciária, digam respeito ao exercício do direito de defesa*"), o Plenário julgou procedente pedido formulado em reclamação para conceder ao reclamante acesso aos documentos apreendidos na sede de empresa, da qual diretor-presidente, em especial, ao conteúdo de mídias supostamente vazias ou danificadas. Na espécie, o juízo de origem permitira a disponibilização de parte dos arquivos recolhidos — em investigações procedidas na denominada "Operação Satiagraha" —, selecionada por peritos da polícia federal, sob a assertiva de que o restante das mídias estaria corrompido, a impedir o espelhamento pretendido pela defesa. Asseverou-se que, sendo o espelhamento o meio adequado para viabilizar o acesso ao conteúdo das mídias danificadas e para comprovar quais estariam realmente vazias, não poderia o magistrado opor resistência à efetivação dessa medida, para não inviabilizar o contato do reclamante com elementos de prova, em cerceio a sua defesa. Rcl 9324/SP, rel. Min. Cármen Lúcia, 24.11.2011. (Rcl-9324) (Inform. STF 649)

Condução coercitiva de pessoa à delegacia - 1
A 1ª Turma denegou, por maioria, *habeas corpus* impetrado em favor de paciente que fora conduzido à presença de autoridade policial, para ser inquirido sobre fato criminoso, sem ordem judicial escrita ou situação de flagrância, e mantido custodiado em dependência policial até a decretação de sua prisão temporária por autoridade competente. A impetração argumentava que houvera constrangimento ilegal na fase inquisitiva, bem como nulidades no curso da ação penal. Em conseqüência, requeria o trancamento desta. Verificou-se, da leitura dos autos, que esposa de vítima de latrocínio marcara encontro com o paciente, o qual estaria na posse de cheque que desaparecera do escritório da vítima no dia do crime. A viúva, então, solicitara a presença de policial para acompanhar a conversa e, dessa forma, eventualmente, chegar-se à autoria do crime investigado. Ante as divergências entre as versões apresentadas por aquela e pelo paciente, durante o diálogo, todos foram conduzidos à delegacia para prestar esclarecimentos. Neste momento, fora confessado o delito. Assentou-se que a própria Constituição asseguraria, em seu art. 144, § 4º, às polícias civis, dirigidas por delegados de carreira, as funções de polícia judiciária e a apuração de infrações penais. O art. 6º, II a VI, do CPP, por sua vez, estabeleceria as providências a serem tomadas pelas autoridades referidas quando tivessem conhecimento da ocorrência de um delito. Assim, asseverou-se ser possível à polícia, autonomamente, buscar a elucidação de crime, sobretudo nas circunstâncias descritas. Enfatizou-se, ainda, que os agentes policiais, sob o comando de autoridade competente (CPP, art. 4º), possuiriam legitimidade para tomar todas as providências necessárias, incluindo-se aí a condução de pessoas para prestar esclarecimentos, resguardadas as garantias legais e constitucionais dos conduzidos. Observou-se que seria desnecessária a invocação da teoria dos poderes implícitos. HC 107644/SP, rel. Min. Ricardo Lewandowski, 6.9.2011. (HC-107644)

Condução coercitiva de pessoa à delegacia - 2
Passou-se, em seguida, à análise das demais alegações do impetrante. No tocante ao uso de algemas, entendeu-se que fora devidamente justificado. Afastou-se a assertiva de confissão mediante tortura, porquanto, após decretada a prisão temporária, o paciente fora submetido a exame no Instituto Médico Legal, em que não se constatara nenhum tipo de lesão física. Assinalou-se não haver evidência de cerceamento de defesa decorrente do indeferimento da oitiva das testemunhas arroladas pelo paciente e do pedido de diligências, requeridos a destempo, haja vista a inércia da defesa e a consequente preclusão dos pleitos. Além disso, consignou-se que a jurisprudência desta Corte firmara-se no sentido de não haver cerceamento ao direito de defesa quando magistrado, de forma fundamentada, lastreada em elementos de convicção existentes nos autos, indefere pedido de diligência probatória que repute impertinente, desnecessária ou protelatória. Explicitou-se que a defesa do paciente não se desincumbira de indicar, oportunamente, quais elementos de provas pretendia produzir para absolvê-lo. Desproveu-se, também, o argumento de que houvera inversão na ordem de apresentação das alegações finais, porque a magistrada, em razão de outros documentos juntados pela defesa nessa fase, determinara nova vista dos autos ao Ministério Público, o que não implicaria irregularidade processual. Considerou-se que, ao contrário, dera-se a estrita observância aos princípios do devido processo legal e do contraditório. Ademais, reputou-se suficientemente motivada a prisão cautelar. O Min. Dias Toffoli acompanhou o relator, ante a peculiaridade da espécie. Acrescentou que a condução coercitiva do paciente visara a apuração de infração penal gravíssima, em vista de posse de objeto de subtração que estivera em poder da vítima antes de sua morte. Mencionou que se poderia aplicar, à situação dos autos, a teoria dos poderes implícitos. Apontou que alguns teóricos classificariam esse proceder, que não teria significado de prisão, como custódia ou retenção. Por fim, destacou que o STJ desprovera o último recurso do réu, mediante decisão transitada em julgado. Vencido o Min. Marco Aurélio, que concedia a ordem. HC 107644/SP, rel. Min. Ricardo Lewandowski, 6.9.2011. (HC-107644) (Inform. STF 639)

EMENTA: *PERSECUÇÃO PENAL* E *DELAÇÃO ANÔNIMA*. **DOUTRINA**. **PRECEDENTES**. **PRETENDIDA EXTINÇÃO DO PROCEDIMENTO PENAL. DESCARACTERIZAÇÃO**, *NA ESPÉCIE*, **DA PLAUSIBILIDADE JURÍDICA DO PEDIDO. MEDIDA CAUTELAR INDEFERIDA**.
- **As autoridades públicas não podem** iniciar **qualquer** medida de persecução (penal **ou** disciplinar), **apoiando-se**, *unicamente*, para tal fim, em peças apócrifas **ou** em escritos anônimos. **É por essa razão** que o **escrito anônimo não autoriza**, *desde que isoladamente considerado*, **a imediata instauração** de *"persecutio criminis"*.
- **Peças apócrifas** não podem ser formalmente incorporadas a procedimentos **instaurados** pelo Estado, *salvo* quando forem produzidas **pelo acusado ou**, *ainda*, **quando constituírem**, *elas próprias*, **o corpo de delito** (*como sucede* com bilhetes de resgate no crime de extorsão mediante seqüestro, *ou como ocorre* com cartas que evidenciem a prática de crimes contra a honra, **ou** que corporifiquem o delito de ameaça **ou que materializem** o *"crimen falsi"*, **p.ex.**).
- **Nada impede**, *contudo*, **que o Poder Público**, *provocado* por delação anônima (*"disque-denúncia"*, p. ex.), **adote** medidas **informais** destinadas a apurar, *previamente*, em averiguação sumária, *"com prudência e discrição"*, **a possível** ocorrência *de eventual* situação de ilicitude penal, *desde que o faça* com o objetivo **de conferir a verossimilhança** dos fatos nela denunciados, *em ordem a promover*, *então*, em caso positivo, a formal instauração da *"persecutio criminis"*, **mantendo-se**, *assim*, **completa desvinculação** desse procedimento estatal **em relação** às peças apócrifas.
- **Diligências prévias** que, **promovidas** pelo Departamento de Polícia Federal, *revelariam* a preocupação da Polícia Judiciária **em observar**, *com cautela* **e** *discrição*, **as diretrizes jurisprudenciais** estabelecidas, **em tema** *de delação anônima*, pelo Supremo Tribunal Federal **e** pelo Superior Tribunal de Justiça. HC 106664 MC/SP. RELATOR: MIN. CELSO DE MELLO. DJ 23.05.11. (Inform. STF 629)

Inquérito policial: sigilo e direito de vista - 1
O Plenário, por maioria, desproveu agravo regimental interposto de decisão do Min. Joaquim Barbosa, proferida nos autos de ação penal, da qual relator, movida pelo Ministério Público Federal contra diversas pessoas acusadas da suposta prática de crimes ligados ao esquema denominado "Mensalão". A decisão questionada indeferira pleito defensivo em que se pretendia fossem expedidos ofícios com o objetivo de cotejar a rotina de instituição financeira envolvida no caso com a de outras, na tentativa de demonstrar que as práticas adotadas por aquela seriam semelhantes às demais, ou mesmo mais rigorosas. A defesa também requeria acesso aos autos de outro inquérito, que tramita em segredo de justiça, instaurado a partir de relatório elaborado por comissão parlamentar mista de inquérito, após o oferecimento da denúncia que originara a ação penal de que se cuida. AP 470 Décimo Quinto AgR/MG, rel. Min. Joaquim Barbosa, 12.5.2011. (AP-470)

Inquérito policial: sigilo e direito de vista - 2
Em relação às diligências solicitadas, reputou-se que, ainda que se provasse que as práticas adotadas por dirigentes de outras instituições financeiras análogas fossem semelhantes àquelas atribuídas aos agravantes na mesma época — de modo a concluir que também poderiam, em tese, ser consideradas ilícitas —, esse fato não teria o condão de tornar lícitas condutas similares, como as imputadas aos agravantes. Por essa razão, entendeu-se que as provas que se pretendia produzir não seriam necessárias para o julgamento do caso. Por sua vez, no tocante ao acesso aos autos sigilosos, ressaltou-se que os recorrentes não estariam sob investigação naquele procedimento, que trataria, inclusive, de fatos diversos daqueles apurados na presente ação. Vencidos os Ministros Celso de Mello, Marco Aurélio e Dias Toffoli, que davam parcial provimento ao agravo apenas para garantir aos agravantes acesso aos autos sob sigilo. No ponto, destacou o Min. Celso de Mello que caberia aos acusados, em observância ao direito à prova, julgar se os elementos de informação colhidos seriam, ou não, pertinentes à defesa. Afirmou que eventual acesso formal, por meio de advogado, aos autos, não comprometeria as investigações, visto que não haveria procedimentos em curso — tais como interceptações telefônicas. Enfatizou que a concessão do pedido, em consonância com a ampla defesa e com a paridade de armas, não procrastinaria o andamento da ação penal em questão e que o processo encontrar-se-ia no momento próprio para a realização de diligências. AP 470 Décimo Quinto AgR/MG, rel. Min. Joaquim Barbosa, 12.5.2011. (AP-470) (Inform. STF 626)

HC N. 93.930-RJ
RELATOR: MIN. GILMAR MENDES
Habeas corpus. 2. Poder de investigação do Ministério Público. 3. Suposto crime de tortura praticado por policiais militares. 4. Atividade investigativa supletiva aceita pelo STF. 5. Ordem denegada. (Inform. STF 614)

CRIME CONTRA FLORA. INDICIAMENTO POSTERIOR. DENÚNCIA.
O paciente foi denunciado como incurso nas penas do art. 38 da Lei n. 9.605/1998 por ter danificado área de floresta em formação considerada de preservação permanente, fatos supostamente ocorridos em 2/10/2007. No *habeas corpus*, o impetrante/paciente busca que seja determinada a revogação do seu indiciamento formal após já ter sido oferecida a denúncia sobre os mesmos fatos. Registra o Min. Relator que, por ocasião da impetração do *writ* (no STJ) ainda não havia julgamento do HC originário impetrado no tribunal de origem; somente depois sobreveio o acórdão denegando a ordem, motivo pelo qual examina esse *habeas corpus* como substitutivo de recurso ordinário. Observa ser cediço que este Superior Tribunal, em reiterados julgados, vem afirmando seu posicionamento jurisprudencial de que caracteriza constrangimento ilegal o formal indiciamento do paciente que já teve contra si oferecida denúncia, como no caso, inclusive esta já foi recebida pelo juízo *a quo*. Diante do exposto, a Turma concedeu a ordem. Precedentes citados: RHC 21.657-SP, DJe 15/3/2010, e HC 145.935-SP, DJe 7/6/2010. **HC 179.951-SP, Rel. Min. Gilson Dipp, julgado em 10/5/2011 (ver Informativo n. 471).** (Inform. STJ 472)

DENÚNCIA. RECEBIMENTO. INDICIAMENTO.
A jurisprudência do STJ diz que o indiciamento formal dos acusados após o recebimento da denúncia os submete a ilegal e desnecessário constrangimento, visto não mais se justificar tal procedimento próprio da fase inquisitorial quando a ação penal já se encontra em curso. Precedentes citados: HC 174.576-SP, DJe 18/10/2010, e HC 92.117-SP, DJe 18/12/2009. **HC 182.455-SP, Rel. Min. Haroldo Rodrigues (Desembargador convocado do TJ-CE), julgado em 5/5/2011.** (Inform. STJ 471)

INQUÉRITO POLICIAL. ARQUIVAMENTO. COISA JULGADA MATERIAL.
Cuida-se de *habeas corpus* em que se discute, em síntese, se a decisão que determina o arquivamento do inquérito policial no âmbito da Justiça comum, reconhecendo a atipicidade do fato e a incidência de cláusula excludente da ilicitude, impede o recebimento da denúncia pelo mesmo fato perante a Justiça especializada, no caso a Justiça Militar. A Turma concedeu a ordem ao entendimento de que a decisão de arquivamento do inquérito policial no âmbito da Justiça comum, acolhendo promoção ministerial no sentido da atipicidade do fato e da incidência de causa excludente de ilicitude, impossibilita a instauração de ação penal na Justiça especializada, uma vez que o Estado-Juiz já se manifestou sobre o fato, dando-o por atípico, o que enseja coisa julgada material. Registrou-se que, mesmo tratando-se de decisão proferida por juízo absolutamente incompetente, deve-se reconhecer a prevalência dos princípios do *favor rei*, *favor libertatis* e *ne bis in idem*, de modo a preservar a segurança jurídica que o ordenamento jurídico demanda. Precedentes citados do STF: HC 86.606-MS, DJ 3/8/2007; do STM: CP-FO 2007.01.001965-3-DF, DJ 11/1/2008; do STJ: APn 560-RJ, DJe 29/10/2009; HC 90.472-RS, DJe 3/11/2009; RHC 17.389-SE, DJe 7/4/2008; HC 36.091-RJ, DJ 14/3/2005, e HC 18.078-RJ, DJ 24/6/2002. **HC 173.397-RS, Rel. Min. Maria Thereza de Assis Moura, julgado em 17/3/2011.** (Inform. STJ 466)

PODERES. INVESTIGAÇÃO. MP.
A Turma deu provimento ao recurso por entender, entre outras questões, que o Ministério Público possui legitimidade para proceder à coleta de elementos de convicção no intuito de elucidar a materialidade do crime e os indícios da autoria. Proceder à referida colheita é um consectário lógico da própria função do *Parquet* de promover, com exclusividade, a ação penal. A polícia judiciária não possui o monopólio da investigação criminal. O art. 4º, parágrafo único, do CP não excluiu a competência de outras autoridades administrativas ao definir a competência da polícia judiciária. Assim, no caso, é possível ao órgão ministerial oferecer denúncias lastreadas nos procedimentos investigatórios realizados pela Procuradoria de Justiça de combate aos crimes praticados por agentes políticos municipais. Precedentes citados do STF: RE 468.523-SC, DJe 19/2/2010; do STJ: HC 12.704-DF, DJ 18/11/2002; HC 24.493-MG, DJ 17/11/2003, e HC 18.060-PR, DJ 26/8/2002. **REsp 1.020.777-MG, Rel. Min. Laurita Vaz, julgado em 17/2/2011.** (Inform. STJ 463)

2.3. AÇÃO PENAL

TRANCAMENTO AÇÃO PENAL E FALTA DE JUSTA CAUSA.
A Turma concedeu a ordem para determinar o trancamento da ação penal proposta contra a paciente, pela suposta prática do crime previsto no art. 90 c/c art. 84, § 2º, ambos da Lei n. 8.666/1993, por ausência de justa causa à persecução criminal. De início, observou-se que o trancamento da ação penal, em sede de *habeas corpus*, constitui medida excepcional admissível apenas quando, de plano, se constata falta de justa causa para o seu prosseguimento, seja em razão da atipicidade do fato imputado ao denunciado, seja diante da ausência de elementos que emprestem alguma

base à investigação. Na espécie, de uma simples leitura da denúncia, verificou-se que a paciente não cometeu qualquer infração penal. Constatou-se que, no exercício de suas funções como procuradora autárquica, ela limitou-se a exarar parecer, em um único ponto, divergente da manifestação de outro colega. Aduziu-se que, além de apresentar motivação adequada para sua discordância, a denunciada não teve qualquer capacidade decisória sobre as manifestações apresentadas. Concluiu-se, portanto, que não se pode imputar à paciente a prática de conduta delituosa apenas por ter emitido parecer opinativo discordante de outro Procurador. **HC 185.591-DF, Rel. Min. Adilson Vieira Macabu (Desembargador Convocado do TJ/RJ), julgado em 20/10/2011.** (Inform. STJ 485)

RCL. QUEIXA-CRIME. PROCURAÇÃO. FATO CRIMINOSO.
Trata-se de reclamação (Rcl) em que o reclamante insurge-se contra a decisão de Juizado Especial Criminal confirmada em apelação a qual rejeitou queixa-crime por ele apresentada sob o fundamento de que não teria indicado, na procuração outorgada ao seu patrono, o fato criminoso em toda sua extensão. A Seção conheceu da reclamação e julgou procedente o pedido por entender que a decisão impugnada de fato está divergente da jurisprudência do STJ. Assim, reiterou que a procuração outorgada pelo reclamante ao seu advogado, para fins de ingresso com queixa-crime, não requer a descrição pormenorizada do fato criminoso. Precedentes citados: HC 83.543-GO, DJ 8/10/2007; HC 106.423-SC, DJe 17/12/2010; HC 119.827-SC, DJe 19/4/2010; HC 36.843-RJ, DJe 8/6/2009, e HC 36.843-RJ, DJe 6/8/2009. **Rcl 5.478-DF, Rel. Min. Sebastião Reis Júnior, julgada em 14/9/2011.** (Inform. STJ 483)

ACIDENTE. TRÂNSITO. HOMICÍDIO CULPOSO. DENÚNCIA INEPTA. PRESCRIÇÃO.
In casu, o paciente foi denunciado pela suposta prática do delito previsto no art. 302, *caput*, c/c o art. 303, *caput*, por cinco vezes, ambos da Lei n. 9.503/1997 (Código de Trânsito Brasileiro – CTB), na forma do art. 70 do CP. No *habeas corpus*, entre outras alegações, sustenta-se a inépcia da denúncia; pois, a despeito de imputar crime culposo, não descreveu em que consistiu o ato, cerceando, assim, o direito de defesa e de contraditório que possui o paciente. Para o Min. Relator, trata-se, na hipótese, de denúncia inepta, uma vez que não descreveu qual a conduta praticada pelo paciente que decorreria de negligência, imprudência ou imperícia, a qual teria ocasionado a produção do resultado naturalístico. Registrou que não é típico o fato de o paciente ter perdido o controle da direção e ter, em consequência, invadido a contramão. A tipicidade, se houvesse, estaria na causa da perda do controle do veículo. Essa, entretanto, não é mencionada na peça acusatória. Outrossim, verifica-se que se encontra extinta a punibilidade pela prescrição da pretensão punitiva em relação ao delito de lesão corporal culposa (art. 303 do CTB). Isso porque a pena máxima abstratamente cominada para o delito é de seis meses a dois anos de detenção. Portanto, nos termos do art. 109, V, do CP, prescreve em quatro anos, prazo há muito transcorrido desde a data da ocorrência dos fatos, em 4/10/2003. Ressaltou, ainda, que o acréscimo decorrente do concurso formal não é levado em consideração no cálculo da prescrição, pela aplicação da regra do art. 119 do CP. Diante disso, a Turma, por maioria, concedeu a ordem para anular a denúncia, sem prejuízo de oferecimento de outra devidamente corrigida no tocante ao delito tipificado no art. 302 do CTB e, por unanimidade, deferiu *habeas corpus* de ofício, para declarar extinta a punibilidade em relação aos crimes tipificados no art. 303 do mesmo código, nos termos do art. 107, IV, c/c o art. 109, V e o art. 119, do CP. Precedentes citados do STF: HC 86.609-RJ, DJ 23/6/2006; do STJ: HC 91.098-PA, DJe 28/4/2008; HC 8.682-PE, DJ 21/6/1999; REsp 337.747-MG, DJ 16/6/2003, e REsp 73.642-SC, DJ 16/2/1998. **HC 188.023-ES, Rel. Min. Sebastião Reis Júnior, julgado em 1º/9/2011.** (Inform. STJ 482)

PRISÃO PREVENTIVA. DENÚNCIA. PRINCÍPIO. INDIVISIBILIDADE.
A denúncia formulada pelo MP estadual descrevia, além do crime de quadrilha (art. 288 do CP), a prática dos crimes de lavagem de dinheiro ou ocultação de bens, direitos e valores provenientes de crime (art. 1º, V e VII, da Lei n. 9.613/1998) mediante coautoria e continuidade, visto que foram constatadas reiteradas fraudes em licitações de vários órgãos e instituições públicas por meio da corrupção de agentes públicos, a demonstrar a existência de complexa organização criminosa supostamente encabeçada pelo ora paciente. Contudo, apesar de mencionar autoridades estaduais detentoras de foro especial, a denúncia não enumerou, entre os acusados, qualquer um que ostentasse tal privilégio e sequer descreveu condutas que, por sua natureza ou outro motivo, estariam reservadas à competência jurisdicional especial. Assim, é forçoso reconhecer a competência da Justiça comum estadual do local da infração, juízo que lhe decretou a prisão preventiva. A possível participação de agentes que tenham foro especial não deve derivar de suposição subjetiva, mas sim de objetiva acusação inserta na denúncia pelo *Parquet*, a quem cabe, pelo princípio da indivisibilidade da ação penal, a obrigação de denunciar todos os partícipes da ação delituosa: se não o fez é porque não existem indícios contra tais autoridades. Quanto à prisão preventiva, não se desconhece a jurisprudência de que é necessária, na fundamentação do decreto prisional, a identificação e a descrição das condutas e razões objetivas que justifiquem a invocação de qualquer das cláusulas insertas no art. 312 do CPP. Contudo, há situações em que se mostra mais relevante a descrição do

conjunto das ações delituosas (o universo delituoso) do que a discriminação individual das condutas, tal como no caso, particularmente pela atribuição ao paciente da prática do crime de quadrilha. Todavia, vê-se que, apesar da parcimônia com a qual a decisão combatida, apoiada em fatos consistentes e compatíveis com as provas indicadas, descreveu os atos individuais atribuídos ao paciente, há um mínimo de detalhamento das condutas, mostrando-se suficiente a manter a custódia cautelar decretada em garantia à instrução processual (há risco de comprometimento e eliminação de provas, tais como limpezas de arquivos, apagamento de indícios etc.), da aplicação da lei penal (foi apurada a intenção de fuga do paciente, o que levou à determinação de que se retivesse seu passaporte) e da ordem pública (em liberdade, voltaria a delinquir). Com esses fundamentos, ao prosseguir o julgamento, a Turma, por maioria, denegou a ordem. **HC 184.660-SP, Rel. originário Min. Adilson Vieira Macabu (Desembargador convocado do TJ-RJ), Rel. para acórdão Min. Gilson Dipp, julgado em 19/5/2011.** (Inform. STJ 473)

2.4. JURISDIÇÃO E COMPETÊNCIA; CONEXÃO E CONTINÊNCIA

Terras indígenas e conflito de competência
A 2ª Turma iniciou julgamento de recurso extraordinário em que discutida a competência da justiça federal para julgar crime de furto qualificado supostamente praticado por indígena em área reservada. Na espécie, o furto de madeira imputado ao ora recorrido teria sido cometido em ambiente de disputa de terras tidas como tradicionalmente ocupadas por índios. Em consequência, o juízo estadual declinara da competência para processar e julgar o feito e o encaminhara à justiça federal, que, por sua vez, suscitara conflito negativo de competência no STJ, dirimido no sentido de competir à justiça estadual apreciar a questão. O Min. Joaquim Barbosa, relator, proveu o recurso. Destacou que o fato de o delito ter sido perpetrado por indígena e no interior de área a ser integrada a reserva, por si só, não atrairia a competência da justiça federal, porém, as peculiaridades do caso indicariam o contrário. Reputou que o crime em comento estaria intimamente ligado a disputa sobre direitos indígenas, a incidir a regra do inciso IX do art. 109 da CF. Após, pediu vista o Min. Gilmar Mendes. RE 541737/SC, rel. Min. Joaquim Barbosa, 29.11.2011. (RE-541737) (Inform. STF 650)

Turma recursal e competência - 1
Compete à turma recursal o exame de mandado de segurança, quando utilizado como substitutivo recursal, contra ato de juiz federal dos juizados especiais federais. Essa a conclusão do Plenário ao desprover recurso extraordinário em que pleiteado o estabelecimento da competência de Tribunal Regional Federal para processar e julgar o *writ*, visto que a referida Corte entendera competir à turma recursal apreciar os autos. Preliminarmente, conheceu-se do extraordinário. Explicitou-se que o caso não se assemelharia ao tratado no RE 576847/BA (DJe de 7.8.2009), em que se deliberara pelo não-cabimento de mandado de segurança impetrado contra decisão interlocutória proferida em juizado especial. RE 586789/PR, rel. Min. Ricardo Lewandowski, 16.11.2011. (RE-586789)

Turma recursal e competência - 2
No mérito, reputou-se que, verificado o caráter recursal do mandado de segurança, deveriam ser aplicadas as regras de competência atinentes à apreciação dos recursos, o que afastaria a incidência do art. 108, I, c, da CF, que trata da competência dos Tribunais Regionais Federais para processarem e julgarem, originariamente, mandado de segurança e *habeas data* contra ato do próprio tribunal ou de juiz federal. Aduziu-se que, nesse contexto, entre as competências definidas pela Constituição para o reexame das decisões, estariam as das turmas recursais dos juizados especiais (CF, art. 98, I) e a dos Tribunais Regionais Federais (CF, art. 108, II). Destacou-se que a Corte já teria afirmado que o texto constitucional não arrolara as turmas recursais entre os órgãos do Poder Judiciário, os quais estariam discriminados, *numerus clausus*, no art. 92 da CF. Depreender-se-ia, assim, que a Constituição não conferira às turmas recursais a natureza de órgãos autárquicos do Judiciário, tampouco a qualidade de tribunais, como também não lhes outorgara qualquer autonomia com relação aos Tribunais Regionais Federais. Nesse aspecto, os juízes de 1º grau e as turmas recursais que eles integram seriam instituídos pelos respectivos Tribunais Regionais Federais, estando subordinados a estes administrativamente, mas não jurisdicionalmente. As turmas recursais seriam, portanto, órgãos recursais ordinários de última instância relativamente às decisões dos juizados especiais, a elas vinculados no que concerne ao reexame de seus julgados. No ponto, o Min. Luiz Fux destacou que essa competência decorreria, outrossim, da interpretação teleológica do art. 21, VI, da Lei Orgânica da Magistratura Nacional. O Min. Dias Toffoli rememorou, ademais, que a Corte assentara competir à própria turma recursal processar e julgar mandado de segurança impetrado contra os respectivos atos. Dessa maneira, a ela caberia analisar os mandados de segurança impetrados contra atos dos juizados especiais. RE 586789/PR, rel. Min. Ricardo Lewandowski, 16.11.2011. (RE-586789)

Turma recursal e competência - 3
Aduziu-se que as turmas recursais não estariam sujeitas à jurisdição dos tribunais de justiça estaduais, sequer, por via de conseqüência, à dos Tribunais Regionais Federais, conforme orientação da Corte. Desse modo, competente a turma recursal para processar e julgar recursos contra decisões de 1º grau, também o seria no que concerne a mandado de segurança substitutivo de recurso, sob pena de transformar o Tribunal Regional Federal em instância ordinária para reapreciação de decisões interlocutórias proferidas pelos juizados especiais. A respeito, o Min. Cezar Peluso, Presidente, frisou que o fato de se tratar de mandado se segurança, e não de recurso propriamente dito, não retiraria das turmas recursais a competência para revisão das decisões. O Colegiado acrescentou que os juizados especiais teriam sido concebidos com o escopo de simplificar a prestação jurisdicional — de maneira a aproximar o jurisdicionado do órgão judicante —, e não de multiplicar ou de dividir competências. Não faria sentido, portanto, transferir ao Tribunal Regional Federal a atribuição de rever atos de juízes federais no exercício da jurisdição do juizado especial, visto que as Turmas Recursais teriam sido instituídas para o aludido fim, observado, inclusive, o princípio da razoável duração do processo (CF, art. 5º, LXXVIII). RE 586789/PR, rel. Min. Ricardo Lewandowski, 16.11.2011. (RE-586789) (Inform. STF 648)

HC e execução de sentença estrangeira
A 1ª Turma concedeu *habeas corpus* em favor de condenado por roubo, lavagem de dinheiro e associação criminosa, pela Justiça da República do Paraguai, para afastar o ato de constrição, sem prejuízo de submissão do pleito ao STJ, na forma da legislação vigente. Na espécie, o Governo paraguaio formalizara pedido de extradição do nacional brasileiro e de seqüestro de bens supostamente adquiridos por ele no Brasil com o dinheiro oriundo do crime. A AGU, no entanto, cientificara ao Estado requerente a impossibilidade de se conceder a extradição de brasileiro nato e propôs medida cautelar objetivando o atendimento do segundo pedido, o qual fora deferido por juiz federal com fulcro no art. 2º, f, c/c o art. 22 do Protocolo de Assistência Mútua em Assuntos Penais (Acordo de Cooperação Internacional). Dessa decisão, o paciente propusera Reclamação no STJ sob a alegação de o juiz federal ser absolutamente incompetente para o deferimento das diligências requeridas. Reputou-se tratar de ato de constrição patrimonial do paciente — seqüestro seguido de expropriação —, a ser implementado no Estado brasileiro. Enfatizou que, nos termos do art. 105, I, i, da CF, a competência para homologação de sentença ádvena e concessão de *exequatur* a cartas rogatórias é do STJ. Ressaltou-se que, aos juízes federais, caberia apenas a execução desses instrumentos jurídicos, como previsto no art. 109, X da CF. Ademais, protocolo de assistência mútua em assuntos penais não se sobreporia aos ditames constitucionais. Destacou-se, ainda, que o próprio protocolo, em seu art. 7º revelaria que a cooperação dar-se-ia segundo as normas existentes no país requerido. Esse entendimento seria robustecido pelo fato de a lei maior jungir a execução de atos no território brasileiro decorrentes de pronunciamento de órgão ou autoridade judicial estrangeira ao crivo do STJ. Por fim, assinalou-se que a existência de acordo de cooperação entre os países não dispensaria formalidade essencial à valia do ato, incumbindo ao STJ verificar a observância dos requisitos previstos no art. 15 da Lei de Introdução às Normas do Direito Brasileiro. O Min. Luiz Fux apontou para o uso indevido do *writ* em hipótese na qual não esteja em jogo a liberdade de ir e vir. Porém, assinalou que, no caso em tela, caberia um balanceamento dos interesses: de um lado, a questão formal, que seria o descabimento desse remédio em situações a envolver patrimônio e, de outro, o abalo acerca da soberania nacional. No sopesamento de valores, prevaleceria este último. HC 105905/MS, rel. Min. Marco Aurélio, 11.10.2011. (HC-105905) (Inform. STF 644)

Interceptação telefônica e autoridade competente
A 1ª Turma iniciou julgamento de agravo regimental interposto de decisão do Min. Dias Toffoli que, em recurso extraordinário do qual relator, negara seguimento a pleito recursal, com base nos Enunciados 279, 280, 282 e 356 da Súmula desta Corte. Alegava-se a incompetência do juízo de 1ª instância que, na fase investigatória, autorizara a quebra do sigilo telefônico do agravante, vereador à época dos fatos. Ocorre que a Constituição do Estado do Rio de Janeiro estabelece a competência do tribunal de justiça para processar e julgar ação contra aquele agente político. Interposto recurso à Corte local, esta declarara a incompetência do juízo singular e, não obstante, legitimara as provas produzidas na fase investigatória, o que fora mantido pelo STJ. Na assentada, o relator manteve a decisão agravada. Todavia, de ofício, concedeu a ordem de *habeas corpus* para determinar o desentranhamento das transcrições e das provas decorrentes da interceptação telefônica (CP, art. 157), sem prejuízo dos demais elementos constantes do inquérito policial que, autonomamente, possam embasar a denúncia do *parquet* estadual. Aduziu que a prova coligida seria nula, porquanto autorizada por magistrado sabidamente incompetente. Após, pediu vista o Min. Luiz Fux. RE 632343 AgR/RJ, rel. Min. Dias Toffoli, 13.9.2011. (RE-632343) (Inform. STF 640)

EMENTA: VEREADOR. IMUNIDADE PARLAMENTAR EM SENTIDO MATERIAL: **INVIOLABILIDADE (CF**, art. 29, VIII). **DISCURSO** PROFERIDO POR VEREADOR **NA TRIBUNA** DA CÂMARA MUNICIPAL À QUAL SE ACHA VINCULADO. **IMPOSSIBILIDADE DE RESPONSABILIZAÇÃO PENAL** (*E CIVIL*) DO MEMBRO DO PODER LEGISLATIVO DO MUNICÍPIO. **PRESSUPOSTOS DE INCIDÊNCIA** *DA GARANTIA CONSTITUCIONAL* DA IMUNIDADE PARLAMENTAR. **PRÁTICA** *"IN OFFICIO"* **E PRÁTICA** *"PROPTER OFFICIUM"*. **RECURSO IMPROVIDO**.
- **A garantia constitucional da imunidade parlamentar** em sentido material (**CF**, art. 29, VIII, **c/c** o art. 53, "*caput*") **exclui a responsabilidade penal** (*e também civil*) do membro do Poder Legislativo (**Vereadores**, Deputados e Senadores), **por manifestações**, *orais* ou *escritas*, **desde** que motivadas **pelo desempenho** do mandato (**prática** *"in officio"*) **ou externadas** em razão deste (**prática** *"propter officium"*).
- **Tratando-se de Vereador**, a inviolabilidade constitucional **que o ampara** no exercício da atividade legislativa **estende-se** às opiniões, palavras **e** votos por ele proferidos, *mesmo fora* do recinto da própria Câmara Municipal, **desde** *que nos estritos limites territoriais* do Município **a que se acha** funcionalmente vinculado. **Precedentes**. **AI 631.276/SP**, Rel. Min. CELSO DE MELLO, *v.g.*).
- **Essa prerrogativa** político-jurídica - *que protege* o parlamentar (**como** os Vereadores, *p. ex.*) **em tema** de responsabilidade penal - **incide**, *de maneira ampla*, **nos casos** em que as declarações contumeliosas tenham sido proferidas **no recinto** da Casa legislativa, **notadamente** da tribuna parlamentar, **hipótese** em que será **absoluta** a inviolabilidade constitucional. **Doutrina**. **Precedentes**. (AI 818.693/MT, rel. Min. Celso de Mello, DJ 4.8.2011) (Inform. STF 640)

Denunciação caluniosa e competência
A 2ª Turma concedeu *habeas corpus* a fim reconhecer a competência da justiça federal para processar e julgar a ação penal de origem. Na situação dos autos, o paciente teria, supostamente, influenciado outro militar a formular representação por crime de abuso de autoridade, em Procuradoria da República, contra os oficiais responsáveis pela decretação do acautelamento daqueloutro. Asseverou-se, inicialmente, que a conduta típica da denunciação caluniosa está prevista normativamente tanto no CP (art. 339), quanto no CPM (art. 343). Observou-se que o fato dera origem a procedimento administrativo e, posteriormente, a inquérito policial federal. Em seguida, verificou-se que a conduta não dera causa, originariamente, à instauração de inquérito ou processo judicial no âmbito da justiça militar, o que somente viera a ocorrer após a declinação da competência pelo juízo federal em favor da justiça castrense. Dessa forma, reputou-se que os fatos se amoldariam ao tipo previsto no Código Penal comum. HC 101013/RS, rel. Min. Joaquim Barbosa, 7.6.2011. (HC-101013) (Inform. STF 630)

Prisão e prerrogativa de foro
A 1ª Turma concedeu *habeas corpus* para cassar decreto de prisão expedido por juiz de direito contra deputado estadual. Entendeu-se que, ante a prerrogativa de foro, a vara criminal seria incompetente para determinar a constrição do paciente, ainda que afastado do exercício parlamentar. HC 95485/AL, rel. Min. Marco Aurélio, 24.5.2011. (HC-95485) (Inform. STF 628)

Crime praticado por militar e competência
A 1ª Turma deferiu *habeas corpus* para declarar a incompetência da justiça castrense para apreciar ação penal instaurada pela suposta prática do crime de lesão corporal grave (CPM, art. 209, § 1º). Na espécie, o delito teria sido cometido por um militar contra outro, sem que os envolvidos conhecessem a situação funcional de cada qual, além de não estarem uniformizados. Entendeu-se que a competência da justiça militar, conquanto excepcional, não poderia ser fixada apenas à luz de critério subjetivo, mas também por outros elementos que se lhe justificassem a submissão, assim como a precípua análise de existência de lesão, ou não, do bem juridicamente tutelado. HC 99541/RJ, rel. Min. Luiz Fux, 10.5.2011. (HC-99541) (Inform. STF 626)

Inquérito: Gravação Ambiental e Licitude da Prova
O Tribunal iniciou julgamento de questão de ordem suscitada em inquérito no qual se imputa a senador e a prefeito a suposta prática de desvio de verbas federais (DL 201/67, art. 1º, I). O Min. Marco Aurélio, relator, resolveu a questão de ordem no sentido de determinar o trancamento do inquérito por entender que sua instauração teve origem em prova obtida por meio ilícito (CF, art. 5º, LVI), qual seja, uma gravação ambiental, em fita magnética, de diálogo realizada por terceiro sem conhecimento dos interlocutores nem o esclarecimento da forma como obtida. Em divergência, o

Min. Eros Grau, acompanhado pelos Ministros Carlos Velloso, Ellen Gracie e Carlos Britto, admitiu o processamento do inquérito, ao fundamento de que inexiste a ilicitude apontada, e, ainda que houvesse, ela não teria o condão de contaminar as provas subseqüentes. O julgamento foi suspenso com o pedido de vista do Min. Joaquim Barbosa. **Inq 2116-QO/RR, rel. Min. Marco Aurélio, 1ª.8.2005. (INQ-2116)** (Inform. STF 395)

Inquérito: Gravação Ambiental e Licitude da Prova - 2
Retomado julgamento de questão de ordem suscitada em inquérito no qual se imputa a senador e a prefeito a suposta prática de desvio de verbas federais (DL 201/67, art. 1º, I) - v. Informativo 395. O Min. Joaquim Barbosa, em voto-vista, divergiu do relator para admitir o processamento do inquérito, no que foi acompanhado pelos Ministros Cezar Peluso e Sepúlveda Pertence. Entendeu que a fita magnética não fora o ponto inicial das investigações, mas sim a carta-denúncia, apresentada pelo próprio autor da gravação da fita, na qual já constava o nome de boa parte dos investigados, inclusive o do senador, razão pela qual, a gravação não teria maiores conseqüências para a validade da instauração do inquérito e dos procedimentos investigatórios nele realizados. Após, pediu vista dos autos o Min. Gilmar Mendes. **Inq 2116-QO/RR, rel. Min. Marco Aurélio, 6.4.2006. (Inq-2116)** (Inform. STF 422)

Inquérito: gravação ambiental e licitude da prova - 3
O Plenário retomou julgamento de questão de ordem suscitada em inquérito no qual se imputa a senador e a prefeito a suposta prática de desvio de verbas federais (DL 201/67, art. 1º, I) — v. Informativos 395 e 422. O Min. Gilmar Mendes, em voto-vista, formulou questão de ordem para que, antes de se analisar a legalidade, ou não, da prova, o Colegiado conheça do argumento de incompetência do Supremo, por ausência de justa causa para investigar detentor de foro por prerrogativa de função. De início, observou que seria questionável a autonomia da "carta/denúncia" em relação à fita com a qual se obtivera a gravação ambiental. Ressaltou que o acurado exame dos autos evidenciaria que a "carta" não cuidaria de relatar fatos, em tese, criminosos de que — por qualquer motivo estranho à gravação — tivesse conhecimento e, sim, pura narrativa do teor da fita magnética, acrescida de impressões pessoais de seu autor. Reputou que não se poderia entender que o inquérito estaria lastreado em algo mais que a "carta/denúncia". Salientou que, caso reconhecida a ilicitude da prova consubstanciada em interceptação ambiental clandestina, todos os demais elementos restariam contaminados, por derivados, tão-somente, da fita magnética. Inq 2116 QO/RR, rel. Min. Marco Aurélio, 28.4.2011. (Inq-2116)

Inquérito: gravação ambiental e licitude da prova - 4
Em seguida, frisou que a análise da própria competência do STF para apreciar e processar o inquérito precederia a controvérsia sobre possível ilicitude de prova. Consignou que o subscritor da missiva não fizera uma acusação direta ao senador aludido nos autos, apenas realçara que o prefeito teria relações políticas com ele e, também, com uma senadora. Asseverou que, embora diversas diligências tivessem sido encetadas, não haveria no inquérito qualquer referência ou mínimo de prova que envolvesse o senador em ilícitos. Salientou que a única alusão a agente público com prerrogativa de foro continuaria sendo aquela feita a "um senador da República", sem que nada mais tivesse vindo ao inquérito. Registrou que, desse modo, urgiria constatar-se que não haveria o menor princípio de prova contra quem possuísse prerrogativa de foro a permitir a manutenção dos autos nesta Corte. Por fim, encaminhou a questão no sentido do trancamento do inquérito quanto ao senador e, posterior, remessa dos autos à Seção Judiciária de Roraima. Diante desse novo fato evocado no voto-vista, o Plenário deliberou fazer a conclusão do inquérito ao Ministro relator. Inq 2116 QO/RR, rel. Min. Marco Aurélio, 28.4.2011. (Inq-2116) (Inform. STF 624)

Inquérito: gravação ambiental e ilicitude da prova - 5
O Plenário concluiu questões de ordem suscitadas em inquérito no qual se imputa a senador e a prefeito a suposta prática de desvio de verbas federais (DL 201/67, art. 1º, I) — v. Informativos 395, 422 e 624. Inicialmente, rejeitou-se, por maioria, a questão de ordem proposta pelo Min. Gilmar Mendes no sentido de que, antes de se examinar a licitude da prova, fosse assentada a incompetência do Supremo, por ausência de justa causa para investigar o detentor de foro por prerrogativa de função. Deliberou-se pelo prosseguimento do inquérito, sob a fiscalização da Corte, porquanto se estaria em fase embrionária, na qual apenas cabível a indagação sobre a existência, ou não, de indícios quanto ao possível envolvimento do parlamentar, presentes na espécie. O Min. Marco Aurélio salientou as referências feitas ao senador pelo subscritor da "carta/denúncia", posteriormente reafirmadas em depoimento prestado na polícia federal, sobre eventual percentual de comissão destinado ao parlamentar. Vencidos o suscitante e os Ministros Luiz Fux, Dias Toffoli e Celso de Mello. Em seguida, também por votação majoritária, resolveu-se a questão de ordem outrora levantada pelo Min. Marco Aurélio para se admitir o processamento do inquérito. Reputou-se inocorrente a ilicitude apontada, e, ainda que houvesse, ela não teria o condão de contaminar as provas subseqüentes. O Min. Celso de Mello acrescentou que, no caso, a investigação penal poderia ter por base elementos de informação obtidos a partir

de captação ambiental — ainda que à revelia de qualquer dos sujeitos que participaram da relação dialógica — e de delação não-anônima ("carta/denúncia"). Vencidos o suscitante e o Min. Gilmar Mendes, que, ante origem ilícita da prova, determinavam o trancamento do feito. Inq 2116 QO/RR, rel. orig. Min. Marco Aurélio, red. p/ o acórdão Min. Ayres Britto, 15.9.2011. (Inq-2116) (Inform. STF 640)

AP N. 396-RO
RELATORA: MIN. CÁRMEN LÚCIA
EMENTA: QUESTÃO DE ORDEM NA AÇÃO PENAL. DEPUTADO FEDERAL. RENÚNCIA AO MANDATO. ABUSO DE DIREITO: RECONHECIMENTO DA COMPETÊNCIA DO SUPREMO TRIBUNAL FEDERAL PARA CONTINUIDADE DO JULGAMENTO DA PRESENTE AÇÃO PENAL. DENÚNCIA. CRIMES DE PECULATO E DE QUADRILHA. ALEGAÇÕES DE NULIDADE DA AÇÃO PENAL, DE INVESTIGAÇÃO PROMOVIDA POR ÓRGÃO DO MINISTÉRIO PÚBLICO DE PRIMEIRO GRAU, DE OFENSA AO PRINCÍPIO DO PROMOTOR NATURAL, DE CRIME POLÍTICO, DE INÉPCIA DA DENÚNCIA, DE CONEXÃO E DE CONTINÊNCIA: VÍCIOS NÃO CARACTERIZADOS. PRELIMINARES REJEITADAS. PRECEDENTES. CONFIGURAÇÃO DOS CRIMES DE PECULATO E DE QUADRILHA. AÇÃO PENAL JULGADA PROCEDENTE.
1. Renúncia de mandato: ato legítimo. Não se presta, porém, a ser utilizada como subterfúgio para deslocamento de competências constitucionalmente definidas, que não podem ser objeto de escolha pessoal. Impossibilidade de ser aproveitada como expediente para impedir o julgamento em tempo à absolvição ou à condenação e, neste caso, à definição de penas.
2. No caso, a renúncia do mandato foi apresentada à Casa Legislativa em 27 de outubro de 2010, véspera do julgamento da presente ação penal pelo Plenário do Supremo Tribunal: pretensões nitidamente incompatíveis com os princípios e as regras constitucionais porque exclui a aplicação da regra de competência deste Supremo Tribunal.
3. É firme a jurisprudência do Supremo Tribunal de que o Ministério Público pode oferecer denúncia com base em elementos de informação obtidos em inquéritos civis, instaurados para a apuração de ilícitos civis e administrativos, no curso dos quais se vislumbre suposta prática de ilícitos penais. Precedentes.
4. O processo e o julgamento de causas de natureza civil não estão inscritas no texto constitucional, mesmo quando instauradas contra Deputado Estadual ou contra qualquer autoridade, que, em matéria penal, dispõem de prerrogativa de foro.
5. O inquérito civil instaurado pelo Ministério Público estadual não se volta à investigação de crime político, sendo inviável a caracterização de qualquer dos fatos investigados como crime político.
6. É apta a denúncia que bem individualiza a conduta do réu, expondo de forma pormenorizada o fato criminoso, preenchendo, assim, os requisitos do art. 41 do Código de Processo Penal. Basta que, da leitura da peça acusatória, possam-se vislumbrar todos os elementos indispensáveis à existência de crime em tese, com autoria definida, de modo a permitir o pleno exercício do contraditório e da ampla defesa.
7. A pluralidade de réus e a necessidade de tramitação mais célere do processo justificam o desmembramento do processo.
8. As provas documentais e testemunhais revelam que o réu, no cargo de diretor financeiro da Assembléia Legislativa do Estado de Rondônia, praticou os crimes de peculato, na forma continuada, e de quadrilha narrados na denúncia, o que impõe a sua condenação.
9. Questão de ordem resolvida no sentido de reconhecer a subsistência da competência deste Supremo Tribunal Federal para continuidade do julgamento.
10. Preliminares rejeitadas.
11. Ação penal julgada procedente. (Inform. STF 624) *noticiado no Informativo 606

Dupla imputação pelo mesmo fato: "bis in idem" e competência
A 2ª **Turma indeferiu** *habeas corpus* em que requerido trancamento de ação penal sob a alegação de que os pacientes estariam sendo processados pela justiça militar pelos mesmos fatos a que já responderiam como acusados em persecução criminal na justiça federal. Ressaltou-se que, embora as ações penais tivessem se originado de um mesmo fato, os pacientes não estariam sendo processados em ambos os juízos pela mesma conduta delituosa. Na justiça federal, foram denunciados pela suposta prática de atentado contra a segurança de transporte marítimo, fluvial ou aéreo (CP, art. 261), enquanto na justiça militar, por eventual inobservância de lei, regulamento ou instrução (CPM, art. 324) e por homicídio culposo — com idêntica definição na lei penal comum e na lei castrense. Reputou-se que a competência absoluta seria improrrogável e inderrogável e que não seria possível, mesmo nos casos de conexão ou continência, reunir o processamento e o julgamento dos delitos na mesma esfera jurisdicional, por força do art. 79, I, do CPP ("*A conexão e a continência importarão unidade de processo e julgamento, salvo: I- no concurso entre a jurisdição comum e a militar*"). HC 105301/MT, rel. Min. Joaquim Barbosa, 5.4.2011. **(HC-105301)** (Inform. STF 622)

Ação penal: reautuação e novo recebimento de denúncia no STF
Por constatar a materialidade e indícios de autoria, o Plenário, em votação majoritária, recebeu denúncia oferecida pelo Ministério Público Federal contra Deputada Federal pela suposta prática do crime previsto no art. 293, § 1º, do CP, consistente na utilização de selos falsos de IPI. Relata a denúncia que a parlamentar e outros 13 investigados seriam sócios, gerentes e administradores de empresas com atividades voltadas para a fabricação, comercialização, distribuição e transporte de cigarros, que obteriam lucros vultosos mediante a prática de vários delitos. De início, tendo em conta peculiaridades, rejeitou-se a preliminar, suscitada pelo Min. Marco Aurélio, de validade do recebimento da denúncia em 1º grau. Considerou-se, sobretudo, o fato de que, apesar de ter havido recebimento da denúncia em 1ª instância, a acusada teria sido diplomada entre a data da assinatura do despacho de recebimento da inicial acusatória e a data de sua publicação em cartório, momento este em que o juízo não seria mais competente para julgar a parlamentar. Frisou-se, também, que a própria defesa da acusada pedira a reautuação dos autos como inquérito perante o STF, e que haveria manifestação da Procuradoria Geral da República no sentido de concordar com esse pleito. Registrou-se, ainda, que o rito fora reaberto, possibilitando-se a defesa prévia, e que não teria havido prejuízo para a acusada, já que o recebimento da denúncia na origem provavelmente teria sido, inclusive, em maior extensão. Vencido, no ponto, o Ministro Marco Aurélio, que considerava ter-se ato formalizado, não afastado do cenário jurídico e praticado por autoridade competente, ou seja, o juízo, já que a acusada não gozava, à época, de prerrogativa de foro. Reputava que o recebimento da denúncia se dera antes da diplomação, e que o ato deveria ser considerado na data em que formalizado e não na da ciência à parte. Consignou, por fim, não estar sensibilizado com a concordância das partes, por ser o direito instrumental imperativo, e de não se tratar de perquirir, em si, o prejuízo, ou não, mas de se verificar se o figurino instrumental estaria sendo respeitado. Rejeitou-se, ainda, por unanimidade, a denúncia quanto ao crime de lavagem de dinheiro (Lei 9.613/98, art. 1º, VII), e, por maioria, quanto ao crime de quadrilha ou bando (CP, art. 288). Inq 2786/RJ, rel. Min. Ricardo Lewandowski, 17.2.2011.(Inq-2786) (Inform. STF 616)

Superior Tribunal de Justiça
COMPETÊNCIA. HOMICÍDIO CULPOSO. CARREGAMENTO. NAVIO.
Trata-se de conflito negativo entre o juízo federal (suscitante) e o juízo estadual da vara criminal (suscitado) em autos de inquérito instaurado para apurar a prática de crime de homicídio culposo ocorrido durante operação de carregamento de veículos para navio de bandeira italiana. A Seção conheceu do conflito e declarou competente para o processo e julgamento do feito o juízo estadual. Ressaltou-se que, para a determinação de competência da Justiça Federal, não basta que o eventual delito tenha sido cometido no interior de embarcação de grande porte. Torna-se necessário que ela se encontre em situação de deslocamento internacional ou em situação de potencial deslocamento. *In casu*, a embarcação encontrava-se ancorada para carregamento, sendo ele feito por pessoas estranhas à embarcação (entre elas, a vítima), visto que eram estivadores e não passageiros ou funcionários do navio. Ademais, a conduta culposa ocorreu em solo antes do início da operação de reembarque. Precedente citado: CC 43.404-SP, DJ 2/3/2005. **CC 116.011-SP, Rel. Min. Gilson Dipp, julgado em 23/11/2011.** (Inform. STJ 488)

AÇÃO PENAL. INDÍGENA. ASSISTÊNCIA DA FUNAI.
A Turma deu provimento ao recurso para anular a ação penal na origem, desde o recebimento da denúncia, inclusive, determinando, por conseguinte, a remessa dos autos à Justiça Federal para o julgamento da causa, assegurado ao ora recorrente, indígena, sua colocação em liberdade e a assistência da Funai. Na espécie, o recorrente, pertencente à etnia Kokama da aldeia São José, situada no município de Santo Antônio do Içá-AM, fronteira com a Colômbia, foi processado e condenado pelo juízo da vara criminal estadual como incurso nas sanções do art. 33, *caput*, da Lei n. 11.343/2006 (Lei de Drogas). A defesa sustentava a necessidade da intervenção da Funai no feito em razão da condição de indígena do recorrente nos termos da legislação correspondente. Inicialmente, destacou-se ser cabível a análise da matéria em mandado de segurança, porquanto constatada a omissão da Justiça criminal em julgar o pedido de assistência de terceiro não integrante na relação processual. No mérito, asseverou-se que a negativa do juiz criminal em permitir a intervenção da Funai na ação penal pelo fato de ter sido o recorrente considerado integrado à sociedade – pois ele possuía documentos comuns aos não índios (CPF, RG, título de eleitor etc.) – seria incompatível com a nova inteligência constitucional. Afirmou-se que o Estatuto do Índio (Lei n. 6.001/1973), concebido na vigência da CF/1967, não pode ser interpretado na sua literalidade, sendo cabível sua análise conforme a inspiração constitucional atual, nos termos dos arts. 231 e 232 da CF/1988. Salientou-se que o grau de integração do índio à sociedade e a questão referente à sua incapacidade não seriam pressupostos para definir a intervenção da Funai. Considerou-se, ainda, que a definição da condição de índio deve ser dada pela antropologia e segundo critérios estabelecidos em lei para os quais é irrelevante o grau de integração. Adotado o normativo da Convenção OIT n. 169, o Estado brasileiro acolheu, formalmente, como critério de identificação a autoidentificação, de tal modo que, para fins legais, é indígena

quem se sente, comporta-se ou afirma-se como tal, de acordo com os costumes, organizações, usos, língua, crenças e tradições indígenas da comunidade a que pertença. Por sua vez, consignou o Min. Relator que não cabe ao juiz criminal aferir a capacidade civil do recorrente uma vez que se trata de questão prejudicial heterogênea de exame exclusivo na jurisdição civil. Ao final, reconheceu-se a competência da Justiça Federal para análise e julgamento da causa, tendo em vista a presença da autarquia federal no feito na qualidade de assistente de indígena. **RMS 30.675-AM, Rel. Min. Gilson Dipp, julgado em 22/11/2011.** (Inform. STJ 488)

COMPETÊNCIA. INGRESSO. MEDICAMENTO IRREGULAR.
É da competência da Justiça Federal a apuração do crime de incolumidade pública (art. 273 do CP) quando caracterizada a procedência internacional do medicamento. *In casu*, a denunciada foi detida com medicamento de origem estrangeira irregular – cytotec 200 mcg – guardado em sua bolsa durante viagem de Foz do Iguaçu-PR a Araraquara-SP. A produção do medicamento se deu na Itália e sua aquisição provavelmente se deu no Paraguai. A Seção ratificou o entendimento de que, apurada a importação de medicamentos proibidos, revela-se a existência de lesão a bens, interesses ou serviços da União, porquanto presentes indícios de que o acusado é o responsável pelo ingresso do produto em território nacional, o que configura a internacionalidade da conduta. Precedentes citados: CC 85.634-SP, DJe 18/12/2008, e CC 95.721-SP, DJe 30/9/2010. **CC 116.037-SP, Rel. Min. Gilson Dipp, julgado em 9/11/2011.** (Inform. STJ 487)

COMPETÊNCIA. CLONAGEM. TELEFONE. JUSTIÇA ESTADUAL.
A Seção entendeu que compete à Justiça comum estadual processar e julgar a ação em que se imputa a acusado a conduta de clonar telefones celulares, qual seja, reprogramar um aparelho de telefonia celular com número de linha e ESN de outro aparelho. Asseverou-se que a conduta do acusado de clonar telefone não se subsume ao tipo penal do art. 183 da Lei n. 9.472/1997, uma vez que não houve o desenvolvimento clandestino de atividades de telecomunicação, mas apenas a utilização de linha preexistente e pertencente a outro usuário, com a finalidade de obter vantagem patrimonial indevida, às custas dele e das concessionárias de telefonia móvel que exploram legalmente o serviço, tendo a obrigação de ressarcir os clientes nas hipóteses da referida fraude, inexistindo quaisquer prejuízos em detrimento de bens, serviços ou interesses da União a ensejar a competência da Justiça Federal. Precedentes citados: CC 109.456-SP, DJe 6/9/2010, e CC 50.638-MG, DJ 30/4/2007. **CC 113.443-SP, Rel. Min. Marco Aurélio Bellizze, julgado em 28/9/2011.** (Inform. STJ 484)

COMPETÊNCIA ORIGINÁRIA. TRIBUNAL. INSTRUÇÃO PRÉVIA. PRODUÇÃO. PROVA. IMPOSSIBILIDADE.
Nos procedimentos de competência originária dos tribunais não há possibilidade de uma fase instrutória prévia ao recebimento da denúncia, sendo defeso ao acusado requerer produção de provas nesse momento processual, tendo em vista que não existe ainda processo criminal instaurado contra ele. Antes do recebimento da ação penal, somente é cabível o oferecimento de defesa prévia. **HC 198.419-PA, Rel. Min. Jorge Mussi, julgado em 27/9/2011.** (Inform. STJ 484)

FORO PRIVILEGIADO. PROCURADOR. ESTADO.
Tal como apregoado pelo STF, é possível a fixação da competência do TJ para processar e julgar originariamente procurador de Estado nos crimes comuns e de responsabilidade, como o fez o art. 161, IV, **d**, da Constituição do Estado do Rio de Janeiro. Daí que o trâmite da respectiva ação penal no juízo singular viola o princípio do juiz natural. Precedentes citados do STF: ADI 2.587-GO, DJ 6/11/2006; ADI 541-PB, DJ 6/9/2007, e RE 631.993-RJ, DJe 5/4/2011. **HC 86.001-RJ, Rel. Min. Og Fernandes, julgado em 28/6/2011.** (Inform. STJ 479)

QO. COMPETÊNCIA. HC. INDEFERIMENTO. EXPEDIÇÃO. PASSAPORTE.
Após a Primeira Turma declinar de sua competência para processar e julgar o *habeas corpus*, a Quinta Turma, em questão de ordem (QO), suscitou o conflito, que será dirimido pela Corte Especial nos termos do art. 11, XII, do RISTJ. *In casu*, a impetração insurge-se contra o ato da autoridade administrativa que indeferiu o requerimento de expedição de passaporte formulado pelo paciente. Alega-se ser inconstitucional a norma que fundamentou esse indeferimento (art. 3º, VIII, da Instrução Normativa n. 3/2008-DG/DPF), porquanto ela teria extrapolado, no exercício de seu poder regulamentar, os limites estabelecidos pelo Dec. n. 5.978/2006. Sustenta-se que o fato de o paciente ter sido condenado à pena privativa de liberdade por sentença já transitada em julgado não constitui óbice à obtenção do documento, pois a vedação do referido decreto alcançaria apenas os indivíduos que estejam judicialmente proibidos de obtê-lo, não os que estejam impedidos pela Justiça de sair do país. Para o Min. Relator, na espécie, a impetração não busca

alterar a condenação penal do paciente, tampouco discutir eventuais efeitos da sentença. Entende que o exame da *quaestio* centra-se em saber se essa condenação amolda-se aos critérios adotados pela Administração nos limites de seu poder regulamentar para expedir documentos de viagem, o que evidencia a natureza administrativa da relação jurídica em análise. Ressalta que os fundamentos utilizados para negar o requerimento do paciente se encontram exclusivamente no ato normativo dito inconstitucional. Precedentes citados: MS 13.922-DF, DJe 8/6/2009, e MS 6.268-DF, DJ 5/6/2000. **QO no HC 192.407-RJ, Rel. Min. Jorge Mussi, julgada em 21/6/2011.** (Inform. STJ 478)

COMPETÊNCIA. CRIME. MOEDA FALSA. RECEPTAÇÃO. CONEXÃO.
Foram apreendidas, além de diversos bens móveis supostamente produto de crime, notas falsas de R$ 5,00 durante o cumprimento de um mandado de busca e apreensão expedido no bojo de um inquérito policial no qual se investigava a prática de crime de receptação. Assim, a questão resume-se em saber se há conexão entre os delitos de moeda falsa e receptação para justificar a competência da Justiça Federal para processá-los e julgá-los. A Seção entendeu ser competente a Justiça comum estadual para julgar o feito referente ao crime de receptação (art. 180, *caput*, do CP) e a Justiça Federal, ao crime de moeda falsa (art. 289, § 1º, do CP), pois não estão presentes quaisquer causas de modificação de competência inseridas nos arts. 76 e 77 do CPP, o que, por consequência, afasta a aplicação da Súm. n. 122-STJ. Afastou-se, também, a eventual configuração da conexão nas modalidades objetiva e instrumental, uma vez que não se extraem dos autos quaisquer indícios de que os crimes tenham sido praticados com o intuito de facilitar ou ocultar um ou outro, nem existe a possibilidade de a produção de prova de uma infração influir na da outra, pois inexiste vínculo probatório entre elas, por se tratar, aparentemente, de condutas independentes. Precedentes citados: CC 115.687-SP, DJe 7/6/2011, e CC 81.206-SC, DJe 9/9/2008. **CC 110.702-RS, Rel. Min. Jorge Mussi, julgado em 22/6/2011.** (Inform. STJ 478)

COMPETÊNCIA. CRIME. MEIO AMBIENTE.
O suposto delito contra o meio ambiente (pesca sem autorização mediante petrechos proibidos) foi praticado em área adjacente à unidade de conservação federal. Assim, vislumbra-se prejuízo à União, autarquia ou empresa pública federais a ponto de determinar a competência da Justiça Federal para seu processo e julgamento. Precedentes citados: CC 100.852-RS, DJe 8/9/2010, e CC 92.722-RJ, DJe 19/4/2010. **CC 115.282-RS, Rel. Min. Maria Thereza de Assis Moura, julgado em 8/6/2011.** (Inform. STJ 476)

DESMEMBRAMENTO. DENÚNCIA. GOVERNADOR. CONCURSO. PESSOAS.
No caso, apenas um entre os nove réus tem foro por prerrogativa de função neste Superior Tribunal, a teor do art. 105, I, **a**, da CF/1988. Logo, conforme precedentes da Corte Especial ao interpretar o art. 80, última parte, do CPP, existem várias razões idôneas para justificar o desmembramento do processo, entre as quais o número excessivo de acusados que não tem foro por prerrogativa de função neste Superior Tribunal, a complexidade dos fatos apurados, bem assim a necessidade de tramitação mais célere do processo em razão da potencial ocorrência de prescrição. Ademais, o fato de imputar a prática do crime de formação de quadrilha a detentores de foro por prerrogativa de função não impede o desmembramento. Assim, a Corte Especial determinou o desmembramento do processo. **QO na APn 425-ES, Rel. Min. Teori Albino Zavascki, julgada em 18/5/2011.** (Inform. STJ 473)

COMPETÊNCIA. CRIME. CALÚNIA. *INTERNET*.
Trata-se de conflito de competência em que se busca determinar o juiz que processará e julgará a ação penal na qual se imputa crime de calúnia em razão de ser publicada carta encaminhada por pessoa que usava pseudônimo em blog de jornalista, na *internet*. A Seção, por maioria, aplicou o art. 70 do CPP e afastou a aplicação da Lei de Imprensa em razão de decisão do STF que declarou não recepcionados pela CF todos os dispositivos da Lei n. 5.250/1967. Daí entendeu que, tratando-se de queixa-crime que imputa a prática do crime de calúnia decorrente de carta divulgada em blog, via *internet*, o foro para o processamento e julgamento da ação é o do lugar do ato delituoso, ou seja, de onde partiu a publicação do texto, no caso, o foro do local onde está hospedado o servidor, a cidade de São Paulo. O voto vencido entendia que o ofendido poderia propor a ação onde melhor lhe aprouvesse. Precedente citado: CC 102.454-RJ, DJe 15/4/2009. **CC 97.201-RJ, Rel. Min. Celso Limongi (Desembargador convocado do TJ-SP), julgado em 13/4/2011.** (Inform. STJ 469)

COMPETÊNCIA. HOMICÍDIO. LESÃO CORPORAL. MILITAR.
O policial militar abordou o civil e constatou divergências em sua identificação, o que o levou a externar a intenção de encaminhá-lo ao presídio para averiguações. Ato contínuo, o civil empreendeu fuga e foi alvejado em parte vital (bexiga e intestino delgado) por disparo de arma de fogo efetuado pelo militar, vindo a sofrer cirurgia e convalescer

em hospital por sete dias. Discute-se, então, a competência diante da subsunção da conduta ao tipo do homicídio doloso (tentativa), o que atrai a competência da Justiça comum (art. 125, § 4º, da CF), ou ao da lesão corporal de competência da Justiça Militar, pela necessária determinação do elemento subjetivo do agente (se havia o *animus necandi*). Vê-se, então, haver necessidade de um exame mais detido do conjunto probatório, revelando-se prudente aguardar o desfecho da instrução probatória, em prol da precisão e clareza que os fatos reclamam. Dessarte, o processo deve tramitar no juízo comum por força do princípio *in dubio pro societate* aplicável à fase do inquérito policial; pois, só mediante prova inequívoca, o réu pode ser subtraído de seu juiz natural. Assim, diante da ausência de prova inconteste e tranquila sobre a falta do *animus necandi*, há que declarar competente o juízo de direito do Tribunal do Júri suscitado. **CC 113.020-RS, Rel. Min. Og Fernandes, julgado em 23/3/2011.** (Inform. STJ 467)

COMPETÊNCIA. PRODUTO. REGISTRO. VIGILÂNCIA SANITÁRIA.
Houve a apreensão de produtos relativos à suplementação alimentar (anabolizantes) em poder do investigado. O juízo estadual declinou da competência porque ela seria da Justiça Federal, ao entender que se tratava do crime previsto no art. 334 do CP (contrabando ou descaminho). Mas investiga-se, ao final, a apreensão de produtos sem a devida inscrição na vigilância sanitária e destinados à venda em estabelecimento comercial de propriedade do investigado, conduta constante do art. 273 do mesmo *Codex*, que, em regra, é de competência da Justiça estadual, somente existindo interesse da União que justifique a mudança da competência caso haja indícios de internacionalidade. Sucede que essa internacionalidade não pode advir da simples presunção do juízo estadual de que o investigado tinha ciência da procedência estrangeira da mercadoria, tal como se deu no caso. Assim, declarou-se competente o juízo estadual suscitado. Precedentes citados: CC 104.842-PR, DJe 1º/2/2011; AgRg no CC 88.668-BA, DJe 24/4/2009, e CC 97.430-SP, DJe 7/5/2009. **CC 110.497-SP, Rel. Min. Maria Thereza de Assis Moura, julgado em 23/3/2011.** (Inform. STJ 467)

COMPETÊNCIA. EXTORSÃO. CONSUMAÇÃO.
A *quaestio juris* consistiu em saber se a competência para apurar suposto crime de extorsão na modalidade de comunicação por telefone de falso sequestro com exigência de resgate por meio de depósito bancário seria o juízo do local onde a vítima teria sofrido a ameaça por telefone e depositado a quantia exigida ou aquele onde está situada a agência bancária da conta beneficiária do valor extorquido. Para a Min. Relatora, como a extorsão é delito formal, consuma-se no momento e no local em que ocorre o constrangimento para que se faça ou se deixe de fazer alguma coisa (Súm. n. 96-STJ). Assim, o local em que a vítima foi coagida a efetuar o depósito mediante ameaça por telefone é onde se consumou o delito. Por isso, aquele é o local em que será processado e julgado o feito independentemente da obtenção da vantagem indevida, ou seja, da efetivação do depósito ou do lugar onde se situa a agência da conta bancária beneficiada. Com esse entendimento, a Seção declarou competente o juízo suscitado. Precedentes citados: REsp 1.173.239-SP, DJe 22/11/2010; AgRg no Ag 1.079.292-RJ, DJe 8/2/2010, e CC 40.569-SP, DJ 5/4/2004. **CC 115.006-RJ, Rel. Min. Maria Thereza de Assis Moura, julgado em 14/3/2011.** (Inform. STJ 466)

COMPETÊNCIA. FURTO. LOCAL. ADMINISTRAÇÃO MILITAR.
In casu, houve um furto de bem móvel (aparelho de som) nas dependências de local sob a administração militar do Exército Brasileiro, a saber, em delegacia de serviço militar, no entanto o aparelho furtado é de propriedade privada, pois pertence a um capitão que, na época do delito, ali trabalhava. Anotou a Min. Relatora que, na espécie, não se apura a invasão do local da unidade militar, apura-se tão somente o furto do aparelho de som praticado por civil, sendo que o bem furtado também não pertence ao patrimônio público sob administração militar, mas particular; assim, embora a vítima seja militar, não incidiria nenhuma das hipóteses previstas no art. 9º, I e III, do Código Penal Militar (CPM). Nessas circunstâncias, não houve crime militar, visto que o delito não atingiu as instituições militares, única hipótese apta a caracterizar o crime militar no caso concreto. Trata-se, na verdade, de crime comum, em que a competência para processar e julgar o feito é do juízo de direito criminal que, nos autos, é o suscitado. Precedente citado do STF: CJ 6.718-RJ, DJ 1º/7/1988. **CC 115.311-PA, Rel. Min. Maria Thereza de Assis Moura, julgado em 14/3/2011.** (Inform. STJ 466)

COMPETÊNCIA. DOCUMENTOS FALSOS. *LEASING.* **CARRO.**
Noticiam os autos que fora instaurado inquérito policial para apurar a autoria e materialidade de estelionato a partir da apresentação de documentos falsos para obtenção de recursos financeiros junto à instituição bancária em contrato de arrendamento mercantil na modalidade de *leasing* financeiro de veículo. Esses autos foram encaminhados primeiro pelo juízo de direito, ao acolher a representação da autoridade policial e parecer do MP estadual, ao juízo federal naquela comarca para a apuração de crime contra o sistema financeiro previsto no art. 19 da Lei n. 7.492/1986, mas esse juízo, por sua vez, declinou de sua competência para o juízo de uma das varas federais especializadas da capital. Então, o

juízo da vara federal especializada suscitou o conflito de competência. Para a Min. Relatora, a matéria em exame é complexa, tendo sido apreciada neste Superior Tribunal uma única vez, na Sexta Turma, na qual o voto da relatoria do Min. Celso Limongi (Desembargador convocado do TJ-SP), com base em precedente do STF, asseverou que o fato de o *leasing* financeiro não constituir financiamento não afasta, por si só, a configuração do delito previsto no art. 19 da Lei n. 7.492/1986. Naquela ocasião, o colegiado concluiu que, ao fazer um *leasing* financeiro, obtém-se invariavelmente um financiamento e o tipo penal em análise descrito no citado art. 19 refere-se exatamente à obtenção de financiamento mediante fraude, sem exigir que isso ocorra num contrato de financiamento propriamente dito. Observa ainda a Min. Relatora que o *leasing* financeiro possui certas particularidades, mas que não se pode, de pronto, afastar a incidência do tipo penal descrito no art. 19 em comento, no qual se refere à obtenção de financiamento mediante fraude, porque, embora não seja financiamento propriamente dito, ele constitui o núcleo ou elemento preponderante dessa modalidade de arrendamento mercantil. Com esse entendimento, a Seção declarou competente para processar e julgar o feito o juízo federal da vara criminal especializada em crimes contra o sistema financeiro nacional e lavagem, ocultação de bens e direitos e valores, o suscitante. Precedentes citados do STF: RE 547.245-SC, DJe 4/3/2010; do STJ: REsp 706.871-RS, DJe 2/8/2010. **CC 114.322-SP, Rel. Min. Maria Thereza de Assis Moura, julgado em 14/3/2011.** (Inform. STJ 466)

COMPETÊNCIA. VIOLÊNCIA DOMÉSTICA.

Trata-se de *habeas corpus* em que se discute a competência para o processamento e julgamento de crimes dolosos contra a vida em se tratando de violência doméstica. No caso, cuida-se de homicídio qualificado tentado. Alega a impetração sofrer o paciente constrangimento ilegal em decorrência da decisão do tribunal *a quo* que entendeu competente o juizado especial criminal para processar e julgar, até a fase de pronúncia, os crimes dolosos contra a vida praticados no âmbito familiar. A Turma concedeu a ordem ao entendimento de que, consoante o disposto na própria lei de organização judiciária local (art. 19 da Lei n. 11.697/2008), é do tribunal do júri a competência para o processamento e julgamento dos crimes dolosos contra a vida, ainda que se trate de delito cometido no contexto de violência doméstica. Precedentes citados: HC 163.309-DF, DJe 1º/2/2011, e HC 121.214-DF, DJe 8/6/2009. **HC 145.184-DF, Rel. Min. Laurita Vaz, julgado em 3/3/2011.** (Inform. STJ 465)

COMPETÊNCIA. ROUBO. INTERIOR. AERONAVE.

Trata-se de *habeas corpus* impetrado em favor de paciente condenado por roubo e formação de quadrilha em continuidade delitiva (arts. 288 e 157, § 2º, I e II, ambos do CP). Alega o impetrante a incompetência da Justiça Federal para processar e julgar o crime, visto que, apesar de o roubo dos malotes (com mais de R$ 4 milhões) ter ocorrido a bordo de aeronave, deu-se em solo (aeroporto) contra a transportadora, sendo a vítima o banco, que possui capital privado e público; nessas circunstâncias, não deslocaria a competência para a Justiça Federal. Para o Min. Relator, não há falar em qualidade da empresa lesada diante do entendimento jurisprudencial e do disposto no art. 109, IX, da CF/1988, que afirmam a competência dos juízes federais para processar e julgar os delitos cometidos a bordo de aeronaves, independentemente de elas se encontrarem no solo. Com esse entendimento, a Turma denegou a ordem. Precedentes citados do STF: RHC 86.998-SP, DJ 27/4/2007; do STJ: HC 40.913-SP, DJ 15/8/2005, e HC 6.083-SP, DJ 18/5/1998. **HC 108.478-SP, Rel. Min. Adilson Vieira Macabu (Desembargador convocado do TJ-RJ), julgado em 22/2/2011.** (Inform. STJ 464)

COMPETÊNCIA. HC. FORNECIMENTO. PROVAS. INQUÉRITO.

Trata-se de *habeas corpus* (HC) no qual se suscitou preliminar de incompetência deste Superior Tribunal para dele conhecer. *In casu*, narram os impetrantes que foi instaurado inquérito policial destinado a apurar fatos ligados a autoridade com foro privilegiado no STJ e a outros indiciados em operação policial; porém, atendendo pedido do procurador-geral da República, o Min. Relator determinou seu desmembramento para o Tribunal Regional Federal (TRF) com relação aos ora pacientes. Anotou-se que, no HC, foram apontados como autoridades coatoras o desembargador relator do inquérito policial, que, segundo alega a impetração, teria negado o acesso ao material probatório, e o procurador regional da República, que, como membro do MP da União, oficia perante o TRF e é o responsável pela apuração dos fatos questionados; alega a impetração que o procurador estaria, por conta própria, conduzindo as investigações. Para a Min. Relatora, nesse contexto, seria manifesta a competência deste Superior Tribunal para apreciar originariamente o *habeas corpus* a teor do art. 105, I, **a** e **c**, da CF/1988. Assim, entendeu, ao contrário da tese vencedora, que o procurador regional não estaria atuando por delegação do procurador-geral da República, isto é, ele não estaria exercendo uma atribuição que é própria deste, mas desempenhando uma função que lhe é conferida pelos arts. 8º, I, V e VII, e 18, parágrafo único, ambos da LC n. 75/1993, mediante designação daquela autoridade. Entretanto, a maioria dos membros da Turma entendeu que, quando o procurador-geral da República encarregou o procurador regional para acompanhar o inquérito, houve uma designação especial, o que não se confundiria com aquela designação dada aos procuradores para atuar em um dos órgãos julgadores do TRF. Assim, no momento em que foi retirado um desses procuradores originários da Turma em que o desembargador é relator, o procurador-geral da República assumiu a responsabilidade de dizer que tal procurador é que serve para acompanhar o feito; logo, é a participação desse caso do procurador-geral da República que só pode ter seus atos questionados no STF. Diante do exposto, a Turma, por maioria, não conheceu do HC e determinou sua remessa ao STF, tornando sem efeito a liminar concedida. **HC 185.495-DF, Rel. originária Min. Laurita Vaz, Rel. para acórdão Min. Napoleão Nunes Maia Filho, julgado em 15/2/2011.** (Inform. STJ 463)

Súmula STF N º 722
São da competência legislativa da União a definição dos crimes de responsabilidade e o estabelecimento das respectivas normas de processo e julgamento.

2.5. QUESTÕES E PROCESSOS INCIDENTES

COMPETÊNCIA. RESTITUIÇÃO. BENS. BUSCA. APREENSÃO.
A Seção declarou que compete ao juízo federal criminal que ordenou a busca e apreensão (suscitado) processar e julgar o pedido de restituição dos pássaros silvestres apreendidos pela Polícia Federal concomitantemente à atuação administrativa do Ibama, que acompanhou o cumprimento do mandado. Na espécie, a requerente vive em união estável com um dos investigados no inquérito que apura a suposta prática de crimes relacionados à criação e comercialização ilegal de aves silvestres. Sustentou que a busca efetivada na residência do casal também apreendeu animais de sua propriedade e, como ela não foi indiciada, seus pássaros devem ser-lhe restituídos. O juízo suscitado havia declinado da competência sob o fundamento de que o pedido tem índole civil e deve ser analisado pelo juízo dos fatos, porquanto a apreensão não teria derivado de sua ordem, mas do ato de império do Ibama no exercício de sua atribuição administrativa. Contudo, entendeu a Min. Relatora que, havendo dúvidas quanto ao fato de o objeto do pedido igualmente ser produto de crime – máxime se a requerente é mulher do investigado, vivendo na mesma residência em que os pássaros foram encontrados –, o destino dos animais deve ser resolvido pelo juízo criminal que ordenou a apreensão, nos termos dos arts. 118 e 120 do CPP, pois eles ainda interessam ao processo e à continuidade das investigações. Ressaltou que, não obstante a atuação do Ibama, a apreensão também partiu da ordem judicial, de forma que a apuração acerca da circunstância de a requerente ser terceira de boa-fé deve ser efetivada pelo juízo que ordenou a diligência. Salientou, ainda, que os efeitos decorrentes da participação do órgão administrativo devem ser questionados pela via própria na esfera cível, e não em pedido de restituição na esfera criminal. Precedente citado: CC 39.509-PR, DJ 2/3/2005. **CC 115.000-MS, Rel. Min. Maria Thereza de Assis Moura, julgado em 27/4/2011.** (Inform. STJ 470)

2.6. PROVA

Produção antecipada de provas e fundamentação
A 1ª Turma iniciou julgamento de *habeas corpus* em que se pretende a nulidade da produção antecipada de prova testemunhal. A medida fora deferida sob o fundamento de que a demora na sua realização poderia prejudicar a busca da verdade real, ante a possibilidade de as testemunhas não se lembrarem, com precisão, dos fatos presenciados. Suspenso o processo ante a revelia do acusado, a defesa sustenta inexistir o requisito da urgência, contido no art. 366 do CPP (*"Se o acusado, citado por edital, não comparecer, nem constituir advogado, ficarão suspensos o processo e o curso do prazo prescricional, podendo o juiz determinar a produção antecipada das provas consideradas urgentes e, se for o caso, decretar prisão preventiva, nos termos do disposto no art. 312"*). Na espécie dos autos, após 4 anos do suposto fato praticado pelo paciente, o magistrado determinara a oitiva dos policiais que teriam realizado a abordagem. O Min. Dias Toffoli, relator, concedeu a ordem por reconhecer, no caso em exame, ilegalidade na prova oral coletada antes do devido momento processual. Afirmou que a apreciação da conveniência quanto à realização da antecipação da prova subsumir-se-ia às hipóteses previstas no art. 225 do CPP (*"Se qualquer testemunha houver de ausentar-se, ou, por enfermidade ou por velhice, inspirar receio de que ao tempo da instrução criminal já não exista, o juiz poderá, de ofício ou a requerimento de qualquer das partes, tomar-lhe antecipadamente o depoimento"*). Asseverou que a colheita de indícios probantes sem o conhecimento e a possibilidade de se fazer presente no ato o réu e o defensor por ele constituído importaria em violação ao devido processo legal e à ampla defesa. Em divergência, o Min. Marco Aurélio denegou a ordem ao fundamento de que o art. 366 do CPP autorizaria o magistrado a coletar as provas tidas como urgentes. Assim, entendeu que o depoimento teria essa preminência. Destacou que o fato de a providência requerida — oitiva dos policiais — não ter se realizado de imediato, como convinha, não prejudicaria o que deferido e implementado pelo juízo. Aduziu, ainda, que a circunstância de o paciente estar foragido impediria a observância do princípio constitucional do contraditório. Após, pediu vista o Min. Luiz Fux. HC 108064/RS, rel. Min. Dias Toffoli, 20.9.2011. (HC-108064) (Inform. STF 641)

Exame grafotécnico e recusa do investigado
A 2ª Turma denegou *habeas corpus* em que se sustentava a nulidade de sentença condenatória por crime de falso, sob a alegação de estar fundamentada em prova ilícita, consubstanciada em exame grafotécnico a que o paciente se negara realizar. Explicitou-se que o material a partir do qual fora efetuada a análise grafotécnica consistira em petição para a extração de cópias, manuscrita e formulada espontaneamente pelo próprio paciente nos autos da respectiva ação penal. Consignou-se inexistir ofensa ao princípio da proibição da auto-incriminação, bem assim qualquer ilicitude no exame grafotécnico. Salientou-se que, conforme disposto no art. 174, II e III, do CPP, para a comparação de escritos, poderiam servir quaisquer documentos judicialmente reconhecidos como emanados do punho do investigado ou sobre cuja autenticidade não houvesse dúvida. Em seguida, aduziu-se que a autoridade poderia requisitar arquivos ou estabelecimentos públicos do investigado, a quem se atribuíra a letra. Assentou-se que o fato de ele se recusar a fornecer o material não afastaria a possibilidade de se obter documentos. Ademais, mesmo que se entendesse pela ilicitude do exame grafotécnico, essa prova, por si só, não teria o condão de macular o processo. Por fim, em relação à dosimetria, assinalou que o STF já tivera a oportunidade de afirmar entendimento no sentido de que, uma vez reconhecida a continuidade delitiva, a exasperação da pena, a teor do que determina o art. 71 do CP, ocorreria com base no número de infrações cometidas. HC 99245/RJ, rel. Min. Gilmar Mendes, 6.9.2011. (HC-99245) (Inform. STF 639)

Prova ilícita e ausência de fundamentação
São consideradas ilícitas as provas produzidas a partir da quebra dos sigilos fiscal, bancário e telefônico, sem a devida fundamentação. Com esse entendimento, a 2ª Turma deferiu *habeas corpus* para reconhecer a ilicitude das provas obtidas nesta condição e, por conseguinte, determinar o seu desentranhamento dos autos de ação penal. Na espécie, os pacientes foram denunciados pela suposta prática de crimes contra o Sistema Financeiro Nacional (Lei 7.492/86, artigos 11, 16 e 22, *caput*), lavagem de dinheiro (Lei 9.613/98, art. 1º, VI e VII ,e § 4º), e formação de quadrilha (CP, art. 288), por promoverem evasão de divisas do país, efetuarem operação de câmbio não autorizadas, operarem instituição financeira clandestina e, ainda, movimentarem recursos e valores paralelamente à contabilidade exigida pela legislação. Ressaltou-se que a regra seria a inviolabilidade do sigilo das correspondências, das comunicações telegráficas, de dados e das comunicações telefônicas (CF, art. 5º, XII), o que visa, em última análise, a resguardar também direito constitucional à intimidade (art. 5º, X). E, somente se justificaria a sua mitigação quando razões de interesse público, devidamente fundamentadas por ordem judicial, demonstrassem a conveniência de sua violação para fins de promover a investigação criminal ou instrução processual penal. No caso, o magistrado de primeiro grau não apontara fatos concretos que justificassem a real necessidade da quebra desses sigilos, mas apenas se reportaria aos argumentos deduzidos pelo Ministério Público. Asseverou-se, ademais, que a Constituição veda expressamente, no seu art. 5º, LVI, o uso da prova obtida ilicitamente nos processos judiciais, no intuito precípuo de tutelar os direitos fundamentais dos atingidos pela persecução penal. Por fim, não se conheceu do *writ* na parte em que sustentada a ilegalidade das prorrogações das interceptações telefônicas, em razão da perda superveniente do objeto, uma vez que o tribunal de origem concedera a ordem em favor dos pacientes. HC 96056/PE, rel. Min. Gilmar Mendes, 28.6.2011. (HC-96056) (Inform. STF 633)

Perito criminal e formação acadêmica
O Plenário iniciou julgamento de agravo regimental interposto de decisão do Min. Joaquim Barbosa, proferida nos autos de ação penal, da qual relator, movida pelo Ministério Público Federal contra diversas pessoas acusadas da suposta prática de crimes ligados ao esquema denominado "Mensalão". A decisão questionada indeferira pleito defensivo em que se pretendia o fornecimento de dados sobre a formação acadêmica e experiência profissional de peritos criminais que atuaram no processo. O relator desproveu o agravo, no que foi acompanhado pelos Ministros Luiz Fux, Cármen Lúcia e Ellen Gracie. Afirmou que os peritos seriam oficiais, designados pelo Instituto Nacional de Criminalística - INC, e que, a partir da leitura do disposto no art. 159, *caput*, do CPP ("*O exame de corpo de delito e outras perícias serão realizados por perito oficial, portador de diploma de curso superior*"), não haveria essa obrigatoriedade. Em divergência, o Min. Celso de Mello deu provimento parcial ao recurso, para determinar que o INC forneça apenas a qualificação acadêmica dos peritos. Afirmou que essa exigência seria razoável, dada a possibilidade de que a formação técnica do perito designado, embora oficial, não seja compatível com o exame pretendido. Reputou, ademais, que tal prática permitiria à defesa impugnar a prova colhida a partir da perícia. Após os votos dos Ministros Gilmar Mendes, Marco Aurélio e Cezar Peluso, Presidente, que seguiam a divergência, determinou-se colher, na próxima assentada, o voto dos Ministros faltantes. AP 470 Décimo Quarto AgR/MG, rel. Min. Joaquim Barbosa, 28.4.2011. (AP-470) (Inform. STF 624)

Perito criminal e formação acadêmica - 2
Em conclusão, o Plenário, por maioria, deu parcial provimento a agravo regimental interposto de decisão do Min. Joaquim Barbosa, proferida nos autos de ação penal, da qual relator, movida pelo Ministério Público Federal contra diversas pessoas acusadas da suposta prática de crimes ligados ao esquema denominado "Mensalão". A decisão questionada indeferiu pleito defensivo em que se pretendia o fornecimento de dados sobre a formação acadêmica e experiência profissional de peritos criminais que atuaram no processo — v. Informativo 624. Determinou-se que o Instituto Nacional de Criminalística - INC informe apenas a formação superior dos peritos que atuaram nos autos, sem suspensão do processo. Nesta assentada, o Min. Celso de Mello destacou o art. 2º da Lei 11.690/2008 ("*Aqueles peritos que ingressaram sem exigência do diploma de curso superior até a data de entrada em vigor desta Lei continuarão a atuar exclusivamente nas respectivas áreas para as quais se habilitaram, ressalvados os peritos médicos*"). Salientou, ademais, que o agravante pretenderia o esclarecimento dessa circunstância porque se trataria de peritos que ingressaram no INC antes do início da vigência da citada lei e, por isso, deveriam atuar "*exclusivamente*" na área para a qual se habilitaram. A Min. Cármen Lúcia reajustou o voto. Vencidos os Ministros relator, Luiz Fux, Ellen Gracie, Ricardo Lewandowski e Ayres Britto, que desproviam o recurso por considerarem preclusa a matéria. AP 470 Décimo Quarto AgR/MG, rel. orig. Min. Joaquim Barbosa, red. p/o acórdão Min. Celso de Mello, 26.5.2011. (AP-470) (Inform. STF 628)

RHC N. 103.550-PR
RELATORA: MIN. ELLEN GRACIE
RECURSO EM *HABEAS CORPUS*. DIREITO PROCESSUAL PENAL. OITIVA DE TESTEMUNHA. PRECLUSÃO. VIOLAÇÃO À AMPLA DEFESA. INEXISTÊNCIA. CONEXÃO. VINCULAÇÃO DE JULGAMENTOS. IMPOSSIBILIDADE. INSUFICIÊNCIA DE PROVAS À CONDENAÇÃO. VIA INADEQUADA. DESPROVIMENTO.
1. A violação ao princípio da ampla defesa teria ocorrido por não ter sido ouvida uma testemunha de defesa.
2. Não há nos autos qualquer manifestação da defesa do recorrente insurgindo-se contra o cancelamento da audiência em que seria inquirida a testemunha, tampouco há referência acerca do tema nas alegações finais.
3. Portanto, não há que se falar, no caso concreto, em violação ao princípio da ampla defesa, em razão da preclusão do direito de oitiva da testemunha.
4. A existência de conexão entre processos sobre o mesmo delito (art. 304 do CP) não vincula seus julgamentos. O instituto da conexão liga-se às regras de fixação da competência e não encontra relação com regras de julgamento.
5. A alegação de ausência de provas suficientes para a condenação não pode ser objeto de apreciação neste recurso, que mantém o mesmo campo cognitivo do *habeas corpus*.
6. Recurso a que se nega provimento. (Inform. STF 624)

AG. REG. NO AI N. 560.223-SP
RELATOR: MIN. JOAQUIM BARBOSA
Ementa: AGRAVO REGIMENTAL EM AGRAVO DE INSTRUMENTO. GRAVAÇÃO AMBIENTAL FEITA POR UM INTERLOCUTOR SEM CONHECIMENTO DOS OUTROS: CONSTITUCIONALIDADE. AUSENTE CAUSA LEGAL DE SIGILO DO CONTEÚDO DO DIÁLOGO. PRECEDENTES.
1. A gravação ambiental meramente clandestina, realizada por um dos interlocutores, não se confunde com a interceptação, objeto cláusula constitucional de reserva de jurisdição.
2. É lícita a prova consistente em gravação de conversa telefônica realizada por um dos interlocutores, sem conhecimento do outro, se não há causa legal específica de sigilo nem de reserva da conversação. Precedentes.
3. Agravo regimental desprovido. (Inform. STF 624) *noticiado no Informativo 623

Escritório de advocacia e gravação clandestina
A 2ª Turma desproveu agravo regimental interposto contra decisão do Min. Joaquim Barbosa, que negara seguimento a agravo de instrumento, do qual relator, tendo em vista a jurisprudência sedimentada desta Corte, segundo a qual é lícita a prova consistente em gravação de conversa realizada por um dos interlocutores, sem conhecimento do outro, se não há causa legal específica de sigilo nem de reserva de conversação. Na espécie, o autor da ação de indenização instaurada na origem, ora agravado, na condição de advogado, sócio do escritório de advocacia recorrente e um dos interlocutores da conversa, juntara ao processo prova obtida por meio da gravação de diálogo, que envolvia a sua demissão, mantido com outros sócios nas dependências do escritório. Asseverou-se que a gravação ambiental meramente clandestina realizada por um dos interlocutores não se confundiria com a interceptação objeto de cláusula constitucional de reserva de jurisdição. AI 560223 AgR/SP, rel. Min. Joaquim Barbosa, 12.4.2011. (AI-560223) (Inform. STF 623)

Escuta ambiental e ação controlada
A 1ª Turma indeferiu *habeas corpus* no qual pretendida a decretação de nulidade de provas colhidas por meio de escuta ambiental em ação controlada. Alegava a defesa que tais provas teriam sido obtidas ilicitamente. Reputou-se não haver ilegalidade na denominada "ação controlada" e depreendeu-se, do contexto fático, que esta ocorrera visando à elucidação de fatos aptos a consubstanciar tipo penal, procedendo-se em prol da coisa pública. O Min. Luiz Fux salientou que as provas teriam sido colhidas de acordo com o previsto no art. 2º, II e IV, da Lei 9.034/95 e que a sua nulificação atingiria completamente o inquérito, instaurado em prol da moralidade administrativa e do bem público. HC 102819/DF, rel. Min. Marco Aurélio, 5.4.2011. (HC-102819) (Inform. STF 622)

QUEST. ORD. EM AP N. 421-SP
RELATOR: MIN. JOAQUIM BARBOSA
EMENTA: QUESTÃO DE ORDEM. AÇÃO PENAL. DEPUTADO FEDERAL ARROLADO COMO TESTEMUNHA. NÃO INDICAÇÃO DE DIA, HORA E LOCAL PARA A OITIVA OU NÃO COMPARECIMENTO NA DATA JÁ INDICADA. AUSÊNCIA DE JUSTA CAUSA PARA O NÃO ATENDIMENTO AO CHAMADO JUDICIAL. DECURSO DE MAIS DE TRINTA DIAS. PERDA DA PRERROGATIVA PREVISTA NO ART. 221, *CAPUT*, DO CÓDIGO DE PROCESSO PENAL. Passados mais de trinta dias sem que a autoridade que goza da prerrogativa prevista no *caput* do art. 221 do Código de Processo Penal tenha indicado dia, hora e local para a sua inquirição ou, simplesmente, não tenha comparecido na data, hora e local por ela mesma indicados, como se dá na hipótese, impõe-se a perda dessa especial prerrogativa, sob pena de admitir-se que a autoridade arrolada como testemunha possa, na prática, frustrar a sua oitiva, indefinidamente e sem justa causa. Questão de ordem resolvida no sentido de declarar a perda da prerrogativa prevista no *caput* do art. 221 do Código de Processo Penal, em relação ao parlamentar arrolado como testemunha que, sem justa causa, não atendeu ao chamado da justiça, por mais de trinta dias. (Inform. STF 614)

Direito ao silêncio e entrevista a jornal
A 2ª Turma indeferiu *habeas corpus* em que se alegava a ilicitude da prova juntada aos autos consistente na não advertência ao acusado de seu direito de permanecer calado. No caso, o paciente concedera entrevista a jornal, na qual narrara o *modus operandi* de 2 homicídios a ele imputados. Reputou-se que a Constituição teria conferido dignidade constitucional ao direito ao silêncio, dispondo expressamente que o preso deve ser informado pela autoridade policial ou judicial da faculdade de manter-se calado. Consignou-se que o dever de advertir os presos e os acusados em geral de seu direito de permanecerem calados consubstanciar-se-ia em uma garantia processual penal que teria como destinatário precípuo o Poder Público. Concluiu-se, entretanto, não haver qualquer nulidade na juntada da prova, entrevista concedida espontaneamente a veículo de imprensa. HC 99558/ES, rel. Min. Gilmar Mendes, 14.12.10. (HC-99558) (Inform. STF 613)

Superior Tribunal de Justiça

GRAVAÇÃO AMBIENTAL. DENÚNCIA ANÔNIMA. DESEMBARGADOR. PREFEITO MUNICIPAL.
Em preliminar, a Corte Especial decidiu que não há violação aos direitos à intimidade ou à privacidade na gravação ambiental feita no interior do prédio da prefeitura municipal. E, diante do virtual conflito entre valores igualmente resguardados pela Constituição, deve prevalecer um juízo de ponderação, admitindo-se a prova colhida. Quanto à alegação de montagem na gravação, a perícia realizada pelo Departamento de Polícia Técnica da Secretaria de Segurança Pública não constatou qualquer sinal indicativo de edição ou montagem. A Corte Especial também rejeitou a alegação de inadmissibilidade da prova em razão de não ter sido identificada a pessoa responsável por realizar a gravação, sob o fundamento de que os depoimentos prestados pelo denunciado são no sentido de ter sido feita a gravação a mando do prefeito. O fato de ter sido realizada por terceiro não identificado não torna ilegal a prova, haja vista que, à luz do princípio da divisibilidade da ação penal de iniciativa pública, podem ser feitas em momento posterior a identificação e a eventual responsabilização do agente que atuou em nome e a mando do acusado. Sobre a questão de denúncia anônima levantada pelo segundo denunciado, o Supremo Tribunal Federal, a partir do julgamento da questão de ordem no Inq 1.957-PR, relatado pelo Ministro Carlos Velloso, entendeu que o inquérito policial não pode ser instaurado com base exclusiva em denúncia anônima, salvo quando o documento em questão tiver sido produzido pelo acusado ou constituir o próprio corpo de delito. Ademais, a Subprocuradoria-Geral da República agiu nos estritos limites definidos nos precedentes do Supremo Tribunal Federal, tendo requisitado a instauração de inquérito somente depois de constatadas as diligências preliminares levadas a termo por comissão designada pelo tribunal de justiça, que, num juízo sumário, apurou a idoneidade dessa notícia. O terceiro denunciado alegou em preliminar a aplicação do princípio da não autoincriminação, aduzindo a tese de

que a gravação ambiental não pode ser utilizada como subsídio para imputar-lhe a prática do crime de corrupção ativa, sob o argumento de que, ao determinar a realização da gravação, agiu em legítima defesa, com o fim de proteger-se da investida do outro acusado. Caso se concluísse pela prática do delito de corrupção ativa, estar-se-ia admitindo prova por ele mesmo produzida. Para a Min. Relatora, o denunciado agiu de forma voluntária, determinando a gravação ambiental de conversa de negociação para a prática do crime contra a Administração Pública. Sendo assim, o princípio da não autoincriminação não se subsume ao caso, pois ele veda que o acusado ou investigado sejam coagidos tanto física ou moralmente a produzir prova contrária aos seus interesses, fato diverso do que ocorreu nesses autos. No mérito, a Corte Especial decidiu pelo recebimento da denúncia oferecida contra os acusados, desembargador e seu filho, por entender configurada, em tese, a prática do crime tipificado no art. 317, § 1°, do Código Penal na forma do art. 29, *caput*, do estatuto repressivo pátrio. E também recebeu a denúncia oferecida contra o acusado, prefeito municipal, pela prática, em tese, do delito tipificado no art. 333, parágrafo único, do CP, para que o STJ possa processar e julgar os supostos crimes de corrupção passiva e ativa descritos na denúncia, na qual desembargador teria solicitado e recebido de prefeito municipal, réu na ação penal originária em trâmite no tribunal estadual, vantagens indevidas: a nomeação da namorada do seu filho para exercer função comissionada na prefeitura municipal e o pagamento de R$ 400 mil para retardar, por alguns meses, o andamento do processo penal em que o prefeito era acusado de desvios de verbas. Para tanto se valeu da intermediação do seu filho, que, apesar de não ser funcionário público, responde criminalmente pela prática do crime de corrupção passiva em concurso de pessoas. Sobre o período de afastamento do desembargador de suas atividades, entendeu a Corte Especial que deve coincidir com o fim da instrução criminal, tendo em vista a gravidade da infração imputada e a circunstância de o suposto delito ter sido cometido no exercício da judicatura. Precedentes citados do STF: HC 98.345-RJ, DJe 17/9/2010; HC 99.490-SP, DJe 1º/2/2011; QO no RE 583.937-RJ, DJe 18/12/2009; do STJ: HC 118.860-SP, DJe 17/12/2010; AgRg na APn 626-DF, DJe 11/11/2010; HC 119.702-PE, DJe 2/3/2009, e RHC 7.717-SP, DJ 19/10/1998. **APn 644-BA, Rel. Min. Eliana Calmon, julgada em 30/11/2011.** (Inform. STJ 488)

DENÚNCIA ANÔNIMA. INQUÉRITO. FUNÇÃO. MP.
Conforme os autos, por meio de *e-mail* anônimo encaminhado à Ouvidoria-Geral do Ministério Público estadual, fiscais de renda e funcionários de determinada empresa estariam em conluio para obter informações de livros fiscais, reduzindo ou suprimindo tributos estaduais e obrigações acessórias, causando lesão ao erário. Em decorrência desse fato, o MP determinou a realização de diligências preliminares para a averiguação da veracidade do conteúdo da denúncia anônima. A Turma, reiterando jurisprudência assente no STJ, entendeu que, embora tais informações não sejam idôneas, por si só, a dar ensejo à instauração de inquérito policial, muito menos de deflagração de ação penal, caso sejam corroboradas por outros elementos de prova, dão legitimidade ao início do procedimento investigatório. Assim, no caso, não há nenhum impedimento para o prosseguimento da ação penal, muito menos qualquer ilicitude a contaminá-la, uma vez que o MP agiu em estrito cumprimento de suas funções. Ademais o *Parquet*, conforme entendimento da Quinta Turma deste Superior Tribunal, possui prerrogativa de instaurar procedimento administrativo de investigação e conduzir diligências investigatórias (art. 129, VI, VII, VIII e IX, da CF; art. 8º, § 2º, I, II, IV, V e VII, da LC n. 75/1993 e art. 26 da Lei n. 8.625/1993). Aduziu ainda que, hodiernamente, adotou-se o entendimento de que o MP possui legitimidade para proceder, diretamente, à colheita de elementos de convicção para subsidiar a propositura de ação penal, só lhe sendo vedada a presidência do inquérito, que compete à autoridade policial. Quanto à agravante do art. 12, II, da Lei n. 8.137/1990, não se deve aplicá-la ao caso, pois o próprio artigo restringe seu âmbito de incidência ao delito previsto nos arts. 1º, 2º, 4º, 5º e 7º da referida lei, excluindo expressamente o art. 3º da sua abrangência. Como no caso a imputação é a funcionário público, haveria *bis in idem* na imposição da mencionada agravante a fato que constitui elemento de crime funcional previsto no art. 3º, II, da Lei n. 8.137/1990. Precedentes citados: HC 159.466-ES, DJe 17/5/2010, e RHC 21.482-RS, DJe 12/4/2010. **RHC 24.472-RJ, Rel. Min. Jorge Mussi, julgado em 15/9/2011.** (Inform. STJ 483)

SIGILO FISCAL. QUEBRA. MP. IMPOSSIBILIDADE.
A Turma reiterou o entendimento de que o Ministério Público, no uso de suas prerrogativas institucionais, não está autorizado a requisitar documentos fiscais e bancários sigilosos diretamente ao Fisco e às instituições financeiras, sob pena de violar os direitos e garantias constitucionais de intimidade da vida privada dos cidadãos. Somente quando precedida da devida autorização judicial, tal medida é válida. Assim, a Turma concedeu a ordem para determinar o desentranhamento dos autos das provas decorrentes da quebra do sigilo fiscal realizada pelo Ministério Público sem autorização judicial, cabendo ao magistrado de origem verificar quais outros elementos de convicção e decisões proferidas na ação penal em tela e na medida cautelar de sequestro estão contaminados pela ilicitude ora reconhecida. **HC 160.646-SP, Rel. Min. Jorge Mussi, julgado em 1º/9/2011.** (Inform. STJ 482)

CRIME. PROPRIEDADE IMATERIAL. PERÍCIA. RITO.
Os crimes praticados contra a propriedade imaterial (inclusive os contra a propriedade industrial) são, de regra, apurados mediante ação penal privada, com exceção dos elencados nos arts. 184, §§ 1º, 2º e 3º, do CP e 191 da Lei n. 9.279/1996, além dos cometidos em prejuízo de entes de direito público. A maioria desses delitos deixa vestígios, daí por que a parte deve requerer a realização da medida preparatória de busca e apreensão como forma de colher a prova da materialidade delitiva e dos indícios de sua autoria. Nos crimes contra a propriedade imaterial, submetidos à ação penal pública, a busca e a apreensão podem ser efetuadas pela autoridade policial (art. 240, § 1º, do CPP). Contudo, nos crimes sujeitos à ação penal privada, a medida preparatória cautelar deve ser realizada por dois peritos nomeados pelo juiz, conforme os arts. 527 e 530-A do CPP. A hipótese trata de crimes contra a propriedade imaterial, puníveis mediante ação penal privada, e, apesar de o mandado de busca e apreensão se fundar no art. 240 do CPP, a medida seguiu o rito especial disposto na legislação de regência, à exceção da presença de duas testemunhas (art. 530-C do CPP). Destacou-se que o fato de apenas um perito oficial (acompanhado de um assistente, cuja qualificação técnica se desconheça nos autos) ter efetivado o exame do corpo de delito em questão não leva à nulidade do procedimento. Essa conclusão decorre da interpretação sistêmica dos arts. 527 e 159 do CPP, já na redação que lhe deu a Lei n. 11.690/2008, que passou a exigir a presença de dois peritos tão somente nos exames realizados sem o profissional oficial. Também não enseja nulidade a falta da assinatura de testemunhas, especificamente designadas para esse fim no termo de busca e apreensão (arts. 245, § 7º, e 530-C do CPP), por se tratar de mera irregularidade formal, sendo certo que os policiais e os oficiais de justiça que participaram da medida podem figurar como testemunha, para testar a legalidade da diligência. Anote-se que o ato contou com a participação de representantes legais de ambas as partes com a autorização expressa do juízo. Por último, vê-se que o interessado não demonstrou ser-lhe imposto qualquer prejuízo (*pas de nullité sans grief*). Precedentes citados do STF: HC 85.177-RJ, DJ 1º/7/2005; do STJ: REsp 543.037-RJ, DJ 16/11/2004; AgRg no REsp 978.445-MS, DJe 28/2/2011; HC 139.256-RO, DJe 14/3/2011; HC 175.212-MG, DJe 8/6/2011, e AgRg no APn 510-BA, DJe 19/8/2010. **RMS 31.050-RS, Rel. Min. Og Fernandes, julgado em 28/6/2011.** (Inform. STJ 479)

NULIDADES. FASE PRÉ-PROCESSUAL. PROVAS ILÍCITAS. CONTAMINAÇÃO. AÇÃO PENAL.
Trata-se de paciente denunciado na Justiça Federal pela suposta prática do crime de corrupção ativa previsto no art. 333, *caput*, c/c o art. 29, *caput*, ambos do CP. A ação penal condenou-o em primeira instância e, contra essa sentença, há apelação que ainda está pendente de julgamento no TRF. No *habeas corpus*, buscam os impetrantes que seja reconhecida a nulidade dos procedimentos pré-processuais (como monitoramento telefônico e telemático, bem como ação controlada) que teriam subsidiado a ação penal e o inquérito policial; pois, a seu ver, incorreram em inúmeras ilegalidades, visto que os atos típicos de polícia judiciária foram efetuados por agentes de órgão de inteligência (pedido negado em *habeas corpus* anterior impetrado no TRF). Pretendem que essa nulidade possa ser utilizada em favor do paciente nas investigações e/ou ações penais decorrentes de tais procedimentos, inclusive, entre elas, a sentença da ação penal que o condenou. Anotou-se que o inquérito policial foi iniciado formalmente em 25/6/2008, mas as diligências seriam anteriores a fevereiro de 2007 e, até julho de 2008, os procedimentos de monitoramento foram efetuados, sem autorização judicial, por agentes de órgão de inteligência em desatenção à Lei n. 9.296/1999. Inclusive, o delegado da Polícia Federal responsável teria arregimentado, para as ações de monitoramento, entre 75 e 100 servidores do órgão de inteligência e ex-agente aposentado sem o conhecimento do juiz e do MP, consoante ficou demonstrado em outra ação penal contra o mesmo delegado – a qual resultou na sua condenação por violação de sigilo funcional e fraude processual quando no exercício da apuração dos fatos relacionados contra o ora paciente. O Min. Relator aderiu ao parecer do MPF e concedeu a ordem para anular a ação penal desde o início, visto haver a participação indevida e flagrantemente ilegal do órgão de inteligência e do investigador particular contratado pelo delegado, o que resultou serem as provas ilícitas – definiu como prova ilícita aquela obtida com violação de regra ou princípio constitucional. Considerou que a participação de agentes estranhos à autoridade policial, que tem a exclusividade de investigação em atividades de segurança pública, constituiria violação do art. 144, § 1º, IV, da CF/1988, da Lei n. 9.883/1999, dos arts. 4º e 157 e parágrafos do CPP e, particularmente, dos preceitos do Estado democrático de direito. Destacou também como fato relevante a edição de sentença condenatória do delegado por crime de violação de sigilo profissional e fraude processual – atualmente convertida em ação penal no STF (em razão de prerrogativa de foro decorrente de cargo político agora ocupado pelo delegado). Asseverou ser razoável que a defesa do paciente tenha apresentado documentos novos na véspera do julgamento dos embargos de declaração opostos contra a denegação do *writ* pelo TRF, visto não tê-los obtido antes (tratava-se de um CD-ROM de leitura inviável até aquele momento). Como foram consideradas ilícitas as provas colhidas, adotou a teoria dos frutos da árvore envenenada (os vícios da árvore são transmitidos aos seus frutos) para anular a ação penal desde o início, apontando que assim se posicionam a doutrina e a jurisprudência – uma vez reconhecida a ilicitude das provas colhidas, essa circunstância as torna destituídas de qualquer eficácia jurídica, sendo que elas contaminam a futura ação penal. Contudo, registrou o Min. Relator, os eventuais delitos cometidos pelo paciente devem ser investigados e, se comprovados, julgados, desde que seja observada a legalidade dos métodos utilizados na busca da verdade real, respeitando-se o Estado democrático

de direito e os princípios da legalidade, da impessoalidade e do devido processo legal; o que não se concebe é o desrespeito às normas constitucionais e aos preceitos legais. Para a tese vencida, inaugurada com a divergência do Min. Gilson Dipp, é inviável a discussão do tema na via do *habeas corpus*, pois ela se sujeita a exame de prova e não há os elementos de certeza para a conclusão pretendida pelos impetrantes. Destacou a coexistência de apelação no TRF sobre a mesma discussão do *habeas corpus*, com risco de invasão ou usurpação da competência jurisdicional local. Relembrou, assim, as observações feitas em julgamentos semelhantes de que esse expediente de medidas concomitantes e substitutivas de recursos ordinários é logicamente incompatível com a ordem processual por expor à possível ambiguidade, contradição ou equívoco os diferentes órgãos judiciais que vão examinar o mesmo caso concreto. Asseverou ser fora de qualquer dúvida que o órgão de inteligência em comento se rege por legislação especial e institucionalmente serve ao assessoramento e como subsídio ao presidente da República em matéria de interesse ou segurança da sociedade e do Estado, mas tal situação, a seu ver, não afastaria a possível participação dos agentes de inteligência nessa ou noutra atividade relacionada com seus propósitos institucionais, nem impediria aquele órgão de relacionar-se com outras instituições, compartilhando informações. Entende, assim, que, mesmo admitindo o suposto e possível excesso dos agentes de inteligência nos limites da colaboração ou mesmo a eventual invasão de atribuições dos policiais, essa discussão sujeitar-se-ia à avaliação fático-probatória, que só poderia ser formalmente valorizada quando inequívoca e objetivamente demonstrada, a ponto de não remanescerem dúvidas. No entanto, explicitou que, nos autos, há uma grande quantidade de cópias de documentos e referências que requer largueza investigatória incompatível com a via do *habeas corpus*. Ressaltou que, conquanto exista prova produzida em outra instrução penal, o suposto prevalecimento dessa prova emprestada (apuração dos delitos atribuídos ao delegado) pressupõe discussão de ambas as partes quanto ao seu teor e credibilidade, o que não ocorreu. Todavia, a seu ver, se fosse considerável tal prova, a conclusão seria inversa, pois houve o arquivamento dos demais crimes atribuídos ao delegado relacionados com a suposta usurpação da atividade de polícia judiciária, que, no caso, é a Polícia Federal, no que se baseou toda a impetração. Ademais, estaria superada a fase de investigação, pois há denúncia recebida, sentença de mérito editada pela condenação e apelação oferecida sobre todos os temas referidos havidos antes da instauração da ação penal; tudo deveria ter sido discutido no tempo próprio ou no âmbito da apelação, caso as supostas nulidades ou ilicitudes já não estivessem preclusas pela força do disposto na combinação dos arts. 564, III; 566; 571, II, e 573 e parágrafos do CPP. Ademais, o juiz afirmou implicitamente a validade dos procedimentos no ato de recebimento da denúncia e as interceptações ou monitoramentos tidos por ilícitos foram confirmados por depoimentos de testemunhas colhidos em contraditório, respeitada a ampla defesa. Para o voto de desempate do Min. Jorge Mussi, entre outras considerações, o órgão de inteligência não poderia participar da investigação na clandestinidade sem autorização judicial; essa participação, na exposição de motivos da Polícia Federal, ficou evidente. Assim, a prova obtida por meio ilícito não é admitida no processo penal brasileiro, tampouco pode condenar qualquer cidadão. Explica que não há supressão de instância quando a ilicitude da prova foi suscitada nas instâncias ordinárias e, nesses casos, o remédio jurídico é o *habeas corpus* ou a revisão criminal. A Turma, ao prosseguir o julgamento, por maioria, concedeu a ordem. Precedentes citados do STF: HC 69.912-RS, DJ 26/11/1993; RE 201.819-RS, DJ 27/10/2006; do STJ: HC 100.879-RJ, DJe 8/9/2008, e HC 107.285-SP, DJe 7/2/2011. HC 149.250-SP, Rel. Min. Adilson Vieira Macabu (Desembargador convocado do TJ-RJ), julgado em 7/6/2011. (Inform. STJ 476)

EXAME. RAIOS X. TRÁFICO. ENTORPECENTES.
Uma das questões suscitadas pela defesa no *writ* afirma a ilegalidade da prova produzida, sob o fundamento de que a submissão dos pacientes ao exame de raios x, a fim de constatar a ingestão de cápsulas de cocaína, ofende o princípio segundo o qual ninguém pode ser compelido a produzir prova contra si (*nemo tenetur se detegere*). A Turma entendeu que não houve violação do referido princípio, uma vez que não ficou comprovada qualquer recusa na sujeição à radiografia abdominal; ao contrário, os pacientes teriam assumido a ingestão da droga, narrando, inclusive, detalhes da ação que culminaria no tráfico internacional do entorpecente. Ressaltou que os exames de raios x não exigiram qualquer agir ou fazer por parte dos pacientes, tampouco constituíram procedimentos invasivos ou até mesmo degradantes que pudessem violar seus direitos fundamentais, acrescentando, ainda, que a postura adotada pelos policiais não apenas acelerou a colheita da prova, como também visou à salvaguarda do bem jurídico vida, já que o transporte de droga de tamanha nocividade no organismo pode ocasionar a morte. Assim, a Turma, entre outras questões, denegou a ordem. **HC 149.146-SP, Rel. Min. Og Fernandes, julgado em 5/4/2011.** (Inform. STJ 468)

CONDENAÇÃO. PROVA. INQUÉRITO.
O acórdão condenatório proferido pelo TJ lastreou-se apenas em provas colhidas no inquérito. Porém a função do inquérito, como se sabe, é de fornecer elementos tendentes à abertura da ação penal (*vide* Exposição de Motivos do CPP, arts. 12 e 155, desse mesmo código, este último na redação que lhe deu a Lei n. 11.690/2008), pois, conforme vetusta doutrina, a prova, para que tenha valor, deve ser feita perante o juiz competente, mediante as garantias de direito conferidas aos indiciados e de acordo com as prescrições estabelecidas em lei. Assim, o inquérito toma feitios

de instrução provisória, cabendo à acusação fazer a prova no curso da instrução criminal ou formação da culpa, atenta ao contraditório: é trabalho da acusação transformar os elementos do inquérito em elementos de convicção do juiz. Dessarte, a condenação deve fundar-se, sobretudo, nos elementos de convicção da fase judicial, o que não ocorreu na hipótese. Precedentes citados: HC 112.577-MG, DJe 3/8/2009; HC 24.950-MG, DJe 4/8/2008, e HC 56.176-SP, DJ 18/12/2006. **HC 148.140-RS, Rel. Min. Celso Limongi (Desembargador convocado do TJ-SP), julgado em 7/4/2011.** (Inform. STJ 468)

TRÁFICO INTERNACIONAL. INTERCEPTAÇÕES TELEFÔNICAS. PERÍCIA.
Cuida-se de condenado pela prática dos delitos previstos nos arts. 33, *caput*, 35, *caput*, c/c o art. 40, I, todos da Lei n. 11.343/2006, em que o tribunal *a quo* afastou as preliminares suscitadas na apelação e deu parcial provimento apenas para reduzir a pena imposta. O REsp foi conhecido na parte em que o recorrente apontou nulidade das interceptações telefônicas por inobservância ao disposto no art. 6º, §§ 1º e 2º, da Lei n. 9.296/1996 quanto à necessidade da identificação dos interlocutores por meio de perícia técnica e de degravação dos diálogos em sua íntegra, também efetuada por perícia técnica, pleiteando, consequentemente, a imprestabilidade da escuta telefônica realizada e sua desconsideração como meio de prova. Observa o Min. Relator que este Superior Tribunal, em diversas oportunidades, já afirmou não haver necessidade de identificação dos interlocutores por meio de perícia técnica ou de degravação dos diálogos em sua integridade por peritos oficiais, visto que a citada lei não faz qualquer exigência nesse sentido. Assim, verificada a ausência de qualquer vício na prova obtida por meio de interceptações telefônicas, a Turma conheceu em parte do recurso e, nessa parte, negou-lhe provimento, afastando a hipótese de ofensa ao citado artigo. Precedentes citados: HC 138.446-GO, DJe 11/10/2010; HC 127.338-DF, DJe 7/12/2009; HC 91.717-PR, DJe 2/3/2009, e HC 66.967-SC, DJ 11/12/2006. **REsp 1.134.455-RS, Rel. Min. Gilson Dipp, julgado em 22/2/2011.** (Inform. STJ 464)

2.7. SUJEITOS PROCESSUAIS

Assistente da acusação e mudança de competência - 1
A 2ª Turma desproveu recurso ordinário em *habeas corpus* interposto contra acórdão do STJ que denegara o *writ* lá impetrado, sob o fundamento, dentre outros, de que seria prematuro o reconhecimento de eventual prescrição, ante a possibilidade de a pena ser alterada. Na espécie, o paciente fora condenado por juízo federal, em 28.7.2005, pelo delito de denunciação caluniosa (CP, art. 339), o que ensejara o manejo de apelação exclusivamente pela defesa. Em 12.9.2006, a vítima requerera o seu ingresso como assistente de acusação, cujo pedido fora deferido, com a anuência do Ministério Público Federal. No entanto, o TRF da 1ª Região declarara, de ofício, a incompetência daquela justiça para processar e julgar o feito, anulara todos os atos decisórios, julgara prejudicada a apelação e determinara a remessa dos autos à justiça estadual. Após ratificada, a peça acusatória fora recebida pelo juízo competente e proferida sentença para condenar o réu à pena de 2 anos de reclusão, em regime inicial aberto, substituída por duas restritivas de direitos. Contra esta decisão, apenas a defesa deduzira recurso. Em segundo grau, o ofendido ingressara com pedido de reautuação dos autos para fazer deles constar o nome do assistente da acusação e de seu advogado, bem assim de reconhecimento de nulidade processual, dada a ausência de intimação pessoal do assistente, nos termos do art. 564, III, o, do CPP. O relator da apelação criminal admitira a pleiteada inclusão, porém, a partir daquele momento processual, o que resultara na interposição de agravo interno, não conhecido, por suposta incapacidade postulatória, uma vez subscrito por defensor público. De ofício, fora decretada a prescrição da pretensão punitiva estatal, pois, entre a data dos fatos (27.7.2002) e a da sentença condenatória proferida por magistrado estadual (9.2.2009) teria transcorrido o lapso de prescrição previsto no art. 109, V, do CP. A vítima da denunciação caluniosa apresentara reclamação, insistindo na necessidade de sua intimação da sentença estadual, bem como na existência de capacidade postulatória, porquanto seu advogado teria ingressado na Defensoria Pública antes da atual Constituição. O pleito fora julgado procedente. A defesa do paciente, então, impetrara o *habeas corpus*, objeto deste recurso, perante o STJ. RHC 106710/AM, rel. Min. Gilmar Mendes, 29.3.2011. (RHC-106710)

Assistente da acusação e mudança de competência - 2
De início, considerou-se que se à vítima fosse atribuída a qualidade de assistente, nenhum efeito poderia ser colhido de decisão que não a intimara de seu conteúdo. Assinalou-se que não seria a hipótese de se argumentar pela impossibilidade de *reformatio in pejus*, porque a sentença recorrida seria nula de pleno direito e não haveria sequer recurso de apelação a ser analisado. Salientou-se que as nulidades absolutas poderiam ser argüidas a qualquer tempo. Aludiu-se ao entendimento do STF segundo o qual o prazo para o assistente da acusação interpor recurso começa a correr do encerramento *in albis* do prazo do Ministério Público e de sua necessária intimação. Reafirmou-se jurisprudência desta Corte no sentido de que o assistente poderia manusear recurso de apelação independentemente da postura adotada pelo titular da ação penal. Aduziu-se que a anulação dos atos decisórios da justiça incompetente, neles incluído o de deferimento do pedido da

vítima naquela esfera, não teria o condão de desconstituir o direito material da parte ofendida de figurar no pólo ativo da demanda e que não se poderia desconhecer o pedido de habilitação constante dos autos. No ponto, consignou-se que o *status* de assistente do Ministério Público, exercido pela vítima, perdurara formalmente enquanto o feito, por equívoco, tramitava na justiça federal e, materialmente, durante todo o processo, a sua condição de ofendido apto a exercer a assistência processual. Registrou-se, ainda, a inexistência de intimação da vítima, por ocasião da mudança de jurisdição, para que se manifestasse quanto a seu interesse. Asseverou-se ter ocorrido uma omissão flagrante da justiça estadual que deixara de despachar a habilitação requerida em 12.9.2006 e sequer intimara o anterior assistente. Em seguida, mencionou-se que a ação seria pública, sem a participação necessária do ofendido no andamento processual. Nesse tocante, explicitou-se que nem todos que o desejassem seriam aptos a cerrar forças em um dos lados da lide penal e, portanto, o instituto da habilitação somente geraria efeitos quando deferido. Conquanto isso, destacou-se que deveria ser observado que o contraditório e o devido processo legal também atingiriam aquele que tem direito material e expressara-se livremente no sentido de desejar exercer seu direito de figurar como assistente da acusação. Reputou-se que a omissão consistente em desconhecer o pleito de habilitação do ofendido, na qualidade de assistente, bem como negar-lhe os direitos de figurar no pólo ativo da demanda, representaria afronta ao devido processo legal. Concluiu-se que, em virtude da desobediência à referida cláusula, haja vista a ausência de intimação do ofendido, a própria sentença estadual não se aperfeiçoara e não haveria, dessa maneira, como reconhecer o trânsito em julgado para a acusação. RHC 106710/AM, rel. Min. Gilmar Mendes, 29.3.2011. (RHC-106710) (Inform. STF 621)

JUIZ. PROMOÇÃO. ANTIGUIDADE. MORTE. CANDIDATO.
Foi aberto o procedimento administrativo para o preenchimento de vaga de desembargador mediante a promoção de magistrado estadual por antiguidade. Constavam da lista três nomes submetidos ao crivo do conselho de magistratura; contudo, no dia da votação, deu-se o falecimento da juíza inscrita mais antiga. Diante disso, o órgão especial, lastreado no art. 3º, § 2º, da Resolução n. 3/1989 do TJ-RJ, entendeu anular o concurso de promoção e abrir outro pela publicação de novo edital. Daí a impetração do mandado de segurança em favor do juiz que ocupava a segunda posição na lista. Frise-se que cerca de 50 magistrados mais antigos do que o impetrante não se inscreveram no primeivo concurso. Nesse contexto, a Turma, ao prosseguir o julgamento, negou provimento ao recurso. O Min. Og Fernandes trouxe à baila o art. 80 da Loman, dando sentido lato ao termo "lei" constante do dispositivo. Já o Min. Celso Limongi (Desembargador convocado do TJ-SP), em seu voto-vista, ressaltou que, ao cabo, a *ratio legis* do referido dispositivo da resolução não é outro senão promover o mais antigo da carreira e não o mais antigo da lista e que não há falar em falta de fundamentação no ato atacado, que preservou o interesse coletivo de garantir a finalidade da norma, estabelecendo a livre participação dos magistrados mais antigos. **RMS 24.644-RJ, Rel. Min. Maria Thereza de Assis Moura, julgado em 5/5/2011.** (Inform. STJ 471)

MP. CUSTOS LEGIS. CONTRADITÓRIO.
A Turma denegou a ordem de *habeas corpus* por entender que o MP, quando oferta parecer em segundo grau de jurisdição, atua como *custos legis*, e não como parte, razão pela qual a ausência de oportunidade à defesa para se manifestar sobre essa opinião não consubstancia violação dos princípios do contraditório, da ampla defesa e da paridade de armas. Precedentes citados: HC 127.630-SP, DJe 28/9/2009, e RHC 15.738-SP, DJ 28/3/2005. **HC 167.910-MG, Rel. Min. Jorge Mussi, julgado em 1º/3/2011.** (Inform. STJ 465)

2.8. CITAÇÃO, INTIMAÇÃO E PRAZOS

REPERCUSSÃO GERAL EM RE N. 600.851-DF
RELATOR: MIN. RICARDO LEWANDOWSKI
EMENTA: CONSTITUCIONAL. PROCESSUAL PENAL. RÉU CITADO POR EDITAL. REVELIA. SUSPENSÃO DO PROCESSO E DO PRAZO PRESCRICIONAL NOS TERMOS DO ART. 366 DO CÓDIGO DE PROCESSO PENAL. CONTROVÉRSIA SOBRE A EXISTÊNCIA DE LIMITAÇÃO TEMPORAL. ARTIGO 5º, XLII E XLIV, DA CONSTITUIÇÃO FEDERAL. REPERCUSSÃO GERAL RECONHECIDA. (Inform. STF 633)

Intimação ficta e teor de publicação
A 1ª Turma, por maioria, concedeu *habeas corpus* para determinar ao Tribunal de Justiça paulista que proceda à republicação do acórdão proferido em apelação criminal, com a reabertura de prazo processual. Na espécie, a Secretaria daquela Corte — após o processo retornar, com a devida ciência, da Procuradoria-Geral de Justiça — publicara no Diário Oficial, para início de contagem de prazo da defesa, o resultado do mencionado julgamento nos seguintes termos: "*Por votação unânime, deram provimento parcial ao apelo, nos termos do v. acórdão.*" Observou-se, inicialmente, que o STF firmara entendimento no sentido de se considerar suficiente a publicação

do dispositivo de acórdão no Diário Oficial para efeito de intimação de réu e de abertura de prazo recursal. Em seguida, constatou-se a plausibilidade jurídica e reputou-se haver ilegalidade na forma como realizada a publicação. O Min. Marco Aurélio ressaltou que o objeto da intimação ficta seria dar conhecimento à parte. Salientou, no ponto, que, no tocante ao acórdão, a publicidade decorreria do lançamento de dispositivo no órgão oficial, que não se resumiria a uma ou duas palavras, tais como, "desprovimento" ou "provimento parcial". Vencido o Min. Luiz Fux, que denegava a ordem, por considerar cumprida a finalidade da lei. HC 100239/SP, rel. Min. Cármen Lúcia, 17.5.2011. (HC-100239) (Inform. STF 627)

Superior Tribunal de Justiça

CITAÇÃO. EDITAL. ANTECIPAÇÃO. PROVA. SUSPENSÃO. PROCESSO.
A Turma deu provimento ao recurso por entender que a produção antecipada de provas, conforme dispõe o art. 366 do CPP, não deve ser utilizada em todos os casos em que haja a suspensão do processo em razão da ausência do réu citado por edital. A providência deve ser resultante de uma avaliação do risco concreto do perecimento da prova e de impossibilidade de sua obtenção futura, caso não seja realizada antecipadamente. Logo, é uma medida excepcional que deve ser devidamente justificada. Precedentes citados: RHC 24.964-DF, DJe 13/12/2010; HC 102.758-SP, DJe 22/11/2010, e HC 138.837-DF, DJe 1º/2/2010. **REsp 1.224.120-PR, Rel. Min. Gilson Dipp, julgado em 17/2/2011.** (Inform. STJ 463)

DEFENSOR DATIVO. INTIMAÇÃO. DIFICULDADE. LOCALIZAÇÃO.
Sob o fundamento de que havia dificuldade em localizar a advogada dativa regularmente constituída para a defesa do paciente, o TRF nomeou-lhe outra mediante publicação no Diário da Justiça e, assim, realizou o julgamento da apelação. Então, vê-se, pelas peças acostadas aos autos, que o julgamento dessa apelação deu-se em desacordo com julgado do STJ. Uma circunstância é a total impossibilidade de efetuar a intimação, essa sim justificadora da nomeação de novo defensor, outra é a simples dificuldade de localização, pois se faz necessário esgotar todos os meios de localização do defensor para garantir a estrita observância do devido processo legal e da ampla defesa. Note-se, outrossim, que o entendimento esposado por este Superior Tribunal é que deve ser pessoal a intimação do defensor dativo, o que nem sequer se deu quando nomeado o novo defensor. Precedentes citados: HC 82.766-GO, DJe 24/5/2010, e HC 130.191-SP, DJe 11/10/2010. **HC 178.192-RJ, Rel. Min. Og Fernandes, julgado em 8/2/2010.** (Inform. STJ 462)

NULIDADE. AUDIÊNCIAS DEPRECADAS. JUÍZOS DIVERSOS. INTIMAÇÃO. ADVOGADOS.
Trata-se de paciente preso preventivamente e denunciado pela suposta prática do crime previsto no art. 157, § 3º, do CP (latrocínio), tendo subtraído o valor de R$ 60 mil em espécie, que seria produto da venda de um imóvel celebrada com o próprio acusado. Alega o impetrante a nulidade de uma das audiências deprecadas para ouvir uma testemunha de acusação devido à impossibilidade de seu comparecimento simultâneo às duas, uma vez que também fora marcada para o mesmo dia e horário uma outra audiência em comarca diversa, à qual ele compareceu para ouvir duas testemunhas de acusação. Para o Min. Relator, no caso dos autos, o advogado do paciente foi cientificado das datas e horários das audiências nos juízos deprecados com três dias de antecedência; por isso, teve tempo suficiente para requerer um adiamento, mas, em vez disso, quedou-se inerte. Por outro lado, asseverou não haver prejuízo porque, da análise do termo da audiência que a impetração pretende anular, verificou também que a testemunha ouvida afirmou tão somente ter achado o corpo da vítima e chamado a polícia, sem ter presenciado o fato delituoso; disse, ainda, não conhecer a vítima ou o acusado. Assim, concluiu o Min. Relator ser irrelevante o testemunho para a defesa, visto que as declarações em nada alterariam o panorama fático do processo, nem esclareceriam a possível autoria do fato criminoso, sendo mesmo desnecessárias ao deslinde da causa. Destacou, ainda, que a intimação da defesa dessas audiências no juízo deprecado, em tese, seria dispensável, segundo a orientação deste Superior Tribunal, conforme a Súm. n. 273-STJ. Dessa forma, concluiu que, como houve a intimação, o certo é que elas deveriam ter sido marcadas em dias diferentes, a possibilitar o comparecimento do advogado de defesa, porém, como o ato já foi praticado, nesse caso, é indispensável verificar se a sua realização causou efetivo prejuízo ao réu. Na hipótese, esclarece que se pode constatar a absoluta desnecessidade de sua repetição ou anulação, como postulado, por nada servir ao paciente o testemunho prestado. Assim, a seu ver, admitir a nulidade sem nenhum critério de avaliação, apenas por simples presunção de ofensa aos princípios constitucionais é permitir o uso do devido processo legal como mero artifício ou manobra de defesa, e não como aplicação do justo a cada caso, distanciando-se o Direito do seu ideal, qual seja, a aplicação da Justiça. Com esse entendimento, a Turma, ao prosseguir o julgamento, por maioria, não obstante o parecer do subprocurador em sentido contrário, denegou a ordem. **HC 181.674-PE, Rel. Min. Napoleão Nunes Maia Filho, julgado em 21/6/2011.** (Inform. STJ 478)

2.9. PRISÃO, MEDIDAS CAUTELARES E LIBERDADE PROVISÓRIA

Prisão preventiva: exceção e medidas cautelares do art. 319 do CPP - 1
Ante empate na votação, a 1ª Turma concedeu parcialmente habeas corpus a fim de determinar a substituição da decisão que denegara à paciente o direito de recorrer em liberdade por outra que imponha medidas cautelares previstas no novel art. 319 do CPP, cuja redação foi conferida pela Lei 12. 403/2011. Na espécie, em primeiro *habeas corpus*, o STJ deferira relaxamento de prisão preventiva em virtude de excesso de prazo. Posteriormente, sobreviera sentença que condenara a ré pelos delitos de formação de quadrilha armada, receptação e porte ilegal de arma de fogo de uso restrito (CP, artigos 288, parágrafo único e 180, *caput* e Estatuto do Desarmamento, art. 16, respectivamente), bem como lhe negara o direito de recorrer em liberdade, na medida em que considerara inalterados os motivos do indeferimento da liberdade provisória. Este título judicial assentara a necessidade de acautelamento da ordem pública, porquanto a condenada atuava como informante de facção criminosa altamente estruturada, o que denotaria sua periculosidade e real possibilidade de que pudesse voltar a delinquir. Em decorrência, a defesa impetrara segundo *writ* no STJ, o qual mantivera a condenação prolatada pelo juízo singular, daí a impetração neste Supremo. A defesa alegava que os fundamentos da renovação da reprimenda não seriam legítimos, porque a paciente teria sido rejulgada pelos idênticos fatos apostos na decisão que decretara sua prisão preventiva. HC 106446/SP, rel. orig. Min. Cármen Lúcia, red. p/ o acórdão Min. Dias Toffoli, 20.9.2011.(HC-106446)

Prisão preventiva: exceção e medidas cautelares do art. 319 do CPP - 2
Prevaleceu o voto médio do Min. Dias Toffoli, que reputou superado o dispositivo do decreto que retomara os mesmos argumentos que inspiraram o de custódia cautelar em benefício da ordem pública e da segurança jurídica. Ponderou que perturbações de monta justificariam o encarceramento com respaldo na paz social apenas nos casos em que a sociedade se sentisse desprovida de sua tranquilidade. Consignou, outrossim, que a nova redação do art. 319 do CPP introduziria a segregação prisional como exceção e que o fato de a paciente receber ordens e manter contato com organização criminosa não justificaria, por si só, a aplicação dessa medida, que deveria ser a última escolha do magistrado. Por conseguinte, determinou a adoção dos procedimentos alternativos constantes dos incisos I, II, e III do referido artigo (*"Art. 319. São medidas cautelares diversas da prisão: I - comparecimento periódico em juízo, no prazo e nas condições fixadas pelo juiz, para informar e justificar atividades; II - proibição de acesso ou frequência a determinados lugares quando, por circunstâncias relacionadas ao fato, deva o indiciado ou acusado permanecer distante desses locais para evitar o risco de novas infrações; III - proibição de manter contato com pessoa determinada quando, por circunstâncias relacionadas ao fato, deva o indiciado ou acusado dela permanecer distante"*) em substituição à prisão processual proferida pelo juízo singular. O Ministro Marco Aurélio concedia a ordem integralmente, ao destacar a insubsistência da decisão que negara à ré o direito de recorrer em liberdade. Sublinhava que o fato de o juízo de 1º grau ter se reportado a título de prisão processual que fora glosado pelo Judiciário — ante o excesso de prazo — indicaria contornos de execução criminal precoce, uma vez que a condenação ainda não transitara em julgado. HC 106446/SP, rel. orig. Min. Cármen Lúcia, red. p/ o acórdão Min. Dias Toffoli, 20.9.2011.(HC-106446)

Prisão preventiva: exceção e medidas cautelares do art. 319 do CPP - 3
Os Ministros Cármen Lúcia e Luiz Fux, por sua vez, denegavam a ordem e asseveravam que a revogação da prisão preventiva por excesso de prazo não impediria a sua decretação por outras razões, ou até pelas mesmas, se estas persistissem. Igualmente, frisavam que a superveniência de sentença condenatória sobrelevaria eventual constrangimento detectado no decorrer da instrução criminal, desde que presentes os requisitos previstos em lei. Enfatizavam que os elementos concretos de convicção que determinaram a manutenção da constrição da paciente estariam suficientemente demonstrados. HC 106446/SP, rel. orig. Min. Cármen Lúcia, red. p/ o acórdão Min. Dias Toffoli, 20.9.2011. (HC-106446) (Inform. STF 641)

Residência do réu e direito de recorrer em liberdade
O fato de o réu não residir no distrito da culpa não constitui, por si só, motivo bastante para justificar a denegação do direito de recorrer em liberdade. Com base nesse entendimento, a 2ª Turma proveu recurso ordinário em *habeas corpus* para garantir aos recorrentes, se por outro motivo não estiverem presos, o direito de permanecerem em liberdade, até o eventual trânsito em julgado da sentença condenatória. No caso, os pacientes foram condenados a 3 anos de reclusão pelo crime de estelionato, sem direito de recorrer em liberdade, sob o fundamento de preservação da ordem pública e da fiel execução da lei penal, especialmente, pelo fato de terem permanecido presos durante a instrução criminal e do receio de que pudessem evadir-se por não possuírem residência na comarca. Consignou-se

que constituiria discriminação de ordem regional, vedada pelo art. 3º, IV, da CF, considerar o fato de a residência do réu não estar localizada no distrito da culpa. Ressaltou-se não haver motivo idôneo para a manutenção da custódia cautelar. O Min. Ricardo Lewandowski acrescentou que os recorrentes já teriam direito à progressão para o regime aberto, uma vez que condenados à pena de 3 anos de reclusão no semi-aberto. RHC 108588/DF, rel. Min. Celso de Mello, 13.9.2011. (RHC-108588) (Inform. STF 640)

Prisão preventiva: nova lei e falta de fundamentação
Ao aplicar a nova redação do art. 313, I ,do CPP ["Art. 313. Nos termos do art. 312 deste Código, será admitida a decretação da prisão preventiva: I - nos crimes dolosos punidos com pena privativa de liberdade máxima superior a 4 (quatro) anos"], alterado pela Lei 12.403/2011, a 2ª Turma concedeu habeas corpus para cassar o decreto de prisão preventiva exarado em desfavor dos pacientes. Na espécie, eles foram acusados pela suposta prática dos delitos de resistência (CP, art. 329) e de desacato (CP, art. 331), ambos com pena máxima abstratamente cominada de 2 anos de detenção. Apontou-se que, com as inovações trazidas pela referida lei — a qual dispõe sobre matérias pertinentes à prisão processual, fiança, liberdade provisória, e demais medidas cautelares — a segregação, no caso, seria imprópria. Ademais, entendeu-se que o magistrado não reunira dados concretos hábeis a justificar a necessidade da constrição cautelar como meio necessário e inafastável para se resguardar a aplicação da lei penal. Ao contrário, assinalou-se que fora utilizado formulário padrão, previamente elaborado, o que evidenciaria, de forma flagrante, a ausência de individualização dos decretos prisionais. HC 107617/ES, rel. Min. Gilmar Mendes, 23.8.2011. (HC-107617) (Inform. STF 637)

Busca e apreensão e prisão em flagrante
A 1ª Turma, por maioria, concedeu *habeas corpus* para anular flagrante imposto ao paciente, preso por haver sido encontrado drogas no interior de sua residência, onde morava com o enteado. Na espécie, após a segregação deste pela suposta prática do crime de tráfico, fora expedido mandado de busca e apreensão, que culminara na prisão em flagrante do padrasto, única pessoa presente naquele local no momento da busca. Asseverou-se que o enteado teria, posteriormente, confessado a prática criminosa e declarado não existir envolvimento por parte do paciente, bem como que este ostentaria bons antecedentes e primariedade. Concluiu-se que o flagrante teria decorrido de ilação e que seria, portanto, ilegal. Determinou-se a expedição de alvará de soltura, a ser cumprido com as cautelas próprias.Vencido o Min. Ricardo Lewandowski, relator, que denegava a ordem. HC 106812/PR, rel. orig. Min. Ricardo Lewandowski, red. p/ o acórdão Min. Marco Aurélio, 5.4.2011. (HC-106812) (Inform. STF 622)

HC N. 105.304-PA
RELATOR: MIN. GILMAR MENDES
Habeas Corpus. 2. Prisão. Alegada falta de fundamentação da decisão proferida pelo Juízo da 3ª Vara Federal da Seção Judiciária do Pará. Inocorrência. 3. Pedido de prisão domiciliar considerado o grave estado de saúde do paciente. Falta de situação excepcional a justificar o pleito. Estado de saúde estável. 4. *Habeas corpus* parcialmente conhecido e, nesta parte, indeferido. (Inform. STF 622)

Prisão cautelar e fundamentos - 1
Em conclusão de julgamento, a 2ª Turma, por maioria, indeferiu *habeas corpus* para restabelecer ordem de prisão preventiva decretada pelo juízo de 1º grau em desfavor do paciente, à época denunciado pela suposta prática reiterada do crime descrito no art. 213 do CP. Na sessão de 30.11.2010, a Min. Ellen Gracie, relatora, preliminarmente apontou que a questão já teria sido apreciada nos autos do HC 100429/SP, o que obstaria o conhecimento do *writ*. No mérito, indeferiu a ordem e revogou a liminar anteriormente concedida. Aduziu que o decreto prisional, renovado na sentença condenatória superveniente, teria fundamentação idônea, considerada a necessidade de garantia da ordem pública. Afirmou que o agente, na condição de médico, teria praticado uma série de crimes contra diversas pacientes e uma funcionária, durante vários anos, nas dependências de sua clínica, aproveitando-se da debilidade momentânea das vítimas, algumas sob efeito de sedativos. Nesse sentido, considerada a gravidade concreta dos crimes perpetrados, bem como seu *modus operandi*, reputou ser o paciente perigoso, de modo que existiria o risco de reiteração criminosa, se solto. Ressaltou que o fato de ele estar impossibilitado de exercer sua profissão, visto que seu registro profissional estaria suspenso pelo Conselho Regional de Medicina, não impediria eventual prática de novos delitos. Naquela sessão, o julgamento fora suspenso com o pedido de vista do Min. Joaquim Barbosa. HC 102098/SP, rel. Min. Ellen Gracie, 15.2.2011. (HC-102098) (Inform. STF 616)

Prisão cautelar e fundamentos - 2
Na presente assentada, destacou-se, de início, que muito embora houvesse sido expedido novo decreto prisional contra o paciente, com base na garantia de aplicação da lei penal, após ele haver tentado, em 27.12.2010, renovar seu passaporte, o suposto constrangimento ilegal, objeto deste *writ*, estaria mantido, pois apenas liminarmente suspenso. Salientou-se, também, que, na hipótese de se considerar inválido o novo título prisional, remanesceria o anteriormente exarado. Preliminarmente, ainda, superou-se o óbice ao conhecimento da impetração apontado pela relatora. Reputou-se que a decisão proferida naqueles autos de *habeas corpus* teria se cingido ao não conhecimento da ação com base no Enunciado 691 da Súmula do STF. Nesse sentido, a análise do decreto prisional lá realizada teria sido sumária e superficial, não fazendo coisa julgada material. No mérito, acompanhou-se o entendimento da relatora para denegar a ordem. HC 102098/SP, rel. Min. Ellen Gracie, 15.2.2011. (HC-102098) (Inform. STF 616)

Prisão cautelar e fundamentos - 3
Vencidos os Ministros Celso de Mello e Gilmar Mendes, que deferiam a ordem. Aduziam não haver elementos concretos a autorizar a mantença da medida cautelar para a garantia da ordem pública, haja vista não existir prova cabal de que, uma vez impedido de exercer a medicina, o condenado voltaria a delinqüir, consideradas as circunstâncias dos crimes e seu *modus operandi*. Dessa forma, a prisão cautelar expedida seria mera antecipação de pena. Destacavam que o paciente, durante as investigações criminais, solto, não teria se comportado de modo a justificar as suposições contidas no decreto prisional e que, dada a notoriedade dos fatos na mídia, seria pouco provável que outras vítimas em potencial a ele se submetessem ou que silenciassem diante de novas condutas delitivas. HC 102098/SP, rel. Min. Ellen Gracie, 15.2.2011. (HC-102098) (Inform. STF 616)

Recolhimento compulsório e direito de apelar em liberdade - 1
A exigência de recolhimento compulsório do condenado para apelar viola os princípios constitucionais da ampla defesa, do contraditório e do duplo grau de jurisdição. Com base nesse entendimento, a 2ª Turma deferiu *habeas corpus* para que seja devolvido o prazo recursal e expedido contramandado de prisão em favor do paciente. No caso, o juiz decretara a prisão preventiva do réu para assegurar a aplicação da lei penal, uma vez que ele não fora localizado e, também, em decorrência da magnitude da lesão causada, consistente em gestão fraudulenta de dois consórcios (Lei 7.492/86: "*Art. 30. Sem prejuízo do disposto no art. 312 do Código de Processo Penal, aprovado pelo Decreto-lei nº 3.689, de 3 de outubro de 1941, a prisão preventiva do acusado da prática de crime previsto nesta lei poderá ser decretada em razão da magnitude da lesão causada. Art. 31. Nos crimes previstos nesta lei e punidos com pena de reclusão, o réu não poderá prestar fiança, nem apelar antes de ser recolhido à prisão, ainda que primário e de bons antecedentes, se estiver configurada situação que autoriza a prisão preventiva.*"). HC 103986/SP, rel. Min. Gilmar Mendes, 8.2.2011. (HC-103986)

Recolhimento compulsório e direito de apelar em liberdade - 2
Ressaltou-se que o fato de o paciente não ter sido encontrado não seria motivo idôneo para manter a prisão cautelar. Além disso, consignou-se que o réu não estaria obrigado a colaborar com a instrução criminal e que a fuga do distrito da culpa, por si só, não autorizaria o decreto constritivo. Assentou-se, ainda, que exigência de recolhimento compulsório do condenado para recorrer, nos termos do que disposto no art. 594 do CPP, sem que presentes quaisquer dos pressupostos do art. 312 do CPP, não seria compatível com a CF/88. Reputou-se que essa mesma conclusão se aplicaria ao disposto no art. 31 da Lei 7.492/86 (Lei do Colarinho Branco), que possui redação análoga à do art. 594 do CPP. Precedente citado: RHC 83810/RJ (DJe de 23.10.2009). HC 103986/SP, rel. Min. Gilmar Mendes, 8.2.2011. (HC-103986) (Inform. STF 615)

Superior Tribunal de Justiça

SUBSTITUIÇÃO. EXCEPCIONALIDADE.
O paciente foi submetido à cirurgia para a retirada de câncer da próstata e, em razão disso, necessita de tratamento radioterápico sob risco de morte, além de precisar ingerir medicamentos específicos. O acórdão *a quo* reconheceu que a administração penitenciária não possui a medicação para uso diário do paciente. Assim, a Turma, entre outras questões, entendeu que, excepcionalmente, pode-se conceder ao preso provisório o benefício da prisão domiciliar, quando demonstrado que o seu estado de saúde é grave e que o estabelecimento prisional em que se encontra não presta a devida assistência médica. Entendeu ainda que a própria constrição em seu domicílio juntamente com a debilidade de sua saúde e necessidade de tratamento médico intensivo fazem as vezes da cautela exigida pela decisão que decretou a prisão diante do caso concreto. Destacou, também, que a Lei n. 12.403/2011, a qual entrará em

vigor dia 4/7/2011, já permite, na linha da jurisprudência adotada neste Superior Tribunal, a possibilidade, em caso de doença grave, de o magistrado substituir a prisão preventiva por domiciliar (art. 282, II, e 318, II, do CP). Daí, concedeu em parte a ordem para substituir a prisão preventiva pela domiciliar para tratamento. Caberá ao juiz do feito a sua implementação, inclusive para o deslocamento para tratar-se, bem como adotar providências em caso de descumprimento. **HC 202.200-RJ, Rel. Min. Og Fernandes, julgado 21/6/2011.** (Inform. STJ 478)

PRISÃO PREVENTIVA. RECAMBIAMENTO. PRAZO.
A Turma concedeu a ordem por entender desarrazoado o réu permanecer preso preventivamente há quase três anos em outra unidade da Federação que não o distrito da culpa, sem recambiamento, não havendo sequer pronúncia. Não pode o acusado ficar indefinidamente encarcerado em outra comarca que não aquela em que está sendo processado, devendo o Estado-juiz providenciar meios para a sua transferência, em até 30 dias, para acompanhar todos os atos do processo e a eles comparecer. A Lei n. 12.403/2011, ainda não vigente, ao promover alteração no art. 289 do CPP, sinaliza nesse sentido ao determinar que o juiz deverá promover a remoção do preso no máximo em 30 dias contados da efetivação da medida. Precedentes citados: RHC 25.575-PI, DJe 22/2/2010; AgRg no HC 140.556-PR, DJe 22/2/2010, e HC 165.334-PE, DJe 2/8/2010. **HC 171.356-SP, Rel. Min. Maria Thereza de Assis Moura, julgado em 21/6/2011.** (Inform. STJ 478)

MEDIDA ASSECURATÓRIA. RAZOABILIDADE.
É cediço que, no curso do inquérito policial, o juízo pode (de ofício, a requerimento do MP ou representação da autoridade policial) determinar o sequestro de bens, direitos ou valores do investigado (art. 4º da Lei n. 9.613/1998), contudo é consabido, também, que essas medidas assecuratórias devem ser levantadas caso a ação penal não se inicie em 120 dias (§ 1º do referido dispositivo). Sucede que, conforme entende o STJ, eventual atraso no encerramento das diligências deve ser analisado conforme as peculiaridades de cada procedimento. Na hipótese, o decreto do sequestro de bens e do bloqueio dos ativos financeiros em questão deu-se em 2006 e até hoje não há sinal de que o MP tenha oferecido a denúncia. Assim, defere-se o levantamento deles porque foram ultrapassados os limites da razoabilidade. Precedentes citados: RMS 27.230-RJ, DJe 24/5/2010; REsp 1.079.633-SC, DJe 30/11/2009; AgRg na APn 536-BA, DJe 30/10/2008, e RMS 21.453-DF, DJ 4/6/2007. **HC 144.407-RJ, Rel. Min. Laurita Vaz, julgado em 16/6/2011.** (Inform. STJ 477)

HC. EXCESSO. PRAZO. DESAFORAMENTO.
A Turma reafirmou que a concessão de *habeas corpus* por excesso de prazo na formação da culpa constitui medida excepcional e só é admitida nas hipóteses em que a dilação resulte exclusivamente das diligências aventadas pela acusação, decorra da inércia do próprio aparato judicial ou importe violação do princípio da razoabilidade. Ressaltou-se, ademais, não estar evidenciado, *in casu*, o constrangimento ilegal no fato de o magistrado não submeter o feito imediatamente ao tribunal do júri após ter promovido o pedido de desaforamento do processo para comarca diversa. Segundo o Min. Relator, o juiz procurou garantir a imparcialidade dos jurados e a observância dos princípios da presunção de inocência e da paridade de armas, tendo em vista a repercussão e a comoção social ocasionadas pela gravidade com que o crime foi cometido. Salientou, ainda, que a segregação cautelar imposta à paciente fundamentou-se na necessidade de garantir a ordem pública e assegurar a aplicação da lei penal, tendo em vista a notícia de que ela havia deixado o distrito da culpa sem informar a autoridade policial. Consignou, portanto, que feriria a boa técnica processual conceder a liberdade provisória no momento em que a instrução já se encerrou, a acusação foi admitida e o pedido de desaforamento foi deferido. Conforme explicitou, o processo cautelar busca assegurar a eficácia prática de uma providência cognitiva ou executiva, de forma que a concessão da liberdade quando essa finalidade está próxima de alcançar o resultado desejado tornaria sem efeito o que sempre foi o objetivo da segregação – garantir o cumprimento de eventual sanção penal. **HC 185.450-PR, Rel. Min. Gilson Dipp, julgado em 3/5/2011.** (Inform. STJ 471)

PRISÃO PREVENTIVA. ATUAÇÃO. ORGANIZAÇÃO CRIMINOSA.
A Turma entendeu que a necessidade de paralisar ou reduzir as atividades de organizações criminosas é fundamento válido à manutenção da prisão preventiva por se enquadrar no conceito de garantia da ordem pública, razão pela qual denegou a ordem de *habeas corpus*. Na espécie, ressaltou a Min. Relatora haver indícios de que o paciente faz parte de um grupo especializado na prática reiterada de estelionatos. Precedentes citados do STF: HC 95.024-SP, DJe 20/2/2009; HC 92.735-CE, DJe 9/10/2009; HC 98.968-SC, DJe 23/10/2009; do STJ: HC 113.470-MS, DJe 22/3/2010, e RHC 26.824-GO, DJe 8/3/2010. **HC 183.568-GO, Rel. Min. Laurita Vaz, julgado em 1º/3/2011.** (Inform. STJ 465)

2.10. PROCESSOS E PROCEDIMENTOS

Videoconferência e entrevista reservada com defensor
A 1ª Turma iniciou julgamento de *habeas corpus* em que pretendida declaração de nulidade de ação penal decorrente da realização do interrogatório do paciente por videoconferência quando não havia previsão legal. A outra nulidade suscitada se referia à não-concessão do direito de entrevista reservada com seu defensor. O Min. Marco Aurélio, relator, denegou a ordem. Consignou, quanto à aplicação, no tempo, da lei disciplinadora do interrogatório mediante videoconferência, que essa matéria não teria sido analisada pelo STJ. Assentou ainda que, antes do interrogatório, o juiz, seus auxiliares e o representante do Ministério Público teriam se retirado da sala de audiência e nela teriam permanecido apenas os policiais, o que não impedira a entrevista do paciente com seu defensor. Na sequência, pediu vista dos autos o Min. Luiz Fux. HC 104603/SP, rel. Min. Marco Aurélio, 11.10.2011.(HC-104603) (Inform. STF 644)

Videoconferência e entrevista reservada com defensor - 2
A 1ª Turma retomou julgamento de *habeas corpus* em que pretendida declaração de nulidade de ação penal decorrente da realização do interrogatório do paciente por videoconferência quando não havia previsão legal — v. Informativo 644. O Min. Luiz Fux acompanhou o Min. Marco Aurélio, relator, e denegou a ordem. Após, pediu vista o Min. Dias Toffoli. HC 104603/SP, rel. Min. Marco Aurélio, 6.12.2011. (HC-104603) (Inform. STF 651)

HC N. 100.246-RJ
RELATOR: MIN. JOAQUIM BARBOSA
EMENTA: *HABEAS CORPUS*. **TRANCAMENTO DE AÇÃO PENAL. ALEGAÇÃO DE FALTA DE JUSTA CAUSA E INÉPCIA DA DENÚNCIA. INOCORRÊNCIA. DENÚNCIA QUE SATISFAZ OS REQUISITOS DO ART. 41 DO CÓDIGO DE PROCESSO PENAL E POSSIBILITA O EXERCÍCIO DO CONTRADITÓRIO E DA AMPLA DEFESA. ORDEM DENEGADA.**
Não é inepta a denúncia que, como no caso, narra a ocorrência de crimes em tese, bem como descreve as suas circunstâncias e indica os respectivos tipos penais, viabilizando, assim, o exercício do contraditório e da ampla defesa, nos termos do art. 41 do Código de Processo Penal.
Além disso, o trancamento de ação penal, principalmente por meio de *habeas corpus*, é medida reservada a hipóteses excepcionais, como "a manifesta atipicidade da conduta, a presença de causa de extinção da punibilidade do paciente ou a ausência de indícios mínimos de autoria e materialidade delitivas" (HC 91.603, rel. Ellen Gracie, *DJe-182* de 25.09.2008), o que não é caso.
Daí por que a existência ou não de justa causa, no caso, deve ser discutida no âmbito da ação penal já iniciada.
Ordem denegada. (Inform. STF 624)

Interrogatório: Lei 11.719/2008 e Lei 8.038/90
A Lei 11.719/2008, que alterou o momento em que efetuado o interrogatório, transferindo-o para o final da instrução criminal, incide nos feitos de competência originária do STF, cujo mencionado ato processual ainda não tenha sido realizado. Com base nessa orientação, o Plenário desproveu agravo regimental interposto pela Procuradoria Geral da República contra decisão do Min. Ricardo Lewandowski que, nos autos de ação penal da qual relator, determinara que os réus fossem interrogados ao final do procedimento. Considerou-se que o art. 400 do CPP, em sua nova redação, deveria suplantar o estatuído no art. 7º da Lei 8.038/90, haja vista possibilitar ao réu o exercício de sua defesa de modo mais eficaz. Aduziu-se que essa mudança concernente à designação do interrogatório conferiria ao acusado a oportunidade para esclarecer divergências e incongruências que eventualmente pudessem surgir durante a fase de consolidação do conjunto probatório. Registrou-se, tendo em conta a interpretação sistemática do Direito, que o fato de a Lei 8.038/90 ser norma especial em relação ao CPP não afetaria a orientação adotada, porquanto inexistiria, na hipótese, incompatibilidade manifesta e insuperável entre ambas as leis. Ademais, assinalou-se que a própria Lei 8.038/90 dispõe, em seu art. 9º, sobre a aplicação subsidiária do CPP. Por fim, salientou-se não haver impedimento para que o réu, caso queira, solicite a antecipação do seu interrogatório. O Min. Luiz Fux acrescentou que o entendimento poderia ser estendido à Lei 11.343/2006, que também prevê o interrogatório como o primeiro ato do processo. AP 528 AgR/DF, rel. Min. Ricardo Lewandowski, 24.3.2011. (AP-528) (Inform. STF 620)

PRISÃO PREVENTIVA. FURTO QUALIFICADO. FRAUDES. *INTERNET*.
Trata-se de *habeas corpus* substitutivo de recurso ordinário com pedido liminar impetrado em favor dos pacientes os quais foram denunciados, juntamente com 15 acusados, pela suposta prática dos crimes previstos nos arts. 155, § 4º, II e IV, e 288, *caput*, ambos do CP, sendo que a um dos pacientes e a outro acusado foi também atribuída a prática do crime disposto no art. 1º, VII, da Lei n. 9.613/1998. Alegam os impetrantes que os pacientes estão presos cautelarmente

desde 10/11/2010 e, por haver excesso de prazo na formação da culpa, pugnam pelo deferimento da liberdade provisória, sustentando não estarem presentes os requisitos que autorizam a custódia cautelar. Noticia a acusação que as fraudes consistiam em furtos a correntistas na modalidade *Internet banking* e aos pacientes foi imputada a liderança do suposto grupo criminoso, bem como eles seriam os responsáveis por causar prejuízo estimado em R$ 1 milhão. O TRF denegou a ordem lá impetrada, mantendo as prisões cautelares em razão do *modus operandi* imputado aos investigados (na suposta prática de crimes de forma reiterada e habitual na *internet*) e os fortes indícios de que, em liberdade, eles voltem à mesma prática delitiva. Para o Min. Relator, é cediço que, por força do princípio constitucional da presunção de inocência, as prisões de natureza cautelar, aquelas que antecedem o trânsito em julgado da decisão condenatória, são medidas de índole excepcional que somente podem ser decretadas ou mantidas caso venham acompanhadas de efetiva fundamentação que demonstre, principalmente, a necessidade de restrição do sagrado direito à liberdade. Mas, na hipótese, explica, com base na fundamentação do juízo de primeira instância, a qual demonstra existir a facilidade na prática do principal crime objeto da investigação (o furto ser efetuado por meio da *internet*) e por possuírem uma rede criminosa com grupos hierarquizados, sendo revogada a prisão dos pacientes – apontados como líderes da organização –, nada impediria que eles, soltos, pudessem dificultar ou até mesmo tolher a colheita de provas, especialmente os depoimentos dos demais integrantes do grupo. Dessa forma, afirma não haver constrangimento ilegal na manutenção das prisões decretadas, visto que tudo indica ser imperiosa a segregação provisória como forma de estorvar a reiteração delitiva, impedir a fuga dos pacientes e resguardar a instrução criminal. Ressalta o Min. Relator, ainda, constar dos autos que nenhum dos pacientes teria comprovado fonte de renda compatível com seus gastos, existindo indícios de que o sustento dos pacientes e de sua família viria da prática criminosa, sendo esse mais um elemento de que, uma vez em liberdade, eles poderiam voltar a praticar crimes. Destaca também não haver excesso de prazo na formação da culpa, visto que, segundo o entendimento doutrinário e jurisprudencial, a configuração de excesso de prazo na instrução não decorre de soma aritmética de prazos legais, a questão deve ser aferida segundo critérios de razoabilidade, tendo em vista as peculiaridades do caso. Assim, frisa que se trata de feito criminal de alta complexidade, evidenciado tanto pela quantidade de acusados quanto pela dificuldade de formação do conteúdo probatório nos crimes praticados em meio virtual, bem como, segundo as informações prestadas pelo tribunal *a quo*, houve necessidade de expedição de precatórias a alguns dos acusados, tudo a justificar a delonga processual. Ademais, esclarece que o sítio eletrônico do TRF informa que foram designadas audiências de oitiva de testemunhas e interrogatórios dos réus para maio e junho deste ano. Diante do exposto, a Turma denegou a ordem. Precedentes citados: HC 40.537-PA, DJ 26/9/2005; HC 112.808-PE, DJe 28/10/2008; HC 116.356-GO, DJe 6/4/2009; HC 83.475-RJ, DJe 17/3/2008, e HC 168.428-PE, DJe 27/9/2010. **HC 198.401-CE, Rel. Min. Og Fernandes, julgado em 16/6/2011.** (Inform. STJ 477)

2.11. PROCESSO DOS CRIMES DA COMPETÊNCIA DO JÚRI

Júri: omissão de quesitos e nulidade
Ante empate na votação, a 2ª Turma concedeu, de ofício, habeas corpus para assentar nulidade absoluta em julgamento realizado pelo tribunal do júri, que resultara na condenação do paciente pela prática de homicídio. Considerou-se que, alegada a legítima defesa, seria obrigatória a formulação dos quesitos sobre a moderação e o elemento subjetivo do excesso punível, ainda que os jurados tivessem respondido negativamente ao quesito sobre o uso dos meios necessários. Concluiu-se pela gravidade dessa omissão porque, eventualmente reconhecido o excesso culposo, poder-se-ia descaracterizar o homicídio doloso, com substancial redução da pena. Vencidos os Ministros Ayres Britto, relator, e Ellen Gracie, que indeferiam a ordem por entenderem que: a) a tese da legítima defesa teria sido afastada pelos jurados, portanto, desnecessário indagar-se a natureza do excesso, se culposo ou se doloso; b) as partes teriam anuído com a quesitação sem protesto e, por isso, precluso o momento processual para se argüir qualquer nulidade. HC 98458/ ES, rel. orig. Min. Ayres Britto, red. p/ o acórdão Min. Celso de Mello, 31.5.2011. (HC-98458) (Inform. STF 629)

HC N. 103.006-RS
RELATOR: MIN. GILMAR MENDES
Habeas Corpus. 2. Alegado vício na formulação dos quesitos. Preclusão da matéria. Precedentes. 3. Ordem denegada. (Inform. STF 627)

Tribunal do júri e motivo fútil
A 1ª Turma iniciou julgamento de *habeas corpus* em que se pretende a exclusão do ciúme como qualificadora de motivo fútil. Na espécie, o paciente fora pronunciado pela suposta prática de homicídio triplamente qualificado por impossibilidade de defesa da vítima, meio cruel e motivo fútil, este último em razão de ciúme por parte do autor (CP, art. 121, § 2º, II, III e IV). O Min. Ricardo Lewandowski, relator, indeferiu a ordem. Reputou que somente caberia ao conselho de sentença decidir

se o paciente praticara o ilícito motivado por ciúme, bem como analisar se tal sentimento, no caso concreto, constituiria motivo fútil apto a qualificar o crime em comento. Admitiu a pertinência da referida qualificadora com os fatos descritos na inicial acusatória. Asseverou que as qualificadoras dos crimes dolosos contra a vida só poderiam ser afastadas pela sentença de pronúncia quando totalmente divorciadas do conjunto fático-probatório dos autos, sob pena de se usurpar a competência do juiz natural para apreciação de tais delitos. Em divergência, o Min. Luiz Fux concedeu o *writ*. Afirmou que o agente não fora motivado por inspiração fútil no primeiro momento do *iter criminis* e que, portanto, o delito não poderia ser qualificado dessa forma. Após o voto do Min. Marco Aurélio, que acompanhava a divergência, pediu vista a Min. Cármen Lúcia. HC 107090/RJ, rel. Min. Ricardo Lewandowski, 13.4.2011. (HC-107090) (Inform. STF 623)

RHC N. 96.543-MG
RELATOR: MIN. GILMAR MENDES
Recurso ordinário em *habeas corpus*. 2. Violação ao princípio da soberania dos veredictos do tribunal do júri. Não ocorrência. Decisão manifestamente contrária à prova dos autos. 3. Recurso a que se nega provimento. (Inform. STF 622)

Pronúncia: excesso de linguagem e lacre - 1
A 1ª Turma concedeu *habeas corpus* para anular decisão de pronúncia e os consecutivos atos processuais que ocorreram no processo principal, havendo de ser prolatada outra, com reabertura de prazo para todos os atos, inclusive, recursais. No caso, o paciente fora pronunciado passados mais de 11 anos do provimento de recurso em que reformada decisão a qual rejeitara denúncia contra ele oferecida pela suposta prática de crime de homicídio simples. Contra a pronúncia, a defesa interpusera sucessivos recursos. No STJ, encerrado o julgamento de recurso especial, com participação de desembargador convocado para compor o quórum, prevaleceu, ante o empate, voto médio no sentido do seu parcial provimento. À ocasião, constatara-se o excesso de linguagem da pronúncia, sem que esta fosse anulada. Ordenara-se, ainda, o desentranhamento da sentença; o seu envelopamento junto aos autos — de forma a evitar o contato dos jurados com seus termos —; a certificação da condição de pronunciado do recorrente e o prosseguimento da marcha processual. HC 103037/PR, rel. Min. Cármen Lúcia, 22.3.2011. (HC-103037)

Pronúncia: excesso de linguagem e lacre - 2
Neste *writ*, observou-se que a questão principal referir-se-ia ao lacre da pronúncia e, portanto, sua retirada sem a realização de outra. Ponderou-se que a legislação determinaria que a pronúncia fosse possível de ser conhecida em sua inteireza. De igual modo, aduziu-se que, quando cabível, riscar-se-ia somente o excesso. Assentou-se que a retirada, com apenas a certificação da pronúncia, e o seu envelopamento lesaria a legislação. Observou-se que, embora parcialmente provido o recurso especial, 4 membros do STJ que integravam a turma julgadora assentaram o excesso de linguagem na pronúncia, bem assim a impossibilidade de apenas riscá-la, pois, no final, não restaria texto. Assinalou-se que o acórdão ora impugnado apontaria precedentes daquela Corte em que se apresentaria a solução do desentranhamento e envelopamento da sentença de pronúncia. No entanto, verificou-se que, nas hipóteses em que isso ocorrera, o STJ mandava produzir outra para que, dessa forma, a primeira ficasse resguardada e a posterior fosse de conhecimento. Registrou-se que o Supremo possui entendimento firme no sentido de que o defeito da fundamentação gera nulidade absoluta e, ainda, de que, em casos como o presente, impõe-se a anulação da sentença de pronúncia por excesso de linguagem, sob pena de afronta ao princípio da soberania dos veredictos. Explicitou-se que, depois de formado o conselho de sentença e realizada a exortação própria da liturgia do Tribunal do Júri, os jurados devem receber cópia da pronúncia, nos termos do art. 472 do CPP — alterado pela Lei 11.689/2008. Esclareceu-se, inclusive, que se permitiria aos jurados manusear os autos do processo-crime, bem assim pedir ao orador que indicasse as folhas onde se encontrasse a peça por ele lida ou citada. Aludiu-se ao posicionamento segundo o qual, de um lado, os juízes e tribunais devem submeter-se, quando praticam o ato culminante do *judicium accusationis* (pronúncia), à dupla exigência de sobriedade e de comedimento no uso da linguagem, de modo a evitar ilegítima influência sobre o ânimo e a vontade dos membros integrantes do conselho de sentença. E de outro lado, que age *ultra vires*, e excede os limites de sua competência legal, o órgão judiciário que, descaracterizando a natureza da sentença de pronúncia, converte-a, de um mero juízo fundado de suspeita, em um inadmissível juízo de certeza. HC 103037/PR, rel. Min. Cármen Lúcia, 22.3.2011. (HC-103037)

Pronúncia: excesso de linguagem e lacre - 3
Constatou-se que a solução apresentada no voto médio representaria constrangimento ilegal imposto ao paciente, bem assim dupla afronta — ao CPP, como se extrai do art. 472, e, principalmente, ao art. 5º, XXXVIII, c, da CF — à soberania dos veredictos assegurada à instituição do júri. Asseverou-se que o acesso à sentença de pronúncia seria uma garantia de ordem pública e de natureza processual, assegurada legal e constitucionalmente, cuja disciplina seria de competência da União, que teria lei sobre o assunto. Reputou-se que isso seria razão suficiente para se admitir a existência, na espécie, de constrangimento ilegal decorrente da restrição imposta pelo STJ ao acesso dos jurados à sentença de pronúncia. Por fim, haja vista o lapso temporal transcorrido e a necessidade de se garantir a aplicação da lei penal, determinou-se que seja dada a prioridade ao julgamento no juízo competente. O Min. Ricardo Lewandowski destacou inexistir no ordenamento jurídico peça processual sigilosa para os julgadores, que, na hipótese dos autos,

seriam os jurados. O Min. Marco Aurélio apontou a referida pronúncia como decisão oculta, não agasalhada pelo sistema. Além disso, ressaltou que o processo não tramitava em segredo de justiça e, se tal ocorresse, não o seria para aqueles que o julgam. Por derradeiro, enfatizou que decisão interlocutória não seria simples certidão. Alguns precedentes mencionados: HC 68606/SP (DJU de 21.2.92); HC 77044/PE (DJU de 7.8.98); HC 99834/SC (DJe de 16.3.2011). HC 103037/PR, rel. Min. Cármen Lúcia, 22.3.2011. (HC-103037) (Inform. STF 620)

Lei 11.689/2008: confissão espontânea e autodefesa - 1

A 1ª Turma concedeu *habeas corpus* para restabelecer a condenação dos pacientes nos moldes estipulados pelo Juiz Presidente do Tribunal do Júri. Na espécie, o magistrado reconhecera, de ofício, na autodefesa, a atenuante da confissão espontânea, embora a defesa técnica não a tivesse expressamente aventado nos debates orais. A decisão ensejara apelação do Ministério Público, a qual desprovida pelo Tribunal de Justiça estadual, com base no art. 65, III, d, do CP ("*Art. 65 - São circunstâncias que sempre atenuam a pena: ... III - ter o agente: ... d) confessado espontaneamente, perante a autoridade, a autoria do crime*"). O *parquet* interpusera recurso especial, provido, com alicerce no art. 492, I, b, do CPP ("*Art. 492. Em seguida, o presidente proferirá sentença que: ... I – no caso de condenação: ... b) considerará as circunstâncias agravantes ou atenuantes alegadas nos debates*"). De início, observou-se que a antinomia poderia ser resolvida pelos critérios da cronologia e da especialidade, a conferir ao art. 492 do CPP primazia frente ao art. 65 do CP. Explicou-se que a norma processual do Tribunal do Júri seria mais recente (incluída pela Lei 11.689/2008). Além disso, ela dispensaria tratamento específico à atenuante, a impor condições ao seu reconhecimento apenas no julgamento pelo Tribunal do Júri. Considerou-se, no entanto, que essa linha de raciocínio não se harmonizaria com o princípio constitucional da individualização da pena. HC 106376/MG, rel. Min. Cármen Lúcia, 1º.3.2011. (HC-106376)

Lei 11.689/2008: confissão espontânea e autodefesa - 2

Em seguida, esclareceu-se que, ao impedir o reconhecimento da atenuante pelo Juiz Presidente, igualar-se-ia o agente que confessasse o crime àquele que negasse os fatos. Reputou-se que o legislador infraconstitucional, no art. 68 do CP, ao determinar que o juiz percorra, na segunda fase da dosimetria, as circunstâncias legais, consistentes nas agravantes e nas atenuantes, pretenderia enfatizar que o réu que confessasse o crime se distinguiria daquele que dificultasse a prestação jurisdicional e até não demonstrasse qualquer arrependimento. Entendeu-se que a decisão do STJ ignoraria o princípio da proporcionalidade, haja vista que estabeleceria resultado final incompatível com as circunstância que envolveriam o delito e o seu protagonista. Consignou-se que a própria natureza da atenuante em questão, a exemplo de outras, teria caráter objetivo de modo que a sua constatação independeria do subjetivismo do julgador. Ponderou-se ser impróprio determinar que se desconsiderasse aquilo que não fosse expressamente realizado pela defesa técnica, apesar de feito pelo próprio acusado. Salientou-se que, ao impor a cláusula dos debates, o legislador voltar-se-ia às agravantes de natureza subjetiva. No ponto, aduziu-se que o Juiz Presidente, então, deveria dar atenção aos dados que, a teor do art. 483 do CPP, não seriam submetidos à apreciação dos jurados, mas repercutiriam na pena. Concluiu-se que, no caso, o juiz e o Tribunal mineiro teriam acertado ao julgar que o magistrado poderia e deveria ter levado em conta a autodefesa, e que a Constituição Federal, em seu art. 5º, compreenderia toda a defesa. HC 106376/MG, rel. Min. Cármen Lúcia, 1º.3.2011. (HC-106376) (Inform. STF 618)

Excesso de linguagem na pronúncia e oitiva de testemunhas

A 2ª Turma concedeu, em parte, *habeas corpus* para anular sentença de pronúncia, a ser desentranhada dos autos de origem, devendo outra ser proferida pelo juiz da causa. Tratava-se, na espécie, de *writ* impetrado em favor de pronunciado pelo crime de homicídio qualificado. Alegava-se que, ao pronunciar o paciente, o magistrado afirmara a autoria do acusado no crime, o que poderia influenciar negativamente os jurados. Sustentava-se, ainda, que o juiz encerrara a instrução antes do término do prazo fixado para o cumprimento das cartas precatórias expedidas para a oitiva das testemunhas arroladas pelo réu, as quais somente teriam sido juntadas após as alegações finais das partes. Quanto ao primeiro argumento, entendeu-se que o magistrado, na pronúncia, de fato fizera afirmações no sentido de ser o paciente o autor do delito a ele imputado, não se limitando, portanto, a indicar a existência de indícios suficientes quanto à autoria ou participação no crime. Considerou-se, ademais, que a mera exclusão das expressões tidas como excessivas poderia descontextualizar a redação da pronúncia, impondo-se a sua anulação por excesso de linguagem. Rejeitou-se, em seguida, a segunda assertiva da defesa. Asseverou-se que o prosseguimento do feito ocorrera antes da devolução das cartas precatórias, mas depois de escoado o prazo fixado para o seu cumprimento, o que estaria de acordo com o disposto no art. 222, §§ 1º e 2º, do CPP ("*Art. 222. A testemunha que morar fora da jurisdição do juiz será inquirida pelo juiz do lugar de sua residência, expedindo-se, para esse fim, carta precatória, com prazo razoável, intimadas as partes. § 1º A expedição da precatória não suspenderá a instrução criminal. § 2º Findo o prazo marcado, poderá realizar-se o julgamento, mas, a todo tempo, a precatória, uma vez devolvida, será junta aos autos*"). HC 99834/SC, rel. Min. Joaquim Barbosa, 15.2.2011. (HC-99834) (Inform. STF 616)

Tribunal do Júri e nulidades - 1
A 1ª Turma iniciou julgamento de *habeas corpus* em que a defesa sustenta a ocorrência de duas nulidades que teriam maculado o julgamento de condenado, pelo Tribunal do Júri, em razão da prática de homicídio em concurso de pessoas. A primeira nulidade residiria no fato de, no dia do julgamento, haver sido apresentada prova supostamente nova. Esta consistiria em fita cassete, com o interrogatório de co-réu, e sua degravação, as quais, trazidas por uma das testemunhas arroladas pela acusação — o delegado de polícia que teria conduzido as investigações —, demonstrariam a autoria intelectual do crime imputada ao paciente. Essa versão degravada seria, conforme alegado, destoante do interrogatório juntado aos autos do inquérito e a referida autoridade policial teria mantido o objeto em seu poder, secretamente, durante 3 anos, até expô-lo no julgamento. A outra nulidade apontada seria a suposta intromissão do Presidente do Tribunal do Júri no julgamento da causa, ao exprimir sua convicção pessoal acerca do interrogatório prestado pelo co-réu, no relatório apresentado aos jurados, no sentido de que o ato teria ocorrido sem coação ou tortura.
HC 101806/MS, rel. Min. Dias Toffoli, 16.11.2010. (HC-101806) (Inform. STF 609)

Tribunal do Júri e nulidades - 2
O Min. Dias Toffoli, relator, indeferiu a ordem, no que foi acompanhado pela Min. Cármen Lúcia. Reputou, inicialmente, não haver ilicitude na prova colhida a partir da fita cassete exibida no julgamento. Registrou que ela seria mero instrumento magnético de uma prova que já constaria dos autos, qual seja, o interrogatório. Aduziu, também, que o delegado utilizara esse dispositivo apenas para provar que o ato não teria sido realizado mediante tortura e que maior aprofundamento na questão implicaria reexame de fatos e provas, inadmissível na via eleita. Ressaltou, em relação a essa suposta nulidade, não haver sido demonstrado o prejuízo sofrido pelo paciente. Considerou, acerca do argüido vício de linguagem no relatório apresentado aos jurados, não haver parcialidade nas palavras proferidas pelo Juiz Presidente, que apenas teria fundamentado o deferimento da citada prova por reputá-la lídima, sem, entretanto, haver influenciado a íntima convicção dos jurados sobre o caso. Em divergência, o Min. Marco Aurélio deferiu o *writ*. Aduziu inexistir justificativa para que o delegado de polícia mantivesse a fita cassete em seu poder por mais de 3 anos, para apenas apresentá-la no dia do julgamento, e que o prejuízo suportado pelo paciente residiria na sua condenação. Ademais, asseverou que o magistrado teria abandonado a eqüidistância exigida ao Estado-Juiz, ao classificar o interrogatório como imaculado de ilicitude e afirmar tal juízo perante os jurados. Após, pediu vista dos autos o Min. Ricardo Lewandowski.
HC 101806/MS, rel. Min. Dias Toffoli, 16.11.2010. (HC-101806) (Inform. STF 609)

Tribunal do Júri e nulidades - 3
A 1ª Turma, em conclusão de julgamento, indeferiu, por maioria, *habeas corpus* em que impugnadas duas supostas nulidades ocorridas em julgamento de Tribunal do Júri: a utilização de prova alegadamente nova e o eventual excesso de linguagem por parte do Juiz Presidente, ao apresentar relatório aos jurados no qual deferia a juntada de tal prova — v. Informativo 609. Reputou-se, inicialmente, não haver ilicitude na prova colhida a partir da fita cassete exibida no julgamento. Registrou-se que ela seria mero instrumento magnético de uma prova que já constaria dos autos, qual seja, o interrogatório. Aduziu-se, também, que o delegado utilizara esse dispositivo apenas para provar que o ato não teria sido realizado mediante tortura e que maior aprofundamento na questão implicaria reexame de fatos e provas, inadmissível na via eleita. Ressaltou-se, em relação a essa suposta nulidade, não haver sido demonstrado o prejuízo sofrido pelo paciente. Considerou-se, acerca do argüido vício de linguagem no relatório apresentado aos jurados, não haver parcialidade nas palavras proferidas pelo Juiz Presidente, que apenas teria fundamentado o deferimento da citada prova por reputá-la lídima, sem, entretanto, haver influenciado a íntima convicção dos jurados sobre o caso. Vencido o Min. Marco Aurélio, que concedia a ordem. HC 101806/MS, rel. Min. Dias Toffoli, 14.12.2010. (HC-101806) (Inform. STF 613)

Superior Tribunal de Justiça

JÚRI. CONTRADIÇÃO. QUESITOS.

A Turma, por maioria, denegou o *habeas corpus* no qual se pretendia anular o julgamento proferido pelo Tribunal do Júri, ante a suposta contradição entre os quesitos votados pelo corpo de jurados. Na espécie, uma das testemunhas ouvidas em plenário afirmou que, na data dos fatos em questão, o paciente encontrava-se em município distante do local dos crimes. Julgada parcialmente procedente a ação penal, o paciente foi condenado pelo crime de homicídio consumado duplamente qualificado; foi absolvida a testemunha pelo crime de falso testemunho. Preliminarmente, asseverou-se que a análise de eventual contradição entre os quesitos apresentados, hipótese de nulidade processual absoluta, não estaria preclusa, pois arguida oportunamente em apelação criminal. No mérito, destacou o Ministro Relator que não se desconhece a existência de julgado do Supremo Tribunal Federal segundo o qual existe contradição nas respostas aos quesitos quando os jurados concluem pela autoria do fato tido por delituoso e, ao mesmo tempo, afastam a prática do crime de falso testemunho por quem apresentou o álibi em favor do acusado. Contudo, afastado o aludido posicionamento, entendeu-se não haver incoerência quando os jurados respondem negativamente ao quesito relativo ao falso testemunho e, positivamente, ao questionamento relativo à autoria do crime. Para tanto, ponderou-se que os juízes leigos podem ter considerado que a testemunha não teria praticado o crime de falso testemunho, porquanto amparada por alguma causa excludente de ilicitude ou culpabilidade. Consignou-se que não é incomum que pessoas inquiridas em julgamento no Tribunal do Júri sintam-se ameaçadas ou constrangidas a prestar depoimento em um ou outro sentido, o que em tese caracterizaria coação moral irresistível, apta a afastar a configuração do delito de falso testemunho. Assim, uma vez sendo possível aos jurados afastar a prática do crime de falso testemunho por motivos que não estão ligados à verdade ou mentira do depoimento prestado, não se pode atestar que a resposta negativa ao quesito correspondente ao falso testemunho implique a veracidade do que foi dito por certa testemunha ao falar em juízo, notadamente se apresentar álibi isolado, contestado em outras provas colhidas no processo. Conclui-se, portanto, que acobertados os jurados pelo sigilo de suas votações e existindo provas aptas a fundamentar o édito condenatório, a modificação da conclusão do julgado violaria o princípio constitucional da soberania dos veredictos. **HC 119.132-SP, Rel. Min. Jorge Mussi, julgado em 3/11/2011.** (Inform. STJ 486)

DECISÃO. PROVA. AUTOS. JURADOS. SOBERANIA.

O STJ reiterou o entendimento de que não se pode falar em decisão manifestamente contrária à prova dos autos se os jurados, diante de duas teses que sobressaem do conjunto probatório, optam por uma delas, exercitando, assim, a sua soberania nos termos do art. 5º, XXXVIII, c, da CF. Nesses termos, a Turma concedeu a ordem para anular o acórdão proferido pelo Tribunal *a quo* e restabelecer a decisão absolutória do conselho de sentença. Precedentes citados: HC 70.962-SP, DJe 22/9/2008; HC 44.374-SP, DJ 10/12/2007; HC 70.108-SP, DJ 3/9/2007, e HC 19.354-RS, DJ 24/6/2002. **HC 134.742-SP, Rel. Min. Maria Thereza de Assis Moura, julgado em 20/9/2011.** (Inform. STJ 483)

JÚRI. IMPARCIALIDADE. DESAFORAMENTO.

Não se olvida que o réu, em crimes dolosos contra a vida, deve ser julgado por seus pares no distrito da culpa. Contudo, a lei processual possibilita o desaforamento do julgamento para outra comarca quando haja interesse de ordem pública, dúvida quanto à segurança do réu ou imparcialidade do júri (art. 427 do CPP). No caso, trata-se de réu (ex-integrante da polícia militar estadual) com forte influência política e social na região, onde atuou por longos anos como oficial militar, a demonstrar a efetiva existência de dúvidas acerca da isenção e imparcialidade dos membros do conselho de sentença. Além disso, há a existência de pedido de desaforamento pelo *Parquet* referente ao mesmo réu, nos autos de outra ação penal (muito semelhante ao caso), que foi acolhido por este Superior Tribunal, por estar devidamente configurada a necessidade de desaforamento. Assim, as peculiaridades do caso demonstram a efetiva existência de dúvidas acerca da imparcialidade do júri, motivo que justifica o deslocamento do julgamento para uma cidade na mesma circunscrição, porém mais afastada. Precedente citado: REsp 823.300-MT, DJ 9/10/2006. **REsp 1.195.265-MT, Rel. Min. Gilson Dipp, julgado em 6/9/2011.** (Inform. STJ 482)

HC. PRONÚNCIA. DESCLASSIFICAÇÃO. JÚRI.

O paciente foi pronunciado pela suposta prática de crime doloso contra a vida (art. 121, *caput*, do CP), uma vez que deu causa a acidente automobilístico quando dirigia em velocidade excessiva e embriagado, o que resultou a morte de uma pessoa. A Turma denegou a ordem ao entender que a decisão de pronúncia encerra simples juízo de admissibilidade da acusação, exigindo o ordenamento jurídico somente o exame da ocorrência do crime e de indícios de sua autoria, não se demandando aqueles requisitos de certeza necessária à prolação de uma sentença condenatória, sendo que as dúvidas, nessa fase processual, resolvem-se contra o réu e a favor da sociedade, a teor do art. 413 do CPP. Afirmar se o recorrente agiu com dolo eventual ou culpa consciente é tarefa que deve ser analisada de acordo com a narrativa dos fatos expostos na denúncia, com o auxílio do conjunto fático-probatório produzido, no âmbito do devido processo legal, pelo tribunal do júri, o que impede a análise do elemento subjetivo de sua conduta neste Superior Tribunal. Precedentes citados: HC 118.071-MT, DJe 1º/2/2011; HC 91.397-SP, DJe 15/12/2008; HC 60.942-GO, DJ 29/10/2007, e REsp 912.060-DF, DJe 10/3/2008. **HC 199.100-SP, Rel. Min. Jorge Mussi, julgado em 4/8/2011.** (Inform. STJ 480)

PRONÚNCIA. DESCLASSIFICAÇÃO. HABEAS CORPUS.

In casu, busca-se a desclassificação do delito de tentativa de homicídio para o crime de perigo para a vida de outrem, sob o fundamento de ausência de *animus necandi* na conduta. A Turma não conheceu do pedido de *habeas corpus* por entender que tal desclassificação demandaria minucioso exame do conjunto fático-probatório, inviável, como consabido, na via estreita do *writ*. Ademais, consignou-se que o tribunal *a quo*, ao manter a pronúncia do paciente em relação ao ofendido, realizou um meticuloso cotejo das provas contidas nos autos. Precedentes citados: HC 119.279-MG, DJe 8/6/2011; HC 176.924-DF, DJe 25/5/2011, e HC 80.660-SP, DJe 26/10/2009. **HC 202.855-SP, Rel. Min. Haroldo Rodrigues (Desembargador convocado do TJ-CE), julgado em 2/8/2011.** (Inform. STJ 480)

JÚRI. CONTRARIEDADE. LIBELO.

In casu, o paciente foi condenado pelo júri em razão da prática de homicídio duplamente qualificado por motivo fútil e surpresa na forma tentada (art. 121, § 2º, II e IV, c/c o art. 14, II, do CP). O tribunal *a quo* negou provimento à apelação interposta. Impetrou-se, então, *habeas corpus* neste Superior Tribunal, o qual foi parcialmente concedido apenas para reduzir a pena-base ao mínimo legal (12 anos), fixando a pena definitiva em oito anos em face da redução de um terço pela tentativa. No *writ* ora em questão, alega-se a nulidade do julgamento por falta de contrariedade ao libelo. Portanto, a tese da impetração é a de nulidade causada pela não devolução do prazo para repetição do ato de protocolização da contrariedade ao libelo. A Turma, ao prosseguir o julgamento, por maioria, denegou a ordem. Entre outros fundamentos, consignou-se que, a despeito da orientação do STJ de que é possível, na via do *habeas corpus*, conhecer de matéria não apreciada pelo acórdão proferido em apelação criminal dado o efeito devolutivo amplo desse recurso, o mesmo entendimento não se aplica à apelação interposta contra decisão proveniente do tribunal do júri. Além disso, na hipótese, o advogado posteriormente constituído foi regularmente intimado a apresentar a contrariedade ao libelo, porém deixou fluir o prazo e não praticou tal ato. Outrossim, a ausência de contrariedade ao libelo, quando há intimação para a prática do ato, não pode acarretar nulidade. Por fim, registrou-se que as nulidades referentes ao libelo crime-acusatório são relativas, desse modo, tornam-se preclusas quando não arguidas no momento posterior à sua suposta configuração. Precedentes citados: HC 121.365-RJ, DJe 17/12/2010; HC 132.870-RJ, DJe 2/8/2010; HC 93.128-RJ, DJe 15/3/2010; HC 97.795-SP, DJe 13/10/2009; HC 87.751-SP, DJe 22/9/2008, e HC 88.919-SP, DJe 6/9/2010. **HC 160.882-BA, Rel. Min. Laurita Vaz, julgado em 14/6/2011.** (Inform. STJ 477)

JÚRI. NOVO JULGAMENTO. SEGUNDO RECURSO.

Trata-se de *habeas corpus* contra acórdão que, com base no art. 593, § 3º, do CPP, não conheceu do segundo recurso de apelação interposto em favor do ora paciente e manteve sua condenação imposta pelo júri em novo julgamento à pena de 49 anos de reclusão em regime integralmente fechado como incurso no art. 121, § 2º, III, IV e V, do CP, por três vezes, na forma do art. 71 do mesmo *codex*. Sustenta o impetrante que a não apreciação do recurso em favor do paciente cerceou seu direito de defesa; pois, segundo entende, inexistem nos autos provas suficientes da materialidade das circunstâncias ensejadoras da qualificadora prevista no inciso III do § 2º do art. 121 do CP. Alega ainda que a pena-base foi indevidamente fixada acima do mínimo legal e que o art. 71 do CP não foi empregado da forma mais favorável ao paciente, o que violaria o art. 75 do mesmo diploma legal. Dessa forma, pretende a concessão da ordem a fim de que seja conhecido o mencionado recurso pelo tribunal *a quo*, além de requerer, de imediato, o afastamento da qualificadora prevista no inciso III do § 2º do art. 121 do CP, a fixação da pena-base no mínimo legal e a aplicação do art. 71 do CP da forma que mais beneficie o paciente, obedecendo-se ao art. 75 do mesmo código. A Turma conheceu parcialmente do *habeas corpus*, mas denegou a ordem, consignando que a norma do art. 593, § 3º, do CPP, ao impedir que a parte se utilize do recurso de apelação para exame do mesmo propósito de anterior apelo interposto, prima pela segurança jurídica, porquanto impede a utilização do expediente recursal como maneira de eternizar a lide criminal. Assim, não sendo a apelação da defesa admitida por corresponder ao segundo recurso pelo mesmo fundamento (contrariedade à prova dos autos), a hipótese não é a de cerceamento de defesa. Portanto, o entendimento expresso no acórdão vergastado atende à recomendação da norma processual, não havendo motivo para reconhecer eventual cerceamento de defesa ou mesmo dele se distanciar. Além disso, não tendo sido enfrentadas pela corte *a quo* as questões atinentes à qualificadora, à fixação da pena e à continuidade delitiva, não podem ser apreciadas nesta hipótese, sob pena de supressão de instância. Ademais, a impetração não trouxe aos autos quais os temas aventados nas razões do recurso de apelação, o que torna ainda mais distante o conhecimento na linha de raciocínio do *habeas corpus* de ofício. Precedentes citados: HC 116.913-RJ, DJe 7/2/2011; REsp 954.914-DF, DJ 18/2/2008, e HC 125.336-SP, DJe 1º/6/2011. **HC 114.328-SP, Rel. Min. Maria Thereza de Assis Moura, julgado em 14/6/2011.** (Inform. STJ 477)

INTIMAÇÃO. EDITAL. DECISÃO. PRONÚNCIA.

A Turma entendeu que o novo regramento trazido pela Lei n. 11.689/2008 aos arts. 420, parágrafo único, e 457 do CPP – intimação por edital da decisão de pronúncia e prescindibilidade da presença do réu no plenário do júri – deve ser temperado pelos princípios do devido processo legal, contraditório e ampla defesa a fim de evitar que o acusado venha a ser condenado pelo conselho de sentença sem nunca ter tido ciência da acusação que lhe é imposta. Explicou o Min. Relator que a antiga redação do art. 366 do CPP permitia que o processo prosseguisse à revelia do acusado que, citado por edital, não comparecesse em juízo para defender-se. Com a nova redação conferida pela Lei n. 9.271/1996, seu não comparecimento passou a conduzir à suspensão do processo e do curso do prazo prescricional. Nesse contexto, consignou-se que a novel disciplina trazida pelos arts. 420, parágrafo único, e 457 do CPP deve ser aplicada em consonância com o art. 366 do mesmo *codex*, de forma a vedar a intimação por edital da decisão de pronúncia nos casos em que o processo prosseguiu sem que o réu tenha sido localizado na fase inaugural da acusação. Concluiu, portanto, que o réu tem direito a ser intimado pessoalmente quando, nos processos submetidos ao rito escalonado do tribunal do júri, tiver sido citado por edital e não comparecer em juízo nem constituir advogado para defendê-lo, os fatos tiverem ocorrido antes do advento da Lei n. 9.271/1996 e o feito tiver sido paralisado em decorrência da redação anterior do art. 414 do CPP. Salientou que as disposições da Lei n. 11.689/2008 têm como pressuposto a citação real do réu ou seu comparecimento em cartório quando tiver sido citado da acusação por edital, não sendo possível aplicá-las retroativamente. **HC 172.382-RJ, Rel. Min. Gilson Dipp, julgado em 24/5/2011.** (Inform. STJ 474)

JÚRI. HOMICÍDIO QUALIFICADO. INIMPUTABILIDADE. PROVA TESTEMUNHAL.

Trata-se de *habeas corpus* no qual se busca, em síntese, o reconhecimento de justa causa para a persecução penal do paciente, bem como a existência de hipótese de inimputabilidade e, caso sejam superadas as argumentações expostas na exordial, a declaração de nulidade dos atos processuais praticados a partir da pronúncia, com a submissão do ora paciente a novo julgamento. *In casu,* o paciente foi submetido a júri e condenado por homicídio qualificado à pena de 15 anos de reclusão, afastadas as teses de legítima defesa e de sua inimputabilidade. Em apelação, a defesa sustentou contrariedade à prova dos autos, salientando que o laudo pericial realizado anotou que, à época dos fatos, o paciente possuía doença mental, sendo inteiramente incapaz de entender o caráter ilícito do fato ou de se determinar. Tal apelo foi negado pelo tribunal *a quo* sob o fundamento de que os jurados optaram por uma das teses existentes. Apontou-se que a prova testemunhal evidenciaria a imputabilidade do paciente. Diante disso, a Turma, ao prosseguir o julgamento, entendeu, entre outras questões, que, em face da existência de duas teses antagônicas, o corpo de jurados entendeu acolher uma delas, o que afasta a contrariedade à prova colhida durante a instrução. Isso significa que a determinação de submissão a novo júri não se justifica ante o previsto no art. 593, III, **d**, do CPP, pois a decisão dos jurados não se mostrou manifestamente contrária à prova dos autos. Contrariou-se, é certo, a prova produzida pelos *experts,* mas não todo o conjunto probatório, pois havia elementos para adotar a tese em sentido diverso. Assim, prevalecendo o voto médio, denegou-se a ordem, mas se concedeu *habeas corpus* de ofício para, afastadas as circunstâncias judiciais indevidamente valoradas, reduzir a pena imputada ao paciente a 12 anos de reclusão e determinar ao juízo das execuções que proceda a novo exame de insanidade mental. Ressaltou-se que, no caso de ser constatada nessa perícia a inimputabilidade do paciente, a medida de segurança a ser aplicada não deve ultrapassar o lapso fixado para a pena privativa de liberdade. Precedentes citados: HC 130.160-SP, DJe 14/12/2009, e HC 88.849-SP, DJ 17/12/2007. **HC 141.598-GO, Rel. originário Min. Celso Limongi (Desembargador convocado do TJ-SP), Rel. para o acórdão Min. Og Fernandes, julgado em 17/5/2011.** (Inform. STJ 473)

COMPETÊNCIA. JÚRI. ACIDENTE. TRÂNSITO. HOMICÍDIO.

Trata-se de acidente de trânsito fatal com duas vítimas e quatro lesões corporais – segundo consta dos autos, o recorrente, no momento em que colidiu com outro veículo, trafegava em alta velocidade e sob a influência de álcool. Por esse motivo, foi denunciado pela suposta prática dos delitos previstos nos arts. 121, *caput,* por duas vezes e 129 por quatro vezes, ambos do CP, e pronunciado para ser submetido a julgamento no tribunal do júri. Ressalta o Min. Relator que o dolo eventual imputado ao recorrente com submissão ao júri deu-se pela soma de dois fatores: o suposto estado de embriaguez e o excesso de velocidade. Nesses casos, explica, o STJ entende que os referidos fatores caracterizariam, em tese, o elemento subjetivo do tipo inerente aos crimes de competência do júri popular. Ademais, a atribuição de indícios de autoria e da materialidade do delito foi fundamentada nas provas dos autos, não sendo possível o reexame em REsp (óbice da Súm. n. 7-STJ). Quanto à desclassificação do delito de homicídio doloso para o crime previsto no art. 302 do CTB – conforme a alegação da defesa, não está provada, nos autos, a ocorrência do elemento subjetivo do tipo (dolo) –, segundo o Min. Relator, faz-se necessário aprofundado exame probatório para ser reconhecida a culpa consciente ou o dolo eventual, pois deve ser feita de acordo com as provas colacionadas. Assim, explica que, além da vedação da citada súmula, conforme a jurisprudência, entende-se que, de acordo com o princípio do juiz natural, o julgamento sobre a ocorrência de dolo eventual ou culpa consciente deve ficar a cargo do tribunal do júri, constitucionalmente competente para julgar os crimes dolosos contra a vida. Dessa forma, a Turma negou provimento ao recurso, considerando que não houve ofensa aos arts. 408 e 74, § 1º, do CPP nem ao art. 302, parágrafo único, V, da Lei n. 9.503/1997, diante de indícios suficientes de autoria e da materialidade delitiva. Quanto à reavaliação desses elementos, isso não seria possível em REsp, pois incide a citada súmula, bem como não cabe o exame de dispositivo da CF. Precedentes citados: HC 118.071-MT, DJe 1º/2/2011; REsp 912.060-DF, DJe 10/3/2008; HC 26.902-SP, DJ 16/2/2004; REsp 658.512-GO, DJe 7/4/2008; HC 36.714-SP, DJ 1º/7/2005; HC 44.499-RJ, DJ 26/9/2005; HC 91.397-SP, DJe 15/12/2008, e HC 60.942-GO, DJ 29/10/2007. **REsp 1.224.263-RJ, Rel. Min. Jorge Mussi, julgado em 12/4/2011.** (Inform. STJ 469)

INDULTO. NOVO JÚRI.

O paciente foi condenado pelo júri, mas ambas as partes apelaram. Nesse ínterim, o juízo de execuções criminais deferiu indulto pleno em seu favor (Dec. n. 4.495/2002). Contudo, ao julgar aqueles recursos, o TJ, de ofício, anulou a decisão concessiva da benesse e determinou que o paciente fosse submetido a novo julgamento, pelo qual, ao final, foi condenado a 12 anos de reclusão. Vê-se, então, que está correta a decisão do TJ, pois o referido decreto presidencial não permite a concessão de indulto se houver recurso interposto pelo MP em busca da exasperação da pena. Na hipótese, o apelo ministerial almejava o reconhecimento de ser a decisão combatida contrária à prova dos autos e, em consequência, pleiteava a submissão do paciente a novo júri sob a imputação de homicídio qualificado, de pena mais severa do que a aplicada no primevo julgamento (homicídio privilegiado). Anote-se que a apelação é dotada dos efeitos devolutivo e suspensivo, o que impõe reconhecer que a sentença só produz efeitos após sua submissão ao colegiado. Assim, no caso, a decisão concessiva do indulto ficou condicionada à confirmação da sentença na apelação, o que, definitivamente, não ocorreu. **HC 69.385-SP, Rel. Min. Og Fernandes, julgado em 7/4/2011.** (Inform. STJ 468)

JÚRI. SOBERANIA. VEREDICTOS.

In casu, a impetração sustenta que o tribunal de origem teria se excedido na fundamentação, externando convicções acerca do mérito da acusação em detrimento do paciente, as quais poderiam influenciar o juízo a ser feito pelos integrantes do conselho de sentença por ocasião do novo julgamento do júri. A Turma, ao prosseguir o julgamento, por maioria, denegou a ordem, reafirmando que, nas hipóteses em que a negativa de autoria é reconhecida pelo conselho de sentença do tribunal do júri, mas o TJ entende ser o veredicto manifestamente contrário à prova dos autos por não encontrar guarida no conjunto probatório produzido, a decisão do júri deve ser cassada, indicando quais os elementos de prova que apontam a autoria do crime para o acusado, sem que isso signifique violação da soberania dos veredictos; caso contrário, incidiria no vício da falta de fundamentação das decisões judiciais (repudiada pela redação do art. 93, IX, da CF/1988). A Min. Relatora, vencida, concedia a ordem em parte por entender que as expressões de emprego excessivo deveriam ser retiradas. Precedentes citados: HC 46.920-PB, DJ 15/10/2007, e HC 59.151-PR, DJ 6/11/2006. **HC 172.097-PR, Rel. originária Min. Laurita Vaz, Rel. para acórdão Min. Napoleão Nunes Maia Filho, julgado em 22/2/2011.** (Inform. STJ 464)

HOMICÍDIO. CONDENAÇÃO. JÚRI.

Trata-se de paciente condenado pelo tribunal do júri como um dos mandantes de homicídio duplamente qualificado, em concurso de pessoas e praticado contra maior de 60 anos (art. 121, § 2º, I e IV, c/c arts. 29 e 61, II, **h**, todos do CP), à pena de 30 anos de reclusão em regime inicial fechado. Agora, em *habeas corpus* (HC), a impetração alega nulidade do julgamento que culminou com a condenação do paciente por haver cerceamento do direito de defesa – devido à deficiência da defesa técnica diante de exíguo prazo da Defensoria Pública para estudar o processo – e desrespeito às prerrogativas do advogado. Noticiam os autos que o paciente foi julgado pela primeira vez em 2007, sendo condenado a 30 anos de reclusão, o que, na época, pela legislação vigente, garantiu-lhe automaticamente o direito de um novo júri. Esse novo júri ocorreu em 2009, sendo o paciente absolvido, mas depois foi anulado. Marcado novo júri para o dia 31/3/2010, o defensor antigo não compareceu sob a justificativa de estar aguardando apreciação de liminar em HC impetrado no STF na qual pleiteava a suspensão daquela sessão e solicitou adiamento da sessão. Por isso, foi remarcada a sessão do novo júri para 12/4/2010, respeitado o prazo de dez dias estabelecido no art. 456, § 2º, do CPP, e, por cautela, o presidente do júri também intimou a Defensoria Pública para participar do julgamento no caso de ausência dos defensores constituídos. No dia 12/4/2010, antes do início da sessão de julgamento do júri, o novo causídico protocolizou o substabelecimento sem reservas de poderes, pedindo o adiamento da sessão para estudar os autos, o que lhe foi negado com base no art. 456, § 1º, do CPP – o qual disciplina que, quando não há escusa legítima, o julgamento só pode ser adiado uma vez. Assim, foi mantida a sessão e, perguntado ao réu se aceitava a defesa dos defensores públicos, ele concordou. Isso posto, observou o Min. Relator que este Superior Tribunal entende que o processo penal não é um fim em si mesmo, pois objetiva, sobretudo, garantir o respeito aos princípios constitucionais considerados fundamentais; todavia, em vista de sua importância e dos postulados a serem resguardados, devem ser repelidas as tentativas de sua utilização como forma de prejudicar ou impedir a atuação jurisdicional. Logo, no momento em que o causídico renuncia ao mandato e outro é nomeado no dia do julgamento ou ele deixa de comparecer na sessão para a qual foi devidamente intimado sem qualquer justificativa, fica claro que se trata de estratégia montada pela defesa para procrastinar o feito e frustrar o julgamento do júri, o que o Poder Judiciário não pode tolerar. Dessa forma, não há a alegada deficiência da defesa técnica, pois, no caso, houve anuência do paciente em ser representado pela Defensoria e, em nenhum momento, o réu apresentou objeções em exigir que sua defesa fosse feita única e exclusivamente pelo impetrante. Quando o advogado estrategicamente não compareceu à sessão anterior do júri em 30/3/2010, o juiz intimou também a Defensoria Pública para atuar no caso de o causídico não comparecer, naquela oportunidade também foi concedido prazo superior ao estabelecido na legislação para o estudo dos autos pelos defensores. Destacou que, quando não há escusa legítima, o legislador estabeleceu um só adiamento para haver o novo julgamento, procurando impedir as eventuais manobras defensivas observadas antes da reforma do CPP. Por fim, ressaltou o Min. Relator que, na hipótese, era imprescindível a demonstração do prejuízo, uma vez que, no processo penal, a falta de defesa constitui nulidade absoluta, entretanto sua deficiência, segundo a Súm. n. 523-STF, só o anulará se houver prova do prejuízo para o réu. Diante do exposto, entre outras argumentações, a Turma, ao prosseguir o julgamento, por maioria, denegou a ordem. Precedente citado: HC 38.317-BA, DJ 14/3/2005. **HC 178.797-PA, Rel. Min. Napoleão Nunes Maia Filho, julgado em 15/2/2011.** (Inform. STJ 463)

JÚRI. NULIDADE.
Trata-se de *habeas corpus* contra acórdão que confirmou condenação do paciente à pena de 24 anos de reclusão em regime inicial fechado mais 12 dias-multa pelo crime de latrocínio, desacolhendo a alegação de cerceamento de defesa, por ter sido dada, no Plenário do Júri, nova capitulação jurídica ao crime cometido. A Turma, ao prosseguir o julgamento, por maioria, concedeu a ordem por entender, entre outras questões, que ficou demonstrado ser inquestionável o fato de que o paciente foi denunciado por crime descrito como homicídio qualificado; em sendo assim, o julgamento popular teria de limitar-se aos termos da sentença de pronúncia. Consignou-se que, apesar da soberania do júri (art. 5º, XXXVIII, c e d, da CF), forçoso se faz reconhecer que há limites a serem observados, isto é, para julgamento dos crimes dolosos contra a vida. Assim, a sentença que condenou o paciente por crime de latrocínio no Tribunal do Júri incorreu em nulidade por incompetência manifesta, haja vista que o latrocínio não é crime contra a vida, mas contra o patrimônio. Além disso, registrou-se que, *in casu*, o réu foi condenado por crime de que não pôde se defender adequadamente, visto que a pronúncia não fez referência a roubo ou subtração de bens e, sobretudo, porque ofendeu claramente o princípio dos limites da acusação previsto no art. 476 do CPP (tanto na redação nova quanto na redação anterior do então art. 473 do mesmo código). Assentou-se, por fim, que nem mesmo a desclassificação imprópria invocada pelo presidente do Tribunal do Júri e admitida pelo TJ pode ser aceita como justificação para a sentença; pois, mesmo assim, decorreria a necessária alteração da competência com renovação do julgamento pelo juiz competente, mediante as garantias de ampla defesa e contraditório prévio. Desse modo, tendo em vista que, na descrição da pronúncia não está manifesta a conduta latrocida, desaparece a hipótese de possível prorrogação da competência do Tribunal do Júri (art. 492, § 1º, CPP) e, quando muito, para admitir a capitulação adotada pela sentença e acórdão impetrado, seria necessário observar o disposto no art. 384 e §§ do CPP, com sua nova redação. **HC 125.069-SP, Rel. originário Min. Napoleão Nunes Maia Filho, Rel. para o acórdão Min. Jorge Mussi, julgado em 8/2/2011.** (Inform. STJ 462)

Súmula STF Nº 721
A competência constitucional do Tribunal do Júri prevalece sobre o foro por prerrogativa de função estabelecido exclusivamente pela Constituição Estadual.

2.12. JUIZADOS ESPECIAIS

COMPETÊNCIA. JUIZADO ESPECIAL. SURSIS PROCESSUAL. MULTA.
Conforme a remansosa jurisprudência deste Superior Tribunal, o critério do legislador para definir a competência dos juizados especiais criminais é o *quantum* máximo da pena privativa de liberdade abstratamente cominada. No caso, a pena máxima abstrata prevista para o crime descrito no art. 7º, II, da Lei n. 8.137/1990 é de cinco anos, logo não há constrangimento ilegal na conduta do juiz da vara criminal de declarar-se competente para o feito. O referido artigo comina sanção mínima superior a um ano de pena privativa de liberdade ou, alternativamente, multa. Assim, se a Lei n. 9.099/1995 autoriza o *sursis* processual nos casos em que haja cominação de pena privativa de liberdade, mesmo que restrinja sua aplicação aos crimes cuja pena mínima seja igual ou inferior a um ano, é de rigor admitir tal benefício quando o legislador preveja ao delito pena alternativa de multa; pois, nesses casos, independente da pena privativa de liberdade abstratamente prevista, não se trata de delito de alta reprovabilidade, não sendo aqueles que, necessariamente, devam ser punidos com pena de prisão. Destarte, como salientado pelo impetrante, a pena de multa é menos gravosa do que qualquer pena privativa de liberdade. Logo, o oferecimento de proposta de suspensão condicional do processo do paciente, além de ser plenamente cabível, é providência consentânea com os institutos trazidos pela Lei n. 9.099/1995. Precedentes citados: HC 34.422-BA, DJ 10/12/2007; HC 109.980-SP, DJe 2/3/2009; RHC 27.068-SP, DJe 27/9/2010, e REsp 968.766-SC, DJe 28/9/2009. **HC 125.850-SP, Rel. Min. Maria Thereza de Assis Moura, julgado em 31/5/2011.** (Inform. STJ 475)

AUDIÊNCIA PRELIMINAR. NÃO COMPARECIMENTO. AUTOR. DELITO.
Trata-se de conflito negativo de competência travado entre o juízo da vara de inquéritos policiais (suscitante) e o juízo da vara do juizado especial criminal (suscitado), ambos da mesma comarca. Noticiam os autos que fora lavrado termo circunstanciado pela prática, em tese, do delito tipificado no art. 28 da Lei n. 11.343/2006 (usuário de droga/pequena quantia) e, sendo designada audiência preliminar para oferecimento de transação penal, ela não se realizou em razão do não comparecimento do acusado. Então, o juízo suscitado acolheu manifestação do MP estadual e determinou a remessa dos autos ao juízo da vara criminal, com fundamento no art. 66, parágrafo único, da Lei n. 9.099/1995 e, por sua vez, o juízo da vara de inquéritos policiais suscitou o conflito de competência, alegando que não foi cumprido o art. 77, *caput* e § 1º, da Lei n. 9.099/1995, pois o MP deveria ter oferecido denúncia oral ao juízo suscitado. Explica o Min. Relator que, não comparecendo o acusado à audiência preliminar designada para oferecimento de transação

penal e não havendo a necessidade de diligências imprescindíveis, o MP deve oferecer de imediato a denúncia oral nos termos do art. 77 da Lei n. 9.099/1995 e, somente após a apresentação dessa exordial acusatória, é que poderiam ser remetidos os autos ao juízo comum para proceder à citação editalícia, conforme dispõe expressamente o art. 78, § 1º, da referida lei. Diante do exposto, a Seção conheceu do conflito e declarou a competência do juízo suscitado. Precedente citado: CC 102.240-PB, DJe 30/4/2009. **CC 104.225-PR, Rel. Min. Haroldo Rodrigues (Desembargador convocado do TJ-CE), julgado em 25/5/2011.** (Inform. STJ 474)

2.13. SENTENÇA, PRECLUSÃO E COISA JULGADA

Duplo julgamento pelo mesmo fato: "bis in idem" e coisa julgada
Em conclusão de julgamento, a 1ª Turma, por maioria, denegou *habeas corpus*, porém, concedeu a ordem, de ofício, a fim de fazer prevalecer decisão proferida no primeiro processo. No caso, o réu fora condenado, duplamente, pela prática de roubo circunstanciado (CP, art. 157, § 2º, I). A defesa alegava que esse fato configuraria *bis in idem* e que a última decisão deveria predominar em detrimento daqueloutra, por ser mais favorável — v. Informativo 622. Aduziu-se que a ação instaurada posteriormente jamais poderia ter existido, seria nula em razão da litispendência, e que apenas a primeira teria validade no mundo jurídico, independentemente da pena cominada em ambos os processos. Destarte, retirar-se-ia uma das condenações, em favor do agente, ou seja, a segunda. Vencido o Min. Luiz Fux, relator, que concedia a ordem, de ofício, para declarar revogada a condenação mais gravosa ao paciente e, por conseguinte, a prevalência da sentença mais recente. HC 101131/DF, rel. orig. Min. Luiz Fux, red. p/ o acórdão Min. Marco Aurélio. 25.10.2011. (HC- 101131) (Inform. STF 646)

Sentença condenatória e fundamentação
Não configura ilegalidade a remissão, na sentença, aos motivos do ato que implicara a prisão preventiva, dada a ausência de alteração do quadro fático-processual desde a data da decretação da referida medida. Com base nessa orientação, a 1ª Turma, por maioria, denegou *habeas corpus* impetrado em favor de condenado pela prática de furto a caixa forte de banco. Considerou-se que a custódia do paciente teria sido mantida mediante fundamentação idônea, com base em dados concretos extraídos dos autos, a informar que ele estaria a utilizar o dinheiro oriundo do furto em atividades de agiotagem, com mecanismos indicativos de lavagem de capitais e de seu envolvimento em crimes de homicídio. Vencido o Min. Marco Aurélio, que concedia a ordem por entender que sequer seria possível considerar fatos não envolvidos no processo-crime a que responde o paciente, para se implementar a prisão preventiva, como os aludidos delitos supostamente ligados ao furto. HC 101248/CE, rel. Min. Luiz Fux, 21.6.2011. (HC-101248) (Inform. STF 632)

Princípio da Correlação e "Emendatio Libelli" - 1
O Tribunal iniciou julgamento de terceiro agravo regimental interposto contra decisão do Min. Ricardo Lewandowski que, dentre outras pretensões formuladas em ação penal da qual relator, acolhera *emendatio libelli* (CPP, art. 383) proposta pela acusação, em suas alegações finais, e desclassificara a imputação de lavagem de capitais (Lei 9.613/98, art. 1º) para o delito previsto na parte final do parágrafo único do art. 22 da Lei 7.492/86, que trata da manutenção de contas bancárias no exterior, sem a devida comunicação às autoridades federais competentes. Os agravantes sustentam, em síntese, que: a) a decisão impugnada teria desrespeitado o art. 6º da Lei 8.038/90, uma vez que a manifestação do Plenário seria exigida também nas hipóteses de posterior aditamento; b) a defesa não pudera se manifestar a respeito da *emendatio libelli*, porquanto produzida na fase de alegações finais; c) a reabertura da instrução processual se imporia, em homenagem aos princípios constitucionais da ampla defesa e do contraditório; d) a prova produzida pela defesa direcionara-se no sentido de afastar a imputação do delito de lavagem de dinheiro; e) a denúncia descrevera a mesma conduta de ocultação de patrimônio mantido no exterior, inicialmente, como um ato comissivo e, agora, como um comportamento omissivo e f) o retorno dos autos à Procuradoria Geral da República, após a apresentação das alegações finais da defesa, revelaria inversão na ordem processual.
AP 461 Terceiro-AgR/SP, rel. Min. Ricardo Lewandowski, 26.8.2010. (AP-461) (Inform. STF 597)

Princípio da Correlação e "Emendatio Libelli" - 2
O relator desproveu os agravos. Consignou que, embora o aditamento carecesse de manifestação do Plenário (Lei 8.038/90, art. 6º), a *emendatio libelli* proposta não implicara aditamento da denúncia sob a perspectiva material, uma vez que os fatos imputados aos agravantes seriam os mesmos, quais sejam, a manutenção de depósitos em dinheiro no exterior, sem a devida comunicação à autoridade competente. Aduziu que o sistema jurídico pátrio exige a correlação entre os fatos descritos pela acusação e aqueles considerados pelo juiz na sentença para a prolação de um veredicto

de condenação, sob pena de ofensa aos princípios constitucionais do contraditório e da ampla defesa. Desse modo, asseverou que o requisito essencial e intransponível para a aplicação do que contido no art. 383 do CPP seria que os fatos arrolados na inicial acusatória permanecessem inalterados, tal como ocorrera na espécie, não sendo necessária a reabertura da instrução penal nem a complementação das defesas. Enfatizou inexistir prejuízo aos réus, haja vista que eles se defendem dos fatos que lhe são irrogados, ainda que a capitulação jurídica se mostre eventualmente equivocada, o que não geraria inépcia da denúncia. Assinalou que defesa enfrentara a questão concernente ao crime contra o sistema financeiro nacional, visto que tal delito seria antecedente à lavagem de dinheiro. Salientou, ademais, que a desclassificação referir-se-ia a crime cuja pena cominada seria mais branda, o que, em princípio, mostrar-se-ia mais benéfico aos réus. Destacou que o crime objeto do art. 22, parágrafo único, da Lei 7.492/86 não decorreria exclusivamente de omissão decorrente da abstenção em prestar informações às autoridades, mas também de ação consubstanciada no depósito e na mantença ilegal de recursos financeiros no exterior. O relator afirmou que, diante da pluralidade de manifestações dos réus e em observância ao contraditório, abrira vista à Procuradoria Geral da República. Levando em conta que a instrução seria essencialmente documental, ressaltou que sua reabertura ensejaria risco de prescrição, já que os réus contariam com mais de setenta anos, o que reduziria o lapso prescricional pela metade. Por derradeiro, concluiu não haver obstáculo para que se passasse à fase seguinte de realização do julgamento. AP 461 Terceiro-AgR/SP, rel. Min. Ricardo Lewandowski, 26.8.2010. (AP-461) (Inform. STF 597)

Princípio da Correlação e "Emendatio Libelli" - 3
Em divergência, o Min. Marco Aurélio proveu os agravos por reputar que a situação presente caracterizaria verdadeira *mutatio libelli* e que a inobservância do art. 384 do CPP implicaria a não viabilização do direito de defesa. Explicitou que os elementos configuradores dos dois crimes seriam diversos: no tocante ao art. 22, parágrafo único, da Lei 7.492/86, exigir-se-ia que os valores depositados não tivessem sido declarados no imposto de renda, enquanto que, relativamente à lavagem, impor-se-ia a demonstração do crime antecedente, não apontado no caso. Após, pediu vista o Min. Dias Toffoli. AP 461 Terceiro-AgR/SP, rel. Min. Ricardo Lewandowski, 26.8.2010. (AP-461) (Inform. STF 597)

Princípio da correlação e "emendatio libelli" - 4
Em conclusão, o Plenário, por maioria, desproveu terceiro agravo regimental interposto de decisão do Min. Ricardo Lewandowski que, dentre outras pretensões formuladas em ação penal da qual relator, acolhera *emendatio libelli* (CPP, art. 383) proposta pela acusação, em suas alegações finais, e desclassificara a imputação de lavagem de capitais (Lei 9.613/98, art. 1º) para o delito previsto na parte final do parágrafo único do art. 22 da Lei 7.492/86, que trata da manutenção de contas bancárias no exterior, sem a devida comunicação às autoridades federais competentes — v. Informativo 597. AP 461 Terceiro AgR/SP, rel. Min. Ricardo Lewandowski, 16.6.2011. (AP-461)

Princípio da correlação e "emendatio libelli" - 5
Prevaleceu o voto do relator, que consignou que a *emendatio libelli* proposta não implicara aditamento da denúncia sob a perspectiva material, uma vez que os fatos imputados aos agravantes seriam os mesmos, independentemente de sua capitulação jurídica. Aduziu que o sistema jurídico pátrio exigiria a correlação entre os fatos descritos pela acusação e aqueles considerados pelo julgador na sentença. Desse modo, asseverou que o art. 383 do CPP exigiria que os fatos arrolados na denúncia permanecessem inalterados, como ocorrera na espécie, sem necessidade de reabertura da instrução ou complementação da defesa. Enfatizou que os réus defender-se-iam dos fatos que lhes são irrogados, qualquer que seja sua tipicidade penal, de modo que não haveria prejuízo a eles ou inépcia da inicial acusatória. Salientou que a nova capitulação proposta referir-se-ia a crime cuja pena cominada seria mais branda, o que, em princípio, mostrar-se-ia mais benéfico aos réus. Vencido o Min. Marco Aurélio, que provia os agravos por reputar que a hipótese configuraria *mutatio libelli* e, nesse sentido, a inobservância ao art. 384 do CPP inviabilizaria o direito de defesa. Frisava que os elementos configuradores dos crimes discutidos seriam diversos e que, no tocante à lavagem de capitais, impor-se-ia a demonstração de crime antecedente, o que não teria sido realizado. AP 461 Terceiro AgR/SP, rel. Min. Ricardo Lewandowski, 16.6.2011. (AP-461)

Princípio da correlação e "emendatio libelli" - 6
Em seguida, o Plenário decidiu, por maioria, não acolher proposta do Min. Dias Toffoli, trazida em voto-vista, no sentido de conceder *habeas corpus* de ofício aos réus e trancar a ação penal — apenas parcialmente em relação à co-ré —, em razão da atipicidade da conduta imputada, relativa à manutenção de contas bancárias no exterior sem a devida comunicação às autoridades federais competentes. Entendia, no que foi acompanhado pelo Min. Marco Aurélio, que algumas contas às quais a acusação se refere não teriam sido objeto de qualquer movimentação financeira; outra teria sido aberta e encerrada no mesmo ano, e seu capital transferido a uma nova conta, devidamente declarada ao Fisco; e as demais também declaradas às autoridades fazendárias. Afirmava que a única conta passível de tipicidade teria como titular a co-ré, que não deteria foro na Corte, razão pela qual determinava a baixa dos autos à justiça comum, para que a ação prosseguisse apenas em relação a esse fato. Por fim, o Colegiado reputou que as questões que fundamentariam

eventual concessão da ordem de ofício deveriam ser por ele deliberadas no momento próprio para a análise o mérito da ação, consideradas todas as provas colhidas e as declarações proferidas pelas partes ao longo do processo, que não se encerrara. AP 461 Terceiro AgR/SP, rel. Min. Ricardo Lewandowski, 16.6.2011. (AP-461) (Inform. STF 631)

Duplo julgamento pelo mesmo fato: "bis in idem" e coisa julgada
A 1ª Turma iniciou julgamento de *habeas corpus* em que se discute a instauração de duas ações penais em desfavor do paciente pelo mesmo fato. No caso, o réu fora condenado, duplamente, pela prática de roubo circunstanciado (CP, art. 157, § 2º, I). No primeiro processo, a pena fora cominada em 5 anos e 4 meses, ao passo que, no segundo, em 4 anos, 5 meses e 10 dias, ambas de reclusão. As ações transitaram em julgado, respectivamente, em 29.8.2008 e 19.5.2009. A defesa alegava que tal fato configuraria *bis in idem* e que a última decisão deveria prevalecer em detrimento daqueloutra, por ser mais favorável. O Min. Luiz Fux, relator, concedeu a ordem, de ofício, para declarar revogada a condenação mais gravosa ao paciente e, por conseguinte, a prevalência da sentença posterior. Assentou que, em face do caráter normativo concreto das duas coisas julgadas, dever-se-ia aplicar, no âmbito do Processo Penal, aquela mais benéfica ao réu, em obediência aos regimes da *lex mitior* e da vedação da revisão criminal *pro societate*. Em divergência, o Min. Marco Aurélio indeferiu o *writ*, mas o concedeu, de ofício, para assentar a insubsistência do último julgado. Aduziu que a ação instaurada posteriormente jamais poderia ter existido e que apenas a primeira teria validade no mundo jurídico, independentemente da pena cominada em ambos os processos. Afirmou, também, que tal decisão não implicaria *reformatio in pejus*, uma vez que retiraria uma das condenações, em favor do agente. Após, pediu vista o Min. Dias Toffoli. HC 101131/DF, rel. Min. Luiz Fux, 5.4.2011. (HC-101131) (Inform. STF 622)

Extinção da punibilidade e certidão de óbito falsa - 1
A 1ª Turma iniciou julgamento de *habeas corpus* impetrado em favor de pronunciado, em sentença transitada em julgado, pela suposta prática de homicídio. A defesa sustenta que a desconstituição do despacho interlocutório que teria declarado extinta a punibilidade do paciente — em razão de ter se baseado em certidão de óbito falsa — seria nula, uma vez que violado o princípio da coisa julgada. Ademais, alega que não haveria indícios suficientes a apontar o acusado como autor do delito. O Min. Dias Toffoli, relator, indeferiu a ordem. Em relação ao primeiro fundamento, reputou que a decisão que declara extinta a punibilidade do agente seria despacho interlocutório misto, que decidiria incidentes da causa sem examinar-lhe o mérito. Afirmou, ademais, que a extinção da punibilidade em razão da morte do agente seria fato observado independentemente de qualquer decisão judicial e, nesse sentido, aduziu que o formalismo da coisa julgada haveria de ser superado, tendo em vista que uma decisão meramente declarativa não poderia existir se o seu pressuposto fosse falso. Em relação ao segundo fundamento, consignou não ser admissível examiná-lo na via eleita, por demandar reexame aprofundado de fatos e provas. HC 104998/SP, rel. Min. Dias Toffoli, 30.11.2010. (HC-104998) (Inform. STF 611)

Extinção da punibilidade e certidão de óbito falsa - 2
Em divergência, o Min. Marco Aurélio deferiu o *writ*. Reputou, inicialmente, que a morte não seria a única causa de extinção da punibilidade prevista em lei e que, ao se relativizar o princípio da coisa julgada quanto a essa causa extintiva de pena, dever-se-ia fazê-lo também no que se refere às demais, o que inadmissível. Aduziu inexistir revisão criminal *pro societate* e que, se o órgão acusador não impugnara o documento falso no momento próprio para tal, restar-lhe-ia apenas eventual propositura de ação criminal para apurar o suposto delito de falsidade ideológica. A respeito do segundo argumento da impetração, afirmou não haver elementos que apontassem para a existência de indícios suficientes de autoria em relação ao paciente e que, no caso, teria havido responsabilização penal objetiva. Após, pediu adiamento do feito o Min. Dias Toffoli. HC 104998/SP, rel. Min. Dias Toffoli, 30.11.2010. (HC-104998) (Inform. STF 611)

Extinção da punibilidade e certidão de óbito falsa - 3
A 1ª Turma, em conclusão de julgamento, indeferiu, por maioria, *habeas corpus* impetrado em favor de pronunciado, em sentença transitada em julgado, pela suposta prática de homicídio. A defesa sustentava que a desconstituição do despacho interlocutório que teria declarado extinta a punibilidade do paciente — pois baseado em certidão de óbito falsa — seria nula, uma vez que violado o princípio da coisa julgada. Ademais, alegava não haver indícios suficientes a apontar o acusado como autor do delito — v. Informativo 611. O Min. Dias Toffoli, relator, acompanhado pelos Ministros Cármen Lúcia e Ricardo Lewandowski, manteve a posição externada por ocasião do pedido de adiamento do feito, no sentido de indeferir a ordem. Afirmou que o suposto óbito do paciente seria fato inexistente e que, portanto, não poderia existir no mundo jurídico. Por essa razão, reputou não haver óbice à desconstituição da coisa julgada. Em relação à suposta ausência de justa causa para a pronúncia do paciente, aduziu que a análise da tese implicaria revolvimento fático-probatório, inviável na sede eleita. Vencido o Min. Marco Aurélio, que concedia a ordem. HC 104998/SP, rel. Min. Dias Toffoli, 14.12.2010. (HC-104998) (Inform. STF 613)

PECULATO. CONFIGURAÇÃO. RECEPTAÇÃO QUALIFICADA. *EMENDATIO LIBELLI.* **DENÚNCIA.**
Para o Min. Relator, os fatos narrados na denúncia, a saber, que o recebimento pelo denunciado de depósito em cheque diretamente na sua conta-corrente, valores que eram resultantes de crime de peculato para o financiamento de campanha eleitoral de seu irmão, são insuficientes para a configuração do tipo penal de lavagem de dinheiro, uma vez que a tipicidade nesse caso reclama também a existência de um contexto capaz de evidenciar que o agente realizou tais ações com a finalidade específica de ocultar ou dissimular a utilização desses bens, direitos ou valores. Na denúncia, embora conste a descrição da ocorrência de um crime antecedente incluído entre aqueles contra a Administração Pública (o peculato), bem como a afirmação de que o denunciado, ao receber os valores, sabia serem provenientes desse crime, ao explicitar que, em tese, o denunciado teria recebido o dinheiro para financiar a campanha de seu irmão à prefeitura e não em razão de seu cargo de conselheiro do Tribunal de Contas estadual, acabou-se por descrever a conduta típica do delito de receptação qualificada. Nesse contexto, explica impor-se o *emendatio libelli* já que dos fatos narrados resulta a conduta típica do delito de receptação qualificada, prevista no art. 180, § 6º, do CP. Assim, alude a precedente do STJ, registrando que, na hipótese de erro de capitulação na peça inicial, pode o magistrado proceder à correção e adequação da tipificação, atribuindo aos fatos definição jurídica diversa, ainda que tenha que aplicar pena mais grave; nessa situação, em que não há a superveniência de fato novo, não existe a necessidade de impor aditamento da denúncia – tal como ocorre com a *mutatio libelli*, regulada no art. 384 do CPP – e, consequentemente, de abrir prazo para a defesa se manifestar, indicando, inclusive, novas testemunhas. Diante do exposto, a Corte Especial julgou procedente a denúncia para condenar o acusado pela prática do crime de receptação qualificada à pena privativa de liberdade de dois anos e seis meses de reclusão a ser cumprida em regime inicial aberto, ficando substituída pelas restritivas de direitos de prestação de serviços à comunidade e prestação pecuniária e multa de 25 dias-multa, no valor cada dia-multa de um salário mínimo e sem custas (art. 7º da Lei n. 11.636/2007). Precedente citado: HC 91.474-RJ, DJe 2/8/2010. **APn 472-ES, Rel. Min. Teori Albino Zavascki, julgada em 1º/6/2011.** (Inform. STJ 475)

ERRO MATERIAL. LATROCÍNIO. REGIME INICIAL ABERTO.
In casu, o paciente foi condenado à pena de 18 anos de reclusão em regime inicial aberto pela prática do crime tipificado no art. 157, § 3º, do CP (latrocínio). Então, o juiz de execução determinou o início do cumprimento da pena em regime fechado ao argumento de que o regime aberto foi fixado de forma equivocada. Agora a impetração no *writ* sustenta, em síntese, que não há como modificar o regime fixado na sentença condenatória, pois ela transitou em julgado para a condenação. Para o Min. Relator Napoleão Nunes Maia Filho e o Min. Gilson Dipp, a fixação do regime aberto para o paciente condenado à pena de 18 anos de reclusão é mero erro material, possível de correção mesmo após o trânsito em julgado da condenação. No entanto, a maioria dos Ministros da Turma aderiu à divergência inaugurada pelo Min. Jorge Mussi, que, apesar de considerar tratar-se de erro material, pois o paciente condenado por latrocínio não poderia cumprir a pena em regime inicial aberto conforme o disposto no art. 33, § 2º, do CP, reconheceu agora não haver dúvida de que ocorreu a coisa julgada, pois o MP, como fiscal da lei, deveria ter interposto os embargos declaratórios, mas deixou de fazê-lo. Observou ainda serem nesse sentido as decisões do STF. Com esse entendimento, a Turma, ao prosseguir o julgamento, concedeu a ordem. **HC 176.320-AL, Rel. originário Min. Napoleão Nunes Maia Filho, Rel. para acórdão Min. Jorge Mussi, julgado em 17/5/2011.** (Inform. STJ 473)

2.14. PROCESSOS ESPECIAIS

EMENTA: EXCEÇÃO DA VERDADE OPOSTA A DEPUTADO FEDERAL. CRIME DE CALÚNIA. DISCIPLINA RITUAL DA *"EXCEPTIO VERITATIS"* **NO SUPREMO TRIBUNAL FEDERAL. PROCESSO** *PREMATURAMENTE* **ENCAMINHADO AO STF. DEVOLUÇÃO AO JUÍZO DE ORIGEM. EXCEÇÃO DA VERDADE NÃO CONHECIDA.**
- **A exceção da verdade**, quando deduzida nos crimes contra a honra **que autorizam** a sua oposição, **deve ser** admitida, processada e julgada, **ordinariamente**, pelo juízo competente **para apreciar** a ação penal condenatória.
- **Tratando-se**, *no entanto*, de *"exceptio veritatis"* **deduzida** contra pessoa **que dispõe**, *"ratione muneris"*, **de prerrogativa de foro** perante o STF (**CF**, art. 102, I, **"b"** e **"c"**), **a atribuição** da Suprema Corte **restringir-se-á**, *unicamente*, **ao julgamento** da referida exceção, **não assistindo**, *a este Tribunal*, **competência** para admiti-la, para processá-la **ou**, *sequer*, para instruí-la, **razão pela qual** os atos de dilação probatória **pertinentes** a esse procedimento incidental **deverão ser promovidos** na instância ordinária competente para apreciar a causa principal (ação penal condenatória). **Precedentes**. **Doutrina**. (AP 602/SC, rel. Min. Celso de Mello, DJ 1º/08/11) (Inform. STF 637)

2.15. NULIDADES

Crime eleitoral: prestação de contas e falsidade ideológica
O Plenário iniciou julgamento de inquérito em que se imputa a Deputado Federal a suposta prática do crime descrito no art. 350 do Código Eleitoral ("*Omitir, em documento público ou particular, declaração que dele devia constar, ou nele inserir ou fazer inserir declaração falsa ou diversa da que devia ser escrita, para fins eleitorais: Pena - reclusão até cinco anos e pagamento de 5 a 15 dias-multa, se o documento é público, e reclusão até três anos e pagamento de 3 a 10 dias-multa se o documento é particular.*"), na forma do art. 29 do CP. Na espécie, o denunciado subscrevera documento — apresentado pelo então presidente do diretório regional de partido político ao qual filiado — referente à nova prestação de contas do ano de 2004, após a Coordenadoria de Controle Interno do Tribunal Regional Eleitoral não haver aprovado a anterior. Aduz o órgão acusador que tal fato ocorrera mediante a substituição de livros contábeis, o que não estaria previsto na legislação e configuraria o aludido crime. O Min. Dias Toffoli, relator, rejeitou a peça acusatória. Afirmou não ter sido suficientemente comprovado o dolo do agente, uma vez que seguida a orientação de advogados e contadores no sentido de realizar a substituição dos livros sem, entretanto, retirar os originais, que teriam continuado à disposição da justiça eleitoral. O Min. Gilmar Mendes acompanhou o relator e enfatizou que, haja vista o fato de os novos livros terem sido encaminhados, na aludida prestação de contas, juntamente com os originais, não se poderia inferir a intenção do denunciado de praticar o falso e que, no caso, estar-se-ia a criar modalidade culposa do crime. Em divergência, o Min. Marco Aurélio recebeu a denúncia. Entendeu que a confecção de livros novos, a conter informações diversas das existentes nos originais, configuraria o crime de falso. Reputou que tal procedimento teria ocorrido para dar contornos de legitimidade às irregularidades verificadas pela justiça eleitoral, inserindo-se elementos que não poderiam, àquela altura e daquela forma, constar dos registros fiscais. Após, pediu vista dos autos o Min. Ricardo Lewandowski. Inq 2559/MG, rel. Min. Dias Toffoli, 31.3.2011. (Inq-2559) (Inform. STF 621)

Crime eleitoral: prestação de contas e falsidade ideológica - 2
Em conclusão, o Plenário, por maioria, rejeitou denúncia oferecida contra Deputado Federal, pela suposta prática do crime descrito no art. 350 do Código Eleitoral ("*Omitir, em documento público ou particular, declaração que dele devia constar, ou nele inserir ou fazer inserir declaração falsa ou diversa da que devia ser escrita, para fins eleitorais: Pena - reclusão até cinco anos e pagamento de 5 a 15 dias-multa, se o documento é público, e reclusão até três anos e pagamento de 3 a 10 dias-multa se o documento é particular*"), na forma do art. 29 do CP. Na espécie, o denunciado subscrevera documento — apresentado pelo então presidente do diretório regional de partido político ao qual filiado — referente à nova prestação de contas do ano de 2004, após a Coordenadoria de Controle Interno do Tribunal Regional Eleitoral não haver aprovado a anterior. Aduzia o órgão acusador que esse fato ocorrera mediante a substituição de livros contábeis, o que não estaria previsto na legislação e configuraria o aludido crime — v. Informativo 621. Afirmou-se não ter sido suficientemente comprovado o dolo do agente, uma vez que seguida a orientação de advogados e contadores no sentido de realizar a substituição dos livros sem, entretanto, retirar os originais, que teriam continuado à disposição da justiça eleitoral. O Min. Celso de Mello ressaltou que ocorrera, no caso, uma causa excludente de culpabilidade, visto que o agente teria incidido em erro de proibição. O Min. Cezar Peluso, Presidente, por seu turno, afirmou que o crime em questão careceria de elemento objetivo do tipo, pois a denúncia não descrevera em que medida as declarações, do primeiro ou do segundo livro, não corresponderiam à realidade. Reputou, assim, que não se poderia supor que o segundo possuiria informações falsas. Vencidos os Ministros Marco Aurélio, Ricardo Lewandowski e Ayres Britto, que recebiam a denúncia. Entendiam que a confecção de livros novos, a conter informações diversas das existentes nos originais, configuraria o crime de falso. Frisavam que esse procedimento teria ocorrido para dar contornos de legitimidade às irregularidades verificadas pela justiça eleitoral, inserindo-se elementos que não poderiam, àquela altura e daquela forma, constar dos registros fiscais. Inq 2559/MG, rel. Min. Dias Toffoli, 18.8.2011. (Inq-2559) (Inform. STF 636)

"Emendatio libelli" e nulidade de julgamento
A 2ª Turma iniciou julgamento conjunto de *habeas corpus* em que se pleiteia, preliminarmente, a nulidade de acórdãos do STJ ante ausência de intimação, postulada pela defesa, para fins de sustentação oral. No mérito do HC 109098/RJ, requer-se a anulação do feito a partir do despacho que determinara a baixa dos autos para o aditamento da denúncia; alternativamente, desde o novo interrogatório dos pacientes, com abertura de prazo para novas alegações e manifestações a respeito da alteração na tipificação penal. No HC 109099/RJ, por sua vez, pede a cassação da decisão que negara aos pacientes o direito de recorrer em liberdade. Na espécie, eles foram denunciados pela suposta prática dos crimes de seqüestro e cárcere privado (CP, art. 148, c/c com o art. 70), roubo qualificado pelo concurso de pessoas (CP, art. 157, § 2º, II) e concussão (CP, art. 316), todos em concurso material. Ocorre que, após o término da instrução criminal, as partes apresentaram alegações finais e o magistrado remetera os autos ao Ministério Público para que procedesse ao aditamento da denúncia, o que resultara na desclassificação da imputação do delito de concussão para

o de extorsão mediante seqüestro (CP, art. 159). Posteriormente, os pacientes foram condenados com base no novo enquadramento legal. O Min. Ricardo Lewandowski, relator, rejeitou a preliminar formulada no HC 109098/RJ em razão da falta de provas quanto ao pedido de sustentação oral. No mérito, denegou a ordem, ao considerar que a *emendatio libelli* ocorrera nos termos do parágrafo único do art. 384 do CPP, sem imposição ao Ministério Público por parte do magistrado. No tocante ao HC 109099/RJ, concedeu, em parte, a ordem para anular o acórdão proferido no STJ e possibilitar novo julgamento do feito. Razão pela qual reputou prejudicado o pedido de liberdade provisória. Após, pediu vista o Min. Gilmar Mendes. HC 109098/RJ, rel. Min. Ricardo Lewandowski, 20.9.2011. (HC-109098) HC 109099/RJ, rel. Min. Ricardo Lewandowski, 20.9.2011. (HC-109099) (Inform. STF 641)

Interrogatório único e nulidade de julgamento
A 1ª Turma iniciou julgamento de *habeas corpus* em que pleiteada a declaração de nulidade de processo-crime, a partir do interrogatório, ao argumento de que este ato teria sido aproveitado nas demais ações penais em curso contra o paciente. O Min. Marco Aurélio, relator, concedeu a ordem. Reputou que, inexistente ou viciado o interrogatório, o prejuízo seria ínsito ao fato. Asseverou que descaberia adotar-se peça emprestada de procedimento distinto, uma vez que diversas foram as ações propostas, as quais culminaram em processos individualizados, com imputações próprias. Ressaltou ainda, tratar-se de formalidade essencial à valia dos atos a serem implementados que constituiria de modo basilar o devido processo legal. Ademais, apontou que a série de atos processuais compor-se-ia, não da juntada de interrogatório formalizado em processo diferente, com balizas objetivas próprias, mas da feitura de outro, em audiência previamente marcada. Aduziu que, nesse caso, a inobservância à aludida formalidade, implicaria nulidade absoluta, impondo-se o retorno à fase pertinente para ouvir-se o acusado, em audiência designada, especificamente quanto à imputação veiculada. Após, pediu vista o Min. Luiz Fux. HC 96503/SP, rel. Min. Marco Aurélio, 22.11.2011. (HC-96503) (Inform. STF 649)

Ausência de citação de réu preso e nulidade
A 2ª Turma iniciou julgamento de recurso ordinário em *habeas corpus* em que alegado constrangimento ilegal decorrente de falta de citação pessoal do ora paciente para audiência de interrogatório. Na espécie, a impetração sustenta nulidade absoluta da ação penal por suposta ofensa aos princípios constitucionais da legalidade, da ampla defesa e do contraditório. O Min. Gilmar Mendes, relator, desproveu o recurso. Ressaltou que, conquanto preso, o réu teria sido regularmente requisitado à autoridade carcerária a fim de comparecer ao interrogatório. Na oportunidade, teria sido entrevistado e assistido por defensor dativo. No ponto, destacou o art. 570 do CPP ("*A falta ou a nulidade da citação, da intimação ou notificação estará sanada, desde que o interessado compareça, antes de o ato consumar-se, embora declare que o faz para o único fim de argüi-la. O juiz ordenará, todavia, a suspensão ou o adiamento do ato, quando reconhecer que a irregularidade poderá prejudicar direito da parte*"). Frisou que a apresentação do denunciado ao juízo, a despeito de não cumprir a ortodoxia da novel redação do art. 360 do CPP, introduzida pela Lei 10.792/2003 ("*Se o réu estiver preso, será pessoalmente citado*"), supriria a eventual ocorrência de nulidade. Ademais, sublinhou que o mencionado vício não fora argüido oportunamente, em defesa preliminar ou nas alegações finais, mas só após o julgamento de apelação criminal, em sede de embargos de declaração, o que corroboraria a inexistência de prejuízo ao paciente. Após, pediu vista o Min. Ayres Britto. RHC 106461/DF, rel. Min. Gilmar Mendes, 11.10.2011. (RHC-106461) (Inform. STF 644)

Defensoria Pública: processo eletrônico e segredo de justiça
Ante empate na votação, a 1ª Turma concedeu *habeas corpus* para declarar insubsistente acórdão proferido pelo STJ, em recurso especial, e determinar seja designada nova data para julgamento do feito, após o regular acesso da Defensoria Pública da União - DPU aos autos. Assentou-se a existência de vício diante da impossibilidade de aquela instituição ter acesso aos dados do processo eletrônico, que tramitava em segredo de justiça. Salientou-se que o referido acesso só era permitido à defensoria pública estadual, patrocinadora originária do paciente. Assinalou-se que o acesso aos autos pela DPU fora viabilizado somente após o julgamento do recurso, razão pela qual o *writ* fora aqui impetrado quando já transitada em julgado a condenação. Os Ministros Cármen Lúcia, relatora, e Ricardo Lewandowski indeferiam a ordem por entenderem que ocorrera o fenômeno da preclusão, pois a DPU não se insurgira ao se deparar com o empecilho relativo ao contato com o processo eletrônico. HC 106139/MG, rel. orig. Min. Cármen Lúcia, red. p/ o acórdão Min. Marco Aurélio, 21.6.2011. (HC-106139) (Inform. STF 632)

Publicação em Nome de Advogado Falecido
A Turma iniciou julgamento de habeas corpus em que se pleiteia a nulidade dos atos subseqüentes à publicação de acórdão — em agravo regimental interposto perante o STJ —, em nome de advogado falecido, apesar de haver dois patronos habilitados no processo, tendo sido o recurso assinado apenas pelo ora impetrante. Sustenta-se, na espécie, cerceamento de defesa, uma vez que o impetrante não tivera conhecimento, em tempo hábil, da decisão prolatada, o

que prejudicara a interposição das medidas cabíveis. A Min. Cármen Lúcia, relatora, indeferiu o writ por reputar ter decorrido tempo suficiente para a comunicação da morte do causídico, em 6.11.2008, e a publicação do acórdão, em 22.5.2009, realizada com o nome do advogado falecido "e outro". Consignou que a jurisprudência do STF é firme no sentido de não estar caracterizado o cerceamento de defesa no julgamento de apelação interposta em favor do réu se o seu advogado falece antes do julgamento, sem que o óbito tenha sido oportunamente comunicado à turma julgadora. Após, pediu vista dos autos o Min. Dias Toffoli.
HC 101437/ES, rel. Min. Cármen Lúcia, 4.5.2010. (HC-101437) (Inform. STF 585)

Publicação em nome de advogado falecido - 2
A 1ª Turma retomou julgamento de habeas corpus em que se pleiteia a nulidade dos atos subseqüentes à publicação de acórdão — em agravo regimental interposto perante o STJ —, em nome de advogado falecido, apesar de haver dois patronos habilitados no processo, tendo sido o recurso assinado apenas pelo ora impetrante — v. Informativo 585. Em voto-vista, o Min. Dias Toffoli dissentiu da Min. Cármen Lúcia, relatora, para conceder a ordem. Salientou que, conquanto o óbito do primeiro causídico tenha ocorrido anteriormente ao julgamento colegiado, o recurso não fora subscrito por ele, mas pelo atual advogado. Entendeu, por isso, que a comunicação do falecimento daqueloutro profissional seria dispensável, porquanto caberia à secretaria do tribunal, de ofício, proceder às devidas anotações, a fim de que as próximas intimações ocorressem em nome do patrono responsável pela efetiva interposição do recurso. Reputou que somente se admitiria a regularidade de intimação em nome de advogado falecido se inexistente qualquer prejuízo concreto à defesa. Asseverou que eventual incidência do art. 565 do CPP (*"Nenhuma das partes poderá argüir nulidade a que haja dado causa, ou para que tenha concorrido, ou referente a formalidade cuja observância só à parte contrária interesse"*) ao caso atribuiria à parte culpa objetiva pela desinformação sobre a morte de seu patrono. A Min. Cármen Lúcia indicou adiamento. HC 101437/ES, rel. Min. Cármen Lúcia, 31.5.2011. (HC-101437) (Inform. STF 629)

Acórdão condenatório e intimação pessoal do réu
A 2ª Turma concedeu habeas corpus em favor de condenado cuja sentença absolutória fora reformada em apelação sem que ele fosse intimado desta decisão. No caso, em razão de o réu não possuir advogado, fora-lhe atribuído defensor dativo, devidamente intimado do resultado do recurso. A defesa não se manifestara, motivo pelo qual a decisão transitara em julgado. Reputou-se que, dada a singularidade da espécie sob exame, teria havido afronta ao devido processo legal, especificamente ao contraditório e à ampla defesa. Consignou-se que seria razoável concluir que o paciente não tivera conhecimento, por meio da imprensa oficial acerca de sua condenação, o que teria prejudicado a interposição dos pertinentes recursos, caso considerasse conveniente. Superada a restrição do Enunciado 691 da Súmula do STF, deferiu-se a ordem a fim de anular o trânsito em julgado do acórdão, com conseqüente reabertura de prazo recursal. Precedente citado: RHC 86318/MG (DJU de 7.4.2006). HC 105298/PR, rel. Min. Gilmar Mendes, 31.5.2011. (HC-105298) (Inform. STF 629)

Intervalo entre citação e interrogatório e ampla defesa
Não há nulidade decorrente da inexistência de interregno entre a citação do réu e a realização de seu interrogatório, presente o advogado. Com base nessa orientação, a 1ª Turma, por maioria, denegou *habeas corpus* no qual sustentada afronta ao princípio da ampla defesa e necessidade de assistência do réu por profissional da advocacia (CF, art. 5º, LV e LXIII). Aduziu-se que a conduta imputada ao paciente — roubo — não seria complexa, além de ele ter sido acompanhado por defensora dativa, a qual poderia ter se insurgido quanto ao alegado vício e não o fizera oportunamente. Entendeu-se não demonstrado o efetivo prejuízo para a defesa, o que inviabilizaria a declaração de nulidade do feito, de acordo com o princípio *pas de nullité sans grief*, adotado pelo art. 563 do CPP. Vencidos os Ministros Marco Aurélio, relator, e Dias Toffoli, que concediam a ordem, ao fundamento da imprescindibilidade de antecedência mínima da citação em relação à audiência designada para interrogatório, a fim de se garantir a defesa do réu por advogado de sua livre escolha. HC 100319/RS, rel. orig. Min. Marco Aurélio, red. p/o acórdão Min. Luiz Fux, 24.5.2011. (HC-100319) (Inform. STF 628)

Art. 514 do CPP e nulidade relativa.
A 2ª Turma iniciou julgamento de *habeas corpus* em que servidor público almeja a anulação da ação penal contra ele instaurada ante a ausência de notificação prévia, nos termos do art. 514 do CPP (*"Nos crimes afiançáveis, estando a denúncia ou queixa em devida forma, o juiz mandará autuá-la e ordenará a notificação do acusado, para responder por escrito, dentro do prazo de quinze dias"*). O Min. Joaquim Barbosa, relator, indeferiu a ordem. Ressaltou que a falta de notificação para apresentar defesa preliminar acarretaria somente a nulidade relativa, a qual deveria ser oportunamente argüida, sob pena de preclusão. Consignou que o impetrante não demonstrara a tempestividade da

alegação de nulidade, tampouco a ocorrência de prejuízo ao regular exercício do direito de defesa. Salientou que, com a superveniência da sentença condenatória, não se mostraria razoável a anulação de todo o feito a fim de oportunizar ao réu o oferecimento da defesa prévia. Após, pediu vista o Min. Ayres Britto. HC 104054/RJ, rel. Min. Joaquim Barbosa, 17.5.2011. (HC-104054) (Inform. STF 627)

Apelação Criminal e Nulidades - 1
A Turma iniciou julgamento de *habeas corpus* em que se reitera a alegação de nulidade de acórdão do TRF da 4ª Região, em virtude de: a) ausência de intimação de advogado do paciente, ora impetrante, da pauta de julgamento de apelação e de seu resultado e b) não-participação de revisor original na sessão de julgamento de recurso criminal. Na espécie, a Corte Federal, ao dar parcial provimento à apelação da defesa, diminuíra, pela metade, a sanção imposta ao paciente, substituindo a pena privativa de liberdade por restritiva de direito, mantida a multa arbitrada na sentença. Sustenta a impetração ofensa à ampla defesa, tendo em conta a intimação realizada com o vocábulo "e outro", em fase recursal. Nessa intimação, constaria expressamente o nome de advogado substabelecido, com reserva de iguais poderes, no Juízo processante, o qual, entretanto, não subscrevera a petição de interposição e de razões recursais da apelação. Diz, ainda, que fora violada a garantia do devido processo legal e o princípio do juiz natural, em razão de ter participado do colegiado juíza convocada em substituição de revisor que teria aposto visto e requerido dia para julgamento. HC 102433/PR, rel. Min. Ellen Gracie, 5.10.2010. (HC-102433) (Inform. STF 603)

Apelação Criminal e Nulidades - 2
A Min. Ellen Gracie, relatora, denegou o *writ*. Inicialmente, observou que o tema relativo à falta de intimação do causídico não fora examinada pelo STJ, por se tratar de pedido idêntico ao de outro *habeas corpus* lá impetrado. Realçou que o impetrante não seria o único defensor do paciente na ação penal instaurada; que os defensores teriam sido intimados da sessão de julgamento do recurso criminal; e que o endereço profissional indicado pelo impetrante e pelo advogado substabelecido no juízo processante seria o mesmo. Consignou a ausência de manifestação pela defesa, tanto na ação penal quanto na apelação, no sentido de que as publicações fossem realizadas em nome exclusivo do advogado subscritor deste *writ*. A relatora, no ponto, assinalou que tal advogado sequer peticionara para comunicar que o defensor substabelecido na ação penal não mais comporia a equipe de defesa. Asseverou não haver qualquer nulidade processual relacionada à intimação da pauta de julgamento de apelação efetuada em nome do mencionado substabelecido "e outro". Ressaltou o entendimento do Supremo segundo o qual, havendo mais de um advogado regularmente constituído, sem nenhuma ressalva ao recebimento de intimação, basta, para sua validade, que a publicação seja feita em nome de um deles. No tocante a não-participação de revisor original, não vislumbrou qualquer ilegalidade referente ao ato que, nos termos do regimento interno, determinara a substituição do revisor, que se encontrava em férias, pela juíza federal convocada. Salientou que a magistrada não só demonstrara haver efetivamente revisado o caso concreto, como, inclusive, proferira voto que se tornara o condutor do acórdão, reduzindo o *quantum* da pena do condenado, beneficiando-o. Entendeu que o fato de a juíza integrar a turma julgadora como revisora não seria capaz de acarretar, por si só, a nulidade do processo, sem a demonstração de efetivo prejuízo para a defesa, de acordo com o princípio *pas de nullité sans grief*, adotado pelo art. 563 do CPP. Relembrou jurisprudência desta Corte no sentido de que a demonstração de prejuízo, a teor desse dispositivo, é essencial à alegação de nulidade, seja ela relativa ou absoluta, além de precedente da 2ª Turma no qual se declarara que, não comprovada a configuração de prejuízo, não haveria que se falar em cerceamento de defesa (Enunciado 523 da Súmula do STF), quando juiz federal integrasse o órgão colegiado como revisor. Concluiu não estar demonstrado o efetivo prejuízo suportado pelo paciente em virtude da substituição de revisor pela juíza federal convocada. HC 102433/PR, rel. Min. Ellen Gracie, 5.10.2010. (HC-102433) (Inform. STF 603)

Apelação Criminal e Nulidades - 3
Em divergência, o Min. Celso de Mello deferiu o *habeas corpus* em ordem a invalidar o julgamento desde a apreciação do recurso de apelação, inclusive. Considerou que uma situação específica como a dos autos frustraria a plenitude do direito de defesa e, com isso, comprometeria a proteção judicial efetiva que se deveria dispensar notadamente nas hipóteses em que o Estado faz instaurar contra alguém um procedimento penal persecutório. Ademais, ressaltou que o CPP, ao tratar do procedimento recursal de apelação, especialmente nos casos de delitos apenados com reclusão, imporia a dualidade de órgãos intervenientes no julgamento daquele recurso em particular, a figurar um relator e um revisor. Reputou ter havido, na situação dos autos, verdadeira confusão, no sentido técnico, ao concentrar-se em uma única pessoa a dupla e incompatível condição de revisor e de relator. Aduziu que a circunstância de não se saber qual seria o voto que o revisor originário iria proferir bastaria para afastar a necessária demonstração de prejuízo, que estaria *in re ipsa*. Entendeu que, se a petição de interposição e as correspondentes razões foram subscritas por determinados advogados sem que nela interviesse o anteriormente substabelecido, haveria falha administrativa da

secretaria do Tribunal que não poderia, simplesmente, acrescentar um outro profissional que se limitara a atuar no primeiro grau de jurisdição. Salientou que o prejuízo causado por esse fato seria evidente, uma vez que a sustentação oral comporia a garantia constitucional do direito de defesa e não poderia ser, portanto, comprometida. Apontou que a inclusão na atuação dos autos na fase recursal de substabelecido, que não subscrevera quaisquer peças da apelação, teria sido realizada, aparentemente, de forma indevida, a comprometer de maneira plena a própria eficácia do direito de defesa, haja vista a ciência dos atos ter sido comunicada a quem, na verdade, já não mais intervinha no procedimento recursal. Após, pediu vista dos autos o Min. Joaquim Barbosa. **HC 102433/PR, rel. Min. Ellen Gracie, 5.10.2010.** (HC-102433) (Inform. STF 603)

Apelação criminal e nulidades - 4
A 2ª Turma retomou julgamento de *habeas corpus* em que se reitera a alegação de nulidade de acórdão do TRF da 4ª Região, em virtude de: a) ausência de intimação de advogado do paciente, ora impetrante, da pauta de julgamento de apelação e de seu resultado e b) não-participação de revisor original na sessão de julgamento de recurso criminal — v. Informativo 603. Em voto-vista, o Min. Joaquim Barbosa acompanhou a Min. Ellen Gracie, relatora, e denegou a ordem. Aduziu que, quanto à não-participação do revisor originário na sessão de julgamento, não haveria qualquer nulidade, tendo em vista que sua substituição por juíza convocada ocorrera com base em previsão legal e regimental. No que se refere ao outro argumento, consignou que o impetrante sabia que as intimações dos atos processuais foram feitas em seu nome e no de outro advogado que vinha sendo intimado desde o primeiro grau de jurisdição. Portanto, caber-lhe-ia requerer, nos autos, que as publicações não fossem mais realizadas no nome deste último, mas, tão-somente, em seu próprio nome. Deste modo, ressaltou que se aplicaria a regra do art. 565 do CPP (*"Nenhuma das partes poderá argüir nulidade a que haja dado causa, ou para que tenha concorrido, ou referente a formalidade cuja observância só à parte contrária interesse"*). Após, o Min. Gilmar Mendes pediu vista. **HC 102433/PR, rel. Min. Ellen Gracie, 3.5.2011.** (HC-102433) (Inform. STF 625)

HC N. 106.927-GO
RELATOR: MIN. JOAQUIM BARBOSA
Ementa: Habeas Corpus. Súmula 691 do Supremo Tribunal Federal. Excepcionalidade do caso concreto. Ausência de intimação do advogado para a sessão de julgamento de habeas corpus impetrado ao Tribunal de Justiça do Estado de Goiás, não obstante a existência de oportuno requerimento para realização de sustentação oral. Cerceamento de defesa. Direito à prévia comunicação para dar eficácia à garantia constitucional da ampla defesa. Nulidade absoluta. Ordem parcialmente concedida, de ofício.
1. Havendo requerimento para prévia cientificação da data do julgamento do writ, objetivando a realização de sustentação oral, a ausência de notificação da sessão de julgamento consubstancia nulidade absoluta, ante o cerceamento do direito de defesa. Precedentes.
2. Habeas Corpus concedido de ofício. (Inform. STF 621)

Interrogatório e Entrevista Reservada com Defensor
A Turma iniciou julgamento de *habeas corpus* em que se alega constrangimento ilegal decorrente da ausência de citação do paciente e da não concessão do direito de entrevista reservada com o seu defensor, o que acarretaria a nulidade absoluta da ação penal. Aduz a impetração que o oficial de justiça, não localizando o paciente, procedera à citação de 3ª pessoa, no caso, a ex-companheira daquele, bem como que, com o advento da Lei 10.792/2003, seria dever do magistrado assegurar ao acusado a citada entrevista reservada, na qual poderá receber orientação técnica de seu defensor, a fim de propiciar maior segurança e amplitude de defesa. O Min. Dias Toffoli, relator, indeferiu o *writ*. Tendo em conta o comparecimento espontâneo do paciente ao interrogatório, entendeu que a citação, embora irregular, operara seu sentido. Ademais, enfatizou que, durante tal ato, fora nomeado defensor público, o qual fizera perguntas e posteriormente apresentara defesa prévia e alegações finais. Consignou, ainda, não haver prova de que não tivesse sido garantido ao paciente o direito de entrevista reservada, impugnação esta não argüida nos momentos processuais oportunos. Em divergência, o Min. Marco Aurélio concedeu a ordem para declarar insubsistente o processo a partir do vício originado do fato de não se ter aberto oportunidade ao acusado para a entrevista. Assentou que o juiz, ao constatar a falta de defensor, deveria ter suspendido a audiência para que o paciente tivesse contato com o defensor público designado. Reputou tratar-se de nulidade absoluta, haja vista que o contato prévio com o defensor constitui formalidade essencial à valia do ato. Salientou que a não alegação desse vício à primeira hora apenas confirmaria que o paciente estivera indefeso, equivocando-se o defensor público e o juiz. Afastou, também, a possibilidade de se cogitar de nulidade da citação ante o disposto no art. 570 do CPP (*"A falta ou a nulidade da citação, da intimação ou notificação estará sanada, desde que o interessado compareça, antes de o ato consumar-se,*

embora declare que o faz para o único fim de argüi-la. O juiz ordenará, todavia, a suspensão ou o adiamento do ato, quando reconhecer que a irregularidade poderá prejudicar direito da parte."). Após o voto do Min. Ayres Britto, acompanhando a divergência, pediu vista dos autos a Min. Cármen Lúcia. HC 96465/MG, rel. Min. Dias Toffoli, 24.3.2010. (HC-96465) (Inform. STF 580)

Interrogatório e entrevista reservada com defensor - 2
Em conclusão de julgamento, a 1ª Turma, por maioria, indeferiu *habeas corpus* em que alegado constrangimento ilegal decorrente de ausência de citação do paciente e não concessão do direito de entrevista reservada com seu defensor — v. Informativo 580. Entendeu-se que a nulidade referente à ausência de citação seria relativa, visto que o paciente teria comparecido espontaneamente à audiência de interrogatório. Assim, aplicado o princípio da convalidação, a nulidade teria sido sanada. Em relação à não concessão do direito de entrevista reservada com seu defensor, reputou-se que o magistrado teria assegurado esse direito na audiência, muito embora a defesa não tivesse feito uso dele, razão pela qual não existiria nulidade. Vencidos os Ministros Marco Aurélio e Ayres Britto, que concediam a ordem. HC 96465/MG, rel. Min. Dias Toffoli, 14.12.2010. (HC-96465) (Inform. STF 613)

Superior Tribunal de Justiça

NULIDADE. AÇÃO PENAL. ACUSAÇÃO ANÔNIMA. INTERCEPTAÇÃO TELEFÔNICA.
A Turma, por unanimidade, denegou a ordem na qual se postulava a nulidade da ação penal supostamente instaurada com base em acusação anônima e interceptações telefônicas ilegalmente autorizadas. Reafirmou-se o posicionamento do Superior Tribunal de Justiça de que as informações obtidas de forma anônima são aptas a ensejar ação penal apenas quando corroboradas por outros elementos de prova colhidos em diligências preliminares realizadas durante a investigação criminal. No caso, o representante do Ministério Público, após o recebimento de *e-mails* anônimos relativos a suposto conluio entre fiscais de renda e funcionários de determinada sociedade empresária com o fim de fraudar o Fisco, teve a cautela necessária de efetuar diligências imprescindíveis para a averiguação da veracidade dos fatos noticiados, oficiando, inclusive, os órgãos competentes. Asseverou-se, portanto, não haver qualquer impedimento ao prosseguimento da persecução penal, tampouco a ocorrência de qualquer ilicitude a contaminá-la, já que o membro do *Parquet* agiu em estrito cumprimento às funções que lhe são atribuídas pela Carta Federal e pela legislação infraconstitucional pertinente (art. 129, VI, VIII e IX, da CF e incisos I, II, IV e VII e § 2º do art. 8º da LC n. 75/1993). Por fim, conclui-se inexistir qualquer ofensa ao princípio da proporcionalidade, uma vez que as interceptações telefônicas foram pleiteadas e autorizadas judicialmente depois do devido aprofundamento das investigações iniciais, quando constatados indícios suficientes da prática dos ilícitos penais por parte dos envolvidos, tendo o magistrado responsável pelo feito vislumbrado a indispensabilidade da medida. **HC 104.005-RJ, Rel. Min. Jorge Mussi, julgado em 8/11/2011** (Inform. STJ 487)

HC. EXAME. SANIDADE MENTAL.
Cuida-se de *habeas corpus* no qual os impetrantes se insurgem contra a decisão que indeferiu a realização de exame de sanidade mental do paciente. A Turma reiterou que o exame a que se refere o art. 149 do CPP é imprescindível apenas quando houver dúvida fundada a respeito da higidez mental do acusado tanto em razão da superveniência de enfermidade no curso do processo quanto pela presença de indícios plausíveis de que, ao tempo dos fatos, era incapaz de entender o caráter ilícito da conduta ou determinar-se de acordo com esse entendimento. *In casu*, o juiz que presidiu o feito não detectou qualquer anormalidade no interrogatório do acusado ou mesmo durante a instrução processual que justificasse a instauração do incidente de sanidade mental, sendo que, somente após a confirmação da pronúncia, a defesa alegou que o paciente era portador de suposta enfermidade. Dessa forma, manteve-se o entendimento do acórdão recorrido que, de maneira fundamentada, confirmou a decisão de primeiro grau e entendeu inexistir qualquer suspeita a respeito da perturbação mental do paciente. Assim, a Turma denegou a ordem. Precedentes citados: AgRg no RHC 18.763-DF, DJe 6/10/2008; HC 31.680-RJ, DJ 3/9/2007; HC 33.128-MG, DJ 24/5/2004, e HC 24.656-PB, DJ 2/8/2004. **HC 60.977-ES, Rel. Min. Og Fernandes, julgado em 25/10/2011.** (Inform. STJ 486)

AUDIÊNCIA DE INQUIRIÇÃO DE TESTEMUNHAS E MÉTODO LEGAL (*CROSS-EXAMINATION*).
A Turma, considerando as peculiaridades do caso, concedeu a ordem para determinar a anulação da ação penal desde a audiência de inquirição das testemunhas, realizada sem observância da norma contida no art. 212 do CPP, com a redação dada pela Lei n. 11.690/2008. Observou o Min. Relator que as alterações promovidas pela referida legislação trouxeram o método de exame direto e cruzado de colheita de prova oral, conhecido como *cross-examination*, consistente na formulação de perguntas diretas às testemunhas pelas partes, cabendo, tão somente, a complementação da

inquirição sobre pontos não esclarecidos, ao final, pelo juiz. Aduziu que, após aprofundado estudo dos institutos de Direito Processual Penal aplicáveis à espécie, o Superior Tribunal de Justiça sedimentou entendimento no sentido de que a inobservância do modelo legal de inquirição das testemunhas constituiria nulidade relativa, sendo necessário para o reconhecimento do vício arguição em momento oportuno e comprovação de efetivo prejuízo. Na hipótese, a defesa requereu devidamente, no momento da oitiva das testemunhas, a aplicação da norma prevista no art. 212 do CPP, o que não foi atendido pelo juiz. No tocante à demonstração do prejuízo, não se tem notícia de eventual sentença condenatória. Contudo, destacou o Min. Relator que, anteriormente, em outro *writ* impetrado nesta Corte, com origem na mesma ação penal, já havia sido deferida a ordem para anular a colheita de prova oral, quando aplicado posicionamento já superado no sentido do reconhecimento da nulidade absoluta. Dessa forma, considerando a particularidade do caso em apreço, sustentou a necessidade de concessão da ordem para evitar soluções díspares dentro do mesmo processo, tendo como escopo último o postulado da segurança jurídica. **HC 210.703-SP, Rel. Min. Jorge Mussi, julgado em 20/10/2011.** (Inform. STJ 485)

INTIMAÇÃO. ADVOGADO. DEFENSOR DATIVO. OITIVA. TESTEMUNHA.
Trata-se de *habeas corpus* em favor de ex-prefeito condenado, por infração à norma do art. 89 da Lei n. 8.666/1993, à pena de quatro anos e seis meses de detenção em regime inicial semiaberto. Entre outras alegações, sustenta-se nulidade da instrução criminal por ausência de intimação da defesa de expedição da carta precatória para oitiva de testemunha. A Turma, por maioria, concedeu a ordem ao entendimento de que, no caso, era obrigatória a intimação do advogado constituído pelo paciente da expedição da precatória para a oitiva da testemunha de acusação, o que não ocorreu, sendo, desse modo, violado o art. 222 do CPP. Observou-se que, mesmo diante do fato de o depoimento da testemunha ter sido irrelevante para a condenação, a verdade é que até o ato solene da audiência não se poderia ter certeza do que ela iria dizer. Assim, consignou-se que a hipótese é de nulidade absoluta, visto que, diante do não comparecimento do advogado, sequer foi designado defensor dativo. **HC 172.901-RS, Rel. originário Min. Napoleão Nunes Maia Filho, Rel. para acórdão Min. Jorge Mussi, julgado em 28/6/2011.** (Inform. STJ 479)

ART. 212 DO CPP. NULIDADE RELATIVA. ORDEM.
A inobservância à ordem estabelecida com a nova redação que foi dada pela Lei n. 11.690/2008 ao art. 212 do CPP não conduz à nulidade do julgamento, salvo se a parte, no momento oportuno, demonstrar a ocorrência do efetivo prejuízo, sob pena de, não o fazendo, precluir sua pretensão. No caso, extrai-se do ato de audiência de instrução, interrogatório, debate e julgamento, não obstante tenha o juiz formulado perguntas às testemunhas e, somente após, tenha passado a palavra para o representante do órgão ministerial e para a defesa, não haver qualquer impugnação do patrono do paciente acerca da inobservância da alteração legal promovida pela Lei n. 11.690/2008, seja no momento de realização do ato, nas alegações finais ou sequer no recurso de apelação interposto, circunstâncias que evidenciam encontrar-se a matéria sanada pelo instituto da preclusão. Nos termos do art. 571, III, do CPP, as nulidades ocorridas em audiência deverão ser arguidas assim que ocorrerem. Dessa forma, não havendo arguição tempestiva da matéria pela defesa, tampouco demonstração de eventual prejuízo concreto suportado pelo paciente, não há falar em invalidação do ato. Ante o exposto, a Turma denegou a ordem. **HC 195.983-RS, Rel. Min. Jorge Mussi, julgado em 14/6/2011.** (Inform. STJ 477)

NULIDADE DA SESSÃO DE JULGAMENTO: HIPÓTESES DE IMPEDIMENTO DO ART. 252 DO CPP E ROL TAXATIVO.
A Turma denegou *habeas corpus* no qual se postulava a anulação do recebimento da denúncia realizado pelo Órgão Especial do Tribunal de Justiça do Estado de São Paulo em ação penal originária na qual se imputa à magistrada, ora paciente, a suposta prática dos delitos previstos nos arts. 10 da Lei n. 9.296/1996, 299, parágrafo único, e 339, *caput*, (três vezes), na forma do art. 71, c/c art. 69 do CP. Sustentava a defesa a nulidade absoluta da sessão de julgamento sob o argumento de que oito desembargadores estariam impedidos de dela participar, pois já teriam atuado em processo administrativo instaurado pelos mesmos fatos, na Corregedoria-Geral da Justiça do Estado de São Paulo, em que foi aplicada à paciente a pena de remoção compulsória. Asseverou o Min. Relator que as hipóteses de impedimento de magistrados previstas no art. 252 do CPP constituem um rol taxativo, não admitindo interpretação ampliativa. Nesse diapasão, nos termos do inciso III do referido artigo, estaria vedada apenas a atuação do juiz sobre os mesmos fatos, em diferentes graus de jurisdição, e não sua atuação em esferas de naturezas distintas, a saber: a administrativa e a penal. Acrescentou, ademais, que as esferas administrativa e criminal possuem objetivos distintos e que, em cada uma delas, a matéria seria posta em análise sob diferentes enfoques. Logo, inexistiria qualquer constrangimento ilegal apto a fundamentar a concessão da ordem. **HC 131.792-SP, Rel. Min. Jorge Mussi, julgado em 22/11/2011.** (Inform. STJ 488)

APELAÇÃO. REFORMATIO IN PEJUS. INEXISTÊNCIA.
In casu, o ora paciente foi condenado em primeiro grau pela prática dos delitos tipificados nos arts. 213, 214 e 148 do CP e, em razão de concurso material, a reprimenda foi totalizada em 17 anos de reclusão em regime inicial fechado. O tribunal *a quo* proveu parcialmente a apelação interposta pela defesa para reconhecer que, com a entrada em vigor da Lei n. 12.015/2009, as figuras do estupro e do atentado violento ao pudor passaram a constituir crime único, previsto no art. 213 do CP. Em decorrência disso, fixou a reprimenda quanto a esse crime em 10 anos de reclusão. No *habeas corpus*, sustenta-se a ocorrência de *reformatio in pejus*; pois, em recurso exclusivamente da defesa, ter-se-ia majorado a fração de exasperação da pena, pela continuidade delitiva, de 1/3 para 2/3. Alega-se, ainda, ser indevida a aplicação das disposições da Lei n. 11.464/2007, pois a prática delitiva seria anterior a ela. Sendo assim, para progressão de regime, seria exigível o cumprimento de 1/6 da reprimenda. A Turma entendeu que, diante da situação, na qual a reprimenda fixada no acórdão pautou-se em base normativa diversa da que embasara a aplicação da pena na sentença, a existência de *reformatio in pejus* deve ser aferida tão somente pelo *quantum* final da reprimenda, sendo descabida a quantificação da pena em cada etapa da dosimetria. Assim, se, em relação a esses delitos, a pena imposta na sentença era de 17 anos de reclusão e, no acórdão, foi reduzida para 10 anos de reclusão, não houve agravamento da condição do paciente. Frisou-se que, diante da unificação dos tipos penais, constata-se não ter havido majoração da fração de aumento pela continuidade, mas apenas adequação do percentual à quantidade de vezes em que praticada a conduta, segundo a nova estrutura típica. Ademais, a Lei n. 11.464/2007 começou a vigorar em 29/3/2007, quando ainda estava em curso a prática continuada dos delitos, razão pela qual, mesmo tendo caráter mais gravoso, é aplicável a todos os integrantes da série delitiva. Consignou-se, por fim, ser pertinente ao caso a Súm. n. 711-STF. Diante disso, denegou-se a ordem. Precedentes citados: HC 87.195-SP, DJ 17/12/2007; HC 171.243-SP, DJe 25/8/2011; REsp 885.939-RS, DJe 8/3/2010; HC 127.609-PE, DJe 13/10/2011, e REsp 909.327-PR, DJe 3/11/2010. **HC 165.186-SP, Rel. Min. Sebastião Reis Júnior, julgado em 3/11/2011.** (Inform. STJ 486)

APELAÇÃO. JULGAMENTO. MODIFICAÇÃO. SESSÃO SUBSEQUENTE. QO.
In casu, o tribunal *a quo*, após realizar o julgamento da apelação e proclamar o seu resultado, na sessão subsequente e, em questão de ordem, ao alvedrio das partes, rejulgou o feito, sendo o resultado completamente diverso do anterior. A Turma entendeu que a atuação do tribunal de origem afastou-se do devido processo legal, ofendendo os princípios da legalidade, da segurança jurídica e do contraditório, porque, após a proclamação do resultado do julgamento e encerrada a prestação jurisdicional no tocante à apelação, reformou o acórdão modificando o resultado proclamado em sessão anterior. E o fez sem permitir às partes acesso à sessão em que tal questão foi apreciada, já que não houve nova intimação. Diante disso, deu-se provimento ao recurso para cassar o acórdão proferido na questão de ordem, restabelecendo o proclamado na apelação, devendo os autos retornar àquele tribunal para que o processo volte ao seu curso normal. **REsp 1.147.274-RS, Rel. Min. Sebastião Reis Júnior, julgado em 3/11/2011.** (Inform. STJ 486)

CITAÇÃO. INTERROGATÓRIO. MESMO DIA.
O paciente foi citado no mesmo dia em que foi realizado seu interrogatório. Entretanto, esse exíguo período entre a citação e a realização do interrogatório do acusado não dá ensejo à nulidade do processo se não demonstrado efetivo prejuízo à defesa (*pas de nullité sans grief*), tal como reconhecido pelo TJ na hipótese. Precedentes citados: HC 158.255-SP, DJe 28/6/2010; HC 126.931-MG, DJe 29/6/2009; HC 63.368-MG, DJ 4/12/2006, e AgRg no REsp 1.075.875-RS, DJe 22/6/2009. **HC 197.391-RJ, Rel. Min. Jorge Mussi, julgado em 16/6/2011.** (Inform. STJ 477)

INTERROGATÓRIO. INVERSÃO. ORDEM. PERGUNTAS.
O TJ afastou a arguição de nulidade formulada pelos réus, apesar de reconhecer que houve a inversão na ordem de formulação de perguntas às testemunhas, oitiva que, por isso, realizou-se em desacordo com a nova redação do art. 212 do CPP (trazida pela Lei n. 11.690/2008) àquele tempo já vigente, não obstante o juiz ter sido alertado disso pelo próprio MP. Daí haver inegável constrangimento ilegal por ofensa do devido processo legal, quanto mais se o TJ afastou essa preliminar defensiva arguida na apelação. A salutar abolição do sistema presidencial pela adoção do método acusatório (as partes iniciam a inquirição e o juiz a encerra) veio tornar mais eficaz a produção da prova oral, visto que permite o efetivo exame direto e cruzado do contexto das declarações tomadas, o que melhor delineia as atividades de acusar, defender e julgar. Assim, a não adoção da nova forma de perquirir causou evidente prejuízo a ponto de anular a audiência de instrução e julgamento e os atos que lhe sucederam para que outra seja realizada, agora acorde com o art. 212 do CPP. Precedentes citados: HC 155.020-RS, DJe 1º/2/2010; HC 153.140-MG, DJe 13/9/2010, e HC 137.089-DF, DJe 2/8/2010. **HC 180.705-MG, Rel. Min. Laurita Vaz, julgado em 16/6/2011.** (Inform. STJ 477)

ALEGAÇÕES FINAIS. DESENTRANHAMENTO. NULIDADE ABSOLUTA.
O juiz determinou o desentranhamento das alegações finais apresentadas intempestivamente pela defesa, sentenciou o paciente como incurso nas sanções do art. 316 do CP e o condenou à pena de dois anos de reclusão a ser cumprida em regime aberto, bem como ao pagamento de dez dias-multa. O tribunal reformou a sentença e o condenou com base no art. 158, § 1º, do CP. Daí houve recurso para este Superior Tribunal, que entendeu ser a falta de alegações finais causa de nulidade absoluta, uma vez que, em observância ao devido processo legal, é necessário o pronunciamento da defesa técnica sobre a prova produzida. Se o defensor de confiança do réu não apresentar a referida peça processual, incumbe ao juiz nomear um substituto, mesmo que provisoriamente ou só para o ato, tendo inteira aplicação o art. 265 do CPP. A extemporaneidade da apresentação das imprescindíveis alegações finais defensivas constitui mera irregularidade que não obsta, evidentemente, a cognição a bem do devido processo legal. Precedentes citados: RHC 9.596-PB, DJ 21/8/2000, e HC 9336-SP, DJ 16/8/1999. **HC 126.301-SP, Rel. Min. Maria Thereza de Assis Moura, julgado em 31/5/2011.** (Inform. STJ 475)

NULIDADE. ANTECIPAÇÃO. PROVA. PRECLUSÃO.
A paciente e outras três pessoas foram denunciadas pela prática de roubo circunstanciado e extorsão mediante sequestro seguida de morte. Na ocasião do recebimento da denúncia, foi decretada a prisão preventiva de todos os acusados. Após a frustração de todas as tentativas de sua citação pessoal e editalícia, o juízo determinou a produção antecipada da prova testemunhal com fundamento na gravidade do fato, na possibilidade de esquecimento do ocorrido pelas testemunhas, além de invocar, para tanto, o princípio da economia processual. Depois de ouvidas as testemunhas de acusação, o mandado de prisão da paciente acabou por ser cumprido, o que determinou a retomada do andamento processual mediante seu interrogatório, que contou com a presença de seu advogado constituído. Esse causídico arrolou testemunhas e requereu perícia e diligência, todas acolhidas pelo juízo, além de reiterar, por três vezes, a ultimação dessas providências. Já quando finda a instrução, a defesa, intimada para manifestar-se sobre a fase prevista no revogado art. 499 do CPP, afirmou não haver mais provas a produzir além das indicadas na fase das alegações finais. Por sua vez, a sentença condenou-a a 28 anos de reclusão, o que foi diminuído para nove anos e quatro meses com o julgamento da apelação. Agora, no *habeas corpus*, pretende, com lastro em precedentes do STJ, que seja decretada a nulidade do processo a partir da decisão que determinou a produção antecipada da prova. É certo que ainda se mantém hígida a Súm. n. 455-STJ, mas o caso dos autos é peculiar a ponto de exigir a aplicação do princípio da preclusão e o brocardo *pas de nulitté sans grief*: a defesa nada disse sobre a nulidade nas diversas vezes em que pôde interferir na produção da prova, mas insistiu sim na feitura de perícia e diligência, o que denota não haver desrespeito ao princípio da ampla defesa, visto que até pôde postular a repetição da prova produzida antecipadamente. Desse modo, se não agiu assim, é porque não tinha interesse, não se podendo falar em prejuízo, o que revela a preclusão. Gize-se que a paciente não desconhecia a instauração da ação penal, tanto que constituiu advogado tão logo decretada sua prisão, daí ser pertinente destacar que a ninguém é dado se beneficiar da própria torpeza. Por último, saliente-se que eram comuns a todos os réus as testemunhas de acusação e, assim, a imediata realização da audiência de instrução é condizente com o princípio da economia processual, quanto mais se aberta a possibilidade de reinquirição das testemunhas na presença da paciente. Precedentes citados: HC 113.733-SP, DJe 6/12/2010; RHC 3.503-SP, DJ 18/4/1994; HC 140.361-SP, DJe 16/11/2010; HC 154.945-RJ, DJe 18/10/2010; HC 132.254-SP, DJe 21/6/2010, e HC 141.695-MS, DJe 7/12/2009. **HC 172.970-SP, Rel. Min. Og Fernandes, julgado em 2/6/2011.** (Inform. STJ 475)

NULIDADE. REMISSÃO. FUNDAMENTOS. SENTENÇA.
A Turma concedeu a ordem de *habeas corpus* para reconhecer a nulidade do acórdão do tribunal *a quo* por ausência de motivação e determinar que a apelação do paciente seja novamente julgada. Para o Min. Relator, na espécie, a simples remissão do desembargador relator aos fundamentos da sentença atacada e ao parecer ministerial – sem sequer transcrever os trechos indicativos da motivação acolhida – não permitiu aferir as razões que teriam sido incorporadas à sua decisão. Ressaltou que, não obstante seja admissível, na fundamentação do *decisum*, reportar-se a outras peças constantes do processo, exige-se que o julgado exponha, de forma clara, as razões que o motivaram e ensejaram o desprovimento do apelo, garantindo-se às partes e à sociedade a possibilidade de acessá-las e compreendê-las. Considerou, portanto, não atendidos, *in casu*, os requisitos que as cortes superiores impõem para admitir a motivação *ad relationem*. Precedente citado: HC 90.684-RS, DJe 13/4/2009. **HC 176.238-SP, Rel. Min. Jorge Mussi, julgado em 24/5/2011.** (Inform. STJ 474)

COLIDÊNCIA. DEFESA. PREJUÍZO.
In casu, o paciente foi denunciado, juntamente com outro, pela suposta prática dos delitos de formação de quadrilha e estelionato. A sentença condenou-o à pena de um ano e três meses de reclusão, a ser cumprida inicialmente no regime semiaberto pelo delito previsto no art. 171 do CP. Sem a interposição de recurso, a condenação transitou em julgado. Sucede que, depois, impetrou-se *habeas corpus* em favor do paciente, alegando a existência de constrangimento ilegal porque o mesmo patrono teria defendido o paciente e o corréu, sustentando defesas antagônicas (colidência de

defesa), mas a ordem foi denegada. Agora, o impetrante, por meio do *habeas corpus* substitutivo de recurso ordinário, repisa as mesmas alegações para que seja anulada a sentença. Explica o Min. Relator que a colidência de defesa apontada na impetração foi constatada pelo juízo singular, que a sanou com a nomeação de novo patrono, diverso daquele encarregado de atuar na defesa do corréu. Assim, assevera que, afastada a nulidade e não havendo prejuízo, incide na hipótese a Súm. n. 523-STF. Por outro lado, esclarece que, no caso, o paciente tinha conhecimento das imputações a ele dirigidas, visto que houve a citação pessoal, entretanto optou por permanecer revel, o que motivou a nomeação da Defensoria Pública. Ademais, aponta que, nas alegações finais, nada se arguiu a respeito da tese de colidência da defesa, o que levou à preclusão da matéria. Precedentes citados: HC 80.734-SP, DJ 17/12/2007; RHC 13.930-SC, DJ 26/5/2003, e HC 79.533-PE, DJe 13/10/2008. **HC 143.643-SP, Rel. Min. Og Fernandes, julgado em 19/5/2011.** (Inform. STJ 473)

RITO ESPECIAL. INOBSERVÂNCIA. PREJUÍZO.

A Turma, entre outras questões, entendeu que a eventual inversão de algum ato processual ou a adoção do procedimento ordinário em detrimento do rito especial apenas conduz à nulidade do processo se houver prejuízo à parte. *In casu*, o paciente foi condenado pela prática do crime de abuso de autoridade nos autos da ação penal processada e julgada pelo juízo comum, tendo em vista o fato de não haver juizado especial criminal instalado na respectiva comarca. Na impetração, sustentou-se, entre outras alegações, que o rito sumaríssimo previsto na Lei n. 9.099/1995 não foi integralmente obedecido, razão pela qual as decisões até então proferidas deveriam ser anuladas. Nesse contexto, consignou o Min. Relator que, na espécie, a não realização da audiência preliminar, nos termos dos arts. 71 e 72 dessa lei, não acarretou prejuízos, já que, em se tratando de crime de ação penal pública incondicionada, a eventual homologação da composição civil dos danos entre autor e vítima – finalidade da mencionada audiência – não obstaria o prosseguimento do processo criminal. Ressaltou, ainda, não ter ocorrido nulidade pelo não oferecimento de defesa preliminar antes de ter sido recebida a denúncia e pela realização do interrogatório antes da oitiva das testemunhas. Para o Min. Relator, a adoção do rito comum ordinário, no caso, trouxe benefícios ao paciente, porquanto permitiu a utilização de maior amplitude probatória. **HC 127.904-SC, Rel. Min. Jorge Mussi, julgado em 3/5/2011.** (Inform. STJ 471)

HC. INTIMAÇÃO. REQUERIMENTO.

A impetração busca reconhecer nulidade por conta de ausência de intimação do causídico para a sessão de julgamento de primevo *habeas corpus* pelo tribunal *a quo*, muito embora constasse da inicial expressa requisição para tal, a despeito de constar, no *site* que aquele tribunal mantém na *Internet*, o prévio andamento processual noticiando o dia de julgamento. Nesse contexto, a Turma, ao prosseguir o julgamento, entendeu haver a referida nulidade, quanto mais se considerada a reiterada jurisprudência do STF e do STJ sobre a questão, que dispõe ser direito da defesa a comunicação prévia da data de julgamento, com antecedência mínima de 48 horas, caso requerida expressamente. Precedente citado do STF: HC 92.290-SP, DJ 30/11/2007. **QO no HC 137.853-SP, Rel. Min. Napoleão Nunes Maia Filho, julgada em 26/4/2011.** (Inform. STJ 470)

APN. DESPESAS ANTECIPADAS. OFICIAL. JUSTIÇA.

No *habeas corpus*, o impetrante sustenta existir cerceamento de defesa quanto a um dos acusados, visto que, por falta de depósito da taxa referente às diligências para intimação de testemunhas, exigência fundada em lei estadual, não foi intimada a testemunha arrolada e foi indeferido pedido de sua substituição para que outra testemunha presente fosse ouvida em juízo. Quanto ao outro paciente (corréu), alegou prejuízo por ineficiência de defesa técnica do defensor dativo que, na defesa preliminar, não arrolou testemunhas. Os dois pacientes foram presos em fragrante, denunciados e condenados como incursos no art. 33 da Lei n. 11.343/2006 (tráfico de drogas). Para a Min. Relatora, quanto às alegações do último paciente, não há qualquer constrangimento ilegal na defesa prévia do art. 395 do CPP (redação anterior), visto que não houve prova do prejuízo; a defesa pode formular peça mais genérica, reservando-se a discutir o mérito nas fases posteriores da ação penal (APn) e não está obrigada a arrolar testemunhas. No entanto, observa ser a *quaestio juris* principal no *mandamus* saber se o magistrado, em razão do não recolhimento da taxa para as despesas do oficial de justiça, poderia ter deixado de ouvir a testemunha arrolada pela defesa. Lembra a Min. Relatora que este Superior Tribunal, ao interpretar o art. 804 do CPP, afirmou que, em se tratando de ação penal pública, somente se admite a exigência do pagamento das custas processuais após a condenação, incluindo as despesas com oficial de justiça. No mesmo sentido, há decisões do STF sobre custas processuais e preparo, bem como do Conselho Nacional de Justiça (CNJ) (PCA 200910000024970, DJe 21/12/2009) quanto à cobrança de despesas antecipadas. Explica que, mesmo na ação penal privada, na qual expressamente se exige o depósito antecipado do valor da diligência, há a faculdade de o juiz determinar de ofício inquirição de testemunhas ou outras diligências (arts. 806 e 807 do CPP), tudo em homenagem aos princípios da ampla defesa e da verdade real que regem o direito penal e o processo penal. Por outro lado, anota ter sido essa nulidade oportunamente arguida pela defesa em todas as fases do processo, desde as alegações finais, na sentença e no acórdão da apelação. Sendo assim, conclui haver constrangimento ilegal por cerceamento de defesa e ser de rigor a anulação do processo para que seja reaberta a instrução do processo quanto ao citado paciente, garantindo-se a oitiva da testemunha. A Turma considerou, com relação a um dos pacientes, que houve constrangimento ilegal por cerceamento de defesa, anulando a APn desde a instrução, para que seja ouvida a testemunha arrolada nas alegações preliminares, dando-se, após, o prosseguimento da ação, com relaxamento da prisão cautelar por excesso de prazo e, quanto ao segundo paciente, ficou preservada sua condenação. Precedentes citados do STF: HC 95.128-RJ, DJe 5/3/2010; HC 74.338-PB, DJ 23/6/2000; RE 102.968-MS, DJ 9/8/1985; do STJ: HC 144.269-SP, DJe 20/9/2010; HC 171.197-PE, DJe 11/10/2010; HC 95.089-SC, DJe 23/8/2010; HC 48.534-PB, DJe 28/6/2010, e HC 110.703-SP, DJe 2/2/2009. **HC 125.883-SP, Rel. Min. Maria Thereza de Assis Moura, julgado em 26/4/2011.** (Inform. STJ 470)

NULIDADE. AUSÊNCIA. INTIMAÇÃO PESSOAL. PRECLUSÃO.
No caso, o *writ* trata do exame de nulidade em razão de ausência de intimação pessoal de defensor público da data designada para a sessão de julgamento do recurso em sentido estrito no tribunal *a quo*. A defensora pública foi intimada apenas pela imprensa oficial da data da mencionada sessão e, cientificada pessoalmente da íntegra do acórdão, permaneceu silente. Após quase dois anos do trânsito em julgado e com o julgamento do júri marcado é que pretende ver reconhecida a nulidade. Assim, a Turma entendeu que, no caso, houve preclusão da arguição de nulidade. A defesa do paciente foi exercida de maneira regular, não havendo qualquer dúvida técnica ou ausência de defesa. O feito teve seu trânsito normal após o julgamento do recurso em sentido estrito e o suposto vício só foi arguído às vésperas do julgamento do júri, o que não se admite. Logo, a Turma denegou a ordem. Precedentes citados do STF: HC 99.226-SP, DJe 8/10/2010; HC 96.777-BA, DJe 22/10/2010; do STJ: HC 39.818-CE, DJ 6/2/2006; HC 59.154-MS, DJ 27/8/2007, e HC 68.167-SP, DJe 16/3/2009. **HC 188.637-SP, Rel. Min. Maria Thereza de Assis Moura, julgado em 1º/3/2011.** (Inform. STJ 465)

CITAÇÃO. INTERROGATÓRIO. MESMO DIA.
A Turma, na parte conhecida, denegou a ordem de *habeas corpus* por entender que não há nulidade quando a citação e o interrogatório do acusado ocorrem no mesmo dia, porquanto a lei não estabelece intervalo mínimo de tempo para a prática de tais atos e não foi demonstrado qualquer prejuízo à sua defesa. Precedentes citados: AgRg no REsp 1.094.850-RS, DJe 3/8/2009, e HC 119.512-MG, DJe 2/3/2009. **HC 144.067-RJ, Rel. Min. Celso Limongi (Desembargador convocado do TJ-SP), julgado em 15/2/2011.** (Inform. STJ 463)

NULIDADE. AUSÊNCIA. DEFENSOR. AUDIÊNCIA.
Foi realizada audiência para oitiva de testemunha de acusação, em 17/4/2000, sem a presença do advogado do paciente, não tendo o juiz de primeiro grau, na oportunidade, nomeado defensor e, na sentença, o juiz valeu-se desses depoimentos para amparar sua conclusão sobre a autoria e a materialidade. Assim, verifica-se o constrangimento ilegal sofrido pelo paciente que conduz à nulidade absoluta do processo a partir do vício reconhecido, por inequívoco cerceamento de defesa. Logo, a Turma anulou o processo desde a audiência da oitiva de testemunhas de aval da denúncia realizada sem a presença de defensor e, após o paciente responder em liberdade, assegurou o prosseguimento da referida ação penal, facultando a ele ser novamente interrogado. **HC 102.226-SC, Rel. Min. Og Fernandes, julgado em 3/2/2011.** (Inform. STJ 461)

2.16. RECURSOS

Agravo em matéria criminal e prazo para interposição - 1
O Plenário, por maioria, rejeitou questão de ordem suscitada pelo Min. Dias Toffoli em agravo regimental interposto de decisão por ele proferida, que não conhecera de agravo em recurso extraordinário do qual relator, porque intempestivo. O suscitante propunha a superação do Enunciado 699 da Súmula do STF ("*O prazo para interposição de agravo, em processo penal, é de cinco dias, de acordo com a Lei 8.038/90, não se aplicando o disposto a respeito nas alterações da Lei 8.950/94 ao Código de Processo Civil*"). Na espécie, o período compreendido entre a publicação da decisão agravada e o protocolo do respectivo recurso ultrapassara o prazo previsto no art. 28 da Lei 8.038/90 ("*Denegado o recurso extraordinário ou o recurso especial, caberá agravo de instrumento, no prazo de cinco dias, para o Supremo Tribunal Federal ou para o Superior Tribunal de Justiça, conforme o caso*"). A decisão impugnada baseara-se no fato de que o referido dispositivo não fora revogado, em matéria penal, pela Lei 8.950/94, de âmbito normativo restrito ao CPC. Logo, incidira no caso o Enunciado 699 da Súmula do STF. O agravante sustentava, entretanto, que as alterações introduzidas, no CPC, pela Lei 12.322/2010 ["*Art. 544. Não admitido o recurso extraordinário ou o recurso

especial, caberá agravo nos próprios autos, no prazo de 10 (dez) dias"] teriam sido expressamente alargadas para atingir também os recursos em matéria criminal, e que a Corte formalizara entendimento nesse sentido, ao editar a Resolução 451/2010 (*"Art. 1º A alteração promovida pela Lei nº 12.322, de 9 de setembro de 2010, também se aplica aos recursos extraordinários e agravos que versem sobre matéria penal e processual penal"*). ARE 639846 AgR-QO/ SP, rel. orig. Min. Dias Toffoli, red. p/ o acórdão Min. Luiz Fux, 13.10.2011. (ARE-639846)

Agravo em matéria criminal e prazo para interposição - 2

Prevaleceu o voto do Min. Cezar Peluso, Presidente, que rejeitou a questão de ordem e não conheceu o recurso. Inicialmente, realizou retrospecto acerca da evolução legislativa concernente ao tema. Lembrou que o art. 544 do CPC, em sua redação original (*"Denegado o recurso, caberá agravo de instrumento para o Supremo Tribunal Federal, no prazo de cinco dias. Parágrafo único. O agravo de instrumento será instruído com as peças que forem indicadas pelo agravante, dele constando, obrigatoriamente, o despacho denegatório, a certidão de sua publicação, o acórdão recorrido e a petição de interposição do recurso extraordinário"*), dizia respeito a recursos extraordinários que veiculassem matéria cível ou criminal, e estabelecia o prazo de 5 dias em ambas as hipóteses. Após, publicara-se a Lei 8.038/90, que revogou expressamente os artigos 541 a 546 do CPC. Assim, os agravos de instrumento interpostos de decisão que inadmitia recurso extraordinário passaram a ser regulados por este diploma. Posteriormente, fora editada a Lei 8.950/94, que conferiu nova redação ao então revogado art. 544 do CPC (*"Não admitido o recurso extraordinário ou o recurso especial, caberá agravo de instrumento, no prazo de dez dias, para o Supremo Tribunal Federal ou para o Superior Tribunal de Justiça, conforme o caso"*), e alterou o prazo, no tocante à interposição de agravo de instrumento, para 10 dias. Reputou que, a partir da controvérsia sobre a possibilidade de revogação do art. 28, *caput* e § 1º, da Lei 8.038/90, no caso de o recurso extraordinário obstaculizado tratar de matéria criminal, a Corte pacificara entendimento no sentido de que o aludido dispositivo não fora revogado, visto que a Lei 8.950/94 teria âmbito normativo restrito à hipótese de inadmissibilidade de recurso extraordinário a tratar de matéria cível. Dessa forma, diante do panorama apresentado, ao agravo de instrumento para destrancar recurso extraordinário seria aplicado integralmente o art. 544 do CPC, se tratasse de matéria cível; e o art. 28, § 1º, da Lei 8.038/90, subsidiado expressamente do art. 523 do CPC, se tratasse de matéria criminal. Salientou que a formação do instrumento do agravo em exame passaria a ser regulada exclusivamente pelo art. 544 do CPC, com fundamento na analogia, diante de ausência de legislação própria em matéria criminal para o regular, mas destacou que o prazo de 5 dias, previsto na Lei 8.038/90, teria permanecido inalterado. Assinalou que a inovação trazida com a Lei 12.322/2010 amparar-se-ia no princípio da economia processual e racionalizaria o procedimento do agravo. Frisou, entretanto, que as modificações trazidas pela novel lei teriam incidência parcial diante de recursos que tratassem de matéria criminal, uma vez que, apenas em relação a eles, subsistiria o prazo constante do art. 28, *caput*, da Lei 8.038/90. O Min. Marco Aurélio ressaltou que a problemática em relação ao prazo, no tocante a processos de matéria criminal, perderia relevância em face da existência do *habeas corpus*, que poderia ser utilizado a qualquer tempo. Ademais, destacou que alterar o período próprio para interposição de agravo implicaria incoerência, visto que a apelação, em matéria criminal, deveria ser manuseada em 5 dias. O Min. Ricardo Lewandowski, por sua vez, conhecia e provia o agravo, considerada a alegação do agravante a respeito da incerteza gerada a partir da leitura da Resolução 451/2010 da Corte, mas também rejeitava a questão de ordem, de modo a manter íntegro o Enunciado 699 da Súmula do STF. Deliberou-se, entretanto, que será editada nova resolução, de modo a esclarecer a dúvida aventada. ARE 639846 AgR-QO/SP, rel. orig. Min. Dias Toffoli, red. p/ o acórdão Min. Luiz Fux, 13.10.2011. (ARE-639846)

Agravo em matéria criminal e prazo para interposição - 3

Vencido o relator, acompanhado pelos Ministros Gilmar Mendes e Celso de Mello, que encaminhava a questão de ordem para assentar a aplicabilidade do art. 544 do CPC, em sua nova redação, ao agravo contra decisão denegatória de recurso extraordinário em matéria criminal, a ser observada a partir da data em que passara a vigorar a nova lei processual, de maneira a superar a orientação sintetizada no Enunciado 699 da Súmula do STF. Quanto ao mérito do agravo, dava-lhe provimento, de modo a afastar a intempestividade. Aduzia que, muito embora existam decisões da Corte que, sob a égide da *novatio legis*, aplicaram o Enunciado 699 da Súmula do STF, a interpretação da Lei 12.322/2010 deveria ser extensiva, de modo que o prazo nela fixado abrangesse recursos extraordinários e agravos a versar sobre matéria penal e processual penal, à luz da Resolução 451/2010 da Corte. A respeito, o Min. Celso de Mello consignava que a nova lei teria revogado, tacitamente, a Lei 8.038/90, no tocante às matérias comuns de que tratam. O relator discorria, também, que a nova concepção jurídica do agravo — interposto nos próprios autos — teria promovido sensível modificação no recurso cabível à espécie e, portanto, suprimido o instituto do agravo de instrumento na sua concepção natural. Dessa maneira, aplicar-se-ia o novo regramento do art. 544 do CPC em sentido lato, especialmente em razão da natureza — impregnada de contornos constitucionais — dos recursos especial e extraordinário, que não pertenceriam a nenhum ramo processual específico, mas a todos eles. Assim, concluía que a uniformidade de disciplinamento de ambos — bem como do recurso a ser interposto de decisão que negar seguimento a qualquer deles — seria desejável. ARE 639846 AgR-QO/SP, rel. orig. Min. Dias Toffoli, red. p/ o acórdão Min. Luiz Fux, 13.10.2011. (ARE-639846)

Agravo em matéria criminal e prazo para interposição - 4
Em seguida, o Plenário rejeitou, também por maioria, nova questão de ordem, formulada pelo relator, no sentido de que, entre o vencimento da *vacatio legis* atinente à Resolução 451 do STF, que ocorrera em 8.12.2010, e a data deste julgamento, a consignar o entendimento ora fixado pela Corte, deveria ser admitido o prazo de 10 dias para interposição de agravo em matéria criminal. Reputou-se que haveria inconveniente de ordem prática, pois, desde a citada data, muitos agravos não teriam sido conhecidos com fundamento em intempestividade e já teria ocorrido o trânsito em julgado das respectivas decisões. Assim, o acolhimento da questão de ordem implicaria desonomia e insegurança jurídica. O Presidente sublinhou, ainda, que, conforme o caso, o remédio do *habeas corpus* estaria disponível para que a parte se insurgisse contra o vício que originara a interposição do agravo. Vencidos o relator e os Ministros Ricardo Lewandowski, Gilmar Mendes e Celso de Mello, que entendiam que a solução proposta prestigiaria a segurança jurídica e a isonomia em detrimento da estrita legalidade. Ademais, consideravam que essa orientação consagraria, de igual modo, os princípios da boa-fé do jurisdicionado — que fizera determinada leitura da Resolução 451/2010 do STF que fora partilhada, inclusive, por alguns Ministros da Corte — e da confiança. ARE 639846 AgR-QO/SP, rel. orig. Min. Dias Toffoli, red. p/ o acórdão Min. Luiz Fux, 13.10.2011. (ARE-639846) (Inform. STF 644)

Recurso especial e substituição por HC
A falta de interposição de recurso especial não impede que o STJ processe e julgue *habeas corpus* lá impetrado. Com base nesse entendimento e em observância ao disposto no art. 105 da CF, a 2ª Turma concedeu a ordem tão-somente para determinar que a autoridade impetrada conheça e julgue o pedido formulado no *writ* como entender de direito. HC 110289/MS, rel. Min. Ayres Britto, 29.11.2011. (HC-110289) (Inform. STF 650)

Recurso extraordinário e menção explícita a dispositivo
A menção expressa ao dispositivo constitucional que autoriza a interposição do recurso extraordinário revela-se essencial, sob pena de vício de forma. Com base nessa orientação, a 1ª Turma, por maioria, desproveu agravo regimental em agravo de instrumento interposto de decisão que, com base no art. 321 do Regimento Interno desta Corte, negara seguimento a recurso extraordinário em que o recorrente não apontara preceito e alínea que respaldassem seu apelo. Vencida a Min. Cármen Lúcia, que superava a aplicação da mencionada norma regimental se, das razões recursais, fosse possível identificar o dispositivo que teria fundamentado o RE, como ocorrera no caso. AI 838930 AgR/CE, rel. Min. Marco Aurélio, 21.6.2011. (AI-838930) (Inform. STF 632)

RHC N. 103.170-RJ
RELATOR: MIN. DIAS TOFFOLI
EMENTA: Recurso ordinário em *habeas corpus*. Paciente condenado a 26 anos de reclusão por duplo crime de homicídio simples. Continuidade delitiva não configurada. Necessidade de unidade de desígnios. Reexame de fatos e provas. Imprópria a via estreita do *habeas corpus*. Pena-base. Dosimetria. Nulidade. Inexistência. Recurso não provido. Circunstâncias judiciais desfavoráveis. Inclusão de qualificadora como circunstância agravante da pena. Recurso exclusivo da defesa. Exasperação da pena determinada pelo Juiz-Presidente. Inadmissibilidade. Ocorrência de *reformatio in pejus*. Ordem concedida de ofício.

1. A via estreita do **habeas corpus** é inadequada para a incursão em aspectos fáticos ou para promover dilação probatória tendente a comprovar a existência dos requisitos objetivos e subjetivos para o reconhecimento da continuidade delitiva. Precedentes.

2. Esta Corte tem adotado orientação pacífica segundo a qual não há nulidade na decisão que majora a pena-base considerando-se as circunstâncias judiciais desfavoráveis.

3. O Juiz-Presidente do Tribunal do Júri, quando de terceiro julgamento, realizado em função do provimento dado a recurso exclusivo do réu por ocasião do primeiro julgamento, não pode incluir e quesitar circunstância agravante que **per se** qualificaria o crime de homicídio pelo qual o réu foi denunciado sem que tivesse ela sido mencionada na denúncia, na pronúncia e no libelo-crime acusatório. Impossibilidade de aplicação de pena mais grave do que aquela que resultou de anterior decisão anulada, uma vez que presentes os mesmos fatos e as mesmas circunstâncias admitidos no julgamento anterior. Em tal situação, aplica-se ao Juiz-Presidente a vedação imposta pelo art. 617 do CPP. Precedentes.

4. Recurso ordinário a que se nega provimento. Ordem concedida de ofício. (Inform. STF 627) *noticiado no Informativo 619

HC N. 104.763-MS
RELATOR: MIN. DIAS TOFFOLI
EMENTA: *Habeas corpus*. Processual penal. Associação para o tráfico. Prisão preventiva. Súmula 691 do STF. Inadequação. Ilegalidade manifesta. Inocorrência. Extensão de ordem concedida em favor de corréus. Situação jurídica do impetrante que não é idêntica à dos demais (CPP, art. 580). Não conhecimento.
1. O indeferimento de liminar em **habeas corpus** pelo Superior Tribunal de Justiça encontra amparo na Súmula 691 do Supremo Tribunal Federal, que somente admite mitigação na presença de flagrante ilegalidade, abuso de poder ou teratologia.
2. Incidência da mencionada Súmula, sob pena de supressão de instância.
3. As informações constantes dos autos, ademais, demonstram que o paciente não se encontra em situação idêntica à dos corréus beneficiados, conforme dispõe o art. 580 do Código de Processo Penal.
4. - **Habeas corpus** não conhecido. (Inform. STF 621)

Tribunal do Júri e nulidades
A 1ª Turma iniciou julgamento de recurso ordinário em *habeas corpus* em que pretendida a mitigação da pena imposta ao paciente, condenado por 2 homicídios simples, em concurso material, à pena de 13 anos de reclusão, o que totalizara uma pena de 26 anos. Na espécie, contra a primeira decisão do Tribunal do Júri que condenara o paciente a uma pena total de 22 anos de reclusão, a defesa apelara e o *parquet* não se insurgira. No julgamento que se seguira, o paciente fora absolvido, o que ensejara apelação do Ministério Público, provida, com determinação de novo Júri, ao fundamento de que a absolvição seria contrária à prova dos autos. No 3º julgamento, o paciente recebera uma pena 4 anos superior àquela inicialmente proferida – acréscimo de 2 anos para cada homicídio –, em razão da sua propalada torpeza. O Min. Dias Toffoli, relator, negou provimento ao recurso, mas concedeu a ordem, de ofício, para decotar da pena o acréscimo decorrente da citada qualificadora, restabelecendo a condenação à pena de 11 anos de reclusão para cada um dos homicídios. Rejeitou as alegações de nulidade do processo por falta de fundamentação no tocante à fixação da pena-base (em piso superior ao mínimo legal) e da necessidade de reconhecimento da continuidade delitiva entre os crimes perpetrados. Salientou a jurisprudência do STF no sentido de ser suficiente a presença de uma das circunstâncias judiciais desfavoráveis para que a pena básica não fique no patamar mínimo, e, ainda, de ser incabível o reexame de matéria fático-probatória na via eleita. Por sua vez, o Min. Marco Aurélio, tendo em conta que, no 1º julgamento, o juízo fixara a pena de 11 anos para cada crime, com o silêncio do Ministério Público e, no 2º, absolvera o réu, entendeu que, no 3º julgamento o magistrado não poderia chegar a uma pena superior àquela do patamar inicial. Após, pediu vista a Min. Cármen Lúcia. RHC 103170/RJ, rel. Min. Dias Toffoli, 1º.3.2011. (RHC-103170) (Inform. STF 618)

Tribunal do Júri e nulidades - 2
Em conclusão, a 1ª Turma negou provimento a recurso ordinário em *habeas corpus*, mas, concedeu a ordem, de ofício, a fim de que a condenação imposta ao paciente pelos dois crimes de homicídio simples fosse limitada a 22 anos de reclusão. Na espécie, contra a primeira decisão do Tribunal do Júri que condenara o paciente a uma pena total de 22 anos de reclusão, a defesa apelara e o *parquet* não se insurgira. No julgamento que se seguira, o paciente fora absolvido, o que ensejara apelação do Ministério Público, provida, com determinação de novo Júri, ao fundamento de que a absolvição teria sido contrária à prova dos autos. No 3º julgamento, o paciente recebera uma pena 4 anos superior àquela inicialmente proferida — acréscimo de 2 anos para cada homicídio —, em razão da sua propalada torpeza — v. Informativo 618. RHC 103170/RJ, rel. Min. Dias Toffoli, 15.3.2011. (RHC-103170)

Tribunal do Júri e nulidades - 3
O Min. Dias Toffoli, relator, decotou da pena o acréscimo decorrente da citada qualificadora, restabelecendo a condenação à pena de 11 anos de reclusão para cada um dos homicídios. Rejeitou as alegações de nulidade do processo por falta de fundamentação no tocante à fixação da pena-base (em piso superior ao mínimo legal) e da necessidade de reconhecimento da continuidade delitiva entre os crimes perpetrados. Salientou a jurisprudência do STF no sentido de ser suficiente a presença de uma das circunstâncias judiciais desfavoráveis para que a pena básica não fique no patamar mínimo, e, ainda, de ser incabível o reexame de matéria fático-probatória na via eleita. Por sua vez, o Min. Marco Aurélio, tendo em conta que, no 1º julgamento, o juízo fixara a pena de 11 anos para cada crime, com o silêncio do Ministério Público e, no 2º, absolvera o réu, entendeu que, no 3º julgamento o magistrado não poderia chegar a uma pena superior àquela do patamar inicial. A Min. Cármen Lúcia, em voto-vista, destacou que seria vedada a *reformatio in pejus* no direito processual penal brasileiro, de modo que decisões posteriores, mesmo que oriundas do Tribunal do Júri, não poderiam impor valores superiores aos da primeira condenação que, conforme enfatizou, transitara em julgado para a acusação. RHC 103170/RJ, rel. Min. Dias Toffoli, 15.3.2011. (RHC-103170) (Inform. STF 619)

Apelação: Efeito Devolutivo e "Reformatio In Pejus" - 1
A Turma iniciou julgamento de habeas corpus em que se discute eventual reformatio in pejus de sentença em virtude de julgamento de apelação, uma vez que tal recurso teria sido apresentado somente pela defesa. Na espécie, a paciente fora condenada, pelo crime de evasão de divisas, à pena de 3 anos e 6 meses de reclusão. No julgamento do recurso de apelação, embora reduzida a pena para 2 anos e 4 meses de reclusão, a defesa alega que teriam sido consideradas circunstâncias judiciais alheias às mencionadas na sentença condenatória, o que vulneraria a voluntariedade recursal. Sustenta que, se afastados esses fundamentos, a sentença fixar-se-ia no mínimo legal e operar-se-ia a prescrição.HC 99972/PR, rel. Min. Cármen Lúcia, 17.8.2010. (HC-99972) (Inform. STF 596)

Apelação: Efeito Devolutivo e "Reformatio In Pejus" - 2
A Min. Cármen Lúcia, relatora, indeferiu o writ. Inicialmente, considerou que a sentença de 1º grau assentara a existência de três circunstâncias judiciais desfavoráveis à paciente: a culpabilidade, as circunstâncias e as conseqüências do crime. O acórdão de 2º grau, por sua vez, levara em conta apenas a culpabilidade e as circunstâncias do crime como desabonadoras, de modo a reduzir a pena. Em seguida, reputou que o grau de reprovabilidade da conduta, ínsito à culpabilidade, já fora ponderado pelo juízo monocrático, ainda que com outras palavras. Asseverou, ademais, que a decisão recursal considerara o efeito devolutivo da apelação, embora interposta unicamente pela defesa, e estaria autorizada a rever os critérios de individualização da pena, nos termos do art. 59 do CP, limitada, tão-somente, pela prova produzida e pelas alegações das partes. Após, pediu vista dos autos o Min. Dias Toffoli. HC 99972/PR, rel. Min. Cármen Lúcia, 17.8.2010. (HC-99972) (Inform. STF 596)

Apelação: efeito devolutivo e "reformatio in pejus" – 3
A 1ª Turma retomou julgamento de *habeas corpus* em que se discute eventual *reformatio in pejus* de sentença em virtude de julgamento de apelação, uma vez que tal recurso teria sido apresentado somente pela defesa. Na espécie, a paciente fora condenada, pelo crime de evasão de divisas, à pena de 3 anos e 6 meses de reclusão. No julgamento do recurso de apelação, embora reduzida a pena para 2 anos e 4 meses de reclusão, a defesa alega que teriam sido consideradas circunstâncias judiciais alheias às mencionadas na sentença condenatória, o que vulneraria a voluntariedade recursal. Sustenta que, se afastados esses fundamentos, a sentença fixar-se-ia no mínimo legal e operar-se-ia a prescrição — v. Informativo 596. HC 99972/PR, rel. Min. Cármen Lúcia, 15.3.2011. (HC-99972)

Apelação: efeito devolutivo e "reformatio in pejus" – 4
O Min. Dias Toffoli, em voto-vista, acompanhou a Min. Cármen Lúcia, relatora, e indeferiu o *writ*. Ressaltou que, não obstante o tribunal tivesse afastado as circunstâncias judiciais da sentença e considerado outras não fixadas pelo juiz, não teria havido violação à garantia da ampla defesa e nem ao princípio do *ne reformatio in pejus*, porquanto a apelação devolve a apreciação do conjunto probatório e não teria ocorrido, no caso, agravamento da pena, de acordo com o art. 617 do CPP. Em divergência, o Min. Marco Aurélio deferiu a ordem. Entendeu que, sendo a apelação interposta apenas pela defesa, o tribunal não poderia substituir as circunstâncias judiciais por outras não contempladas pelo juízo, sob pena de suprimir da defesa recurso ordinário, o que implicaria supressão de instância. Após, pediu vista o Min. Luiz Fux. HC 99972/PR, rel. Min. Cármen Lúcia, 15.3.2011 (HC-99972) (Inform. STF 619)

Apelação: efeito devolutivo e "reformatio in pejus" - 5
Em conclusão de julgamento, a 1ª Turma indeferiu habeas corpus em que se discutia eventual reformatio in pejus de sentença em virtude de julgamento de apelação, uma vez que o recurso teria sido apresentado somente pela defesa. Na espécie, a paciente fora condenada, pelo crime de evasão de divisas, à pena de 3 anos e 6 meses de reclusão. No julgamento do recurso de apelação, embora reduzida a pena para 2 anos e 4 meses de reclusão, a defesa alegava que teriam sido consideradas circunstâncias judiciais alheias às mencionadas na sentença condenatória, o que vulneraria a voluntariedade recursal. Sustentava que, se afastados esses fundamentos, a sentença fixar-se-ia no mínimo legal e operar-se-ia a prescrição — v. Informativos 596 e 619. HC 99972/PR, rel. Min. Cármen Lúcia, 9.8.2011. (HC-99972)

Apelação: efeito devolutivo e "reformatio in pejus" - 6
Considerou-se que a sentença de 1º grau assentara a existência de três circunstâncias judiciais desfavoráveis à paciente: a culpabilidade, as circunstâncias e as conseqüências do crime. O acórdão de 2º grau, por sua vez, levara em conta apenas a culpabilidade e as circunstâncias do crime como desabonadoras, de modo a reduzir a pena. Em seguida, reputou-se que o grau de reprovabilidade da conduta, ínsito à culpabilidade, já fora ponderado pelo juízo monocrático, ainda que com outras palavras. Asseverou-se, ademais, que a decisão recursal considerara o efeito devolutivo da apelação, ainda que interposta unicamente pela defesa, e estaria autorizada a rever os critérios de individualização da

pena, nos termos do art. 59 do CP, limitada, tão-somente, pela prova produzida e pelas alegações das partes. Vencidos os Ministros Marco Aurélio e Luiz Fux, que deferiam a ordem por reputarem que, sendo a apelação interposta apenas pela defesa, o tribunal não poderia substituir as circunstâncias judiciais por outras não contempladas pelo juízo. HC 99972/PR, rel. Min. Cármen Lúcia, 9.8.2011. (HC-99972) (Inform. STF 635)

Agravo em matéria penal e deficiência do traslado
A 1ª Turma retomou julgamento de *habeas corpus* em que se pretende seja conhecido agravo de instrumento que visa à subida de recurso especial em matéria penal. Discute-se, na situação dos autos, sobre o traslado de peça não legível quanto ao carimbo do protocolo do recurso especial, na Secretaria do Tribunal de Justiça, determinante para a verificação de sua tempestividade. O Min. Marco Aurélio, relator, na sessão de 31.8.2010, concedeu a ordem para que fosse: ou requisitado o agravo de instrumento que baixara à origem; ou determinado juntada de imediato, pela referida Secretaria, de peça em que estivesse legível o mencionado carimbo. De início, ressaltou não haver óbice para efeito de impetração decorrente do trânsito em julgado do aludido aresto. Assentou a necessidade de se distinguir a formação do instrumento considerado o processo civil e o processo criminal. Aduziu, no ponto, que, tendo em conta o civil, a própria parte agravante deveria produzir o traslado de documentos, ao passo que, quanto ao criminal, incumbiria a ela indicar as peças e à Secretaria providenciar o instrumento. Asseverou que, na espécie, a regência se faria pela Lei 8.038/90. Reputou, então, descaber na hipótese, pela deficiência na formação do instrumento, a cominação do processo civil relativa ao não-conhecimento do agravo. Observou, por fim, que a agravante indicara os documentos e não fora responsável pelo traslado de peça imperfeita. Nesta assentada, o Min. Dias Toffoli, em divergência, denegou o *writ*. Enfatizou que seria obrigação da parte fiscalizar a formação do instrumento. Após, pediu vista dos autos o Min. Ricardo Lewandowski. HC 96647/SP, rel. Min. Marco Aurélio, 1º.2.2011. (HC-96647) (Inform. STF 614)

Agravo em matéria penal e deficiência do traslado - 2
Em conclusão, a 1ª Turma, por maioria, indeferiu *habeas corpus* em que se pretendia fosse conhecido agravo de instrumento que visava à subida de recurso especial em matéria penal não admitido por deficiência do traslado. Na espécie, a decisão impugnada considerara não legível carimbo do protocolo do recurso especial, na Secretaria do Tribunal de Justiça, determinante para a verificação de sua tempestividade — v. Informativo 614. Aduziu-se que, conforme precedentes da Corte, seria dever do recorrente zelar pela correta formação do agravo de instrumento, inclusive em sede criminal, de modo que a deficiência contida na referida peça processual não poderia ser atribuída ao cartório. Vencido o Min. Marco Aurélio, que concedia o *writ* por entender que, em processo criminal, caberia à parte somente indicar as peças, ao passo que, à Secretaria, providenciar o instrumento. HC 96647/SP, rel. orig. Min. Marco Aurélio, red. p/ o acórdão Min. Dias Toffoli, 22.2.2011. (HC-96647) (Inform. STF 617)

HC e estrangeiro não domiciliado no Brasil - 1
Por reputar ausentes os requisitos de embargabilidade, a 2ª Turma rejeitou embargos de declaração em que pretendido o aclaramento sobre a admissibilidade de *habeas corpus*, bem como questão de ordem neles formulada. Tratava-se, na espécie, de embargos declaratórios opostos contra acórdão proferido em *habeas corpus* no qual se decidira que: a) o súdito estrangeiro, mesmo o não domiciliado no Brasil, teria plena legitimidade para impetrar *habeas corpus*, em ordem a tornar efetivo, nas hipóteses de persecução penal, o direito subjetivo, de que também seria titular, à observância e ao integral respeito, por parte do Estado, das prerrogativas que compõem e dão significado à cláusula do devido processo legal; b) seria inviável a execução do Acordo de Cooperação Brasil/Rússia, presente o contexto em exame, resultar em imediata aplicação, em território brasileiro, em detrimento do paciente — que sequer se encontraria no Brasil —, de qualquer medida privativa de sua liberdade de locomoção física; c) haveria impossibilidade jurídica de o STF expedir provimentos jurisdicionais consubstanciadores de ordens mandamentais dirigidas a qualquer missão diplomática sediada em território brasileiro. Na ocasião, buscava-se ordem mandamental a ser dirigida à Missão Diplomática da Federação da Rússia, para que a Federação da Rússia devolvesse o material informativo a ela encaminhado pela Procuradoria Geral da República do Brasil e que teria, como destinatária específica, a Procuradoria Geral da República da Federação da Rússia. HC 102041 ED/SP, rel. Min. Celso de Mello, 15.2.2011. (HC-102041)

HC e estrangeiro não domiciliado no Brasil - 2
Entendeu-se que os embargos opostos teriam nítido caráter infringente, circunstância que, por si só, bastaria para tornar incabível a espécie recursal ora em análise. Asseverou-se que o acórdão embargado não teria afastado a possibilidade de utilização do remédio do *habeas corpus*, mesmo nas hipóteses de cooperação jurídica internacional, em que o auxílio direto constituiria modalidade, desde que presentes, no entanto, quanto ao *writ*, os requisitos de sua

admissibilidade. Aduziu-se, apenas, a inviabilidade, no caso específico, de utilização do *habeas*, uma vez que ausente do território brasileiro a pessoa do súdito estrangeiro em questão e, por isso, inexistente qualquer possibilidade de dano atual ou iminente à liberdade ou à locomoção física do paciente. HC 102041 ED/SP, rel. Min. Celso de Mello, 15.2.2011. (HC-102041) (Inform. STF 616)

Superior Tribunal de Justiça

PROCESSO PENAL. AGRAVO. PRAZO.
A entrada em vigor da Lei n. 12.322/2010 não alterou o prazo para a interposição do agravo em matéria penal, permanecendo o prazo de cinco dias de acordo com o entendimento da Súm. n. 699 do STF. **AREsp 46.694-SP, Rel. Min. Maria Thereza de Assis Moura, julgado em 22/11/2011.** (Inform. STJ 488)

SÚM. N. 418-STJ. PROCESSO PENAL. EXCEÇÃO.
A Turma acolheu embargos de declaração para afastar, na espécie, a aplicabilidade da Súm. n. 418-STJ sob o argumento de que a parte ora embargante não pode ser prejudicada pela reiteração na interposição dos aclaratórios por um dos coacusados, principalmente se houver indícios de que eles foram interpostos com finalidade protelatória, visto que não se pode prejudicar aquele que, de forma diligente, visando à celeridade processual, após a publicação do acórdão que julgou anteriores embargos de declaração interpostos por ele e demais corréus, interpôs, diretamente e dentro do prazo legal, o recurso especial a fim de que suas teses defensivas fossem devidamente analisadas por este Superior Tribunal. Isso porque, na esfera do procedimento penal, o que está em discussão não são apenas relações jurídicas privadas, e sim a própria liberdade de locomoção do acusado, bem como o exercício pleno do contraditório e da ampla defesa. Ademais, exigir-se ratificação do recurso especial, após julgamento de embargos de declaração rejeitados pela Corte local, em que não houve modificação de nada na situação jurídica dos sentenciados, afigura-se um excesso de formalismo, à luz dos princípios da celeridade processual e instrumentalidade das formas, principalmente no âmbito do Direito Processual Penal, em que se busca a maior aproximação possível com a verdade dos fatos (verdade real) e o máximo de efetivação da Justiça social. O Min. Relator também ressaltou, em seu voto, que a intenção da Turma não é negar a aplicabilidade da mencionada súmula ao Direito Processual Penal, e sim aplicá-la com ressalvas, a fim de conciliá-la com os modernos princípios do Direito Penal. **EDcl no AgRg no Ag 1.203.775-SP, Rel. Min. Jorge Mussi, julgados em 23/8/2011.** (Inform. STJ 481)

AG. PRAZO. MATÉRIA CRIMINAL.
A Turma reiterou que o prazo para interposição do agravo de instrumento (Ag) contra decisão denegatória de recurso especial em matéria criminal é de cinco dias, segundo a dicção do art. 28, *caput*, da Lei n. 8.038/1990. Ressaltou-se que a alteração introduzida pela Lei n. 8.950/1994 – que fixou o prazo do agravo de instrumento em dez dias (art. 544 do CPC) – não revogou a regra prevista na Lei n. 8.038/1990, continuando, assim, em pleno vigor o referido prazo de cinco dias nos feitos criminais (*vide* Súm. n. 699-STF). Na espécie, a decisão agravada foi publicada em 5/11/2010 e o agravo de instrumento, interposto em 16/11/2010, ou seja, fora do prazo legal de cinco dias; confirmando-se, portanto, a intempestividade do recurso. Precedentes citados: AgRg no Ag 933.936-RO, DJe 13/10/2008, e AgRg no AgRg no Ag 1.048.632-SP, DJe 19/12/2008. **AgRg no Ag 1.374.585-PR, Rel. Min. Og Fernandes, julgado em 2/8/2011.** (Inform. STJ 480)

DEMORA. JULGAMENTO. APELAÇÃO.
Emerge dos autos que o paciente aguarda, há três anos, o julgamento da apelação criminal que interpôs, sem que a autoridade tida por coatora apresentasse qualquer justificativa para a demora quando prestou suas informações. Ressalte-se que já foi cumprida metade da pena que lhe foi imposta. Diante disso, após discussão acerca da determinação de prazo em sessões ou dias para a realização do julgamento, a Turma entendeu, calcada em recente julgado do STF, determinar a soltura do paciente para que aguarde o julgamento em liberdade. Precedentes citados: HC 122.212-SP, DJe 23/11/2009, e HC 124.091-SP, DJe 8/6/2009. **HC 205.304-SP, Rel. Min. Og Fernandes, julgado em 28/6/2011.** (Inform. STJ 479)

EFEITO. APELAÇÃO. JÚRI.
Na hipótese, a alegação de que o laudo pericial utilizado nos autos é nulo por ser assinado por um só perito não foi formulada nas razões de apelação interposta contra a condenação firmada pelo tribunal do júri. Sucede que, no processo penal, só a apelação interposta contra a sentença do juízo singular tem efeito devolutivo amplo. Assim, nos

processos de competência do tribunal do júri, não há falar em aplicar a orientação do STJ de que é possível conhecer de matéria não ventilada nas razões de apelação criminal, pois isso redundaria na vedada supressão de instância, daí a razão de o STF editar sua Súm. n. 713. Precedentes citados: HC 121.365-RJ, DJe 17/12/2010; HC 132.870-RJ, DJe 2/8/2010, e HC 93.128-RJ, DJe 15/3/2010. **AgRg no HC 162.481-BA, Rel. Min. Laurita Vaz, julgado em 31/5/2011.** (Inform. STJ 475)

RCL. ADMISSIBILIDADE. RESP. EXTINÇÃO. PUNIBILIDADE.
A Seção julgou improcedente a reclamação em que o MPF buscava anular o *decisum* do tribunal *a quo* que, em juízo de admissibilidade do recurso especial e do extraordinário, declarou extinta a punibilidade dos réus ante a ocorrência da prescrição intercorrente. O *Parquet* sustentou ser descabida a análise da pretensão punitiva por aquele órgão julgador, pois sua jurisdição já estava exaurida, competindo-lhe examinar apenas a admissibilidade dos recursos. Entretanto, para a Min. Relatora, a prescrição é matéria prejudicial ao exame do mérito por constituir fato impeditivo do direito estatal de punir e extintivo da punibilidade do réu, podendo ser, inclusive, analisada de ofício em qualquer fase do processo. Por essa razão, consignou que sua declaração caracterizou-se como devida análise dos pressupostos gerais do recurso especial, e não incursão em seu conteúdo, o que permite seja realizada pelo tribunal de origem, ainda que ele não esteja revestido de jurisdição. **Rcl 4.515-SP, Rel. Min. Maria Thereza de Assis Moura, julgada em 27/4/2011.** (Inform. STJ 470)

RECURSO. SENTIDO ESTRITO. FUNGIBILIDADE RECURSAL. RHC.
In casu, o recorrente foi condenado pela prática de tráfico internacional de drogas, sendo-lhe negado o direito de recorrer em liberdade. Na origem, impetrou *habeas corpus*, que foi negado, sendo mantida a prisão cautelar. Então, interpôs recurso em sentido estrito, o qual, em análise de admissibilidade, o tribunal *a quo*, aplicando o princípio da fungibilidade, recebeu como recurso ordinário em *habeas corpus*. Busca o recorrente a sua absolvição, alegando para isso que não há provas suficientes da materialidade e autoria do delito; requer, ainda, o direito de responder ao processo em liberdade, sustentando faltar fundamentação para a custódia cautelar, além de afirmar tratar-se de réu primário, com bons antecedentes. A tese vencedora conheceu em parte do recurso e, nessa parte, julgou-o prejudicado, posicionando-se no sentido de ser possível o recebimento do recurso em sentido estrito como recurso ordinário em *habeas corpus* em atenção ao princípio da fungibilidade recursal, como fez o tribunal *a quo*, ao verificar não haver má-fé ou erro grosseiro dos defensores. Explicou, quanto às alegações formuladas de falta de tipicidade da conduta ou, ainda, não comprovação de autoria, quando já proferida sentença condenatória, como no caso dos autos, que elas se confundem com o pleito de absolvição do acusado, demandando, assim, análise fático-probatória dos autos, providência incabível na via estreita desse remédio constitucional (incidência da Súm. n. 7-STJ). Como, segundo informações, a apelação já foi julgada, reduzindo-lhe a pena para um ano, 11 meses e 10 dias de reclusão, e expedido alvará de soltura em seu favor desde 16/6/2010, o pedido de aguardar em liberdade o trânsito em julgado da condenação perdeu seu objeto. Note-se que, ao prosseguir o julgamento, houve empate na votação, prevalecendo a decisão mais favorável ao recorrente. Precedentes citados do STF: RHC 87.304-PR, DJ 1º/9/2006; do STJ: AgRg no AgRg no RHC 19.174-RJ, DJe 28/4/2008; RHC 21.095-PR, DJ 18/6/2007; HC 181.973-DF, DJe 14/2/2011, e AgRg no HC 79.910-RJ, DJe 17/12/2010. **RHC 26.283-PR, Rel. originário Min. Celso Limongi (Desembargador convocado do TJ-SP), Rel. para acórdão Min. Haroldo Rodrigues (Desembargador convocado do TJ-CE), julgado em 22/3/2011.** (Inform. STJ 467)

2.17. *HABEAS CORPUS*, MANDADO DE SEGURANÇA E REVISÃO CRIMINAL

HC e celeridade em julgamento de conflito de competência
Ante a peculiaridade do caso, a 2ª Turma concedeu *habeas corpus* tão-somente para determinar que, no prazo máximo de 2 sessões, o STJ julgue conflito de competência a ele submetido. Na espécie, magistrada de 1º grau encaminhara a esta Corte cartas de diversas pessoas acusadas pela suposta prática dos crimes de quadrilha, roubo, porte de arma e tráfico de drogas — presas na denominada "Operação Charada" —, cuja custódia preventiva perduraria há mais de 2 anos, agora à espera do julgamento de conflito de competência naquela Corte. Asseverou-se que o dever de decidir se marcaria por tônus de presteza máxima, incompatível com o quadro retratado nos autos, em que se noticiara, inclusive, conspiração para executar juízes e promotores, conforme petição encaminhada pela aludida juíza ao relator do presente feito. HC 110022/PR, rel. Min. Ayres Britto, 8.11.2011. (HC-110022) (Inform. STF 647)

"Habeas corpus" e inclusão de terceiro em ação penal
É incabível *habeas corpus* contra autoridade judiciária com o objetivo de incluir outrem no pólo passivo de ação penal. Essa a orientação da 1ª Turma ao denegar *habeas corpus* em que requerido o aditamento de denúncia a fim de que terceiro também fosse criminalmente processado. O paciente alegava que fora condenado no juízo cível, com outra pés soa, o que vincularia o juízo criminal. Reputou-se irreparável a decisão do STJ, que entendera inviável a impetração contra magistrado para obtenção de aditamento à inicial acusatória do Ministério Público, visto que o juiz não seria a parte legítima para propositura de ação penal. Ademais, consignou-se a independência das instâncias cível e penal, pelo que não se constataria ocorrência de constrangimento ilegal. HC 108175/SP, rel. Min. Cármen Lúcia, 20.9.2011. (HC-108175) (Inform. STF 641)

"Habeas corpus" e direito de detento a visitas - 1
É cabível *habeas corpus* para apreciar toda e qualquer medida que possa, em tese, acarretar constrangimento à liberdade de locomoção ou, ainda, agravar as restrições a esse direito. Esse o entendimento da 2ª Turma ao deferir *habeas corpus* para assegurar a detento em estabelecimento prisional o direito de receber visitas de seus filhos e enteados. Na espécie, o juízo das execuções criminais decidira que o condenado não teria jus à visitação, visto que a prisão seria local impróprio aos infantes, o que poderia trazer-lhes prejuízos na formação psíquica. A defesa, então, impetrara *habeas corpus* no STJ, que o indeferira liminarmente, ao fundamento de que a pretensão não se compatibilizava com a modalidade eleita, uma vez que não ofendido o direito de locomoção do ora paciente. De início, rememorou-se que a jurisprudência hodierna da Corte estabelece sérias ressalvas ao cabimento do *writ*, no sentido de que supõe violação, de forma mais direta, ao menos em exame superficial, à liberdade de ir e vir dos cidadãos. Afirmou-se que essa orientação, entretanto, não inviabilizaria, por completo, o processo de ampliação progressiva que essa garantia pudesse vir a desempenhar no sistema jurídico brasileiro, sobretudo para conferir força normativa mais robusta à Constituição. A respeito, ponderou-se que o Supremo tem alargado o campo de abrangência dessa ação constitucional, como no caso de impetrações contra instauração de inquérito criminal para tomada de depoimento, indiciamento de determinada pessoa, recebimento de denúncia, sentença de pronúncia no âmbito do processo do Júri e decisão condenatória, dentre outras. Enfatizou-se que a Constituição teria o princípio da humanidade como norte e asseguraria aos presidiários o respeito à integridade física e moral (CF, art. 5º: *"XLIX - é assegurado aos presos o respeito à integridade física e moral"* e Pacto de São José da Costa Rica: *"Art. 5º Direito à Integridade Social 1. Toda pessoa tem o direito de que se respeite sua integridade física, psíquica e moral. 2. Ninguém deve ser submetido a torturas, nem a penas ou tratos cruéis, desumanos ou degradantes. Toda pessoa privada da liberdade deve ser tratada com respeito devido à dignidade inerente ao ser humano"*). Preconizou-se, por conseguinte, que não se poderia tratar a pena com objetivo de retaliação, mas de ressocialização. HC 107701/RS, rel. Min. Gilmar Mendes, 13.9.2011. (HC-107701)

"Habeas corpus" e direito de detento a visitas - 2
Aludiu-se que a visitação seria desdobramento do direito de ir e vir, na medida em que seu empece agravaria a situação do apenado. Isso porque só haveria direito de visitas porque a liberdade do paciente estava tolhida. Ponderou-se que, segundo a própria teleologia da segregação criminal, eventuais erros estatais ao promovê-la poderiam e deveriam ser sanados pela via do *habeas corpus*, sob pena de não se alcançar a harmônica reintegração à comunidade daqueles que sofrem a ação do magistério punitivo do Estado. Nesse contexto, salientaram-se como escopos para o tratamento dos condenados, enquanto perdurar a sanção: a) inspirar-lhes a vontade de viver conforme a lei; b) incutir-lhes o respeito por si mesmos; e c) desenvolver-lhes o senso de responsabilidade (Regras Mínimas para o Tratamento de Prisioneiros da Organização das Nações Unidas, nº 65). Igualmente, destacou-se que seria direito do custodiado receber visitas do cônjuge, da companheira, de parentes e de amigos (LEP: *"Art. 41 - Constituem direitos do preso: ... X - visita do cônjuge, da companheira, de parentes e amigos em dias determinados"* e Resolução nº 14 do Conselho Nacional de Política Criminal e Penitenciária: *"Art. 33. O preso estará autorizado a comunicar-se periodicamente, sob vigilância, com sua família, parentes, amigos ou instituições idôneas, por correspondência ou por meio de visitas"*). Logo, consignou-se não caberia negativa desse direito nem mesmo aos enteados, porquanto, a despeito de não terem comprovado seu vínculo com o paciente, tampouco a estabilidade da relação com a genitora, inserir-se-iam naquela última categoria. Sublinhou-se que poderia haver denegação motivada de visita pelo diretor do estabelecimento, o que não ocorrera no caso (LEP, art. 41, parágrafo único: *"Os direitos previstos nos incisos V, X e XV poderão ser suspensos ou restringidos mediante ato motivado do diretor do estabelecimento"*). Ademais, explicitou-se que o notório desajuste do sistema carcerário nacional não poderia justificar o óbice à visita de menores. Esclareceu-se, pois, que caberia ao Poder Público o dever de propiciar meios para que o apenado pudesse receber, inclusive, seus filhos e enteados, em ambiente minimamente aceitável e preparado, de modo a não colocar em risco a integridade física e psíquica dos visitantes. Assim, concluiu-se que o *habeas corpus* seria o meio apto a tutelar todo o plexo de relações ligadas à execução penal, até porque outro instrumento não seria identicamente expedito. HC 107701/RS, rel. Min. Gilmar Mendes, 13.9.2011. (HC-107701) (Inform. STF 640)

HC N. 102.015-SP
RED. P/ O ACÓRDÃO: MIN. DIAS TOFFOLI
EMENTA:*Habeas corpus*. Processual penal. Prisão em flagrante mantida na sentença condenatória. Direito de apelar em liberdade. Impossibilidade. Precedentes. **Excesso de prazo configurado. Peculiaridades do caso concreto. Paciente presa há mais de três anos sem o trânsito em julgado da sua condenação. Questão não submetida ao crivo daquela Corte de Justiça. Supressão de instância. Concessão da ordem de ofício.**
1. O direito de apelar em liberdade para os delitos contidos na Lei nº 11.343/06 é excepcional, desafiando fundamentação própria (HC nº 92.612/PI, Primeira Turma, Relator o Ministro Ricardo Lewandowski, DJe de 11/4/08).
2. Embora a alegação de excesso de prazo da prisão da paciente não tenha sido submetida ao crivo do Superior Tribunal de Justiça, o que impede o conhecimento da matéria nesta Suprema Corte, tendo em vista a supressão de instância, o caso é de concessão da ordem de ofício, em virtude das peculiaridades do caso concreto.
3. A elasticida demora no julgamento dos embargos de infringência, que, opostos em 20/1/10, somente foram distribuídos ao Relator em 8/11/10, revelam patente constrangimento ilegal, mormente se considerarmos ser a paciente portadora de doença grave (câncer de útero) e maior de 60 anos, o que lhe assegura prioridade de tramitação em todas as instâncias (art. 11 da Lei nº 10.741/03 e art. 1.211-A do Código de Processo Civil).
3. **Habeas corpus** denegado; porém, concedido de ofício. (Inform. STF 624) *noticiado no Informativo 608

HC N. 104.030-RS
RELATORA: MIN. CÁRMEN LÚCIA
EMENTA: *HABEAS CORPUS*. CONSTITUCIONAL. PROCESSO PENAL. DOSIMETRIA DA PENA. ALEGAÇÃO DE OFENSA À GARANTIA CONSTITUCIONAL DE INDIVIDUALIZAÇÃO DA PENA NA APRECIAÇÃO DA CIRCUNSTÂNCIA JUDICIAL DA CULPABILIDADE: IMPROCEDÊNCIA. ORDEM DENEGADA.
1. Não se comprovam, nos autos, constrangimento ilegal a ferir direito do Paciente nem ilegalidade ou abuso de poder a ensejar a concessão da ordem.
2. Ao proceder à dosimetria da pena definitiva da Paciente, a instância *a quo* sequer considerou a culpabilidade como circunstância judicial desfavorável.
3. Não se presta o *habeas corpus* para realizar novo juízo de reprovabilidade, ponderando, em concreto, qual seria a pena adequada ao fato pelo qual condenada a Paciente: Precedentes.
4. Ordem denegada. (Inform. STF 621)

HC N. 105.331-SP RELATOR: MIN. DIAS TOFFOLI
EMENTA: *Habeas corpus*. **Decisão monocrática do relator do Superior Tribunal de Justiça negando seguimento ao *habeas corpus*. Análise de mérito. Ofensa ao princípio da colegialidade. Precedentes da Suprema Corte.**
1. O princípio da colegialidade assentado pela Suprema Corte não autoriza o relator a negar seguimento ao **habeas corpus** enfrentando diretamente o mérito da impetração.
2. **Habeas corpus** não conhecido.
3. Ordem concedida de ofício. (Inform. STF 619)

Prisão cautelar e ausência de apreciação de HC no STJ
A 1ª Turma deferiu *habeas corpus* para determinar o julgamento imediato do mérito da impetração pelo STJ. No caso, pleiteava-se a revogação da prisão cautelar por suposto constrangimento ilegal infligido ao paciente, tendo em vista a omissão do STJ em apreciar o *writ* lá impetrado. O feito fora distribuído em 11.5.2009 e, há mais de 21 meses, sequer fora apreciada a liminar requerida. Não se conheceu da impetração na parte em que se alegava falta dos pressupostos autorizadores da segregação cautelar, justamente pelo fato de o STJ não ter analisado a questão. Vencido o Min. Marco Aurélio que concedia a ordem, ante a ausência de sentença transitada em julgado. Reputava, ademais, que a gravidade do crime não levaria à prisão e assentava a prejudicialidade do *habeas corpus* que tramitaria no mencionado Tribunal Superior. HC 101970/PA, rel. Min. Dias Toffoli, 15.2.2011. (HC-101970) (Inform. STF 616)

HC. LIMINAR. JULGAMENTO. RECURSO.
É cediço não caber *habeas corpus* do indeferimento de liminar, a não ser em casos de evidente e flagrante ilegalidade, sob pena de propiciar indevida supressão de instância (*vide* Súm. n. 691-STF), mas o STJ conhecia desse *habeas corpus* como substitutivo de recurso ordinário quando sobrevinha o julgamento do *writ* originário. Contudo, em respeito à credibilidade e funcionalidade do *habeas corpus*, bem como ao sistema de recursos previsto e sistematizado pela lei, há que considerar que a superveniência desse julgamento determina estar prejudicado o *writ* aqui impetrado, tal como já entende a Sexta Turma, pois conhecer desse *writ* aqui impetrado como substitutivo do recurso ordinário pode

acarretar prejuízo ao paciente, uma vez que, por ser dirigida a irresignação apenas contra a negativa da liminar, deixa de manifestar-se sobre as eventuais razões de decidir do mérito do *habeas corpus* original. Precedentes citados: HC 125.600-PA, DJe 25/5/2011, e HC 144.850-BA, DJe 11/4/2011. **HC 183.643-RS, Rel. Min. Gilson Dipp, julgado em 16/6/2011.** (Inform. STJ 477)

EMENDA REGIMENTAL N. 13.
O Plenário aprovou a emenda regimental n. 13, que acrescenta a alínea **k** ao inciso XIII do art. 21 do RISTJ. Com isso, o Presidente do STJ pode decidir, até eventual distribuição, os *habeas corpus* e as revisões criminais inadmissíveis por incompetência manifesta, impetrados ou ajuizados em causa própria ou por quem não seja advogado, defensor público ou procurador, encaminhando os autos ao órgão que repute competente. **ER n. 13, Rel. Min. Nancy Andrighi, em 9/5/2011.** (Inform. STJ 472)

SENTENÇA. ABSOLVIÇÃO. HC.
A paciente foi denunciada pela suposta prática do art. 121, §§ 3º e 4º, do CP, pois prescreveu o medicamento Flutamida para o combate da acne que acometia a vítima, o qual pode, ao final de uma série de desventuras, ter-lhe ocasionado a morte por problemas hepáticos. Sucede que a ação penal foi julgada improcedente, mas pende ainda o julgamento da apelação do MP. Quanto a isso, não se desconhece entendimento jurisprudencial de que estaria prejudicado o *habeas corpus* que persegue o trancamento da ação penal quando sobrevinda a sentença absolutória ou condenatória. Contudo, ele não se mostra como verdade indiscutível: quando a impetração, desde seu nascedouro, insurge-se contra a validez formal e substancial da denúncia, é possível o exame do tema mesmo que já haja sentença. Quanto ao trancamento, conforme o parecer do MPF, diante da singularidade da hipótese, conclui-se que só mediante o exame aprofundado de fatos e provas, inclusive perícias, seria possível infirmar a acusação, quanto mais se afastada a alegação de inépcia da denúncia, pois apta a iniciar a persecução penal mediante o atendimento de todos os requisitos do art. 41 do CPP e a permitir a defesa da paciente. Precedentes citados: HC 86.861-SP, DJe 3/11/2010, e HC 89.696-SP, DJe 23/8/2010. **HC 120.601-SP, Rel. Min. Celso Limongi (Desembargador convocado do TJ-SP), julgado em 5/5/2011.** (Inform. STJ 471)

HC. PRESTAÇÃO PECUNIÁRIA. AFASTAMENTO.
A Turma não conheceu da ordem de *habeas corpus* por entender que o pedido de afastamento ou diminuição da prestação pecuniária arbitrada na sentença condenatória demanda o revolvimento do conjunto fático-probatório dos autos. Na impetração, alegou-se que o paciente não teria condições financeiras de suportar os valores da referida pena. Precedentes citados: HC 45.397-MG, DJ 1º/10/2007; HC 115.256-MS, DJe 23/11/2009; HC 65.441-PR, DJe 16/11/2010, e HC 136.738-MS, DJe 8/11/2010. **HC 160.409-RJ, Rel. Min. Og Fernandes, julgado em 12/4/2011.** (Inform. STJ 469)

REVISÃO CRIMINAL. SENTENÇA HOMOLOGATÓRIA. TRANSAÇÃO PENAL.
Trata-se de REsp em que se pretende, com fundamento no art. 621, III, do CPP, desconstituir sentença homologatória de transação penal via revisão criminal. Inicialmente, salientou a Min. Relatora que a ação de revisão criminal fundada no referido dispositivo objetiva reexame da sentença condenatória transitada em julgado pela existência de novas provas ou pela possibilidade de reduzir a pena fixada, visto que os outros incisos do mencionado artigo referem-se aos processos findos. Contudo, nos termos do art. 625, § 1º, do mesmo *Codex*, o pedido revisional deve ser instruído com a certidão de trânsito em julgado da sentença condenatória e com as peças necessárias à comprovação dos fatos arguidos. Portanto, é imprescindível a existência de sentença condenatória transitada em julgado, isto é, uma decisão que tenha analisado a conduta do réu, encontrando presentes as provas de autoria e materialidade. Dessa forma, consignou ser incabível revisão criminal na hipótese, tendo em vista que não existiu condenação e nem sequer análise de prova. Na verdade, ao se aplicar o instituto da transação penal, não se discute fato típico, ilicitude, culpabilidade ou punibilidade, mas possibilita-se ao autor do fato aplicação imediata de pena restritiva de direitos ou multa para que não se prossiga a ação penal, sendo o acordo devidamente homologado pelo Poder Judiciário e impugnável por meio do recurso de apelação. Ressaltou, ainda, que a discussão doutrinária e jurisprudencial referente à natureza jurídica da sentença prevista no art. 76, § 4º, da Lei n. 9.099/1995 em nada influencia a solução desse caso, isso porque, independentemente de ser homologatória, declaratória, constitutiva ou condenatória imprópria, a sentença em questão não examina conteúdo fático ou probatório, mas apenas homologa uma proposta realizada pelo *Parquet* e aceita pelo autor do fato, não podendo ser desconstituída por revisão criminal em que se argumenta a existência de novas provas. Com esse entendimento, a Turma negou provimento ao recurso. **REsp 1.107.723-MS, Rel. Min. Laurita Vaz, julgado em 7/4/2011.** (Inform. STJ 468)

HC. EXTRAÇÃO. CÓPIA.

A Turma asseverou que o *habeas corpus* não é a via adequada para pleitear a extração gratuita de cópias do processo criminal em que o paciente é beneficiário da Justiça gratuita, por não se tratar de hipótese de ameaça ou ofensa ao seu direito de locomoção nos termos permitidos pelos arts. 5º, LXVIII, da CF/1988 e 647 do CPP. Com essas considerações, o *writ* não foi conhecido. Precedente citado: HC 82.997-PB, DJ 22/10/2007. **HC 111.561-SP, Rel. Min. Jorge Mussi, julgado em 1º/3/2011.** (Inform. STJ 465)

HC. SUBSTITUIÇÃO. AG.

Na hipótese, inadmitido o REsp, preferiu o impetrante utilizar o *habeas corpus* (HC) em substituição ao agravo de instrumento (Ag), recurso ordinariamente previsto no ordenamento jurídico para que este Superior Tribunal analise os fundamentos da inadmissão do recurso especial. A Turma, entre outras considerações, assentou que, conquanto o uso do HC em substituição aos recursos cabíveis ou, incidentalmente, como salvaguarda de possíveis liberdades em perigo, crescentemente fora de sua inspiração originária, tenha sido muito alargado pelos tribunais, há certos limites a respeitar em homenagem à própria Constituição, devendo a impetração ser compreendida dentro dos limites da racionalidade recursal preexistente e coexistente para que não se perca a razão lógica e sistemática dos recursos ordinários e mesmo dos excepcionais por uma irrefletida banalização e vulgarização do *habeas corpus*. Assim, consignou-se que o Ag não pode ser substituído pelo HC, exceção que se liga necessariamente à violência, à coação, à ilegalidade ou ao abuso, circunstâncias que obviamente não constituem a regra senão a exceção, em que seu uso reclama naturalmente as restrições da exceção. Diante disso, não se conheceu do *habeas corpus* por consistir em utilização inadequada da garantia constitucional em substituição aos recursos ordinariamente previstos nas leis processuais. **HC 165.156-MS, Rel. Min. Gilson Dipp, julgado em 3/3/2011.** (Inform. STJ 465)

HC SUBSTITUTIVO. RESP.

In casu, o paciente e o corréu foram condenados nas instâncias ordinárias por crime de lavagem de dinheiro e naturalização fraudulenta, sendo que a pena do corréu foi reduzida por ter sido reconhecida a continuidade nos crimes de lavagem. Ressaltou o Min. Relator que o uso do *habeas corpus* em substituição aos recursos cabíveis ou, incidentalmente, como salvaguarda de possíveis liberdades em perigo fora de sua inspiração originária tem sido alargado pelos tribunais. Dessa forma, entendeu que há certos limites a serem respeitados em homenagem à própria Constituição; devendo, portanto, a impetração ser compreendida dentro dos limites da racionalidade recursal preexistente e coexistente para que não se perca a razão lógica e sistemática dos recursos ordinários e mesmo dos excepcionais por uma irrefletida banalização e vulgarização do *habeas corpus*. Asseverou que cabe prestigiar a função constitucional excepcional do *habeas corpus,* mas sem desmerecer as funções das instâncias regulares de processo e julgamento, sob pena de desmoralizar o sistema ordinário de julgamento e forçosamente deslocar para os tribunais superiores o exame de matérias próprias das instâncias ordinárias, que normalmente não são afetas a eles. Segundo o Min. Relator, não procede a alegação de que houve falta de justa causa para a ação penal por ausência de demonstração do crime antecedente de suposto tráfico de entorpecente praticado em outro país, uma vez que há fortes elementos de convicção, reafirmados pela sentença e pelo acórdão na apelação e uniformemente reportados por depoimentos precisos de testemunhas ouvidas diretamente pelo juízo, entre elas, um agente especial da *Drug Enforcement Administration* (DEA) – entidade estatal americana de repressão ao tráfico de drogas – e a companheira de chefe de cartel no exterior, que comprovam a prática de tráfico internacional de drogas de organização criminosa da qual participava o paciente com destacada atuação. Por outro lado, também não procede a alegação de nulidade do processo por utilização de prova ilícita constituída sem a participação da defesa do paciente, visto que a cooperação internacional bilateral entre Brasil e Estados Unidos em matéria penal, disciplinada pelo acordo denominado *Mutual Legal Assistance Treatie* (MLAT), prevê a colaboração por via direta, observados a organização e os procedimentos de cada parte, sendo certo que o depoimento da testemunha que cumpre pena naquele país foi tomado por autoridade competente, com obediência às praxes locais e na presença de agentes brasileiros, só não teve a participação da defesa porque ela, previamente ciente, recusou-se. Diante disso, a Turma denegou a ordem, reconhecendo a inexistência de nulidade ou de falta de justa causa, a inviabilidade de reexame de provas e fatos e a utilização inadequada da garantia constitucional (HC). Determinou, ainda, a retificação da autuação devido à falsa identidade e o levantamento do segredo de justiça por falta de fundamento legal para sua manutenção. **HC 128.590-PR, Rel. Min. Gilson Dipp, julgado em 15/2/2011.** (Inform. STJ 463)

2.18. EXECUÇÃO PENAL

Micro-empresário e trabalho externo
A 2ª Turma concedeu *habeas corpus* para permitir a réu exercer trabalho externo nas condições a serem estabelecidas pelo juízo da execução. No caso, o paciente fora condenado à pena de 25 anos de reclusão pela prática dos crimes de estupro e atentado violento ao pudor. Posteriormente, progredira para o regime semi-aberto e, pelo seu trabalho, remira, até a data da impetração, 564 dias da sanção imposta. Então, pedira autorização para realizar trabalho externo. Apresentara registro como micro-empresário — com o número do CNPJ e endereço comercial — e documento a atestar que sua atividade seria de instalação e manutenção elétrica. O pleito fora indeferido por sucessivas decisões sob o fundamento de que o reeducando não teria empregador que pudesse elaborar relatórios mensais e controlar suas atividades. Asseverou-se que o paciente seria micro-empresário e dispor-se-ia a trabalhar. Consignou-se não haver impedimento para que ele mesmo apresentasse, periodicamente, ao juiz da execução notas fiscais dos serviços prestados. Ademais, seria preciosismo exigir a condição de empregado, especialmente em momento de crise econômica. HC 110605/RS, rel. Min. Ricardo Lewandowski, 6.12.2011. (HC-110605) (Inform. STF 651)

"Lex mitior" e dias remidos
Ao aplicar a novel redação do art. 127 da Lei de Execução Penal - LEP ["*Art. 127. Em caso de falta grave, o juiz poderá revogar até 1/3 (um terço) do tempo remido, observado o disposto no art. 57, recomeçando a contagem a partir da data da infração disciplinar*"], a 1ª Turma denegou *habeas corpus*, mas concedeu a ordem, de ofício, para determinar ao juízo da execução que reanalise a situação dos pacientes. Consignou-se que o magistrado deverá atentar para os novos parâmetros promovidos pela Lei 12.433/2011, de modo a aplicar aos condenados a fração cabível para a perda dos dias remidos dentro do patamar máximo permitido de 1/3, conforme as circunstâncias do caso concreto. Reputou-se que, antes da superveniência da nova lei, o cometimento de falta grave tinha como consectário lógico a perda de todos os dias remidos, diferentemente da sistemática atual, que determina a revogação de até 1/3 desse tempo. HC 109163/RS, rel. Min. Dias Toffoli, 29.11.2011. (HC-109163) HC 110070/SP, rel. Min. Dias Toffoli, 29.11.2011. (HC-110070) HC 109034/SP, rel. Min. Dias Toffoli, 29.11.2011. (HC-109034) (Inform. STF 650)

Inimputável e medida de desinternação progressiva
A 1ª Turma denegou *habeas corpus*, porém, concedeu a ordem, de ofício, para determinar que o Instituto Psiquiátrico Forense apresente, em 60 dias, plano de desligamento de interno daquela instituição, ora paciente, e que dê cumprimento ao art. 5º da Lei 10.216/2001, a fim de que as autoridades competentes realizem "*política específica de alta planejada e reabilitação psicossocial assistida*" fora do âmbito daquele instituto. Na situação dos autos, o paciente fora condenado pelas condutas tipificadas como ameaça e ato obsceno e, no curso do processo, constatara-se sua inimputabilidade, aplicando-se-lhe medida de segurança pelo prazo mínimo de 3 anos. Destacou-se que o paciente cumpriria internação hospitalar há 17 anos e que a desinternação progressiva seria medida a se impor. HC 102489/RS, rel. Min. Luiz Fux, 22.11.2011. (HC-102489) (Inform. STF 649)

"Lex mitior" e dias remidos
Ao aplicar a novel redação do art. 127 da Lei de Execução Penal - LEP ["*Art. 127. Em caso de falta grave, o juiz poderá revogar até 1/3 (um terço) do tempo remido, observado o disposto no art. 57, recomeçando a contagem a partir da data da infração disciplinar*"], a 2ª Turma concedeu *habeas corpus* para determinar ao juízo da execução que reanalise a situação do paciente, atentando-se para os novos parâmetros promovidos pela Lei 12.433/2011. Na espécie, ante o cometimento de falta grave pelo apenado, o magistrado declarara a perda total dos dias remidos. Destacou-se que, recentemente, esta Corte reconhecera a repercussão geral da matéria no RE 638239/DF. Reputou-se que, antes da superveniência da nova lei, o cometimento de falta grave tinha como consectário lógico a perda de todos os dias remidos, diferentemente da sistemática atual, que determina a revogação de até 1/3 desse tempo. Por fim, concluiu-se que a lei penal em comento, por ser mais benéfica, deveria ser aplicada em favor do réu. HC 110040/RS, rel. Min. Gilmar Mendes, 8.11.2011. (HC-110040) (Inform. STF 647)

"Lex mitior": tempo remido e alteração de data-base
A 2ª Turma iniciou julgamento de *habeas corpus* em que discutida a alteração de data-base para concessão de benefícios executórios, em virtude de falta grave consistente na posse de telefone celular. Ante o fato ocorrido, o juízo singular determinara nova data-base para futuros benefícios e declarara a perda dos dias remidos anteriores à prática da infração disciplinar. O Min. Gilmar Mendes, relator, concedeu a ordem, ao aplicar a novel redação dos artigos

127 e 128 da Lei de Execução Penal - LEP, alterada pela Lei 12.433/2011 ["*Art. 127. Em caso de falta grave, o juiz poderá revogar até 1/3 (um terço) do tempo remido, observado o disposto no art. 57, recomeçando a contagem a partir da data da infração disciplinar. Art. 128. O tempo remido será computado como pena cumprida, para todos os efeitos*"] para determinar ao juízo da VEC que reanalise a situação do paciente, atentando-se para os novos parâmetros. Preliminarmente, destacou a reiterada jurisprudência desta Corte no sentido de que o cometimento de falta grave implicaria o recomeço da contagem do prazo para a obtenção de benefícios executórios. Esse entendimento resultara na Súmula Vinculante 9 ["*O disposto no artigo 127 da lei n° 7.210/1984 (lei de execução penal) foi recebido pela ordem constitucional vigente, e não se lhe aplica o limite temporal previsto no caput do artigo 58*"]. Porém, reputou que, com as modificações produzidas pela nova lei, o reconhecimento da falta grave não implicaria mais perda de todos os dias remidos, nos termos do art. 127 da LEP. Destacou que, recentemente, esta Corte reconhecera a repercussão geral da matéria e, na oportunidade, o Min. Luiz Fux registrara a necessidade de se deliberar "*a respeito da retroatividade da nova norma e, se for o caso, sobre a revisão ou cancelamento da referida Súmula Vinculante*". Concluiu, com fulcro no art. 5º, XL, da CF e no art. 2º do CP, tratar-se de *lex mitior*, devendo, portanto, ser aplicada para beneficiar o réu. Após, pediu vista dos autos o Min. Ricardo Lewandowski. HC 109851/RS, rel. Min. Gilmar Mendes, 18.10.2011. (HC-109851) (Inform. STF 645)

Progressão de regime e lapso temporal
A 1ª Turma denegou *habeas corpus* impetrado em favor de condenado a mais de 60 anos de reclusão que, no curso de execução da pena, evadira-se da ala de progressão de regime e fora recapturado após 1 ano. Na espécie, o juízo declarara a prescrição da falta disciplinar sob o argumento de que a recaptura teria ocorrido há mais de 2 anos, e procedera à recontagem do prazo para progressão de regime. Assinalou-se não vislumbrar ilegalidade, uma vez que, na análise dos requisitos objetivos, o juiz não levara em conta a interrupção, recontara o prazo e considerara que ainda não se teria cumprido 1/6 da reprimenda. Além disso, avaliara condições subjetivas. Vencido o Min. Marco Aurélio, que concedia a ordem por entender que, para fins de progressão de regime, dever-se-ia considerar a pena passível de ser cumprida, ou seja, o máximo de 30 anos (CP, art. 75). HC 108335/SP, rel. Min. Cármen Lúcia, 11.10.2011. (HC-108335) (Inform. STF 644)

RCL N. 7.358-SP
RELATORA: MIN. ELLEN GRACIE
RECLAMAÇÃO. ILEGITIMIDADE ATIVA DO MINISTÉRIO PÚBLICO ESTADUAL. INICIAL RATIFICADA PELO PROCURADOR-GERAL DA REPÚBLICA. AFASTAMENTO DA INCIDÊNCIA DO ART. 127 DA LEP POR ÓRGÃO FRACIONÁRIO DE TRIBUNAL ESTADUAL. VIOLAÇÃO DA SÚMULA VINCULANTE 9. PROCEDÊNCIA.
Inicialmente, entendo que o Ministério Público do Estado de São Paulo não possui legitimidade para propor originariamente Reclamação perante esta Corte, já que "incumbe ao Procurador-Geral da República exercer as funções do Ministério Público junto ao Supremo Tribunal Federal, nos termos do art. 46 da Lei Complementar 75/93" (Rcl 4453 MC-AgR-AgR / SE, de minha relatoria, DJe 059, 26.03.2009). 2. Entretanto, a ilegitimidade ativa foi corrigida pelo Procurador-Geral da República, que ratificou a petição inicial e assumiu a iniciativa da demanda. 3. Entendimento original da relatora foi superado, por maioria de votos, para reconhecer a legitimidade ativa autônoma do Ministério Púbico Estadual para propor reclamação. 4. No caso em tela, o Juiz de Direito da Vara das Execuções Criminais da Comarca de Presidente Prudente/SP, reconhecendo a ocorrência de falta grave na conduta do sentenciado, declarou perdidos os dias remidos, nos termos do art. 127 da LEP. 5. Ao julgar o agravo em execução interposto pela defesa do reeducando, a 12ª Câmara de Direito Criminal do Tribunal de Justiça do Estado de São Paulo, em 10 de setembro de 2008, deu provimento ao recurso, para restabelecer os dias remidos. 6. O julgamento do agravo ocorreu em data posterior à edição da Súmula Vinculante 09, como inclusive foi expressamente reconhecido pela Corte local. 7. O fundamento consoante o qual o enunciado da referida Súmula não seria vinculante em razão de a data da falta grave ter sido anterior à sua publicação não se mostra correto. 8. Com efeito, a tese de que o julgamento dos recursos interpostos contra decisões proferidas antes da edição da súmula não deve obrigatoriamente observar o enunciado sumular (após sua publicação na imprensa oficial), data venia, não se mostra em consonância com o disposto no art. 103-A, caput, da Constituição Federal, que impõe o efeito vinculante a todos os órgãos do Poder Judiciário, a partir da publicação da súmula na imprensa oficial. 9. Desse modo, o acórdão do Tribunal de Justiça do Estado de São Paulo, proferido em 10 de setembro de 2008, ao não considerar recepcionada a regra do art. 127 da LEP, afrontou a Súmula Vinculante 09. 10. No mérito, reclamação julgada procedente, para cassar o acórdão proferido pela 12ª Câmara Criminal do Tribunal de Justiça do Estado de São Paulo, que restabeleceu os dias remidos do reeducando. (Inform. STF 629) *noticiado no Informativo 617

HC N. 103.518-MA
RELATOR: MIN. GILMAR MENDES
Habeas Corpus. 2. Livramento condicional. Decisão do Juízo das Execuções que não concedeu ao paciente a fruição do benefício, ao fundamento de não preenchimento do requisito subjetivo. 3. Decisão devidamente motivada. 4. Ordem denegada. (Inform. STF 624)

HC N. 105.259-RJ
RELATORA: MIN. CÁRMEN LÚCIA
EMENTA: *HABEAS CORPUS.* CONSTITUCIONAL. EXECUÇÃO PENAL. SAÍDA TEMPORÁRIA. VISITA AO LAR. INDEFERIMENTO. ALEGAÇÃO DE PREENCHIMENTO DOS REQUISITOS LEGAIS. NÃO OCORRÊNCIA. IMPOSSIBILIDADE DO REVOLVIMENTO DO ACERVO FÁTICO-PROBATÓRIO EM *HABEAS CORPUS.* PRECEDENTES. ORDEM DENEGADA.
1. O juízo de primeiro grau, em contato direto como os fatos e conhecendo a situação concreta do Paciente, motivou adequadamente o indeferimento do pedido de saída temporária para visita ao lar, ao afirmar que a concessão do benefício poderia resultar em fuga.
2. Na espécie vertente, a análise das alegações da Impetrante somente seria possível com o revolvimento das questões fático-probatórias presentes nos autos, ao que não se presta o procedimento sumário e documental do *habeas corpus.* Precedentes.
3. Ordem denegada. (Inform. STF 624)

HC N. 104.761-SP
RELATOR: MIN. DIAS TOFFOLI
EMENTA: *Habeas* corpus. Súmula nº 691 da Suprema Corte. Ausência de flagrante ilegalidade, abuso de poder ou teratologia que justifique o abrandamento do enunciado. Precedentes. Progressão de regime. Possibilidade antes do trânsito em julgado. Súmula nº 716/STF. Observância dos requisitos objetivos. Cumprimento de mais de 1/6 da reprimenda. Artigo 112 da Lei nº 7.210/84 (Lei de Execução Penal). *Habeas corpus* não conhecido. **Ordem concedida de ofício.**
1. Ausência de flagrante ilegalidade, abuso de poder ou teratologia que justifique o abrandamento do enunciado da Súmula nº 691 desta Suprema Corte, que, assim, deve ser aplicada.
2. Paciente condenado à pena de cinco anos e quatro meses de reclusão em regime inicialmente fechado que se encontra preso preventivamente há pouco mais de um ano. Cumprimento de um sexto da reprimenda corporal.
3. Considerando o enunciado da Súmula nº 716/STF, segundo o qual *"admite-se a progressão de regime de cumprimento da pena ou a aplicação imediata de regime menos severo nela determinada, antes do trânsito em julgado da sentença condenatória";* e que o delito praticado pelo paciente não se enquadra no rol dos crimes hediondos – Lei nº 8.072/90 – ou equiparados, a regra objetiva para a progressão no regime prisional é a do art. 112 da Lei de Execução Penal, ou seja, o cumprimento de um sexto da pena no regime em que se encontre.
4. **Habeas corpus** não conhecido, porém, concedido de ofício, para determinar ao juízo competente que analise os requisitos necessários à obtenção do benefício da progressão. (Inform. STF 624)

Superveniência de condenação e regressão de regime
A superveniência de sentença condenatória no curso de execução criminal determina o reinício da contagem do prazo para concessão do benefício da progressão de regime, tendo como base a soma das penas restantes a serem cumpridas. Esse o entendimento da 1ª Turma ao indeferir *habeas corpus* em que se sustentava a ilegalidade da alteração da data-base para fins dos direitos executórios. Entendeu-se que seriam aplicáveis, à espécie, os artigos 111, parágrafo único, e 118, II, da Lei de Execução Penal - LEP (*"Art. 111. Quando houver condenação por mais de um crime, no mesmo processo ou em processos distintos, a determinação do regime de cumprimento será feita pelo resultado da soma ou unificação das penas, observada, quando for o caso, a detração ou remição. Parágrafo único. Sobrevindo condenação no curso da execução, somar-se-á a pena ao restante da que está sendo cumprida, para determinação do regime ... Art. 118. A execução da pena privativa de liberdade ficará sujeita à forma regressiva, com a transferência para qualquer dos regimes mais rigorosos, quando o condenado: ... II - sofrer condenação, por crime anterior, cuja pena, somada ao restante da pena em execução, torne incabível o regime ..."*). Asseverou-se que, uma vez ocorrida a unificação da pena, pouco importaria a data da prática do delito referente à condenação subseqüente, pois o somatório apurado nortearia a fixação do seu regime de cumprimento. HC 96824/RS, rel. Min. Marco Aurélio, 12.4.2011. (HC-96824) (Inform. STF 623)

HC N. 99.141-SP
RELATOR: MIN. LUIZ FUX
EMENTA: PENAL E PROCESSUAL PENAL. *HABEAS CORPUS* SUBSTITUTIVO DE RECURSO ORDINÁRIO. ROUBO QUALIFICADO. PROGRESSÃO DE REGIME. REQUISITOS. ARTIGO 112 DA LEP. SITUAÇÃO PROCESSUAL INDEFINIDA. EXISTÊNCIA DE OUTRA AÇÃO PENAL EM CURSO CONTRA O PACIENTE. NEGATIVA DO BENEFÍCIO. IMPOSSIBILIDADE. ANTECIPAÇÃO DE JUÍZO CONDENATÓRIO. VEDAÇÃO. PRINCÍPIO DA PRESUNÇÃO DA INOCÊNCIA. ORDEM PARCIALMENTE CONCEDIDA.
1. A progressão do regime da pena imposta; *in casu*, fechado reclama o preenchimento dos requisitos elencados no artigo 112 da Lei de Execuções Penais (Lei n. 7.210/84); a saber: a) cumprimento de um sexto da pena (requisito objetivo); b) bom comportamento carcerário (requisito subjetivo).
2. Os requisitos da progressão de regime são cumulativos, razão pela qual atestado o preenchimento do requisito objetivo reconhecido pelo Juiz da Execução, não se revela lícito negar a progressão de regime com fundamento apenas na "situação processual indefinida" do réu porquanto a isso corresponde antecipar o juízo condenatório de ação penal em curso (Precedente: HC n. 79.497-RJ, Redator para o acórdão o Ministro MAURÍCIO CORRÊA, DJ de 29.9.2000).
3. O ordenamento jurídico pátrio veda a possibilidade de alguém ser considerado culpado com respaldo em simples presunções ou em meras suspeitas, consagrando o princípio da presunção da inocência, insculpido no artigo 5º, inciso, LVII, da CF, segundo o qual todo acusado é presumido inocente até que seja declarado culpado por sentença condenatória transitada em julgado.
4. É cediço em sede doutrinária que "A concessão ou a denegação da transferência para regime menos severo é medida jurisdicional, já que pode importar a modificação da forma de execução da pena. Por isso, determina a lei que a decisão deve ser motivada (art. 112, § 1º). Reconhecendo satisfeitos os requisitos temporal e subjetivos, com a compatibilidade do condenado ao novo regime, não pode o juiz negar a progressão sob a alegação de que o réu é reincidente ou porque um dia evadiu-se do presídio, porque há recomendação no laudo de acompanhamento psicológico, por estar o condenado respondendo a outro processo com indefinida situação processual, etc." (Mirabete, Julio Fabbrini. Execução penal: comentários à Lei nº 7.210, de 11-7-1984. 11ª ed – Revista e atualizada – 7ª reimpr. - São Paulo: Atlas, 2007, pág. 434 – Sem grifos no original).
5. Negar a progressão de regime com fundamento apenas na "situação processual indefinida" do réu implica antecipação de juízo condenatório. É certo, todavia, que o ordenamento jurídico pátrio veda a possibilidade de alguém ser considerado culpado com respaldo em simples presunção ou em meras suspeitas, consagrando o princípio da presunção da inocência, insculpido no artigo 5º, inciso LVII, da Constituição Federal, verbis: "ninguém será considerado culpado até o trânsito em julgado de sentença penal condenatória."
6. A origem desse princípio "remonta ao art. 9º da Declaração dos Direitos do Homem e do Cidadão proclamada em Paris em 26-8-1789 e que, por sua vez, deita raízes no movimento filosófico-humanitário chamado 'Iluminismo', ou Século das Luzes, que teve à frente, dentre outros, o Marquês de Beccaria, Voltaire, Montesquieu, Rousseau. Foi um movimento de ruptura com a mentalidade da época, em que, além das acusações secretas e das torturas, o acusado era tido como objeto do processo e não tinha nenhuma garantia. Dizia Beccaria que 'a perda da liberdade sendo já uma pena, esta só deve preceder a condenação na estrita medida que a necessidade o exige' (Dos delitos e das penas, São Paulo: Atena Ed., 1954, p. 106). Há mais de duzentos anos, ou, precisamente, no dia 26-8-1789, os franceses, inspirados naquele movimento, dispuseram na referida Declaração que: 'Tout homme étant présumé innocent jusqu'à ce qu'il ait été déclaré coupable; s'il est jugé indispensable de l'arrêter, toute rigueur qui ne serait nécessaire pour s'assurer de sa personne, doit être sévèrement réprimée par la loi' (Todo homem sendo presumidamente inocente até que seja declarado culpado, se for indispensável prendê-lo, todo rigor que não seja necessário para assegurar sua pessoa deve ser severamente reprimido pela lei)." (Tourinho Filho, Fernando da Costa. Manual de processo penal. 12ª ed. Atual – São Paulo: Saraiva, 2009, págs. 31/32).
7. Sob esse ângulo, a doutrina do tema assevera:
"A presunção de inocência é uma presunção *juris tantum*, que exige para ser afastada a existência de um mínimo necessário de provas produzidas por meio de um devido processo legal e com a garantia da ampla defesa. Essa garantia já era prevista no art. 9º da Declaração francesa dos Direitos do Homem e do Cidadão, promulgada em 26-8-1789 ('Todo acusado se presume inocente até ser declarado culpado). (...)
Dessa forma, a presunção de inocência condiciona toda condenação a uma atividade probatória produzida pela acusação e veda taxativamente a condenação, inexistindo as necessárias provas.
O princípio da presunção da inocência consubstancia-se, portanto, no direito de não ser declarado culpado senão mediante sentença judicial com trânsito em julgado, ao término do devido processo legal (*due process of law*), em que o acusado pôde utilizar-se de todos os meios de prova pertinentes para sua defesa (ampla defesa) e para a destruição da credibilidade das provas apresentadas pela acusação (contraditório)" (Moraes, Alexandre de. Constituição do Brasil interpretada e legislação constitucional – 5ª ed. - São Paulo: Atlas, 2005, pág. 390).
8. Ordem parcialmente concedida a fim de determinar ao Juiz da Execução que verifique se o paciente preenche os requisitos necessários à progressão para o regime semi-aberto, ficando afastado o óbice da existência de outra ação penal em curso. (Inform. STF 623) *noticiado no Informativo 621

HC N. 96.740-RS
RELATOR: MIN. GILMAR MENDES
Habeas Corpus. 2. Jornada normal de trabalho do apenado. Artigo 33 da LEP e exceção do parágrafo 3o. 3. Recurso Especial mal fundamentado e precedente inaplicável ao caso. 4. Incidência do Princípio da Dignidade da Pessoa Humana. Possibilidade. 5. Ordem concedida. (Inform. STF 622) *noticiado no Informativo 619

REPERCUSSÃO GERAL EM RE N. 628.658-RS
RELATOR: MIN. MARCO AURÉLIO
INDULTO – MEDIDA DE SEGURANÇA – ALCANCE CONSTITUCIONAL DO DECRETO Nº 6.706/98 – ADMISSÃO NA ORIGEM – REPERCUSSÃO CONFIGURADA. Possui repercussão geral a controvérsia acerca da legitimidade da extensão do indulto aos internados em cumprimento de medida de segurança, nos termos do artigo 1º, inciso VIII, do Decreto natalino nº 6.706/98. (Inform. STF 622)

Progressão de regime: ação penal em curso e presunção de inocência
A existência de ação penal em curso não pode ser considerada para afastar a progressão de regime de cumprimento da pena. Esse o entendimento da 1ª Turma ao conceder, em parte, *habeas corpus* para determinar que o juízo de 1º grau analise se o paciente preenche os requisitos legais para progredir ao regime semi-aberto, nos termos do art. 112 da Lei de Execução Penal - LEP ("*A pena privativa de liberdade será executada em forma progressiva com a transferência para regime menos rigoroso, a ser determinada pelo juiz, quando o preso tiver cumprido ao menos um sexto da pena no regime anterior e ostentar bom comportamento carcerário, comprovado pelo diretor do estabelecimento, respeitadas as normas que vedam a progressão*"). Asseverou-se que tais requisitos seriam cumulativos, razão pela qual, atestado o seu preenchimento pelo juiz da execução, não se revelaria lícita a sua negativa com fundamento apenas na situação processual indefinida do réu, porquanto a isso corresponderia antecipar o juízo condenatório. Consignou-se que o ordenamento jurídico pátrio vedaria a possibilidade de alguém ser considerado culpado com respaldo em meras suspeitas, tendo em vista o princípio da presunção de inocência (CF, art. 5º, LXII). HC 99141/SP, rel. Min. Luiz Fux, 29.3.2011. (HC-99141) (Inform. STF 621)

HC e transferência de presídio
A 2ª Turma deferiu *habeas corpus* para autorizar ao paciente — recolhido em estabelecimento localizado no Estado de São Paulo — transferência para presídio em Mato Grosso do Sul. Observou-se a boa conduta carcerária do apenado, a existência de vínculos familiares nesse Estado e a disponibilidade de vaga em presídio localizado nesta mesma unidade da Federação. O Min. Celso de Mello ressaltou que a execução penal, além de objetivar a efetivação da condenação penal imposta ao sentenciado, buscaria propiciar condições para a harmônica integração social daquele que sofre a ação do magistério punitivo do Estado. Por esta razão, aduziu que a Lei de Execução Penal autorizaria ao juiz da execução determinar o cumprimento da pena em outra comarca ou, até mesmo, permitir a remoção do condenado para Estado-membro diverso daquele em que cometida a infração penal, conforme disposto no *caput* do art. 86 da referida lei. Ressalvou-se o posicionamento da Corte no sentido de não haver direito subjetivo do sentenciado à transferência de presídio, mas asseverou-se que, no caso, estar-se-ia a permitir ao reeducando melhor ressocialização, na medida em que garantido seu direito à assistência familiar. Precedentes citados: HC 71179/PR (DJ de 3.6.94); HC 100087/SP (DJe de 9.4.2010). HC 105175/SP, rel. Min. Gilmar Mendes, 22.3.2010. (HC-105175) (Inform. STF 620)

Jornada de trabalho e remição de pena
A 2ª Turma concedeu *habeas corpus* para restabelecer sentença que fixara regime de 6 horas diárias para a jornada de trabalho do paciente, interno do sistema prisional. Na espécie, a decisão fora reformada no sentido de estabelecer, para fins de remição, a jornada de 8 horas diárias e, eventualmente, computado mais um dia, caso somadas a ela mais 6 horas. Considerou-se que, em razão de o paciente trabalhar como auxiliar de cozinha, ele estaria submetido a horário especial de labor, não restrito apenas aos dias da semana. Assim, tendo em conta o que disposto no parágrafo único do art. 33 da Lei de Execução Penal - LEP ["*Art. 33. A jornada normal de trabalho não será inferior a 6 (seis) nem superior a 8 (oito) horas, com descanso nos domingos e feriados. Parágrafo único. Poderá ser atribuído horário especial de trabalho aos presos designados para os serviços de conservação e manutenção do estabelecimento penal*"], concluiu que jornada superior a 6 horas diárias seria desproporcional. HC 96740/RS, rel. Min. Gilmar Mendes, 15.3.2011. (HC-96740) (Inform. STF 619)

Livramento condicional e crime superveniente
A 2ª Turma concedeu *habeas corpus* para determinar que o paciente retorne ao livramento condicional com a ressalva de que, cumprido o período de prova, a decisão de extinção da pena somente poderá ser proferida após o trânsito em julgado referente ao crime superveniente (CP: "*Art. 89 O juiz não poderá declarar extinta a pena,*

enquanto não passar em julgado a sentença em processo a que responde o liberado, por crime cometido na vigência do livramento"). Na situação dos autos, a defesa sustentava falta de fundamentação da decisão que suspendera o benefício do livramento condicional e que, a despeito da prática de crime no curso do período de prova, a eventual prisão do liberado somente se justificaria se motivada, o que não teria ocorrido. Entendeu-se que, de fato, a prática de outro delito durante o período de prova do livramento condicional autorizaria a suspensão cautelar do benefício, nos termos do art. 145 da Lei de Execução Penal - LEP e do art. 732 do CPP. Entretanto, aduziu-se que o juízo das execuções não se desincumbira de demonstrar a real necessidade de se determinar a segregação do paciente, bem como que a ele caberia fundamentar a sua imprescindibilidade, sob pena de torná-la medida automática, consectário lógico da prática de novo crime durante o período de prova do benefício. Por fim, considerou-se que a espécie amoldar-se-ia à hipótese de prorrogação do livramento condicional. HC 105497/RJ, rel. Min. Gilmar Mendes, 15.2.2011. (HC-105497) (Inform. STF 616)

Exame criminológico e tratamento de usuário de drogas

A 1ª Turma, por maioria, indeferiu *habeas corpus* em que se alegava a possibilidade da progressão de regime prisional a despeito de o tribunal de origem ter negado a referida benesse com base em exame criminológico. O laudo psicológico atestava a necessidade de tratamento do paciente — condenado por tráfico de drogas — que ainda se comportava como usuário. Entendeu-se plenamente justificada a realização do exame criminológico. Contudo, concedeu-se a ordem de ofício para assegurar ao paciente, usuário de droga, que o Estado lhe ofereça tratamento psicológico por profissional habilitado. Vencido, em parte, o Min. Marco Aurélio, que deferia o *writ* por reputar não ser exigível tal exame em face da supressão do dispositivo que o condicionava para progressão de regime prisional pela norma que alterou a Lei de Execução Penal. HC 106477/RS, rel. Min. Dias Toffoli, 1º.2.2011. (HC-106477) (Inform. STF 614)

Superior Tribunal de Justiça

NOVA LEI. PERDA. DIAS REMIDOS. PRINCÍPIO. RETROATIVIDADE.

A Turma concedeu *habeas corpus* de ofício para, reformando o acórdão e a decisão de primeiro grau, na parte referente à perda total dos dias remidos, determinar o retorno dos autos ao juízo de execuções, para que se complete o julgamento, aferindo o novo patamar da penalidade à luz da superveniente disciplina do art. 127 da LEP. Os ministros entenderam que, a partir da vigência da Lei n. 12.433/2011, que alterou a redação do art. 127 da LEP, a penalidade consistente na perda de dias remidos pelo cometimento de falta grave passa a ter nova disciplina, não mais incide sobre a totalidade do tempo remido, mas apenas até o limite de 1/3 desse montante, cabendo ao juízo das execuções, com certa margem de discricionariedade, aferir o *quantum* ao levar em conta a natureza, os motivos, as circunstâncias e as consequências do fato, bem como a pessoa do faltoso e seu tempo de prisão, consoante o disposto no art. 57 da LEP. Por se tratar de norma penal mais benéfica, deve a nova regra incidir retroativamente, em obediência ao art. 5º, XL, da CF/1988. **HC 200.046-RS, Rel. Min. Laurita Vaz, julgado em 18/8/2011.** (Inform. STJ 481)

FALTA GRAVE. PRAZO. PRESCRIÇÃO.

É consabido que a prescrição da falta grave deve ser regulada pelo menor prazo previsto no art. 109 do CP. Todavia, apesar de o prazo fixado nessa norma ser atualmente de três anos, esse prazo era de dois anos à época dos fatos. Sucede que, da própria impetração, vê-se que transcorrido pouco mais de um ano, o que afasta perquirir a prescrição. Precedentes citados: HC 85.947-SP, DJe 14/12/2009; HC 152.806-RS, DJe 12/4/2010; HC 138.954-SP, DJe 22/2/2010, e HC 153.860-SP, DJe 8/11/2010. **HC 111.650-RS, Rel. Min. Og Fernandes, julgado em 28/6/2011.** (Inform. STJ 479)

TRABALHO EXTRAMUROS. REGIÃO. CRIME ORGANIZADO.

Constatou-se que a sociedade empresária em que o paciente apenado pretendia realizar trabalho extramuros (art. 35, § 2º, do CP) situa-se em região tomada pelo crime organizado a ponto de impedir a fiscalização do cumprimento do benefício pelos fiscais da vara de execuções penais. Assim, mostra-se irrepreensível a cassação da decisão concessiva da benesse determinada pelo TJ; pois, apesar de o paciente apresentar mérito carcerário, o trabalho extramuros em tal localidade poderia servir de estímulo à delinquência e até de meio à burla da execução da pena, o que desvirtuaria sobremaneira a própria finalidade do instituto do trabalho extramuros, qual seja, o de contribuir para a reinserção social do apenado. **HC 165.081-DF, Rel. Min. Gilson Dipp, julgado em 31/5/2011.** (Inform. STJ 475)

FALTA GRAVE. POSSE. COMPONENTE. CELULAR.
O paciente foi surpreendido, em 25/10/2008, na posse de componente de aparelho de telefonia celular que, segundo o impetrante, seria uma placa. A Turma negou a ordem ao entender que, com o advento da Lei n. 11.466/2007, que incluiu o inciso VII ao art. 50 da Lei de Execução Penal, a referida conduta passou a ser considerada típica após 28/3/2007, data de sua entrada em vigor. Após tal data, este Superior Tribunal firmou o entendimento de que não só a posse do aparelho de telefonia celular como também o de acessório essencial a seu funcionamento ensejam o reconhecimento de falta grave. Precedentes citados do STF: HC 99.896-RS, DJe 1º/2/2011; RHC 106.481-MS, DJe 3/3/2011; do STJ: HC 154.356-SP, DJe 18/10/2010; HC 139.789-SP, DJe 3/11/2009, e HC 133.986-RS, DJe 21/6/2010. **HC 188.072-SP, Rel. Min. Maria Thereza de Assis Moura, julgado em 31/5/2011.** (Inform. STJ 475)

PRESO. SAÍDA TEMPORÁRIA. VISITAÇÃO. RELIGIOSO.
Trata-se de *habeas corpus* impetrado pela Defensoria Pública estadual em favor de paciente condenado à pena de 30 anos pela prática do crime de estupro seguido de morte (arts. 214 c/c 223, parágrafo único, e 61, II, d, todos do CP) que, após sua transferência para o regime semiaberto, busca saída temporária para visitar agente religioso, o qual o aconselhou na prisão por cerca de cinco anos. O juiz de execução negou o pedido; houve agravo em execução, mas o tribunal *a quo* negou provimento por tratar-se de visita a amigo em vez de a familiar. Naquela instância, ainda houve os embargos infringentes que foram rejeitados. Na impetração, ressalta-se a existência de parecer da comissão técnica favorável à saída temporária relacionada à atividade religiosa. Para o Min. Relator, apesar da impossibilidade de enquadramento do pedido da impetração no inciso I do art. 122 da Lei de Execuções Penais (LEP) por não se tratar de visita à família, o pleito da Defensoria não se restringiu ao enquadramento do inciso I, mas abrangeu também o inciso III, ao afirmar, entre outros questionamentos, que a visitação ao conselheiro religioso concorrerá para o retorno do paciente ao convívio social. Também o Min. Relator considera ser relevante a informação dos autos de que o amigo missionário logrou converter o paciente à vida religiosa, visto que essa adesão e estima aos preceitos religiosos contribui para desenvolver a noção dos fundamentos morais essenciais a uma vida social apropriada. Ainda destaca o fato de a pessoa a ser visitada ter mantido auxílio espiritual ao paciente por período prolongado e habitualidade, a demonstrar a seriedade do trabalho do religioso. Assim, afirma que a convivência com o missionário oportunizará o fortalecimento dos ensinamentos morais, além de possibilitar a demonstração da recompensa advinda do interesse em acolher uma vida ética e digna. Tudo isso deve ser considerado como atividade que irá efetivamente contribuir para o retorno do paciente ao convívio social. **HC 175.674-RJ, Rel. Min. Gilson Dipp, julgado em 10/5/2011.** (Inform. STJ 472)

HC. PROGRESSÃO. FALTA GRAVE.
Trata-se de paciente que ajuizou pedido de progressão de regime intermediário (semiaberto) por entender preenchidos os requisitos necessários a sua concessão. Sucede que o juízo das execuções indeferiu o pedido ao fundamento de que o paciente não havia descontado 1/6 da pena em regime mais gravoso devido à interrupção pela prática de três faltas graves. Então, a defesa impetrou *habeas corpus* (HC) e o tribunal *a quo* denegou a ordem ao entendimento de que, na hipótese, seria cabível a interposição de agravo em execução. Daí a nova impetração neste Superior Tribunal com os mesmos argumentos da irresignação anterior do paciente. Assevera o Min. Relator que, na espécie, embora o TJ tenha negado a ordem, a matéria não foi analisada; assim, sua análise neste Superior Tribunal configuraria supressão de instância. No entanto, explica que, no caso, houve negativa da prestação jurisdicional, visto que o tribunal *a quo* deixou de conhecer do *writ*, consignando, naquela ocasião, ser inviável apreciar a matéria na via escolhida por não ser o HC sucedâneo de recurso. Nessas circunstâncias, para o Min. Relator, a existência de recurso próprio para análise do pedido não obsta a apreciação das questões em HC devido a sua celeridade e à possibilidade de reconhecer flagrante ilegalidade no ato recorrido sempre que se achar em jogo a liberdade do réu. Diante do exposto, a Turma não conheceu do *writ*, mas concedeu a ordem de ofício. Precedente citado: HC 151.250-SC, DJe 5/4/2010. **HC 167.337-SP, Rel. Min. Gilson Dipp, julgado em 22/2/2011.** (Inform. STJ 464)

APENADO. PENA. LOCAL. TRABALHO.
O apenado cumpre pena em regime semiaberto pela prática de roubo e conseguiu um emprego em cidade distante da comarca do juízo da execução. Logo, a Turma negou provimento ao recurso do MP e manteve o réu em prisão domiciliar, não se aplicando o art. 117 da LEP. Assim, em razão da peculiaridade do caso, visando à ressocialização do condenado e levando em consideração suas condições pessoais, entendeu ser possível enquadrá-lo como exceção às hipóteses discriminadas no referido artigo. O condenado tem direito garantido de trabalho, além de possuir obrigação de fazê-lo como meio de promover a cidadania e a sua ressocialização, objetivo principal da pena na moderna concepção de Estado democrático de direito. **REsp 962.078-RS, Rel. Min. Adilson Vieira Macabu (Desembargador convocado do TJ-RJ), julgado em 17/2/2011.** (Inform. STJ 463)

PROGRESSÃO. REGIME. MANIFESTAÇÃO. MP.

Trata-se de *habeas corpus* objetivando desconstituir acórdão que, diante da ausência do prévio pronunciamento do Ministério Público (MP), cassou a progressão de regime concedida ao paciente e, ainda, determinou que ele fosse submetido a exame criminológico, do qual havia sido dispensado pelo juiz com base na nova redação do art. 112 da Lei de Execuções Penais (LEP). A Turma concedeu parcialmente a ordem ao entendimento de que, a despeito do vício formal da decisão de primeiro grau, não se mostra razoável determinar o retorno do paciente ao regime fechado, uma vez que o apenado não pode ser prejudicado com nulidade à qual não deu causa. Consignou-se, ainda, que a gravidade em abstrato das condutas que ensejaram a condenação e a longa pena a ser cumprida pelo paciente são circunstâncias que não constituem fundamento suficiente para negar a progressão, sobretudo quando há atestado recente de bom comportamento carcerário. Precedentes citados: HC 109.925-SP, DJe 27/9/2010; HC 21.449-GO, DJ 18/11/2002, e HC 55.899-DF, DJ 16/10/2006. **HC 191.569-SP, Rel. Min. Og Fernandes, julgado em 17/2/2011.** (Inform. STJ 463)

PRESÍDIO. SEGURANÇA MÁXIMA. RENOVAÇÃO.

A Seção asseverou que a renovação do período de permanência do apenado em estabelecimento penal federal de segurança máxima, nos termos do art. 10, § 1º, da Lei n. 11.671/2008, dá-se de forma excepcional, não bastando, para tanto, o mero reaproveitamento dos fundamentos já utilizados em requerimentos prévios – *in casu*, o juízo suscitante (juízo de origem do preso) formulou o segundo pedido de prorrogação da transferência ao juízo suscitado (juízo da vara de execuções penais federais) sob a justificativa de interesse da segurança pública. Para a Min. Relatora, a situação do cárcere nos presídios federais deve ser avaliada pelo julgador com enfoque no princípio da prevalência dos direitos humanos, na legalidade e na dignidade da pessoa humana. Com essas considerações, declarou-se competente o juízo suscitante para apreciar a execução da pena do preso, que deverá retornar ao estado de origem. Precedentes citados: CC 110.945-AM; CC 106.137-CE, DJe 3/11/2010, e CC 110.576-AM. **CC 114.478-RJ, Rel. Min. Maria Thereza de Assis Moura, julgado em 9/2/2011 (ver Informativo n. 438).** (Inform. STJ 462)

EXECUÇÃO PENAL. SINDICÂNCIA. INSTRUÇÃO. AUSÊNCIA. ADVOGADO.

Foi instaurada contra o ora paciente sindicância para apurar falta disciplinar considerada de natureza grave (art. 53, III e IV, da LEP), consistente em desrespeitar as normas de disciplina da unidade prisional, por ter ameaçado funcionário no exercício de suas funções (art. 52 do mesmo diploma). As declarações do sindicado e os depoimentos das testemunhas não foram realizados na presença de defensor, constituído ou nomeado. A Turma concedeu a ordem e anulou a sindicância por entender que não se aplica à espécie a Súmula vinculante n. 5 do STF, porque os precedentes que a embasaram não dizem respeito à execução penal e desconsiderada a condição de vulnerabilidade a que submetido o encarcerado. **HC 135.082-SP, Rel. Min. Maria Thereza de Assis Moura, julgado em 3/2/2011.** (Inform. STJ 461)

SÚMULA STJ Nº 471

Os condenados por crimes hediondos ou assemelhados cometidos antes da vigência da Lei n. 11.464/2007 sujeitam-se ao disposto no art. 112 da Lei n. 7.210/1984 (Lei de Execução Penal) para a progressão de regime prisional.

2.19. LEI MARIA DA PENHA – ASPECTOS PROCESSUAIS

Lei "Maria da Penha" e art. 41 da Lei 9.099/95 - 1

O Plenário denegou *habeas corpus* no qual pretendida a suspensão dos efeitos da condenação imposta ao paciente, nos termos do art. 89 da Lei 9.099/95, e, em conseqüência, declarou a constitucionalidade do art. 41 da Lei 11.340/2006 ("*Aos crimes praticados com violência doméstica e familiar contra a mulher, independentemente da pena prevista, não se aplica a Lei nº 9.099, de 26 de setembro de 1995.*"). Na espécie, o paciente fora condenado, pela prática de contravenção penal de vias de fato (Decreto-Lei 3.688/41, art. 21, *caput*), à pena de 15 dias de prisão simples, substituída por restritiva de direitos consistente em prestação de serviços à comunidade. HC 106212/MS, rel. Min. Marco Aurélio, 24.3.2011. (HC-106212)

Lei "Maria da Penha" e art. 41 da Lei 9.099/95 - 2

Aduziu-se, inicialmente, que a Lei 11.340/2006 teria por escopo coibir a violência doméstica e familiar contra a mulher, em observância ao art. 226, § 8º, da CF ("*Art. 226. A família, base da sociedade, tem especial proteção do Estado. ... § 8º - O Estado assegurará a assistência à família na pessoa de cada um dos que a integram, criando mecanismos para coibir a violência no âmbito de suas relações.*"). A esse respeito, salientou-se que a mesma lei, em seu art. 7º, definiria como "*violência doméstica e familiar contra a mulher*" não apenas a violência física, mas também a psicológica, social, patrimonial e moral. Reputou-se, por sua vez, que o preceito contido no art. 41 da referida lei afastaria, de forma categórica, a Lei 9.099/95 de todo processo-crime cujo quadro revelasse violência doméstica ou familiar contra a mulher, o que abarcaria os casos de contravenção penal. No ponto, o Min. Luiz Fux ressaltou que as causas a envolver essa matéria seriam revestidas de complexidade incompatível com o rito sumaríssimo dos Juizados Especiais. O Min. Marco Aurélio, relator, acrescentou que a Lei "Maria da Penha" preveria a criação de juizados específicos para as situações de que trata e que seria incongruente, pois, a aplicação de regras da Lei 9.099/95. HC 106212/MS, rel. Min. Marco Aurélio, 24.3.2011. (HC-106212)

Lei "Maria da Penha" e art. 41 da Lei 9.099/95 - 3
Assinalou-se, ademais, que o ato perpetrado pelo paciente teria atingido não só a integridade física da mulher, mas também sua dignidade, a qual o contexto normativo buscaria proteger. Nesse aspecto, o Min. Cezar Peluso, Presidente, observou que o art. 98, I, da CF não conteria a definição de *"infrações penais de menor potencial ofensivo"*, de modo que a lei infraconstitucional poderia estabelecer critérios — não restritos somente à pena cominada — aptos a incluir, ou não, determinadas condutas nesse gênero. Entendeu-se, também, que a norma impugnada estaria de acordo com o princípio da igualdade, na medida em que a mulher careceria de especial proteção jurídica, dada sua vulnerabilidade, e que atenderia à ordem jurídico-constitucional, no sentido de combater o desprezo às famílias, considerada a mulher como sua célula básica. Destacou-se, por fim, que a pena imposta consubstanciaria mera advertência a inibir a reiteração de práticas mais condenáveis. HC 106212/MS, rel. Min. Marco Aurélio, 24.3.2011. (HC-106212) (Inform. STF 620)

LEI MARIA DA PENHA. AUDIÊNCIA. RETRATAÇÃO.
Trata-se de paciente condenado à pena de três meses de detenção pela prática do crime previsto no art. 129, § 9º, do CP (lesões corporais leves). No *habeas corpus*, a impetração da Defensoria Pública busca anular a ação penal desde o recebimento da denúncia porque não teria sido realizada a audiência prevista no art. 16 da Lei n. 11.340/2006 (Lei Maria da Penha) que, a seu ver, tem finalidade de permitir a retratação da vítima quanto à representação oferecida para o ajuizamento da ação penal contra o agente da violência doméstica. Explica o Min. Relator que a audiência prevista no citado dispositivo, ao contrário do alegado no writ, depende de prévia manifestação da parte ofendida antes do recebimento da denúncia, a demonstrar sua intenção de retratar-se, seja por meio da autoridade policial seja diretamente no *forum*. Somente após a manifestação dessa vontade da vítima, o juízo deverá designar a audiência para sanar as dúvidas sobre a continuidade da ação penal. Na hipótese dos autos, a denúncia foi recebida sem haver qualquer manifestação da vítima quanto a se retratar, daí não ter ocorrido a audiência prevista no art. 16 da Lei Maria da Penha. Nesse mesmo sentido é a jurisprudência firmada em ambas as Turmas de Direito Penal deste Superior Tribunal. Precedentes citados: HC 96.601-MS, DJe 22/11/2010, e REsp 1.199.147-MG, DJe 14/3/2011. **HC 178.744-MG, Rel. Min. Jorge Mussi, julgado em 10/5/2011.** (Inform. STJ 472)

VIOLÊNCIA DOMÉSTICA. REPRESENTAÇÃO.
A Turma reafirmou que a ação penal relativa ao delito disposto no art. 129, § 9º, do CP é de iniciativa pública condicionada à representação, razão pela qual a retratação da vítima em juízo impossibilita o prosseguimento da *persecutio criminis* por ausência de condição de procedibilidade da ação. Precedente citado: REsp 1.097.042-DF, DJe 21/5/2010. **HC 154.940-RJ, Rel. Min. Maria Thereza de Assis Moura, julgado em 22/2/2011.** (Inform. STJ 464)

2.20. LEGISLAÇÃO EXTRAVAGANTE

AG. REG. NA AÇÃO PENAL N. 528-DF
RELATOR: MIN. RICARDO LEWANDOWSKI
EMENTA: PROCESSUAL PENAL. INTERROGATÓRIO NAS AÇÕES PENAIS ORIGINÁRIAS DO STF. ATO QUE DEVE PASSAR A SER REALIZADO AO FINAL DO PROCESSO. NOVA REDAÇÃO DO ART. 400 DO CPP. AGRAVO REGIMENTAL A QUE SE NEGA PROVIMENTO. I – O art. 400 do Código de Processo Penal, com a redação dada pela Lei 11.719/2008, fixou o interrogatório do réu como ato derradeiro da instrução penal. II – Sendo tal prática benéfica à defesa, deve prevalecer nas ações penais originárias perante o Supremo Tribunal Federal, em detrimento do previsto no art. 7º da Lei 8.038/90 nesse aspecto. Exceção apenas quanto às ações nas quais o interrogatório já se ultimou. III – Interpretação sistemática e teleológica do direito. IV – Agravo regimental a que se nega provimento. (Inform. STF 630) * noticiado no Informativo 620